高校思想政治工作队伍培训研修中心（西南交大）资助

高校辅导员工作理论与实务

——基于西南交通大学学生工作实践

马 琼 高平平 主 编

西南交通大学出版社

·成 都·

图书在版编目（CIP）数据

高校辅导员工作理论与实务：基于西南交通大学学生工作实践 / 马琼，高平平主编. —成都：西南交通大学出版社，2021.7
ISBN 978-7-5643-8093-9

Ⅰ. ①高… Ⅱ. ①马… ②高… Ⅲ. ①高等学校 - 辅导员 - 工作 - 研究 Ⅳ. ①G645.1

中国版本图书馆 CIP 数据核字（2021）第 131928 号

Gaoxiao Fudaoyuan Gongzuo Lilun yu Shiwu
——Jiyu Xinan Jiaotong Daxue Xuesheng Gongzuo Shijian

高校辅导员工作理论与实务
——基于西南交通大学学生工作实践

马　琼　高平平　主编

责任编辑　罗爱林
封面设计　原谋书装

出版发行　西南交通大学出版社
（四川省成都市金牛区二环路北一段 111 号
西南交通大学创新大厦 21 楼）
邮政编码　610031
发行部电话　028-87600564　028-87600533
网址　http://www.xnjdcbs.com
印刷　四川煤田地质制图印刷厂

成品尺寸　210 mm × 285 mm
印张　25.25
字数　763 千
版次　2021 年 7 月第 1 版
印次　2021 年 7 月第 1 次
书号　ISBN 978-7-5643-8093-9
定价　146.00 元

序

辅导员是开展大学生思想政治教育的骨干力量，是高校学生日常思想政治教育和管理工作的组织者、实施者、指导者，是大学生成长成才的人生导师和健康生活的知心朋友。辅导员处在高校人才培养的关键环节，肩负着培养德智体美劳全面发展的社会主义建设者和接班人的任务，责任重大，使命光荣。

党的十八大以来，中央先后召开了全国高校思想政治工作会议、全国教育大会、学校思想政治理论课教师座谈会，习近平总书记发表了系列重要讲话，对新时代教育工作进行了全面、系统、深入的阐述和部署。我们要把习近平总书记提出的“四有好老师”“四个引路人”“四个统一”“六个要”“八个相统一”作为辅导员队伍建设的根本来遵循，努力建设一支堪当学校学生党建和思想政治工作重任、堪当学校人才培养重任、堪当学校“双一流”建设重任的优秀辅导员队伍。

多年以来，西南交通大学以习近平新时代中国特色社会主义思想为指引，深入贯彻落实全国教育大会、全国高校思想政治工作会议精神，按照《普通高等学校辅导员队伍建设规定》《高校思想政治工作质量提升工程实施纲要》要求，积极推进实施新时代辅导员队伍建设“春风计划”，围绕配备选聘、培养培训、科学研究、职业发展、支持保障、团队建设、工作考核、表彰奖励、精品培育九个方面，切实加强辅导员队伍专业化、职业化、专家化建设，切实保障辅导员工作有条件、干事有平台、待遇有保障、发展有空间。

辅导员处在育人一线，与学生联系最多、接触最频繁，辅导员的工作直接关系到学生的成长。那么，辅导员工作怎样才能真正做实、做细、做进学生心坎？作者编写本书，旨在帮助辅导员把日常思想政治教育和管理工作覆盖到每一个学生、细化到每一个环节、规范到每一个步骤、具体到每一个动作。

本书由四个部分和附录组成，内容包含岗位职责、谈心谈话、经验分享、日常管理工作事项、相关文件及实用小工具，基本涵盖了辅导员日常工作的方方面面。本书文字通俗易懂，简单明了，对进一步加强辅导员队伍建设，提升大学生日常思想政治教育、管理工作科学化水平具有积极的推动作用和重要的参考价值，是一本针对性、应用性很强的工具书。希望广大辅导员能够在阅读本书时有所收获、感悟、启发。

沈火明

2021 年 1 月 7 日

目录

第一部分　辅导员岗位职责

002　第一章　辅导员岗位概述

002　第一节　辅导员职业的历史发展变革

003　第二节　辅导员的工作内容

004　第三节　辅导员应具备的基本职业技能

006　第二章　思想理论教育与价值引领

006　第一节　了解学生，当好学生的知心朋友

015　第二节　助力学生，当好学生的人生导师

019　第三节　西南交通大学部分思想政治教育品牌活动

023　第三章　党团和班级建设

023　第一节　学生党支部建设和班团建设

035　第二节　学生干部的培养与管理

042　第三节　吸引优秀学生加入党组织

044　第四节　学生党员的发展和教育管理

053　第四章　学风建设

053　第一节　学业指导

057　第二节　创新创业

064　第三节　升学深造

068　第四节　国际化工作

073　第五章　学生日常事务管理

073　第一节　入学管理与教育

085　第二节　毕业生管理与教育

099　第三节　军事训练与征兵入伍

104 第四节 学生规则教育
108 第五节 评奖评优
116 第六节 学生资助
124 第七节 宿舍建设与管理

139 第六章 心理健康教育与咨询工作

139 第一节 心理健康教育的重要性
139 第二节 积极开展心理健康教育工作
146 第三节 突发性心理危机的干预
148 第四节 辅导员自我能力的提升
149 第五节 鉴别心理正常与异常的基本知识

153 第七章 网络思想政治教育

153 第一节 正确认识网络思想政治教育
155 第二节 积极开展网络思想政治教育
156 第三节 他山之石

158 第八章 学生安全稳定与危机应对

158 第一节 日常安全教育
163 第二节 重点支持学生的关爱与帮扶
164 第三节 突发事件的处置
166 第四节 常见安稳事件处置基本流程

181 第九章 职业生涯规划与就业指导

181 第一节 生涯教育的重要概念
182 第二节 从不同视角看生涯教育
184 第三节 职业生涯规划与就业指导工作“应知应会”

188 第十章 教学、理论和实践研究

188 第一节 教学工作
189 第二节 理论和实践研究工作

第二部分 辅导员谈心谈话必备知识

194 第十一章 辅导员谈心谈话工作概述

197 第十二章 “教练技术”及其在谈心谈话中的运用

第三部分　优秀辅导员经验分享

220　第十三章　三大“法宝”·五大“神器”助力飞升“上神”级辅导员——土木工程学院刘萍

223　第十四章　以爱为业　从心出发——电气工程学院谢力

225　第十五章　不忘初心　坚守匠心——信息科技与技术学院刘娟

228　第十六章　悟达（5W）工作法——辅导员探索“让思想政治工作活起来”的实践路径（经济管理学院任凯利）

230　第十七章　Jessie心语——利兹学院刘耀谦

233　第十八章　点亮理想的灯、照亮前行的路——牵引动力国家重点实验室余卉

第四部分　以学生成长为时间轴的辅导员日常管理工作事务表

239　第十九章　本科生四年工作事务参考

346　第二十章　硕士研究生三年工作事务参考

364　第二十一章　博士研究生四年工作事务参考

385　附　录

385　附录1　辅导员工作相关文件

390　附录2　辅导员在线实用小工具

394　参考文献

396　后　记

01 第一部分
辅导员岗位职责

第一章 辅导员岗位概述

第一节　辅导员职业的历史发展变革

辅导员制度经历了确立和发展阶段，辅导员的岗位职责在不同的发展时期有不同的要求。明确不同历史时期辅导员的岗位职责与角色定位，对于理解新时期如何更好地发挥辅导员的作用具有现实意义。

（1）确立阶段：从 1952 年的提出到 1966 年基本完成。

1952 年，《关于高等学校试行政治工作制度的报告》指出：政治辅导员在“政治辅导处主任领导下辅导一系或几系学生的政治学习和社会活动，组织推动教职员的政治理论学习和社会活动”。

1952 年，《关于在高等学校有重点地试行政治工作制度的指示》指出：有准备地设立高等学校的政治工作机构，名称为“政治辅导处”，政治辅导处设辅导员若干人，其主要任务为：在政治辅导处主任领导下，辅导一个或几个系的学生的政治学习和社会活动，组织推动教职员工的政治理论学习和社会活动。

1953 年，清华大学向教育部人事部请求设立学生政治辅导员。为了加强学生的思想政治工作，蒋南翔校长率先在清华大学建立了学生政治辅导员制度。

1961 年，《教育部直属高等学校暂行工作条例》（亦称“高校六十条”）对高等学校学生的思想政治工作作了明确规定：“为了加强思想政治工作，在一、二年级设政治辅导员或者班主任，从专职的党政干部、政治理论课教师和其他青年教师中挑选有一定政治工作经验的人担任。同时要逐步培养和配备一批专职的政治辅导员。”这是中国第一次正式提出要在高等学校设置专职政治辅导员。

1965 年，《关于政治辅导员工作条件》以法规的形式对政治辅导员的地位、作用和工作内容等一系列问题作出了明确规定，标志着我国高校政治辅导员制度已经形成。

到 1966 年，全国已经普遍建立起了政治辅导员队伍。

（2）发展阶段：改革开放以来，高校辅导员制度进入快速发展、不断完善的阶段。至此，辅导员职业进入了一个新的历史发展时期。

1978 年，《全国重点高等学校暂行工作条例（试行草案）》要求：“为了加强思想政治工作，在一、二年级设立政治辅导员或者班主任，从专职的党政干部、政治理论教师和其他青年教师中挑选一定政治工作经验的人担任……”

1981 年，《高等学校学生思想政治工作暂行规定》进一步指出：“做好学生思想政治工作，需要一支又红又专、专职与兼职相结合的队伍……”

1988 年，我国高校首次开展了思想政治教育职务评聘工作。

1994 年，《中共中央关于进一步加强和改进学校德育工作的若干意见》明确：“要完善德育队伍的职务系列，为他们解决好专业职务、待遇等方面的问题。要制定政策，保障德育工作骨干能够不断得到进修提高。”

1995 年，《中国普通高等学校德育大纲》提出：要努力培养和造就一批思想政治教育的专家和教授。

1999 年，《中共中央关于加强和改进思想政治工作的若干意见》强调：“按照提高素质、优化结构、相对稳定的要求，建设一支政治强、业务精、作风正的思想政治工作队伍。”

2000 年，《关于进一步加强高等学校学生思想政治工作队伍建设的若干意见》指出：“专职学生思想政治工作人员应该承担‘两课’或其他课程的教学及相关科研工作……”

2004 年,《关于进一步加强和改进大学生思想政治教育的意见》(〔2004〕16 号)提出：要采取有力措施，着力建设一支高水平的辅导员、班主任队伍。文件明确了辅导员和班主任队伍是大学生思想政治教育工作队伍的主体，是大学生思想政治教育工作的骨干力量，并且把过去称呼的“政治辅导员”改称为“辅导员”。辅导员的角色定位发生了变化，成为“大学生健康成长的指导者和引路人”，对其工作内容进行了扩展。

2005 年,《关于加强高校辅导员班主任队伍建设的意见》再次指出：“辅导员、班主任是高等学校教师队伍的重要组成部分，是高等学校从事德育工作、开展大学生思想政治教育的骨干力量，是大学生健康成长的指导者和引路人。”

2006 年,《普通高等学校辅导员队伍建设规定》(教育部令第 24 号)，进一步明确了辅导员队伍的角色定位、工作定位、工作职责和素质要求，理顺了辅导员队伍建设的领导和管理机制，规范了辅导员队伍建设选聘、培养和发展机制。

2014 年,《高等学校辅导员职业能力标准(暂行)》，制定了辅导员初、中、高三个职业等级应该具备的能力标准。该标准推动了高校辅导员队伍专业化、职业化的发展。

2017 年,《普通高等学校辅导员队伍建设规定》(教育部令第 43 号)将辅导员的角色定位由“大学生健康成长的指导者和引路人”修订为“学生成长成才的人生导师和健康生活的知心朋友”，丰富和完善了辅导员九大工作职责，并与辅导员职业能力标准中的九大职业标准相吻合，工作要求更加贴近时代要求。至此，辅导员工作保障范围更加扩大化，发展渠道更加多元化，考核与管理也更加科学。

通过对辅导员职业发展历程的简要梳理以及对党和国家有关辅导员职业文件的整理，充分体现了党和国家十分重视辅导员职业，对辅导员队伍在党和国家的人才培养工作中的作用寄予了厚望。

所以，作为一名辅导员，应该对自己的职业充满认同感、自豪感和使命感。

第二节　辅导员的工作内容

2017 年《普通高等学校辅导员队伍建设规定》提出辅导员主要工作职责涵盖九大方面。(见图 1.1)

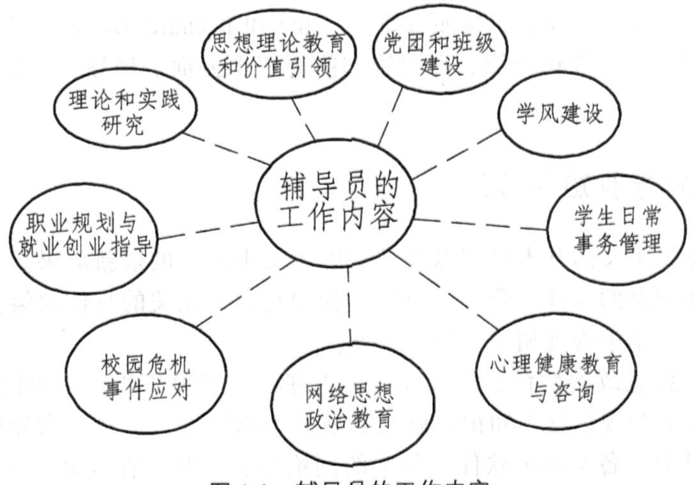

图 1.1　辅导员的工作内容

2020 年 4 月全国高校辅导员网络培训开班仪式上，教育部部长陈宝生同志对辅导员岗位进行了解读。

一、定位辅导员之“辅”

(1)辅导员是党委工作的助手、老师教学的助学、学生学习的助手;

（2）辅导员岗位具有“辅助”与“主导”二重性；
（3）辅导员是思政工作的主攻手、学生管理的主导者、学生成长的主心骨。

二、做好辅导员之“导”

（1）政治引导；
（2）思想引导；
（3）情感疏导；
（4）学习辅导；
（5）行为辅导；
（6）就业指导。

三、理解辅导员之“员”

（1）伟大工程的施工员；
（2）伟大工程的质检员；
（3）伟大斗争的战斗员；
（4）伟大事业的服务员。
落脚点：学生成长成才的人生导师和健康生活的知心朋友。

第三节　辅导员应具备的基本职业技能

如何成为一名合格的辅导员？

辅导员的岗位职责是明确的，而一名优秀的辅导员画像却不是千篇一律的。每一位辅导员应根据基本岗位职责、任职要求、学生特点及自身的特点，充分发挥主观能动性，探索成为优秀辅导员的路径，成长为优秀的辅导员。

根据辅导员岗位职责和任职要求，按照 Sidney Fine 和 Richard Bolles 的职业技能三分法，把职业技能分为专业知识能力、可迁移技能、自我管理能力三个方面。辅导员应该具备的基本职业技能包括但不限于以下内容：

一、掌握相应的专业知识技能

（1）理论类：马克思主义的基本原理以及马克思主义中国化的最新成果。

（2）政策类：党和国家的方针、政策，与学生管理与服务相关的具体政策。

（3）规章制度类：与学生管理相关的规章制度。

（4）专业知识类：思想政治教育学、教育学、心理学、管理学的相关知识，学生事务管理的知识与方法，职业生涯发展与规划基本知识、就业创业基本指导方法、学业指导相关方法等。

（5）实用办公工具类：各类办公软件、基本的网络平台工具与在线办公工具、基本的统计分析工具。

二、具备良好的可迁移技能

（1）能“说”：具备良好的沟通表达能力，包括当众表达能力、一对一沟通能力、谈心谈话能力、汇报展示能力等。

（2）能“写”：具备良好的文字功底，包括各类公文撰写能力、宣传报道撰写能力、科研论文撰写能力等。

（3）能“做”：具备良好的执行能力，包括分析预判能力，组织策划能力，计划、协调、落实的能力等。

三、具备良好的自我管理技能

（1）爱岗与敬业：真心、耐心、细心对待学生，热心、诚心、用心对待这份职业。

（2）奉献与担当：辅导员需要秉承“学生的事无小事”的理念，需要坚持学生出事“第一现场出现”的原则，需要保持24小时手机开机的状态，需要有遇到危机情况冲锋在前的勇气。

（3）敏锐性：一方面指政治敏锐性，要求辅导员在纷繁复杂的事件中保持清醒的头脑，帮助学生在大是大非面前站稳立场；另一方面指能对学生发生的细微变化保持敏锐性，敏锐感知并及时关爱学生的情绪变化、言语变化、朋友圈发布的异常信息等。

（4）同理心：学生工作是面向人的工作，学生在成长过程中会遇到各种各样的问题，辅导员需要具有良好的同理心，能感同身受，走入学生内心，以便更好地帮助学生解决困难。

（5）合作精神：学生工作中，一方面需要积极主动协助他人，另一方面也需要积极主动请求他人配合，因而辅导员需要具有良好的团队合作能力。

（6）时间管理与规划能力：辅导员工作千头万绪，需要在工作中分清楚轻重缓急，具备良好的时间管理能力；需要学会制订计划与规划，根据学生工作规律提前准备。

（7）应急与抗压能力：在紧急、突发情况下，辅导员需要有快速的反应能力、应急能力和抗压能力。

（8）情绪管理能力：辅导员在工作中将会遇到某些负面或不可控事件，这就要求辅导员具有良好的情绪管理能力，及时调整情绪，尽快释放负面情绪，正常开展工作。

（9）探索与创新精神：辅导员在工作中虚心接受经验的同时，要学会积极思考、主动探索、不断创新。

辅导员是一份面向人的职业，是科学性与艺术性并存的职业。该职业需要辅导员在工作中遵循客观规律、遵守规章制度的前提下，充分发挥自身的主观能动性，从模仿学习、接受经验到思考探索、创造经验，最终成为对待学生有温度、有赏识；教育引导有高度、有见识；管理服务有跨度、有知识；处理危机有速度、有胆识；自我成长有厚度、有学识的“五有”辅导员。

第二章 思想理论教育与价值引领

第一节 了解学生，当好学生的知心朋友

一、如何全面了解学生

当好学生知心朋友，才能更好地对学生开展思想政治教育与价值引领。而要成为学生的知心朋友，首先要全面了解学生。辅导员只有对学生各方面信息了解到位，才能在工作中根据每个学生的特点进行教育管理、服务和指导，才能提高工作实效。对学生来说，只有感受到辅导员对其发自内心的关怀，才能真正与辅导员亲近，成为朋友，建立良好的信任关系。因此，全面了解学生，是辅导员有效开展工作的基础。

（一）具体了解学生的哪些方面

1. 基本情况

一是学生的姓名、性别、生源地、样貌；二是民族与籍贯；三是就读专业及所在班级；四是宿舍号、床位号。辅导员需要做到：见到人或照片喊得出名字，知道名字找得到班级和宿舍，清楚学生籍贯，熟悉少数民族学生的具体民族。对于学生的熟悉程度很大程度上影响着与学生的关系，在路上和学生打招呼时如果能熟练喊出其名字，学生会感受到辅导员的关心和关注，也能从内心深处开始认同和接纳辅导员。

2. 政治面貌、个人信仰与思想动态

这是辅导员作为思想政治工作者必须要了解的学生情况。

一是学生的政治面貌。辅导员要为已经成为中共（预备）党员的学生转入组织关系，进入相应党组织，保障其能够正常参加党组织生活；对于高中确定为入党积极分子的学生，辅导员要了解其在大学期间的入党意向，指导学生向基层团组织和相关党组织说明情况，继续考察、培养，并根据考察情况，优先推荐其接受党课培训；对于共青团员，可引导其向党组织靠拢，鼓励学生提交入党申请书。

二是学生的个人信仰。应了解每一位学生的信仰。

（1）对于拥有共产主义信仰的学生，可引导其积极向党组织靠拢。在学生自愿提交入党申请书后，作为入党积极分子进行培养考察。

（2）对于有宗教信仰的学生，要了解产生宗教信仰的原因，还要坚持教育与宗教相分离原则，坚持任何组织和个人不得在学校进行传教活动和宗教活动的工作原则，加强对此类学生的关心关注和管理。明确不得在校园内、宿舍内开展宗教活动，穿戴宗教服饰。

三是学生的思想动态，包含对国家新思想、新政策、新理念、新举措的认识及对社会热点事件的立场和看法。辅导员需要做到：从以“学生类型”和以“事件”两个维度全面掌握学生的思想动态。当社会热点事件发生时，特别是有强烈舆论导向的事件和有重大争议的事件发生时，应对相关群体学生进行重点关心关注；在日常生活中加强与学生的交流，通过日常言谈举止做好引导工作。在特殊时期要根据学生特点，对学生的立场和态度进行全面了解。

3. 健康状态

学生健康状态分为身体健康状况和心理健康状况。人们的心理健康状况与身体健康状况处于同等重要地位。辅导员需要做到：对于身体有缺陷的学生，要日常关注其缺陷是否影响正常学习生活，若所学专业对缺陷部位有要求，应及时与学生及家长联系，根据学校和专业规定，协助其办理转专业事宜，或提供其他适合的解决办法。对于有心理疾病或表现出异常心理状态的学生，需及时与家长联系，建议其前往专业的医院进行诊断排查，如诊断为“重度抑郁”或医生认定已不适合在校学习，应与家长沟通，立即办理休学进行入院治疗；如诊断结果显示不影响在校学习生活，应与家长沟通，建议家长陪读或采取其他适合的解决办法。对于普通学生，班长和班级心理委员要随时关注其日常表现，是否发生异常，如有，辅导员、家长、心理咨询中心要及时介入。

辅导员应注意：对于学生的隐疾，应尊重他人隐私，帮助其做好保密工作；对于身体部位有残缺的学生，引导本人和其他学生营造正常的社交环境，杜绝对学生的心理造成创伤。

4. 学业情况

学习是学生必须完成的重要任务，关于学生学业，辅导员应从以下三个方面着手工作。

一是学生学习基础和学习成果。学习基础可以参考学生的生源地与高考成绩，学习成果则可结合每学期的半期成绩、期末成绩和年度奖学金评定情况深入了解。对于学业成绩突出的学生，应引导其建立更高的目标和更远大的志向；对于学习困难的学生，要关注其挂科情况、积欠学分情况、重修情况、退学预警情况，可一帮一结对帮扶，对于积欠学分学生要及早关爱，及早与父母取得联系、积极沟通；对于学习出现严重不适应情况的学生，需要与学生、家长、班导师共同分析原因，制订下一步帮扶计划。

二是学生学习态度与学习能力。对于有学习态度、有学习能力的学生以鼓励为主，对于有学习态度但能力欠缺的学生应联合专业老师有针对性地予以帮扶，对于有较强学习能力而学习态度有待端正的学生可以谈心谈话的形式了解原因，助其树立良好学习态度和奋斗志向。

三是学生学习状态。学习状态是前两个维度反映出来的效果总和，如果说学习态度和学习能力都是长期性的，那么学习状态可以在短期内进行调整，是辅导员可以多下功夫的地方。对于还未建立长期学习目标的学生，可从短期的要求开始辅助其建立良好的学习习惯和学习态度，如考核其出勤率、要求其早晚自习打卡等；对于因突发情况引起的状态不佳，辅导员应了解背后的原因，如学习上遇到困难、人际关系出现问题、情感上失恋、家庭遭遇变故等，有针对性地帮助其解决问题；其他情况则根据应具体原因进行指导和帮扶，与教务、专业老师、学习委员建立通畅的信息渠道和协同帮扶机制。

5. 性格与人际关系

关于学生性格，辅导员首先要明确：性格本身没有优劣之分，应该让学生认知自己的性格倾向，朝着更全面的方向去发展，因此要求辅导员不戴有色眼镜进行分级、区别对待。其次对于学生的某种行为只能判断该生是做了好事、做得不妥或是犯了错误，而不能简单粗暴地定义该生“是个好人”或“是个坏人”。这对辅导员自身的素质、涵养和胸怀有要求，需要辅导员不断修炼和提升自我。

关于人际关系，学生可能表现出以下几种状态。一是受人欢迎且愿意融入群体的学生。对于这类群体，辅导员要着重进行思想引领。他们的人际关系状态使其在重要事件中很有可能发挥意见领袖的作用，其立场和意见对其他学生有较大影响。二是有很好的群众基础但因性格使然，更愿意独来独往的学生。对于这类群体，辅导员可在其受到突发事件影响时予以更多关心，弥补他们与人交流交往少而缺少倾诉对象的不足，同时要注意分辨，并不是所有平时生活中喜好独来独往的学生都是因为不受欢迎或者群众基础不好，需要辅导员与班干部和其他学生多交流来掌握情况。三是人际关系不算融洽或出现问题的学生，这是辅导员要着重关心与指导的对象。他们可能是因为与室友的生活习惯有差异，导致矛盾而个人无法解决，有可能是因为家庭贫困心理自卑或经济无法负担而不愿意参加集体生活，有可能是因为抑郁或焦虑等心理问题而没有与人正常沟通的能力，有可能是因为学习上遇到困难想要逃避便选择长时间不与班级同学往来，辅导员要全面了解、深入分析、正确判断、分类关心，必要时借助专业人士的力量来共同帮扶。

另外，了解学生人际关系的几个主要场所包括：宿舍园区、班级团支部、校院学生组织和社团等。学生人际关系的主要联系包括：舍友和相邻宿舍同学、班干部和普通成员、学生组织和社团骨干、学生组织社团骨干与一般干部、党组织成员、恋爱双方。

6. 学生干部任职及社会实践经历

学生的成长成才需要综合培养，学生的综合能力在学生活动和学生工作中会有所体现，学生干部任职也是学生成长档案和“第二课堂”成绩单的重要记录内容。当他们迈出校门走向社会找寻工作时，这些经历给予他们的成长是显著而明显的，相关成果和奖项也将为他们的个人简历添彩。

学生的舞台大多在学生组织和社团、社会实践、志愿服务、项目竞赛、科研学术、就业实习等。辅导员要在学生入校时了解他们初中高中的履历，在大一至大四的学生工作中了解其志向与行动方案。

学生干部任职及社会实践经验，一方面依靠学生自身态度和能力，另一方面也需要辅导员引导。辅导员应根据学生的学业情况、健康状况、个人信仰、性格特征因材施教，引导学生选择适合自身特点特长的锻炼平台；当学生在学生工作和社会实践中遇到困难时，应结合实际情况开展引导性和指导性的工作，培养学生分析问题、解决问题的能力；当学生因为学生工作等事务影响学习时，辅导员要结合学生就业意向和职业发展意愿，视情况及时进行干预，如已出现挂科和积欠学分的情况，要对其学习成绩提出强制性要求，在保障其基本学业完成的前提下锻炼其他能力；当学生逃避参加学生工作和社会实践时，辅导员可结合共青团“第二课堂”成绩单制度的要求引导学生参与，提升学生参与意识，通过实践锻炼、培养学生的社会化能力。

辅导员应注意：当学生有意愿参与国际化实践项目，辅导员在持鼓励态度的同时，也需与家长做好沟通，在安全和法律法规方面做好提醒；当学生去企业实习时，辅导员应对安全方面做出强调。

7. 特长与兴趣爱好

学生的特长和兴趣爱好在大学生涯的两个阶段会有较为突出的作用和影响，一是在新生入学时，辅导员和学院学生会集中发掘有突出特长的学生，邀请其参加迎新晚会或其他重要活动，校院两级社团组织也将在报名申请加入的学生中挑选此类学生。在此后的发展中，有的成为社团工作的骨干，有的为综合素养的培养与体现找到合适的平台。二是在高年级或毕业选择就业方向时，学生可能不仅是根据所学专业决定就职行业，也可能以特长和兴趣爱好作为基点，结合能力进行就业选择。

辅导员应了解学生的特长及兴趣爱好，在入校时发掘，除了在大学生活中为他们提供展示音乐、体育、主持、辩论、写作等特长的平台，还可以培养他们形成更多的兴趣爱好，如读书、旅行等。努力让学生的特长和爱好在大学里可以继续发展提升，并拓宽自我展现的平台，彼此促进。

8. 家庭情况

学生的综合表现优秀或不佳，大多可从家庭中找到原因。家庭作为学生的成长环境和成长背景，对他们的性格特征、价值观、人生观的形成以及人际关系的处理都有深刻的影响。

辅导员需主要了解以下几个情况：第一，家庭经济状况。这有助于资助工作的精细化开展，可以为准确评估学生家庭经济贫困级别提供重要判断依据。家庭信息包含：家庭年收入、父母职业、是否有兄弟姐妹等其他家庭成员、家中成员是否有经济来源及是否患病、现居地是否在贫困地区等。第二，父母职业。父母从事的职业常影响着学生的职业规划和专业学习状态，父母的工作环境和工作状态也会影响学生看待世界的方式和面对问题的方法。从学生的入校信息中了解学生家长的职业，有利于辅导员和学生的沟通。第三，父母的婚姻状况和家庭氛围。该因素会对学生的心理状态产生影响。根据学生出现的情况，辅导员可以通过适当的方式在恰当的时间了解学生的家庭情况与氛围等。

（二）如何深入全面地了解学生

1. 信息登记

西南交通大学学生的信息登记渠道主要有入学时的学籍信息卡和扬华素质网。学生学籍信息卡应包含：姓名、学号、性别、民族、政治面貌、出生日期、身份证号、籍贯、生源地、户籍类别、是否迁入户口，联系方式、QQ号、微信号，专业、班级、班内任职、宿舍号，是否为特招生、是否为保送生，学生干部任职和社会实践经历、获奖经历、兴趣特长，家庭住址、邮政编码、家庭成员、父母姓名与职业及联系方式、紧急联系人，备注等。

辅导员应注意：第一，要求学生真实、完整、翔实填写学籍信息卡。对于不愿意填写个人信息的学生要做好思想工作，引导他们理解这是一种关心；要谨慎对待乱填错填家庭信息和各项联系方式的情况，对信息卡上的信息进行核实，尤其是重点信息，对瞒报漏报错报的信息要及时补充更改，并了解学生出现此类情况的原因，多观察与关注。第二，将学生学籍卡电子化，便于查询。第三，该信息卡含有学生及其家庭的众多重要信息，要求妥善保管学生学籍信息卡。第四，学生信息卡应做到实时更新，该卡应作为学生的成长记录，入学登记的信息是初步数据，之后在工作中要根据学生的表现和具体情况及时修改、调整，保证信息的准确性。

2. 谈心谈话

谈心谈话是辅导员了解学生最直接、最有效的工作方式，也是辅导员必须具备的基本功，具体参考“辅导员谈心谈话”章节。

3. 走访宿舍

宿舍是学生除了专业教室、实验室之外停留时间最长的场所，辅导员通过走访宿舍可以更全面地了解学生。

根据学校和学院安排，辅导员应坚持经常走进园区宿舍，走到学生中去，了解学生宿舍安全、宿舍卫生、寝室关系以及学生在课余时间的安排。除此之外，还可从侧面了解学生的真实经济状况和生活水平、审美能力、独立生活能力等。对于某些学生提出的宿舍的具体问题，辅导员可主动与园区管理部门协调，为其提供解决办法，让学生感受到关怀。

走访宿舍既是基础的工作要求，也是可以出亮点的地方。有的学院在新生入学季、毕业季、放寒假时组织了学院党委书记、院长及辅导员走访宿舍的活动，为学生送去阵阵春风和浓浓暖意；有的学院邀请院士、教授走访宿舍与学生座谈，将轻松的生活氛围与学术泰斗或大师奇妙结合，让学生在倍感荣光的同时专业自信也极大增强，正向激励作用非常明显，促使他们在课余生活中主动规划出更多学习时间，发挥以人为导索的环境育人的积极作用。

4. 与学生家长联系

与学生家长的联系主要集中在三个时间节点：一是新生入学时的家长见面会、迎新点交流；二是每学期末根据学生挂科情况与家长的沟通；三是当学生遇到具体问题需要家长出面解决时。

新生入学季的交流要做到：向家长呈现可靠、可信的状态，与特殊学生和重点学生的家长互留联系方式，尽可能与家长确认学生学籍卡缺漏部分。

期末与家长的沟通要做到：各学院根据自身情况通过邮寄信件、电子邮件等方式告知学生的期末成绩、挂科情况、平时学习状态及其他需特别告知的情况，使其了解学校教务管理规范、要求和学生应修学分“底线”，与挂科学生的家长进行单独沟通。

当学生遇到具体问题时，与家长的沟通要做到：完整无误地陈述学生遇到的问题或具体事件，告知学生当下状态，告知相关规章制度，告知当下需要家长配合的行为与时间期限。

辅导员应注意：与家长的沟通应温和而立场坚定，表达内容完整且语言简明，逻辑清晰并辅以情感，做好文字记录，必要时留下语音记录。

5. 与（班）导师、专业教师沟通

（班）导师和专业教师因其专业技能和专业素养很容易获得学生的信任、认可，他们的话语易对学生产生影响；课堂时间是学生生活非常重要的一部分，课程专业教师与他们沟通的角度和思政辅导员不尽相同。与（班）导师和专业教师的沟通，一方面可以更全面地了解学生，另一方面也可借助他们的影响力帮助辅导员共同做好学生的思想工作，助力学生工作。

与专业老师的交流，应着重了解学生出勤、课堂学习状态、作业完成情况以及是否在课堂上有异常表现，如情绪明显低落或哭泣可能是心理问题出现的征兆或表现。此外，如有学生完成课业较为困难，还应了解课程情况和专业老师的建议，与专业老师共同帮助学生克服困难，走出困境。

与（班）导师的沟通，应着重与其沟通班级学生的普遍状态与某些重点学生的特点，做到双方心中有数，共同关注、服务和管理。对于研究生，导师是学生的第一负责人，学生出现的各方面情况均需要辅导员与导师密切交流、协同工作。

6. 建立调研与反馈机制

调研和反馈机制的建立主要包括频率和对象两个方面。一是频率。辅导员应做到至少一个学期确认和更新一次学生信息，包括政治面貌、学业状态、情感状态、联系方式、学生干部任职情况、心理状况、是否贫困等；必要时在重要时间节点开展集中、全面普查，一旦了解到新情况应及时更新信息。二是联合专业教师、（班）导师、心理咨询中心、班干部、社团骨干协同调研与反馈。有的学生出现了心理问题会主动前往心理咨询中心寻求帮助，心理中心会根据学生心理问题严重情况向辅导员反馈信息，一般较为严重时需立即上报并联系家长进行处理。班干部包括班长、团支部书记、学习委员、生活委员、心理委员等，辅导员要用好这支队伍。出现问题苗头和一些倾向性时，班干部要及时、主动向辅导员反馈。辅导员收到信息首先应进行确认和判断，之后则及时介入、及时干预、及时解决，将问题扼杀在爆发之前；如问题已爆发，则需联合班干部了解事件的来龙去脉，摸清原因，并共同做好学生群体中的舆论引导。

二、分类指导学生

辅导员对学生的管理要做到全面覆盖、分类指导、精准帮扶、家校协同。其中，分类指导是面对不同特点的学生应坚持的原则。

（一）对不同学历层次学生的分类指导

本科生刚进入大学，面临着身份转变和心理适应，学习大多以班级为单位，生活大多以宿舍为圆心，在确立目标、学业指导、科研竞赛、实践实习、职业规划、就业指导等方面较大程度上要依靠辅导员。这些过程中遇到的问题和困难、矛盾和冲突比较多，稳定性不高，需要辅导员遵循思想政治工作规律、教书育人规律、学生成长规律开展育人工作。

研究生更多时间是在导师的指导下开展研究，大部分精力都放在完成学业、发表论文、竞赛项目、学术科研、实习实践等方面，体现出了更强的个人发展特性，与班级、党支部的接触大多仅限于上课和开展必要的党组织生活，集体性较弱，研究生辅导员应协同导师、研究生教务员进行管理。

博士研究生与硕士研究生有一定共性，以完成学业和发表论文为基本目标。但博士研究生年龄跨度大，社会性更强，个人的职业发展更为清晰，思维与人格都更加独立，对与个人发展没有太大关系的活动并不关注，学习压力、生活压力都更大。

基于以上特点，辅导员需针对本科生、硕士研究生和博士研究生分类指导。

1. 本科生

对于本科生，辅导员应将思想引领作为主线贯穿于其他工作之中，从以下几个方面开展工作，服务和管理好学生。

一是专业认知和学业指导，与教务和专业老师协同。邀请专业教师以讲座的形式开展专业认知教育，大一入校时让学生了解专业内容、培养方案、课程体系、研究方向，增强学生专业自信；大二分专业之前为学生进行更细致的介绍，包括就业趋势、国际化形势、大类专业之间的区别等内容，提升学生专业认同感。掌握学生学习情况，包括出勤情况、学习成绩、专业排名、挂科情况、积欠学分等，联合专业教师对学生开展课堂管理，联系班导师为学生进行学业上的解惑。另外，辅导员还要对其他困难导致的学业问题进行针对性帮扶。

二是生活帮扶和园区管理。首先，与班团干部、宿舍管理员协同，在学生的家庭经济、生活习惯、人际关系、情感情绪、身体心理健康方面给予关注，当学生遇到问题时，或在问题处于萌芽状态时，及时进行关怀、指导和帮扶，为学生消除顾虑、解决困难，助其成长成才。其次，对学生园区进行细致管理，从生活状态侧面了解学生的其他情况，对有宿舍矛盾和冲突的学生进行开导和纾解，让学生拥有良好的生活与休息环境。

三是班团干部培养和党员发展，与党团组织和班级协同。一是通过对学生在团支部、班级、学生组织和社团的表现进行综合评价，帮助后进，表彰先进，可采用一帮一结对子的方式和树立标杆的方法，让优秀的学生更优秀，同时促进全体学生共同进步；要强调优秀集体的重要性，讲清楚环境育人的重要性，让学生主动提升自己，同时增强班团凝聚力和综合素质。二是重视推优入党、发展党员和党员管理，引导学生积极加入党组织，深入考察入党积极分子和发展对象，优中选优，强调党员同志要思想上先入党，把好发展关，为党组织输入新鲜血液。

四是职业生涯规划和就业指导，与校招生就业老师、班导师、专业教师、学院就业指导团队、高年级优秀学生、杰出院友协同。首先，了解学生个人就业意向，帮助其尽早确定就业方向，解析行业动态，树立先就业再择业的理念；其次，邀请校内外专家指导学生提升就业能力，掌握职业技能；与就业指导中心、团队联合，组织学生参加校园招聘，了解就业形势和就业岗位需求，在实践中提升求职技能，完善职业能力。特别要在毕业季做好数据整理、汇总和汇报，结合学院资源，为学生就业架桥铺路，助其找到心仪的工作。

五是创新创业引导。鼓励学生参加各类科创活动；鼓励学生发扬创新精神，结合专业，发表高水平论文；鼓励学生参加专业竞赛、学术讲座，参加各平台提供的学术竞赛活动；督促学生修完创新学分，全面培养学生创新意识和创新能力，发掘有创业意向的学生进行重点引导。

六是，对学生的培养不仅局限于能力上的提高，更在于思想上的引领，这是辅导员最主要的任务。除了明确培养什么人、如何培养人，还要清楚为谁培养人，将思想教育、价值引领融入渗透到学生教育管理服务的全过程、各方面。在奖、勤、助、贷、补的工作中和开展学生活动的过程中，实施文化育人、服务育人、资助育人，将社会主义核心价值观教育融入育人全过程。

2. 硕士研究生

辅导员要做好研究生的思想工作，抓好重要节点、抓住关键育人对象，解决好重大问题，做好集体建设。

一是要重视导师开展研究生思想政治教育的力量。导师对研究生的影响举足轻重，影响着研究生的学习生活重心和职业发展方向，能较好地了解研究生的情绪和思想，辅导员要与导师加强联系，做好沟通，调动导师管理、培养学生的主动性和积极性。通过走访、座谈、联系等方式，掌握学生在科研、实习、生活等方面的情况；建立长效机制鼓励、邀请导师参与学生的支部建设和评奖评优等工作。

二是要把评奖评优的工作做细做扎实。研究生国家奖学金级别高、金额大，学业奖学金、专项奖学金等金额也不小，因此，在做好评奖评优工作的基础上，要以评奖评优为良好切入点，树立典型、榜样和标杆，发挥优秀学生的示范引领作用。

辅导员应注意：根据学校具体实施意见和学院整体安排，参与学业奖学金的测算与分配方案设计；了解并掌握评定规则和评价指标及其权重，面向学生公开评审方案和评审过程，仔细收集和审核学生的评奖材料，上报评审委员会进行最终评审，审核结果要经得住推敲，并注意做好解释工作。

三是要抓好党支部、班团、实验室、工作室团队建设。课堂、实验室是研究生的主要学习场所，班级是管理研究生的重要阵地，辅导员可以通过组织研究生参与班级风采大赛和申请优秀班集体等活动凝聚研究生班级。研究生党员比例较本科生更高，全面从严治党向基层延伸要求党支部组织全体党员认真开展“三会一课”，党支部是研究生党员表现较为活跃的场所，辅导员可借助该阵地对研究生开展思想政治教育，通过党支部建设带动班团建设。实验室和工作室是研究生开展学习科研时间最多的地方，有助于同专业研究生的传、帮、带；同时辅导员也可以借助导师的力量充分利用实验室、工作室做好培养教育工作。

3. 博士研究生

博士研究生分为几类：一是硕士毕业后考入的全日制博士生；二是在职博士生；三是硕博连读学生和直博学生。这三类博士研究生各有不同。他们有的一直在高校读书还未曾就业，有的已经工作数年又辞职返校读博，有的已经成家，这些不同经历让他们的心态和状态也不尽相同，辅导员要分类开展工作。

全日制博士生一般扎根于实验室和工作室，除了跟随导师做科研与实践项目，其他时间都在上课和写论文。对于这部分博士生，辅导员要适当组织一些课余文体活动，如健身、打球、读书等，鼓励他们参加，缓解课业和论文压力，保持身心健康。

已经有过工作经历的博士生和在职博士生，以及已经成家甚至有孩子的博士生，他们面临着学习、工作、生活等多重压力，难免出现心理和情绪上的波动，辅导员需及时与其沟通交流，给予疏导和人文关怀。当他们因精力和时间不足出现学业困难时，辅导员应与导师多联系、多沟通，了解问题所在，帮助其突破学业困难。

对于直博和硕博连读的博士生，他们的学历是本科，并未获得硕士文凭，这对于他们来说也是一个隐形压力。所以当这类学生在面临科研瓶颈和论文困境的时候，辅导员要多加开导，引导他们理解自己已经比其他博士更早站在博士学位起跑线上，具有年龄优势，多方面疏解其负面情绪。

（二）学生的分类指导

对有不同发展目标的学生，辅导员需要了解其思想动态、具体目标和职业规划，同时对在某一方面表现出明显短板的学生要进行引导和指导。

1. 立志于学习、科研、竞赛的学生

对于这部分被统称为“学霸”的学生，辅导员需做到：第一，对于学习成绩优异的学生，要为他们提供更高更广的平台，推荐他们参加高级别的学术活动和学科竞赛，加入导师课题组进行科研活动或各类夏令营，在科研中增强他们对专业的理解，在竞赛中运用学到的知识，相互促进；第二，对于只关注于学习、科研和竞赛的学生，要多鼓励他们参与到第二课堂、社团活动、勤工助学岗位、社会实践和志愿服务中，多接触社会，全面发展。

2. 热衷于学生组织和社团活动的学生

这部分学生为班团建设、学生组织和社团建设贡献着力量，是辅导员开展学生工作的得力助手，也在工作中不断提升自己的素质和能力。

辅导员应注意：第一，他们的政治素养是否合格，思想态度是否端正，是否有明确的工作目标，还是仅仅为了完成任务；第二，这类学生在开展学生工作的同时是否能保证学业，是否出现缺勤、挂科的现象；第三，他们是否有工作的积极性却没有科学的方法，有热情却没有平衡好学习、工作和生活；第四，这部分学生参与社团活动的动机。

对因学生活动和学生工作已影响学习的学生，要通过课堂考勤、谈心谈话、协同专业老师开展

课堂管理等方式帮助其调整状态；对于缺少方法或无目标的学生，辅导员需给予指导；对于不同动机的学生，辅导员要在理解的基础上加以引导。

3. 活跃于社会实践和志愿服务的学生

这部分学生提前接触社会，更有利于自身社交能力的提高和对社会规则的理解。辅导员要多鼓励与引导有能力、有时间的学生参与社会实践和志愿服务。

辅导员应注意：第一，学生在参加社会实践和志愿服务时，安全性应永远摆在第一位，若校外实践存在安全隐患，应做到强调、要求并确认学生已经购买意外保险；第二，学生参与的项目是否由学校或学院组织，或由学生自行寻找，是否有来自非法组织或来源不明的支持和资助，是否合法并合乎相关部门的规定，是否进行备案；第三，学生参与项目的地点在校外时，辅导员要明确是学生个人独自参与还是校院团队集体参与，何时出校何时回校，如出行距离较远，家长是否知情，是否留下紧急联系人及其联系方式等信息；第四，学生参与项目是否影响课程学习或需要付出过度的金钱与精力，如是，辅导员需及时介入并引导其调整。对于有志于志愿服务的、符合要求的学生，可指导其参加中国青年志愿者扶贫接力计划研究生支教团项目、大学生志愿服务西部计划等。

4. 愿意参与国际化项目（长中短）的学生

国际化项目较考验学生的独立生活能力和国际化能力。对于此类学生，辅导员应推荐其关注学校、学院关于国际合作与交流及其海外留学的网站与板块，推荐学生参加专业相关项目；如学生希望参与短期交流，可积极报名参与学校和学院暑期的国际化交流活动，丰富体验。

辅导员应注意：学生在申请项目时需学工组签字，需要辅导员对申请交换项目的学生进行登记，并确认其是否申请成功，如为半年及以上交换项目，需办理休学手续。另外，要关注学生的家庭是否能够负担学生国际化交流项目的经济支出，如有学生出国意愿强烈而家庭无法负担，要与家长和学生双方做好沟通，协助分析，将最终决定权交在家长和学生手中。

5. 对创新创业感兴趣的学生

辅导员可推荐这类学生参加学校国际创新创业学院“菁蓉班”和学校学院的各类学科竞赛。

国际创新创业学院“菁蓉班”，面向全校各专业、各学科、各年级，对创新创业和新兴技术产业有兴趣的本科和研究生(硕士/博士)，集中国际创新创业学院的内外资源进行重点扶持，培养具备“创新思维和行动胆识”、崇尚“学以致用”的高素质学生。

被国际创新创业学院录取的学生，进入虚拟班级，学制为一学期。在“菁蓉班”中，学生可参加创新创业精选系列讲座以及各类创新创业实习和实践活动，包括研讨会、辩论会、项目培育、项目路演、资金申报、双创竞赛、中美青年创客活动、SRTP、会议会展、业务活动、国际交流、实地参观等，并获得优先推荐参加各类大学生创新创业训练计划、国际交流以及实训项目、MBA 相关课程旁听（由学院推荐和协调）的机会。对于表现优异的学生，学院将在就业创业渠道及资源等方面提供更深入的支持与帮扶。

同时，学校和学院有相应的创新创业活动，应鼓励学生积极参与，以提升学生的专业能力与综合素养。

（三）对重点支持学生群体的帮扶和指导

重点支持学生群体是辅导员在工作中应特别关注和帮扶的群体。辅导员需做到以下几点：一是对这个群体分类建档立卡并录入扬华管理系统；二是对所有学生一视同仁；三是要正视学生遇到的实际问题，应根据学校学院规定帮助其解决；四是要将工作做在平时，理解问题要透彻，帮扶要精准，介入要合情合理；五是在遇到突发情况时要保持冷静、稳定，因势利导、因事而化，科学、合理、有理、有据开展工作。

1. 家庭经济困难学生

经济困难对学生来说与其他类型的困难不同，其主体为学生及其家庭。学生没有固定工作经济收人，无法仅通过个人努力完全克服，需要学校对其直接进行资助和帮扶。

第一，人文关怀。新生入学时要仔细观察，对于家庭经济特别困难的学生，主动带他们去绿色通道申请“生活用品大礼包”，解决学生入学缺少生活用品的燃眉之急；为家庭经济困难的学生和学生家长介绍学费缓交、助学贷款、奖学金、助学金、勤工助学、临时困难补贴等政策，让学生放下过重的心理负担，安心走进大学生活。

第二，精准资助。在开展家庭经济困难学生认定和资助工作时，要认真审核家庭经济困难学生资格，按照学校资助工作体系完成学生贫困身份确认和等级认定。

辅导员应注意：资助工作应做到程序公正和结果公正，保证资助给到需要帮助的人；贫困生个人信息公示应在合理的范围内，公示信息在公示期结束后要及时撤销涉及个人信息的内容；对申请国家助学贷款的学生，要指导学生办理完善借贷手续，开展诚信教育，特别是毕业时要指导办理还款确认手续，督促按期偿还贷款本息。

第三，全方位帮扶。对于家庭经济困难的学生，不仅要从经济上资助，还要在学业、综合能力、思想等方面帮助其进步，要重点关注这部分学生的成长情况和职业规划，鼓励其适当进行勤工助学工作；加强对他们的就业指导，提升其就业能力，为符合条件的学生申请就业补贴，主动向用人单位推荐，毕业就业后持续关注。

第四，资助育人。将资助育人与感恩教育、诚信教育、励志教育相结合，让学生懂得感恩，厚植家国情怀，培育爱校之心。

2. 学业困难学生

对于学业困难学生，辅导员要全面了解情况，弄清楚导致其学业困难的原因，是不适应大学生活难以跟上课程要求，还是因为参与第二课堂过多造成时间、精力分配不合理以致无法完成学习任务；是因为个人的自律性欠缺，还是因宿舍作息不一致影响休息甚至引发宿舍矛盾；是因为失恋导致的状态不佳，还是因近期身体或生理的不适等。只有全面掌握和了解背后的原因才能有针对性地提供帮助。身体和心理健康出现问题的要敦促其尽快治疗，家庭出现变故的要判断是否需要提供临时补贴或其他帮扶，因学习基础差而导致跟不上节奏的可以联合专业教师对其进行指导。总的来说，学生的学业困难往往反映出学生在其他方面出现的问题，要把工作做细做扎实，治标更治本，助其完成基本的学业任务。

3. 心理问题学生

对于出现心理问题的学生，辅导员要根据新生入学心理健康测试结论分类分级，做到心中有数。

辅导员应注意：心理问题是相对专业的问题，辅导员能做的是关怀和疏导，而非心理咨询与治疗。专业的事要交给专业的人来做，以免延误学生病情，造成不可逆转的后果。

具体可参考心理健康教育与危机干预章节的内容。

4. 身体残疾学生

辅导员在新生入学时要认真排查是否有身体残疾的学生，分类登记到名册中。身体残疾学生分为：某些身体部位残缺的学生和某些生理机能存在缺陷的学生。

辅导员应注意：对待身体残疾的学生应与其他学生一视同仁，资助和帮扶都应按照规范的程序和流程办理，辅导员对他们的尊重与关爱，应如春风春雨般润物细无声。

对身体残疾的学生，辅导员应关心：第一，学生是否因身体残疾影响学业，如确因身体原因无法完成被录取专业的学习任务，应建议学生及学生家长及时按照学校教务处和招生就业处的规定办理转专业手续。第二，学生是否因身体残疾影响人际关系，如是，则要分辨是因学生个人自卑心理不愿融入集体还是因个别学生有色眼光造成交流困难，并有针对性地做好思想工作。第三，学生是否因身体残疾影响正常生活。一般来说，这些学生都有独立生活的能力，但毕竟学校住宿生活等条件与家里不同，可能会造成一些困难，辅导员要深入其宿舍了解情况，尽可能提供帮助。

5. 人际交往困难学生

对于这类学生，辅导员要了解原因，根据具体情况与专业人士协同开展工作，对症下药，需要从根本上解决问题。同时，采取一些其他辅助手段进行支持，比如，关注其宿舍生活，看是否需要更换宿舍；请班长、团支书等班级骨干在日常的学习生活中对其多加关照，带其积极参加集体活动，尽快融入班集体；征得其意愿之后，将其安排在辅导员办公室助勤，在日常工作中予以一些指导；鼓励他们积极参加活动，建立与人交往的信心。如因个人生活和学习习惯导致不合群，辅导员可以帮其分析原因，助其调整或改正；如因心理问题导致的人际交往问题，可推荐其去校心理咨询中心进行专业咨询。

（四）对优秀学生群体的培养和指导

对表现突出的优秀学生群体要从两方面进行培养和指导：一方面要对他们的成绩予以肯定，提出表扬，鼓励他们继续向更高峰迈进；另一方面要与他们多沟通，帮助他们从单项突出走向全面优秀，从眼前成绩看向长远的职业规划，从顺境中培养解决问题的能力到在逆境中增强抗压能力，从个人进步到带领团队共同进步，帮助他们将个人发展同集体、社会和国家发展的共同理想结合。

辅导员应注意：第一，要真诚地对这部分学生取得的成绩提出表扬和鼓励，让他们在每一次小的成就感中汲取力量，增强自信心；第二，在肯定他们成绩的同时，也要根据个人具体情况，让其看到自己还有提升的空间，帮助他们全面成长；第三，除了引导他们个人进步，还要引导他们思考个人与集体的关系，要看向远方也要记得来时的路，要能够收获也要懂得感恩，引导他们在不断进步的同时带动更多同学进步。

第二节　助力学生，当好学生的人生导师

习近平总书记在全国高校思想政治工作会议上强调，要教育引导学生正确认识世界和中国发展大势，从我们党探索中国特色社会主义历史发展和伟大实践中，认识和充分把握人类社会发展的历史必然性，认识和把握选择中国特色社会主义的历史必然性，不断树立为共产主义远大理想和中国特色社会主义共同理想而奋斗的信念和信心；正确认识中国特色和国际比较，全面客观认识当代中国、看待外部世界；正确认识时代责任和历史使命，用中国梦激扬青春梦，为学生点亮理想的灯、照亮前行的路，激励学生自觉把个人的理想追求融入国家和民族的事业中，勇做走在时代前列的奋进者、开拓者；正确认识远大抱负和脚踏实地，珍惜韶华、脚踏实地，把远大抱负落实到实际行动中，让勤奋学习成为青春飞扬的动力，让增长本领成为青春搏击的能量。①

辅导员作为党的教育方针在高校的具体落实者，应根据学生成长规律、思想特点和实际需求，明确思想政治教育工作的相关内容，掌握切合实际的方法，寻找有效的途径开展工作，成为学生的政治引路人、文明引导者、灵魂工程师。根据《关于加强和改进新形势下高校思想政治工作的意见》（中发〔2016〕31 号），结合西南交通大学的工作实际，可将思想政治教育工作的内容归结为以下几个方面：

① 《习近平在全国高校思想政治工作会议上强调：把思想政治工作贯穿教育教学全过程 开创我国高等教育事业发展新局面》[OL]. 人民网—人民日报，2016-12-09.

一、思想理论教育和价值引领的内容

1. 理想信念教育

人民有信仰，国家有力量，民族有希望。作为中国特色社会主义事业的建设者和接班人，大学生的理想信念是否正确、是否坚定直接关系到国家的命运和前途。没有理想信念，就会导致精神上“缺钙”。引导和指导学生学习贯彻习近平新时代中国特色社会主义思想，坚定中国特色社会主义道路自信、理论自信、制度自信、文化自信。开展理想信念教育，引导学生将国家命运与个人人生理想相结合，增强大学生为中国特色社会主义事业努力奋斗的信念和决心。

2. 爱国主义与集体主义精神的培养

爱国主义情感是公民对于自己民族和国家所拥有的神圣而美好的心理情感，具有稳定、持久、朴素和真挚的特点。大学生是国家和民族的希望，在日常思想政治教育中把爱国主义情感作为一项战略目标，努力提升大学生家国情怀，引导学生发自内心地投入党和国家的事业中去；在日常思想政治教育中，引导学生学会正确处理个人与集体、国家利益的关系，培养学生形成以集体主义为导向的人生价值取向。

3. 社会主义核心价值观的教育

社会主义核心价值观是当代中国精神的集中体现，凝结着全体人民共同的价值追求。要以培养担当民族复兴大任的时代新人为着眼点，用社会主义核心价值观去引导学生世界观、人生观、价值观的形成，加强学生的国家意识、社会意识、公民意识，同时加强学生的规则意识、法治意识、责任意识、诚信意识，让社会主义核心价值观成为学生的情感认同和行为习惯。

4. 中华优秀传统文化教育

文化是一个国家、一个民族的灵魂。中华优秀传统文化博大精深，凝聚着中华民族自强不息的精神追求和历久弥新的精神财富。要推动中华优秀传统文化融入学生日常思想教育，滋润学生心灵、增强学生自信心。

5. 德育教育

人无德不立，育人的根本在于立德。要教育和培养学生学会做人，加强德育工作，增强学生的个人品德、家庭美德、职业道德，综合提升学生的道德文明素养。

6. 形势与政策教育

形势与政策教育是思想政治教育的重要内容，其核心是教育引导学生准确认识国际国内形势，认识、理解党和国家的立场观点、方针政策，融入四个“正确认识”的教育，增强学生政治敏锐性和社会敏锐度，提升学生正确认识判断趋势，引导学生主动明辨是非，坚定立场，从而增强“四个意识”，坚定“四个自信”，做到“两个维护”。

7. 爱校荣校情感培养

爱校荣校情感培养包括校史校情的普及与教育，讲交大的历史、听交大人的故事、唱交大人的校歌、明交大人的校训、传交大人的精神。帮助学生学习、了解、理解学校的战略定位、学科布局，并引导学生将个人成长发展与学校发展相结合、与国家发展相结合；将交大“严谨治学、严格要求”的“双严”传统，将交大人“竢实扬华、自强不息”的精神，将交大人“精勤求学、敦笃励志、果毅力行、忠恕任事”的校训融入日常的思想政治教育中，帮助学生理解背后的含义，言传身教引导学生践行每一个字。

二、思想政治教育工作的特征

1. 学生对象的差异性和复杂性

思想政治教育贯穿辅导员工作的始终，学生来自五湖四海，有不同的成长环境、性格特点，呈现不同的状态，存在不同的问题，面对各种各样的困难和矛盾，因此，思想政治教育呈现出差异性和复杂性，需要具体问题具体分析。

2. 教育内容的广泛性和综合性

学生的思想政治教育内容十分广泛，包括理想信念教育、道德教育、社会主义核心价值观教育、优秀传统文化教育、爱校荣校教育等。教育内容不仅广泛，彼此之间还有一定的交叉与交融，因此，在思想政治教育中要学会整理归类与精心设计。

3. 教育渠道的多元性和灵活性

教育的渠道广泛，除了思想理论课程外，还可以通过形势与政策课、辅导会、报告会、主题班会、主题活动、一个问题的处理、一次寝室的走访、一次谈心、一个推文、辅导员的言传身教等来实现。因此，在开展思想政治教育工作中，需要开动脑筋，根据实际需要选择合适的方式。

4. 教育方法的外显性和隐形性

思想政治教育既要旗帜鲜明地开展教育与引导工作，如在五四、国庆期间开展的爱国主义教育活动属于显性的教育方法；同时，也要在学生日常的学习生活中开展相对无形的、隐形的、春风化雨般的教育，通过辅导员对学生发自内心的关爱，建立彼此真诚的信任，在学生成长过程中，润物细无声地进行引导和思想塑造。

三、思想政治教育的方法

思想政治教育贯穿于学生成长全过程。思想政治教育的方法是指辅导员为了使学生把党和国家要求的思想观念，包括思想观念、政治观点、道德规范等，逐步内化于心，外化于行而采用的方法。

1. 理论教育法

通过课堂教育，党团班组织的专题理论学习，学校、学院主题讲座，报告会，系列辅导，在线专题学习等方法开展教育。

2. 活动体验法

将教育的要素融入活动中，主题鲜明、精心设计，积极组织学生参与、体会和感受。

3. 实践教育法

组织学生积极通过第二课堂等项目参与社会实践、社会调查、实地走访参观、劳动工作、志愿服务、勤工实践、创新实践、实习实践等实践工作，在实践中自我感悟、自我成长。

4. 环境浸润法

通过线上线下、园区宿舍、实验室图书馆、校内文化氛围的营造，学生能置身于相应环境氛围中，通过熏陶、浸润、启发达到环境育人的目的。

5. 榜样示范法

运用榜样的模范行为、成长经历启发和影响学生。

6. 警示教育法

通过相关典型事件、人物对学生进行教育和警示。

四、思想政治教育的途径

1. 充分利用党课、团课和党团支部活动开展思想政治教育

做好入党申请的工作，利用积极分子党校、发展对象培养过程、党支部组织生活会、校院“青马工程”、主题团课、主题团日活动、主题班会等，开展相关理论的学习，将思想政治教育的元素与内容融入课程与活动中。向党员、预备党员、入党积极分子等优秀学生进行广泛宣传，从而影响更多的学生。

2. 充分发挥思政课堂的作用，开展思想政治教育

辅导员应积极参与形势与政策课程、军事理论课程、思想理论课程，站上讲台，结合课程，开展思想政治教育。

3. 充分把握重大历史事件和重大节庆日的契机

在重大节假日和纪念日，引导学生领会节日、纪念日所蕴含的意义，提升学生的思想境界。把握“五·四”青年节、“一二·九”运动纪念日、建党节、建军节、国家公祭日、反法西斯战争胜利纪念日、长征胜利纪念日等关键历史节点，在国庆节、中华民族传统节庆日、校庆日等开展理想信念、爱国主义精神、爱校荣校等的教育与引导，通过国家举办和组织的重大纪念活动如国家公祭仪式、我国改革发展的伟大成就展等活动分别开展主题教育活动。

4. 充分把握学生成长的每一个重要阶段

在开学季、就业季、毕业季、考试季、实习季开展相应的主题教育，根据学生在不同年级阶段呈现出的特点开展相应的教育。

5. 通过奖助贷补工作开展思想政治教育工作

充分发挥奖助学金的激励引导作用，激励获奖学生奋发向上，并带动更多的学生积极向上；资助工作的开展既要帮助学生解决实际困难，温暖学生，也要在过程中引导学生学会感恩、学会诚信。

6. 谈心谈话工作

这是辅导员开展思想政治教育工作的重要途径。谈心谈话，谈心在前谈话在后，需要充分了解学生、与学生建立彼此的信任后才能有效沟通。掌握有效的谈心谈话技巧、方法、工具可以帮助辅导员提高工作效率。

五、思想政治教育需要注意的工作技巧

1. 教育引导与管理相结合

日常思想教育中，需要将教育引导与管理有机结合起来，用思想政治教育晓之以理，用管理工作导之以行，不能分离，不能事前不教育不引导，事后直接用规章制度来管理与处理。例如，学校的各项规章管理制度，是每一位学生都需要遵守的，应该明确告知学生应该遵守，更应该引导学生去理解规章制度背后的意义，让学生充分理解管理制度的制定初衷，自觉自愿遵守，形成自觉的行为规范。

2. 显性教育与隐形教育相结合

开展思想政治教育，需要尊重学生的独立性、选择性，结合学生的思想状态，在显性教育中增加隐形教育的无声浸润，相得益彰。显性教育具有直接性、灌输性，同时通过营造氛围，以间接的方式开展无形的教育，如氛围的营造、言传身教等方式。此外，辅导员还可以更多地构思与创新润

物细无声的隐形教育方式。

3. 外在教育与自我教育相结合

开展思想政治教育，既要把学生视为教育的客体，对其进行外在教育，也要视学生为教育的主体，重视发挥大学生的自我教育、自我管理、自我服务在成长成才中的作用。辅导员在工作中可以采用榜样示范、平等交流、共同制订方案等多种方式激励学生自我教育与管理。

4. 正面教育与反面教育相结合

正面教育与反面教育是日常思想政治教育中常用的两种手段，表扬激励和惩罚告诫都能发挥相应的作用。但对于具有强烈自立、自主和竞争意识的大学生，一定要注意反面教育的场景、方式、力度，建议更多地采用正面教育方法。

六、辅导员的自我提升

思想政治教育是辅导员重要的工作职责之一，非常具有挑战性，需要辅导员不断进行自我学习、提升。辅导员要扎实掌握党的相关理论与知识，学习习近平总书记系列讲话，学习国家大政方针，积极参加学校组织的培训、专题报告会，积极参与课程教学，认真备课，不断学习提升；积极参与党建、思政课题与项目，在科研中提升理论素养、研究水平，并用以指导实践；在思想政治教育工作中勇尝试、勤记录、多总结、常反思，在开展工作前提前做一些功课并做好记录，经常总结，逐步累积经验；真诚地做学生言传身教的榜样，身正为范，要求学生做到的自己先做到。同时，学生获取信息、知识的渠道很多，辅导员要针对自身的知识盲点，在加强学习与储备的同时与学生交流、向有知识经验的老师请教，共同探讨提升。

第三节　西南交通大学部分思想政治教育品牌活动

西南交通大学在思想政治教育方面狠下功夫，通过理论研究和工作实践摸索打造了一系列有特色、有成果的品牌活动。这些活动以不同形式丰富学生生活，同时在潜移默化中对学生进行了思想政治教育。以下活动仅为学校部分特色活动，同时学校相关部门每年也会有一定的推陈出新，辅导员应及时了解。

一、科研实践类

1. 大学生思想政治素质训练计划（SITP）

SITP（Student Training Program Of Ideological and Political Quality）由学生工作部（处）、教务处、校团委联合开展，自 2018 年 9 月启动第一期之后，每年按期举行。经学院、机关单位推荐，现场答辩专家评审，确定立项项目；通过阶段检查、中期检查、结题答辩等环节进行项目验收。结题项目有一定的经费支持。

2.“扬文欣艺”大学生文化艺术审美与创新训练计划项目（SCTP）

SCTP（Student Training Program of Culture and Art Aesthetic and Innovation）是针对全体在校学生（本研）进行人文素养提升的专项训练计划，该计划由学生工作部（处）组织实施，每年一期，12 月至次年 3 月申报，10 月验收。

SCTP 通过“校园原创文化艺术”和“中华优秀传统文化传承与创新”两个子项目，引导学生主动寻找中华优秀传统文化基因，持续推动校园原创文化艺术的创新性发展，提升学生文化艺术的审美感知能力、创新能力和实践能力。

经过学院初选、学生工作部（处）组织开展立项答辩，邀请专家评委进行评选确定的立项项目将获批一定的经费资助，之后有中期答辩和结项答辩两个环节。

二、立标杆树典型类

1. 西南交通大学十佳班长评选活动

自2018年起，学生工作部（处）于每年4月组织开展校十佳班长评选活动，激励先进，树立典型。原则上担任班长一个学年及以上的学生都可报名参与，以资格审查和材料评分的方式进行初审，以个人答辩展示的方式进行决赛，现场评选出十佳班长，颁发奖杯和证书。

2. 西南交通大学自强之星评选活动

每年4月，校团委与学生工作部（处）联合学院举办年度校自强之星评选活动，经学院推荐（个人自荐）、资料审核、评委初审及终审答辩，评选出 10 名自强之星，在当代大学生中树立可亲、可敬、可行、可学的优秀榜样，促进社会主义核心价值观的培育和弘扬，并在校自强之星基础上推荐优秀学生参与四川省和国家的评选。

3. 研究生党建“领航先锋”工程

根据学校《新时代学生工作振兴行动计划》《2019年学生工作要点》部署，依据《中共西南交通大学委员会关于进一步加强研究生党支部建设的意见》的精神，学校推进研究生党建“领航先锋”工程，从思想引领、夯实基础、强化功能、教育培养、作用发挥等方面入手，切实提升研究生党支部工作水平和能力。

该活动以“年”为单位开展，依托单位为各学院或各研究生党支部，由各学院进行申报，学生工作部（处）组织评审小组对所申报活动的主题、内容、可行性等进行综合评价并经处长办公会批准，审批立项品牌活动、平台建设项目。

4. 研究生十佳主题党日活动

该活动由学生工作部（处）于每年11—12月组织开展，旨在根据每学期研究生党支部建设工程安排，宣传展示研究生党支部建设成果，推动基层党支部工作创新。主题党日活动要求紧密围绕主题，突出思想性、政治性，结合研究生群体特点，结合理想信念和成才报国等。活动形式可以多样，由各研究生党支部自愿申报，学院对申报材料进行审核把关，筛选推荐。学校于12月初组织评选。全校评选总数不超过10项。

三、艺术素养提升与文化传播类

1. 大学生艺术团观摩体验周

围绕“立德树人”根本任务，以文化人、以美育人，学生工作部（处）于每年 4 月组织开展西南交通大学年度国际大学生文化艺术节项目之“大学生艺术团观摩表演体验周”，通过定制艺术体验内容，探索美育工作新方向。

该活动分为训练表演体验与审美观摩体验两部分。校大学生艺术团面向全校非艺术类专业学生招募体验生，让体验生与大学生艺术团的师生一起在艺术训练表演、传统文化观摩体验的过程中零距离接触和感受艺术之美。

活动全程贯彻“一对一”的原则，即在各表演团队遴选优秀团员，负责对接体验生的进团训练日常，建立活动期间的“师徒关系”。双方需遵守“艺术活动体验营师徒契约”，共同营造良好的艺术体验氛围。所有训练表演体验生都有机会登上大学生艺术团一年一度表彰大会暨汇报演出的舞台，同时审美观摩体验生将同艺术团团干前往成都市内具有代表性的传统文化博物馆进行观摩采风，体验传统文化的魅力。

2. 审美与艺术素养提升训练营

该训练营由学生工作部（处）的国家大学生文化素质教育基地办公室和资助管理中心联合开办，通过定制高端文化艺术体验项目，探索美育工作与发展性资助工作相结合的育人模式。

训练营项目内容主要包括国际大学生文化艺术节相关活动、高雅艺术进校园活动及专家讲座、“承唐讲坛”名家讲座、大学生艺术团艺术体验周活动、博物馆参观活动、形体训练、演讲与口才训练、素质拓展训练等。招募对象为已通过学校家庭经济困难认定的在校生，优先考虑当前学期正在参加学校勤工助学的学生。达到结业要求的营员，可获得训练营结业证书和艺术体验与审美修养类第二课堂学时。

3.“创艺交大”大学生原创校园文化艺术项目

学生工作部（处）于 2019 年起启动第一届“创艺交大”大学生原创校园文化艺术作品申报立项工作，每年 3 月开展，鼓励全日制本科生、研究生以团队形式申报，申报类型包括但不限于：声乐、器乐、舞蹈、戏剧、朗诵等表演作品；绘画、书法、摄影、设计、微电影、文创产品等原创艺术作品，体现交大特色和时代特征。验收通过的项目，其项目组成员可同时获得 2 个“艺术体验与审美修养类”第二课堂学时。

四、弘扬中华优秀传统文化类

1. 诚信教育主题活动暨诚信教育宣传作品征集活动

该活动由学生工作部（处）（学生资助管理中心）组织开展，时间为每年 5—6 月。活动以诚实守信为主题，包含“诚信教育宣传月”、诚信教育宣传作品征集、诚信公益征文系列活动，全校在校生和已毕业的学生都可参赛。该活动旨在增强青年学生的诚信意识和责任意识，深入开展诚信教育主题活动暨诚信教育宣传作品征集活动，大力培育和践行社会主义核心价值观，进一步提高学生诚信意识，增强资助育人成效。

2.“感于心·化为行”感恩教育主题文创比赛

该活动由学生工作部（处）（学生资助管理中心）联合学院开展，培养学生感恩父母、感恩母校、感恩社会、感恩伟大祖国，践行社会主义核心价值观，做中华民族传统美德的传承者。以“传递感恩 实践感恩”为主题，全体在校学生都可参与，活动形式为文创比赛（绘画、书法、明信片、手抄报、雕塑、剪纸、书签等文创形式），可组队参加比赛。经过投稿、现场展示，评选出一等奖、二等奖、三等奖和优秀奖。

五、资助育人类

1.“德交蜀方·勤锦通达”勤工助学之星评选活动

该活动由学生工作部（处）于每年 3 月联合学院组织开展，满足参选条件的勤工助学本科生（含校内勤工助学学生、校外兼职学生和资助创业学生）可采取自荐和助勤单位推荐两种方式报名参与，经材料申请及资格审查、初审、决赛答辩，评选出年度“西南交通大学勤工助学之星”10 名，旨在规范学生勤工助学活动，表彰在校内或是在校外勤工助学舞台上表现突出的学生，从而提高学生对勤工助学岗位的关注度，促进勤工助学活动健康、有序开展。

2.“微拍·传递感恩”微视频大赛

为深化资助育人成果，更广泛地宣传国家资助政策，加强对在校学生的感恩教育，学生工作部

（处）联合学院开展“微拍·传递感恩”微视频大赛，每年 4 月举行。作品需紧密围绕“感恩”主题，积极弘扬社会主义核心价值观，传播正能量，体现时代精神，通过作品征集、作品审核、线上投票、线下决赛的方式评选出一等奖、二等奖、三等将和优胜奖。

3.“知幸福·永追随”自强学生感恩主题征文活动

该活动由学生工作部（处）（学生资助管理中心）组织开展，时间为每年 5—7 月，以知幸福·永追随为主题，以宣传国家、学校资助政策及成效为重点，面向接受过国家、学校各类资助（助学贷款、奖助学金、勤工助学、困难补助、代偿等）的在校学生及毕业校友征稿。受助学生紧扣学生资助帮助家庭经济困难学生顺利求学、成长成才这一“资助育人”的主旨，撰文讲述自己在学生资助政策帮助下的青春奋斗故事，或听到见到的感人助学故事，凸显感恩伟大祖国，弘扬社会主义核心价值观，要求感情真挚，内容真实，突出人物个性和独特经历。学生工作部（处）组织相关教师和学生代表组成评审组对稿件进行评审，向获奖稿件颁发证书。获奖作品会在学生工作部（处）“扬华微语”微信公众号予以推送，并择机结集出版。获奖作者会优先参加学校组织开展的各类资助项目和活动。

六、集体建设类

1. 研究生学术素养提升计划班级专项项目（PADP）

PADP（Postgraduate Academic Development Program）是指以班级为载体开展的促进班级成员学术素养提升的研究生学风建设项目，项目建设周期以学期为单位。该项目由学生工作部（处）组织开展，于每年 9 月申报，4 月答辩验收。

开展 PADP 建设的班级应坚持“创新、严谨、实效”的原则，充分发挥研究生班级“自我教育、自我管理、自我服务”的作用，需围绕班级学风建设，促进班级成员学术素养提升。建设的主要内容包括但不限于：思想政治建设、科学精神与学术道德培育、学术素养和科研能力提升、国际视野培养。班级可自行创新设计，项目形式不限，但必须以班级为主办方，鼓励开展跨专业、跨学科、跨学校项目。

项目在每学期初申请立项，立项过程贯彻公平竞争、择优资助的原则。硕士生/博士生一年级的班级均可提出申请，项目负责人为班长，项目指导教师可为导师、院党委副书记、院学生工作组成员等。学生工作部（处）组织评审并择优立项。项目实施过程中，需以班级全体成员为主体，学院（实验室、中心）负责指导。

获批立项的班级最高可获得 2 000 元/（学期·班）的项目经费。每学期获批班级数不高于全校硕士生/博士生一年级班级总数的 30%。

2. 承唐新才研究生骨干培训之“新时代 新担当 新征程”训练营

该活动由学生工作部（处）组织，于每年 9 月开启，每学年遴选 70 名研究生骨干（如班长、党支部书记、研会主要负责人），力求通过理论学习、专题培训、社会实践等方式对其进行持续、有针对性的培养，力求打造一支政治过硬、能力突出、作风优良的研究生骨干队伍。学生工作部（处）组织对报名人进行营员资格审查和学习考核，并在学年末为培训合格者颁发结业证书。

第三章 党团和班级建设

党团组织和班集体是大学生成长的重要空间，党团支部建设和班级建设也是辅导员开展思想政治教育的重要平台，是辅导员工作的重要任务之一。党团组织和班级建设是一项系统的、长期的工程。

第一节 学生党支部建设和班团建设

辅导员开展党团组织和班级建设工作，应当明确相关概念和意义，了解其职能定位、组织特征和培养目标，从而为其育人作用的实现奠定基础并做好相应准备。

一、基层学生党组织

党支部是党的基础组织，是党组织开展工作的基本单元，是党在社会基层组织中的战斗堡垒，是党的全部工作和战斗力的基础，担负着直接教育党员、管理党员、监督党员和组织群众、宣传群众、凝聚群众、服务群众的职责。高校学生党支部是党联系广大青年学生的重要桥梁，是教育、管理、监督学生党员的基本单位，是团结、引导青年学生成长为中国特色社会主义建设者和接班人、服务青年学生成长成才的战斗堡垒。

（一）学生党支部建设工作中应掌握的几个基本知识

1. 党支部设置

党支部设置一般以单位、区域为主，以单独组建为主要方式。凡是有正式党员 3 人以上的，都应当成立党支部。党支部党员人数一般不超过 50 人。结合实际创新党支部设置形式，实现党的组织和党的工作全覆盖。

2. 组织生活

组织生活有广义与狭义之分，狭义的组织生活通常是指“三会一课”。“三会一课”是指按照党章和党内有关规定，定期召开党员大会、党支部委员会、党小组会，按时上好党课。“三会一课”应当突出政治学习和教育，突出党性锻炼，以“两学一做”为主要内容，结合党员思想和工作实际，确定主题和具体方式，做到形式多样、氛围庄重。

（1）党支部党员大会。党支部党员大会是党支部的议事决策机构，由全体党员参加，一般每季度召开 1 次。

党支部党员大会的职权：听取和审查党支部委员会的工作报告；按照规定开展党支部选举工作，推荐出席上级党代表大会的代表候选人，选举出席上级党代表大会的代表；讨论、表决接收预备党员和预备党员转正、延长预备期或者取消预备党员资格；讨论决定对党员的表彰表扬、组织处置和纪律处分；决定其他重要事项。党支部党员大会议题提交表决前，应当经过充分讨论。表决必须有半数以上有表决权的党员到会方可进行，赞成人数超过应到会有表决权的党员的半数为通过。

（2）党支部委员会。党支部委员会是党支部日常工作的领导机构。党支部委员会会议一般每月召开 1 次，根据需要可以随时召开，对党支部重要工作进行讨论、做出决定等。党支部委员会会议须有半数以上委员到会方可进行。重要事项提交党员大会决定前，一般应当经党支部委员会会议讨论。

（3）党小组会。党员人数较多或者党员工作地、居住地比较分散的党支部，按照便于组织开展活动原则，应当划分若干党小组，并设立党小组组长。党小组组长由党支部指定，也可以由所在党小组党员推荐产生。党小组主要负责落实党支部工作要求，完成党支部安排的任务。党小组会一般每月召开 1 次，组织党员参加政治学习、谈心谈话、开展批评和自我批评等。在高年级博士党支部中可根据党小组会要求开展相关工作。

党支部党员大会、党支部委员会会议由党支部书记召集并主持。书记不能参加会议的，可以委托副书记或者委员召集并主持。党小组会由党小组组长召集并主持。

（4）党课。应当针对党员思想和工作实际，回应普遍关心的问题，注重身边人讲身边事，增强吸引力、感染力。一般可吸收入党积极分子一起听课。党课教育要抓好三个环节：认真编写教材；落实好教员；组织好课后讨论。

3. 主题党日

党支部每月相对固定 1 天开展主题党日，组织党员集中学习、过组织生活、进行民主议事和志愿服务等。主题党日开展前，党支部应当认真研究确定主题和内容；开展后，应当抓好议定事项的组织落实。

4. 组织生活会

党支部每年至少召开 1 次组织生活会，一般安排在第四季度，也可以根据工作需要随时召开。组织生活会一般以党支部党员大会、党支部委员会会议或者党小组会的形式召开。

5. 民主评议

党支部一般每年开展 1 次民主评议党员，组织党员对照合格党员标准、对照入党誓词，联系个人实际进行党性分析。党支部召开党员大会，按照个人自评、党员互评、民主测评的程序，组织党员进行评议。党员人数较多的党支部，个人自评和党员互评可以在党小组范围内进行。党支部委员会会议或者党员大会根据评议情况和党员日常表现情况，提出评定意见。

6. 党支部委员会建设

有正式党员 7 人以上的党支部，应当设立党支部委员会。党支部委员会由 3 至 5 人组成，一般不超过 7 人。党支部委员会设书记和组织委员、宣传委员、纪检委员等，必要时可以设 1 名副书记。正式党员不足 7 人的党支部，设 1 名书记，必要时可以设 1 名副书记。

7. 临时党支部

为执行某项任务临时组建的机构，党员组织关系不转接的，经上级党组织批准，可以成立临时党支部。临时党支部主要组织党员开展政治学习，教育、管理、监督党员，对入党积极分子进行教育培养等，一般不发展党员、处分处置党员，不收缴党费，不选举党代表大会代表和进行换届。临时党支部书记、副书记和委员由批准其成立的党组织指定。临时组建的机构撤销后，临时党支部自然撤销。例如在某些攻坚克难、大型活动开展过程中，可以组建临时党支部。

（二）加强学生党支部建设的基本要求

1. 完善组织体系

学生党支部严格按照《中国共产党党支部工作条例（试行）》“凡有正式党员 3 人以上的，都应当成立党支部”的要求进行设置，同时设置过程中应根据“结合实际创新党支部设置形式，使党的组织和党的工作全覆盖”的要求。各学院根据实际情况，一般可按照年级、专业、班级、科研团队设置党支部，常见的有同年级横向设置、同专业纵向设置、根据科研需要与教师党员共同设置等方式，争取实现专业、年级和班级的全覆盖；可通过设立党建工作委员会、党建工作室（中心）、先锋工作室、党建工作小组（助理团）等学生党建组织，实现党员自我管理和自我服务；可通过从优秀辅导员、优秀学生党员中选拔支部书记和委员，选优配强支部成员，提高党支部战斗力；可通过定期举办党务工作培训班、辅导班，提高党务工作能力。

2. 加强制度建设

按照学校党委组织部的要求，根据《中国共产党章程》《中国共产党发展党员工作细则》《中国共产党支部工作条例（试行）》《中国共产党基层组织选举工作条例》等相关文件制度，结合学生党建工作实际，制定、落实各学院的《发展学生党员工作实施细则》《发展学生党员的选拔条件与推荐细则》《学生党支部工作细则》《学生党支部日常工作指南》等规章制度，细化工作措施，促进党建工作制度化和规范化；指导学生党支部落实好“三会一课”制度、党员组织生活制度、民主评议党员及“创先争优”表彰制度等。

3. 规范工作要求

党支部对照党组织建设的要求逐一落实并做好记录，包括但不限于做好支部计划、总结并改进工作，坚持“三会一课”、组织生活会、民主评议、表彰评选、党费收缴、半年/年统、组织关系管理等工作。

4. 严格教育管理

以培养与发展党员为基础，做好入党积极分子、党员的日常教育与管理；以各学院为依托，建设好分党校，开展积极分子、党员日常教育和再教育，党支部书记培训等工作；以学生宿舍园区为抓手，建立党建工作室、党员工作站、党员之家等，开展学生党建和思想教育等工作；以校内外党建实践基地建设为阵地，提升学生党员党性。

5. 强化学习提升

按照学校党委组织部、党委宣传部、党委学生工作部、学院党委要求，建设学习型党支部。党支部根据当年度的学习要求，结合实际，制定学习计划、设计学习形式、深化学习内容、检验学习成果。可邀请学校马克思主义学院老师，博士宣讲团，学院党委书记、副书记等专家进行讲授，可通过学习强国、学习公社、中院网、青年大学习等学习平台获取优质学习资源，可通过读书会、分享会、心得撰写等方式深化学习效果。

6. 丰富党建活动

各学院根据党委组织部、学生工作部（处）的要求，丰富和创新党建活动，形成各学院品牌化、特色化、长期化的系列党建活动，通过丰富多彩的党建活动增强党支部的吸引力、凝聚力、战斗力。

7. 注重榜样引导

可以以全国高校“百个研究生样板党支部”和“百名研究生党员标兵”创建工作，省、市、校、院“先进（优秀）党支部”“优秀党务工作者”“优秀共产党员”评比工作等为契机，挖掘与宣传优秀党支部、优秀党员事迹，树标杆，树形象，形成创先争优的氛围。

8. 持续方法创新

关注互联网、移动互联网时代的新变化和“00 后”学生的思想、心理特征，在学校、学院党委整体部署下，不断拓展新方式、新途径，创新性地做好学生党支部的建设工作。

（三）辅导员工作内容

按照学校党委组织部的要求，辅导员的组织关系均转入相应学生党支部，因此，辅导员在开展党建工作中，既要做好所在支部的引导、指导、辅导工作，也要协助做好所带学生的相关党建工作。

具体工作内容各学院各不相同，一般来讲，专职辅导员需要做好以下工作：

（1）辅导员应当认真学习《中国共产党章程》《中国共产党发展党员工作细则》《中国共产党支部工作条例（试行）》《中国共产党基层组织选举工作条例》等，了解和掌握党建工作相关的基本知识、基本要求、基本原则和基本方法。

（2）辅导员应当做好学生党支部建设的指导工作。

（3）辅导员应当做好党员骨干的培养工作。

（4）辅导员应当做好党员发展、培养工作。

（5）辅导员应当做好党支部活动的指导工作。

（6）辅导员应当做好党员的关心、关爱工作。

（7）辅导员应当充分发挥党员先锋模范作用。

（8）辅导员应当协助各学院分党校承担班主任、党课教师等工作。

二、学生基层团组织

团支部是团的基础组织，担负直接教育团员、管理团员、监督团员和组织青年、宣传青年、凝聚青年、服务青年的职责。高校学生中的共青团员比例较高，西南交大一般为90%以上，一般每个班级建设有团支部，团支部是在班级开展思想理论教育和价值引领最直接、最主要的基层组织。

（一）党和团的关系

中国共产主义青年团是中国共产党领导的先进青年的群团组织，是广大青年在实践中学习中国特色社会主义和共产主义的学校，是党的助手和后备军。共青团中央委员会受党中央委员会领导。共青团的地方各级组织受同级党的委员会领导，同时受共青团上级组织领导。

具体到班级团支部，应接受对应班级、年级或专业党支部的领导，同时接受各对应院系团委或对应年级、专业团总支的领导。

（二）基层团组织和班级的关系

按照《高校共青团改革实施方案》（中青联发〔2016〕18号）、《关于加强新时代团的基层建设着力提升团的组织力的意见》《西南交通大学共青团改革实施方案》（西交党〔2017〕32号），巩固和创新基层团组织建设的重要举措为“突出团支部政治引领作用，实现团支部工作与班委会工作融合发展”，完善支委会与班委会协同工作机制，明确共青团员评奖评优、推荐举荐等重要事项需经过团支部委员会通过，再由团支部大会研究决定。在学院团委的指导下，完善支委会和班委会协调工作机制，倡导学生党员担任班级团支部书记，鼓励团支部书记兼任班长。团支部可根据专业特点和实际情况，在组织委员、宣传委员、权益委员的基础上，适量增设实践委员、科创委员等。

（三）团支部的组织生活

1.“三会两制一课”

“三会两制一课”是指支部大会、支部委员会、团小组会、团员教育评议制度、团员年度团籍注册制度和团课，是团的组织生活的基本制度。落实“三会两制一课”，是共青团保持和增强政治性、先进性、群众性的必然要求，是推进团要管团、从严治团的重要载体，是加强团员思想政治教育和自我教育，强化团员意识，提升基层团组织凝聚力和战斗力的制度保障。开展好“三会两制一课”，对于教育引导团员增强政治意识、大局意识、核心意识、看齐意识，更加紧密地团结在以习近平同志为核心的党中央周围具有重要意义。“三会两制一课”的记录应体现在《团支部工作指导手册》中，并提交“智慧团建”平台。《团支部工作指导手册》一般由团支部组织委员负责保存、记录，“智慧团建”平台管理员一般设置为团支部书记和团支部组织委员。

团支部每年至少召开 1 次组织生活会，组织生活会一般以团支部团员大会、团支部委员会会议或者团小组会形式召开。一般每季度召开 1 次团支部大会，每月召开 1 次团支部委员会会议，根据工作需要随时召开团小组会。团员教育评议工作应当与团员年度团籍注册工作相结合，一般一年进行 1 次。

2. 鼓励入了党的团员参加团的组织生活

《中国共产主义青年团基层组织“三会两制一课”实施细则》中指出：保留团籍的共产党员应积极参加党的组织生活，可不参加团员教育评议和年度团籍注册，自愿参加者不限。为发挥好学生党员对团组织的引领和带动作用，辅导员应鼓励学生党员参加团支部的组织生活，团支部也应将所在支部学生党员的情况及时向该党员所在党支部和辅导员报告。

（四）团支部协同班级工作的主要内容

1. 主题团日活动

团支部应持续开展“四进四信”“学习总书记讲话，做合格共青团员”“复兴交大我的责任，复兴交大我在行动”“我的中国梦”“与信仰对话”等主题教育活动。结合时事热点广泛开展青年大讨论，结合重要节日、庆典开展“五四”“七一”“国庆”等主题活动，组织开展“社会主义核心价值观”主题宣传活动。每学期应至少开展 1 次主题团日活动。辅导员在工作中应指导和参与支部活动，与青年交流、与青年交友，在活动中了解学生、关爱学生、引导学生。

2. 社会实践和志愿服务

所有团员要主动成为注册青年志愿者、网络文明志愿者，每个团支部建立志愿服务支队，团支部书记兼任支队长。支队长应和院级青年志愿者保持联系，在其指导下每学期至少开展 1 次志愿服务活动，积极申报“交通公益”志愿服务季和志愿服务进社区等项目，结合专业开展有特色的志愿服务。

3. 第二课堂

带领支部所在班级所有学生掌握《西南交通大学第二课堂建设实施办法》毕业要求，引导所有学生完成规定学时；辅导员和团支委应每学期掌握第二课堂预警学生名单，对预警学生重点指导和关心；完成第二课堂系统开课。

4. 帮扶困难团员青年

团支委应及时了解和反映青年中的不良情况（包括但不限于沉迷游戏、网络、吸烟、酗酒、晚归等），切实帮助团员青年养成良好行为习惯，切实履职，代表和维护支部团员权益，加强特定群体的帮扶（包括但不限于家庭经济困难学生、学业困难学生、就业困难学生、心理障碍学生等）。通过团的组织生活，及时听取、收集涉及团员切身利益和普遍诉求的问题，及时向上级团组织、辅导员反映，并推动解决。帮助团员青年做好学习和生活规划，帮助团员青年树立远大目标，将个人目标和远大理想结合。

（五）团员管理

1. 推优入党

推荐优秀共青团员做党的发展对象，是党赋予共青团组织的一项光荣任务，是辅导员开展党团和班级建设的重要工作，是发展培养党员工作的重要环节。

“推优入党”工作在校党委的统一领导下，在各二级党组织和校团委的统筹安排下，由各二级团组织负责组织实施，以基层团支部为单位进行。团组织既可推荐团员中的入党积极分子成为党的发展对象，也可推荐团员中的入党申请人成为入党积极分子。

2. 团员发展和超龄团员

保证新发展团员的质量，提升团员队伍先进性，坚持标准、控制规模、提高质量、发挥作用，入团自愿，成熟一个发展一个。

超龄离团情况：研究生高年级可能涉及年满28周岁团员超龄离团情况，应按照《团章》要求办理离团手续，辅导员可以组织团支部召开大会、组织离团宣誓等仪式和活动，欢送超龄团员离团。

3. 组织关系

团员由一个基层组织转移到另一个基层组织，必须及时办理组织关系转接手续。

（1）组织关系转入。新生入校后，辅导员应核对新生团员的团员证、团员档案（或组织关系转接介绍信等证明），统一办理团组织关系转入手续。

（2）组织关系转出。学生团员毕业、退学、转学应及时办理团员组织关系转出手续，组织关系转出应由团支部组织委员核实并办理。

4. 智慧团建

“智慧团建”系统是全团依托网络构建的团员信息管理系统，对团员日常教育管理、团的基层组织管理有较好的辅助作用，也是辅导员开展党团和班级建设工作的网络工具。

三、班集体建设

班集体是大学生参加大学学习、生活、活动和进行自我教育、自我管理、自我服务的重要组织，是立德树人、培养社会主义建设者和接班人的最基本单位。建设积极向上、学风优良的班集体，能够充分发挥朋辈效应；建设纪律严明、秩序井然的班集体能够增强学生的凝聚力和辅导员的影响力、号召力；建设相互支持、和谐互助的班集体，能够增强学生的服务意识、交往能力和团队精神。当前，高校班集体在高校教学和管理中发挥着重要作用，辅导员应重视班集体建设。

（一）高校班集体建设的要求

1. 班级建设应满足学生成长发展的需要

对大学生来说，班级是步入大学集体生活的基础，也是培养大学生正确处理与他人和集体关系的重要场合，为让学生适应大学生活，应从入校开始在班级建设中带领学生共同营造“家”的氛围，学校部分学院通过“助理辅导员”等制度，帮助新生建立班集体，有助于新生入校后融入集体、建设集体。辅导员可通过主题班会、主题团日活动、社会实践活动、文体活动，或组织班级同学参加校、院党团活动、实践活动、文体活动等，增强学生对班级的融入感、认同感。

2. 班级建设要充分发扬民主集中制，实现学生自我管理

班级建设的各项内容都应该确保班级成员共同参与，在涉及评奖评优、推优入党（团）等重大事项时更应发挥监督作用，在思想引领和意识形态方面辅导员应指导班级团支部充分发挥作用。

3. 班级建设应充分发挥班委的作用

根据实际情况结合“突出团支部政治引领作用”要求，按照“团支部工作与班委会工作融合发展”的工作模式，团支部干部也属于班委干部的一部分，辅导员应指导班团干部明确职责和任务分工，指导团支部书记和班长有效开展工作，将思想引领的政治要求同班风学风建设结合，把培养学生成长成才作为出发点和工作落脚点，统筹做好班集体建设。

（二）班级建设所涉及的具体工作

1. 班级大会

班级大会应定期召开，其组织要求可以参考团支部大会的组织要求，即每学期至少召开 2 次班会，参加会议学生应超过班级总学生数的 1/2，有选举任务的班会参加会议的学生应超过班级总学生数的 2/3。在团支部大会和班会开会时间接近的情况下，两者可以同时召开，在讨论、选举、表决团支部大会议题时，非团员学生、受留团察看处分的团员没有表决权、选举权和被选举权，在讨论、选举、表决班会议题时，除法律规定的情况外，所有学生均有表决权、选举权和被选举权。

2. 班委会

根据“团支部委员会可以邀请非支委成员的班委、同学列席，列席人员有发言权没有表决权、选举权和被选举权”的原则，班委会和团支部委员会可同时召开，共同研究班级建设、评奖评优等事宜。在讨论、选举、表决团支部委员会议题时，非团支委的班委有发言权，没有表决权、选举权和被选举权；在讨论、选举、表决班委会议题时，所有班团干部均有表决权、选举权和被选举权。

3. 班风学风建设、寝室和园区建设

每学年初，辅导员应指导班委制定班级学年计划，包括以班集体为单位的班风、学风促进计划以及文明寝室建设计划等。制定班级创先争优方案，塑造优良班风，制定班级公约等。指导班委开展学风督察（课程考勤、集体晚自习、作业反馈等），开展班内学业帮扶，监督班内同学所在的寝室按照文明寝室建设要求完成建设工作（学业帮扶、文明寝室工作见相关章节）。

4. 学生返校报到和学籍注册

寒暑假、国家法定节假日前 3 个工作日，辅导员应指导班委统计学生离校返家（外出）计划，掌握每一名学生离校安排；收假当天（或前一天晚）安排班委协助完成返校点名、报到，了解收假未归学生情况。寒暑假结束后两周内应指导班委完成班级学生新学期学籍注册。

5. 心理健康活动开展

指导班委开展班级内的心理健康教育活动，定期和班委谈心谈话，从班委处了解学生可能存在的心理问题以便及时开展工作（具体相关要求见心理健康工作相关章节）。

6. 教学活动配合

指导班委兼任相关课程课代表或鼓励更多同学担任课程代表，协助任课教师收发作业，提醒教学和考试安排、变动，发放课程相关参考资料。

7. 团支部工作配合和文体活动开展

按照“突出团支部政治引领作用，实现团支部工作与班委会工作融合发展”要求配合团支部工作；结合班风建设计划，指导班委在班级中开展文体活动，如班内趣味运动会、演讲比赛、文艺晚会、辩论赛等，指导班委带领班级同学参加校、院学生组织，社团开展的各类文体比赛，特别是集体项目的文体活动。

四、班团集体建设的建议

（一）团支部大会和班会议事责任分工建议

在“突出团支部政治引领作用，实现团支部工作与班委会工作融合发展”的背景下，不能简单地以团支部大会替代班会或以班会替代团支部大会，即使全班学生均为共青团员，也应明确会议任务与议题的不同。

1. 团支部大会（见表 3.1）

表 3.1　团支部大会

建议时间或重要任务	大会具体任务建议
秋季学期前 3 周	传达、学习。审议上一届支部委员会工作报告；团支委换届选举（或支部成立大会）；讨论建议主要班委候选人；开展学期民主生活会；研究决定是否同意班级推荐参评上一学年评奖、评优的个人；审议下一年支部工作计划
秋季学期第 5～7 周	传达、学习。推荐优秀团员作为入党积极分子；研究决定是否同意推荐优秀的入党积极分子作为预备党员的发展对象；清理团费收缴情况并上缴团费
春季学期前 4 周	传达、学习。团员年度民主生活会、年度教育评议，研究决定评议意见；研究决定对团员的奖励
春季学期第 5～7 周	传达、学习。推荐优秀团员作为入党积极分子；研究决定是否同意推荐优秀的入党积极分子作为预备党员的发展对象
上级组织团员大会或团代会、学院学代会	传达、学习。讨论、提名上级组织候选人提名名单；选举出席上级组织团代会代表；研究决定是否同意班级选举学生代表的选举结果
党、团的全国代表大会，党和国家重要庆典等	传达、学习

2. 班会（见表 3.2）

表 3.2　班会

建议时间或重要任务	班会具体任务建议
秋季学期前 3 周	审议上一届班委工作报告（工作报告应对标《西南交通大学研究生荣誉称号评审管理办法》《西南交通大学本科生荣誉称号评审管理办法》中集体荣誉评选的各项条件）；听取审议各班委工作汇报；班委换届选举（或新生班委选举）；讨论通过学年民主评议和班级学年鉴定意见；推荐参加校、院评奖、评优个人；审议下一年班级工作计划
秋季学期第 14～16 周	总结一学期工作；期末学风学业动员；寒假安全提醒
春季学期前 4 周	听取审议各班委工作汇报；决定中期班委任免；讨论新学期工作计划；学期班风学风建设情况汇报和计划
春季学期第 14～16 周	总结一学期工作；期末学风学业动员；暑期实习和假期安全提醒
节假日前后	安全排查和安全提醒；销假安全排查
选课、大类专业分流、家庭经济困难学生认定、助学金评选等	专业信息掌握、咨询；具体专项信息和办事流程讲解
学生代表大会	选举出席学生代表大会的代表

（二）团支部委员会和班委会议事责任分工建议

1. 团支部委员会（见表 3.3）

表 3.3　团支部委员会

建议时间或重要任务	支委会具体任务建议
秋季学期初	传达、学习。制定、讨论上一学年团支委工作报告和下一学年支部工作计划；提名、讨论新一届团支委候选人名单（新成立支部由上级团组织指派辅导员考察）；提名、讨论主要班委候选人，形成建议人选名单；团支委民主生活会；审议班委会讨论的对每位同学的学生学年鉴定意见

续表

建议时间或重要任务	支委会具体任务建议
团支部大会后	选举团支部书记、副书记，讨论委员分工；研究工作计划，制定具体落实的措施
学期中每月一次	传达、学习。讨论支委分工变化
春季学期初	传达、学习。总结前一学期工作，讨论支委分工变化，讨论班委工作情况，提出中期班委任免建议
上级组织团员大会或团代会、学院学代会	传达、学习。讨论、提名上级组织候选人提名名单；讨论、提名出席上级组织团代会代表候选人名单；研究班级提名的学生代表候选人名单
党、团的全国代表大会，党和国家重要庆典等	传达、学习。讨论团支部组织传达和学习的方案

2. 班委会（见表 3.4）

表 3.4　班委会

建议时间或重要任务	班委会具体任务建议
秋季学期初	在听取各班委工作汇报的基础上制定班委工作报告；提名新一届班委成员；讨论初拟学年民主评议和班级学年鉴定意见
班会结束后	研究工作计划，制定具体落实措施
学期中每月一次	研究具体工作落实
春季学期初	在听取班委工作汇报基础上，总结第一学期工作，对标工作计划，制定具体落实措施
学生代表大会	提名并决定出席学生代表大会代表候选人

（三）团支委和班委工作分工建议（见表 3.5）

表 3.5　团支委和班委工作分工建议

职务	基本职责	兼任说明
团支部书记	主持团支部的全面工作，落实“三会两制一课”。 （1）及时传达上级团组织和学院团委的指示精神，制订各项工作计划和总结； （2）定期主持召开团支部委员会和团支部团员大会； （3）组织支委成员进行理论学习，抓好支委的自身建设； （4）协助辅导员开展支部所在班级思想引领工作，负责开展支部所覆盖的班级日常教育工作，关心全体青年的思想、工作和学习，及时了解和掌握全班学生的思想动态； （5）负责团支部“推优入党”工作、团员发展工作； （6）负责团员教育评议工作； （7）负责班团“第二课堂”相关工作； （8）检查、监督团支部决议的执行情况，检查、监督、协调团支委工作和班委工作，按时向上级团组织汇报； （9）可兼任本班志愿服务支队队长、青年突击队队长，在急难险重任务面前起到模范带头作用	不可兼任团支部组织委员、团支部宣传委员、青年权益委员

续表

职务	基本职责	兼任说明
班长	（1）全面负责基础班务工作： ①全面统筹班级“班风、学风、室风”建设，组织班级申优、评优工作，团结班级成员共同争取集体荣誉；定期召开班委会，主持协调班委工作； ②协助辅导员做好事务工作，积极参加学院召开的班长工作会，做好记录，安排班委和同学落实事务通知，向辅导员、班导师反馈同学意见，定期组织召开班会，安排做好班会记录并按时上交； ③负责班级安全稳定工作，包括班级同学出现异常情况（心理问题、晚归、夜不归宿等）的汇报反馈工作，安排做好统计节假日、寒暑期离返校同学名单，汇总整理上报辅导员，并提醒班级成员安全等相关事项。 （2）协助团支部书记做好团员日常教育工作。 （3）负责开展班团各项活动。 （4）协助团支部书记制订工作计划和总结工作情况	非共青团员不得兼任团干部
团支部宣传委员	（1）组织开展主题团日活动。 （2）组织团员参加团课学习。 （3）组织班级成员参加班会。 （4）负责团员团籍的注册管理、团情统计、团费收缴、团员组织、发展团员、关系转接等。 （5）负责填写团支部工作手册，团支部各类文件的收发、整理、保存；“智慧团建”信息维护、管理；负责班会记录、存档。 （6）入校和毕业时组织关系转接。 （7）协助团支部书记完成“推优入党”工作	不可兼任团支部书记、团支部宣传委员、青年权益委员
	（1）负责开展支部网上阵地建设工作，负责班级主页或媒介的运营管理，完成团支部会议、活动的前期推广和后期新闻宣传等工作； （2）协助团支部书记开展团员教育评议工作； （3）协助团支部书记开展思想引领工作和团员的日常教育工作； （4）负责“青年大学生”网上主题团课、“青年讲师团”团课的宣传提醒工作； （5）负责支部所在班级经典阅读工作； （6）兼任院级新闻宣传通信员，报送班团亮点事迹、好人好事素材，向校、院媒体投稿	不可兼任团支部书记、团支部组织委员、青年权益委员
青年权益委员	（1）关心团员的思想和生活，及时了解、收集学生对学校生活服务各方面的意见和建议，了解广大团员的权益诉求； （2）开展团员青年困难帮扶工作（如生活帮扶、学习帮扶、心理疏导等）； （3）与学生会和上级团组织对接好团员的合理诉求反映工作，维护团员的正当权益； （4）负责寝室团小组的管理工作； （5）负责节假日团员联系工作	不可兼任团支部书记、团支部组织委员、团支部宣传委员，建议兼任生活委员

续表

职务	基本职责	兼任说明
学习委员	（1）组织开展班级学风建设工作： ①课程考勤和课堂纪律维护； ②作业收发与监督提醒； ③集体晚自习组织； ④班内学业困难学生的学业帮扶； ⑤考风考纪提醒和教育。 （2）掌握培养计划要求，做好调停课、实习、重修、补考、选课等事宜的通知；引导督促学生完成第二课堂学时。 （3）分析学业数据。 （4）每学期第1～2周将已报到学生的学生证收齐，在学院本科生教务办公室办理注册和火车票优惠凭证充磁等事宜	可以兼任实践创新委员
生活委员	（1）负责本班文明寝室的室风建设，学习并熟悉宿舍管理规定，文明宿舍评选制度，并向同学们做好宣传讲解工作；定期检查班级宿舍卫生、是否沉溺游戏等事项。 （2）负责本班宿舍的安全稳定工作： ①定期检查违章电器、饲养宠物等违反寝室管理规定的行为，如发现宿舍安全隐患及时制止并上报辅导员； ②组织本班学生每年参加园区应急疏散演练，带领学生熟悉应急疏散路线。 （3）负责班费收支与管理。 （4）协助处理本班寝室维修、报修事宜	建议兼任青年权益委员
心理委员	（1）学习、宣传普及心理知识； （2）负责收集本班同学心理健康信息； （3）帮助有心理困惑的同学，配合相关单位开展心理健康教育、心理健康测评系列工作等； （4）组织班级同学参加院系与学校的心理素质与身体素质类第二课堂项目	可以兼任文娱委员、体育委员
文娱委员	（1）组织班级文娱类活动，丰富班级同学课余文化生活； （2）组织班级同学参加院系与学校的艺术体验与审美修养类第二课堂项目； （3）组织班级同学参加合唱比赛、文艺晚会； （4）配合团支部宣传委员做好“经典阅读”活动推广	可以兼任心理委员、体育委员
体育委员	（1）组织班级体育类活动，负责本班、团支部“三走”系列活动； （2）组织班级同学参加院系与学校的心理素质与身体素质类第二课堂项目； （3）负责体育课程的学风建设工作； （4）带领班级同学达到《学生体质健康标准》相关要求	可以兼任心理委员、文娱委员
实践创新委员	（1）组织参与各类科创活动； （2）组织开展社会实践和志愿服务活动； （3）组织本班同学参加“互联网+”“挑战杯”“创青春”等竞赛和各学科专业竞赛； （4）鼓励同学积极参加出国出境长中短交流活动，收集整理传递相关信息	可以兼任学习委员

五、班团集体荣誉

集体荣誉和奖励在调动学生参与班集体活动积极性和主动性的同时，也能让学生明确集体建设的方向与标准，收获集体荣誉感，增强集体凝聚力、向心力，有效推动班团集体建设。

按照《西南交通大学本科生荣誉称号评审管理办法》，参加各类本科生集体荣誉评选的班级应当具备以下条件：

（1）班级同学拥护中国共产党领导，坚持四项基本原则，树立爱国主义思想，树立中国特色社会主义共同理想，积极弘扬和践行社会主义核心价值观。

（2）班级组织机构健全，班干部以身作则，并在班级建设中起到模范带头作用。

（3）班风学风优良，班级同学学习勤奋刻苦，寝室文化和谐向上。

（4）积极组织开展有益同学身心健康、成长成才的学术、科技、文艺、体育等活动。

（5）班级同学遵守宪法、法律、法规，遵守学校章程和规章制度，在参评学年、评优工作周期内没有受学籍处理和纪律处分的情况。

（6）班级同学在学习成绩、科技竞赛、志愿服务、公益活动、社会实践、创新创业、学生活动、寝室卫生等某一方面或多方面成绩突出。

按照《西南交通大学研究生荣誉称号评审管理办法》，参加各类集体荣誉称号评选的班级应当具备以下条件：

（1）班级同学拥护中国共产党领导，树立爱国主义思想，坚定中国特色社会主义道路自信、理论自信、制度自信、文化自信，树立中国特色社会主义共同理想，积极弘扬和践行社会主义核心价值观。

（2）班级组织机构健全，班干部以身作则，并在班级建设中起到模范带头作用。

（3）班风学风优良，班级学术氛围浓厚，学术风气端正；班级能积极组织开展有益同学身心健康、成长成才的学术科技文体活动；寝室文化和谐向上，班级凝聚力强。

（4）班级同学遵守宪法、法律、法规，遵守学校章程和规章制度，在参评学年、评优工作周期内没有受学籍处理和纪律处分的情况。

综合整理近年来评选“示范团支部”的要求，参加团组织的集体荣誉称号评选的班团集体应具备以下条件：

（1）政治建设好。组织团员青年认真学习党的十九大精神和习近平新时代中国特色社会主义思想，加强对团员的理想信念教育和国情教育，增强“四个意识”，坚定“四个自信”，做到“两个维护”。

（2）组织基础好。积极宣传党的主张，坚决贯彻党的决定，有效履行组织青年、宣传青年、凝聚青年、服务青年职责。组织设置规范，工作制度健全，按期换届，认真履行民主选举程序。规范开展团员教育、管理、监督，认真做好发展团员、“三会两制一课”、团费收缴、团支部整理整顿等工作。积极开展基层团建创新探索。

（3）工作效果好。坚持政治性、先进性、群众性，工作活跃，有一项以上特色活动，有效吸引团员青年积极参与。主动参与区域化团建，在联系和服务青年方面成效明显，得到所在单位和青年的高度认可。

（4）班子建设好。团支部委员会成员政治好、工作能力较强，认真落实上级团委的各项工作要求，扎实有效开展团的工作，在团员青年中有较高的认可度。

（5）所属团员积极参加“青年大学习”网上主题团课学习。

（6）组织参加大学生志愿服务系列活动。

（7）所属团员、团干部均已完整录入“智慧团建”系统，并及时更新录入信息；基础团务开展情况在“智慧团建”系统中有体现；整理整顿工作状态为合格，并且未被纳入重点整顿行列。

班团集体可参与的校级集体评优如表 3.6 所示。

表 3.6　班团集体可参与的校级集体评优

奖项	可参评集体	评审的组织单位	数量或比例	评审时间
忠忱班集体-研究生	研究生班级	党委学生工作部	10 个	每年 9—11 月
优秀班集体-研究生	研究生班级	党委学生工作部	15%	每年 9—11 月
忠忱班集体-本科生	本科生班级	党委学生工作部	10 个	每年 9—11 月
先进班集体-本科生	本科生班级	党委学生工作部	15%	每年 9—11 月
特色班集体-本科生	本科生班级	党委学生工作部	5%	每年 9—11 月
校级示范团支部	本研团支部	校团委	10 个	每年 3—4 月
院级示范团支部	本研团支部	校团委	每年下达	每年 3—4 月

六、学生组织和社团

学生组织、社团是高校学生除所在班级外，学习、生活和参加第二课堂的重要集体，是学生教育管理的重要阵地。

校级主要学生组织有校学生会、校研究生会、校社团联合会、校青年志愿者联合会等。截至 2019 年年底，学校校级社团有理论研究类、学术科技类、校园服务类、体育健身类、文化艺术类、公益实践类 6 大类 175 个学生社团。坚持指导社团在日常工作中落实“七个一”工程，即一个管理单位，一个指导单位，一个考核单位，一位指导老师，一个团支部，一部章程，一项品牌活动，旨在深入开展有内容、有价值、有意义的学生社团活动，拓宽学生知识面，全面丰富校园文化生活。

院级学生组织主要有学生会、研究生会、青年志愿者协会；根据各学院工作安排和实际特点，还设置有班团建设中心、新闻中心、科技创新创业中心、学业发展中心、职业生涯发展与规划中心、学生校企合作中心、校友服务中心等。

学校对社团的管理需要按照《高校学生社团建设管理办法》《西南交通大学特色社团培育实施方案（试行）》要求组织落实，辅导员应了解学生参加学生组织和社团情况，特别要杜绝学生参加未按照社团管理办法注册的学生组织和社团的情况。在实际工作中，辅导员应宣传学校学生组织和学生社团，鼓励学生在学生组织和社团中提升综合素质，拓展知识面，增加实践机会。辅导员也可申请担任社团指导老师和社团思想政治指导老师，在深入学生社团的同时开展思想政治教育工作。

第二节　学生干部的培养与管理

本节简要分析学生干部在学生工作中起到的作用，提出学生干部的选拔和培养标准以及能力要求，以帮助辅导员开展学生干部的培养工作。

一、学生干部的作用

学生干部是活跃在校园中学习、生活的一支重要队伍，是辅导员的得力助手，是实现学生集体建设、自我管理、自我服务的强大力量，有利于构建起党团组织和学生、学校和学生、教师和学生之间的沟通桥梁。

大学期间经过学生干部工作和锻炼的学生，在理想信念、综合素养上可以得到较大提升。学生干部在同学中形成的信任、友谊和产生的威信有利于其协助辅导员开展工作。

二、学生干部的选拔、培养标准

学生干部是学生中的骨干，必须有坚定的理想信念、良好的群众基础、优良的工作作风、优秀的综合能力。

（1）政治合格：具有相应的理论水平，带头贯彻落实习近平新时代中国特色社会主义思想，高扬理想旗帜，坚持讲学习、讲政治、讲正气，坚决执行党的教育方针。

（2）品行端正：带头弘扬社会主义核心价值观，团结同学、助人为乐、踏踏实实、全心全意为同学服务，有强烈的责任感，能够落实学生干部岗位的职责要求，勤于思考、用于创新、不怕困难。

（3）学习优良：有合理规划，能够兼顾自身学业和学生干部工作，取得优良成绩，在学生中起到带头作用。

（4）能力突出：谦虚好学，不断提升工作能力和水平。

三、学生干部的一般分类和相关的任职要求

学生干部的一般分类和岗位要求如表 3.7 所示。

表 3.7　学生干部的一般分类和岗位要求

分类	职务	任职要求及培养目标
学生党务工作者		1. 政治面貌为中共党员，有较高政治觉悟，能够增强“四个意识”，坚定“四个自信”，坚决做到“两个维护”，能够认真贯彻执行党的路线、方针、政策，政治立场坚定。 2. 能力突出，有较好的分析、组织、协调、动员能力，能够有意识地运用马克思主义立场、观点、方法分析和解决实际问题，有团组织工作经验者优先。 3. 态度积极，主动、善思、好学，能够解放思想、实事求是，立足具体工作实际积极探索党务工作的方法和途径，创造性地开展工作。 4. 作风优良、求真务实、脚踏实地、埋头苦干，真心实意为党员和学生服务，在党员和学生群体中有较高威信。 5. 遵规守纪，依法办事、严于律己、公道正派，自觉接受监督，不滥用职权，不谋求私利
院级团组织学生干部	团委副书记（学生兼职）	1. 政治面貌为中共党员、中共预备党员或共青团员，组织关系在所在学院。 2. 增强“四个意识”，坚定“四个自信”，做到“两个维护”，具有履行岗位职责所需要的理论素养和政策水平，具有坚定的政治立场和政治方向，能认真贯彻执行党的路线、方针、政策。 3. 熟悉并热爱共青团工作，具有较强的组织协调能力、文字表达能力和管理应变能力；工作积极主动，求真务实，开拓创新，具有强烈的创先争优意识、敬业奉献精神和团结协作能力，有团组织工作经历者优先。 4. 学习成绩优良。 5. 群众基础好。作风正派，诚信守法。密切联系青年，在青年中具有较高威信，能较好地发挥模范带头作用
	团建中心主任	1. 政治面貌为中共党员、中共预备党员或共青团员，组织关系在所在学院。 2. 政治觉悟较高，历年来团员教育评议等级在“合格”以上。 3. 熟悉并热爱共青团工作，具有较强的组织协调能力、文字表达能力、事务工作处理能力，有团支部工作经历者优先。 4. 学习成绩优良。 5. 群众基础好，作风正派，诚信守法
	团建中心部长	

续表

分类	职务	任职要求及培养目标
院级团组织学生干部	团建中心干事	1. 政治面貌为中共党员、中共预备党员或共青团员，组织关系在所在学院。 2. 政治觉悟较高，历年来团员教育评议等级在“合格”以上。 3. 熟悉并热爱共青团工作，具有较强的组织协调能力、文字表达能力、事务工作处理能力，在任团支部委员优先。 4. 学习成绩优良。 5. 群众基础好，作风正派，诚信守法
学生会、研究生会干部	主席团成员	1. 政治觉悟高，增强“四个意识”，坚定“四个自信”，做到“两个维护”，政治面貌是共青团员、中共党员且历年来团员教育评议等级在“合格”以上者优先。 2. 品学兼优，综合排名在同专业同年级前30%。 3. 全面了解学生会的建设要求和各项工作，具备较强的领导、组织和协调能力。 4. 有良好理解沟通能力、表达能力、团队合作能力，能够和学生会干部团队、学生组织干部、班团干部、社团干部、校学生会和兄弟学院学生会团队间协同合作，为广大学生服务。 5. 有较强学习能力和创新能力。 6. 有两年以上高校班团工作经历或高校学生会、学生社团工作经历者优先，作为骨干的集体获得校级以上集体荣誉表彰者优先
	部长、部委	1. 政治觉悟高，增强“四个意识”，坚定“四个自信”，做到“两个维护”，共青团员历年来团员教育评议等级需在“合格”以上。 2. 品学兼优，无培养计划中的未通过课程。 3. 具有较好的执行力和有效的计划、组织与协调能力。 4. 了解学生会的建设要求和各项工作，全面了解所在部门的职责要求和工作方法。 5. 有良好理解沟通能力、表达能力、团队合作能力，能够和学生会主席团、兄弟部门、同学院学生组织干部协同合作。 6. 有社团干部、班团干部经历者优先
	干事	1. 政治觉悟高，增强“四个意识”，坚定“四个自信”，做到“两个维护”，共青团员历年来团员教育评议等级需在“合格”以上。 2. 品学兼优，能够做好时间管理，有效分配学习时间和工作时间。 3. 具有较好的执行力和有效的计划、组织与协调能力。 4. 谦虚好学，认真掌握所在部门的职责要求和工作方法。 5. 有良好理解沟通能力、表达能力、团队合作能力，能够和学生会主席团、兄弟部门、同学院学生组织干部协同合作。 6. 有社团干部、班团干部经历者优先
学生组织干部（青年志愿者协会、新闻中心、科创组织等）	参考学生会组织的干部设置	除了参考学生会组织的干部要求外，应对学生组织所负责的专项工作有浓厚兴趣（干事）、有工作经历（部委）、有工作经验（主席团）

续表

分类	职务	任职要求及培养目标
班团干部	团支部书记	1. 政治觉悟高，增强“四个意识”，坚定“四个自信”，做到“两个维护”，共青团员历年来团员教育评议等级需在“合格”以上，中共党员和中共预备党员优先。 2. 具有良好的群众基础、领导能力、组织能力和良好的人际交往和沟通能力，能够带领班团创先争优，凝聚班级同学。 3. 熟悉团支部工作各项要求，起到思想引领作用，带领全班同学坚定不移跟党走。 4. 具有强烈的责任感，愿意在班团工作中担当作为。 5. 品学兼优，无培养计划中的未通过课程。 6. 符合党员发展条件，带头向党组织靠拢
	团支部委员	1. 政治觉悟高，增强“四个意识”，坚定“四个自信”，做到“两个维护”，共青团员历年来团员教育评议等级需在“合格”以上，中共党员和中共预备党员优先。 2. 具有良好的群众基础、领导能力、组织能力，良好的人际交往和沟通能力，能够凝聚班级同学。 3. 熟悉团支部工作各项要求，有较强行动力，能够协助团支部书记起到思想引领作用，带领全班同学坚定不移跟党走。 4. 具有强烈的责任感，愿意在班团工作中担当作为。 5. 品学兼优，无培养计划中的未通过课程。 6. 符合党员发展条件，带头向党组织靠拢。 7. 较强文字表达能力和物品、事务归纳整理能力
	班长	1. 政治觉悟高，增强“四个意识”，坚定“四个自信”，做到“两个维护”，政治面貌是共青团员、中共党员且历年来教育评议等级在“合格”以上者优先。 2. 具有良好的群众基础、领导能力、组织能力，良好的人际交往和沟通能力，能够带领班团创先争优，凝聚班级同学。 3. 熟悉班级班风学风建设和各项事务工作，有较强的行动力，能够协助团支部书记开展思想引领工作，带领班委干部完成各项事务工作。 4. 具有强烈的责任感，愿意在班风学风建设中担当作为。 5. 品学兼优，无培养计划中的未通过课程
	其他班委	1. 政治觉悟高，增强“四个意识”，坚定“四个自信”，做到“两个维护”，政治面貌是共青团员、中共党员且历年来教育评议等级在“合格”以上者优先。 2. 具有良好的群众基础、组织能力和良好的人际交往和沟通能力，能够带领班团创先争优，凝聚班级同学。 3. 熟悉所负责的事务工作，有较强的行动力，能够协助团支部书记开展思想引领工作，带领班委干部完成各项事务工作。 4. 具有强烈的责任感，愿意在班风学风建设中担当作为。 5. 品学兼优，无培养计划中的未通过课程（学习委员要求排名达班级前30%）
兴趣社团干部 （辩论队、合唱队、 体育运动队、院属社团、 俱乐部等）	参考学生会组织设置，参考班级团支委干部设置建立团支部	除参考学生会组织的干部要求外，还有以下要求： 1. 热爱兴趣社团所对应的项目； 2. 熟悉项目的规则和活动开展的规律； 3. 有组织相关活动的经验，能够向他人推广宣传社团积极向上的活动

四、学生干部的培养体系

（一）学生党员骨干培训

全校的学生党员骨干培训由学生工作部负责组织实施，主要包括：学生党员骨干培训、研究生“承唐新才”骨干培训、学生党员干部主题教育实践。又分为理论培训、主题教育实践、社会实践、团体辅导、素质拓展等内容，旨在开展学生党员的思想引领，切实发挥学生党员思想上的模范带头作用。开展服务能力提升训练、领导和组织能力培训等，提升学生党员骨干的业务素养，从而更好地服务学生并树立威信。

学院的学生党员培训应覆盖所有学生党员，按照学院党委统一部署开展，内容包括学生党员时政热点研读班、学生党员主题教育活动和主题实践活动、党务和组织工作培训等，旨在做到对学生党员的思想教育常态化、全覆盖，提升学生党支部工作水平，带领学生党员时刻保持先进性，从而树立标杆，引领青年学生成长。

辅导员工作内容如下：

（1）掌握所带学生中的党员、预备党员、入党积极分子情况，了解学生党员骨干的思想政治表现、性格特点、兴趣爱好等，以便分类指导和推荐参加各类培训，同时发挥特长参与到学生思想引领工作中。

（2）积极向学院党委推荐参加骨干培训的学生。

（3）引领学生党员在实践中起到模范带头作用，巩固思想政治教育成果，如：学生党员为班团讲党课、团课，学生党员担任班团主要干部，学生党员带头参加社会实践、志愿服务，学生党员帮扶学业、生活等方面有困难的同学等。

（二）“青年马克思主义者”培养工程

“青年马克思主义者培养工程”（简称“青马工程”）于 2007 年启动，旨在通过教育培训和实践锻炼等行之有效的方式，不断提高大学生骨干、团干部、青年知识分子等青年群体的思想政治素质、政策理论水平、创新能力、实践能力和组织协调能力，使其进一步坚定跟党走中国特色社会主义道路的信念，成长为中国特色社会主义事业的建设者和接班人。

1. 培养层次

（1）全国、四川省“青马工程”高校班、大学生骨干培养学校等由校团委负责组织推荐。

（2）西南交通大学“青马工程”培训班（见表 3.8）。由校团委配合校党委组织部（党校）开展，每年开展一期，分为“精英人才班”“骨干人才班”“储备人才班”。

表 3.8 “青马工程”的培训内容

类别	培养方案	培养对象
精英人才班	以两年为周期，通过理论学习研修、社会实践锻炼、促进交流合作、加强培养使用等方式，进行持续、有针对性的培养，使之成为具有坚定政治信念、现代管理素质和较强创新创业能力的优秀管理人才，为学校和地方发展发现、培养和储备一批优秀人才，为中国特色社会主义事业培养建设者和接班人	全日制本科三年级、本科四年级（已获推免攻读本校研究生资格）、研究生一年级的在校学生，忠于祖国，热爱人民，拥护中国共产党的领导，品行端正，遵纪守法，身体健康，品学兼优，年龄一般不超过 30 周岁。优先考虑毕业后愿意留在西部地区从事党政管理工作的学生。 按照学校要求开展组织推荐和自荐，经资格审查和面试确定 30 人左右的录取名单
骨干人才班	以一年为培养周期，坚持不懈地用社会主义核心价值体系教育青年，通过教育培训和实践锻炼等行之有效的方式，培养“青年马克思主义者”	校团委下属学生组织、各学院学生会、研究生会及社团的骨干成员

续表

类别	培养方案	培养对象
储备人才班	以6~8个月为培养周期，坚持不懈地用社会主义核心价值观教育青年，用马克思主义中国化的最新成果武装青年，通过教育培训和实践锻炼等行之有效的方式，不断提高大学生骨干、共青团干部、青年知识分子等青年群体的思想政治素质	重点培训新生团支部书记和新任职团支部书记的基础党团知识，提高支部工作水平，培养优秀学生骨干后备军

（3）各学院“青马工程”培训班。

各学院团组织根据实际情况开展的以培养中国特色社会主义建设者和接班人为目标，针对青年学生开展的培训班，涉及课程可包括思想政治理论宣讲、实践锻炼、青年讨论等。

2. 辅导员工作内容

（1）在院级、校级层面的“青马工程”培训班中担任兼职班主任、班导师等或受聘为“青年讲师团”成员，面向“青马工程”培训班开课。

（2）按照学院团委安排，推荐参加院级、校级“青马工程”培训班的学员。

（3）关心“青马工程”培训班学员的学习效果，并引导、帮助其在班团工作中发挥作用。

（三）业务能力培训

业务能力培训指由学校、学院、学生组织、社团、辅导员等根据工作需要开展的，针对工作方法、工作能力、工作实务开展的培训。例如学生记者培训、通信员培训、艺术体验培训、海报和广告设计培训、PPT 设计制作培训、办公自动化软件培训等。这些培训往往可以帮助学生干部提高实际工作中使用现代工具、掌握相应技能，是提升学生干部工作效率的有效方法。

辅导员可结合自身特长和工作需要开展培训，可以用讲座、沙龙、工作坊或个体指导等形式，覆盖范围除自己所带学生外，还可以延伸到全院乃至全校的学生干部，促进全校学生干部能力和业务素质的共同提升。部分培训可以融入“第二、三课堂”“青马工程”“学上党员骨干培训”中。

五、学生干部的关爱和管理

（一）思想引导

学生干部是学生中的骨干力量，对其他学生有一定的影响力，要全面加强对学生的思想引领，就要抓好“关键少数”，首要任务就是帮助学生干部增强“四个意识”，坚定“四个自信”，做到“两个维护”。工作中，辅导员应以身作则，通过谈心谈话、工作会议、工作指导、日常工作等向学生展现良好的政治素养。

（二）工作指导

工作中，辅导员对学生干部要高标准、严要求，特别是在日常学习、工作作风、行为规范方面，做到“严管与厚爱”。同时，辅导员应帮助学生干部提升管理能力，改善工作方法，做到“把握原则、充分信任、多教方法”。例如，组织活动时，发挥学生干部主观能动性，鼓励其积极主动、善于创新，辅导员帮助学生干部在工作中把握方向、掌握原则，善于在工作中发现学生干部的优点，给予肯定和鼓励；针对当代学生的特点，善于发现其容易接受的批评方式，对待缺点和错误时要既不打击其积极性，又帮助学生改正与改进。

（三）心理和学业关爱

学生干部本质上还是学生，特别是低年级学生，因进入大学后角色转换、身份适应不及时，学习压力和工作压力同时加剧，加上工作方法不成熟可能导致同学的怨言等，可能会产生较大心理压力。

（1）辅导员应从日常表现、工作状态、学生反馈等方面了解学生干部的心理状况，对于付出的努力给予肯定和鼓励，对于学生的困惑帮其解答、解决，在关键问题上，应站稳立场、敢于担当，做好学生干部在班团自我管理、自我服务中的强大后盾。

（2）辅导员应关心学生干部的学业情况。部分学生干部在学习、工作之间无法平衡，甚至学业跟不上的同时工作也出现了疏漏，导致学生干部产生抱怨、倦怠的情形。这可能是学生干部在态度、方法、能力、时间规划上出现了问题，辅导员应帮助学生干部对学业、学生工作、课余生活进行梳理，对态度、方法、能力进行指导，帮助学生全面发展。

（3）肯定优秀学生干部所做的工作和所取的成绩，宣传优秀学生干部事迹，推荐优秀学生干部参加表彰。

六、学生干部的考核及荣誉体系

（一）考核评议

制定定量考核与定性考核相结合的考核评议方式，其中学生党员干部应符合《党章》、学生团干部应符合《团章》等的相关规定，考核应本着公平、公正、公开的原则，应遵循民主集中制的原则。可以根据学生干部岗位不同、服务对象不同予以分类考核，建立不同标准。常见学生干部的定量考核指标可参考表 3.9。

表 3.9　学生干部的定量考核指标

类别	建议定量指标要素
班团干部	班团集体创先争优结果； 班团学风建设成果（课程、大学英语四六级通过率）； 活动开展、推优入党数量； 处分、违纪数量； 按照要求提交材料、上交资料数量
党、团组织学生干部，学生会干部	学生代表对以上组织的年度满意度评价； 以上学生组织在学校的考核结果； 工作认定的时长
学生组织（团队）、社团	学生组织（团队）、社团业绩情况考核结果； 专项工作、开展第二课堂的覆盖人数； 完成专项工作的数量（如新闻中心的发稿量、志愿服务的时长等）

定性评价包括：思想政治表现、群众基础、学风建设表现、心理健康、综合领导能力、创新能力、服务意识、服务效果、成长体会等。

（二）综合评议加分

综合评议加分主要根据《西南交通大学研究生专项奖助学金评审管理办法》《西南交通大学本科生奖助学金评审管理办法》《西南交通大学本科生国家奖助学金评审管理办法》等，学院可结合《西南交通大学推荐优秀应届本科毕业生免试攻读硕士学位研究生工作细则》制定各学院的《综合奖学金评定细则》《综合奖学金加分细则》，在评选奖助学金时可参考学生综合平均分排名。综合平均分为课程平均分和综合评议加分之和，其中综合评议加分包括学生干部加分，根据学生干部任职级别、考核结果等予以不同的加分。

辅导员在处理或审批学生干部综合评议加分申请时，应充分了解所在学院加分细则，做到公平公正、有理有据，切实保障学生干部的权益。

（三）荣誉

学校为鼓励与表彰优秀学生干部，设立了优秀学生干部、优秀团干部等荣誉称号。具体要求如下：

1. 优秀学生干部

除符合个人荣誉评选基本条件外，应符合：① 在经学校有关部门或学院认定的学生组织中担任学生干部，任职一学期及以上；② 工作积极主动，富有开拓精神，并能起到骨干带头作用，办事公道，原则性强，群众基础好、威信高，在负责的工作范围内做出较好成绩；③ 能够正确处理学习与工作的关系，参评学年学业成绩（综合素质测评成绩）年级专业排名在 40%以内。

2. 优秀团干部、十佳团支部书记

应符合：① 理想信念坚定；② 心系广大青年；③ 工作能力过硬；④ 工作作风优良；⑤ 模范践行社会主义核心价值观；⑥ 积极参加“青年大学习”网上主题团课学习；⑦ 已在“智慧团建”系统注册并完整录入；⑧ 从事团工作的时间不少于一年。

推荐时，辅导员应“优中选优”，在满足基本条件的团学干部中，结合考核结果，充分征求学生、团员的意见后予以推荐。

第三节　吸引优秀学生加入党组织

习近平总书记在纪念五四运动 100 周年大会上的重要讲话中指出：“中国共产党立志于中华民族千秋伟业，必须始终代表广大青年、赢得广大青年、依靠广大青年，用极大力量做好青年工作，确保党的事业薪火相传，确保中华民族永续发展。”因此，吸纳最优秀的学生加入党组织，永葆中国共产党的活力至关重要。

一、吸引优秀学生加入党组织的重要性

（一）党组织的需要

我们党的根基在人民、血脉在人民、力量在人民，人民群众的拥护和支持是我们党永远立于不败之地的最广泛最深厚最持久最可靠的力量源泉。辅导员作为开展大学生思想政治教育的骨干力量，应为党组织不断输送优秀人才。

（二）中国特色社会主义事业发展的需要

青年兴则国家兴，青年强则国家强。把青年大学生培养成为中国特色社会主义事业的建设者和接班人，对于全面实施科教兴国和人才强国战略，确保我国在激烈的国际竞争中始终立于不败之地具有重大而深远的战略意义。

（三）学生自身发展的需要

在党员标准要求下，大学生可以朝着为自己塑造美好人格的方向不断砥砺奋斗，发展自我。马克思列宁主义、毛泽东思想、邓小平理论、“三个代表”重要思想、科学发展观、习近平新时代中国特色社会主义思想是中国共产党在长期实践过程中总结探索出的宝贵经验，更是青年大学生培养素质，塑造品格，树立正确的世界观、人生观和价值观必不可少的思想营养、理论武器和思想源泉。

二、吸引优秀学生加入党组织

（一）吸引优秀学生加入党组织的常见方法

1. 春风化雨将吸引工作融入日常管理

入党教育与吸纳是一项长期工作，贯穿于学生在校学习、生活的始终。辅导员应将吸纳培育工作纳入日常工作环节中，在日常班级活动中、学习工作中、评奖评优工作中、创新创业工作中、志愿服务工作中，有意识地融入思想引导，同时在日常工作中发现优秀苗子，加以重点引导和培育。

2. 发挥好党团班主题活动的导向作用

在各类主题班会或团日活动中，辅导员要牢牢把握思想动态，引导学生爱党、爱国、爱校，树立远大理想。例如：学校组织的直播阅兵仪式，国庆现场直播，五四、国庆的升旗仪式等主题活动。各学院充分做好团支部、班级的主题活动设计，起到良好的导向作用。

3. 发挥好谈心谈话的引导作用

通过日常的谈心谈话，辅导员向学生开展思想引领，发现有入党意愿的同学，积极引导，早发现、早培育；在谈心谈话工作中如发现有动机不纯的学生，需要辅导员积极引导和引领。

4. 发挥好优秀党员的传帮带作用

“传”，即高年级党员将在校期间积累的宝贵经验，以各种形式传给在校的学生党员以及广大同学，开阔低年级学生视野，以帮助他们更好地学习；“帮”，即学生党支部通过开展各种主题活动、党日活动、经验交流会、具体帮扶等形式，由优秀党员帮助其他党员和广大同学；“带”，即通过高年级党员带动低年级党员、积极分子和其他学生的形式，在学生中形成高年级带动低年级、学生党员带动全体学生的良好氛围。

5. 发挥好网络宣传阵地的作用

在吸纳优秀学生加入党组织的教育与引导工作中，要结合“95后”“00后”学生的特点，充分运用微信、微博、QQ群、网站、公众号、短视频平台等新媒体与自媒体，贴近学生的生活习惯，更广泛地影响学生。

网络宣传具备覆盖面广、传播速度快、精准度高等特点，通过运用学生喜欢的网络渠道，传播正能量，传播党和国家的方针政策、理论知识等，引导广大青年学子了解党组织、了解党员，以达到吸引学生积极向党组织靠拢的目的。

在发挥网络宣传阵地作用、吸引优秀学生向党组织靠拢的过程中，需要做好内容建设与形式再创造。分类别进行内容提供与内容建设，如党建动态、政策解读、榜样示范、理论热点、实践活动等内容；通过学生喜欢的小视频、软文、故事解读等形式进行再创造，如通过微信团队的后期加工，将抽象、不易理解的党的理论知识深入浅出地进行解读，及时推送，广泛宣传与吸引。

6. 借用好专业老师的引领作用

在学校构建大思政育人体系的背景下，开展思政课程和课程思政对学生进行思想引领工作。

一方面，思政课教师在大学生党建教育工作中发挥着重要作用，他们不仅是学生入党意识的启蒙者，党的理论知识的传播者，更应争做优秀大学生入党的第一介绍人，把他们培养成中国共产党的认同者、拥护者和践行者。学校开设的“形势与政策”课程中，辅导员往往担任课程的教师，要着力培养学生的责任与担当。

另一方面，在开展课程思政的过程中，专业课教师通过挖掘课程思政元素加强对学生的思想引领工作；同时，还可以邀请教师党支部中资深的同志参加班级的班会、主题团日/党日活动等，拉近与同学们之间的距离，吸引、教育、培养更多学生积极向党组织靠拢。

（二）吸引优秀学生入党的重要时间节点

1. 抓住入学启蒙教育时间节点

辅导员在新生入学之初，要利用好学校、学院的平台和资源，如新生入学教育的党建教育篇，各学院“青年马克思主义者培养工程”培训计划等，做到早启蒙、早选苗、早培养，引导学生积极向党组织靠拢，教育学生积极学习习近平新时代中国特色社会主义思想，筑牢学生理想信念根基，引导学生关注时事，了解时事。

2. 抓住特殊时间节点做好正面引导工作

辅导员应把握好重要的时间节点，加强对学生的理想信念教育，如国庆日、建党纪念日、建军纪念日、抗日战争暨世界反法西斯战争胜利纪念日、“五·四”青年节等，设计主题教育活动，引导学生爱党，向党，帮助学生不断坚定中国特色社会主义道路自信、理论自信、制度自信、文化自信，牢固树立正确的世界观、人生观、价值观。

（三）做好大学生入党动机的甄别与教育工作

高校有必要加强大学生入党前的教育引导，端正学生入党动机；严把大学生入党时的“关口”，确保入党动机的纯正性。考察大学生能否入党，不仅要看学生学习成绩是否优秀、党的理论知识考试是否合格，而且要看学生是否具有先进的思想、发挥了先锋模范作用，是否具有全心全意为人民服务的思想和本领，是否具有坚定的共产主义信仰和克己奉公精神。如果发现有突出问题的应及时向党委（总支）反馈。

辅导员在工作中，要以对党负责的态度，肩负高度的社会责任感，加强对学生的引导和教育，言传身教。

第四节　学生党员的发展和教育管理

一、校院两级党员的发展与教育工作模式

学校党委组织部对二级学院的党建工作进行领导、指导和统筹管理。与学生相关的党建工作主要有：负责指导各学院组织做好党员管理和发展工作、换届选举工作；负责完善党内生活制度和工作制度；做好党费收缴、管理、使用，党员组织关系接转工作；牵头开展党建工作考核；牵头并会同党委学生工作部（处）统筹推进大学生党建工作；负责统筹安排入党积极分子、党员发展对象教育培训，做好分党校校长、党课教师、组织员的聘任工作，做好党务工作队伍培训；负责推进党建研究工作等。

学校党委学生工作部（处）对二级学院学生党建工作进行领导与指导工作：指导二级学院开展学生党建主题党日活动；协助党委组织部开展学生党员民主评议、表彰工作等。

学院党委对学生党建工作进行领导、指导与管理工作：学院党委根据学校党委组织部的要求，负责制订学院学生党建工作年度计划、学院学生党员的发展计划、学生党支部主题党日活动规划、党校学习规划；指导开展学生党支部建设工作、学生党支部考核工作；指导开展学生党员发展、培养、教育、评议、表彰工作；统筹做好党费收缴、管理、使用；统筹做好组织关系转接工作等。

学生党总支：部分学院根据具体情况在党委组织部的批准下设立本科党总支和研究生党总支，部分学院不设立学生党总支。设立本、研党总支的学院，按照学院党委的具体要求开展以上工作。

学院一般设立党委秘书或党建工作专项联系人，在学院党委委员会的领导与指导下开展以上学院学生党建工作。

学院按照组织部要求设立专职组织员，主要工作为指导党支部加强入党积极分子和发展对象的教育培养，对发展对象进行资格审查，做好预备党员的教育、考察和转正的审查工作，谈心工作；了解党员队伍的思想状况和存在的问题，协助制订和实施党员教育工作计划，对党员教育工作进行检查指导等。

专职辅导员按照学校党委组织部的要求将组织关系编入某一学生党支部，并开展具体的指导与培育工作。辅导员应该了解党员发展、培养、管理的具体细则以便具体开展指导和把关工作；积极引导学生向党组织靠拢，根据各学院党委的要求和安排，指导学生支部的发展、教育、培养工作，指导学生支部主题党日活动、组织生活会、民主评议、表彰工作，协助开展党费收缴、组织关系转接工作等。

西南交通大学发展党员工作流程参见西南交通大学党委组织部网站；学生党员发展按照《中国共产党发展党员工作细则》《中共西南交通大学委员会发展党员工作实施细则》规定要求履行程序。

（一）学生党员发展的要求

1. 党员发展的总体原则

《中国共产党发展党员工作细则》规定，发展党员工作应当贯彻党的基本理论、基本路线、基本纲领、基本经验、基本要求，按照控制总量、优化结构、提高质量、发挥作用的总要求，坚持党章规定的党员标准，始终把政治标准放在首位；坚持慎重发展、均衡发展，有领导、有计划地进行；坚持入党自愿原则和个别吸收原则，成熟一个，发展一个。

2. 党员发展过程中的重要阶段

申请入党阶段：包括递交入党申请书、党组织派人谈话等相关工作。

入党积极分子的确定与培养教育阶段：包括推荐和确定入党积极分子，上级党委备案、指定培养联系人、培养考察等相关工作。

发展对象的确定和考察阶段：包括确定发展对象、上级党委备案、确定入党介绍人、进行政治审查、开展短期集中培训等相关工作。

预备党员的接收阶段：包括支委会审查、上级党委预审、填写入党志愿书、支部大会讨论、上级党委派人谈话、上级党委审批、再上一级党委组织部门备案等相关工作。

预备党员的教育考察和转正阶段：包括编入党支部和党小组、入党宣誓、继续教育考察、提出转正申请、支部大会讨论、上级党委审批、材料归档等相关工作。

辅导员需要了解党员发展的全过程，认真学习《发展党员工作手册（新编本）》，具体工作根据学校党委组织部、学院党委的要求开展，关心积极向党组织靠拢的学生。

3. 学生党员发展的主要标准

发展学生党员过程中，必须把政治标准作为首要考察内容，把综合素质作为重要考察内容，注重将学生的一贯表现和关键时刻表现、自我评价和群众评议相结合，杜绝把学习成绩作为发展党员的唯一条件的情况。

（二）学生党员发展的流程

西南交通大学党员发展流程如图 3.1 所示。

1. 入党积极分子确定和培养教育

（1）确定和培养教育入党积极分子。

① 党支部收到入党申请书后，辅导员应协助好党支部书记或支部组织委员审看入党申请书。主要审查入党申请人是否符合申请入党条件，入党申请书基本格式是否规范，入党申请人的入党动机等。

② 党支部审查入党申请书合格后，应及时通知入党申请人，并在一个月内由学院党委（学生党

总支）或支部安排共同与入党申请人谈话，了解基本情况及思想并做好谈话记录。

③ 入党积极分子应从已经向党组织递交了入党申请书的人员中确定。入党申请人为共青团员的要由共青团组织按照《共青团西南交通大学委员会关于推优入党工作的实施细则》等相关文件，推荐为入党积极分子。

④ 辅导员应协助做好入党积极分子条件的审查及上报工作，如有发现不符合入党积极分子条件的同学，应实事求是、及时反映。

（2）学校、学院开设党课对入党积极分子进行培养教育。

学校党委组织部（党校）委托各学院分党校开设“中国共产党基础知识”课程（16 学时），一般为每年 4—5、9—10 月开展，通过集中授课、社会实践和自学相结合的形式系统深入学习党的相关理论与知识。学院党委、党支部共同选拔、督促与管理，辅导员积极了解学习情况，最终党课成绩合格者方可领取结业证书，同时党课成绩将计入学生综合评奖评优课程体系。

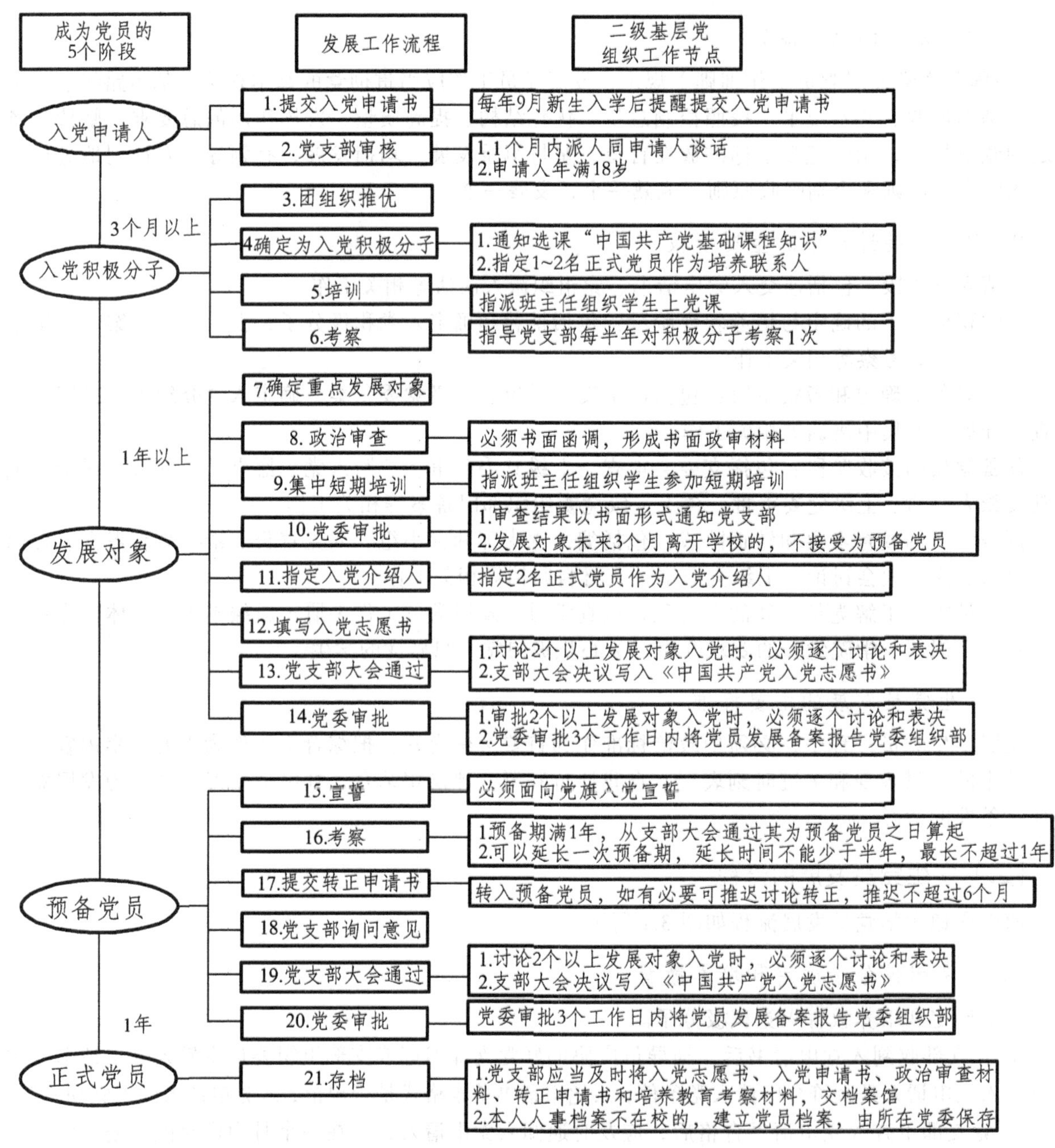

图 3.1　西南交通大学发展党员工作流程

2. 发展对象确定和考察

（1）确定和考察发展对象。

① 对经过 1 年以上培养教育和考察、基本具备党员条件的入党积极分子，在听取党小组、培养联系人、党员和群众意见的基础上经过所在班级团支部“推优”，支部委员会综合各方面意见后充分讨论研究，将拟发展对象人选公示 5 个工作日，并报上级党委备案。辅导员深入学生支部后，应当在讨论和研究环节指导，帮助确定拟发展对象人选。

② 采用个别访谈、座谈会、民意测评、进行公示等方式征求党内外群众对拟发展对象的意见，形成书面材料并留存在档案中。

③ 发展对象应当有 2 名正式党员作入党介绍人。入党介绍人一般由培养联系人担任，也可由党组织指定。若辅导员的组织关系已转入学生党支部，可作为入党介绍人。

④ 党组织必须对发展对象进行政治审查。

政治审查的主要内容：对党的理论和路线、方针、政策的态度；政治历史和在重大政治斗争中的表现；遵纪守法和遵守社会公德情况；直系亲属和与本人关系密切的人员的政治情况。

基本方法：同本人谈话、查阅有关档案材料、找有关单位和人员了解情况以及函调或外调。凡是未经政治审查或政治审查不合格的，不能发展入党。

⑤ 发展对象要参加学校党校举办的短期集中培训。培训时间一般不少于 3 天（或不少于 24 个学时）。未经培训的不能发展入党。

（2）学校组织发展对象教育培训。

党员发展对象教育培训采取理论结合实际方式，共分为自主学习、集中辅导和社会实践 3 个环节。教育培训不少于 24 个学时，其中，集中辅导不少于 16 个学时，社会实践不少于 8 个学时，自主学习不计入总学时。

3. 预备党员的接收

接收预备党员应当严格按照党章规定的程序办理。辅导员应当监督预备党员接收的全流程。

（1）支部委员会应当对发展对象进行严格审查，经集体讨论认为合格后，报党总支预审，然后再报上级党委预审。审查结果以书面形式通知党支部，并向审查合格的发展对象发放《中国共产党入党志愿书》《自传》。发展对象未来 3 个月内将离开工作、学习单位的，一般不办理接收预备党员的手续。

（2）经党委预审合格的发展对象，由支部委员会提交支部大会讨论。召开讨论接收预备党员的支部大会，有表决权的到会人数必须超过应到会有表决权人数的半数，辅导员应指导接收预备党员的支部大会。与会党员要进行充分讨论，并采取无记名投票方式进行表决。赞成人数超过应到会有表决权的正式党员的半数，才能通过接收预备党员的决议。因故不能到会的有表决权的正式党员，在支部大会召开前正式向党支部提出书面意见的，应当统计在票数内。支部大会讨论 2 个以上的发展对象入党时，必须逐个讨论和表决。

（3）党支部应当及时将支部大会决议及时写入《中国共产党入党志愿书》，连同入党申请书、政治审查材料、培养教育考察材料等在一周以内一并报上级党委审批。

（4）预备党员必须由党委审批。党总支不能审批预备党员，但应当对支部大会通过接收的预备党员进行审议，党总支应该在支部大会召开 2 周内完成预审，并报上级党委审批。

（5）党委审批前，应当指派党委委员或组织员同发展对象谈话，做进一步的了解，并帮助发展对象提高对党的认识。谈话后，谈话人应当将谈话情况和自己对发展对象能否入党的意见如实填写在《中国共产党入党志愿书》中，并向党委汇报。

（6）党委审批预备党员，必须集体讨论和表决。党委审批意见写入《中国共产党入党志愿书》，注明预备期的起止时间，并通知报批的党支部。党支部应当及时通知本人并在党员大会上宣布。对未被批准入党的，应当通知党支部和本人，做好思想工作。党委会审批 2 个以上的发展对象入党时，应当逐个审议和表决。

（7）党委对党支部上报的接收预备党员的决议，应当在 3 个月内审批，并报党委组织部备案。如遇特殊情况可适当延长审批时间，但不得超过 6 个月。

4. 预备党员的教育、考察和转正

（1）预备党员自入党之日起，应及时编入党支部，二级党组织要及时教育考察预备党员。党员的党龄，从预备期满转为正式党员之日算起。

（2）预备党员必须面向党旗进行入党宣誓。

（3）二级党组织应当通过党的组织生活、听取本人汇报、个别谈心、集中培训、实践锻炼等方式，对预备党员进行教育和考察。集中培训由二级党组织举行，每年培训时间一般不少于 2 天（或不少于 12 个学时）。

（4）预备党员的预备期为 1 年。预备期从上级党组织批准的日期算起，其为预备党员之日算起。预备党员转为正式党员、延长预备期或取消预备党员资格，应当经支部大会讨论通过和上级党组织批准。

（5）预备党员转正的手续：本人提前 1 个月向党支部提出书面转正申请；党小组提出意见；党支部征求党员和群众的意见；支部委员会审查；支部大会讨论、表决通过；报上级党委审批。讨论预备党员转正的支部大会，对到会人数、赞成人数等要求与讨论接收预备党员的支部大会相同。

（6）上级党委对党支部上报的预备党员转正的决议，应当在 3 个月内审批。党支部书记应当同本人谈话，并将审批结果在党员大会上宣布。

（7）预备期未满的预备党员毕业或工作岗位变动，材料及档案要求参照学生党员组织关系管理。各二级党组织应当对转入的党员（特别是预备党员）的入党材料进行严格审查，对不予承认的党员，报学校党委组织部门审核。

（8）各二级党组织对转入的预备党员，在其预备期满时，如认为有必要，可推迟讨论其转正问题，推迟时间不超过 6 个月。转为正式党员的，其转正时间自预备期满之日算起。

（9）预备党员转正后，党支部应当及时将其《中国共产党入党志愿书》、入党申请书、政治审查材料、转正申请书和培养教育考察材料交档案馆存入本人人事档案。

（三）学生党员的教育工作

1. 通过加强党支部建设做好党员教育工作

按照规定成立党支部，规范党支部工作要求，组织党员按期参加党员大会、党小组会和上党课，定期召开党支部委员会会议，开展主题党日，组织党员集中学习、过组织生活、进行民主议事和志愿服务等工作，在支部建设过程中做好党员教育工作。

2. 通过主题党日活动做好党员教育工作

精心设计党支部主题党日活动：学生党支部应积极开展党日活动，紧密围绕集中主题学习、社会实践参观、志愿服务等主要模块开展，可以参考活动库。党支部主题党日活动应将理论和实践结合，与学生实际情况结合。辅导员指导党支部充分发挥学生党员的主观能动性，自行设计、自我开展，结合专业特点、时事热点，结合思想引领、学风建设、社会实践、志愿服务、创新创业等内容精心设计主题党日活动。让学生主动参加、乐于参加，让学生党员在主题党日活动中受教育，并根据活动性质吸纳团干部、入党积极分子、普通团员、青年参加，充分扩大党组织的影响力，激发党支部的活力。辅导员作为支部成员应按期参加。

拓展主题党日活动的空间：学生党支部可以和其他党支部联合举办党日活动，横向促进党支部间的友谊，增强党员之间的凝聚力；学生党支部可以与其他学院的学生支部，或者本学院内部的教师党支部间开展活动；学生党支部还可以走向社区党支部、企业党支部、政府党支部联合开展活动，让学生党员在受教育的同时发挥作用。

尝试连接线下和线上开展主题党日活动：随着互联网、移动互联网的快速发展，结合“95 后”“00 后”学生的时代特性、生活网络化的特性，辅导员可以指导党支部主动创新，更好地借助微平台推动创新，借助新媒体展示和引导各党支部主题党日活动开展，提升质量，以“实、活、严”为出发点，紧扣微平台“互动”和“展示”两大核心属性，提升党建育人核心竞争力。

3. 通过组织生活会做好党员教育工作

组织生活会是党支部或党小组以交流思想、总结经验教训、开展批评与自我批评为中心内容的组织生活制度。支部（党小组）组织生活会一般每季度或半年召开一次。辅导员应指导学生党支部开展好组织生活会。

指导学生党支部开展好谈心谈话工作，学生党支部支委成员间开展谈心谈话、交换思想，支委成员与学生党员、群众开展谈心谈话。指导学生党支部开展好建言献策工作，支委成员深入了解本支部学生党员的生活情况、思想状况和心理状态，收集支部建设方面的意见和建议。支部成员结合自身情况和本支部实际，积极发言，为支部建设、支部工作的完善和提升提出可行性意见、建议。指导学生党支部开展好批评与自我批评工作。支部成员之间坦诚、大胆地开展批评与自我批评工作，有则改之无则加勉，共同进步。

4. 通过社会实践与志愿服务做好党员教育工作

开展志愿活动是培养学生党员奉献精神的重要途径，是加强学生党员党性教育、提高党性修养、保持共产党员先进性的有效方式。

学校的党员志愿活动多种多样，辅导员可积极引导学生党员通过以下方式开展志愿服务活动。

（1）各学院迎新党员服务队。

学生党员用贴心的服务让新生对新环境快速产生归属感和认同感，同时可以提升学生党员的服务意识，增强责任感并通过迎新工作扩大党员服务队的影响力，展现学生党员的风貌。

（2）入党积极分子培训环节。

为落实学校关于积极分子培训总体要求，切实加强对积极分子的培养教育，根据《关于举办西南交通大学入党积极分子培训班的通知》要求，在做好积极分子理论培训的基础上扎实开展实践服务活动，让积极分子在学习理论知识的同时加强社会实践锻炼。

（3）发展对象培训环节。

为深入学习贯彻习近平新时代中国特色社会主义思想，发展弘扬奉献精神，巩固拓展党的群众路线教育实践活动和“两学一做”学习教育成果，以进一步提高发展对象队伍在思想、组织、作风、纪律等方面的觉悟，党员发展对象培训班应开展志愿服务活动。

（4）其他志愿服务工作。

“青春志愿·爱在社区”志愿服务活动：作为高校党支部中的学生党员，要建立与社会的紧密联系，要学会走出学校，真正走到广大群众中去，提高自己的党性。

党和国家号召的志愿服务：党和国家需要党员挺身而出的时候，党员要积极响应号召。例如：在 2020 年防控新型冠状病毒感染肺炎的严峻斗争中，各地党员冲锋在前，学生党员积极响应习近平总书记号召，贯彻落实党中央决策部署，万众一心，众志成城，共克时艰，积极投身疫情防控工作。

学校学院号召的志愿服务：学校、学院有大型活动，如校庆工作、全国大型赛事、国际国内大型会议等工作，要积极引导学生党员响应号召，参加志愿服务，参与礼宾接待、交通运输、安全保卫、医疗卫生、观众指引、物品分发、沟通联络、竞赛组织支持、场馆运行支持、新闻运行支持、文化活动组织支持等工作。

5. 学生党支部民主评议党员工作

以支部为单位有计划有步骤地进行，通过党员同志之间的批评与自我批评，让学生党员对自身有更加全面的认知，知不足而前进，起到良好的教育意义。

（1）学习教育。要与形势教育结合起来，在新形势下坚持党员标准的教育，加强学生党员的思想政治理论水平，学习内容以党章、准则和党中央有关文件为主。

（2）自我总结、自我评价。在学习讨论、提高认识的基础上，对照党员标准，围绕评议内容，认真总结个人一年来思想工作学习和作风情况，包括思想政治、学习成绩、科创竞赛、人际沟通等，并进行汇报。

（3）民主评议。一般是召开党小组会或党支部大会进行民主评议。

（4）组织考察。支委会对党内外评议的意见，进行实事求是的分析、综合，形成组织意见，转告本人，并向支部大会报告。

（5）表彰和处理。对民主评议的优秀学生党员、党支部进行表彰；对评议中暴露的问题，要严肃查处；对经评议认为不合格的党员，要提出妥善的处理意见，并交支部大会表决，同时党支部、辅导员要做好思想工作，积极整改。

二、党员先锋模范作用的发挥

（一）党员先锋模范作用的表现

1. 在集体活动中发挥先锋模范作用

大学生党员一般为学生骨干，在团委、班级或其他团学组织中担任一定的干部职务，他们通常工作能力较强，组织管理能力较好，因此，对于学生党员，辅导员有必要给他们压担子，强化他们的责任感和使命感；同时，通过活动锻炼学生党员的能力，提高他们的综合素质，使他们在各方面都能保持优秀，这也是保持党员先进性的一个重要途径；通过他们积极开展团学活动，带领身边同学参加活动，发挥学生党员先锋模范的榜样作用。

2. 在服务学生中发挥先锋模范作用

大学生党员通常成绩、表现较好，辅导员应引导学生党员主动帮助后进学生，促使大家共同进步；在生活上，辅导员应指导学生党员保持谦虚务实的态度，保持艰苦朴素的作风和乐于助人的品质，积极主动为同学服务。

3. 在关键时刻重大事件中发挥先锋模范作用

在日常学习、工作、生活中，学生党员要以身作则，为广大学生树立起积极向上、爱党爱国的模范形象；在关键时刻、重大事件中，辅导员更要引导学生党员努力担当起自身的责任和使命，充分发挥先锋模范作用。

（二）如何促进党员先锋模范作用的发挥

1. 建立发展培养考核机制

要建立发展培养考核机制，增强学生党员党性修养，促使学生党员发挥先锋模范作用。坚持严格发展，数量与质量并重，成熟一个发展一个，没达到入党标准的坚决不发展；要重视培养与教育，在日常教育管理中，对学生党员要听其言观其行，重视从小事入手，培养学生党员的党性，使他们具有使命感和责任感，能牢记全心全意为人民服务的宗旨，自觉服从党和国家利益，树立社会主义核心价值观，始终把党性锻炼、政治修养提高放在首位；建立健全考核评价机制，对优秀党员给予肯定与鼓励。

2. 建立全员联系学生党员机制

建立全员联系学生党员机制，形成合力。发挥西南交通大学“七大工程”学生工作育人体系作用。辅导员、班导师、专业教师、各级领导干部、宿舍管理人员都是学生党员成长的培养者、监督者、见证者，因此要充分发挥全员、全程、全方位育人的作用，使他们不仅在学生入党时起作用，在学生入党后也要发挥作用。

通过“七大工程”学生工作育人体系，充分发挥课程、科研、实践、文化、网络、心理、管理、服务、资助、组织等方面工作的育人功能，建立全方位联系学生党员机制，做到全程参与，形成合力，为学生党员保持先进性、发挥先锋模范作用提供保障和服务，切实发挥育人体系在学生思想政治教育和党建工作中的作用。

3. 做好表彰与宣传

通过校院两级优秀党员、优秀党务工作者的表彰工作，通过广泛宣传优秀党员、优秀党务工作者的事迹，树立标杆与典型，鼓励广大学生党员向先进看齐，营造创新争优的氛围。

（三）学生入党后表现不佳怎么办

学生入党后，由于各方面的原因，可能会有表现不佳的学生党员。党支部、辅导员以帮助学生党员为目的，具体问题具体分析，积极主动采取各种方法。

在日常工作中，辅导员应利用谈心谈话，给予党员充分的心理指导，引导学生党员主动总结原因，同时在思想上和心理上给予学生党员帮助。

在组织生活会中，可采取重点剖析的方法，对这些学生党员，需要重点帮助，重点进行评议，并组织党员剖析产生问题的原因，进而对照自己，吸取教训。这样既能解决重点党员的问题，同时也教育了其他同志。

对于预备党员、正式党员违章违纪的情况，除了按照学校规章制度进行处理，同时还要按照《党章》《中国共产党纪律处分条例》要求进行党内处理。在进行了纪律处理之后，党组织和辅导员不抛弃、不放弃，继续做好思想教育工作、关爱工作和指导工作，帮助其尽快改正错误。

三、学生党员管理服务工作

（一）组织关系的管理

1. 新生组织关系转入管理

西南交通大学党委组织部对接收新转入党员组织关系的办理流程有明确要求与说明。一般来说，本科生新生党员很少，研究生新生党员较多，在学院党委（党总支）的统筹安排下，辅导员协助完成新生组织关系转入管理工作和查档工作。

2. 毕业生组织关系转出管理

西南交通大学党委组织部对毕业生党员组织关系转移工作有明确要求与说明。在学院党委（党总支）的统筹安排下，辅导员协助学院认真细致完成毕业生党员的组织关系转出工作，对于工作中的问题要及时上报。

在毕业生组织关系转出过程中应该提醒每一位党员组织关系转接工作的重要性、组织关系转接的流程、妥善保管组织关系介绍信、及时到新单位进行组织关系转入、党员档案（可随学籍档案同行也可不同行）等事宜，特别关注暂未落实就业单位、毕业出国的学生党员。务必确认毕业生从学校党组织转出以后已被其他党组织接收，避免出现“口袋党员”。

（二）党费收缴工作

按照《中国共产党党委收缴、使用和管理的规定》要求，中国共产党党员按照党章规定向党组织交纳党费，本科生和硕士研究生党员每月交纳党费 0.2 元，博士研究生党员每月交纳党费 1 元。在学院党委（党总支）的统筹安排下，辅导员协助做好党费收缴工作。

（三）流动党员的管理工作

因国内外交换学习项目、赴外省市参加实践教学环节等原因，学生党员在学期间可能会出现无法参加党内组织生活的情况。

此类学生所属的党组织要在其外出前对其进行教育并提出要求，外出期间要及时向其通报党内重要情况，时间较长的要配合流入地做好临时党员的教育管理工作。也可能存在毕业生党员党组织关系暂时无法转出而留在学校的情况，辅导员需要提醒学生及时向学院党委（党总支）报告，学院党委（党总支）根据实际情况进行组织关系的安排，党组织和学生本人要保持良好的联系，按时收缴党费，避免出现“失联党员”。

（四）年度党内统计工作

西南交通大学党委组织部对年度党内统计工作要求有明确规定，在学院党委（党总支）的统筹安排下，党建工作者应仔细阅读每张表的填表说明解释，核对填写相关党员信息和情况，并结合此次党内统计工作及时完善党组织和党员的基础信息，加强对党支部的业务指导和检查，高标准做好数据的审核、填报工作。辅导员应积极配合、支持完成党内统计工作。

（五）党员管理信息系统数据维护

全国党员管理信息系统于 2017 年 10 月 16 日上线运行，具有党员电子身份认证、组织关系网上转接、党员教育网上开展、党组织活动网上管理、党员和党组织数据网上统计分析等功能。学院党委统筹安排，及时更新党员管理信息系统，做好党员数据维护工作，确保年度党内统计工作数据与系统数据完全对应。同时在毕业季，辅导员要积极协助学院党委开展组织关系转出的培训工作，并在转出后的学期，及时查看系统，积极联系组织关系未转出的党员，尤其是毕业生党员，确保接收单位尽快接收其组织关系（对于未到达数据交换区的，收集党员信息报送至组织部进行处理）；对新转入和新发展的党员，要及时录入系统（新发展党员首先要在发展党员模块增加为发展对象，再通过补录增加为新发展的党员）。

第四章 学风建设

第一节 学业指导

一、本科生学业指导

（一）学业指导的定义

学业指导是指高等学校对学生在学习方面提供的指导和帮助，涉及与学生学习相关的各个方面，旨在充分利用高校资源，设计反映学生能力和兴趣的计划，确立符合学生个性化发展的价值和目标。

（二）学业指导的意义

《国家中长期教育改革和发展规划纲要（2010—2020年）》指出“把育人为本作为教育工作的根本要求”“要以学生为主体，以教师为主导，充分发挥学生的主动性，把促进学生健康成长作为学校一切工作的出发点和落脚点”。学生的成长成才、全面发展都离不开学业能力和综合素质的提升。

开展学业指导，可以充分利用学校的教育教学资源，帮助学生更快更好地适应大学生活，帮助学生设定明确的学习目标，激发学生的学习动机，帮助学生端正学习态度、增强学习能力、提高学习成绩。

开展学业指导，可以加强学风建设，营造良好的学习氛围，通过学风建设促进学生各项管理工作的开展。

开展学业指导，可以帮助高校辅导员不断提升自身的业务水平，促进高校思想政治教育的专业化和职业化。

（三）学业指导体系

学业指导工作服务涉及与学生学习相关的所有方面，包括选课指导、学习方法指导、学习兴趣培养、学风建设、学习能力提升、学业规划等。在学业指导中，需要辅导员与教务员、任课教师、班导师、职业生涯规划指导老师、心理咨询老师、朋辈导师、学生家长形成合力，构建全员参与、全过程实施的学业指导育人体系。辅导员需要区分不同主体的相关工作。

1. 辅导员

辅导员是高校学生日常思想政治教育和管理工作的组织者、实施者和指导者，是大学生思政教育工作的骨干力量和主力军，是大学生成长成才的人生导师和健康生活的知心朋友，在促进大学生全面成才方面肩负着重要职责。辅导员能够与大学生近距离接触和交流，了解学生的思想和学习情况，可以根据学生的个体情况帮助学生找到更适合的学习方法与资源；辅导员负责通过管理、指导、督导等方式做好学风建设，营造良好学风，提升学生的学习兴趣与学业表现；辅导员负责与其他成员的统筹联动，根据学生的专业、年级特点，对学生进行综合分析，完善学业指导跟踪报告，以便更好地统筹各方资源，提升学风建设水平。

2. 教务员

教务员是学院教学管理人员，负责学生选课、学籍、学分、成绩、培养方案等相关工作，是学生和学院任课老师之间的桥梁，是辅导员学业方面的顾问。辅导员应该及时转发教务员所发布的学生学业的相关通知，同时及时与教务员沟通学生选课、成绩、学分、学籍、学业预警等问题。

3. 任课老师

大学生的具体学业问题大多直接来自课堂，因此辅导员加强与任课老师的沟通交流十分重要。辅导员应主动积极地与任课老师沟通，及时掌握学生出勤情况和学习情况。辅导员还要多鼓励学习委员、课代表、学生和任课教师沟通，反映学习中的问题和难点，让任课老师更全面、更深入地了解学生学习情况。

4. 班导师

班导师由具有一定工作经验的专业教师担任，一般一个班级配一个班导师。班导师主要职责是结合专业特色帮助学生了解专业发展现状和前景；负责学生专业思维的建立，培养学生的专业素养，给学生提供竞赛、科研方法等专业支持；及时从专业学习角度与学业困难学生沟通。辅导员应积极主动与班导师进行交流，及时提供年级、专业、班级的学业分析情况、学生奖惩情况、学习困难学生情况，共同探讨解决方案。

5. 职业生涯规划指导老师

大学生的学业问题时常伴有职业生涯的迷茫、学习和职业目标的不清晰。职业生涯规划指导老师可以帮助学生规划生涯，规划学业，提升学生学习的内在动力。辅导员应该和职业生涯规划指导老师多交流学生的常有问题，学习基本的职业规划方法指导学生。同时，建议因目标不清、规划不清而产生学业问题的学生及时寻求职业生涯规划指导老师的帮助。

6. 心理咨询老师

导致学业问题的原因可能有很多。因为家庭、生活、人际等方面造成的心理问题常常会引发学生的学业问题，并造成更严重的学业困惑或者压力。这类问题，一般的学业指导作用不大，需要心理咨询老师的介入。心理咨询的老师应该及时反馈相关学生问题，辅导员也应该及时和心理咨询老师沟通学生的心理问题。

7. 朋辈导师

朋辈导师是高年级或同年级中学业优秀的同学，年龄、经历与其他学生接近，可以快速与其他学生建立平等亲密的互动关系，增强学业辅导的可接受度。朋辈导师看待课程的视角与所指导的学生一致，清楚学生学习课程的难点所在，更容易寻找到帮助其他学生的方法，增强学业辅导的针对性。优秀的朋辈导师与其他学生生活在一个群体，标杆和同侪效应有利于激励其他学生严格自律，努力克服学业困难，提高学业辅导的成功率。辅导员要树立朋辈导师榜样角色，鼓励他们帮助学业困难的同学，并在朋辈辅导过程中更新理念、知识、技术，激发自己的兴趣，开阔视野，提升能力。

8. 学生家长

不少家长在学生进入大学后就放松了对学生的管理与支持，或不知道如何管理和支持学生。辅导员应该及时与家长沟通，让家长重视大学阶段家庭教育对学生的重要性，要求家长配合学校完成学生的教育工作，并承担相应责任。

（四）学业指导的主要内容

1. 激发学生学习兴趣

兴趣是最好的老师，很多新生选择专业的时候并不了解自己所学的专业，辅导员可鼓励新生在了解所学专业的基础上培养兴趣，激发内在动力。辅导员应在新生入学教育中组织专业介绍会，分专业邀请专业负责人讲解专业基础知识、实践应用、未来前景，帮助新生尽快了解专业学习全貌。辅导员应在新生入学教育中组织职业生涯规划指导专题，指导学生生涯规划和学业规划，帮助学生探索兴趣等。辅导员应在新生入学教育中组织实验室参观，让学生走进实验室，通过现场模拟感受专业的魅力。辅导员或职业生涯规划指导老师通过团体辅导方式，帮助新生明确目标，制订有效学习计划。新生班导师组织召开主题班会，从自己的学习、科研、教学角度讲解，介绍专业实用性和讲解培养方案相关内容。任课教师改革教学模式，让课程适应新的发展契机，借助信息化、网络化手段培养学生自主学习的能力，让课程充满活力，具有信息时代气息。

2. 掌握学业相关数据

及时掌握学生学习情况是工作的基础。新生入校前，辅导员通常通过整理学生高考成绩，分析成绩情况，来了解学生学习基础，了解各班级的学习基础，做到心中有数。辅导员通过查课、与任课老师交流、与班导师交流等方式，及时发现并解决学生学业中的问题。学院可定期进行本科生学业数据分析，形成学业数据报告，了解各专业学生学习情况。学院周期性开展学风调查，了解学院学风建设情况，形成学风调研报告，对后续工作予以指导。

3. 严格教学管理

辅导员及时向学生转发教务员所发布的关于学业的通知，教务员严格学籍注册，及时进行学业预警、退学等处理，及时向教务处反馈学院学生对教学的意见。教务员、辅导员、班导师共同做好学生选课工作、计算机二级（根据专业要求）、英语四六级等报名工作。

4. 营造良好学风环境

新生进校以后对大学的学习还需适应，不习惯没有自习的日子。为了顺利让新生过渡，学院一周可以安排 2 ~ 3 次集体自习。学校或学院层面都可以开展经典阅读活动、文明宿舍评选活动、学科竞赛活动、先进个人评选等以营造良好的学风环境。

5. 提高学生学习能力

学院每学期均开展学习经验交流、考研保研经验交流、微课堂、课程导航等活动，帮助有相关需求的学生通过朋辈的经验，攻克学习难点，找到适合自己的学习方法。

职业生涯指导老师通过实践管理训练营等团体辅导方式帮助学生学会管理时间，将大部分精力投入学习中去。

班导师以自己的学习经验，指导学生学习专业课程和参加学科竞赛。

6. 帮扶学业困难学生

辅导员通过与任课老师、班委交流，查看考勤记录等方式及时发现学业问题学生，并进行分类。对于学习方法存在问题的学生，可以请班导师和朋辈导师进行帮助，鼓励学生不断尝试并寻找适合自己的学习方式；对于目标不清晰和时间管理有问题的学生，可以请职业生涯指导老师帮其找到目标，学习时间管理方法，辅导员从旁协助，进行指导与敦促；对于心理存在问题的学生，及时与心理咨询老师和家长联系，建议或要求学生进行专业心理辅导。

（五）学业指导相关概念

1. 培养方案

培养方案是学校和各专业实现教育目的，体现国家、社会对人才培养质量的统一要求和质量标准的整体规划，是从事教育教学活动的总依据。各专业培养方案一般包括专业介绍、专业培养目标、专业毕业要求、学制与学位、主干学科与专业核心课程、毕业学分基本要求、课程设置细化表 7 个方面。

辅导员可以通过学院网页查看学院相关专业的培养方案，也可以请教务员老师提供。需要注意的是，同一专业不同年级的培养方案不尽相同，辅导员应通知学生一定要对照相应年级的培养方案。

2. 学制

学制有广义和狭义之分。广义的学制是指学校教育制度，是国家根据教育方针、政策，对各级各类学校的任务、学习年限、入学条件等所做的规定。狭义的学制是指各级各类学校的学习年限。

一般我们提到的学制是狭义的学制。中国的大学学制有以下几类：专科、技校为三年制；普通本科为四年制；医学类、建筑学为五年制。

3. 学分制

学分制，是指以学生取得的学分数作为衡量和计算学生学习量的基本单位，以达到专业培养方案所规定的毕业标准为目标的教学管理制度。大学里每一门课程都有一定的学分。通过该门课程的考试，学生就能获得相应的学分，学分积累达到专业培养方案要求后方可毕业。如果提前修完所要求课程与学分，学校允许提前毕业。学分制是一种灵活的弹性学制，为学生在校期间的学习安排创造了更多的灵活性，包括在一段时间内申请休学、创业，鼓励学有余力的同学提前毕业以及辅修、攻读其他专业和学位。

《西南交通大学本科生学籍管理规定》：学校实行学分制管理和弹性学习年限，学生可以分阶段完成学业。最长学习年限（含休学和保留学籍）不超过学制 2 年，即四年制本科专业最长学习年限为 6 年，五年制本科专业最长学习年限为 7 年。

4. 退学预警

退学预警是指学校在学业管理中，针对学生在学习中出现的不良情况，及时提示、告知学生本人及家长可能出现的不良后果。退学预警是通过学校、学生、家长之间的沟通与协作，帮助学生顺利完成学业的一种教育手段和干预制度。有的学校又称学业预警，有的学校还有不同的等级区分。

《西南交通大学本科生学籍管理规定》：在规定学制内，累计两学期且每学期获得学分数少于 15 个学分的，进入退学预警期，退学预警期为一学期。退学预警期内获得 15 个学分及以上的，解除退学预警。在退学预警期内获得学分数少于 15 个学分且获得总学分低于结业标准的应予退学。

二、研究生学业引导

研究生辅导员应该了解研究生学习、科研的特点，密切与研究生导师、研究生教务员进行沟通，协助研究生导师引导学生积极投身学术科研。辅导员要认识研究生学习、科研生活的特点。

1. 学习的自主性

研究生相对于本科生在各方面都更成熟，有的还经过社会实践的锻炼，在学习上更有主见，专业方向更加明确。研究生一般是有选择地进行选课，对专业有关的学习活动比较关心。

2. 学习的创新性

各学科划分越来越细，相互交叉也越来越多，这就要求学生在基础扎实的基础上，突破创新，才能收获成果。

3. 学习的分散性

研究生由于专业方向多，各专业甚至本专业的研究生方向不尽相同，除少量公共课如政治、英语外，其余都是按照专业，或者实验室课题组的研究方向独立选课，这也造成了学习科研的多样性和分散性。

4. 学生构成的多层性

从生源上看，研究生无论是年龄结构，还是生活阅历，都比本科生复杂，呈现多层化，有应届大学毕业生、在职人员、委培生；从层次上看，有博士生、硕士生；从年龄上看，有20余岁，也有30～40岁；从类别上看，有专业型硕士、学术型硕士、普通博士生、工程博士生等。

针对以上特点，在进行研究生学业指导时，辅导员可以采取以下方式：

（1）在研究生入学时，进行规范的入学教育，帮助研究生调适心态，尽快了解研究生教育的诸多规范、学习特点和生活状况。邀请导师开展学术交流讲座，邀请高年级同学开展学习经验交流会，为学生答疑解惑。

（2）引导学生在学习中，把课程学习和课题研究结合起来，积极主动参与科研项目，加强与导师沟通，通过科研工作的实践锻炼，培养专业素养，取得科研成果。

（3）许多研究生在入学前习惯单独学习，对此，要以班级为依托，通过开展班级学风建设等活动，引导学生积极参加学术交流活动，参加各类学术会议，以开阔他们的眼界，培养他们的交流能力。

（4）与导师、教务老师建立良好的沟通，掌握学生的学业情况。对于出现学业、科研困难的学生，要及时开展谈心谈话，了解学生具体情况，根据具体情况与导师一道做好关爱与督导工作。

第二节　创新创业

一、创新创业的定义

（一）广义的创新创业

广义的创新创业是指基于技术创新、产品创新、品牌创新、服务创新、商业模式创新、管理创新、组织创新、市场创新、渠道创新等中的某一点或几点而进行的创业活动。

（二）辅导员工作领域中的创新创业

辅导员工作领域中的创新创业主要包括科创竞赛和学生创业两部分，其中科创竞赛是辅导员创新创业工作中的重要部分，更是做好创新创业工作的底层基础部分。科创竞赛在大学生创新创业能力培养中有着重要作用，有效开展科创竞赛能够提升学生学习兴趣，实现理论与实践结合；能促进学生专业认同度提升，实现职业认同，提升就业创业能力。因此，以科创竞赛为抓手，有助于学生在专业理论知识掌握中提升创新思维；有助于推进大学生专业实验能力提升，在实验技能操作中提升创新兴趣和积淀创业思维方式，从而使大学生以科创竞赛为契机，在潜移默化中提升自身的创新创业能力。进一步地，学生可以在科创竞赛成果的基础之上，组建创业团队，孵化创业项目，实现自主创业。

本手册论述辅导员工作领域中的创新创业工作，主要论述科创竞赛部分，学生创业部分作为补充。

二、大学生进行创新创业的意义

（一）促进学风建设

1. 通过科创竞赛，培养学生的创新能力

针对不同学生的兴趣、特长、特点以及学习水平，学校、学院可设置不同的比赛内容，定期举办各种形式的学科竞赛。竞赛内容顺应时代发展的潮流，让学生将所学知识应用于实际，培养学生创新能力。

2. 以科创竞赛为载体，调动学生的学习热情

通过科创竞赛，学生能体验到学习内容是自己渴望和需求的知识，是对自己工作、生活和发展有现实意义的知识，进而提高自己的学习热情。

3. 以提升自我为动力，营造良好的学习氛围和学习风气

学生在科创竞赛中取得优异成绩，能够更好地增强学生的集体荣誉感和学习自信心，从而让学生能够更加努力地投入学习，有助于形成优良学风。

（二）提升就业创业能力

1. 通过科创竞赛提前了解企业

科创竞赛能够为很多学生提供与企业接触的机会。一方面，目前许多竞赛均涵盖了企业的命题，如“中国大学生服务外包创新创业大赛”，赛题全部来自企业实际生产活动需求。另一方面，不少企业也自己设立科创比赛，达成促进应届生招聘、优化企业品牌形象等目的，如“华为软件精英挑战赛”等系列比赛。

2. 科创竞赛经历助力学生求职

实践证明，经历过竞赛锻炼的学生在就业中具备一定优势，在企业招聘过程，也较为看重学生参与科创竞赛的经历，科创竞赛经历丰富的学生往往在企业招聘中更具优势。

除了促进学风建设和提升就业创业能力之外，科创竞赛也具有提升学生学习能力、磨炼意志品质、培养团队合作精神、丰富大学生活等多方面的积极意义。

三、学校创新创业品牌活动

辅导员应了解学校、学院组织的各类创新创业活动，能够引导、指导、督导学生参与相应的创新创业活动。

（一）大学生创新创业训练计划项目

大学生创新创业训练计划项目按项目级别分为国家级、省级、校级三级项目管理，分别为国家大学生创新创业训练计划项目、四川省大学生创新创业训练计划项目、西南交通大学大学生科研训练计划（SRTP）项目，简称国创项目、省创项目、校级 SRTP 项目。按项目内容分为创新训练项目、创业训练项目和创业实践项目 3 类。

创新训练项目是面向本科生的项目。学生个人或团队在导师的指导下，自主完成创新性研究项目设计、研究条件准备和项目实施、研究报告撰写、成果（学术）交流等工作。

创业训练项目是面向本科生开展的项目。学生组团参与，在导师指导下，每个学生在项目实施过程中扮演一个或多个具体的角色，通过编制商业计划书、开展可行性研究、模拟企业运行、参加企业实践、撰写创业报告等开展创业训练活动。创业实践项目是学生团队，在学校导师和企业导师共同指导下，采用前期创新训练项目（或创新性实验）的成果，提出一项具有市场前景的创新性产品或者服务，并以此为基础开展创业实践活动。

（二）学科竞赛及创新创业活动讲座周

学科竞赛及创新创业活动讲座由西南交通大学教务处主办，邀请具有丰富组织经验和指导经验的老师为大家详细讲解相关竞赛及创新创业活动，主要内容有科创活动的组织形式、参加方式、参赛所需的知识与技能需求等，同时也邀请在各类学科竞赛及创新创业活动中取得优异成绩的同学分享他们在学科竞赛及创新创业活动中的所感所得。

（三）大学生课外科技创新实验竞赛活动

大学生课外科技创新实验竞赛活动由资产与实验室管理处、教务处、学生工作部（处）、校团委、人事处、研究生院、科学技术发展研究院、对外合作与联络处、各学院（中心）共同举办，旨在促进和深化实验教学在高校人才培养中的作用，培养学生的创新精神，提高学生的实践动手能力、调查研究及科研水平，扩大参与面的同时发现和培养一批有潜力、有作为、能创新的优秀学生。

（四）重点实验室开放项目

重点实验室开放项目是依托学校各类重点实验室（国家重点、教育部重点、铁道部开放、四川省重点、四川省高校重点实验室等）设立，面向全校全日制在校学生开放的科研类研究探索型实验项目。重点实验室开放项目是学校科研与教学相结合的一项重要举措，目的在于利用实验室的人才和硬件优势，培养学生的科研精神和实践动手能力。重点实验室开放项目科技含量高、难度较大，主要面向成绩优良、学有余力的中高年级学生。

（五）个性化实验项目

个性化实验项目是面向全校全日制在校学生开出的、日常实验教学之外的创新型实验项目，学生在项目指导教师的指导下，利用课外时间完成实验项目。项目来源可以为教师设计的创新性题目、实验竞赛活动中孵化出的且可以继续深入研究的项目、往期已结题的且可以继续深入研究的项目等。

四、创新创业工作主要涉及的工作部门

创新创业工作主要涉及的工作部门如表 4.1 所示。

表 4.1　创新创业工作主要涉及的工作部门

序号	部处	科室	网址
1	教务处	实践教学科	http: //jwc.swjtu.edu.cn/index.html
2	资产与实验室管理处	实验教学科	http: //zsc.swjtu.edu.cn/financeIndex/index.jsp
3	校团委	—	https: //youth.swjtu.edu.cn/

五、辅导员开展创新创业工作可以借力之处

（一）竞赛指导老师的力量

竞赛指导老师是创新创业指导工作的主力。辅导员应积极与竞赛指导老师建立联系、了解竞赛、了解学生参与竞赛的情况、给予竞赛指导老师协助与支持。

（二）辅导员自身的力量

指导学生开展课外科技学术实践活动，营造浓厚学习氛围本身就是辅导员的工作职责之一。实际工作中，辅导员除了鼓励所负责学生参加科创竞赛之外，自身也应主动了解科创竞赛，选择 1 ~ 2 项科创竞赛长期指导，积累指导经验。需要指出的是，不少辅导员本身所学专业与竞赛所需的主要专业知识不同，可能会有畏难心理。实际上，现有不少竞赛都具有“综合性”“跨学科”“创新创业”等特点，辅导员可以胜任部分指导工作。

（三）竞赛获奖者的力量

竞赛获奖者大部分是高年级学生，通过参加竞赛并获奖，能积累不少经验。辅导员可以通过邀请竞赛获得者开展竞赛沙龙、讲座等活动，以及与自己所负责学生组队参赛等方式，协助开展创新

创业工作。

（四）企业的力量

目前，不少科创竞赛的题目实际上来源于实际生产需求，如“中国大学生服务外包创新创业大赛”，赛题全部来源于企业的实际生产需求。同时，创新创业类的比赛也需要参赛团队挖掘实际生产生活中的需求并提出解决方案，这与企业的实际经营属同一逻辑。在实际中，低年级学生接触企业较少，可能会局限于自己的思维定式。因此，辅导员可以协助学生联络企业，让学生了解企业的真正需求，对学生创新创业工作进行有针对性的指导。

（五）校友的力量

辅导员可以借助自己所带的已经毕业的校友力量，这样学生更有亲切感，也更容易信服接受。

六、辅导员开展创新创业工作的侧重点

（一）科创竞赛普及化

将参加科创竞赛活动纳入学生的生涯计划，成为学生在大学期间的必要环节，建议安排在大一下学期，主要类型是一些基础性的学科竞赛。一年级新生通过参加科创竞赛可提高专业认识，增强专业兴趣，也为今后参加更高级别的科技竞赛打下良好的基础。

（二）科创竞赛层次化

所举办的科创竞赛活动一般具有一定的连续性，以电子设计竞赛为例，分为校内选拔赛、省赛、国赛，针对不同年级的学生学校或学院设立相对应的比赛，辅导员需要引导学生根据自身的兴趣与能力，坚持在某一领域深耕细作。

（三）科创竞赛规模化

为了避免部分科创比赛项目的参赛学生人数较少，作品质量不高，竞赛的影响力较小，建议能够根据比赛主题、学生需要的能力，有机地整合一些比赛。

（四）科创竞赛创新化

目前，国家在大力推广创新、创业，应当适当加强学生参与创新创意类竞赛的引导，该类竞赛内容应注重解决实际问题，为学生之后参加“互联网+”、挑战杯等综合性创新创业比赛打下良好基础。

（五）科创竞赛应采取学生主体型与教师主体型相结合

1. 学生主体型

学生主体型是指在课外科技活动中，学生在活动的发起、方向的选择和任务完成的过程中占据着主体地位，指导教师等仅起辅助作用。这种模式在大学生科技活动中占据着一定比例，发挥组织作用的学生一般都对课外科技活动非常感兴趣。在这一模式中，指导教师应积极发挥引导作用，调动学生的积极性和主动性，让学生有效利用好课外时间，扎实专业知识、夯实基础理论。这是参与课外学术科技活动的重要前提，也是大学生课外科技竞赛活动健康发展的根本所在。

2. 教师主体型

教师主体型模式主要指“导师带徒”的模式，学生课外科技活动课题主要由指导教师提供或从指导教师的课题中分解而来，可通俗地将这种模式称为“导师带徒”。在这一模式的具体操作过程中，一般是在教师的指导下，充分发挥学生的主观能动性，让学生自主制定和完成实验，自觉学习科研

活动中需要的知识，通过经常性地与教师进行交流和探讨，得到指导和启发，从而进行主动创新。在“带徒”过程中，教师要求学生为自己承担的子课题写出设计书、实施方案、工作日记、疑难分析报告和阶段性小结等，教师给予相应地创造性指导，不仅能较大地提高学生的自主学习能力，也能培养学生创造性的非智力因素，如创造性的观察能力、思维能力和实践能力，从而促使学生完成科技竞赛项目和任务，进而促使学生树立敢于批判、敢于探索、不断进取的精神，这是顺利开展大学生科技竞赛的重要保障。

七、学生工作体系中创新创业建设的重点

（一）强化保障

1. 健全制度保障

学院应在学校本科生免试攻读研究生以及评奖评优等相关政策的框架下，根据本学院实际情况，在学院本科生免试攻读研究生和学院学生奖学金评定政策中，对学生参与科创竞赛进行相应鼓励支持，作为激发学生参与的外在激励。同时，明确辅导员、专业教师、校外导师的科创竞赛工作职责，协同工作。把学生在各项科创活动的参与度和获奖情况作为辅导员工作考评根据之一；在职称评定、考核评优等相关政策上向科创竞赛指导教师倾斜，对获奖指导教师进行奖励。

2. 优化组织保障

学院可以成立为学院科创竞赛活动服务的学生组织，以“科创组织与服务”为宗旨，共同支持学生进行科创竞赛；可以打造金牌学生团队，成为学生参加科创竞赛的标杆，引领学生参加科创竞赛。

（二）丰富资源

1. 积淀指导教师资源

学院根据科创竞赛种类成立指导教师团队，并着力打造竞赛金牌指导教师，形成品牌效应，在学生想要参加科创竞赛时，可以找得到老师，找得对老师。辅导员应该了解学院的科创指导教师团队并主动联系。

2. 扩充创新基地资源

学院可以积极申报校级创新基地，并设立院级创新基地，扩充学生参加科创竞赛的基地资源。辅导员可以鼓励学生参与相应的创新基地工作。

3. 拓展优质企业资源

学院积极对接优质企业资源，借用企业力量，共同丰富学生科创竞赛资源。比如信息科学与技术学院 SRIP 计划——“大学生科研提升计划”（Student Research Improving Program，SRIP）联合产业界相关企业群，提高人才质量，培养大学生创新精神，提升动手实践能力。辅导员可以鼓励学生积极参与该类竞赛。

4. 拓展学生彼此之间的组队资源链接

辅导员积极利用教务处、导师、企业导师、有竞赛经验学生的力量，协助学生班级之间、专业之间、学院之间的优化组队，提升竞赛团队竞争力。

（三）多重引导

1. 重点打造学院实验竞赛月系列活动

西南交通大学大学生课外科技创新实验竞赛活动是促进实验教学与理论教学深度融合，推动实

验教学模式改革，进一步激发学校大学生课外科技创新实验活动热情，吸引更多学生进入实验室，培养学生创新精神和实践动手能力，扩大实验竞赛活动规模的活动。各学院在学校的指导下，开展相应的实验竞赛月系列活动，成为学生科创兴趣培养、科创尝试的基本活动。辅导员应引导、指导、要求学生参与该类科创活动。

2. 构建学生科创竞赛成长体系

学院可以构建完整的分层次的学生科创培养体系。例如，学生大一开始阅读科创竞赛指南、参加实验室开放周活动、接受科创竞赛专题入学教育、尝试实验竞赛月活动培养科创兴趣；大二参加实验竞赛月活动、SRTP 项目进行竞赛初探；大三主攻学科竞赛，参与个性化实验、重点实验室开放项目进行竞赛攻坚；大四通过收获竞赛成果助力深造就业，通过科创沙龙、科创达人面对面等活动反哺低年级学生的良性循环科创竞赛成长生态体系。辅导员可以参考该科创竞赛体系，实现对学生从大一到大四参与科创活动全过程的引导与指导。（见图 4.1）

3. 积极承办高水平学科竞赛

各学院可通过承办高水平学科竞赛促进学生了解竞赛。学生通过在竞赛中担任志愿者、观摩竞赛等方式，能够对竞赛有更深一步的了解，尤其对于低年级学生，可以开阔视野、拓展思路。同时，承办竞赛也能助力学院教师深入了解竞赛。辅导员可以指导学生参与该项活动的各方面。

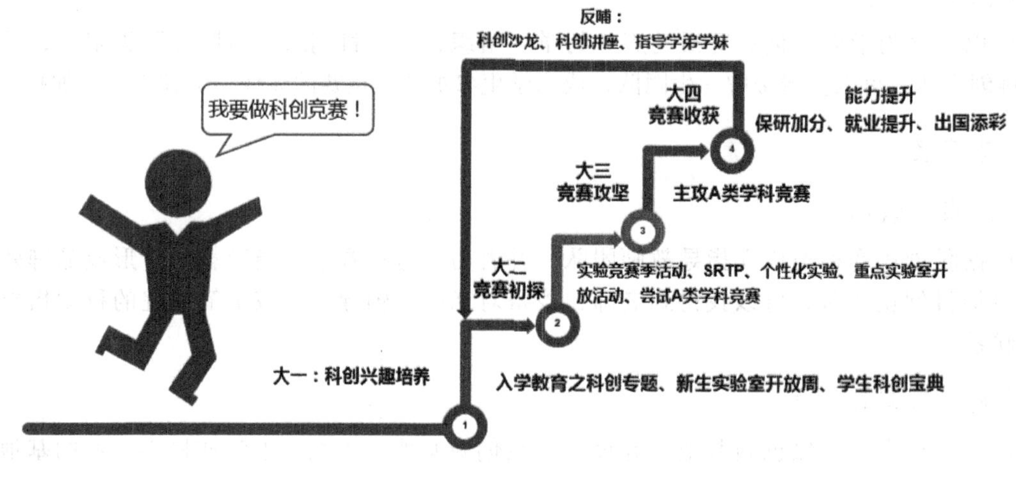

图 4.1　学生科创竞赛成长体系

4. 主动将思政教育融入科创竞赛

学院可以主动谋划，将思政元素融入科创竞赛，让学生既在科创竞赛中锻炼技能，又在科创竞赛中接受思想政治教育。例如：在 2019 年举办的“我和我的祖国”——庆祝新中国成立 70 周年主题的电子设计与制作竞赛中，200 余名师生用 21 600 个灯珠、30 000 个晶体管、90 000 条线路焊接制作成五星红旗 LED 屏幕表达对祖国深厚的爱。辅导员可以有意识地结合竞赛活动开展思政教育工作。

八、辅导员工作领域的创业工作

“大众创业，万众创新”对于促进我国社会经济发展和推进我国经济结构调整具有重要意义，高校开展创新创业教育对于高校学生开展创新创业有重要影响。实际工作中，虽然只有少部分学生在毕业之后直接走上创业道路，但在学校里面接受的创业意识启蒙、创业技能培养对学生发展都大有裨益。在辅导员工作领域中，辅导员应主要做好引导学生提升创业技能、解读创业就业相关政策以及对创业学生进行帮扶三方面的工作。

（一）引导学生提升学生创业技能

1. 西南交通大学国际创新创业学院“菁蓉班”

国际创新创业学院“菁蓉班”面向全校各专业、各学科、各年级对创新创业和新兴技术产业感兴趣的本科和研究生（硕士/博士），集中国际创新创业学院的内外资源，针对“菁蓉班”的学生进行重点扶持，培养具备“创新思维和行动胆识”，崇尚“学以致用”的高素质学生，增强“菁蓉班”学生就业、创业的准备和相关能力。

2. 创业类比赛

“萌芽杯”作为一项有影响力的校园传统赛事，已连续成功举办了 10 余届，成都、犀浦、峨眉三校区联动，旨在为学校创业者提供交流展示的舞台，搭建大学生创新创业项目与社会投资对接的平台，同时为中国大学生“互联网+”创新创业大赛遴选参赛项目。

3. 创业类讲座

学校举办丰富多彩的创业类讲座，具体可以参考西南交通大学第二三课堂网站（http://jwc.swjtu.edu.cn/vatuu/YouthIndexAction）中的学术科技与创新创业模块。

（二）解读创业就业相关政策

1. 学校和学院对大学生创业的支持

学校和学院以资助或者奖学金等方式鼓励大学生进行创业实践，辅导员需要主动了解相关政策，让学生熟悉并清晰相应政策。

2. 四川省大学生就业创业扶持政策清单

大学生是宝贵的人才资源。省委、省政府高度重视大学生就业创业工作，出台了一系列政策措施。为切实做好大学生就业创业工作，省就业创业工作联席会议办公室会同省级相关部门每年都会汇总、编辑《四川省大学生就业创业扶持政策清单》，可以在招生就业处网站（http://jiuye.swjtu.edu.cn/）下载。

3. 各地方大学生就业创业相关政策

地方政府网站会发布各地方大学生就业创业的相关政策，辅导员可以指导学生查询了解。

（三）对创业学生进行帮扶

1. 协助对接西南交通大学科技园

西南交通大学国家大学科技园创建于 2003 年，是西南交通大学为学校科技成果转化、高新技术企业孵化、创新创业人才培养、产学研结合提供支撑平台和服务而建立的大学科技园。科技园可以提供创业项目孵化、对接国家地方优惠政策、创业培训等服务。

2. 协助对接西南交通大学国际创新创业学院

西南交通大学国际创新创业学院以“1+2+2”的创新办学模式，开门办院，充分利用校内外资源（包括政府、产业、民间、风险投资等），国际化合作办学。资源整合的同时衍生出新思想、大集成，充分发挥已有工作成效，建设高起点、高品质、精品化、国际化创业教育与实践平台，落地创新创业项目，全面打造具有交大特色的国际创新创业生态圈，持续发挥创新创业领域的示范引领作用，实现服务社会的目标。

3. 鼓励学生获得资金支持

创业工作是一项综合性强、复杂程度高的工作，其中资金支持非常重要。辅导员应对相应的创业项目的资金支持政策、支持方式等有基本了解，并积极协助学生创业团队申请四川省、成都市科技局、各区县的相关项目，鼓励学生争取政府资金支持；社会的创新创业机构有针对初创企业或项目的天使基金，辅导员应鼓励学生积极参加路演，争取资金支持；各学院针对初创企业或项目有相应的支持或奖励基金，学生可以积极争取；企业对有潜力的创业项目也会有相应的合作机制或资金支持，学生团队可以积极争取。

第三节　升学深造

兴国先兴学，强国先强教，如今国际竞争日益激烈，国家对于高素质人才的需求也不断增加，辅导员要充当好学生升学与深造的“助推器”角色，帮助学生培养学习兴趣、启发和引导学生升学深造意识、树立远大理想，促进学生提升升学深造能力，培养“德智体美劳”全面发展的人才。

一般意义上的升学深造分为本科阶段的国内保研与考研，本科毕业阶段申请海外高校继续深造以及在本科阶段参加学校学院的双学位项目；研究生阶段的硕博连读、继续考取或申请博士、毕业海外继续深造、硕士联合培养及博士联合培养项目等。

一、为什么要重视升学深造工作

从学生角度而言，升学深造在提升学生自身能力、拓宽视野的同时也为未来的发展打下了坚实的基础。研究生阶段的学习不同于本科阶段，更加具有专业性和针对性，旨在培养某一领域的高级复合型人才，升学深造也意味着学生能够接触到更加前沿的科技、走向更高的平台，无疑是提升自己的良好选择。

从学校角度而言，作为一所“211”高校，西南交大要承担起为国家输送人才、服务国家建设、聚焦国家战略需求的责任。百年交大培养了大批杰出人才，他们在不同的领域贡献着自己的力量，服务于国家的科学发展。

二、升学深造工作应注意的基本原则

（一）明确方向与分类指导

辅导员从学生的自身情况出发，引导学生综合考虑学习成绩、实践能力、科研能力、自律性、主动性以及家庭条件等多方面因素，明确升学深造的目标，分析明辨保研、考研以及留学 3 条升学深造路线的优势和要求所在。同时结合每一年的政策变化与学生自身的优势，如是否具有较强的学习能力、是否具有良好的自律性以及家庭对于升学的支持程度，给予学生更优化的选择建议。

（二）贯穿始终与阶段服务

升学深造工作需要每一位辅导员全程参与，根据不同年级学生的特点，采用相应的活动与方法引导并解决学生出现的问题，帮助学生解决问题、克服困难。例如，对于大三阶段的考研学生，在备考阶段要及时了解学生的学习情况和心理情况，深入自习室、深入寝室掌握学生的学习状态，建议学生合理调整学习策略和进度；大四考试结束后，掌握学生成绩，对于成绩不理想的学生做好调剂政策的解读，以及留学、就业方面的引导与指导，对于成绩优异的学生提醒其做好复试知识的准备以及心理状态的调整等。

三、升学深造工作从什么时候开始

升学与深造工作应该贯穿于大学的全过程，有前三年的积累才有大四的收获。建议在大一和大

二明确目标，大二、大三做好指导与督导工作，逐步完成从意识到行为的落地，大四重在政策分析、考研与出国冲刺。升学深造工作要抓住关键时间节点与重要环节，在恰当的时点给予学生必要的帮助和政策信息支持。从入学教育开始，辅导员要联合专业课老师以及国际合作与交流处、招生就业处等部门的老师给学生做好升学深造的启蒙教育，引导大家做好时间规划，从小事做起，积少成多，提升自我，从上好每一门课到优异的 GPA，从观摩他人竞赛实验到加入科创组织再到自己参与竞赛活动，从参与学院英语体验活动到四、六级考试再到雅思托福能力测试，从暑期海外高校实践项目到学制内的联合培养等。

四、升学深造工作的主要内容

（一）升学深造的意识培养

求其上者得其中，求其中者得其下，帮助学生树立远大的理想与目标是升学深造工作的第一步，也是最为关键的一步，要把学生升学深造工作与理想信念教育相结合，鼓励学生树立远大理想，为国家培养高层次人才。

如何培养学生的升学深造意识？一方面，积极邀请学院的教授、杰出人才以及优秀校友等给学生做分享，通过面向本科生的研究生开放日、讲座、座谈会以及思政课等方式分享自己的求学经历与体会，给学生和教授们提供面对面交流的机会；另一方面，可以邀请高年级的学生以更贴近学生日常学习与生活的方式讲述自己大学期间的故事，大到每个年级的规划与目标，小到每一天的计划与安排。通过各位老师以及学长学姐的切身经历，突出榜样作用，培养升学深造意识，引导学生有更加明确的升学深造目标和更清晰的规划。

（二）升学深造的能力储备

千里之行始于足下，辅导员引导和要求学生提前做好升学深造的能力储备是很重要的一项工作，可以建议学生从以下方面着手：

1. 根据自身情况制订周计划

指导学生结合自身的学习情况明确每周的学习计划，安排好学习和休息时间，培养自律性和自我管理能力。

2. 积极参加实践活动和竞赛活动

指导学生锻炼自身的科研实践能力和自主学习探究能力，在实践和竞赛中主动学习探索，遇到问题积极克服，培养团队精神。

3. 提高英语能力

无论选择哪一种升学深造路径，英语能力都非常重要，同时对学生未来的发展也大有裨益。各学院会不定期举行各类英语活动，学校也会为学生提供如英语沙龙等机会，旨在营造良好的英语学习氛围和英语交流机会，通过轻松有趣的游戏和互动鼓励学生开口说英语，将英语学习从书本上转移到实践中。辅导员应引导和指导学生参与到此类活动中。

4. 提高考研需要具备的能力

考研复习的过程是辛苦而枯燥的，需要学生能够沉下心学习并保持始终如一的劲头，另外还要有很好的自我约束力和自学能力。考研最重要的两个字就是“坚持”，坚持自己的学习计划不被外界干扰，坚持自己的复习方法不人云亦云，坚持运动和适当放松保持良好的身心状态，坚持自己的目标不轻言放弃。在学生的考研过程中，辅导员应该给予鼓励、支持，并提出要求。

（三）升学深造的生涯规划

辅导员针对升学深造的学生，一方面做好普适性的信息支持，另一方面针对每个学生的具体情况做好个性化辅导。

1. 对于计划留学的学生

辅导员分享、转发各个国家留学政策、就业政策以及在毕业求职时企业偏好的院校名单，敦促学生明确时间规划，做好 GPA、语言成绩以及实习经历等方面的相关准备，鼓励学生在大二大三阶段积极参与科创竞赛以及实践活动，全面提升自己的竞争力。

2. 对于计划保研的学生

辅导员应敦促学生及时了解学校、学院保研政策，关注自身成绩，鼓励参加学科竞赛、社会实践等，在提高自身能力的同时也在保研工作中获得优势。

3. 对于计划考研的学生

辅导员敦促学生扎扎实实学好专业课，前三年的认真与努力会让考研的过程更加顺利，也会减轻考研复习的负担，提前了解考研过程做好心理调适和准备，有远大理想和更高目标的同时对自己有清晰的认识，让目标落地。辅导员和班导师可以针对不同学生提供不同的考研选校等方面的信息。

（四）本研升学深造的类型

1. 对于大学本科阶段而言，升学深造主要有以下 3 条途径

（1）保研（推免）。保研（推免）即免试攻读硕士研究生，指普通高校应届本科毕业生不必经过全国硕士研究生入学统一考试的初试，直接进入复试。以《西南交通大学 2020 年接受优秀应届本科毕业生免试攻读研究生的实施办法》为例，对申请条件有以下要求：① 拥护中国共产党的领导，具有良好的思想品德和政治素质，遵纪守法，身心健康。② 在校期间各方面表现良好，学术研究兴趣浓厚，有较强的创新意识、创新能力和专业能力，具备作为研究生培养的潜质和基础。③ 申请人在校期间前三年（五年制为前四年）学习成绩优异，诚实守信，学风端正，无任何考试作弊和学术不端行为，无违法违纪记录。④ 申请人应为经教育部批准具有推免资格的高校应届本科毕业生，取得所在学校硕士研究生推荐免试资格并在教育部研招网推免服务系统完成注册。

（2）考研。考研是目前升学选择中较为主流的一种选择，同时也是竞争较为激烈的一种选择。2019 年报考人数 290 万人，2020 年报考人数 341 万人，甚至可以用“千军万马过独木桥”来形容 2020 届的考研形势，辅导员要指导学生在选择考研的同时做好充分的心理准备和考试准备。

（3）留学。随着全球一体化的发展，留学逐渐成为一种较为认可的升学方式，在获得专业知识提升的同时也能开阔学生视野与思维，让其以更加多元化的角度看世界，也能够较为全面地锻炼学生独立生活的能力与自律性。

2. 对于研究生而言，升学深造主要包括以下 3 条途径

（1）出国深造。除学生自己申请海外深造外，学校为学生提供了丰富的国家公派项目和校级交流项目，各项目在西南交大国际合作与交流处网站均可查阅。以国家公派项目“2020 年德国柏林自由大学合作奖学金项目”为例，针对攻读博士研究生和联合培养博士分别有以下要求：

对于攻读博士学位研究生：选拔我校优秀在读硕士研究生（包括应届硕士毕业生）、应届本科毕业生，相关单位亦可根据本单位实际情况推荐在读博士一年级学生申报。在读硕士研究生、博士研究生应具备一定的科研能力和科研成果，应届本科毕业生应达到校内免试直升研究生水平。申请时应已获拟留学单位出具的攻读博士学位入学通知书（或国外导师出具的正式邀请信）。

对于联合培养博士生：选拔全日制优秀在读博士研究生。申请时应已获拟留学单位或国外导师出具的正式邀请信及国内外导师共同制订的联合培养计划。

（2）硕博连读。教育部文件规定，硕博连读是指招生单位从本单位已完成规定课程学习且成绩优秀，具有较强创新精神和科研能力的在学硕士研究生中择优遴选博士研究生的招生方式。拟按硕博连读方式选拔的学生需根据招生单位的规定提出申请，并通过招生单位组织的博士生入学考试或考核，被录取后才能进入博士阶段的学习。

（3）申请博士。“申请考核制”是由学院或学科根据导师意见自主考核招收博士生的一种形式，是指由考生个人提出申请，提交相关材料，通过初审、综合考核，按照择优录取原则进行录取的招考方式。参加“申请考核制”选拔的考生不再参加学校组织的博士入学初试考试。“申请考核制”选拔博士生的基本程序包括个人申请、学科考核、学院审查、校研究生招生工作领导小组审批4个环节。

（五）本科升学深造工作的分类指导

辅导员针对不同意向的学生需要给予有针对性的具体指导：

1. 针对留学意向学生

随着全球一体化进程的不断加快，每年各个国家的留学政策会有一定变化，专业的留学机构对于政策的掌握往往是最及时的，辅导员应该为学生和家长搭建资源分享平台，通知学生参加学校、学院邀请的专业留学机构开展的讲座，通知和组织学生参加学校、学院邀请的语言培训中心老师开展的模拟考试；引导学生及时关注学院网站国际化板块以及国际合作与交流处网站发布的信息，积极利用好学校的资源。

2. 针对考研意向学生

考研学生的比例相对留学和保研学生更高，各位辅导员也应对考研的学生投入更多精力。在持续关注每一位考研学生状态的同时和家长保持沟通，借助家长的力量，帮助学生做好心理疏导和压力缓解；学业方面，引导和组织学生参与学校、学院组织的数学、英语考研指导课程的培训和模考，找弱项补短板，让学生的复习更有针对性；考研政策方面，辅导员可以邀请熟知研究生教育与管理的老师给学生讲解考研招生、复试等方面的政策与要求，根据自身情况和考研形势做出最适合学生的选择，引导学生合理评估实力，积极引导学生报考本校。

3. 针对保研意向学生

这部分学生的特点是成绩好、能力强，辅导员应指导学生了解研究生阶段与本科阶段学习的差异性，帮助有保研意向的学生提前明确自身读研的兴趣、适合性等问题。辅导员可以为学生和研究生导师提供彼此了解的机会和渠道，明确学生的能力和导师的期待是否匹配，以及学生的兴趣方向和导师的研究方向是否契合等；与学校和学院一道吸引学生保送本校。

（六）升学深造工作的联动开展

升学深造工作需要联动学校各部门、学院各方面、家长、专业机构共同开展。辅导员作为大学里与学生接触最多的人，一方面要了解、把握学生动态，另一方面要架起与家长、教务老师、专业课老师以及相关专业机构沟通的桥梁，根据学生不同深造意向开展联动工作。

1. 学校相关部门及职责

在学生升学深造工作中，相关部门主要包括教务处、研究生院、国际合作与交流处、招生就业处等。

（1）教务处在升学深造工作中主要负责推荐本科生免试攻读硕士学位研究生，考研学生的相应指导，办理出国成绩单、学历证明、本科双学位的课程认定与学分替换等工作。

（2）研究生院在升学深造工作中主要负责研究生复试与录取，研究生暑期夏令营、考/保研相应政策指导工作、研究生双学位项目、联合培养的课程认定、学分替换等工作。

（3）国际合作与交流处在升学深造工作中主要负责学院、学校与海外高校项目的审核、审批、签署、备案，国家留学基金委员会项目的选拔与资助工作，学院与学校出国出境联合培养项目的审核、资助、签证等工作。

（4）招生就业处在升学深造工作中主要负责本研学生升学深造相应指导工作。

2. 学院相关人员

（1）辅导员主要负责学生升学深造的引导、指导、政策讲解、优质资源引入，帮助学生明确目标，督导投入行动，协助学院学校开展相应升学深造活动并组织学生积极参加，处理好学生升学深造的具体工作事务。

（2）本科教学主管负责人与本科教务对接教务处做好保研工作，协同辅导员共同开展升学深造吸引工作与指导工作。

（3）学院研究生主管负责人与研究生教务做好考、保研的具体招生、复试、录取工作，并协同辅导员积极分享、反馈最新的升学政策，积极引导学生继续升学深造，做好研究生暑期夏令营工作。

（4）研究生导师协同辅导员针对学生继续升学深造共同开展引导与吸引工作。

（5）家长协同辅导员共同参与学生的升学深造规划、评估选择、心理支持、行为督促等工作。

第四节　国际化工作

国际化人才是指具有国际化意识和胸怀、国际一流知识结构、视野和能力，在全球化竞争中善于把握机遇和争取主动的高层次人才。国际化人才应具备以下 7 种素质：宽广的国际化视野和强烈的创新意识；本专业的国际化知识；国际惯例；较强的跨文化沟通能力；独立的国际活动能力；较强的运用和处理信息的能力；较高的政治思想素质和健康的心理素质，能经受多元文化的冲击，在做国际人的同时不至于丧失中华民族的人格与国格。

一、为什么要重视大学生国际化工作

党的十八大报告提出“要倡导人类命运共同体意识”，人类只有一个地球，各国共处一个世界，当今世界相互依存、休戚与共，人类命运共同体的推动构建要求新时代的大学生必须要适应多元化环境，具备国际化素质。中国要想在相互联结的国际社会洪流中站稳脚跟，就必须要培养出能够适应国际竞争的高素质人才。这种素质不仅仅是指学生要具备世界一流的专业技术能力，更指要具备国际化的视野和跨文化的交际能力。优秀的国际化人才能够大幅提高我国在国际范围内的竞争水平，促进本国文化的输出。

从高校角度来说，大学承担着人才培养、科学研究、社会服务、文化传承与创新、国际交流合作 5 大基本职能。其国际交流与合作职能涵盖培养出在思想、技能、知识等方面全面发展且在国际上具有较强竞争力的人才。目前，应注意到高等教育国际化是社会发展的必然趋势，培养社会所需求的高质量复合型人才，能够推动整个社会科技进步。

从学生角度来说，要想在经济全球化和多元文化的社会生存，在每年待就业的“百万大军”中生存，为党和国家的事业做出贡献，就必须有过硬的本领和国际化的视野。当代大学生作为中国新时代的建设者，要切实提升自身语言水平、开阔国际化视野、掌握国际规则、具有国际胸怀，才能在日趋激烈的竞争中脱颖而出，奋斗出属于自己的广阔天地。

二、国际化工作从什么时候开始

从大学新生开学报到之时，即可开展新生国际化引导教育，启发学生拓展国际化视野、认识提

升国际化能力的重要性。在之后的每个学期，国际化引导要分阶段、分专业、分班级开展，针对学生在不同阶段需切实提高的主要能力进行训练和加强，一直持续到学生毕业深造。

三、国际化工作的主要内容

（一）国际化意识普及

国际化意识普及的内容：具有宽广的全球视野，能够深刻理解多元化文化，能够从国际社会、全人类的广阔视野出发认识和考虑问题，而不局限于一个国家、一个地区、一种文化、一种思维方式；具有关注本学科专业领域和思想动态的高度敏锐性；树立向全球服务、向全球开放的观点；具有国际理解意识、依存意识、和平发展意识、国际正义意识；能与外国人士和谐相处、互相理解，包容尊重。

如何普及：首先，通过宣传讲座、沙龙、茶话会等形式，利用文字、图像、视频等直观方式帮助学生理解什么是国际化意识。其次，可邀请海外经验丰富的师生开展经验交流分享会，加深学生的理解和记忆。与此同时，丰富有趣的实践活动能让学生模拟在多元文化背景下如何克服语言和文化不通的困难，实现有效沟通与交流。

（二）国际化能力储备

国际化能力除包含上述所说的国际化意识外，还包括以下能力：

第一，知识素质。学生需掌握本专业的国际理论知识，熟悉和掌握本专业先进、前沿的国际通用知识，包括与本专业业务活动有关的国际惯例和规则，并将其与本国科学文化加以比较、兼容融合，这些知识有助于大学生解决和防范当下学习以及未来学习生活中的问题。

第二，跨文化交流能力。在大学期间熟练掌握 1 ~ 2 门外语，运用外语进行信息交流。积极培养合作精神和协调能力，面对压力积极寻求解决问题的方法，在竞争与合作中寻求个人进步与发展。

第三，国际适应能力。在新的陌生环境中能够迅速调整自己，化被动为主动，积极地迎接变化、适应变化；有抗压能力，利用已有资源吸纳多方信息，不满足于已有的知识和经验，勇于打破已有的固定模式，善于学习新知识与技能，帮助学生把握海外学习机会，在陌生环境中顺利开展学习生活。

学生可通过参与外语类相关类课程和跨文化交际类课程学习储备理论知识，加入国际化学生社团积累合作交流的实践经验，参加国际化志愿活动、竞赛实践、校级院级的长中短期海外实践交流项目以培养实战能力。

（三）国际化工作分年级指导

1. 大一年级

确立国际化能力目标，规划时间安排。了解学校目前提供的国际化项目及要求，通过英语四级与六级考试，加入 1 ~ 2 个国际化学生社团，参与符合自身专业与兴趣的国际化项目、竞赛项目、志愿活动等。

2. 大二年级

通过英语四级与六级考试，进行雅思/托福等语言考试，参与符合自身专业与兴趣的国际化项目、竞赛项目、志愿活动等。

3. 大三年级

通过雅思/托福等语言考试、GRE/GMAT 能力测试，参与符合自身专业与兴趣的国际化项目、竞赛项目、志愿活动等，申请海外高校（出国读研/博学生）。

4. 大四年级

通过雅思/托福等语言考试、GRE/GMAT 能力测试，参与符合自身专业与兴趣的国际化项目、竞赛项目、志愿活动等，申请海外高校（出国读研/博学生）。

（四）参与国际化的途径

（1）本科生：国际化组织或社团、国际化志愿与实践活动、国际化竞赛、国际会议与讲座、校级院级的长中短期海外项目、毕业留学、校内国际化相关的活动。

（2）硕士研究生：国际化组织或社团、国际化志愿与实践活动、国际化竞赛、国际会议与讲座、校级院级的长中短期海外项目。

四、研究生国际化与本科生国际化工作的异同

对本科生来说，其国际化工作的重点在于对学生国际化意识的开发和训练，增加知识，提高语言水平及实践技能。引导学生重视提高自身的外语水平，培养跨文化交流合作能力，充分了解校内提供的海外实践项目。针对有长期出国读书计划的学生，要引导他们尽早做时间规划与能力储备，培养具有国际视野、全球视野，并能应对国际挑战的高素质人才。

对研究生来说，学生的国际化交流多以导师推荐的各种海外会议、中长期海外交流、科研合作为主，学生也可选择双语类课程，感受非母语环境下的教学与实践活动，让学生置身于不同于母语国语言、文化、生活习俗的陌生环境中，直接接触外国的语言和科技，亲身感受多元化的理念与思维方式，从而培养出更多高精尖的熟练掌握外语又具有专业技能知识的复合型人才。

五、国际化工作的联动开展

国际化工作的开展需要各部门与相关负责老师的协调合作。国际合作与交流处作为学校国际化工作的职能部门，贯彻与执行国家对外交流与合作工作的方针、政策，制订学校相应的规章制度并组织实施，管理和协调全校涉外工作。各学院需根据各学科特色和专业特点，开展符合本院学生的国际化工作。学院国际化工作负责人制定学院内国际化工作计划与方案，辅导员配合并指导学生开展工作。同时也需要专业机构助力，借助专业机构的师资力量与教学资源，帮助提高国际化工作的专业度。从拟定长期出国学习的学生来说，专业机构能协助学生制订专业详细的留学计划。因为海外高校看重的不仅是卷面上的成绩，还有竞赛能力、动手实践能力、团队合作能力、领导力等综合技能，需要专业机构协助学生评估并提前准备。

六、校院两级国际化工作方式

（一）学校负责的工作

国际合作与交流处作为学校外事工作的职能部门，牵头制定校内学生国际化培养的工作计划、文件政策，审核与审批院级国际化项目等工作。其“学生出境交流科”主要负责学生公派出国（境）项目和校际交流项目的申报、组织实施和管理服务工作。

教务处作为本科教学和教务管理的职能部门，其主要工作职责是本科生课程安排、考试安排、学生学籍管理工作；学生教学实习、生产实习和社会实践活动的组织与管理。实习学分认定、课程转换、国际化实践类活动的开展，也需教务处统筹管理，其主要涉及科室为排课与考试中心、教务科、实践教学科。

研究生院组织开展研究生教育教学研究工作，负责学院研究生海外联合培养项目的审核，研究

生参加国外留学、访学和参加国际会议，研究生参与国际交换项目课程学分认定以及出国成绩评估等工作，主要部门为研究生培养办公室。

（二）学院负责的工作

学院负责制订本学院国际化年度或学期工作计划、学期开展实施计划、国际化任务落实方案；组织学院内国际化项目宣传、报名、学生选拔；配合国际合作与交流处、教务处、学生工作部（处）的国际化项目开展宣传、报名、学生选拔；组织大型国际化活动，接待海外来访师生团。

由于国际化工作因人而异，辅导员作为学生最直接的管理者，也是学生参与国际化的引导者，需引导学生结合自身条件确认其职业规划目标，制订个性化的学习计划与安排。辅导员应在日常管理工作中，将国际化工作有计划、有意识地贯穿持续于学生大学四年学习生涯。

（三）国际化资助

（1）国家公派出国境访问交流学生，可申请国家留学基金资助。资助内容包括一次国际往返旅费及奖学金生活费（即国家公派留学人员在国外学习期间的基本生活费用，包括伙食费、住宿费、电话费、书籍资料费、医疗保险费、一次性安置费等）。国家、专业、学位不同，资助金额也不同，详情可访问 https://www.csc.edu.cn/chuguo。

（2）学校提供双一流经费资助双一流建设学科相关专业学生，重点资助对象为交流期限 3 个月以上的研究生和部分校级/院级交流项目，资助范围包括国际往返机票、语言培训或考试费用、留学期间境外住宿费用、留学期间境外交通费用等，详情可参照国际合作与交流处网站 http://fad.swjtu.edu.cn//gjc_showNews.action?id=8BBF5DB40F28770C。

（3）各学院根据情况制定资助本院学生参与国际化交流的相关政策。各学院根据自身情况设立资助学生参与国际化交流、学习的基金，制定相应的政策。

（四）国际化项目实施工作中的注意事项

1. 注意工作时效性

（1）关注学校、学院国际化项目、国际化资助、国际化奖励评选的时间节点，有针对性地做好宣传工作，指导学生参与，做好筛选工作与项目备案等。

（2）及时宣传报道学生在项目中的进程，保证新闻时效性。

2. 注意公开透明性

（1）在学院网站发布交流交换项目报名通知、报名要求以及面试信息，在学生中广泛宣传；确保国际化项目资助工作公开、透明。

（2）在学院官网公示项目入选学生、资助学生。

3. 注意遵守国际惯例

（1）做好行前培训，包括：遵守出行国家（地区）风俗礼仪、了解当地文化背景、避免不当言行等。

（2）了解出行国家出入境政策要求，根据要求准备好相关证件和资料等。

（3）带队老师需带头遵守国际规则并要求学生自觉遵守相关规定。

4. 注意做好安全教育

（1）明确行程中可能涉及的安全问题，引导学生做好自我管理、树立安全意识、服从带队老师安排和管理。

（2）组织学生和家长签订安全责任书。

5. 注意整体性和引导性

（1）一个完整的交流交换活动应该包括行前准备、过程体验与学习，以及总结反思。

（2）邀请参与过交流交换活动的学生分享经验，吸引更多学生参与国际化活动，从而提升对国际化的认识和理解。

6. 积极宣传国际化长中短期项目

（1）校级信息请参照国际合作与交流处网站 http://fad.swjtu.edu.cn//gjc_showNews.action?id=559B9B9642337A47。

（2）广泛宣传和有针对性的推送相结合，让更多学生有效获取项目信息。

下面以某学院自行组织的“2019 年新加坡国立大学暑期海外实践项目”为例展示一个完整的短期项目开展过程。

该项目准备周期长、参与人数众多，涉及实习学分转换等手续办理，任务繁重，由学院学生工作组国际化负责人与带队辅导员牵头，其他辅导员协同完成。

2018 年 5 月，学院完成学校国际处、教务处、学院内的各项申请、报备工作，学院完成与新加坡国立大学相关部门的条款确定、协议签署等工作。

2018年11月起,学院国际化事务负责老师与新加坡国立大学负责老师开始了项目前期准备工作，包括确认项目内容、行程安排、食宿安排、保险购买等。

2018 年 12 月，在学院网站公开发布关于 2019 年的暑期海外实践项目活动报名公告。同时，学院国际化负责老师和辅导员积极开展线上线下宣传活动，包括：班级群消息推送，学院官微网络宣传，学生家长群宣传介绍，帮助学生及家长充分了解海外实践项目的内容和意义。经过充分动员，20 余名学生提交项目报名表和个人成绩信息并顺利通过项目审核，予以出行批准。

2019 年 5 月，确认海外实践项目成员最终名单，学院落实项目带队老师。国际化负责老师与带队辅导员共同完成学生签证办理、交流项目备案、学生暑期实习学分替换、缴费、食住行确认、学习内容再次确认等手续。

2019 年 7 月，学院举办项目出征仪式，讲解安全注意事项，说明各项学习任务。

2019 年 8 月，辅导员带队开展项目，负责学生管理工作、安全工作，指导学生定期汇总学习情况和心得体会。

2019 年 9—10 月，师生返校后，带队辅导员协助学生完成总结报告、学分转换等事宜。

2019 年 9—11 月，项目结束后开展经验分享交流会，与其他学生分享国际交流经验，引导学生厚植家国情怀的同时开拓国际视野。

第五章 学生日常事务管理

第一节　入学管理与教育

一、本科生入学管理与教育

入学管理与教育是加强学生思想政治教育的基础工作，同时也是教育引导学生坚定理想信念，培育社会主义核心价值观的重要契机和载体。

在入学管理与教育工作中体现“一切为了学生，为了一切学生，为了学生的一切”，全方位帮助新生从中学生活“无缝对接”到大学生活，打造全过程、全员化、全方位的入学管理与培育理念，帮助新生快速适应大学生活。

入学管理与培育涵盖校院两级单位，针对新生开展的活动内容丰富，工作时间长、空间跨度大，需要校院各部门协调组织。辅导员应主动作为、积极组织和合理安排新生参与。

（一）迎新工作

迎新工作是学校向新生、家长、社会展示办学水平和精神风貌的重要窗口，是新生适应大学生活的重要一步。为切实做好迎新工作，为新生提供更规范高效、优质快捷的服务，帮助新生快速适应大学生活，学校和学院需要细心、周到、高效、创新地开展工作。

1. 负责部门

党政办公室、党委宣传部、学生工作部（处）、保卫处、校团委、教务处、招生就业处、后勤与基建管理处、各学院学工组。

2. 时间

每学年春季学期放假前至秋季学期新生开学季。

3. 工作原则

学校整体安排部署，遵循“高效、有序、安全、温暖”的工作原则做好迎新生入学工作，增强迎新工作服务意识，树立学校高效、文明、规范、温暖的良好形象，做到让学生满意、家长满意、社会满意。

（1）高效、有序。

迎新准备工作由学校各部门相互配合、高效协作，前期准备充分，各项工作有序进行；迎新现场工作流程清晰明了、简便快捷，避免大量学生拥挤，迎新现场秩序井然，营造良好的迎新氛围；开学典礼、入学新生教育等活动有序开展，学校学院联动，辅导员相互支持。

（2）安全。

辅导员及时告知新生注意个人健康和财产安全等，注意防火防盗防骗；保卫处和学院学生工作组做好相关预案，最大限度地减少安全隐患；妥善处理迎新期间发生的各类安全事故，做好新生安抚工作。

（3）温暖。

迎新现场准备新生大礼包、校园文化衫等多种西南交通大学文创产品，营造学校历史和文化氛围；做好家庭经济困难新生帮扶工作，绿色通道服务工作。

4. 辅导员参与迎接新生工作应该了解的基本问题

各学院在执行时应体现各自特色。

（1）春季学期放假前应该做的准备工作。

选配新生辅导员：学院根据招生计划、辅导员整体配置情况、辅导员职业生涯规划情况、男女辅导员比例、辅导员专业背景情况、资深辅导员与新人辅导员情况等，按照《普通高等学校辅导员队伍建设规划规定》要求的人数比例，进行合理搭配与安排。

选配班导师工作：学院学生工作组与学院各系统筹协调为新生年级进行班导师选配工作，并配发班导师工作日志本或记录本，明确班导师工作职责进行提前学习。

选拔助理辅导员：各学院一般在高年级选拔优秀学生担任大一新生的助理辅导员，工作时间一般为一年，主要工作职责是协助辅导员对大一新生进行大学生活的引导、适应、困难帮助、事务协助以及迎新接待与教育等工作。各学院应通过笔试、面试等不同的方式进行选拔与考核，重点考察学生的思想政治观、价值观、工作能力、性格特点等。

招募党员、志愿者服务队：新生到校会遇到各种各样的问题，为了更好地帮助新生快速完成入学工作，需要招募与选聘一定数量的党员服务队、志愿者服务队协助开展迎新工作。各学院应根据自身规模、工作性质，面向党员和学院中高年级群体进行招募。本项工作由新生辅导员与党委（或本科生党支部）、学院社团（如青年志愿者协会、学生会）共同完成。

学习并掌握学校迎新方案：学期末学校会组织各部门协同、各学院共同参与迎新工作协调会议，新生辅导员应学习并掌握学校迎新方案中的要求与部署，包括场地选择、时间选择等，便于制定各学院的迎新方案。

制定迎新初步方案：虽然迎接新生是在秋季开学初，但工作安排需在春季期末前完成，一般由新生辅导员与学院其他辅导员相互配合，共同制定迎新方案，包括氛围营造、物料准备、现场布置、流程安排、场地预定、嘉宾协调等。这样可以使后期的整个迎新工作井然有序、温暖贴心、创意创新，给新生及家长留下良好的第一印象。

（2）暑期期间应该做的工作。

暑期物料准备工作：各学院在学校的整体部署下，根据各自的特点为迎新工作准备相应物品，包括但不限于：宣传所用物品如线上与线下的海报、横幅，学院具有展示度的院旗、院徽、桁架等，工作所需要的指示引导 KT 板、工作牌，新生大礼包如新生礼物、本科教育规范、体育部手册、一卡通使用手册、图书馆攻略、校徽、新生手册、家长手册、新生学业导航、职业生涯规划与指导手册、国际化手册、资助手册、新生文化衫等。迎新物料如打印机、冰块、水、药品、流程图、迎新文化衫、名册、校园地图、笔、纸张等应提前准备。

宿舍安排工作：在招生就业处完成招生工作后，辅导员通过迎新网可以导出新生具体信息，并在暑期完成学生的宿舍安排工作。该项工作是一个细致的工作，辅导员可与学校后勤部门、宿管科等联系，进行实地勘察后再做宿舍分配，了解楼层、门号等情况，如门牌号连在一起的两间宿舍可能分散在楼层的两侧。宿舍的分配原则并无统一的规定，建议尽量将同一班级同一专业按照就近与相连的原则分配，建议将不同地区的学生分到不同宿舍，建议每个宿舍能安排一名四川或重庆地区学生，以便学生能更好地融合适应。

新生联系工作：一方面，新生已经在迎新网进行了信息的填写；另一方面，由于信息发达，还未入校学生其实已经自发找到了同学，所以建议辅导员尽快建立所带班级或专业的 QQ 群等，通过网络给学生一些前置性的建议或要求，增加辅导员与学生的亲近感，建立良好的师生关系。

暑期场地预定工作：根据初步方案，辅导员应提前预订场地，以便各学院合理使用公共场地资源，特别是对于使用频度较高的图书馆报告厅、一食堂三楼、体育馆、三食堂四楼等场地，学院之间应友好协商、提前预订。

（3）迎新前一周的工作。

迎新队伍培训工作：各学院根据安排，应对迎新工作队伍进行分类培训。一般应对助理辅导员、党员迎新队伍、志愿者服务队进行培训，包括不限于：迎新礼仪、迎新流程与要求、值班方案说明以及工作内容模拟、应急情况处理等。助理辅导员还要对新生遇到的各种具体事务进行培训，如党团知识、学业指导、校史校情、创新创业基本体系、时间管理、贫困生资助等内容。

现场迎新物料与方案的核对：对初步方案确定的各项物料进行验收、查漏补缺，若有缺失积极采取措施，并对方案再次进行验核与环节模拟，以确保流畅、无误。

入学教育方案确定：细化入学教育方案，落实各项典礼与教育所涉及嘉宾的具体时间安排，细化方案、落实场地，做好人员安排。

（4）迎新现场需要做的工作。

现场报到点的布置：学校统一进行迎新地点的安排，如犀浦校区一食堂门口的林荫大道、银杏大道等。学校会配套基本的迎新设备，如遮阳棚、桌椅板凳、电源、网络、录取通知书扫码手持设备等，以及全校统一的氛围营造，家长休息区、户籍档案、保险咨询、绿色通道、医疗保卫等事宜的安排。学院辅导员及相关师生团队进行相应氛围营造、报到流程指示、相关通知发放、现场人员值班安排、学生引导等。布置的原则为流程顺畅、物资齐全、人员合理、坚守岗位、氛围积极向上、具有学院特色。

现场迎新应当做好的基本工作：做好新生手续办理工作，如录取通知书的验核、学生信息的登记、宿舍钥匙与一卡通的领取等；做好新生的咨询工作如宿舍的引导等；做好学生的关爱工作，如新生学费缓交及绿色通道、贫困新生大礼包等；做好素材收集工作，如新生及家长在报到现场留下的合影、给父母的一句话等，帮助新生留下美好记忆。

家长会工作：各学院应在迎新报到过程中召开家长会，在迎新过程中应主动告知并邀请、提醒家长参加家长会。家长会可邀请学院相关领导、老生代表等参加，主要向家长介绍学院学科与专业，大学阶段的生活学习，学生遇到的主要困难以及一些重要的规则介绍，如学业预警等，以期建立良好的家校合作机制。

宿舍走访工作：迎新期间，学生工作组应邀请学院领导、班导师、专业教师等共同走访新生宿舍，了解新生适应情况、实际困难，把学校学院的温暖传递给新生。

其他工作：迎新期间及正式上课前的一段时间，还需开展以下工作：① 学生户籍接收，新生可以选择把户籍转入西南交通大学集体户口，也可以选择不转接。② 档案收集与整理；预备党员组织关系接转。③ 团组织关系转接。④ 学籍卡信息核对。⑤ 教材领取。⑥ 体检。对于一些有身体残疾或色盲色弱的学生，若出现不适合该专业学习的情况需要及时向学院与招生就业处反馈，并与学生说明该专业的学习性质。⑦ 排课。新生的课程在大一第一学期是由教务处统一安排的，但各学院纷纷开设新生研讨课，需要辅导员协助系主任进行相应的调整，尤其涉及有卓越班的学院需要与茅以升学院进行衔接安排。

（二）新生入学教育系列工作

新生入学教育是学生进入大学后，快速了解大学、适应大学、投入大学生活的重要篇章。学院一般在迎新报到工作结束以后的一周内集中开展新生入学教育，某些内容可以适当放在后期开展，在学校统一部署下，在完成基本入学教育模块的基础上还可以进行富有学院特色的入学教育。基本内容包括：校史校情教育、党团知识教育、学生管理教育、安全知识教育、新生适应教育、学生奖勤助贷教育、大学生心理健康教育、大学生职业生涯规划教育等。新生辅导员在学院的统筹安排下，组织好学生参加，并承担相应的工作任务。

（1）校史校情教育：通过校史校情教育培养学生对学校的感情，主要包括组织学生了解学校历史、传统、精神、发展现状与未来、基本情况、办学特色等，让学生从认识到认同西南交通大学。可邀请学校校史专家为新生开展教育。

（2）党团知识教育：新生入学季是引导学生积极向党组织靠拢的良好时机。各学院通过党团知识教育向学生进行党团的基本知识介绍，让学生了解入党基本要求与流程，了解优秀党员、团员的事迹，以激发学生主动向党组织靠拢的热情，激发学生向先进看齐的愿望。同时，向新生介绍学校、学院团委组织架构、团学组织、社团组织等机构，鼓励新生积极参与各类组织的学习与锻炼。

（3）学生管理教育：主要分为本科教育规范学习、校规校纪教育及成人教育。该部分首先应围绕学生选课、考试、学分制、学业预警、退学等与学业相关的教务规范进行讲解，让学生尽快了解大学学习基本规范；其次对校规校纪、宿舍管理规定进行重点提示，并进行相应警示教育、底线教育，对学生进行规则教育，让学生学会遵守规则、诚信做人；最后对学生的成人意识、担当意识进行教育。可邀请教务老师、园区管理老师等进行教育。

（4）安全知识教育：对学生开展校园安全教育，针对新生可能遇到的人身、财产伤害等相关内容进行教育。尤其针对新生可能会遇到的校园贷、传销、推销、电信诈骗等内容进行教育，具体教育内容可参考安全教育相关章节，可以邀请保卫处老师开展讲座。

（5）新生适应教育：新生从高中到大学的适应需要老师的引导与指导。新生主要面临角色身份、学业学习方式、环境、人际关系、目标追求等几大方面的变化，辅导员需要在这几方面与新生进行讲解与分享，并密切关注学生在这几方面的适应情况。可邀请相应专家开展讲座。

（6）学生奖勤助贷教育：学校构建了完善的学校-学院奖勤助贷工作体系，鼓励学生追求卓越，也全力支持贫困学生完成基本学业。各学院可根据具体情况，为新生普及“奖”“助”体系、勤工助学概念、贷款概念、基本要求与标准、基本流程与方式、优秀学生事迹等。一方面，让新生尽快了解规则提前准备；另一方面，让贫困生申请资助、助学岗位、贷款，以便顺利完成学业。在此过程中，应将国家、学校学院以及各类奖助学金设立者的温暖与鼓励传递给所有新生。因此，该教育既是一次事务性普及教育，更是一次励志教育。

（7）职业生涯规划教育：新起点新规划。由于高中繁重的学业任务让学生没有足够的机会去了解自我、思考规划。大学是人生的新篇章，需要学生独立自主开展目标选择、规划与行动。在生涯规划教育上应对学生进行初步的生涯规划知识普及、方法普及，更多的还要在未来的四年中通过行动、调整进行实战的规划与落实。该专题可以邀请生涯规划专家进行讲解，同时可以让新生选择“职业生涯规划与发展”课程进行系统学习。建议该专题在新生对大学生活有一定认知后再开展，并为学生配发大学四年生涯规划手册进行辅助。

（8）专业兴趣教育：努力将新生的学习兴趣激发为学习动力并转化为学习行动。大学专业学习与高中基础学科学习有较大变化，在填报志愿时对专业的了解比较肤浅，仅限于社会宣传认知层面，通过新生入学的专业兴趣教育培养学生形成“了解专业—热爱专业—投入学习行动—收获成果—强化学习行为”的良性循环。因此，专业兴趣培育与专业学习培养计划的了解是极为重要的新生入学教育模块。该教育由学生工作组组织协调系主任与专业教师完成。

（9）国际化教育：培养具有国际化视野与国际化能力的学生是学校人才培养的目标之一。参与国际化事务常常被学生误解为极少数家庭条件优越的学生的事，因此国际化教育旨在让学生知晓，国际化视野的培养、国际化能力的培养是每一个学生都应该也能够参与的事情。同时，国际化教育还应对国际化能力培养途径进行介绍、对国际化项目进行普及。

（10）心理健康教育：身心健康是一个人认真、努力学习，快乐、幸福生活的前提。辅导员应积极邀请心理研究与咨询中心老师举办专业讲座，并配合心理中心老师做好新生心理健康筛查，及时与重点学生进行约谈。具体内容见心理健康教育章节。

（11）创新创业教育：创新创业教育能帮助大学生打开视野、拓展思维、提升动手能力。各学院根据学科、专业特色分别设立有学生创新创业中心。新生入学教育中，应当对学院整体的创新创业体系、项目、支持、参与方式、时间阶段的规划等进行普及，以便学生提早选择和准备。辅导员应做好组织与讲解工作，或邀请创新创业中心老师进行讲解。

（三）新生入学系列活动

1. 全校开学典礼暨新生第一课

开学典礼是新生季最重要的活动，也是最具有仪式感的活动，各学院辅导员要组织好新生参与到全校开学典礼暨新生第一课活动中，这标志着新生正式开启大学生涯。开学典礼是校园文化的载体，是校园文化的重要组成部分，是通过新生亲身参与，帮助新生从高中阶段走向大学阶段的重要活动。通过校长致辞、教师寄语、新生代表发言等环节来阐述学校办学思想，展示校园文化人文品位和人文关怀，向新生传递学校精髓和历史底蕴。开学典礼是学校精神的传递，讲述“竢实扬华、自强不息”的交大精神和“严谨治学、严格要求”的“双严”传统，让新生牢记身上肩负着实现中华民族伟大复兴的历史重任，继往开来，志存高远，担负起时代重任，怀矢志报国之志，为国家繁荣富强贡献力量。开学典礼是集体情感的归属，让新生开始树立对西南交通大学的集体认同感，认同校园文化氛围，激发他们对校园环境的期待与追求；保存并丰富新生的校园文化记忆，增进集体凝聚力和师生情感。全校新生开学典礼由学校学生工作部（处）统一筹划组织，各学院新生辅导员要做好学生的组织工作、精神风貌展示工作以及其他需要配合的工作。

2. 学院师生见面会暨学院开学典礼

在全校新生开学典礼暨新生第一课之后，按惯例各学院将各自组织师生见面会暨学院开学典礼。学院将结合自身的特点，组织各具特色的典礼。一般由学生工作组统一筹划组织，新生辅导员参与策划并组织学生。

3. 学唱校歌活动

校歌是一所学校精气神的体现，是学校历史与传统的传承。各学院可通过班级、专业或者全院的方式组织学唱校歌的活动，建议将歌词解读、校歌由来等知识与校歌传唱相结合，不仅要会唱，更要理解校歌背后的交大人精神与历史，在学唱校歌的同时融入爱校荣校教育。

4. 校园游园及参观校史馆活动

让新生及时了解学校的校园环境情况及学校历史发展等，同时促进新生爱校荣校观念。

5. 实验室开放活动

各学院在新生季应组织新生进入实验室，对所学专业对应的动手环节有初步概念，以期通过实验室参观、学习活动让学生热爱本专业。辅导员应做好相应的组织工作，实验室老师应做好相应的准备工作、讲解工作，尽可能地通过展示、讲解、操作等方式介绍实验室的功能并吸引学生。辅导员需要提前预约实验室时间段、联系讲解展示老师等。

6. 图书馆游览与教育

大学学习生活离不开图书馆，通过讲座或者实地走访等方式，让新生理解资料查阅是大学学习的重要组成部分，让新生快速熟悉图书馆地形、书籍分布、书籍借阅与查看方式，让学生学会电子图书资源的查阅、使用方法，并鼓励学生充分利用图书馆线上、线下资源以及图书馆学习环境。

7. 新生交响乐活动

学校近年来非常重视学生的博雅教育，学生工作部（处）将统一组织新生交响音乐会，陶冶情操、欣赏艺术，让新生享受音乐艺术、感受心灵震撼。欣赏高雅艺术会让他们对大学生活有更美好的期待和向往。辅导员应积极引导学生参与新生交响乐活动。

8. 经典阅读

培养学校师生良好的学习兴趣和阅读习惯，号召广大师生多读书、读好书；努力在全校营造勤学习、爱学习、善学习的风气和氛围；推广“阅读经典、感悟经典”读书习惯，不断推进学校“书香校园”建设。辅导员在新生入学时，应当积极推广阅读工作，让学生在网络时代碎片化的信息获取方式中学会阅读、喜爱阅读、勤读多思。

（四）迎新工作与入学教育的注意事项

（1）提醒学生仔细阅读《新生入学手册》，部分相关问题在手册中有详细说明。

（2）建立班级 QQ 群、微信群，以便及时把重要通知传达到学生本人，并告知其阅读通知的重要性。

（3）做好入学系列教育和专业介绍等相关活动的组织协调工作。

（4）新生入学事务繁杂，需要计划明确和目标清晰，形成明确的工作进度表。

（5）充分调动助理辅导员的工作积极性，有效指导助理辅导员工作方向与工作成效。

（6）在迎新过程中注意观察新生表现，可招募并安排临时班委。

（7）新生入学系列教育分为院校两类，活动丰富多样，注意把握好时间节奏，穿插讲座、走访、参观等形式，以免学生产生疲惫感。

（8）新生入学之初，各学院均在同时开展迎新工作与入学教育，辅导员应合理规划时间与场地。若遇场地资源紧张情况，各学院辅导员应彼此支持。

（9）各类新生入学教育应及时联络并邀请相关专业老师。

（10）辅导员应熟悉相关学校规章制度，对新生的提问给予及时并准确的回复。

（五）关于绿色通道的补充说明

“绿色通道”作为高校资助体系的重要组成，是确保家庭经济困难新生最直接、最有效的措施，在帮助家庭经济困难新生顺利入学并完成学业方面起到重要作用。学校坚持“以学生成长为中心”，努力打造经济资助、能力拓展、精神激励有效融合的新生入学“绿色通道”。

1. 负责部门

学生工作部（处）的学生资助管理中心、各学院学生工作组。

2. 时间

每学年秋季学期新生开学季。

3. 流程

（1）入学前：

① 暑期资助热线：开通“资助热线”（028-66367044），安排专人值班，为新生及家长提供困难认定、“绿色通道”、奖助学金、国家助学贷款、学费代偿等相关问题咨询。

② 暑期资助走访：组织走访志愿者前往全国各地开展资助工作实地走访，深入了解困难学生家庭情况，开展资助政策宣传，搭建学校和家庭之间的互动平台。

相关资助政策可登录学校资助管理系统 http://xg.swjtu.edu.cn/StuHelp 查看。

（2）入学时：

3 个校区均开设新生入学“绿色通道”接待点，提供资助工作“一站式”服务。经济资助、精神鼓励、文化熏陶三管齐下，彰显人文关怀，帮助家庭经济困难新生顺利入学。

（3）入学后：

① 资助政策宣讲会：帮助新生及家长了解国家、学校的学生资助政策。

② 参观实践：组织困难新生代表开展校史馆、机车博物馆参观以及素质拓展等活动，帮助新生了解学校历史，适应大学生活。

③ 励志沙龙：邀请优秀校友、在校学生代表分享成长故事，鼓励新生向榜样学习，励志奋斗。

4. 注意事项

（1）及时了解国家相关政策变动，及时告知学生本人。

（2）资助政策应以关心和爱护学生为出发点，切勿凭借私人情感违规操作。

（3）消除某些贫困学生担心同学有看法、没“面子”等心理问题。

（六）关于新生研讨课的补充说明

为让学生正确认识大学、理解大学精神，培养学生从事学术活动所必需的科研创新意识、科研探索精神和科研实践能力，调动学生的学习积极性，建立以探索和研究为基础的互动型、自主式学习环境，构建一种融洽的师生关系，学校从2014年开始，多次组织“新生研讨课”的申报和建设工作，并从2015级开始，正式把新生研讨课作为培养计划内的必修课。辅导员需要协助教学，进行该课程的统筹安排。

1. 负责部门

教务处、各学院教务办公室。

2. 时间

每学年秋季学期。

3. 选课流程

（1）选课时间：每学年由教务处公布。

（2）选课方式：登录西南交通大学教务网（http://dean.vatuu.com/index.html），点击网页右上方“学生”按键，凭学号、密码登录后进行选课。首次登录需在登录界面进行账号注册后进行选课。

（3）根据各专业培养方案中“通识课程学分要求”进行选课。

（4）新生研讨课根据学院安排将分不同学期开设，原则上大一要修完 2 学分。大一第一学期开设的课程原则上优先满足优选班级学生，未选上课的学生可在大一第二学期选修新生研讨课。

4. 注意事项

（1）各学院教务老师、辅导员应解释清楚新生研讨课与通识限选课、任选课的关系，及时解答相关专业学习问题。

（2）同时做好专业培养计划的相关解释说明，让学生了解自己的毕业要求。

二、研究生入学管理与培育

（一）入学管理与培育的意义与重要性

研究生入学管理与教育是研究生培养的第一步也是重要的一步。做好入学管理与教育能够助力研究生成长与发展，并在此过程中教育引导学生坚定理想信念，培育和践行社会主义核心价值观。研究生新生辅导员在学校和学院的统筹安排下，协同做好各项事务性工作以及对学生的组织工作，同时做好以下工作：

（1）完成对研究生新生的初步了解与熟悉；

（2）引导研究生新生了解、正确认识研究生学习、科研中的管理办法；

（3）树立研究生的制度意识、诚信学术意识等；

（4）向研究生新生介绍经验方法，帮助新生更好更快地适应研究生学习、生活。

（二）学校主要工作部门与相关网站、公众号

研究生入学管理与教育需要学校各部门与学院的分工合作。各部门有各自主要负责的工作，学

院要按学校要求完成各项工作内容，同时要与学生保持沟通，及时反馈、处理学生集中遇到的问题。现将涉及的学校主要工作部门及其相关网站、公众号做简要介绍和说明。

1. 学生工作部（处）

各学院的研究生入学管理与教育工作在学生工作部（处）的研究生教育管理科、学生资助管理中心、宿舍园区学生管理科等科室的指导和安排下，完成迎新准备、宿舍分配、迎新接待、助学贷款的申请与办理等工作。

涉及的网站与公众号如下：

扬华素质网：http://xg.swjtu.edu.cn/web/Home/Index。

西南交通大学迎新网：http://freshman.swjtu.edu.cn。

扬华研究生微信公众号如图 5.1 所示。

图 5.1　扬华研究生微信公众号

2. 计划财务处

研究生需要缴纳的学费、住宿费、体检费、医保费等费用需要按时提交到计划财务处。可以通过支付宝、微信、网站缴费等线上方式缴费，也可以现场缴费（犀浦校区在综合楼 1 楼计划财务处、九里校区在 2 号综合楼 2 楼服务大厅）。

西南交通大学计划财务处网站：https://cwc.swjtu.edu.cn/。

网上缴费登录地址：http://cwjf.swjtu.edu.cn/payment/login.jsp。

西南交通大学计划财务处微信公众号如图 5.2 所示。

图 5.2　西南交通大学计划财务处微信公众号

3. 保卫处

保卫处负责保证在校学生的安全，同时保卫处户籍科也负责新生的户籍迁入工作。

西南交通大学保卫处：https://bwc.swjtu.edu.cn/。

西南交通大学保卫处微信公众号如图 5.3 所示。

图 5.3　西南交通大学保卫处微信公众号

4. 心理研究与咨询中心

心理研究与咨询中心在入学管理与培育工作中负责研究生心理健康教育讲座、心理情况测评以及新生心理疏导与帮扶工作。联系电话为：028-87601810（九里校区）；028-66363086（犀浦校区）。

心理研究与咨询中心：http://xinli.swjtu.edu.cn/。

（三）主要工作内容与流程

1. 迎新准备工作

（1）了解学校的统一安排，学院统筹制订相应的迎新工作计划。

以 2019 年研究生迎新为例：关于 2019 级研究生迎新工作安排的通知见 http://xg.swjtu.edu.cn/web/Home/Detail?xvw34vmu=010j_M3=a3gaada4-ib2d-e25h-bjjh-00e5aifj0hic.shtml。

（2）指导学生完成迎新网信息填写。

辅导员指导和要求学生在规定时间内完成个人信息的补充填写，并完成宿舍申请（未在规定时间内填写者，学校将视为不需要安排住宿）。西南交通大学迎新网网址：http://freshman.swjtu.edu.cn。

（3）做好学生基础信息采集。

开始迎新工作前，研究生新生辅导员需登录迎新网，批量读取、打印研究生新生《学生信息表》。对于未在网上填写信息的新生，提前做好记录，待新生报到时安排专人指导新生网上填写有关信息。

（4）学生宿舍与班级分配。

宿舍分配：辅导员根据学生申请情况及学校要求进行学生宿舍分配，经学院学生工作负责人同意后报学生工作部（处）的宿舍园区学生管理科负责老师。

班级分配：一般综合学生数量和学生专业、导师情况进行班级分配。完成班级分配后，可以提前选定班级临时负责人，协助完成部分新生工作。

（5）迎新前定制、领取迎新相关物品。

需领取物品一般包括学生工作部（处）新生大礼包、学生校园一卡通、学生宿舍钥匙及水电卡等。

需定制的物品一般包括学院为新生定制的入学礼物、迎新宣传物品、迎新工作者的统一服装、工作牌等。

（6）迎新工作人员安排与现场布置。

在暑假前完成迎新志愿者选拔和安排，并在迎新前完成工作岗位组织培训，通过工作手册和说明会说明工作内容与要点。在迎新前完成迎新物品的分配、准备以及迎新现场的合理布置。

2. 迎新接待工作

（1）迎新现场组织。

迎新现场，工作人员给新生发放一卡通及新生大礼包；给申请宿舍的学生发放钥匙及水卡；指导研究生新生完成对《学生信息表》中相关信息的核对，并书面签字确认；同时，要求新生阅读《研究生安全责任告知书》并签字确认。以上两份书面材料后续由学院存档备案。

（2）缴费提醒与绿色通道办理、新生困难补助。

学校鼓励学生通过网络渠道缴费（具体内容可通过《入学手册》、迎新网、扬华研究生公众号推送等方式了解）。无法通过网络缴费的可现场排队缴费，具体安排以学校当年通知为准。

在迎新工作中，迎新负责人及工作人员需要提前摸排和了解情况，关心关注困难学生。可以通过绿色通道、助学贷款、新生特困补助等方式给予新生关怀与帮助。

绿色通道：暂时无法缴纳学费的学生（包括准备办理校园地贷款、已经申请了生源地贷款的学生）可通过绿色通道办理学费缓缴手续。流程为：学院辅导员了解情况—学院给新生发放《缓缴学费申请表》、做好学生信息登记—学生填写—学院签字—学生工作部（处）备案—迎新网操作。

助学贷款：主要分校园地贷款和生源地贷款两种。新生可提前通过《入学手册》、迎新网，了解和准备助学贷款相应资料。校园地助学贷款办理时间为入学后，预计在 9 月底左右。已经申请了生源地贷款的学生，应在学院备案后，尽快将回执交至学生工作部（处）绿色通道办理点（或者扫描贷款银行所提供的二维码）。

新生特困补助：对来自灾区、家庭遇到突发情况的特困学生，学校设有特困礼包。经迎新负责人了解摸排情况后，及时报备学生工作部（处）申请。

（3）研究生新生办理注册手续。

硕士研究生迎新期间均不需要在研究生院办理注册手续；博士研究生新生自行到犀浦校区办理注册手续。具体流程：犀浦综合楼 231（研究生招生办）审核博士研究生人事档案调转情况；犀浦综合楼 229（研究生培养办）报到注册。

（4）研究生新生体检。

研究生新生凭录取通知书于体检要求时间到校医院领取体检表进行体检（自备照片）。对于身体不符合所学专业所需条件的新生，学校将按相关规定进行处理。

3. 学校、学院研究生入学典礼筹备与组织

（1）学校研究生入学典礼。

时间一般在研究生迎新之后，在犀浦校区飞碟体育馆或者九里校区大学生会堂进行。需根据学校统一通知做好通知和协调工作。例如关于西南交通大学 2019 级研究生开学典礼的通知：http://xg.swjtu.edu.cn/web/Home/Detail?xvw34vmu=010j_M3=00dcfa0d-i25h-egf0-bj0b-4g05g43cjd00.shtml。

在入学典礼之前，各学院需要组织研究生集体学习校歌，需要迎新工作人员提前进行时间、场地的协调和安排。

（2）学院研究生入学典礼。

时间一般选在学校研究生入学典礼之后，根据学生人数确定地点。一般由学院统筹安排，辅导员共同组织。参与人一般包括：院领导、导师代表、高年级优秀学生代表、新生代表、全体研究生新生以及现场工作人员，需要提前协调参与人时间并确定发言代表人选。入学典礼前，需要提前完成会场布置准备与人员安排；进行流程核对和彩排等准备工作。同时，需要提醒学生着装、入场时间等注意事项，还需注意维持典礼现场会场纪律。

4. 人事档案与户口迁移

（1）人事档案迁移。

录取类别为定向的新生一律不办理人事档案调转和户口迁移，且不能参加学校奖（助）学金评定；若自行调档或迁转户口，学校不予接收。录取类别为非定向的新生，本人人事档案必须在入学报到前迁转到校，否则不予学籍注册（请新生至少提前 30 天办理档案迁转手续）。调档手续请直接与所在学院联系。工商管理硕士专业学位（MBA）和公共管理硕士专业学位（MPA）新生人事档案是否转入遵循自愿的原则，奖助学金政策以所在学院的规定为准。

（2）户籍迁移。

新生入学办理户口依照自愿迁移原则。需要办理户口迁移的新生凭录取通知书到户口所属地公安机关办理户口迁移手续。户口迁移证上必须盖有当地公安机关的户口专用章，各项内容需打印（填写）清楚，本人要核对无误，否则无效。具体迁入地址与学院所在校区相关。新生入学时须携带原公安机关签发的身份证，以便核对。未办理第二代身份证的新生入学后由公安机关统一收费办理第二代身份证。已办理过第二代身份证的新生可根据需要自愿办理成都市第二代身份证。具体入户流程及办法以学校当年具体通知为准，可以关注保卫处微信公众号了解。

户口迁移至学校者，需准备《录取通知书》复印件一份，入学后将《录取通知书》复印件、《户口迁移证》原件、身份证复印件、本人近期白底免冠 1 寸照片 1 张等相关材料交至学校保卫处户籍科办理入户手续。

5. 组织关系转接

（1）党员组织关系转接。

新生若为中国共产党党员（含预备党员），需办理《中国共产党党员组织关系介绍信》转移手续（网络转接或持纸质介绍信转接）。纸质《中国共产党党员组织关系介绍信》需由县级以上地方各级党委组织部门开具，抬头统一为“中国共产党四川省委教育工作委员会组织干部处”（简称中共四川省教育工委组干处），有效期开具 90 天，转入单位为“西南交通大学”。新生党员组织关系转接手续将在正式开学后，按照学校党委组织部的通知要求在进行党员档案检查核对后进行集中统一办理。

（2）团员组织关系迁转。

新生若为共青团员，需要同时办理线上和线下的团组织关系转接。

线下团组织关系转入流程：新生入学一个月内，由学院团委收齐新生团员证，统计团员名单，加盖学院团委公章后由专人携带团员名单和团员证前往综合楼 252 办公室加盖团组织关系转入章。

线上团组织关系转入流程：由各学院团组织在新生入学一个月内，在“智慧团建”系统上创建新生所属团组织，并在“智慧团建”系统上发起转接，将新生团员团组织关系转入。原就读学校团组织和团员本人也可在录取学校新生团组织创建后，登录“智慧团建”系统申请将学生的团员团组织关系转至现就读学院。

6. 助学贷款

对于家庭经济困难的研究生，学校设有完善的资助体系，“不让一个学生因家庭经济困难而辍学”是学校的承诺。为筹措学费而发愁的学生：首先可以选择申请生源地信用助学贷款（最高额度 12 000 元/年），学生在收到录取通知书后，可直接通过户籍所在县（市、区）的学生资助管理中心向国家开发银行提出申请办理生源地贷款（部分地区直接到相关金融机构申请）；也可以在报到后，在校申请校园地国家助学贷款（最高额度 12 000 元/年）。具体在入校后见学校通知（http://xg.swjtu.edu.cn）。

校园地国家助学贷款方式需提前准备以下相关材料：本人研究生证和第二代居民身份证复印件；《家庭经济困难学生认定申请表》原件（《家庭经济困难学生认定申请表》请在“迎新网”上的“研究生入学须知”栏目下载填写）；申请人父母身份证复印件；报到注册后，请将纸质资料交相关学院。

学生如需了解更多资助政策，可以登录西南交通大学学生资助管理中心网页查看（http://xg.swjtu.edu.cn）或咨询学生资助管理中心。学生资助工作热线为：028-66367044。

7. 入学教育

入学教育课程包括不限于：爱国爱校专题；研究生日常教育管理专题（含安全教育）；科学精神与学术道德专题；研究生党建教育专题；安全知识教育专题；艾滋病防治专题；心理健康教育专题；研究生职业生涯规划专题。根据学校统一安排和学院学生情况进行组织。

（1）时间：一般在入学后的第一个月内完成，部分可以与入学典礼安排在相近时间段，学生开始上课后需要根据学生的课程时间安排，尽量避免课程较多的时间段。

（2）地点：根据学生人数决定，建议选择在报告厅或多媒体教室开展。

（3）工作步骤一般为：确定专题内容、邀请主讲老师；与主讲老师时间协调确认专题教育时间、地点；通知学生，并做好相应宣传和准备工作；专题讲座前做好会场准备等工作，安排好拍照和记录人员；完成讲座情况整理和报道工作。

8. 心理测评

（1）时间：入学秋季学期的10—11月。

（2）目的：了解学生心理健康情况，及时做好沟通疏导与记录。

（3）工作内容：按照要求进行名单导入、试卷分配等工作，向学生说明测评注意事项，并及时督促完成测评；测评与谈话结果需要及时向学院和学生导师报备，并做好后续关怀工作。

（4）测评结果反馈后的谈话：

一级：心理咨询与研究中心老师约谈，需要和学生协调安排时间，后与心理专项负责老师联系，与心理中心老师确认安排。

二级：辅导员约谈，需要和学生协调安排时间，约谈结束后完成报告并反馈至心理咨询与研究中心。

三级：需关注学生情况。

（四）注意事项

1. 学生来校途中安全事项提示

妥善保管自己的录取通知书、证件、贵重物品，尽量少带现金；不要在陌生人面前显露钱财；不要食用陌生人的饮料和食物。

家庭住址、电话、家庭成员姓名、工作单位等个人私密信息，不要随便向陌生人透露，尤其是对以老乡名义主动搭讪的陌生人要保持警惕，防范不法分子利用以上信息诈骗家长。

不要轻信身份不明的接站人员，更不要随意搭乘未经学校工作人员指引的接送车辆，以免上当受骗。

2. 新生入校的重点安全事项提示

（1）注意防火，提高消防安全意识。学生宿舍区内严禁使用电炉、热得快等大功率电器；严禁乱拉电线和使用明火等行为；爱护消防器材，非紧急情况请勿擅自开启、使用消防设施。迅速了解并熟悉学习、生活环境内的应急疏散意识图。切实保证离开宿舍、实验室时关闭电源开关。掌握正确的应急疏散知识和扑灭初期火势的能力。

（2）注意防盗，避免自身财物损失。离开宿舍前，应检查贵重物品是否安置妥当，出门务必反锁房门；食堂、图书馆、教室和体育场等公共场所，要保管好自身物品，做到物随人走；发现校内有可疑人员要迅速报告物管人员、保卫处。

（3）谨防上当受骗。接电话、用手机、遇到陌生人时，6个“一律”认真看：只要一谈到银行卡一律挂掉；只要一谈到中奖一律挂掉；只要一谈到公、检、法、税务等的一律挂掉；凡是需要点击链接的短信一律删掉；微信中不认识的人（头像和名称可以作假）发来的链接一律不点击查看；一提到“安全账户”或“借钱救急”等一律是诈骗。相关警示请见学校迎新网和学校保卫处网站。

（4）注意防范人身侵害，提高自我保护意识。新生不熟悉校园周边环境，尽量不要夜间前往校外餐馆、网吧、KTV等环境复杂场所；不请、不留不熟悉的人到宿舍玩耍留宿；外出时切勿搭乘没有合法运营手续的“黑车”。

（5）遇到任何陌生人当面求助（涉及借钱、转账、借手机等），应及时向保卫处值班室报警、向辅导员报备或请求助人员到保卫处寻求帮助，以免上当受骗。

3. 提醒学生仔细阅读《新生入学手册》

网上缴费、绿色通道等问题在《新生入学手册》中均有详细说明。

4. 可在暑期建立年级大群

方便入学期间重要事项的通知管理。

第二节　毕业生管理与教育

高校毕业生是国家宝贵的人才资源，毕业年级辅导员既要着眼于大学生的需求，又要对国家及地方出台的相关政策、社会的需求导向保持高度关注，两相结合开展毕业生就业指导工作以提升就业率与就业质量；还要了解毕业生各项工作的时间节点，熟悉学校学院相关工作的办理流程，为毕业生管理与服务提供切实保障，并在管理与服务中开展毕业生教育工作。

一、毕业去向类型

辅导员要明确毕业生就业去向类型的分类标准及所需的审核材料，具体情况见表 5.1 和表 5.2，以 2019 届毕业生为例。（参见《西南交通大学关于做好 2019 届毕业生就业建议方案编制及离校有关工作的通知》）

表 5.1　已落实毕业去向类型

<table>
<tr><th colspan="2">去向类型</th><th colspan="2">所需材料</th></tr>
<tr><td rowspan="18">就业</td><td>签就业协议形式就业</td><td colspan="2">就业协议</td></tr>
<tr><td>签劳动合同形式就业</td><td colspan="2">劳动合同</td></tr>
<tr><td>科研助理、管理</td><td colspan="2">科研助理、管理聘用证明</td></tr>
<tr><td>应征义务兵</td><td colspan="2">入伍通知书</td></tr>
<tr><td rowspan="3">国家基层项目</td><td>特岗教师</td><td rowspan="3">录用通知、录用证明、公示名单等</td></tr>
<tr><td>三支一扶</td></tr>
<tr><td>西部计划</td></tr>
<tr><td rowspan="6">地方基层项目</td><td>特岗教师</td><td rowspan="6">录用通知、录用证明、公示名单等</td></tr>
<tr><td>选调生</td></tr>
<tr><td>农技特岗</td></tr>
<tr><td>乡村医生</td></tr>
<tr><td>乡村教师</td></tr>
<tr><td>其他</td></tr>
<tr><td>其他录用形式就业</td><td colspan="2">录用通知、录用证明、接收函等（不含实习证明）</td></tr>
<tr><td rowspan="3">自主创业</td><td>创立公司</td><td>工商执照、股权证明等证明材料</td></tr>
<tr><td>在孵化机构中创业，暂未注册或注册当中</td><td>孵化机构提供的签订协议或证明材料</td></tr>
<tr><td>电子商务创业，利用互联网平台从事经营活动，如开设网店等</td><td>网店网址、网店信息截图和收入流水</td></tr>
<tr><td>自由职业</td><td colspan="2">毕业生本人签字确认的证明材料，由校、院两级就业部门负责同志审定，薪酬需达到当地最低工资标准</td></tr>
<tr><td rowspan="4">升学</td><td>研究生</td><td colspan="2" rowspan="3">拟录取名单、录取通知书、调档函等</td></tr>
<tr><td>第二学士学位</td></tr>
<tr><td>专科升普通本科</td></tr>
<tr><td>出国（境）申请成功</td><td colspan="2">国（境）外高校录取通知书</td></tr>
</table>

表 5.2　未就业毕业去向类型（不计入就业率的统计数据）

去向类型	原因	
待就业	求职中	正在择业，尚未落实工作单位
	签约中	已确定就业意向，准备正式签订协议或合同
	拟参加公招考试	准备参加公务员、事业单位等公开招录考试
	拟创业	准备创业，尚未在工商行政管理部门注册登记
	拟应征入伍	准备应征入伍，尚未被批准
不就业拟升学	拟升学	暂不打算就业，准备升学考试

二、毕业年级工作安排

毕业年级工作的时间进度安排可以参考以下流程（见图 5.4）。

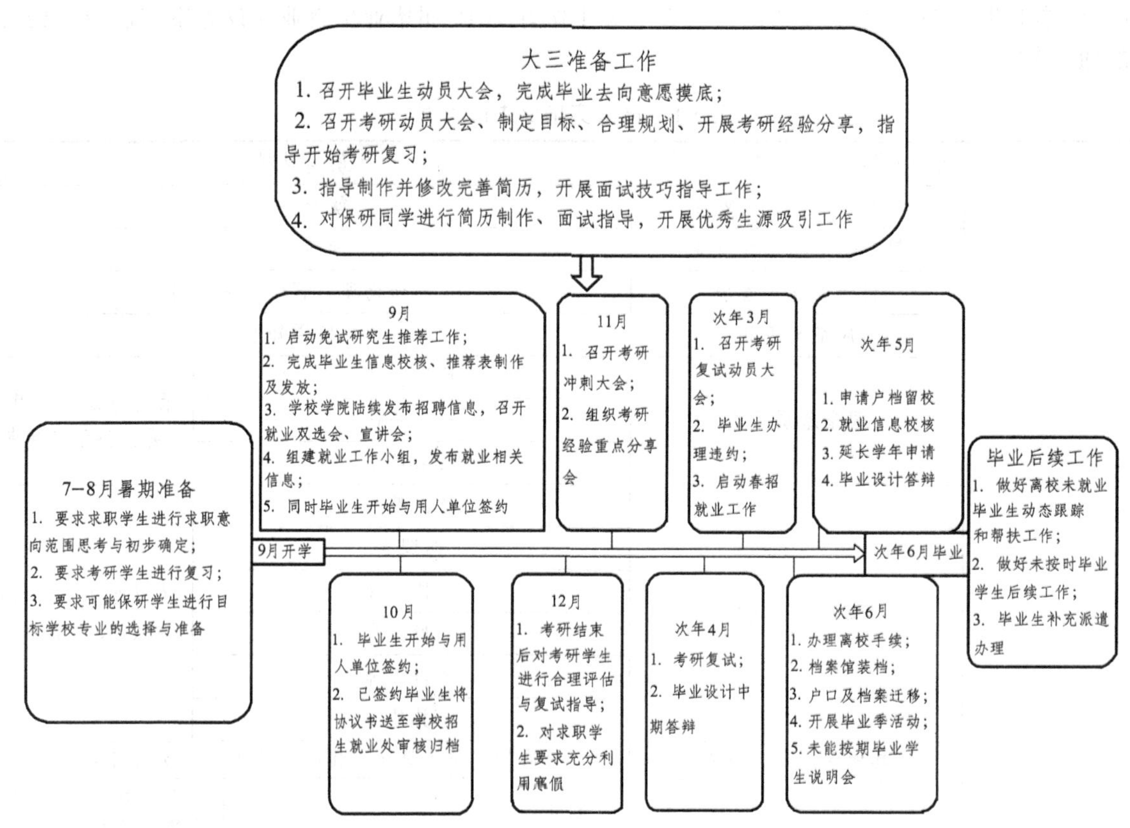

图 5.4　毕业年级工作进度安排

具体工作开展说明如下：

（一）召开毕业生动员大会

（1）辅导员指导并要求学生制定合理目标，做好时间规划。

（2）学院就业情况分析：辅导员就本学院就业形势、整体就业率，针对不同学历层次（本硕博）、不同行业领域的主要毕业去向，就业引导企业目录等帮助学生进行形势分析。

（3）毕业生就业流程：向学生明确就业时间进度、各类就业工作的办理流程等，包括就业推荐表发放要求、三方协议的签订、撤销及违约的办理等。

（4）就业政策解读：向学生进行求职创业补贴、大学生基层就业学费代偿、西部计划、应征入伍等政策解读。

（5）就业安全：提醒学生注意人身和财产安全，认真阅读签订协议中的各项条款，谨防上当受骗。

特别提示：原则上学校仅允许毕业生最多办理一次协议书撤销（协议书签订前的就业去向信息修改）和一次协议书补发、换发手续（含违约，用人单位提出解除协议除外）。特别需要注意的是，学校规定应届毕业生的协议书补发、换发（含违约）手续在每年 12 月 1 日以后开始办理，学院若对违约时间有另行规定，以学院时间为准，但不能早于 12 月 1 日。

（二）针对考研学生的工作

对于准备考研的学生，在前期明确考研意向后，应在大三春季学期提前进行第一次考研动员大会，动员学生开始准备复习，营造积极紧张的考研复习氛围；组织考研科目集体学习、集体复习等（如邀请数学、外语学院老师进行公共科目考研知识讲解），举办考研经验分享会、考研复习沙龙等相关活动。

暑期是学生集中全身心复习的黄金时期，应指导和要求学生充分利用。

大四开学后是冲刺复习黄金时期，应帮助毕业生分析考研形势，结合个人情况评估合理定位选择报考学校和专业，解读国家、学校的相关政策要求，提醒学生及时完成预报名、报名的相关工作。

学院和辅导员应特别关注 12 月研究生入学考试初试和次年 4 月研究生入学复试这两个时间节点。

对于考研初试失利学生要及时给予情绪安抚，鼓励引导其积极投入春招就业或出国的相应准备工作中。

（三）分类指导

辅导员对学生的毕业去向初步意愿进行摸底，对保研、考研、出国、就业等学生进行分类指导。对于就业学生，结合不同群体特点和所需，做好针对性就业推荐和引导工作。尤其关注家庭经济困难学生、建档立卡学生、残疾学生、少数民族学生、学业困难学生等特殊类群体，加强家校联系，为学生提供切实帮助。与用人单位建立良好的校企合作关系，充分利用校友资源，积极发布专业相关领域的大型双选会、招聘会及宣讲会等招聘信息。通过学校招生就业处、学院就业信息发布平台、校企合作与生涯发展中心等，建立求职就业 QQ 群等方式发布招聘信息。邀请企业面试官进行模拟面试、专场面试指导讲解等。

（四）注意求职过程中的安全

1. 选择官方平台发布的招聘信息

获取就业信息是求职过程中的第一步，辅导员指导学生在广泛搜集招聘信息时应该注意仔细鉴别招聘信息及招聘公司的合法性，应通过正规途径获取信息，确保信息的真实性和可靠性，如学校就业网、学院就业信息发布平台、当地人事局、公办人才市场及其他兄弟院校等。

2. 谨慎签订书面协议

三方协议是《普通高等学校毕业生、毕业研究生就业协议书》的简称，它是明确毕业生、用人单位和学校三方在毕业生就业工作中的权利和义务的书面表现形式，与解决应届毕业生户籍、档案、保险、公积金等一系列事项密切相关。三方协议在毕业生到单位报到（凭《全国普通高等学校本专科毕业生就业报到证》或《全国毕业生研究生报到证》），用人单位正式接收后自行终止。毕业生签订三方协议时一定要认真阅读各项条款，明确用人单位和毕业生的权责，特别注意以下两点：

（1）是否有自动解约条款。有些三方协议会注明，如果考生考上公务员、研究生等情况，三方协议自动失效，对于这些解约条款，辅导员需要提醒学生注意。

（2）是否有违约赔偿金。学生签约时需要留意违约金的条款，必要时向辅导员或就业处老师咨询违约金额是否在合理范围内。对于违约金额特别高的情况，一定要慎重考虑签订三方协议。

3. 注意收费项目的合理性

政府有关劳动人事部门规定：用人单位招聘时，不得收取求职者任何形式的报名费、培训费、押金等费用。毕业生应提高警惕，坚决拒绝交纳各种费用。如遇到求职陷阱上当受骗，可向当地劳动保障监察部门或公安部门报警，寻求法律保护，维护合法权益。

（五）做好离校未就业毕业生的动态跟踪和帮扶工作

精准统计、重点摸清有就业意愿但尚未就业毕业生的状况，对家庭经济困难、少数民族、农村生源和身体有残疾的毕业生等就业困难群体，实行“一生一策”动态管理制度。对零就业家庭等特殊困难毕业生，千方百计帮助其落实就业岗位。加强与学生家长的沟通和联系，与家庭教育相结合，密切关注学生思想动态。同时，积极动员学校和学院各种力量，充分利用各种资源为毕业生挖掘就业岗位信息，开辟就业渠道，持续为离校未就业毕业生提供就业指导和信息服务，帮助学生尽快实现就业。把握好就业工作的时间节点，指定专人持续跟踪和掌握毕业生离校后的就业动向，指导和协助就业状况发生变动的毕业生及时回校办理相关就业手续，如报到证改签、户档迁移等；提醒不需要回校办理就业手续的毕业生将新的签约证明如用人合同、录用通知、接收证明等反馈到学院学生工作组。具体参见《西南交通大学就业困难毕业生帮扶实施办法》。

（六）毕业生教育工作

毕业季是大学生走向新生活的过渡期。在这个阶段，应加强毕业生教育，通过毕业教育系列活动，践行社会主义核心价值观，营造健康、活力、向上的毕业氛围，引导毕业生增强感恩意识和道德意识，保证毕业生顺利离校，带着学校、师长的关心关爱开启新篇章。学院根据实际情况，统筹安排开展毕业季思想政治教育、毕业季诚信教育、毕业季体育文化活动、毕业季社会实践服务、毕业季联欢会、毕业班团支部主题团日等活动。辅导员积极配合、支持、落实各项工作。

1. 毕业生思想政治教育

结合当年的时政热点开展毕业季主题党课、毕业季主题团课，邀请学校学院知名校友院友为毕业生分享宝贵经验，充分发挥优秀校友院友榜样教育作用，引导毕业生树立远大目标，坚定理想信念，提高诚信观念、强化责任意识，传承母校“竢实扬华，自强不息”的交大精神，做有理想、有道德、有文化、有纪律的“四有”青年；围绕毕业季主题，结合毕业班实际情况，开展毕业季主题团日活动、毕业季主题班会，可采取研讨、演讲、诗歌、征文、小品、志愿服务、调研实践、网络文化作品等丰富多彩、喜闻乐见的形式，打造各具特色又兼具政治性、思想性、学术性、艺术性的精品主题团日活动。

2. 毕业生诚信教育

在毕业生最后一年校园生活中，辅导员应加强毕业生的诚信教育和引导。

加强毕业生诚信签约教育：毕业生在求职过程中往往会面临多家企业的邀约，辅导员需要对学生进行诚信签约教育，认真思考，诚信签约，不随意违约毁约。

加强毕业生诚信还贷教育：对于有贷款的学生，在离校前做好诚信还贷的教育，做好还贷的政策、方式的解释以及毕业后信息的核对，确保学生毕业后及时还贷，以免影响征信信用。

加强毕业生诚信考试教育：由于毕业生的毕业压力大，有个别学生在大四学年有重修课程，对毕业生加强考试违章违纪警示教育，做好诚信学术、诚信考试等教育，避免因毕业压力过大造成违章违纪现象。

3. 毕业生感恩教育

加强毕业生感恩教育，培养爱校爱院情感，增进师生情谊，倡导毕业生对老师、对父母辛勤培育的感恩之情。开展毕业生最喜欢教师评选、献给恩师的礼物、给父母的一封信等活动。营造浓厚热烈的感恩母校、文明离校氛围，鼓励毕业生文明离校，爱校如家，以实际行动守护母校，站好最后一班岗。

4. 毕业典礼暨学位授予仪式

毕业典礼对于毕业生是十分重要的仪式，标志着学业生涯的结束和新的生涯的开始，饱含了对几年勤学苦读的缩影，也是对未来的展望和期许。举行毕业典礼，表达学校对毕业生的祝福和期许，激发毕业生为母校自豪和感激的情感，鼓舞其树立远大目标，贡献青春力量，做国家栋梁之材。授予学位仪式，见证学有所成。赠予毕业礼物，连接母校与每位学子的交大情。

5. 优秀毕业生-朋辈讲坛

邀请优秀毕业生、“竢实扬华”奖章获得者等优秀学长学姐，以专访、经验分享交流会等形式，为低年级学生传经送宝、指点迷津，分别在出国、保研、考研、就业等方面进行经验分享，树立优秀的朋辈楷模，发挥榜样力量，将交大精神薪火相传。

6. 毕业生志愿服务实践活动

为了培养毕业生的奉献精神和实践能力，用点滴行动回馈母校，传递毕业生志愿服务精神，开展旧书义卖等公益志愿服务活动。

7. 毕业生体育文化活动

为了营造健康、活力、向上的毕业生离校氛围，展现班级风采，留下毕业生对母校对同学的美好回忆，举办毕业季篮球赛、毕业季拔河比赛及毕业季小型趣味运动会等体育文化活动。

8. 毕业生文明离校与安全教育

毕业生离校之际难免有离别伤感之情，难免有情绪过于亢奋状态，辅导员应及时做好学生情绪疏导与安全教育。引导学生文明离校，不以“砸水瓶、挂床单”等出格方式表达离别之情；做好学生毕业前安全教育，不组织并要求学生班级不得组织集体毕业旅行，引导和教育学生在可控范围内进行班级离别聚餐，不醉酒、不晚归、不打架、不斗殴等，让学生既充分表达离别之情又保证学生平安离校。

9. 毕业生班级校友理事培训

为进一步做好校友服务工作，加强校友联络工作，储备校友资源，为学校建设与发展做出贡献，学校会选拔优秀毕业生担任西南交通大学校友工作班级理事，定期更新班级学生联络信息库，协助校友与母校，做好双方沟通服务工作，推进校友与母校共同发展。

三、毕业生就业流程

（一）毕业生就业工作流程

毕业生就业工作流程如图 5.5 所示。

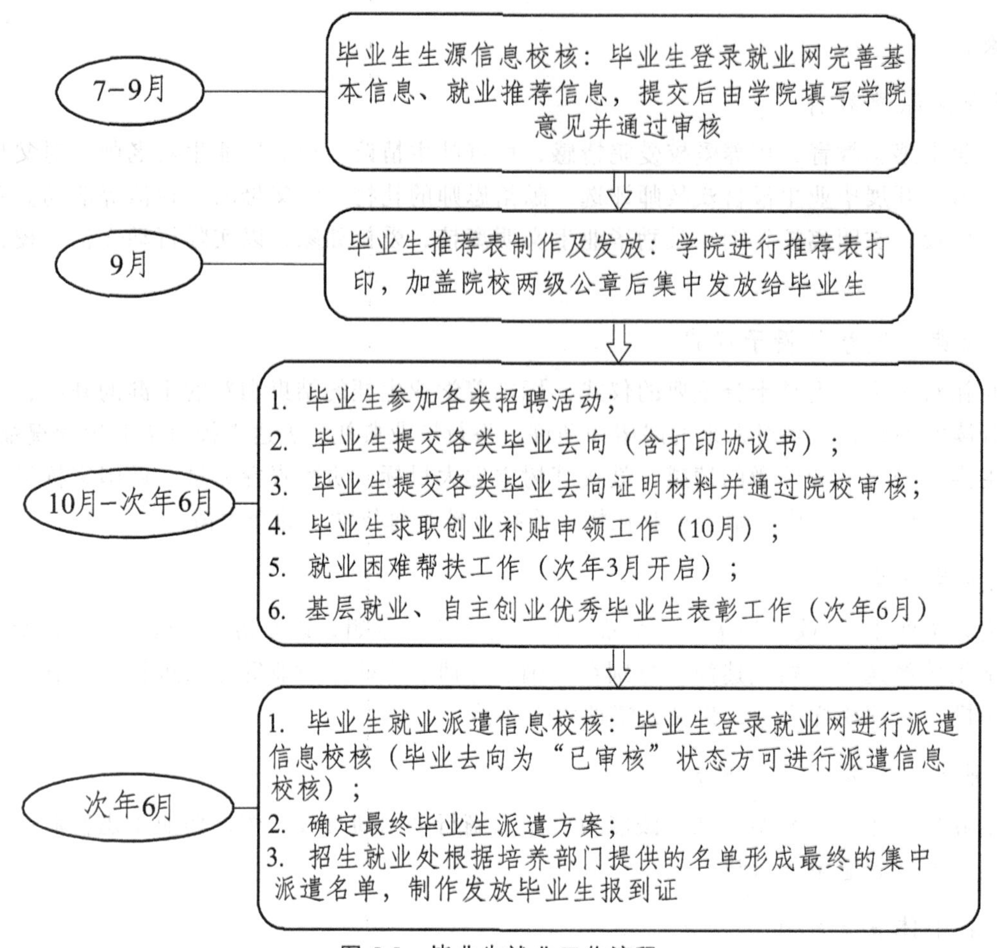

图 5.5 毕业生就业工作流程

以上系列工作，每年根据实际情况略有调整，以上仅为参考，具体见招生就业处当年度工作方案与详细通知。

（二）毕业生就业推荐表相关手续办理流程

毕业生只能同时持有一份推荐表原件，应聘时持复印件，确定签约单位后再将推荐表原件交予用人单位。定向、委培、保研（博）生不能打印就业推荐表。具体要求参见《西南交通大学毕业生就业推荐表和协议书管理办法（修订）》。

1. 毕业生就业推荐表办理流程

（1）毕业生在西南交通大学就业网进行生源信息校核；

（2）毕业生完善就业推荐表信息并提交审核；

（3）学院审核毕业生信息，填写“学院意见”后统一打印就业推荐表；

（4）加盖学院学校公章后向毕业生集中发放。

2. 毕业生就业推荐表遗失补办流程

（1）毕业生登录西南交通大学就业网提交申请，学院审核通过后，推荐表遗失信息在就业网公示 3 天；

（2）公示结束，学院再次打印就业推荐表并加盖院校两级公章。

3. 毕业生就业推荐表换发办理流程

（1）非违约情况损坏：就业网提交申请—将原表交回至辅导员处—学院审核—重新打印就业推荐表；

（2）违约后单位未返回：按照办理违约流程申请违约—学院审核—重新打印就业推荐表。

特别提示：以上两种情况均只可办理一次就业推荐表换发。

（三）毕业生就业协议书相关事宜办理流程

毕业生只能同时持有一份协议书，原则上所有需要签订协议书的毕业生都应在就业网填写就业去向后自行打印协议书，并将已签约的协议书返回至院校完成就业去向信息审核。具体要求参见《西南交通大学毕业生就业推荐表和协议书管理办法（修订）》。

1. 毕业生就业协议书办理流程

（1）毕业生与就业单位达成签约意向；

（2）毕业生登录西南交通大学就业网登记并提交毕业去向；

（3）在线打印一式三份三方就业协议书；

（4）协议书的返回和就业去向信息审核。

2. 毕业就业协议书遗失补办流程

适用于以下两种情况下的遗失补办：未签约时遗失需补办，或签约后三份协议书全部遗失需补办（签约单位不变）。

（1）毕业生登录西南交通大学就业网填写遗失过程并提交至学院审核。

（2）学院审核毕业生协议书遗失申请。审核成功后协议书遗失信息自动提交到遗失公告栏（公示 7 天）。

（3）公示期间若没有人交回遗失的协议书，没有收到举报，毕业生可通过西南交大就业网再次填写就业去向并打印协议书。

特别提示：签约后若遗失其中一份或两份，可复印后将协议书复印件交由学校保存。

3. 毕业生就业协议书污损换发办理流程

未签约时协议书污损需要换发（仅线下领取空白协议书时会出现此问题），按如下流程办理：

（1）学生登录西南交通大学就业网提交申请，交回一式三份协议书至学院学生工作组等待审核。

（2）学院审核毕业生申请，经由学院辅导员和副书记审核同意后，学生可重新打印协议书。

特别提示：签约后部分协议书（一份或两份）污损，可将未污损的那份协议书复印后将复印件交由学校留存；若三份同时污损且影响毕业生报到，参照上一条情况处理。

（四）毕业生毕业去向撤销办理流程

若毕业生填写了就业去向信息，但因故没有打印协议书，或打印了协议书未与原填写单位签约，可以通过就业网申请修改就业去向信息。已打印协议书的毕业生需将协议书返回到各培养单位学生工作组。具体要求参见《西南交通大学毕业生就业推荐表和协议书管理办法（修订）》。办理流程如下：

（1）申请材料：一式三份协议书（若协议书已打印）、其他证明材料；

（2）毕业生登录西南交通大学就业网提交毕业去向撤销申请；

（3）学院辅导员查看协议书是否已打印，应与用人单位联系确认毕业生未签约后方可通过审核；

（4）学院副书记核实情况后登录就业网审核申请；

（5）毕业生登录就业网重新提交毕业去向。

特别提示：毕业去向撤销原则上 12 月 1 日之后办理，若学院另行规定（需晚于 12 月 1 日）则按学院规定执行。

（五）办理违约流程

毕业生若有违约意向，首先应在各培养单位学生工作组申请备案（研究生首先应征得导师同意，持导师意见到学生工作组申请备案)，备案完成后，方可与用人单位协商解约事宜。具体要求参见《西南交通大学毕业生就业推荐表和协议书管理办法（修改)》。辅导员应引导毕业生仔细衡量、认真选择，诚信签约。

1. 申请材料

（1）解约证明（由用人单位开具，加盖清晰的单位公章)；

（2）至少一份原协议书；

（3）研究生需导师签署的同意意见。

2. 材料说明

（1）解约证明为必需材料，由用人单位开具，加盖清晰的单位公章；

（2）各学院根据实际情况制定细则，除此外按照学院要求提供其他证明材料。

3. 文件依据

《西南交通大学毕业生就业推荐表和协议书管理办法（修订)》。

4. 办理流程图（见图 5.6）

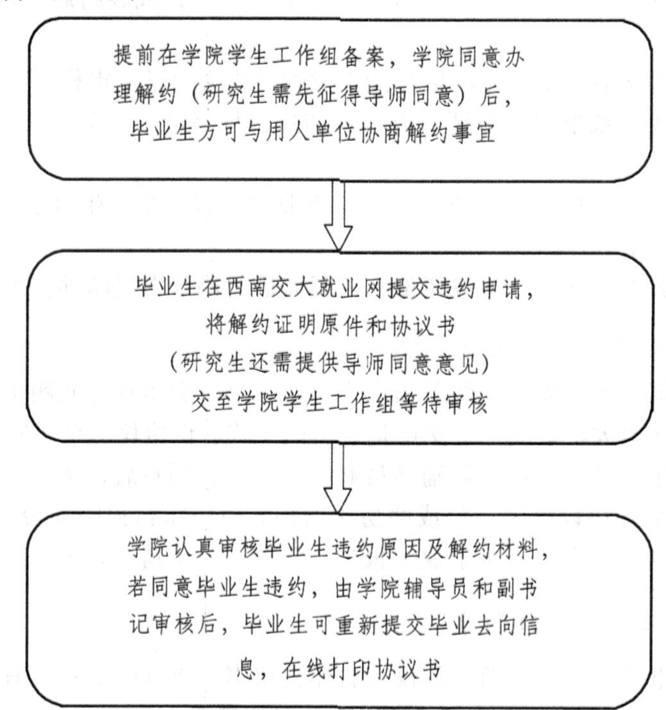

图 5.6　违约办理流程图

备注：

（1）违约原则上只能办理一次；

（2）使用空白协议签约未提交毕业去向的，需要先提交毕业去向，再办理违约手续；

（3）学院若对违约时间有另行规定，以学院时间为准，但不能早于 12 月 1 日。

（六）出国留学双学位项目毕业生就业流程

适用于参加西南交通大学出国留学双学位项目的毕业生，项目包括：1+2+1 中美人才培养计划双学位项目、比利时鲁汶工程大学 2+2 本科生双学位项目、美国俄克拉荷马州立大学 2+2 本科生双学位项目、加拿大爱德华王子岛大学 2+2 项目、中法 4+4 本科双学位项目、加拿大渥太华大学 3+2 本硕连读项目、美国伊利诺伊大学香槟分校 3+2 双学位项目、美国西北大学 4+1 双学位项目以及其他由西南交通大学国际合作与交流处认定的出国留学双学位项目。

出国留学双学位项目毕业生的就业流程办理分为毕业年级在西南交通大学就读和毕业年级不在西南交通大学就读两种情况。具体办理流程如图 5.7 所示，具体要求参见《西南交通大学出国留学双学位项目毕业生就业管理办法》。

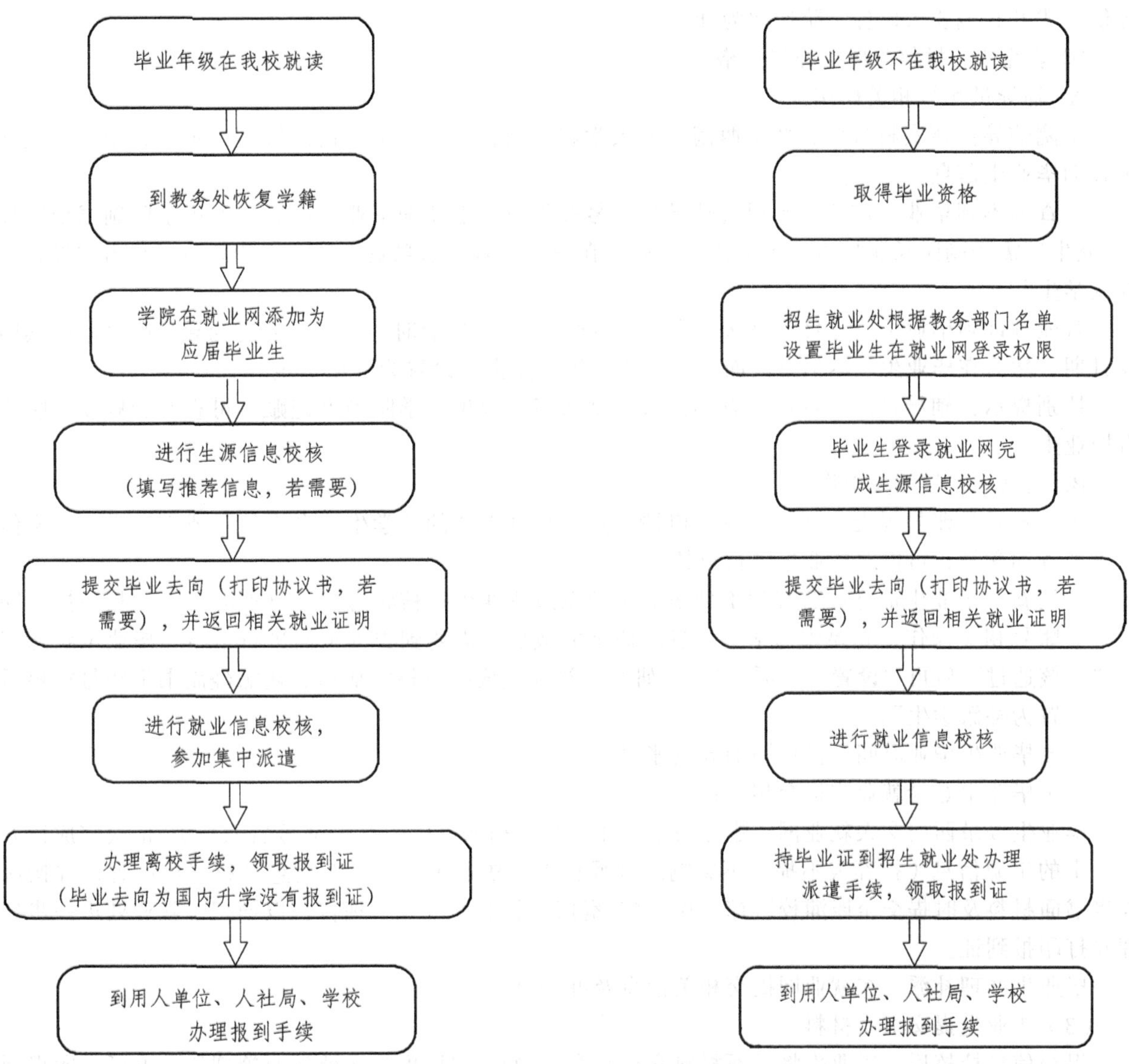

图 5.7　出国留学双学位项目毕业生就业办理流程

（七）毕业生就业派遣相关事项办理流程

毕业生就业派遣工作主要分为集中派遣、补充派遣和改派补办报到证三种情况。具体要求参见《西南交通大学毕业生就业派遣及改派管理办法（修订）》。

1. 毕业生进行集中派遣的办理

根据有关文件规定，“普通高等学校毕业生凡取得毕业资格的，在国家就业方针、政策指导下，按有关规定就业”，即取得毕业资格的学生才有就业派遣资格。为保障毕业生数据的一致性，招生就业处向研究生院和教务处直接获取当年毕业生名单（凡在教务处和研究生院提供毕业生名单之列，无论是否落实就业去向都要进行派遣），生成最终暑期就业建议方案。审核通过后，同报到证一起于毕业典礼后发放到各单位，可在就业网就业管理系统中“派遣信息”模块导出电子名单。未按期取得毕业证的学生，待取得毕业资格后方可申请办理补充派遣手续。

2. 毕业生补充派遣手续的办理

（1）毕业生联系学院审核派遣资格。

① 毕业生提供相关材料。

毕业生联系学院学生工作组，并提供已取得毕业资格的相关证明。具体所需材料的格式、内容、提供方式及其他要求以各学院通知为准。

② 学院核实材料并授予补派资格。

A. 辅导员账号相关操作：

学院辅导员核实材料后，登录西南交通大学就业网，进入“学生信息管理”页面，用学号或姓名查询毕业生信息。

若查询不到毕业生信息，则通过辅导员账号在就业网上新增毕业生信息，经由学院副书记账号（研究生还需经副院长账号审核）审核通过后，在毕业生基本信息页面选中该毕业生，点击“设置为补派学生”。

若能查询到毕业生信息且审核状态为“审核通过”，但毕业时间有误，通过辅导员账号修改其毕业日期，然后在毕业生基本信息页面选中该毕业生，点击“设置为补派学生”。

特别提示：辅导员账号仅可查看和修改管辖班级毕业生，学院副书记账号可查看和修改学院所有毕业生。

B. 副书记账号相关操作：

审核辅导员账号提交的新增毕业生申请：点击待办事项的“学生信息审核”或直接进入学生信息管理查询学号，可以对毕业生进行审核。

直接新增毕业生信息：若查询不到毕业生信息或毕业生审核状态为“已删除”的，相关操作同辅导员账号相关操作，先要添加学生信息。添加完成后，需要到查询页面进行审核，毕业生状态变为“审核通过”后再“设置为补派学生”。研究生添加完成并审核完成后，还需经副书记账号审核后再“设置为补派学生”。

修改毕业生毕业时间：操作同辅导员账号。

（2）毕业生登录就业网提交相关信息。

毕业生登录西南交大就业网（账号为毕业生学号，初始密码为身份证号后六位），依次完成待办事项中的生源信息（推荐表不提交不影响后续操作）—毕业去向—派遣信息校核三项内容，并按流程将书面材料及时提交至犀浦校区综合楼 247 室招生就业处就业管理科，以便招生就业处进一步处理并打印报到证。

毕业生办理补派，在就业网提交相关信息及办理事项流程。

（3）毕业生提交书面材料。

提交信息校核后，毕业生将书面材料交至综合楼 247 室招生就业处就业管理科，方可打印报到证。补派所需材料如下：

① 若未签约，补派回原籍：毕业证复印件；

② 若已与原签约单位解约，补派回原籍：毕业证复印件、原单位解约证明；

③ 若补派至签约单位：毕业证复印件、与用人单位签订的协议合同或接收函；

④ 若已与原单位解约，补派至新签单位：毕业证复印件、原单位解约证明以及新单位的协议、合同或接收函。

（4）审核和办理报到证。

招生就业处就业管理科审核毕业生“派遣信息”并收齐毕业生相关证明材料后现场办结报到证。户口迁移、档案寄送等请在领取报到证后自行前往相关部门办理。

特别提示：毕业生毕业时间为毕业证书落款书写年份。按照相关规定，报到证办理时间不早于毕业证书落款时间。办理的新报到证报到期限为办结当日起往后两个月，辅导员需要提醒学生注意报到单位要求的报到时间。

毕业生补充派遣办理流程如图 5.8 所示。

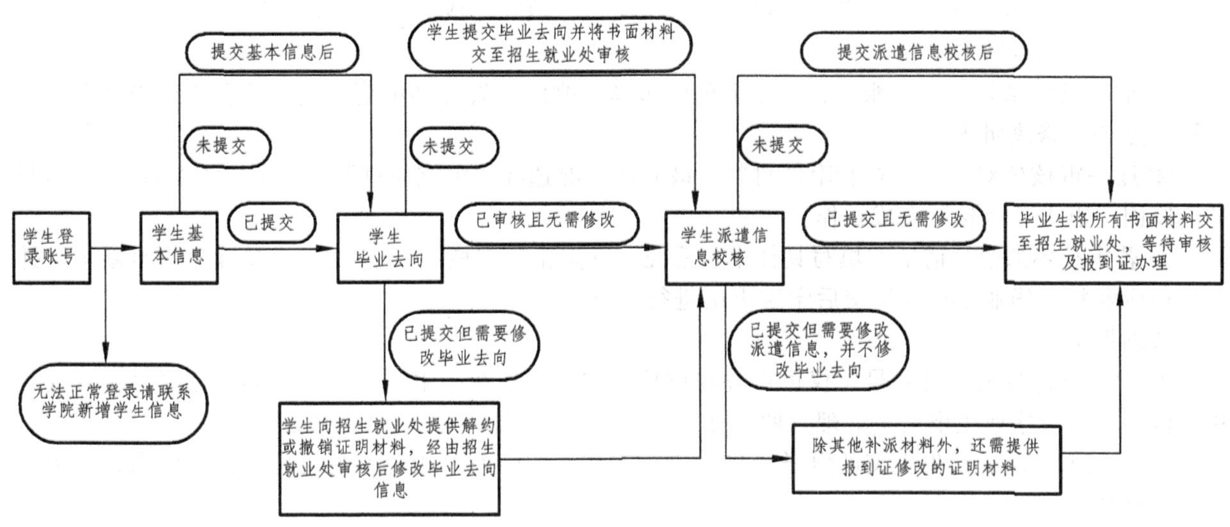

图 5.8　毕业生补充派遣办理流程

3. 毕业生就业报到证改签（改派）及遗失补办的办理

符合以下几种情况的毕业生可以办理就业报到证改签（改派）或补办手续（见表 5.3）。

表 5.3　报到证改签（改派）及补办

序号	办理就业报到证改签（改派）或补办原因	需要提供材料
1	原就业报到证按照回原籍办理，现需改签到用人单位或非生源所在地人才中心	原就业报到证、单位（或人才市场）接收证明，若存在解约的还需要解约证明
2	原就业报到证单位名称为用人单位或非生源所在地人才中心，现拟将关系转回原籍	原就业报到证、原单位同意解除协议或劳动关系证明
3	原就业报到证单位名称为原用人单位或非生源所在地人才中心，现需改签到新单位或其他非生源所在地人才中心	原就业报到证、原单位同意解除协议或劳动关系证明、新单位（或人才市场）接收证明
4	就业去向未变，需要修改就业报到证信息	原就业报到证、需要修改就业报到证的证明或说明
5	原签发了就业报到证，现为境内升学	凭原就业报到证、录取通知书复印件
6	原为境内升学，现改为其他就业去向	放弃录研的证明或说明，新单位（或人才市场）接收证明或新就业去向的就业证明材料
7	因就业报到证遗失	须在公开刊物上刊登遗失声明，并提供已发行的报纸或刊物，若还涉及改派应参照以上各种情况提供相应证明材料

特别提示：以上证明材料，就业报到证必须提供原件（就业报到证遗失的除外），其余材料也应提供原件或内容清晰的复印件。具体要求参见《西南交通大学毕业生就业派遣及改派管理办法（修订）》。办理流程如下：

（1）毕业生提交申请

① 毕业生点击“校友版块—报到证补办和改签”登录就业网（用户名学号，若此前未修改过密码，则初始密码为身份证号后 6 位）；

② 在“学生服务”里点击“改派/遗失补办申请”。

③ 点击“新增”。

④ 根据情况选择“申请类型”（改派申请/遗失补办申请）和申请原因。

⑤ 填写相关信息并上传相应证明材料的电子文档，填写完成后“提交审核”。

（2）学院进行网上审核。

① 辅导员登录就业管理账号，待办事项中选择“改派遗失补办申请”进行改派或遗失补办申请审核，点击“修改/审核”。

② 逐一审核核对信息并查看附件材料，最后视情况选择“审核通过”或“审核不通过”，并填写具体原因，点击“审核”完成操作。

③ 若审核不通过，请学院填写具体审核意见，并点击“审核”，申请退回。毕业生可重新填写并上传相应资料，毕业生再次提交后学院再次进行审核。

特别提示：

① 学院可通过辅导员账号（仅可查看和审核管辖班级毕业生申请）或学院副书记账号（可查看和审核学院所有毕业生申请）处理。两者任一审核通过，则视为学院已审核。

② 原则上学院凭学生提交的电子版材料进行审核，若学院对相关材料有疑问，可要求查看毕业生书面材料。

（3）就业处审核并办理报到证。

学院审核通过后，毕业生将书面申请材料全部交至犀浦校区综合楼 247 室招生就业处就业管理科。招生就业处对材料进行核实无误后，现场办结。户口迁移、档案寄送等，在领取报到证后学生自行前往相关部门办理。

特别提示：办理的新报到证报到期限为办结当日起往后两个月，辅导员要提醒学生注意单位要求的报到时间。

四、毕业生相关其他事项

（一）毕业生延长学习年限申请

根据《西南交通大学本科生学籍管理规定》：学校实行学分制管理和弹性学习年限，学生可以分阶段完成学业。最长学习年限（含休学和保留学籍）不超过学制 2 年，即四年制本科专业最长学习年限为 6 年，五年制本科专业最长学习年限为 7 年。在规定学制结束前，学生可根据个人学习情况向学校申请延长学习年限。延长学习年限以学年为单位，但不能超过最长学习年限（含休学和保留学籍）。学生在延长学年期间内应按规定办理注册手续，具体流程如下：

（1）无法取得结业资格（通过学分低于培养计划要求的 80%）的本科毕业生，可以申请延长学习年限。申请延长学年的学生，在教务网站上下载《西南交通大学本科生延长学年申请表》，清理本人的学分通过情况，由本人提出申请，经所在学院审批，将申请表提交至教务处教务科。

（2）学生可选择在校学习或离校自修。选择在校学习的学生，随低年级编班，按在校生进行管理，并向学生工作部（处）宿舍园区学生管理科提出住宿申请；选择离校自修的学生，应办理手续离校，学校保留其学籍，在本专业最长学习年限（含休学和保留学籍）内可参加返校考试。离校后自行关注有关教学安排，安排好返校考试。提交“在校学习”或“离校自修”申请后，以学院和学校最终的审批结果为准决定何种学习方式。

（3）根据《西南交通大学本科生学籍管理规定》规定，“在规定学制内未达到结业标准而又未申请延长学习年限的”应予退学，逾期未办理延长学习年限且未达到结业资格的学生将按照退学流程进行处理。

（二）毕业生离校手续办理流程

本科毕业典礼之后，开始办理本科生毕业生离校手续，采用学校统一的离校系统。本科毕业生可登录“西南交通大学离校系统”（http://lx.swjtu.edu.cn），按照流程办理相应手续，最后到各单位领取毕业证、学位证、报到证、户口迁移证等资料。研究生离校手续办理按照研究生院通知执行（具体安排以当年发布的通知为准）。各学院有另行的相关离校手续听从学院的统一安排。

（三）毕业生档案移交及寄送

毕业生档案移交及档案寄送工作在每年 6 月由档案馆组织开展，具体要求以当年发布的通知为准。简要说明如下：

1. 毕业生类别清理

各学院毕业年级辅导员在毕业生档案材料归档前，严格按照正常派遣、本校研、外校研、户档留校、国防生、其他特殊情况 6 个类别清理毕业生档案。其中“其他特殊情况”学生包括：提前毕业学生、未能按期毕业学生、退学学生、休学学生等。

2. 档案材料装档

辅导员根据档案馆要求，整理学生装档材料，并按照档案馆时间安排，到档案馆完成毕业生装档工作。在此项工作中，辅导员要严格审核所有材料的完整性，切勿错装、漏装。

3. 档案接收单位名称填写说明

（1）已就业的毕业生，填写就业单位所明确的有档案管理权限的单位名称。

（2）考取国内高校研究生的毕业生，填写录取学校及学院（研究所、中心）名称；考取（或免试）本校研究生的毕业生，填写“西南交通大学档案馆”。

（3）自主创业、自由职业或未就业的毕业生，填写生源地毕业生就业主管单位和部门名称，或生源地所属人才中心。

（4）非公派出国的毕业生，填写生源地毕业生就业主管单位和部门名称，或生源地所属人才中心。

（5）本校就业的毕业生，填写“西南交通大学人事处”。

（6）对于此项工作，辅导员指导学生做好信息校核与填写。

4. 毕业生档案转递及查询

（1）各学院（所、中心）毕业生档案归档工作完成后，档案馆负责核查和密封，按中国邮政 EMS 标准快递转递规定，交付邮局办理档案转递工作。

（2）档案转递工作完成后，档案馆将毕业生档案转递信息上传至校档案馆的档案管理系统，学生可自行通过学校档案馆官方网站查询其档案转递具体信息。

（3）辅导员告知毕业生查询网址和查询方式。具体查询步骤如下：

① 登录西南交通大学档案馆网址 http://dag.swjtu.edu.cn/web/firstPage/index.htmlx。

② 点击右下方快速通道处的“档案去向查询”。

③ 输入学生姓名和学号，即可查看档案转递的具体信息。

（四）户口迁移相关问题解答

（1）户口迁移证是单位投递还是个人领取申报？是否会自动打回原籍？

户口迁移证由毕业生持报到证、身份证领取，报到时交给单位人事部门申报入户；户口迁回原籍的毕业生需在领取户口迁移证后到原户籍所属公安机关申报入户，未能申报的情况下，会造成毕业生户口一直处于迁出未落户状态，也就是俗称的“口袋户口”，这会影响毕业生无法正常办理社保、购房、申请护照、申请结婚登记等事情。

（2）户口未迁到学校的如何办理到单位的户口迁移证？

户口未迁到学校的毕业生按照工作所在地户籍管理要求到原籍所属公安机关办理户口迁移手续。

（3）保送、考取本校硕士研究生的本科毕业生是否需要办理户口迁移？

按照成都市公安局关于《成都市在蓉大中专院校户籍管理办法》的通知要求，户口先下后上，保送、考取本校的本科毕业生需妥善保管好户口迁移证，待入学时将迁移证交至校区所属保卫处户籍科，申报入户。

（4）毕业生签约单位要求上交报到证但不接收户口，毕业生要求将户口迁回原籍，需要什么手续？

统一派遣的毕业生将报到证上交单位，户口迁回原籍的，需本人联系原籍公安机关确定接收户口；若原籍公安机关不接收户口，则需重新申请派发回原籍的报到证。

（5）签约单位在北京、上海等地的毕业生，单位申请入户指标不能确定能否批准的情况下，如何办理户口迁移证？

毕业生可凭报到证将户口迁至单位要求的落户地址，待入户指标核准下来再交由单位办理入户，如果申请入户未获批准的按招就处要求办理新的报到证，再到保卫处户籍科办理户口改迁手续。毕业生也可向招就处申请临时保管户档资料，暂不办理派遣，等待单位申请入户指标有了结果再行办理。

（6）签约单位要求毕业生提供户口地址和所属公安机关，该如何填写？

西南交通大学九里校区学生集体户的地址为：成都市金牛区二环路北一段 111 号附 59 号，所属公安机关为成都市公安局金牛区分局九里堤派出所；西南交通大学犀浦校区学生集体户的地址为：四川省郫都区犀浦镇犀安路 999 号，所属公安机关为郫都区公安局犀浦镇派出所。

（五）户档留校办理

根据国内档案管理的有关规定，普通高校毕业生的档案在人才中心托管可以办理转正定级手续、计算工龄，档案若放在学校仅为存放不是管理，不能享受以上待遇，并且不能开具涉及档案的政审、生育证明、贷款资质核实等手续的证明性资料。毕业生户籍留校也不能办理身份证换发、出境、结婚、购房等证明。教育部、人社部在各类文件通知中也要求各地人社部门和公安部门做好高校毕业生档案和户籍的接收工作。因此，学校不建议毕业生离校后仍将户籍和档案滞留在学校。若确有特殊情况需要户档留校的毕业生按照以下要求办理：

1. 申请及审批条件

（1）已签约，用人单位暂不解决户档问题的毕业生：由单位出具书面证明，经培养单位（学院）审批，招生就业处审核；

（2）科研助理：由各单位根据毕业生实际情况签署意见后报招生就业处审批；

（3）自由职业毕业生：由各单位根据实际情况签署意见后报招生就业处审批，审批通过人数原则上不超过该类毕业去向人数的 50%；

（4）未就业毕业生：由学生本人提出申请，由各单位根据实际情况签署意见后报招生就业处审批，审批通过人数原则上不超过该类毕业去向人数的 15%。

2. 办理流程

学生申请—培养单位审核并签署意见—招生就业处审批。

3. 保管到期后的处理

户档留校的毕业生保管期限不得超过一年，审批通过的毕业生应在批准的保管期限之前凭报到证到学校办理户口、档案的迁出手续。若毕业生没有按期到学校办理相关手续，毕业生户口将报公安机关冻结、毕业生档案直接邮寄回毕业生生源所在地的毕业生就业主管部门，统一进行档案转递。逾期不办理户档迁出导致的后果由毕业生本人承担。

以上内容辅导员应了解并告知学生、向学生进行解释。

五、就业工作年度日历参考

（1）毕业生就业动员及教育（每年上半年根据实际情况合理安排）；

（2）毕业生生源信息校核（每年 6 月左右开始）；

（3）毕业生推荐表打印发放（每年 9—10 月）；

（4）秋季校园招聘活动、毕业生就业协议书打印发放等（每年 9 月左右开始，12 月底结束）；

（5）春季校园招聘活动、毕业生就业协议书打印发放管理等（每年 3 月初开始，6 月初结束）；

（6）毕业生违约审批及管理（各学院不得早于每年 12 月 1 日开始办理）；

（7）毕业生派遣工作，包括毕业生就业去向校核、就业材料收集及审核（每年 5 月中旬开始，7 月上旬结束）；

（8）毕业生补派和改派工作（暑期集中派遣之后进行）；

（9）生涯教育及就业指导活动（每年根据情况合理安排）；

（10）用人单位及校友走访及调研（每年根据时间合理安排）；

（11）离校未就业毕业生跟踪帮扶（毕业生离校后开始，原则上应跟踪到当年 12 月底）；

（12）学院就业工作年度考核（每年初开始布置上一年度学院就业工作年度考核，包括统计总结学院开展的相关工作）。

第三节　军事训练与征兵入伍

一、军事技能训练

军事技能训练（简称“军训”）与理论课程“军事理论”共同构成大学生军事课程。军训与“军事理论”均合格为毕业条件之一。

军训在我国是根据《中华人民共和国国防法》《中华人民共和国教育法》《中华人民共和国兵役法》《中华人民共和国国防教育法》和《中共中央关于教育体制改革的决定》要求进行的。军训是学生接受国防教育的基本形式，是培养“四有”人才的一项重要措施，是培养和储备我军后备兵员及预备役军官，壮大国防力量的有效手段。

军训，是新学期的第一课。军训的目的是增强国防意识与集体主义观念，深刻领悟“立德、立学、立行、立新”的真正含义；培养团结互助的精神，增强集体凝聚力与战斗力；提高学生生活自理能力，培养思想上的自立和独立，帮助学生养成严格自律的良好习惯，对适应大学生活有积极作用。

（一）时间安排

军事技能训练为西南交通大学本科生的必修课，在本科生培养计划中属于“通识与公共基础课程—军事类—必修—实践课”。军训时间通常为 2 周，学分为 1 学分，是毕业学分的基本要求之一。开课时间一般为大一年级新生报到后第 1、2 个教学周，当年的时间安排以学校具体通知为准。

（二）组织领导

党委人民武装部（以下简称武装部）是学校人民武装工作的职能部门，武装部根据军训大纲，制订本科生军事理论课教学计划及军事技能训练计划并组织实施。

（三）工作内容

在军事技能训练的准备阶段，每年大概 6 月，相关部门[党政办、武装部、教务处、计财处、学生工作部（处）、资实处、招标办、后基处、体育部]等相关负责人会召开军训领导小组会，明确军训时间、内容与实施办法，重点介绍组织领导与连队编成，强调军训过程的安全管理。各单位要认真学习当年度关于本科生实施军事技能训练的通知，从思想上重视，互相协作，共同做好军训工作；各学院辅导员协助武装部做好学生的思想动员工作、组织工作、安全工作。

军训前，武装部组织发放军训服装，一般在犀浦校区 1 号教学楼、九里校区新生宿舍楼下，峨眉校区风雨操场。

军训前会组织开展“开训仪式”，保卫处、武装部、学生工作部（处）本科生管理科等相关部门负责人，军训领导小组成员单位出席仪式，军训团各营、连长及教官、各连指导员、新生辅导员参会。

在新生军训期间，除日常训练外，学校将在成都、峨眉两地三校区组织进行反恐防暴、抗震减灾、消防疏散演练、安全法治教育知识讲座等内容。军训期间，辅导员要关注学生的身体及心理状态，对于身体较为虚弱的学生要进行及时到位的关心、关爱；要做好学生的思想政治工作，配合带训教官完成训练任务，保证学生保持积极昂扬的训练状态。

军训结束后，武装部和训练部队将组织开展军训结业典礼暨汇报表演。本科新生整齐列队，接受检阅，各方阵步伐整齐、坚定，展现交大学子“竢实扬华，自强不息”的风采。军训锤炼团结协作的优良作风，打造令行禁止的纪律观念，更磨炼坚韧不拔的意志品质。

（四）评价与考核

军事技能训练考核由学校和承训教官共同组织实施，成绩分优秀、良好、及格和不及格 4 个等级。根据学生参训时间、现实表现、掌握程度综合评定。军事课成绩不及格者必须进行补考，补考合格后取得相应学分。辅导员应当提前提醒学生认真训练及时通过并在军训期间对学生进行关注；对于未能通过军事技能训练考核的学生，应当提醒学生需要及时参加下一年级的军训，并与下一年级辅导员进行及时沟通。

二、征兵入伍

大学生应征入伍的对象是指根据国家有关规定批准设立、实施高等学历教育的全日制公办普通高等学校、民办普通高等学校和独立学院，按照国家招生规定录取的全日制普通本科、专科（含高职）、研究生、第二学士学位的应（往）届毕业生、在校生和已被普通高校录取但未报到入学的学生。国家鼓励大学生应征入伍服义务兵役，对征集大学生入伍工作重视程度越来越高。部队召唤青年学子投身其中，为其实现青春梦提供更加广阔的人生舞台。

高校所在地兵役机关会同有关部门进入高校开展征集工作，西南交通大学大学生征兵工作由武装部牵头负责，有意向参军入伍的大学生可向辅导员、武装部相关工作人员咨询有关政策。

大学生入伍是提高兵源质量的重要举措，也是强军的源头工程、希望工程。学校、学院应从氛围营造、政策鼓励、重点关注等方面开展征兵工作。

氛围营造与政策鼓励：学院积极营造入伍光荣的氛围，通过校院两级网站、新传媒营造氛围，辅导员应当及时宣传政策，同时为学生解释解读基本政策、鼓励政策，帮助学生进行学业生涯规划与军旅生涯相结合的分析。

示范引导与榜样力量：学院可邀请学校、学院征兵入伍的优秀学生开展线上线下报告会、事迹分享、心得体会等引导和吸引更多优秀学生投身祖国国防事业。辅导员应积极组织学生参加。

重点关注与推荐：辅导员深入学生，充分了解学生对应征入伍的想法和意愿，鼓励大学生以入伍报效祖国为荣，将大学生入伍宣传教育资料积极传达到每一位学生，为学生解读国家征兵的相关政策，对目前大学生活适应欠佳的学生群体也应该关心和关注到位，鼓励学生走入军营。

（一）时间安排

一般每年大学生入伍工作宣传启动仪式在 4—5 月举行，由武装部主持，参会人员包括：校领导、郫都区人民武装部领导、犀浦镇人民武装部领导、学校大学生征兵工作领导小组成员、大学生征兵工作站成员，党政办公室、党委宣传部、武装部、学生工作部（处）、招生就业处、教务处、研究生院、计划财务处、校团委、后勤与基建管理处负责人和各学院分管学生工作的副书记、辅导员等。

经体格检查、政治审查合格的，9 月初由当地县（市、区）人民政府征兵办公室办理批准入伍手续。

我国现行的义务兵役制度服役年限是两年。

（二）征兵工作流程

1. 男兵入伍报名流程

（1）网上登记：在报名结束前，有应征意向的男性大学生（含在校生、应届毕业生）可登录“全国征兵网”（网址：https://www.gfbzb.gov.cn/），填写个人基本信息。报名成功后，自行下载打印《大学生预征对象登记表》，符合国家学费资助条件的，同时还应下载打印《高校学生应征入伍学费补偿国家助学贷款代偿申请表》（以下分别简称《登记表》《申请表》），分别交所在高校征兵和学生资助管理部门进行审核。

注：全国征兵（男兵）2020 年应征报名时间一般为：上半年应征报名：1 月 10 日至 2 月 15 日；下半年应征报名：4 月 1 日至 8 月 15 日。可在全国征兵网查询。每年的具体时间，学校武装部将会提前进行通知。

不符合国家学费资助条件的学生主要指在校期间已免除全部学费的学生、定向生、委培生和国防生及其他不属于服义务兵役到部队参军的学生。

在西南交通大学，高校征兵部门是指武装部、西南交通大学征兵工作站，武装部电话：028-66366050；学生资助管理部门是指学生工作部（处）（学生资助管理中心），分管兵役学费代偿工作人员电话：028-66367044。电话、办公地点等可在西南交通大学保卫处、扬华素质网上查询。

（2）初审初检：学生在毕业离校或放假前，根据学校通知，携带本人身份证（户口簿）、毕业证书（高校在校生持学生证），按规定的时间到指定地点参加学校所在地县级兵役机关组织的初审初检，被确定为预征对象的学生，领取兵役机关和学校有关部门审核盖章后的《登记表》《申请表》。

（3）体检政审：大学生可在学校所在地或者入学前户籍所在地、经常居住地选择一个作为自己参军入伍的应征地。征兵开始后，应征地兵役机关会将具体上站体检时间、地点通知大学生本人，大学生可根据通知要求，携带本人身份证（户口簿）、毕业证书（高校在校生持学生证）以及审核盖章后的《登记表》《申请表》直接参加应征地县级征兵办公室组织的体格检查，由当地公安、教育等部门同步开展政治联审工作。

（4）走访调查：政治联审和体检初步合格者，将由县级征兵办公室通知大学生所在乡（镇、街道）基层人武部，安排走访调查。

（5）预定新兵：县级征兵办公室对体检和政审双合格者进行全面衡量，确定预定批准入伍对象，同等条件下，优先确定学历高的应届毕业生为新兵。

（6）张榜公示：对预定新兵名单将在县（市、区）、乡（镇、街道）张榜公示，接受群众监督，公示时间不少于 5 天。

（7）批准入伍：体检、政审合格并经公示的，由县级征兵办公室正式批准入伍，发放《入伍通知书》。学生凭《入伍通知书》办理户口注销、享受义务兵优待，等待交接起运，统一输送至部队服役。申请学费资助的，还要将加盖有县级征兵办公室公章的《申请表》原件和《入伍通知书》复印件，寄送至原就读高校学生资助管理部门。

2. 女兵入伍报名流程

（1）网上报名：符合当年征集基本条件的女性大学生，可登录“全国征兵网”，填写报名信息。报名截止后，网上报名系统将自动依据报名人员当年高考相对分数进行排序，择优选择初选预征对象。被确定为初选预征对象的女性大学生，系统初审初检后，登录“全国征兵网”，下载打印《应征女青年网上报名审核表》。符合国家学费资助条件的，同时还应下载打印《高校学生应征入伍学费补偿国家助学贷款代偿申请表》（以下分别简称《审核表》《申请表》）并交学校学生资助管理部门审核。

注：全国征兵（女兵）2020 年应征报名时间一般为：上半年应征报名：1 月 10 日至 2 月 15 日 18 时；下半年应征报名：6 月 26 日至 8 月 15 日 18 时。可在全国征兵网查询。每年具体时间学校武装部将会提前进行通知。

（2）初审初检：女性大学生持《审核表》、本人身份证（户口簿）、毕业证书（高校在校生持学生证）等相关证件，按兵役机关通知要求参加地市级征兵办公室组织的初审初检，合格者确定为送检对象。

（3）体检考评：征兵开始后，送检对象根据兵役机关通知，携带本人身份证（户口簿）、毕业证书（高校在校生持学生证）等相关证件，到指定的体检站参加体格检查和综合素质考评。

（4）政治审查：体格检查和综合素质考评后，由县级兵役机关会同当地公安、教育等部门，对其进行政治联审和走访调查。

（5）预定新兵：省级或地市级征兵办公室对学历、年龄、体检和政治考核全部合格的应征女性大学生，按照综合素质考评分数由高到低的顺序，依次确定为预定新兵。预定新兵名单（包括姓名、户籍地、学历、高考原始总分数、综合素质考评分数）同时在省、地市、县三级征兵办公室营院外张榜公示，接受群众监督，公示时间不少于 5 天。

（6）批准入伍：经公示未被举报和反映有问题的，确定为批准入伍对象，由县级征兵办公室办理批准入伍手续，发放《入伍通知书》。大学生凭《入伍通知书》办理户口注销、享受义务兵优待，等待交接起运，统一输送至部队服役。申请学费资助的，还要将加盖有县级征兵办公室公章的《申请表》原件和《入伍通知书》复印件，寄送至原就读高校学生资助管理部门。

3. 大学生入伍流程图（见图 5.9）

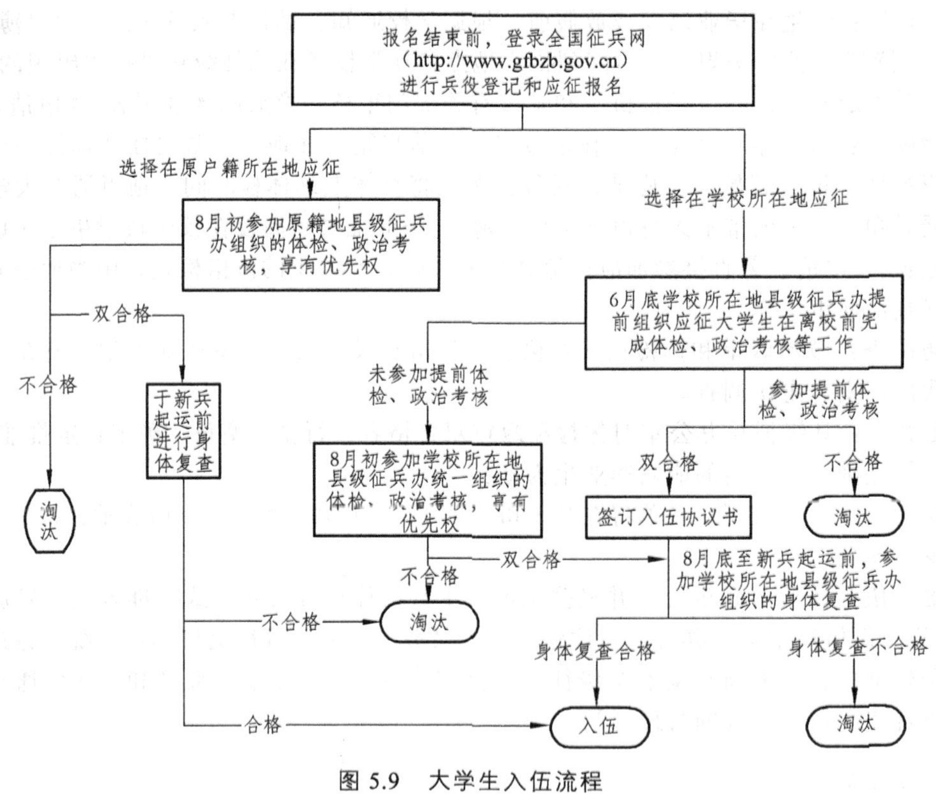

图 5.9　大学生入伍流程

（三）征兵工作要求

1. 年龄要求

男性普通高等学校在校生为年满 17 至 22 周岁，大学毕业生放宽到 24 周岁。女性普通高等学校在校生和毕业生为年满 17 至 22 周岁。

2. 政治条件

征集服现役的公民必须热爱中国共产党，热爱社会主义祖国，热爱人民军队，遵纪守法，品德优良，决心为抵抗侵略、保卫祖国、保卫人民的和平劳动而英勇奋斗。征兵政治审查的内容包括：应征公民的年龄、户籍、职业、政治面貌、宗教信仰、文化程度、现实表现以及家庭主要成员和主要社会关系成员的政治情况等。

3. 基本身体条件

公民应征入伍要符合国防部颁布的《应征公民体格检查标准》和有关规定。其中，有几项基本条件：

身高：男性 160 cm 以上，女性 158 cm 以上。

体重：男性不超过标准体重的 30%，不低于标准体重的 15%；女性不超过标准体重的 20%，不低于标准体重的 15%。

$$标准体重=(身高-110)\ \mathrm{kg}$$

视力：大学生右眼裸眼视力不低于 4.6，左眼裸眼视力不低于 4.5。屈光不正，准分子激光手术后半年以上，无并发症，视力达到相应标准的，合格。

内科：乙型肝炎表面抗原呈阴性等。

（四）入伍资助

（1）应征入伍服兵役学生国家教育资助（以下简称“入伍资助”），是指国家对应征入伍服义务兵役、招收为士官的学生，在入伍时对其在校期间缴纳的学费实行一次性补偿或对获得的国家助学贷款实行代偿；对应征入伍服义务兵役前正在高等学校就读的学生（含按国家招生规定录取的高校新生），服役期间按国家有关规定保留学籍或入学资格，退役后自愿复学或入学的，实行学费减免；对退役一年以上，自主就业，通过全国统一高考考入学校并到校报到的入学新生，实行学费减免。

（2）申请与审批：详细可参考《西南交通大学学生服兵役国家教育资助实施细则》。学费补偿或国家助学贷款代偿流程如图 5.10 所示。

（五）其他优惠政策

高校毕业生应征入伍服义务兵役，除享有优先报名应征、优先体检政审、优先审批定兵、优先安排使用“四个优先”政策，家庭按规定享受军属待遇外，还享受优先选拔使用、学费补偿和国家助学贷款代偿、退役后考学升学优惠、就业服务等政策。

（1）退役大学生士兵入学或复学后免修军事技能训练，直接获得学分。

（2）设立“退役大学生士兵”专项硕士研究生招生计划。根据实际需求，每年安排一定数量专项计划，专门面向退役大学生士兵招生。在全国研究生招生总规模内单列下达，不得挪用。

（3）将高校在校生（含高校新生）服兵役情况纳入推免生遴选指标体系。鼓励开展推荐优秀应届本科毕业生免试攻读研究生工作的高校在制定本校推免生遴选办法时，结合本校具体情况，将在校期间服兵役情况纳入推免生遴选指标体系。在部队荣立二等功及以上的退役人员，符合研究生报名条件的可免试（指初试）攻读硕士研究生。

（4）将考研加分范围扩大至高校在校生（含高校新生）。退役人员在继续实行普通高校应届毕业生退役后按规定享受加分政策的基础上，允许普通高校在校生（含高校新生）应征入伍服义务兵役退役，在完成本科学业后 3 年内参加全国硕士研究生招生考试，初试总分加 10 分，同等条件下优先录取。

（5）放宽退役大学生士兵复学转专业限制。大学生士兵退役后复学，经学校同意并履行相关程序后，可转入本校其他专业学习。

（6）应征入伍的高校毕业生退役后报考政法干警招录培养体制改革试点招生时，教育考试笔试成绩总分加 10 分。

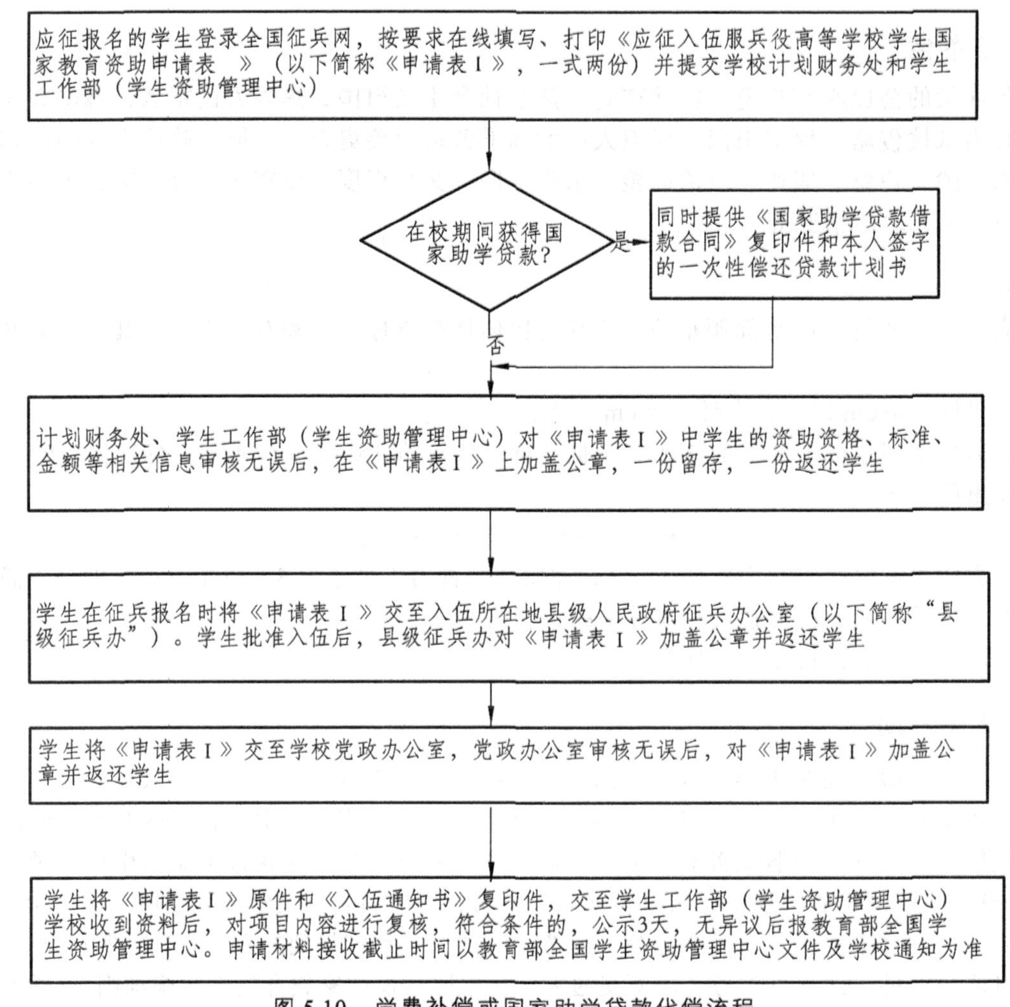

图 5.10 学费补偿或国家助学贷款代偿流程

辅导员应该了解和掌握以上要求、流程与政策，便于更好地引导、鼓励、支持学生应征入伍。

第四节 学生规则教育

规则意识是现代社会每个公民都应具有的一种意识，指的是有遵守规则的愿望和习惯，并成为每个公民的内在需要。大学生这个即将走向社会的群体作为公民的重要组成部分，在校期间也应该随着自身角色的变化担负起不同的社会责任，不断内化社会主义核心价值观教育，树立公民意识、成人意识、规则意识，成长为守法守规、遵章守纪，做人做事有规矩、有原则、能担责的成年人。

一、大学生规则教育的重要性

对于国家和社会而言，规则的重要意义在于建立社会秩序。社会规则意识的水准，直接关乎社会是否正常运行，人们是否对事物有一个确定的认知。可以说，社会整体的规则意识水平状况，直接关乎整个社会的规则是否能够有效地、有序地、持续地运行下去。没有规则意识，随意违反、抛弃制定的规则，秩序将无法保证，社会将陷入混乱。因此，有必要对公民进行规则教育。

对于在校大学生，规则教育有更深的意义。大学生涯是大学生社会化的重要阶段，大学生作为社会主义建设事业的建设者和接班人，规则教育是培养大学生成长成才十分关键的环节，党和国家不仅需要专业能力强的大学生，更需要懂规则、守规则、勇担责的高素质全面发展的大学生。大学生缺少规则意识，会产生无视规则、违反规则甚至是破坏规则的行为，一方面会对国家和社会产生不良影响，另一方面会导致大学生在认知上产生偏差，导致影响学生自身、危害社会等后果，影响大学生正常发展和未来职业生涯发展。因此，辅导员在工作中要具备对学生加强规则教育的意识，开展相应的活动强化学生的规则意识，对规则感缺失的学生要加强引导和教育。

二、大学生规则缺失的表现

（一）生活中规则意识不强

生活中规则意识不强，会导致大学生违反纪律。部分学生对自身要求不严格，小到乘坐电梯、食堂打饭不排队，大到偷盗、打架斗殴，这些都是规则意识缺失的表现。例如：部分学生无视公寓管理办法，晚归、夜不归宿、使用违章电器；在图书馆、教室等公共场所大声喧哗，乱扔垃圾，践踏草坪，损坏公共财物，随地扔烟头、吐痰等。

（二）学习中规则意识不强

学习中规则意识不强，多体现为不遵守课堂纪律、考试作弊等。部分学生无视上课纪律，在课堂上随意走动、说话、睡觉、玩手机、吃东西、听音乐，更有甚者迟到、早退、无故旷课、在考试中作弊等。这些都是规则意识严重缺失的表现。

（三）人际交往中规则意识不强

人际交往中规则意识不强，多体现在与他人交往时不尊重他人、不守诚信、不为他人着想、不考虑他人感受、不遵守交往规则，忽视文明礼仪、诚实守信等做人的基本准则。

（四）法治意识的缺失

对于在校大学生，法治意识的缺失主要体现为学术抄袭触犯著作权、专利权，贷款不按时还清、违反就业协议触犯合同法等。这些违法行为的产生与大学生法治意识不强密不可分。

三、大学生规则教育的内容

（1）遵守宪法、法律、法规。

（2）遵守公民道德规范。

（3）遵守学校章程和规章制度、遵守学生行为规范。

学校为每一名本科生发放了《本科生管理规章制度汇编》。该制度汇编由教务处、学生工作部（处）、计划财务处统一制定，涵盖了教学管理、学生管理、财务管理三大模块，对学生日常学习、生活中涉及的大部分规则都进行了界定。比较常用的有《西南交通大学考试违规处理办法》《西南交大学生公寓管理办法》等。

学校为每一名研究生发放了《学位与研究生教育工作手册》。该工作手册由研究生院编印，涵盖了招生相关文件、培养相关文件、学位相关文件、研究生导师相关文件、研究生创新相关文件、研究生管理相关文件六大模块，对学生从入学到毕业，从科研到实践，从寝室到实验室等均进行了相应的规范。

四、辅导员常用的规则教育方法

（一）做好日常教育

首先，辅导员自身要有法律意识、规则意识，遵法守法，遵章守纪开展工作。要对规章制度有充分足够的熟悉和理解，将文字性的规章制度转化成为一套可以实际操作的、通俗的办法，积极引导学生学习其中的行为规范，明确“红线”，哪些是明令禁止的，哪些是不提倡的，哪些是鼓励并支持的，以教育和预防为主要工作内容。其次，通过社会实践、校园活动等让学生体会到行为守则的内涵，体会到规则意识的内在需要，引导学生从规则的被动执行者到规则的主动遵守者的转变。最后，辅导员在大学生日常生活中也担任一种行为规则执行的监督者，利用相关规则制度，对学生进行相应奖惩，做到有章可循、违章必究，提高学生的犯错成本，对于违反规定的学生绝不姑息，充分利用规章制度的导向性、约束性协助学生、引导学生形成良好行为习惯。

（二）把握好重要节点

1. 本研新生入学时

在高考压力和父母包办的中学生活影响下，部分大学生的规则意识比较薄弱，同时研究生将要开启与以上课为主的大学生活截然不同的研究与科研生活，也将面临新的规则，因此对新生展开多形式、多方面的规则教育很有必要，对于新生的发展有着不可忽略的意义。每年新生季，学院会统一组织开展心理健康教育、安全教育、适应专题教育、本科教育规范教育、研究生学术道德与学术规范教育等专题教育活动，对与学生密切相关的一些规则进行宣告和解读，如考试违纪、违章电器、学术不端等相关处分以及会对学生发展产生的影响等，使学生从入校之初就形成一种对规则的敬畏之心。

此外，辅导员也应当利用班会、专业大会进行集中正面宣讲。对于部分有疑问的学生，利用谈心谈话的形式进行一对一教育，提升学生认识。

2. 毕业生毕业时

临近毕业，部分学生可能会为了毕业而采用极端手段，如考试作弊等；另外，可能也会有部分学生，采用比较过激的行为进行毕业狂欢，如打架、违反公寓管理办法等。针对毕业生，辅导员应当加强教育，利用班会、专业大会等进行正面宣讲，重点政策重点解读，分析权衡利弊，切莫为了逞一时之快使自己的大学生活留下遗憾。

3. 重大活动、假期

法定节假日离校前与返校后，辅导员需要统计学生离校返校情况，按时做好返校统计，杜绝学生晚归现象。平时需要明确请假规范及手续流程。另外，平时也要注意强调晚归的安全问题，杜绝学生晚归甚至夜不归宿的情况。这种情况常发生在周末，辅导员要做好提醒、记录、批评教育。

4. 评奖评优季

评奖评优季开始以前，需要强调提交材料的真实性和按时提交的重要性，前者是诚信教育，后者则是教育学生为自身行为负责。例如，在助学金评选工作中，在学院和班级已经通知到位的前提下，辅导员再三强调，还是有个别学生因为自己的疏忽错过了申请时间，那么学生就要为自己的行为负责；同时，辅导员也要做好相应的批评教育和关心、关爱，让学生吸取教训。

5. 诚信考试

每学期期末考试前，组织开展诚信考试动员会，学习相关规定，利用相关案例对学生进行警示。

（三）运用好奖惩制度

对于遵规遵纪行为，要有明确奖励措施，将物质与精神相结合。对于违规行为，不能随意处置，处罚规定要具体明确，让违规者感受到违规的代价，体现规则的严肃性。要根据相关规章制度，明确告诉学生什么能做、什么不能做，如果做错事将由自己承担具体的后果。例如，此前学校、学院再三强调宿舍安全，严禁使用违章电器，一经查处，给予警告以上处分。

（四）辅导员自身的言传身教

辅导员作为开展大学生思想政治教育的骨干力量，大学生日常思想政治教育和管理工作的组织者、实施者、指导者，大学生成长成才的人生导师和健康生活的知心朋友，辅导员的言行举止对学生的思想行为会产生潜移默化的影响，因此，辅导员在日常学生工作中对规则严格执行和遵循，会为学生规则意识的培养树立好的榜样。在日常学生工作中充分尊重、理解、爱护学生，尊重学生差异，在开展班会时不无故迟到、早退，在评奖评优、班级选举过程中遵循公平、公正、公开的原则，带头遵守规则，维护规则权威。

（五）联动家长和教师

家庭教育是学生规则教育的起点，家庭成长环境、父母行为举止都可能对学生规则意识产生影响，特别是一些负面影响，可能使学校规则教育受到影响。因此，辅导员应尽可能地加强与家长的联系，对于重点学生重点关注，整合资源，力争与家长同心协力推进大学生规则教育。

教师作为学生课堂生活的主导者，其言行举止对学生的思想行为也会产生潜移默化的影响。在教学生活中，教师应带头遵循学校规章制度，不迟到、不早退、不缺课，保证教学考核与评价的公开透明性。辅导员应当加强与教师的交流沟通，对于课堂表现异常的学生，及时进行谈心谈话等。

（六）形成良好的氛围

遵守规则的校园文化能够感染和熏陶大学生，有助于规范言行，使规则意识在潜移默化中得到加强。在日常学生工作中，辅导员应营造遵守规则的舆论和宣传氛围，如利用海报、横幅、新媒体平台等载体加大遵守规则的宣传力度，营造良好氛围。此外，在开展文体活动时，要贯彻规则意识，注重规则的制定和执行，从而使学生在参加校园文化活动的过程中也可以感受到规则的内涵和遵守规则的重要性。

五、纪律处分

（一）学生违纪

1. 处分权限

学校授权学生工作部（处）、研究生院、教务处、远程与继续教育学院依职责归口负责学生纪律处分。学生工作部（处）负责研究生、本科生日常管理和本科生学术不端相关纪律处分；研究生院负责研究生教学管理、学术不端相关纪律处分；教务处负责本科生考试、推荐免试研究生、毕业设计（论文）相关纪律处分；远程与继续教育学院负责网络教育学生纪律处分。

2. 程序

学校给予学生处分，应当由学生所在学院提出处理建议，报学校审核批准后执行。给予学生开除学籍处分，应当提交校长办公会研究决定，并应当事先进行合法性审查。

学校在对学生作出处分决定之前，应当由学生所在学院告知学生学校拟给予处分的种类，宣告处分决定的事实、理由及依据，告知学生享有陈述和申辩的权利，听取学生的陈述和申辩。

学校对学生作出处分，应当出具处分决定书。处分决定书应当包括下列内容：

（1）学生的基本信息；

（2）作出处分的事实和证据；

（3）处分的种类、依据、期限；

（4）申诉的途径和期限；

（5）其他必要内容。

证据具体包括书证、物证、证人证言、当事人陈述和申辩、鉴定结论等，应当作为处分决定书附件归档。

辅导员需要注意的是：学生所在学院应当将处分决定书直接送达学生本人，学生拒绝签收的，可以以留置方式送达；已离校的，可以采取邮寄方式送达；难以联系的，可以利用学校网站、新闻媒体等以公告方式送达。

处分决定书、解除处分决定书等材料，学校将真实完整地归入学生人事档案和学生学籍档案。

在纪律处分过程中，辅导员应当严格遵循处分的程序和规定，同时应该关心、关爱受处分的学生。处分不是目的，教育并让学生成长才是目的。

（二）服务消过

服务消过是指对于能够主动积极认错改错且自愿申请参加一定期限服务工作的初次违纪学生可以不给予纪律处分的措施。

1. 适用范围

学生初次违反校规校纪且主观恶性不大，应给予警告或严重警告处分的，如果能够主动承认错误、积极改正错误，可以申请服务消过。有违反法律法规、违反考试纪律、学术不端行为、侵害他人合法权益、寻衅滋事与打架斗殴、违反社会公序良俗以及其他主观恶性较大的违纪行为的，不能申请服务消过。

2. 流程

在学生纪律处分实施过程中，违纪学生可以在陈述和申辩后提出服务消过申请。学院对是否同意学生服务消过申请提出建议后，将《西南交通大学学生纪律处分审批表》以及陈述和申辩材料一并报送学生工作部（处）。学生工作部（处）召开部长办公会，研究决定给予学生纪律处分的类型，以及是否同意学生服务消过申请。同意学生服务消过申请的，纪律处分暂缓执行；不同意学生服务消过申请的，纪律处分继续执行。

3. 细则

查阅《西南交通大学学生服务消过管理规定（试行）》。

第五节　评奖评优

本节对本科生、研究生评奖评优工作进行介绍。该项工作学校层面由学生工作部（处）、研究生院负责，学院按照要求一般设立各学院学生奖励评审小组（以下简称“院评审小组”），学生工作组设立评奖评优专项工作负责人，各位辅导员具体进行落实与配合。

一、本科生评奖工作

为规范西南交通大学奖助学金评审工作，调动广大学生刻苦学习、奋发向上的积极性，为国家和社会培养造就更多的优秀人才，依据《中华人民共和国教育法》《中华人民共和国高等教育法》《普通高等学校学生管理规定》等法律、法规，以及《西南交通大学章程》，学校出台了《西南交通大学本科生奖助学金评审管理办法》（西交校学生〔2019〕9 号）、《西南交通大学研究生专项奖助学金评审管理办法》（西交校学生〔2019〕18 号）、《西南交通大学本科生国家奖助学金评审管理办法》（西交校学生〔2019〕8 号），用以具体指导评奖工作。在评奖工作开始前，辅导员需仔细研读相关文件，领会文件精神，公平、公正、公开做好评奖评优工作，在做到“零失误”的同时发挥评奖评优的育人作用。

本章中所涉及的助学金是评奖中的专项奖助学金，由校友或企业捐赠设立，侧重点在奖励，用于奖励品学兼优的家庭贫困的学生。例如2019年评审的全校范围内助困类专项助学金有丰田助学金（5名）、广州校友会红棉助学金（2名）、黄山教育助学金（10名本科生，3名研究生）、惠霞教育助学金（1名）、江西校友会助学金（4名）、美洲校友会助学金（2名）以及各学院开启的各类专项带有奖励性质的助学金，按照学院的标准和名额开展评审与资助工作。资助章节中的助学金的侧重点为资助，如国家助学金和各学院资助性质的助学金，支持学生完成学业。

（一）评奖工作概述

本科生奖助学金由国家奖助学金、专项奖助学金、综合奖学金组成。国家奖助学金包括国家奖学金、国家励志奖学金、国家助学金；专项奖助学金由关心学校发展和人才培养的社会团体、企事业单位或个人出资设立，包括各类校、院设立的专项奖助学金；综合奖学金包括一等奖学金、二等奖学金、三等奖学金。本科生奖助学金适用于有中华人民共和国国籍，在校接受普通高等学历教育的全日制学生。各学院应成立由学院党政一把手、学生工作主管领导、本科教学主管领导、本科生教务员、辅导员、班导师、学生代表等组成的学院学生奖励评审小组开展工作。各学院略有不同，按照各学院具体要求进行，以下内容供参考。

（二）参加各类奖助学金评选的学生应当具备以下基本条件

（1）拥护中国共产党领导，树立爱国主义思想，坚定中国特色社会主义道路自信、理论自信、制度自信、文化自信，树立中国特色社会主义共同理想，积极弘扬和践行社会主义核心价值观。

（2）热爱母校，积极践行“淚实扬华，自强不息”的交大精神和“精勤求学，敦笃励志，果毅力行，忠恕任事”的交大校训。

（3）遵守宪法、法律、法规，遵守公民道德规范，遵守学校章程和规章制度，遵守学生行为规范，尊敬师长，团结同学，关心集体，具有良好的行为习惯。

（4）刻苦学习，恪守学术道德，勇于探索，积极实践。

（5）积极参加各类社会工作和文体活动，身心健康。

（三）在参评学年中有下列情况之一者，不得申请各类奖助学金

（1）在参评学年或评奖助工作周期内，受到纪律处分者。

（2）因休学、转学等原因，在校时间不满30周者（不含参加校际交流项目的学生）。

（3）参评学年所获课程学分总数低于30学分者（不含参加校际交流项目的学生）。

（4）恶意拖欠学费者。

（四）各项奖助学金评选时间节点

（1）国家奖助学金为第一批次，每年9月初开始评选。

（2）专项奖助学金为第二批次，每年9—10评选。

（3）综合奖学金为第三批次，每年11月开始评选。

（4）原则上，这3个批次的奖助学金不兼得。

（5）各学院设立的其他奖助学金可以根据学院规定的时间安排执行。

（五）学院评奖专项工作辅导员应注意的事项

（1）一般情况，根据学校划拨的综合奖学金金额以及各学院的具体情况，如专业设置、各年级人员情况，按比例将综合奖学金名额合理分配至各个年级。

（2）根据学校的评奖进度，严格把控学院的评奖时间节点，并注意在各项奖助学金上报至学校

前学院的公示时间为 3 个工作日。

（3）各项奖助学金的宣传以及公示需要通知到位，避免学生错过评奖造成工作失误。

（4）工作对接部门有学生工作部（处）的学生资助管理中心，主要衔接奖助学金评选工作；对外合作与联络处的基金及项目管理办公室，主要衔接学院因捐赠设立在基金会的专项奖助学金的相关事宜；计划财务处，主要衔接各学院因捐赠设立在计划财务处的专项奖助学金的相关事宜。

（六）辅导员的工作

（1）工作中坚持“公平、公正、公开”的工作原则。

（2）工作中按照“及时、准时、按时”的工作原则。

（3）工作中要求通知到位、材料审核到位、标准把握到位、学生申请指导到位的原则。

（4）工作中融入争优教育、规则教育、感恩教育等，发挥奖助学金的育人功能。

（5）工作中做好宣传引导工作，树立榜样形象，发挥榜样力量。

（6）工作中做好落选学生的解释、安抚、鼓励工作。

（七）奖助学金评选的形式

奖助学金评审的方式根据实际情况分为以下几种（包括但不限于）：

（1）材料评审、答辩评审等方式；

（2）学院评审、学校评审等方式；

（3）等额评审、差额评审等方式。

（八）奖助学金申请流程

奖助学金申请流程如图 5.11 所示。

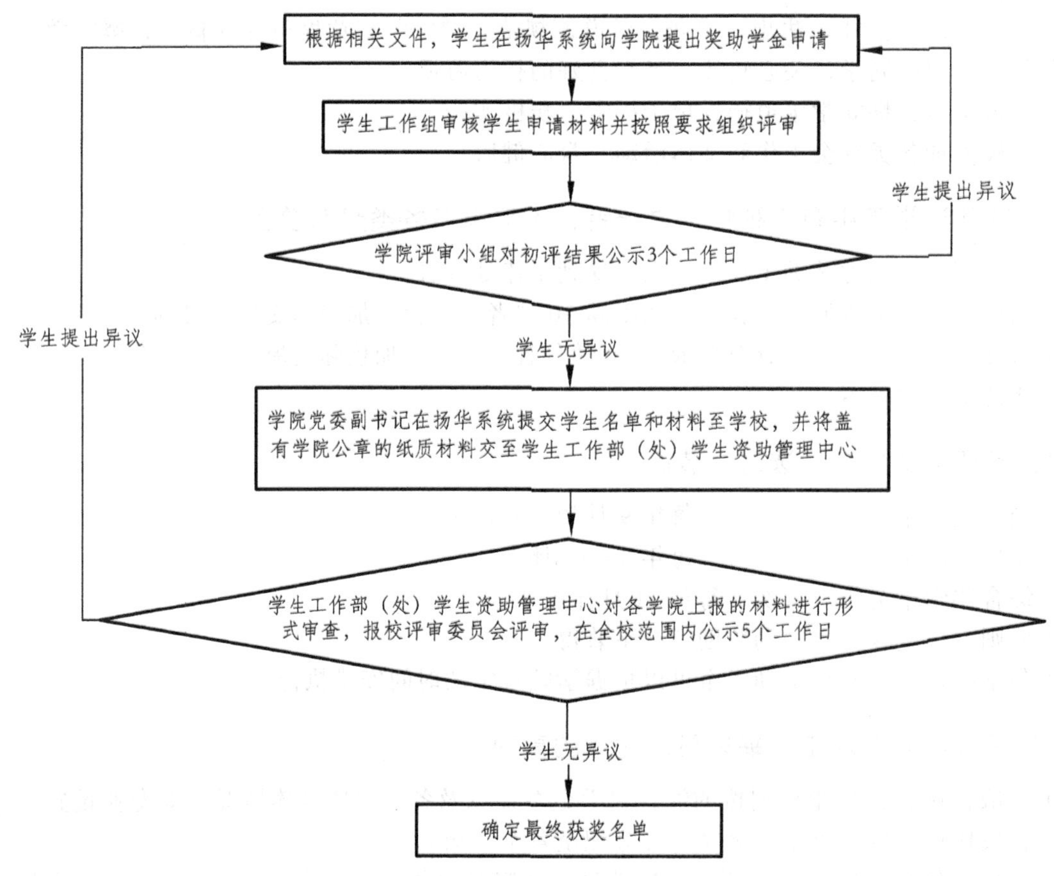

图 5.11　奖学金申请流程

二、研究生评奖工作

研究生奖学金包括研究生国家奖学金、博士生扬华新秀奖学金、研究生学业奖学金；研究生助学金包括研究生国家助学金、“三助”助学金。新入学博士生还设有扬华新秀奖学金，一般与当年研究生国家奖学金一起进行评定。研究生国家奖学金、学业奖学金、扬华新秀奖学金学校主管单位为研究生院；专项奖学金学校主管单位为学生工作部（处）。各学院应成立研究生奖助工作委员会，由院长担任主任。各学院略有不同，按照各学院具体要求进行，以下内容供参考。

（一）研究生国家奖学金

研究生国家奖学金评选的指导思想：激励在读研究生勤奋学习、专心科研、勇于创新、全面发展，促进拔尖创新人才培养，全面提高研究生教育质量。

1. 申报条件

（1）热爱社会主义祖国，拥护中国共产党的领导；

（2）遵守宪法和法律，遵守学校和学院各项规章制度；

（3）诚实守信，道德品质优良，严格遵守学术道德规范；

（4）学习成绩优异，科研能力突出，专业技能熟练，发展潜力显著。

研究生国家奖学金的评选范围为全日制在读研究生（人事档案转入学校的全脱产学习者），包括硕士研究生（含学术学位、专业学位）和博士研究生。

硕博连读生在注册为博士生之前，按照硕士生身份申请国家奖学金；注册为博士生的当年，由研究生自行选择以何种身份参评；注册为博士生的次年开始，按照博士生身份申请国家奖学金。

直博生按照博士生身份申请国家奖学金。

在参评学年及评奖周期中，有以下情况者，不能申请国家奖学金：

① 在参评学年中，有违反国家法律或受到校级警告及以上纪律处分者；

② 出现培养方案所规定课程不及格者，硕士研究生中期考核不合格者；

③ 违反《西南交通大学学术道德规范》的相关规定，存在剽窃、作假、提供虚假信息等学术失范行为者；

④ 休学、退学及转专业者；

⑤ 超过规定学制年限者（博士生学制为 4 年，硕士生学制为 3 年，“直博生”学制为 5 年，截止时间为学制期满当年的 6 月 30 日）；

⑥ 外国留学生及来自港、澳、台地区已享受其他资助的研究生；

⑦ 因私出国留学、疾病、创业等原因未在校学习者。

2. 评选程序（各学院略有不同，仅供参考）

研究生国家奖学金评选一般按照“自愿申报、差额评审、公开答辩、竞争择优”的原则进行。

符合申请条件的研究生自愿申请国家奖学金，应如实填写《研究生国家奖学金申请审批表》等材料，向学院研究生奖助工作委员会提出申请，同时提交相关支撑材料。审批表中的推荐意见应由导师填写，导师不同意推荐的研究生不能参评。参评研究生必须如实提供成果材料，如果出现弄虚作假，将取消其评选资格，并给予相应处罚。

学院研究生奖助工作委员会对申请国家奖学金的学生进行初步评审，参照附件中的个人成果评价指标体系进行评定，满足优先指标的申请人原则上优先入选，满足非优先指标的申请人原则上要考虑专业分布情况确定入选。最终确定入围公开答辩名单并在全院公布。

学院国家奖学金评审根据各学院的要求可以采取申请人公开答辩或者量化打分的形式。若采取公开答辩的方式，除在境外出差、学习的学生外，所有申请人原则上均需参加答辩。学院研究生奖助工作委员会参加答辩评审，并根据申请人的申请材料和答辩情况，重点参照附件中的个人成果评价指标体系进行评定，并采用投票方式，过半数以上的按得票多少为序确定获奖学生名单。

学院研究生奖助工作委员会确定拟获奖名单和后备人选名单，在学院公示 5 个工作日后报研究生院。

对国家奖学金评审结果有异议者，可在学院公示期内，向学院研究生奖助工作委员会提出书面申诉。学院应在接受申诉后 2 个工作日内做出答复。

（二）博士生扬华新秀奖学金

博士生扬华新秀奖学金（以下简称“扬华奖学金”）用于吸引博士生优质生源，依照“坚持标准、宁缺毋滥”的原则进行奖励。其奖励对象为全日制脱产学习的优秀博士生新生，奖励标准为每生 2.5 万元，每年不超过 60 名。

1. 申请基本条件

扬华新秀奖学金的奖励对象为本院本年度入学的全日制脱产学习的优秀博士生新生，其人事档案已在规定时间内转入学校。

申请人应品行端正，具有出色的学习或科研工作经历，具备培养为优秀博士学位论文获得者的潜力。

来自本校的“直博生”，在本科阶段如有高水平成果，经本学科领域 3 名专家（正高职称）联名推荐，可以申请扬华奖学金；来自其他高水平大学的“直博生”，如本科阶段的学习成绩名列所在高校所在专业前 10%，也可以申请。“高水平大学”由各学院根据学科情况自行认定，并报研究生院综合管理办公室备案。

申请扬华奖学金的硕博连读生、普通博士生，应提供近 3 年内，本人为第一作者（或导师为第一作者、本人为第二作者）的学术成果。获得国家发明专利或省部级及以上奖励者（拥有证书），也可以申请扬华奖学金。

扬华奖学金对硕博连读生、普通博士生参评学术成果的认定，坚持“重质量、轻数量”的原则。

扬华奖学金和国家奖学金可以兼得，但获奖成果不能重复使用。

2. 评选程序

扬华奖学金的评选一般按照“自愿申报、公开答辩、竞争择优”的原则进行。学院研究生奖助工作委员会，负责扬华奖学金的申请组织、审核评选、申诉处理等工作。

扬华奖学金一般在每年 9 月评选，符合本细则申请条件的博士生自愿申请，应如实填写申请材料，向学院研究生奖助工作委员会提出申请，同时提交相关支撑材料。审批表中的推荐意见一般由导师填写。

学院研究生奖助工作委员会对申请扬华奖学金的学生进行初步评审，确定入围公开答辩名单并在全院公布。

学院扬华奖学金评审采取申请人公开答辩的形式。除在境外出差、学习的学生外，所有申请人原则上均需参加答辩。学院研究生奖助工作委员会委员参加答辩评审，并根据申请人的申请材料和答辩情况进行评定，采用投票的方式，过半数以上的按得票多少为序确定拟获奖人选和后备人选名单。

学院研究生奖助工作委员会确定获奖学生名单后，应在院内进行不少于 5 个工作日的公示。

对扬华奖学金评审结果有异议者，可在学院公示期内，向学院研究生奖助工作委员会提出书面申诉。委员会应在接受申诉后 2 个工作日内做出答复。

（三）研究生学业奖学金

根据《西南交通大学研究生奖助学金体系管理暂行办法》，研究生学业奖学金用于资助学校在读且基本学制年限内的全日制非定向研究生（档案按时转入学校者；含少数民族骨干计划）中品学兼优的学生。研究生学业奖学金在学制年限内原则上每学年评选一次，分为一、二、三等奖学金。

1. 硕士研究生学业奖学金评选办法

硕士研究生第一学年奖学金评选办法：根据推荐免试研究生和统考生录取综合成绩从高到低分别确定奖学金等级。

硕士研究生第二学年奖学金评选办法：不再区分推荐免试研究生和统考生，评选依据为研究生第一学年的综合表现，综合表现包括学习成绩、科研成果和思想道德素质评价。分专业或方向按以下计算方法排名：学习成绩+科研成果加分+思想道德素质评价加分。按照排名由高到低来确定奖学金等级。科研成果加分按研究生的论文、专利、获奖、主持科研项目计分。

硕士研究生第三学年奖学金评选办法：硕士研究生需修满研究生期间所规定的所有学分，所有成绩达到及格以上，通过学院要求的其他考核，学位论文选题报告合格，缴清所有的费用，无违纪行为，方有资格参加第三学年奖学金评选。

评选依据为研究生第一、二学年的综合表现。第三学年得分中各项计分方法与第二学年相同。

具体计分方法和评选细节，需以各学院的评选细则为准。辅导员按照学院要求开展相应工作。

2. 博士研究生学业奖学金评选办法

一年级博士生的学业奖学金原则上不实行差异化评审，所有学生享受等额的奖学金。

博士研究生第二学年奖学金参评条件为：培养计划所规定的学分选修合格，无违纪行为，缴清所有的费用，方有资格参加第二学年奖学金评选。评选依据为博士生第一学年的学习成绩、科研成果和思想道德素质评价。

博士研究生第三、四学年奖学金，直博生第五学年奖学金参评条件与第二学年奖学金参评条件相同。评选依据为博士生入学以来的综合表现，以参评学年为主。

研究生奖学金评定成绩计算方法中，每学年的科研成果加分和科技文体竞赛成绩评分只计算研究生在前一学年中所取得的成果，本学年取得的成果未申报的，以后将不再计分。同一成果只能申报一次，不能重复使用，否则视为提供虚假材料。

3. 研究生学业奖学金评选程序

申请研究生奖学金均由研究生本人填写要求的申请材料，并同时提供相关证明材料，经导师审查并签署意见后，提交学院研究生奖助工作委员会。提交申请时相关证明材料（论文、录用通知、专利证书、获奖证书等）需验原件，并提交复印件。

学院研究生奖助工作委员会根据研究生提交的奖学金申请，按学院评选细则进行审查评议，确定获得奖学金学生初选名单。

初选名单在学院公示 5 天，征求师生意见。如有异议，需提交书面意见，由学院研究生奖助工作委员会调查处理。

公示后的初选名单上报研究生培养办公室审批。

三、本科生评优工作

为全面贯彻国家教育方针，培养德、智、体、美、劳全面发展的中国特色社会主义建设者和接班人，依据《中华人民共和国教育法》《中华人民共和国高等教育法》《普通高等学校学生管理规定》等法律、法规以及《西南交通大学章程》，学校制定了《西南交通大学本科生荣誉称号评审管理办法》（西交校学生〔2020〕11 号），以指导本科生评优相关工作。

（一）荣誉称号

（1）本科生个人荣誉包括：竢实扬华奖章、三好学生标兵、三好学生、优秀学生干部、明诚奖、省级优秀毕业生、校级优秀毕业生。

（2）本科生集体荣誉包括：忠忱班集体、先进班集体、特色班集体。

（二）评选比例

1. 本科生个人荣誉评选比例

“竢实扬华奖章”评定人数不超过参评学生总人数的1‰；“三好学生标兵”评定人数不超过参评学生总人数的 1%；“三好学生”评定人数不超过参评学生总人数的 8%；“优秀学生干部”评定人数不超过参评学生总人数的8%；“明诚奖”评定人数不超过参评学生总人数的10%。

2. 集体荣誉评选比例

原则上，每学年“忠忱班集体”评定 10 个，“先进班集体”“特色班集体”评定班级数分别不超过参评班级总数的15%和5%。

（三）评选办法及程序

（1）各类荣誉称号每学年评审一次，在每年 9—12 月结合学生学年总结鉴定进行。

（2）各类个人荣誉评选由学生本人提出申请，班级学生奖励评议小组民主评议推荐人选。学院学生工作组审核班级推荐学生材料后，报院评审小组评审，确定拟推荐人选名单，在全院范围内公示 3 个工作日，无异议后报学生工作部（处）。学生工作部（处）对各学院上报的材料进行审查，报校评审委员会评审，在全校范围内公示 3 个工作日，无异议后报校长办公会审定获奖人选名单。

校级学生组织的“优秀学生干部”“明诚奖”应由相应学生组织学生奖励评议小组民主评议推荐人选，报学生工作部（处）。学生工作部（处）汇总拟推荐人选材料后，推荐至各学院学生工作组，由各学院学生工作组按前述程序进行评审。

院级学生组织的“优秀学生干部”“明诚奖”应由相应学生组织学生奖励评议小组民主评议推荐人选，报学院学生工作组，由各学院学生工作组按前述程序进行评审。

（3）各类集体荣誉评选由班级提出申请。学院学生工作组审核申请班级材料后，报学院评审小组评审，确定拟推荐班级名单，在全院范围内公示 3 个工作日，无异议后报学生工作部（处）。学生工作部（处）对各学院上报的材料进行形式审查，报校评审委员会评审，在全校范围内公示 3 个工作日，无异议后报校长办公会审定获奖班级名单。

四、研究生评优工作

为全面贯彻国家教育方针，培养德、智、体、美、劳等方面全面发展的中国特色社会主义建设者和接班人，依据《中华人民共和国教育法》《中华人民共和国高等教育法》《普通高等学校学生管理规定》等法律、法规以及《西南交通大学章程》，学校制定了《西南交通大学研究生荣誉称号评审管理办法》，表彰和奖励德、智、体、美、劳全面发展或在思想品德、学术科研、文体活动、社会实践、志愿服务、创新创业等方面表现突出的在校研究生（不含留学生），表彰和奖励团结向上、班风学风良好、学术科研能力整体较强的研究生班集体。

（一）荣誉称号

（1）研究生个人荣誉称号包括：竢实扬华奖章、优秀研究生标兵、优秀研究生、优秀研究生干部、明诚奖、省级优秀毕业生、校级优秀毕业生。

（2）研究生集体荣誉称号包括：研究生忠忱班集体、研究生优秀班集体。

（二）评选比例

1. 研究生个人荣誉称号评选比例

“竢实扬华奖章”评定人数不超过参评学生总人数的 1‰；“优秀研究生”评定人数不超过参评学生总人数的 5%；“优秀研究生干部”评定人数不超过研究生干部人数的 10%；“优秀研究生标兵”评定人数不超过“优秀研究生”和“优秀研究生干部”总人数的 10%；“明诚奖”评定人数不超过参评学生总人数的 8%。

2. 集体荣誉称号评选比例

原则上，每学年“研究生忠忱班集体”评定 10 个，“研究生优秀班集体”评定班级数不超过参评班级总数的 15%。

（三）评选办法及程序

（1）各类荣誉称号每学年评定一次，在每年 9—12 月进行。

（2）各类个人荣誉评选由学生本人提出申请，班级民主评议推荐人选，经其导师审核并明确推荐意见，学院学生工作组再次审核推荐材料后，报院评审小组评审，确定拟推荐人选名单，在全院范围内公示 3 个工作日，无异议后报学生工作部（处）。学生工作部（处）对各学院上报的材料进行审查，报校评审委员会评审，在全校范围内公示 3 个工作日，无异议后确定获奖人选名单。

校级学生组织的“优秀研究生干部”“明诚奖”应由相应学生组织学生奖励评议小组民主评议推荐人选，经其导师审核并明确推荐意见后，报学生工作部（处）。学生工作部（处）汇总拟推荐人选材料后，推荐至各学院学生工作组，由各学院学生工作组按前述程序进行评审。

院级学生组织的“优秀研究生干部”“明诚奖”应由相应学生组织学生奖励评议小组民主评议推荐人选，经其导师审核并明确推荐意见，报学院学生工作组，由各学院学生工作组按前述程序进行评审。

“省级优秀毕业生”经校评审委员会评审确定推荐人选名单后报四川省教育厅审批。

（3）各类集体荣誉由评选班级提出申请，经学院导师代表填写推荐意见，学院学生工作组审核申请班级材料后，报院评审小组评审，确定拟推荐班级名单，在全院范围内公示 3 个工作日，无异议后报学生工作部（处）。学生工作部（处）对各学院上报的材料进行形式审查，报校评审委员会评审，在全校范围内公示 3 个工作日，无异议后确定获奖班级名单。

五、充分发挥评奖评优工作中的育人工作

完善制度流程，推进评奖评优育人，将“全员育人、全过程育人、全方位育人”的理念贯穿于评奖评优工作始终。

（1）提升学生综合能力。部分奖学金和个人荣誉、集体荣誉评审采用现场答辩的形式，这要求学生不仅要做得好，还要学会当众展示，通过这种方式锻炼提高自身综合素质。同时，组织低年级学生观摩学习，为低年级学生树立榜样，启发其思维、促进其行动，将评奖评优的事务性工作提升为育人工作。

（2）评奖评优与宣传教育相结合。把评奖评优的过程变为树立榜样、宣传典型的教育过程。通过对评选出的优秀学子的事迹报道，以及高年级对低年级的传帮带，发挥榜样的力量，激发全体同学追求进取、不断攀登的决心。

（3）评奖评优中的规则意识树立。学校、学院评审小组将秉持“公平、公正、公开”的原则进行评审，要求学生严格按照学校、学院评奖评优要求认真、如实、按时地进行申请。在此过程中，要求学生诚实守信，要求学生遵照时间节点要求、提交材料要求等进行申请。

（4）评奖评优与感恩教育相结合。能够获得奖（助）学金、个人荣誉称号等是对学生阶段性的辛苦付出和优异表现的鼓励与嘉奖，但也需要在评选过程中树立学生的感恩之心，感恩国家资助、

社会捐助，感恩学校、学院的培养，老师和同学的帮助与支持。通过感谢信、分享会、展示会、帮助他人、更加努力学习生活等方式回馈学校、学院、企业、校友等。

（5）吸引优秀企业设立专项奖助学金，扩大学生评奖范围，最大限度地做好学生激励。同时，通过校企平台，提前搭建学生和社会沟通的桥梁，为未来就业打下基础。

六、评奖评优快问快答

（1）申请奖助学金时，可以同时申请两个不同的奖助学金吗？

答：同一批次的奖助学金一次只能申请一个，若前一批次的奖学金落选，可以申请下一批次的奖助学金。如：国家奖学金申请落选后，可以继续申请专项奖助学金。

（2）研究生学业奖学金、国家奖学金和专项奖学金间可以兼得吗？

答：学业奖学金可以和国家奖学金兼得，也可以和专项奖学金兼得；国家奖学金可以与唐立新奖学金、IBM 奖学金、詹天佑奖学金（特殊情况学校、学院有具体说明）等兼得，不可以和学校、学院的其他奖学金兼得，专项奖学金之间不可以兼得。部分由捐赠人与学校学院共同设立的特殊专项奖学金评选时需仔细阅读评选细则或向相关负责老师询问确定。

（3）研究生国家奖学金评定时以学业奖学金评选时的综合得分为参考吗？

答：不一定。研究生国家奖学金的评选主要考察研究生的科研能力，即主要看重论文发表水平、专利授权（受理）、项目参与和学科竞赛等专业方面的成果，以各学院制定的标准量化打分或者评审委员会的答辩打分等为依据。具体要求根据各学院要求执行。

（4）研究生在前一年已获国家奖学金的情况下，后续申请国家奖学金时有何要求？

答：原则上，在已获得国家奖学金（扬华新秀奖学金）的情况下，在下一评奖周期可以再次申请国家奖学金，但不得重复使用已获得国家奖学金（扬华新秀奖学金）支撑材料中涉及的论文、专利以及竞赛获奖等。

（5）如果论文因合作、实习等原因第一作者所在单位机构不是西南交通大学，是否可以作为奖学金申请支撑材料？

答：不可以。不管是学业奖学金、国家奖学金和专项奖学金申请材料中论文第一作者所在第一单位必须为西南交通大学。

注：各学院研究生学业奖学金、国家奖学金、专项奖学金评选细则部分内容会有所不同，具体问题需要根据各学院评选细则进行回答。

（6）本研学生各类荣誉称号可以兼得吗？

答：个人荣誉称号分为两个序列，本研如下：

研究生第一序列：竢实扬华奖章、优秀研究生标兵、优秀研究生、优秀研究生干部、明诚奖。

研究生第二序列：省级优秀毕业生、校级优秀毕业生。

本科生第一序列：竢实扬华奖章、三好学生标兵、三好学生、优秀学生干部、明诚奖。

本科生第二序列：省级优秀毕业生、校级优秀毕业生。

无论本科生还是研究生，同一序列之间不可兼得，不同序列之间可以兼得。

以上基本问题解答仅供参考，具体开展需要根据当年度学校、学院最新要求开展。

第六节　学生资助

本节介绍学生资助工作的具体事项以及需要向学生讲解和提醒的办理资助的相关手续等。具体资助工作中，辅导员应将资助与关心关爱相结合、将资助与能力培养相结合、将资助与励志感恩相结合，在了解学生思想状况和基本学习、生活状况的基础上，掌握学生家庭经济状况，有针对性地开展工作。

该项工作一般由学生工作部（处）资助管理中心进行统筹开展，学院学生工作组安排专项工作负责人对学院的助学与资助工作进行统筹，各位辅导员具体进行落实。

一、家庭经济困难学生认定

做好家庭经济困难学生的认定工作是关心关爱贫困生的一项基础性工作。为做好家庭经济困难学生认定工作，公平、公正地分配资助资源，切实保证各项资助政策和措施真正落实到家庭经济困难学生，依据国家有关文件精神，学校结合实际情况，制定了《西南交通大学家庭经济困难学生认定办法》（西交校学生〔2019〕6号），适用于具有中华人民共和国国籍，在校接受普通高等学历教育的全日制本科生（含第二学士学位和预科生）以及纳入全国研究生招生计划的全日制研究生。

家庭经济困难学生集中认定工作每学年开展一次，在每年 9—10 月进行。突发情况导致家庭经济困难的可随时申请认定（见表 5.4）。原则上，只有通过家庭经济困难认定的学生，方能申请励志奖学金、国家助学金、国家助学贷款、勤工助学岗位，参加学校针对家庭经济困难学生开展的活动。

根据学校实际情况和学生经济困难程度，家庭经济困难学生分为一般困难、困难、特别困难 3 类。辅导员在工作中应着重关注建档立卡贫困家庭学生、最低生活保障家庭学生、特困供养学生、孤残学生、烈士子女、家庭经济困难残疾学生及残疾人子女等情况特殊的学生。

表 5.4 申请认定

流程描述	学生申请事项	辅导员工作	学院专项联系人工作
学生申请阶段	1. 了解认定标准和要求、流程； 2. 填写《家庭经济困难学生认定申请表》并提交； 3. 在扬华素质网提交《西南交通大学家庭经济困难学生困难原因调查表》	1. 组建班级（年级、专业）认定评议小组，组织评议小组开展评议并进行公示； 2. 将认定工作的通知通知到位； 3. 指导学生填写、收取申请材料	1. 协助学生工作负责人成立学院认定评议小组并公示； 2. 监督成立班级（年级、专业）认定评议小组； 3. 开启扬华素质网线上认定批次
辅导员审核	确认材料已经提交	对提交申请学生填写的各项信息进行审核，确认无误后提交	监督各辅导员按时完成审核提交
系统建议等级	—	—	1. 在扬华素质网提交辅导员审核确认结果，系统计算分值并将给出建议等级； 2. 下载本学院申请学生建议认定等级并反馈至本学院各认定评议小组
班级（年级、专业）认定评议小组评议初步认定结果		1. 组织班级（年级、专业）贫困认定评议小组会议对系统建议等级进行评议； 2. 针对小组认定结果与系统建议结果不一致的情况进行相关文件的填写； 3. 上报评议小组结果	1. 监督各评议小组按时、依规完成评议； 2. 确定小组认定结果与系统建议结果不一致的相关文件填写规范
学院认定评议小组综合评议	—	—	1. 整理全院认定资料； 2. 协助学生工作负责人组织学院认定评议小组综合评议

续表

流程描述	学生申请事项	辅导员工作	学院专项联系人工作
学院反馈、公示	了解综合评议结果，如有异议及时反馈给辅导员	1. 将综合评议结果反馈给申请学生； 2. 回应申请学生意见，若仍有异议应再次召开班级认定评议小组会议并提请再次召开学院认定评议小组会议	1. 将综合评议结果反馈给各辅导员； 2. 公示综合评议结果； 3. 汇总异议情况，按照需要协助学生工作组组长再次召开评议小组会议； 4. 按时向学生工作部（处）提交公示后的综合评议结果
学生工作部（处）汇总、审核、公示、入库	了解学生工作部（处）的公示，如有异议可向辅导员或直接向党委学生工作部反映	—	核对公示结果和学院提交的综合评议结果是否一致并及时反馈

认定结束后，辅导员应针对入库学生分类指导和关爱，如：在 QQ 好友分组和微信标签中分类标注，及时提醒家庭经济困难学生申请助学金、助困类奖学金、勤工助学岗位等；在与家庭经济困难学生谈心谈话过程中关心学生家庭经济状况和遇到的问题，帮助解决实际问题，引导学生自立自强。毕业班工作中如遇到家庭经济困难学生，应重点指导就业；对于认定为“家庭经济特别困难”学生中有极特殊情况的学生，辅导员应将该生列入“重点关爱学生”台账，并按照重点关爱学生开展工作。

二、助学金

（一）国家助学金

国家助学金由中央和地方政府共同出资设立，用于资助在校全日制本科生中的家庭经济困难学生，分为一等助学金、二等助学金、三等助学金。资助金额分别为每人每年 3 500 元、3 000 元、2 500 元。具体资助名额以教育部下达到学院的名额为准。

为规范学校本科生助学金评审工作，激励在校大学生勤奋学习、积极进取，在德、智、体、美、劳等方面全面发展，保障家庭经济困难学生顺利完成学业，依据国家有关文件精神，学校结合实际，制定了《西南交通大学本科生奖助学金评审管理办法》《西南交通大学国家奖助学金评审管理办法（试行）》。国家助学金评选应参照此办法。

原则上，一等助学金、二等助学金、三等助学金资助对象分别对应被学校认定为家庭经济特别困难、困难、一般困难的学生，其中建档立卡家庭经济困难学生、农村低保家庭学生、农村特困救助供养学生、孤残学生、烈士子女以及家庭遭遇自然灾害或突发事件等特殊情况的学生，应当按照最高等级进行资助。

国家助学金每学年评审一次，在每年 9—12 月结合学生学年总结鉴定进行，学院向学生工作部（处）推荐时实行等额评审。各学院根据党委学生工作部下达的国家助学金名额，结合各年级或辅导员所带学生中家庭经济困难学生比例等情况分配名额，并召开学院奖助评审委员会会议，根据评选标准和学生实际情况讨论决定。具体评审流程如表 5.5 所示。

表 5.5　评审流程

流程描述	学生申请事项	辅导员工作	专项联系人工作
学生申请阶段	1. 了解评选条件，查看是否具备申请资格； 2. 在扬华素质网线上申请助学金	1. 将助学金申请工作开启通知到位； 2. 指导学生按照要求填写申请	1. 开启扬华素质网线上助学金评选批次； 2. 协助学生工作负责人根据家庭经济困难学生比例划分评选指标并公布

续表

流程描述	学生申请事项	辅导员工作	专项联系人工作
学院评审小组评审阶段	—	1. 根据所带学生覆盖的指标名额，按照评选条件，在征求申请学生所在班级的意见后确定评审意见； 2. 将评审意见提交专项事务联系人汇总	1. 汇总各位辅导员评审意见； 2. 协助学生工作组组长召开学院评审小组会议，确定拟推荐人选； 3. 公示
学校审查和评审	—	—	1. 提交公示后的学院评审意见报学生工作部（处）； 2. 全校范围公示时核对名单是否和学院拟推荐名单一致

（二）研究生资助

根据《财政部 国家发展改革委 教育部关于完善研究生教育投入机制的意见》（财教〔2013〕19号），西南交通大学建立完善了研究生国家助学金制度、“三助”工作管理制度、研究生国家助学贷款政策及相关配套措施。

研究生国家助学金：从2014年秋季学期起，将现有的研究生普通奖学金调整为研究生国家助学金，用于补助研究生基本生活支出。研究生国家助学金范围覆盖全国研究生招生计划内的所有全日制研究生。资助具体标准由各级财政部门会同高等学校主管部门确定，并根据经济发展水平和物价变动情况，建立资助标准动态调整机制。

研究生“三助”工作管理制度参看《西南交通大学研究生“三助”工作管理办法》（西交校研〔2019〕48号），由学校研究生院统筹管理。

其他相关研究生可参评或申请的专项助学金、困难补助基金可参阅《西南交通大学学生困难补助基金使用管理办法》（西交校学生〔2019〕10号）和具体的助学金评定办法等。

《西南交通大学家庭经济困难学生认定办法》（西交校学生〔2019〕6号）适用于纳入全国研究生招生计划的全日制研究生，因此，研究生辅导员开展资助工作时应全面掌握学生家庭经济情况并指导学生申请认定、完成认定流程，以利于进一步开展研究生资助工作。

2013年7月，财政部、教育部印发《研究生国家助学金暂行办法》，自2014年秋季学期起，设立研究生国家助学金，资助纳入招生计划的所有全日制研究生。硕士研究生资助标准不低于每生每年6 000元；博士研究生资助标准不低于每生每年1万元，2017年提高至不低于每生每年1.3万元。研究生国家助学金的发放由学校研究生院、计划财务处统一安排。

（三）助困类专项助学金

本科生专项助学金由关心学校发展和人才培养的社会团体、企事业单位或个人出资设立。部分专项助学金具有奖学金性质，已在本章第四节中说明；还有部分专项助学金旨在帮助家庭经济困难学生完成学业、度过大学生涯的经济难关，辅导员应重点关注家庭经济困难学生，协助学生更好地了解各专项助学金的评选范围、评选条件等，指导学生进行申报与评选，帮助家庭经济困难学生克服困难、自信自强自立。

研究生专项助学金指由关心学校发展和人才培养的社会团体、企事业单位或个人出资设立的助学金。捐资方未指定受益学生具体学院的专项助学金覆盖全校各学院，捐资方指定受益学生为具体某些学院的专项奖助学金为定向助学金。

三、国家助学贷款

国家助学贷款是党中央、国务院为了在社会主义市场经济条件下，利用金融手段完善我国普通高校资助政策体系，加大对普通高校贫困家庭学生资助力度所采取的一项重大措施。国家助学贷款主要有两类，分别是校园地国家助学贷款和生源地信用助学贷款。（见表 5.6）

表 5.6 国家助学贷款

事项	类型	
	生源地信用助学贷款	校园地国家助学贷款
办理渠道	由学生或其合法监护人经地方教育行政部门向家庭所在地的农村信用社、银行等金融机构申请办理	学生到校报到后，通过学校向金融机构申请办理
时间节点	按年度申请、审批和发放	一次申请，分期划拨，继续深造可再次申请
申请材料	录取通知书、学生证、学校交费通知单、交费卡，以及申请人身份证、户口簿等	家庭经济困难认定申请表、本人和父母身份证复印件、学生证、成绩证明等
利息	在校学习期间的助学贷款利息全部由财政补贴，毕业后的利息由贷款学生本人全额支付	在校学习期间的国家助学贷款利息全部由财政补贴，毕业后的利息由贷款学生本人全额支付
还款人	学生与家长共同负担本息	学生偿还，毕业后前 3 年内可自主选择最长 3 年的展期期限，期间只需偿还贷款利息，宽限期结束后按月或季偿还贷款本金及利息
违约后果	征信记录、罚息、限制措施、公布信息、承担法律责任	征信记录、罚息、限制措施、公布信息、承担法律责任

（一）生源地信用助学贷款

生源地信用助学贷款是指国家开发银行向符合条件的家庭经济困难的普通高等学校新生和在校生发放的、在学生入学前户籍所在县（市、区）办理的助学贷款。贷款资金主要用于学生缴纳在校期间的学费和住宿费。生源地信用助学贷款是国家助学贷款的重要组成部分。

辅导员需要做的工作如下：

（1）新生报到时协助申请了生源地助学贷款的学生通过学校绿色通道顺利办理；

（2）转发生源地贷款经办机构通知，提醒学生办理网上续贷申请（每年 5—6 月）；

（3）协助收集生源地信用助学贷款受理证明（确认函、确认二维码等），以便提交学生工作部（处）完成回执录入（每年 9 月）；

（4）掌握办理了生源地国家助学贷款学生名单，提醒相关事项，做好诚信教育，关心其家庭经济状况。

（二）校园地国家助学贷款

校园地国家助学贷款是由政府主导、财政贴息，银行、教育行政部门与高校共同协作的专门帮助高校贫困家庭学生的银行贷款。借款学生不需要办理贷款担保或抵押，但需要承诺按期还款，并承担相关法律责任。

1. 办理流程

（1）学生申请办理。

贷款每年办理一次（一般为每年的 9 月份），原则上学生在校期间只能申请一次（申请未被批准或中途暂停的除外）。贷款实行学生一次申请、银行分学年发放贷款的办法。学生必须在每年学校规定的时间内提出贷款申请，辅导员应收取、审查学生提交的贷款申请材料，并提交材料和审查建议交给专项工作联系人汇总。

（2）学院、学生工作部（处）、银行资格审查。

学院专项工作联系人协助学院学生工作负责人审查、公示，按有关规定对申请书、信息表内容及所提供的证明材料的真实性进行认真审查，并组织符合条件的学生填写合同。

（3）合同签署。

通知申请通过学生参加银行组织的合同签署。

2. 毕业生还款确认手续

借款学生毕业前必须与经办银行办理还款确认手续，并向学院学生工作组提供离校后的去向和有效联系方式。如果借款学生不办理确认手续或不提交上述材料，根据学校资助管理中心提供的名单，学院应暂缓为其办理毕业离校手续。

借款学生毕业后，应当按照合同的要求及时将去向、就业单位名称、居住地址、联系电话、QQ号、微信号等变化情况告知辅导员，并及时登录学校扬华素质网学生资助系统进行信息更改。辅导员协助学生工作组专项负责人进行毕业后还贷工作。

辅导员应在日常生活、学习、就业等方面关心关爱贷款学生，做好诚信教育并在毕业季进行强调，及时清理、提醒未按时还贷学生。工作交接时应向专项工作联系人移交尚未还清贷款学生名单、详细联系方式、就业单位等信息。

四、学费缓缴

缓缴学费每学年办理一次。新生在每学年 9 月份入学时通过“绿色通道”办理，其他年级学生在每学年开学后两周内办理，其他时间原则上不办理学费缓缴。

各学院学费缓缴人数应严格控制在本学院学生人数的 3%以内（不包含申请国家助学贷款的学生），本科生和研究生分别计算比例。

五、学费补偿与贷款代偿

为引导和鼓励毕业生面向中西部地区和艰苦边远地区基层单位就业，依据教育部、财政部有关规定，学校结合实际情况，制定了《西南交通大学毕业生学费和国家助学贷款代偿实施细则》，相关工作应按细则执行。

（一）申请时间

毕业生学费补偿和国家助学贷款代偿可分两批申请，第一批申请截止时间为 5 月 30 日，第二批申请截止时间为 11 月 30 日。学生须在申请时间前将学费和国家助学贷款代偿材料提交学院，专项工作联系人应在学院网站、扬华素质网和各类宣传媒体公布材料提交时间、提交方式，由辅导员通知符合条件的毕业生及时申请。

（二）申请材料

（1）《学费和国家助学贷款代偿申请表》（以下简称《申请表》）两份。

（2）毕业生本人、就业单位与学校三方签署的服务三年以上的就业合同书两份。若存在二次定岗的毕业生，需填写“二次就业证明”两份。

（3）居民身份证复印件一份。

（三）代偿管理

专项工作联系人应在学院网站、扬华素质网和各类宣传媒体公布材料报送时间、报送方式；辅导员做好通知提醒工作；获得代偿资格的学生需在每年 5 月 31 日前将当年在职在岗情况报送学院；学院汇总后，于 10 个工作日内将相关资料报送学生工作部（处）的学生资助管理中心；学校汇总后，报送教育部全国学生资助管理中心。

六、临时困难补助

为切实做好家庭经济困难学生资助工作，帮助家庭经济困难学生解决学习、生活中的实际困难，实现困难补助基金使用管理的科学化、规范化，学校制定了《西南交通大学学生困难补助基金使用管理办法》。

（一）使用范围

具有中华人民共和国国籍，在校接受普通高等学历教育的全日制学生，因以下原因导致经济困难，严重影响正常学习、生活的，可以申请困难补助：

（1）家庭经济特别困难，正常学习、生活难以保障者；

（2）罹患重大疾病、遭遇意外伤残等导致家庭经济困难者；

（3）直系亲属罹患重大疾病、意外伤残、死亡等导致家庭经济困难者；

（4）家庭所在地遭遇严重自然灾害导致家庭经济困难者；

（5）其他特殊原因导致家庭经济困难者。

（二）补助额度

困难补助不得平均发放，应根据学生家庭经济困难程度分层次发放。原则上每人次最低发放限额 500 元，最高发放限额 5 000 元。具体标准参照《西南交通大学学生困难补助基金使用管理办法》。

（三）工作程序

（1）申请困难补助的学生，需提交《西南交通大学学生困难补助申请表》，并附相关证明材料（贫困证明、医院治疗证明、死亡证明等），由班级辅导员（导师）和各学院学生工作负责人审查核实。签署意见后，报送学生工作部（处）审批并主动向学生工作部（处）的资助管理中心进行情况说明。

（2）学生工作部（处）受理学生申请，并根据学生实际困难情况确定补助金额，制作困难补助发放表，委托学校计划财务处通过银行转账形式发放。

七、本科生勤工助学

勤工助学是高等学校学生资助政策体系的重要组成部分，是提升学生综合能力和素质的有效途径，是实现全员育人、全程育人、全方位育人的有效平台，旨在着力培养家庭经济困难学生自信、自立和自强，将扶困与扶智，扶困与扶志结合起来，增强学生社会实践能力，发挥勤工助学资助育人功效，实现无偿资助与劳动有偿资助的有机融合，形成“解困—育人—成才—回馈”的良性循环。

勤工助学活动是指学生在学校的组织下，利用课余时间，通过劳动取得合法报酬，用于改善学习和生活条件的实践活动。

勤工助学活动应坚持“立足校园、服务社会”的宗旨，按照学有余力、自愿申请、信息公开、扶困优先、竞争上岗、遵纪守法的原则，由学校在不影响正常教学秩序和学生正常学习的前提下有组织地开展。

校内勤工助学岗位设置应以校内学生管理工作、助研（助管、助教）工作、科技开发和技能培训服务以及文化、生活、后勤服务工作等为主，固定岗位原则上实行一人一岗制，学生参加勤工助学的时间累计每周不超过 8 小时，每月不超过 40 小时。寒暑假勤工助学时间可根据学校具体情况适当延长。

（一）专项工作联系人应负责的工作

（1）根据学校划拨的勤工助学基金，合理设置本单位勤工助学岗位，原则上面向家庭经济困难的学生。对从事勤工助学活动的少数民族学生，应尊重其风俗习惯。

（2）对在本学院参加勤工助学的学生进行思想政治教育和技能培训，明确工作职责。

（3）考核本学院勤工助学开展情况，审核发放勤工助学酬金，并接受学生资助管理中心和学校相关部门的监督检查；应协助学院学生工作负责人对勤工助学岗位把关：不得让学生从事危险的、有害身心健康的、涉密等工作。任何单位不能占用学生上课和考试时间，不得代替在编工作人员应从事的工作。

（4）按照学生资助管理中心的要求定期上报本单位勤工助学相关资料。

（二）辅导员的工作

（1）鼓励家庭经济困难且符合条件的学生参加勤工助学活动。

（2）关心参加勤工助学活动学生的劳动情况、权益保障情况，及时向专项工作联系人报送相关情况。

（3）鼓励学生参加校内勤工助学活动；学生在校外开展勤工助学活动的，必须要求其完善手续，做好安全教育：经学生工作部（处）的学生资助管理中心同意，学校、用人单位、学生三方签订具有法律效力的协议书。签订协议书并办理相关聘用手续后，学生方可开展勤工助学活动。协议书必须明确学校、用人单位、学生等各方的权利和义务，尤其是学生遭遇意外伤害事故的处理办法以及争议解决方法。

八、研究生“三助”

（一）“三助”的概念

研究生“三助”是指研究生担任教学助理、科研助理和管理助理工作（分别简称助教、助研、助管）。“三助”工作由研究生院具体组织实施，包括制定实施细则、总体要求和年度工作方案，审定“三助”工作岗位分配方案，检查“三助”工作执行情况，进行年度总结。

从事“三助”工作的研究生，必须思想品德优良，拥护中国共产党的领导，践行社会主义核心价值观，能模范遵守学校各项规章制度，工作责任心强，学有余力。应避免出现研究生因从事“三助”工作而影响正常学习、研究甚至延长学习年限等情况。

“三助”岗位面向全日制在校研究生（有固定工资收入的除外）设立。每名研究生原则上只能申请一个由学校提供酬金的“三助”岗位。已担任本科助教的一、二年级博士生，其助学金已涵盖助教相应津贴，不得同时申请“三助”中的助教岗位。来华留学生原则上不能申请由学校提供酬金的“三助”岗位，如有特殊情况，须按照《西南交通大学留学生勤工助学管理规定》要求进行相应审批报备。

同等条件下优先考虑家庭经济困难的研究生。

（二）“三助”待遇

助教：不超过 500 元/月，原则上每周实际教学工作量不低于 6 个学时。

助研：工作量、酬金及发放方式，由项目组或导师根据研究生工作情况确定，但需报研究生院备案。

助管：不超过 450 元/月，原则上每月工作量为 30 ~ 36 小时。

（三）“三助”申请方式

助研岗位由研究生直接向设岗导师申请，经导师和研究生培养单位审批同意后，报研究生院备案。助研岗位根据科研项目需要选用。

研究生助教、助管岗位公布后，由各设岗单位受理研究生的岗位申请。助教、助管岗位按学期选用。其中，研究生辅导员根据需要可通过学院研究生培养负责人申请一定的助管岗位。

助教、助管选用结果由各用岗单位进行公示。所有岗位申请工作应在规定时间内完成。“三助”岗位一般不办理临时申请，特殊情况需经研究生院同意。

“三助”岗位人员上岗前应签署协议，协议中应明确甲（“三助”设岗单位）、乙（上岗研究生）双方的权利、责任与义务。

九、资助相关的荣誉

（一）自强之星（自强奖学金）

寻访“中国大学生自强之星”活动由团中央和全国学联主办，中国青年报报社和中国高校传媒联盟承办，新东方科技教育集团协办，每年举办一次。寻访活动自 2008 年 12 月启动以来，受到大学生的持续关注，各高校纷纷开展了寻访、推荐“大学生自强之星”的活动。“自强之星”的精神和事迹鼓励了更多的学生。该活动由学校团委和学生工作部（处）资助管理中心共同举办。

学校“自强之星”每年评选 10 名，评选时间为每年 4 月，“自强之星”同时获得由校团委和学生工作部（处）联合颁发的“自强奖学金”和学校颁发的“自强之星”荣誉证书。

参评条件如下：

（1）拥护中国共产党的领导，具有良好的思想政治素质和道德修养，品行端正，乐观向上；

（2）自觉遵纪守法，无违法违纪记录；

（3）原则上家庭经济困难，自立自强，奋发成才；

（4）学业成绩优良，上学年专业年级成绩排名位于前 30%，且没有不及格科目；

（5）积极参加第二课堂素质拓展活动，综合素质全面；

（6）在爱国奉献、道德弘扬、科技创新、自主创业、志愿公益等方面有突出的事迹或成就，具有榜样作用。

（二）勤工助学之星

为表彰“勤工助学”活动中的先进分子，展现“勤工助学”学生乐观向上、自立自强的精神风貌，学校资助管理中心每年 3—4 月开展“勤工助学之星”的评选。

评选流程如下：

（1）通过岗位工作总结、民主评议和推荐推荐参评者；

（2）承办机构和学生工作部（处）组织初选；

（3）组织答辩。

第七节　宿舍建设与管理

一、宿舍建设与管理工作简介

宿舍是学生大学生活的重要场所。打造良好的宿舍卫生环境、营造良好的宿舍风气是学生工作的一项重要工作，以达到环境育人的目的。其工作主要分为 3 个方面：一是贯彻《关于全面加强新时代大中小学劳动教育的意见》，引导学生树立正确的劳动观，崇尚劳动、尊重劳动、营造良好的学习和生活环境，要求学生做好卫生打扫、美化宿舍，保持良好的寝室生活环境；二是引导和要求学生遵守《西南交通大学学生公寓管理办法（2019 年修订）》，遵章守纪，保障寝室安全；三是引导和协助学生适应集体生活，营造互帮互助、积极向上的良好寝室氛围。

二、宿舍建设与管理的校院工作模式

（一）学校负责部门及工作内容

（1）资产与实验室管理处负责学生公寓的统筹管理。具体职责：参与制定学生公寓建设规划；负责统筹学生公寓使用规划；负责学生公寓房屋及附属设施修缮统计；负责学生公寓家具资产配置；负责因房屋客观原因造成的宿舍、床位调整审批。

（2）学生工作部（处）负责统筹学生公寓学生教育和管理。具体职责：负责按照规划做好学生床位分配工作，协助完成学生公寓调整工作；负责统筹指导各学院开展学生安全教育、行为规范教育、思想政治教育；负责统筹学生宿舍安全联合检查；负责统筹学生宿舍卫生联合检查；负责定期组织学生进行应急疏散演练，配合进行消防演练；负责依规定、权限和程序对发生在学生公寓内的违纪行为进行处理；负责学生公寓辅导员工作站的建设和管理；负责学生宿舍、床位调整的受理。学生工作部（处）应就学生公寓管理范畴内的学生教育和管理制定相关细则。

（3）后勤与基建管理处、物业服务中心负责学生公寓日常物业管理和服务。具体职责：负责参与学生宿舍安全联合检查；负责参与学生宿舍卫生联合检查；负责配合开展学生安全教育、行为规范教育、思想政治教育；负责做好学生公寓楼宇门的管理和值守；负责做好学生公寓公共区域清洁卫生以及房屋、家具日常维修工作；负责学生公寓区域内的卫生防疫工作；负责完善学生公寓配套设施建设；负责做好学生公寓日常安全巡视、报告工作。后勤与基建管理处、物业服务中心应就学生公寓的日常物业管理和服务制定相关细则。

（4）国际合作与交流处（国际教育学院）负责做好留学生公寓的床位分配工作；学生工作部（处）、国际合作与交流处（国际教育学院）共同负责完成留学生公寓调整、退宿等工作。

（5）保卫处的具体职责：负责学生公寓的治安、消防安全等综合管理及检查指导和督促；负责定期组织学生进行消防演练、应急疏散演练；负责学生公寓组团门禁的管理及组团的安全巡查。

辅导员需要了解各职能部门的工作范畴，便于高效地开展工作。

（二）学院工作内容

学院辅导员的具体职责：负责具体落实学生床位分配和学生公寓调整工作；负责具体开展学生安全教育、行为规范教育、思想政治教育；负责具体做好学生宿舍日常安全检查、日常卫生检查以及美化工作；负责协助组织学生进行应急疏散演练及消防演练；负责依规定、权限和程序对发生在学生公寓内的违纪行为进行批评教育并提出处理建议；负责宿舍良好学习、生活氛围的营造；负责调解宿舍矛盾等工作。

学院应确定园区专项工作负责辅导员，并进行统筹管理，其他辅导员进行具体落实与配合工作。

三、辅导员做好宿舍建设与管理的基本要求

1. 熟悉规章，熟练业务

熟悉园区管理日常事务，熟练掌握《西南交通大学学生公寓管理办法》（2019 年修订）、《西南交通大学学生服务消过管理规定（试行）》（西交校学生〔2019〕3 号）、《西南交通大学本科生文明宿舍评选管理办法（试行）》（西交校学生〔2019〕16 号）等相关文件，实现院校园区工作的高效衔接。

2. 深入宿舍，掌握情况

深入贯彻落实“7 个深入”，定期走访学生宿舍，排除学生宿舍潜在安全隐患，掌握学生学习、生活状态，了解心理动态，关爱学生。

3. 规则教育，引导行为

通过不定期对《西南交通大学学生公寓管理办法》（2019 年修订）等规章制度进行强调，通过卫生检查、违章电器检查以及不定期的安全教育、警示教育，增强学生自我约束力，引导学生养成规则意识。

4. 活动设计，氛围营造

根据实际情况开展园区相关活动，如寝室文化节，院士、教授、学院领导入宿舍，优秀寝室长评选等，通过园区展板、海报、标语、手绘和网上传媒等方式，营造安全、卫生、文明的良好宿舍氛围，营造积极向上的宿舍文化，促进学生的自我适应与自我管理。

5. 示范引导，辅助奖惩

充分发挥模范作用，通过文明宿舍评选、党员宿舍挂牌等方式对优秀宿舍进行表扬、肯定及表彰，评选过程应公平、公正、公开，接受来自学生的监督，更广泛地起到示范引导的作用；对于违章违纪的情形要严格按照规章制度办理，处理过程要公平、公正、适当范围公开，同时对其他学生开展警示教育，注意恰当保护被警示学生的隐私，注意将处分与关心教育相结合。

四、宿舍建设与管理的具体工作

宿舍建设与管理的具体工作包含学生宿舍日常安全、日常卫生检查与走访、“文明寝室”评选、寝室文化节举办、学生违反园区管理规定的处分处理、学生园区处分解除处理、学生宿舍调整、学生退宿等工作。唐臣书院在遵循学校管理规定的前提下，按照书院的管理模式开展工作。

（一）学生宿舍日常安全、日常卫生检查与走访

本项工作面向本科生和研究生，对于工作中的常见问题进行说明，具体工作过程根据各学院的要求执行。

1. 学生宿舍日常安全、日常卫生检查与走访的目的

检查宿舍卫生工作，指导宿舍文化建设，排查安全隐患，营造良好园区氛围；深入学生，了解学生需求，及时掌握学生思想动态，了解和帮助学生解决学习、生活和情感等方面的问题；加强宿舍纪律管理和秩序维持工作，避免晚归、夜不归宿等情况发生。

2. 宿舍检查与走访的类型

宿舍检查与走访可以分为以下 3 类。

（1）学校园区卫生安全联合检查。

每学期学校园区将会进行不定期的卫生、安全检查。

参与人员主要为：学生工作部（处）宿舍园区学生管理科老师、根据学校安排轮流选派的部分学院园区辅导员。

（2）学院园区卫生安全自行检查。

按照学校的统一领导和要求，每学期学院园区专项负责老师统一安排对本学院学生宿舍卫生、安全情况进行定期检查，记录打分，填写宿舍安全、卫生检查台账。学院备案后上交学生工作部（处）宿舍园区学生管理科，将出现的问题反馈给对应辅导员，对学生进行帮助教育。

参与人员主要为：学院园区负责老师与学生等。

（3）辅导员卫生安全检查与宿舍走访。

每学期辅导员不定期对学生寝室进行检查、随机走访或重点检查，除卫生、安全检查外，辅导员还可根据学生寝室文化、学习氛围等情况，对学生的学习生活进行一并指导。

3. 学院园区和辅导员卫生、安全检查的检查频率

建议学院园区每学期正式通知检查次数至少为 5 次，具体时间可根据不同年级的课程进行调配，检查次数可根据学院学生及宿舍数量进行调整。

建议辅导员卫生与安全检查可在开学、中期考试、寒暑假放假前的重要时间节点进行，也可不定期突击检查。

4. 学院园区宿舍卫生安全检查标准

学院进行园区宿舍卫生安全检查时，可以参考以下要求：

（1）宿舍安全。

宿舍是否有违章行为。违章行为包括但不限于存放或使用违章电器，饲养宠物，私拉乱接电线，破坏或改装热水设备，出租、出借床位等行为。

（2）宿舍文化。

① 宿舍有定期值班安排，督促宿舍学生进行卫生打扫、课程自习等。

② 宿舍布置简洁明亮，装饰氛围积极向上。

③ 宿舍成员生活健康，不沉迷电脑、网络游戏，不在宿舍酗酒、赌博、吸烟。

（3）宿舍卫生。

① 地面：地面无垃圾、无水渍；地面物品摆放整齐；垃圾桶内无过半垃圾。

② 门窗墙壁：墙壁门窗明亮，无灰尘、蜘蛛网；装饰物整齐，无灰尘；墙壁无乱涂乱画现象。

③ 桌椅：桌面物品摆放整齐，无杂物、垃圾；柜门、椅背处不随便悬挂杂物。

④ 床铺：铺面整齐干净，被子叠放整齐；床边无衣服、杂物等悬挂。

⑤ 阳台：个人洗漱用品摆放整齐；洗手池、洗手台无明显污渍；晾晒衣物悬挂整齐。

⑥ 卫生间：卫生间干净、无异味；卫生间内物品摆放整齐；便池洁净。

⑦ 宿舍门口：门口干净整洁，无垃圾堆积。

5. 学院园区卫生、安全检查时，对特殊情况的处理

遇到课程冲突：如在检查期间有班级出现课程冲突，可以经过协商进行补查，补查时间统一由学院园区决定。

寝室无人：如寝室无人，学院园区在检查完其余宿舍之后再次查看一遍。若仍然无人应答，则统一不计分，并不进行补查。

拒绝开门：如若拒绝开门，则统一不计分，并不进行补查，反馈给辅导员。辅导员对情况进行了解后，对该寝室进行批评教育。

宿舍学生对成绩有异议：检查成绩需各宿舍长或负责人签字确认，如对检查分数有异议，请该宿舍学生暂不签字，并于当日下午至学院园区负责老师处进行异议说明并裁定；若拒绝签字又未向老师申请裁定或未通过裁定的，按检查干事所打分数登入成绩。

（二）“文明寝室”评选

本项工作主要面向本科学生。

1.“文明寝室”评选的主要内容

“文明寝室”评选是为了引导学生建设安全、文明、卫生、积极的优良宿舍而设立的奖项。文明寝室分为星级文明寝室、校级文明寝室和院级文明寝室 3 个等级。星级文明寝室、校级文明寝室评选比例由学生工作部（处）根据校园区寝室安全检查结果及寝室卫生抽查结果进行确定，院级文明

寝室评选的比例不超过参评宿舍总数的30%。

2.“文明寝室”评选的目的

以评促建，通过“文明寝室”评选工作促进学生把宿舍建设成积极向上、团结和谐、整洁文明的学生之家。

3.“文明寝室”的评选时间

“文明寝室”一般在每年9月（秋季学期开学）进行评选，以学院园区提供的数据排名，对“文明寝室”等级进行划分。

4.“文明寝室”排名的依据

“文明寝室”的排名是根据学校检查成绩、学院园区进行定期卫生、安全检查的评分来确定的。

（三）寝室文化节

本项工作主要面向本科学生。

1. 举办“寝室文化节”的目的

引导学生创造平安、整洁、温馨的住宿环境；培养学生良好的生活习惯、卫生习惯、劳动习惯；促进学生之间的交流和互动，营造互助、互爱、和谐、愉悦的学习生活氛围；促进学生在劳动中成长，在美化中成长，从而达到园区育人、宿舍育人的目的。

2.“寝室文化节”的举办时间

根据学年的情况，每年至少举办一次，各年级学生均可参加，重点可在新生入学季、毕业生离校季进行。

3.“寝室文化节”期间举办的活动

“寝室文化节”期间，可举办与寝室安全、文化、卫生相关的活动，如“寝室装潢大赛”“寝室安全知识竞答”“开学周末大扫除”“毕业季—文明离校倡议”等活动。在活动开展过程中，可与其他组织、学生班级进行结合，共同形成劳动育人的合力。

（四）学生违反园区管理规定的处理与处分流程

本项规定本科生、研究生均适用。

若有学生违反《西南交通大学学生公寓管理办法》，辅导员、园区负责人需要认真核实，关心教育与处理处分并行。处分不是目的，目的是让学生接受教育，遵守规定，勇于承担责任。

具体工作流程如下：

1. 时间节点

在学校园区检查之后，如有违章违纪的学生，由校园区相关部门通告学院园区负责人。

2. 需要的材料

对于违反《西南交通大学学生公寓管理办法》的学生，由其辅导员配合对违纪行为进行核实。核实属实后，对违纪学生进行批评教育，并向学院园区负责老师提交以下材料：

（1）《西南交通大学学生纪律处分审批表》（一式一份）；

（2）《陈述和申辩告知函》（一式两份）；

（3）学生书面检查（建议1 000字以上）（一式一份）；

（4）如学生符合服务消过的条件并申请服务消过，在学院同意其服务消过后，还需填写《西南交通大学学生服务消过反馈表》（一式一份）。

3. 工作流程（见图 5.12）

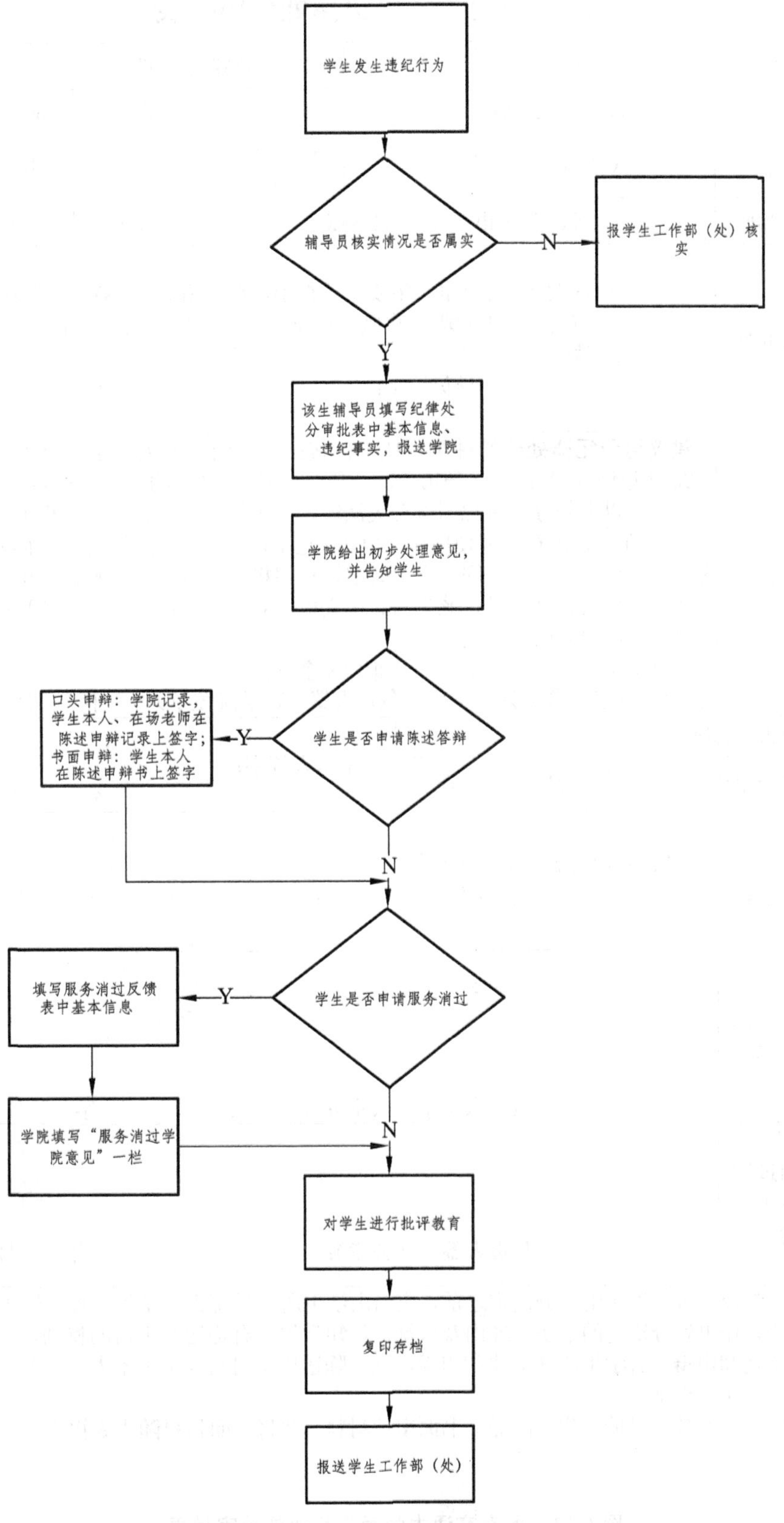

图 5.12　学生违反园区管理规定的处理流程

4. 相关文件填写示例

（1）西南交通大学学生纪律处分审批表（扬华素质网可下载）（见图 5.13）。

西南交通大学学生纪律处分审批表

姓名	张三	学号	XXXXXXXXXX	性别	男
身份证号	XXXXXXXXXXXXXXXXXX	民族	汉	电话	156XXXXXXXX
学院	XX 学院	班级	XX20XX-XX 班	政治面貌	共青团员
家庭地址	XX 省 XX 市 XXXXXXXXXXXX			邮编	XXXXXX
违纪事实	在 XXXX 年 XX 月 XX 日寝室卫生安全检查中，在天佑斋 TXXXXXX，发现该同学在寝室使用（存放）1500W 电吹风，违反了《西南交通大学学生公寓管理办法（2019 年修订）》。 辅导员签字：　　　　年　　月　　日				
学院 处理建议	**建议给予纪律处分的种类、依据**：按照《西南交通大学学生公寓管理办法（2019 年修订）》第十二条第一款：“有下列行为之一的学生，视其情节轻重，给予警告以上处分。触犯国家有关法律、法规的，依法移送公安机关。 （1）在宿舍内存放或使用违章电器（包括但不限于：热得快、热水壶、电炉、电磁炉、电饭煲、电炒锅、电取暖器、豆浆机、电熨斗、烤鞋器、电热毯、电热杯、酸奶机、咖啡机、蒸蛋器、电夹板、卷发棒、微波炉、1000W 以上电吹风等电热电器）的。” 建议给予学生 XX 处分，处分期限 XX 个月。 **负责人签字（公章）**：（学工组负责人签字、学院盖章）　年　　月　　日				
学生是否选择陈述申辩	是□	否□	学生本人签字： 　　　　年　　月　　日		
学生是否申请服务消过	是□	否□			
服务消过 学院意见	（是否同意其服务消过申请） 负责人签字（公章）：　　　　年　　月　　日				
学生工作部 审批意见	负责人签字（公章）：　　　　年　　月　　日				
服务消过期满学生工作部审批意见	负责人签字（公章）：　　　　年　　月　　日				

注：1. 学校在对学生作出处分决定之前，应当由学生所在学院告知学生学校拟给予处分的种类，作出处分决定的事实、理由及依据，告知学生享有陈述和申辩的权利，听取学生的陈述和申辩。若学生选择陈述和申辩，则将陈述申辩材料（学生本人签字）随本表提交至学生工作部。

2. 申请服务消过的学生，需提交书面申请材料。并将书面材料随本表提交至学生工作部

图 5.13　西南交通大学学生纪律处分审批表

（2）陈述和申辩告知函（扬华素质网可下载）（见图 5.14）。

（3）学生书面检查：建议要求学生采用手写的方式，字数不少于 1 000 字，以加深记忆与加强教育意义。

陈述和申辩告知函

____张三____同学：

（违纪事实描述以及拟作出处分的理由和依据）

学院经研究，拟建议学校给予你____XX____处分。

根据《普通高等学校学生管理规定》和《西南交通大学学生纪律处分规定》，你有陈述和申辩的权利。

请你当面进行陈述和申辩，或在_XXXX_年_XX_月_XX_日前以书面形式提出陈述和申辩（送交地点：____XXXXXXXXX 办公室____）。

本告知函送达见证人：班级班长手写签字

见证人：寝室同学手写签字

受处分同学手写签字

____XX____学院（公章）

年　月　日

注：

1.学生口头陈述和申辩的，学院应予记录，学生本人、在场老师应在陈述和申辩记录上签字。

2.学生书面陈述和申辩的，学生本人在陈述和申辩书上签字。

3.本《告知函》、学生陈述和申辩材料应作为《西南交通大学学生纪律处分审批表》附件，一并提交学生工作部。

图 5.14　陈述和申辩告知函

（4）西南交通大学学生服务消过反馈表（扬华素质网可下载）（见图 5.15）。

西南交通大学学生服务消过反馈表

姓名	张三	学号	XXXXXXXXXX	性别	男
身份证号	XXXXXXXXXXXXXXXXXX	民族	汉	电话	156XXXXXXXX
学院	XX 学院	班级	XX20XX-XX 班	政治面貌	共青团员
需参加服务工作时长		服务消过起始时间			

序号	日期	服务地点	服务内容	服务时长（小时）	监督人考核签字
监督单位审批意见	负责人签字（公章）： 年 月 日				

图 5.15 西南交通大学学生服务消过反馈表

（五）学生园区处分解除处理程序

本程序本科生、研究生均适用。

1. 时间节点

处分期满（以处分书红头文件上的日期为起始日期）后，学生可申请解除处分。

2. 需提交的材料

（1）《西南交通大学学生纪律处分解除审批表》（一式一份）；

（2）学生书面解除处分申请（建议手写，1 000 字以上）。

3. 处理流程（见图 5.16）

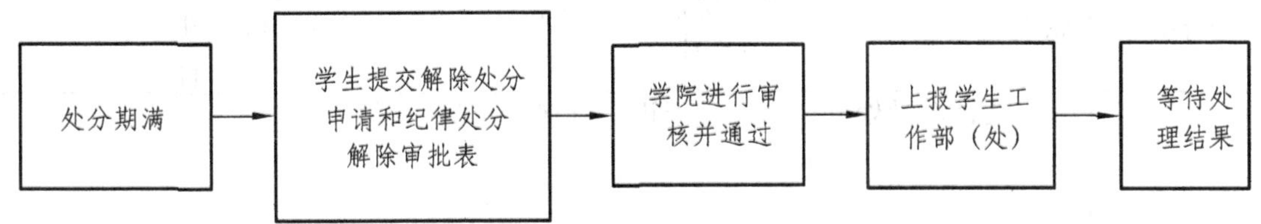

图 5.16　学生园区处分解除处理流程

4. 相关文件填写示例

（1）《西南交通大学学生纪律处分解除审批表》（扬华素质网可下载）（见图 5.17）。

（2）学生书面解除处分申请：建议要求学生采用手写的方式，以加深记忆与加强教育意义。

（六）处分和解除处分红头文件下发

（1）学生工作部（处）一般通过园区工作群通知各学院领取。

（2）处理方式：

① 一式两份，一份学院存档，一份学生保留；

② 制作签收单，留底备案。

（七）学生宿舍调整

本项规定本科生、研究生均适用。

1. 学生提出寝室调整时如何处理

当学生提出宿舍调整申请时，需要深入了解学生调整宿舍的具体原因，如因室友关系不和、作息不一致等关系类问题，或宿舍本身存在漏水等物理因素引发的居住问题，具体情况具体解决。在宿舍调整的具体事务性工作中融入关心关爱，更好地了解学生。原则上不因“关系类”问题直接进行宿舍调整，此类问题应引导、指导学生学会集体生活，彼此适应、理解与包容。

（1）本科生。本科生仅可在原校区进行宿舍调整。原则上仅在所在学院宿舍段进行调整。调整前，需要核实意向床位是否为本学院床位、该床位是否空闲。学生需自行提交《本科生调整宿舍申请表》和具体情况说明。学院审核通过后，提交至综合楼 261。园区负责老师更新本科生宿舍名单。

（2）研究生。研究生可跨校区进行宿舍调整，但只接受犀浦校区向九里校区的调宿。具体申请材料如下：

① 原校区调整宿舍：学生自行提交《研究生调整宿舍申请表》和具体情况说明。学院审核通过后，提交至综合楼 261。园区负责老师更新研究生宿舍名单。

② 跨校区调整宿舍：学生自行提交《研究生跨校区调整宿舍申请表》和具体情况说明。学院审核通过后，提交至综合楼 105。园区负责老师更新研究生宿舍名单。

西南交通大学学生纪律处分解除审批表

姓名	张三	学号	XXXXXXXXXX	性别	男
身份证号	XXXXXXXXXXXXXXXX	民族	汉	电话	156XXXXXXXX
学院	XX	班级	XX20XX-XX班	政治面貌	共青团员
家庭地址	XX 省 XX 市 XXXXXXXXXXXX			邮编	XXXXXX
处分类型	XX 处分	处分决定书文号	（见红头文件）	处分决定书下达日期	（见红头文件）
申请解除处分陈述	（主要针对受处分后个人表现进行陈述，可另附页） （学生个人填写） 学生签字： 年 月 日				
学院审核意见	（学工组负责人和该生辅导员共同填写） （辅导员）该生在处分期间 XXXXXXXXXXXX……辅导员签字 （学工组负责人）学院同意其解除处分…… 负责人签字（公章）： 年 月 日				
主管部门审批意见	负责人签字（公章）： 年 月 日				

图 5.17 西南交通大学学生纪律处分解除审批表

2. 相关文件填写示例

（1）本科生调整宿舍申请表（扬华素质网可下载）（见图 5.18）。

本科生调整宿舍申请表

<table>
<tr><td>姓名</td><td>张三</td><td>性别</td><td>男</td><td>民族</td><td>汉</td></tr>
<tr><td>学号</td><td>XXXXXXXXXX</td><td>学院</td><td>XX 学院</td><td>专业</td><td>XXXXXXXXXX</td></tr>
<tr><td>现房间号</td><td colspan="2">TXXXXXX</td><td>意向房间号</td><td colspan="2">TXXXXXX</td></tr>
<tr><td>联系电话</td><td colspan="5">156XXXXXXXX</td></tr>
<tr><td>申请原因</td><td colspan="5">（具体证明材料请另附）
（学生自行填写）
签字：
日期：</td></tr>
<tr><td>辅导员意见</td><td colspan="5">（辅导员填写）
签字：
日期：</td></tr>
<tr><td>学院意见</td><td colspan="5">（学院填写）
学院学生工作组组长 签字： 盖章</td></tr>
<tr><td>学生工作部意见</td><td colspan="5">签字： 盖章</td></tr>
<tr><td>资产与实验室管理处意见</td><td colspan="5">签字： 盖章</td></tr>
<tr><td>物业中心备案结果</td><td colspan="5"></td></tr>
<tr><td>备注</td><td colspan="5"></td></tr>
</table>

办理流程：1、学生需自行填写表内信息（前 10 项）

2、学生自行至学院签署意见（辅导员意见、学院意见）

3、学生提交此表至学生工作部宿舍园区学生管理科（综合楼 261）

图 5.18　本科生调整宿舍申请表

（2）研究生调整宿舍申请表（扬华素质网可下载）（见图 5.19）。

<table>
<tr><td colspan="6" align="center">研究生调整宿舍申请表</td></tr>
<tr><td>姓名</td><td>张三</td><td>性别</td><td>男</td><td>民族</td><td>汉</td></tr>
<tr><td>学号</td><td>XXXXXXXXXX</td><td>学院</td><td>XX 学院</td><td>专业</td><td>XXXXXXXXXX</td></tr>
<tr><td>学生类别</td><td colspan="2">（例）全日制硕士研究生</td><td>联系电话</td><td colspan="2">156XXXXXXXX</td></tr>
<tr><td>现房间号</td><td colspan="2">HXXXXXX</td><td>意向房间号</td><td colspan="2">HXXXXXX</td></tr>
<tr><td>申请原因</td><td colspan="5">（具体证明材料请另附）
（学生自行填写）
签字：
日期：</td></tr>
<tr><td>导师意见</td><td colspan="5">（学生导师填写）
签字：
日期：</td></tr>
<tr><td>辅导员意见</td><td colspan="5">（该生辅导员填写）
签字：
日期：</td></tr>
<tr><td>学院意见</td><td colspan="5">（学院填写）
学院学生工作组组长 签字： 盖章</td></tr>
<tr><td>学生工作部意见</td><td colspan="5">签字： 盖章</td></tr>
<tr><td>资产与实验室管理处意见</td><td colspan="5">签字： 盖章</td></tr>
<tr><td>物业中心备案结果</td><td colspan="5"></td></tr>
<tr><td>备注</td><td colspan="5"></td></tr>
</table>

办理流程：1、学生需自行填写表内信息（前 11 项）

2、学生自行至学院签署意见（导师意见、辅导员意见、学院意见）

3、学生提交此表至学生工作部宿舍园区学生管理科（综合楼 261）

图 5.19　研究生调整宿舍申请表

（3）研究生跨校区调整宿舍申请表（扬华素质网可下载）（见图 5.20）。

研究生跨校区调整宿舍申请表

姓名	张三	性别	男	民族	汉
学号	XXXXXXXXXX	学院	XX 学院	专业	XXXXXXXXXX
学生类别	（例）全日制硕士研究生		联系电话	156XXXXXXXX	
现房间号	HXXXXXX		意向房间号	HXXXXXX	
申请原因	（具体证明材料请另附） （学生自行填写） 签字： 日期： 应明确签署“已知晓并承担跨校区调宿后的风险和责任”				
导师意见	（学生导师填写） 签字： 日期： 应明确签署“已知晓并承担学生跨校区调宿后的风险和责任”				
辅导员意见	（辅导员填写） 签字： 日期： 应明确签署“已知晓并承担学生跨校区调宿后的风险和责任”				
学院意见	（学院填写） 学院学生工作组组长 签字： 盖章 应明确签署“已知晓并承担学生跨校区调宿后的风险和责任”				
资产与实验室管理处意见	签字： 盖章				
学生工作部意见	签字： 盖章				

办理流程：1、学生需自行填写表内信息（前 11 项）。

2、学生自行至学院签署意见（导师意见、辅导员意见、学院意见）。

3、学生提交此表至资产与实验室管理处房屋资源科（综合楼 105）。

4、因学生公寓住宿资源有限，目前仅接受犀浦校区往九里校区的调宿。

图 5.20 研究生跨校区调整宿舍申请表

（八）本科生与研究生的退宿管理

（1）哪些情况下学生可以选择退宿？如何办理？

① 学生（本、研）学习结束（毕业、出国、退学）或出境交流需要退宿时，按学校规定时间凭

离校通知单办理退宿手续。

② 休学的学生办理退宿的手续。

如需办理退宿，本科生可在《西南交通大学本科生休学（保留学籍）申请表》（可在教务网下载）中的办理退宿手续模块提出退宿申请；研究生可前往各校区物业中心办理退宿手续。如申请保留宿舍，则按照《西南交通大学学生公寓管理规范（2019 年修订）》进行管理。根据《西南交通大学学生公寓管理规范（2019 年修订）》，休学半年及以上的学生，床位不予保留。若有特殊情况需要保留的进行情况说明，并视具体情况而定。

③ 因特殊原因在校学习期间需要校外住宿并进行退宿的（按学年退）本、研学生，原则上可根据实际情况选择是否保留宿舍。

本科生：学生因特殊原因需要退宿的情况，须本人提出申请并填写《西南交通大学学生校外住宿申请表》（可在扬华素质网下载），经家长同意和学院批准后，由物业服务中心办理退宿手续并报学生工作部（处）备案。具体流程如图 5.21 所示。

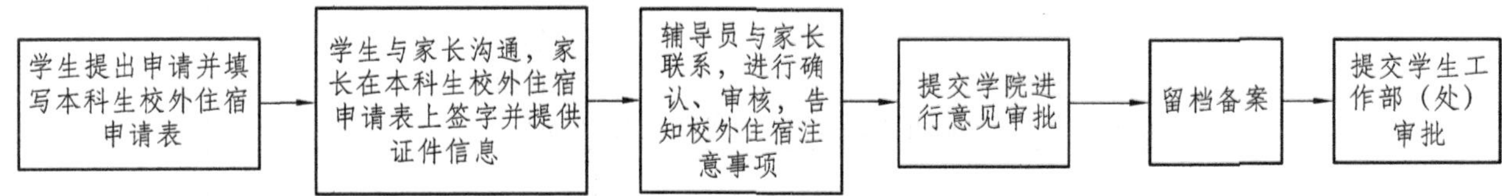

图 5.21　本科生办理退宿流程

研究生：学生因特殊原因需要退宿的情况须由本人告知家人，并经导师同意后，学生本人需如实填写《西南交通大学研究生校外住宿备案表》（简称《备案表》），同时在《西南交通大学研究生校外住宿安全责任告知书》（简称《告知书》）上签字。入学新生未提交住宿申请者，在开学两周内应补交《备案表》及《告知书》。学生本人将《备案表》和《告知书》提交至学院学生工作组，研究生导师和辅导员对学生校外住宿材料进行核实并签字确认，学院学生工作组登记备案学生个人相关信息，提醒安全注意事项。学院在备案完成后的 3 个工作日内，由辅导员将备案材料复印件提交至学生工作部（处）备案。具体流程如图 5.22 所示。

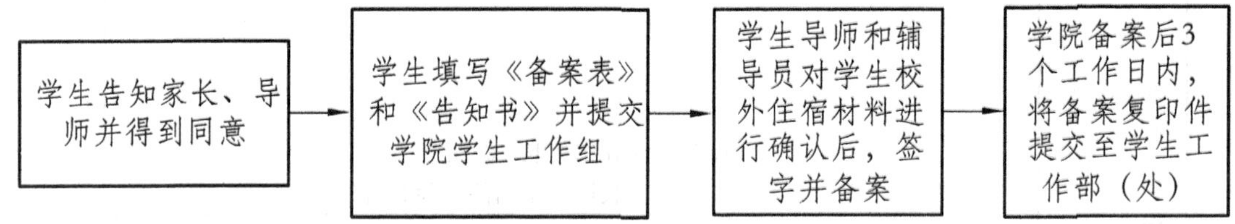

图 5.22　研究生办理退宿流程

（2）学生申请退宿的注意事项。

根据《西南交通大学学生公寓管理规范》（2019 年修订），学生提交《备案表》后应及时去物业中心办理退宿；退宿只能按学年或学期办理（暑假前或寒假前，即每年 7 月或 1 月学校放假前办理）；退宿后原则上不再安排住宿，如遇特殊情况，视学校当年整体住宿安排及房源情况酌情处理。

若有特殊情况需要办理退宿，则由学生提出申请再行处理。

（3）学生完成学制内学习年限后仍未达到毕业要求的宿舍问题如何处理？

根据《西南交通大学学生公寓管理规范》（2019 年修订），全日制本科生、硕士研究生在校住宿超出学制的，须本人提出申请，经审核同意，学校在住宿条件允许的情况下安排住宿；超过最长学习年限的，学校不再安排住宿。博士研究生超过最长学习年限的，学校不再安排住宿。

超出学制在校住宿的学生，住宿费按学年收取，住宿不足一学年的，按一学年收取。

学制、最长学习年限的具体规定，详见《西南交通大学本科生学籍管理规定》和《西南交通大学研究生学籍管理规定》。

辅导员应当提前提醒学生了解规定，以帮助学生提早解决住宿问题。

第六章 心理健康教育与咨询工作

第一节 心理健康教育的重要性

当代大学生视野开阔、思维活跃，追求个性化生活方式，充满浪漫色彩，但由于心理发展不成熟，情绪不稳定，在面临一系列生理、心理、社会适应问题时，心理冲突、心理困惑时有发生。大量调查表明，大学生对变化的环境适应不良而出现的各种困惑、迷惘、不安、焦虑、紧张的案例在明显增加，社会的变革给正在成长着的大学生带来的心理冲击比以往任何一个时代都更强烈、更复杂。各种生理因素、心理因素、社会因素交织在一起，极易造成大学生心理发展中的失衡状态，产生心理问题甚至引发心身疾病。

大学生的心理素质对其学习能力、思想政治素质的提高以及人生价值的实现等有着至关重要的作用，他们的心理素质不仅影响自身的发展，也关系到全民族素质的提高。高度重视大学生心理素质教育，根据大学生心理发展特点，有针对性地开展教育，切实做好高素质人才培养工作，为国家未来建设奠定坚实的、健全的人才基础，是大学的一项重要课题。因此，在新的历史发展阶段，健全大学生人格，提高大学生心理健康素养和良好的社会适应能力，为党和国家培养身心健康的人才，是大学生心理教育的重要目标。

辅导员是高校学生管理工作的组织者、实施者和指导者，也是大学生心理健康教育的践行者和重要力量，是学校心理研究与咨询中心与学生之间的桥梁。

辅导员应高度重视学生心理健康教育，积极主动地开展大学生心理健康教育相关工作，教育和引导大学生不断加强心理品质修养和锻炼，促进其顺利成长成才。

第二节 积极开展心理健康教育工作

一、校院两级心理健康教育工作方式

（1）依据《西南交通大学心理健康教育与服务实施方案（试行）》，学校心理健康教育工作领导小组[由分管学生工作的校领导担任组长，成员包括心理研究与咨询中心、学生工作部（处）、教务处、研究生院、校工会、人事处、招就处、保卫处、宣传部、校团委、计财处、校医院、后勤集团等单位的负责人]负责规划、统筹和领导全校心理健康教育工作，研究制定心理健康教育工作的年度具体工作任务，解决学校心理健康教育面临的重要问题。

学生工作部（处）是负责实施学生心理健康教育的工作机构，具体负责管理和督查各院系心理健康教育工作的实施，组织协调各院系及相关部门实施心理健康教育工作和活动。心理研究与咨询中心主要负责全校心理健康教育工作的安排与指导，承担全校心理健康教育与教学、学生专业心理咨询与辅导、学生心理危机干预、心理应急处理指导等工作。心理健康教育实验中心拥有 16 个功能实验室，是四川省心理实验教学示范中心、学校心理健康教育的重要平台。为了更好地服务于学校广大师生，实验室日常开放活动包括心理测评、个体和团体沙盘、情绪宣泄、虚拟现实、生物反馈和音乐心理放松等；定期与不定期举办心理素质拓展训练和心理团体辅导；举办心理电影赏析；面向全体学生提供心理创新实验项目支持、个性化心理测验、个性化心理实验项目指导等。

心理研究与咨询中心设立了心理中心与学院的联络人，该联络人是沟通校院两级心理工作的重要桥梁，也是心理健康教育工作顺利开展的关键保障。联络人具体负责指导、协助落实所联系院系的具体心理健康教育工作。

（2）学院设立心理健康教育工作专项负责人，具体负责落实本学院心理健康教育具体开展工作、策划组织学院师生参加心理健康教育活动，尤其是学校每年开展的“3·25”（善爱我）大学生校园心理文化节系列活动，对学生心理危机事件进行预防、处理、监控和信息上报。同时，在学生心理问题较为严重、需要更为专业的心理资源介入时，学院心理健康教育工作专项负责人应与心理研究与咨询中心联系，联系电话为028-66367969。

（3）辅导员应定期参加大学生心理健康教育知识的学习与培训，对学生典型心理问题案例或心理危机案例进行讨论分析和督导，知晓心理危机及其表现形式，掌握基本的帮助和关怀，掌握应对出现心理危机的学生所需的知识和技能。在学生中长效、常态地普及心理健康知识，引导学生热爱生活、热爱生命，正确认识自我、有效发展自我，增强心理调适能力，提高心理健康水平。

辅导员应在学生中成立由班级心理委员、班级干部、寝室长等组成的学生骨干队伍，指导学生参与心理健康教育工作，实施朋辈互助，提高自助与助人的能力。

辅导员应及时将符合危机干预工作的学生情况报告给学院心理工作专项负责人及学校心理研究与咨询中心，寻求专业人员的帮助，评估学生心理状况及其严重程度，以便采取后续措施。

辅导员应与需要危机干预工作学生的家长及时联系、介绍学生在校表现、说明当前情况，与家长沟通来校陪护、离校去专业医院诊断治疗的教育与要求；对学生家长拒绝来校、拒绝带学生去诊治、拒绝遵医嘱进行药物治疗、拒绝休学或其他情况，需要及时上报学院、学工部和学校主管领导，同时联系心理中心。

二、心理健康教育工作的重点对象

心理健康教育的工作对象是全体大学生，以下11类学生是辅导员在心理健康教育工作中需要重点关注、跟踪和工作的对象。

（1）有自杀或伤害他人的言论与企图，可能对自身、他人或社会造成危害的学生；

（2）在新生心理测试中筛查出并经评估确认有严重心理疾病、有伤害自己或他人倾向的学生；

（3）因学业、毕业、就业等相关压力引发剧烈情绪波动和言行异常的学生；

（4）因家庭纠纷、个人感情危机或人际关系冲突等出现剧烈情绪波动和言行异常的学生；

（5）因经济困扰引发情绪或言行明显异常的学生；

（6）被医疗机构诊断为精神疾病或精神障碍的学生；

（7）出现严重饮食、睡眠障碍的学生；

（8）罹患严重躯体疾病且出现情绪或言行明显异常的学生；

（9）因灾难事件或他人危机状况而受到影响，出现情绪或言行明显异常的学生；

（10）因违法违纪受到处分特别是严重处理结果而引发的情绪或言行明显异常的学生；

（11）因其他应激因素引发的情绪或言行明显异常的学生。

对上述多种特征并存的学生，更应予以重点关注。

三、日常心理健康教育工作流程

学生心理问题的严重性具有不同层次，从一般心理问题，到严重心理问题和心理疾病（各类神经症与精神病）都可能存在。因此，辅导员在帮助学生解决心理问题时，应充分利用三级保健网，建立一个分层次的工作机制。具体流程如图6.1所示。

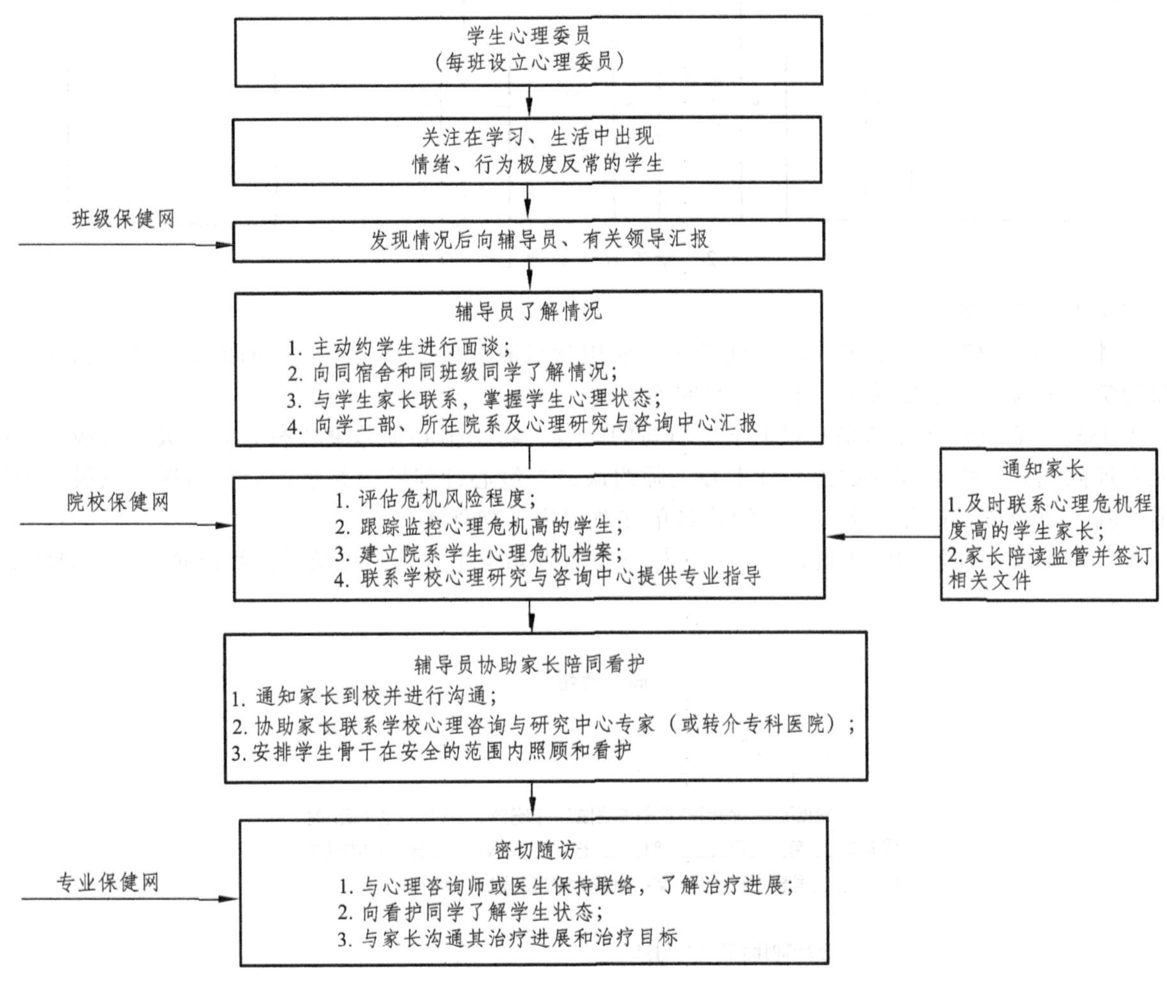

图 6.1　学生心理工作三级保健网

四、日常心理健康教育工作与活动

（一）新生心理健康讲座

（1）工作时间节点：新生入学季，根据本研学生入学时间安排。

（2）参与人员：心理研究与咨询中心主讲老师、本研新生。

（3）工作内容：新生入学期间，各学院心理专项负责老师邀请心理研究与咨询中心主讲老师就新生人际交往、环境适应、学习习惯、人生规划等方面进行讲解与讨论。新生辅导员一般需完成信息下达、场地借用、新闻撰写与发布等相关工作，原则上至少举办一场，本研新生均需参与。

（二）新生心理测评

1. 工作时间节点

每年秋季学期开学，具体时间以心理研究与咨询中心的通知为准。

2. 参与人员

心理研究与咨询中心学院联络老师、学院心理专项负责人、新生辅导员、本研新生。

3. 主要工作内容及流程

（1）工作流程如图 6.2 所示。

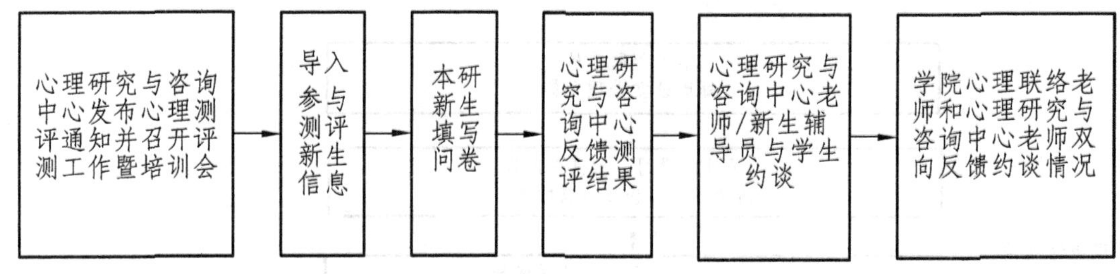

图 6.2　新生心理测评工作流程

（2）工作要点如下：

① 本研新生填写问卷：新生填写问卷时，使用学号能且仅能登录一次，如果学号填写错误，可重新为学生编写一个学号录入，重新填写问卷。

② 心理中心反馈测评结果：根据学生填写的问卷，将学生心理健康状态分为一级、二级、三级和无心理问题。一级心理问题由心理中心老师约谈，二级心理问题由新生辅导员约谈，三级心理问题由学院、辅导员处留存备案关注。约谈名单注意保密，勿外传。

③ 约谈通知：在通知学生进行约谈时，尽量不要告知学生心理测评结果。约谈通知可参照图 6.3 和图 6.4。

面谈通知

____________同学：

你好！

根据新生心理测评的要求，需要抽出一部分同学进行面谈，你的面谈时间定在____月____日______时____分至 ______时_____分，地点在犀浦校区______号教学楼_______室，请你届时携带本通知准时前往。

感谢你对我们工作的支持！

西南交大

XX 学院

2019 年 11 月 1 日

图 6.3　学院约谈通知

面谈通知

____________同学：

你好！

根据新生心理测评的要求，需要抽出一部分同学进行面谈，你的面谈时间定在____月____日______时____分至 ______时_____分，地点在犀浦校区______号教学楼_______室，请你届时携带本通知准时前往。

感谢你对我们工作的支持！

西南交大

心理研究与咨询中心

2019 年 11 月 1 日

图 6.4　心理中心约谈通知

④ 辅导员约谈新生：新生心理测评约谈工作的目的是了解学生对大学生活的适应状况，排查有适应困难或心理问题的学生，以便对这些学生提供及时有效的帮助，指导学生尽快适应大学生活。因为需要约谈的人数较多，但真正有心理问题的学生并不是很多，谈话也是辅导员在大一入学更好地了解学生的一个重要途径。

新生辅导员可以结合学生入学的适应状况、当时学习、生活、人际交往以及家庭状况展开谈话。本科生辅导员可着重了解学生对学校生活的适应情况，研究生辅导员可着重在学生与导师之间的关系、学业科研的适应等方面进行沟通。

约谈和情况了解提纲如下：

观察约谈学生的表征情况（约谈过程中表情是否自然、行为举止是否正常、精神面貌如何、衣着等是否整洁）。

了解学生当前对大学生活适应的情况。比如学习情况、生活适应情况（包括闲暇时间如何安排等）、人际交往（宿舍关系、有没有比较好的新朋友等）、对大学生活的整体感觉等。

了解家庭情况（很多辅导员在例行谈话中或已经了解了学生的家庭情况，需要视具体情况而定），是否经常给父母打电话，和父母关系如何等，如果有其他家庭成员，关系怎样。

了解最近一段时间的情绪状态。了解最近情绪情况，在适应过程中是否有一些情绪上的困扰等（如果在前面的话题中已经有所涉及，可以不用重复），可以较自然地给学生一些建议。

发现学生如果有较明显的心理问题，如焦虑、强迫、抑郁、睡眠、敌对、自伤、网络成瘾等现象，建议学生到心理中心找老师咨询。

如果发现学生在约谈过程中出现比较明显的刻意隐瞒现象，可以向其他学生了解相关情况（但注意方式方法和保密原则），在以后工作中多加关注，必要时与心理中心联系。

如果约谈的是研究生，以上各条可酌情运用，还可以了解一下与导师的关系、有无情感困扰等。

以上各条请约谈老师要灵活运用，尽量用比较自然的谈话方式与学生交谈。对约谈学生的相关信息，务必注意保密。

⑤ 辅导员在与新生约谈后填写《西南交通大学新生约谈记录登记表》（心理中心提供）。

注意事项：心理测评是评估个体心理健康状况的有效工具和科学的途径之一，但由于测评工具本身的局限性和心理的复杂性等因素影响，一次心理测评结果仅作为辅导员开展工作的参考依据之一。进入了约谈名单的学生不代表在校期间一定会爆发心理问题，测评显示为“无心理问题”的学生也不代表在校期间不会出现心理问题。对学生心理健康状况的了解和评估，需要辅导员与学生在长期的交往互动中去观察、关注和感受。

（三）心理委员队伍建设与培训

1. 工作时间节点

学生在校期间。

2. 参与人员

学院各班级心理委员、心理研究与咨询中心、辅导员。

3. 工作内容

心理委员作为各个班级心理健康的联络人，是一线心理工作的重要抓手，因而选拔、建设高效心理委员队伍对学院心理健康教育工作非常重要。

（1）心理委员的岗位职责：积极参加学院和学校的心理健康知识与技能培训，不断充实自己的心理知识，提升工作能力；主动宣传心理健康教育知识，不定期在班上开展相关活动，做好相应记录和总结；对心理有困惑的学生，做到及时发现、主动沟通、耐心开导；发现心理可能存在问题的学生，要在第一时间给予关注，并及时向辅导员报告；充分尊重每位学生的隐私，为学生保守秘密等。

（2）选拔心理委员的基本要求：作为心理委员，除了具备其他班团干部的基本素质外，还需要具有良好的同理心、积极乐观的心态、认真耐心的工作态度、细致的观察能力、与人沟通的基本技巧，愿意学习相关的心理知识。

（3）心理委员的培养与培训工作：心理委员工作需要具备最基础的心理学知识和技能，辅导员需要组织心理委员积极参加学校或者学院的心理健康教育及其工作的专题培训，帮助心理委员了解和掌握基本的心理问题的识别，规范心理委员工作的原则，主动了解心理委员的工作状态。

（四）3·25（善爱我）大学生校园心理文化节系列活动

3·25 取其谐音“善爱我”，是 2012 年由西南交通大学首次倡导提出的心理健康教育宣传活动的启动日期，即倡导大学生善待自我、关爱自我，怀着这份温暖、包容的情意欣赏和接纳全部的自己；以积极、豁达的心态体验我们生活中的每一次经历；生活着，体验着，快乐成长，健康成才；并以发自内心的爱与和谐来善待和关爱他人及社会，共创美丽校园，建设美丽中国。活动一般从 3 月上旬持续到 6 月上旬。

各学院可以结合本单位实际，围绕 3·25 活动主题认真组织、策划和实施心理健康教育活动，做到高度重视、精心策划，积极宣传、广泛动员，提高学生参与度、拓展受益面，促进学生身心全面、健康发展，充分发挥 3·25（善爱我）校园心理文化活动对学生心理健康的促进作用。

例如：2020 年“3·25（善爱我）”大学生校园心理文化节的活动主题为“善爱我，敬畏生命，拥抱生活”。活动内容包括关于疫情心理健康主题系列讲座（网络开设）、心理影视作品赏析及观后感评比大赛、“生命的故事”主题微视频作品大赛、心理健康知识竞赛、“敬畏生命，拥抱生活”主题绘画（手抄报）比赛、“敬畏生命，拥抱生活”心理健康专题科研论文大赛、全校教职工“心灵驿站”心理健康系列活动等。

（五）心理健康手绘大赛

本活动旨在让学生享受绘画乐趣的同时，也学会正视自我心理，提高自身对心理健康重要性的认识，采用小组分工合作的方式，提高学生对周围同学心理健康的关注。这种以小组合作交流的方式能为学生提供缓解压力、放松自我的机会。

例如：2019 年 4 月 28 日，学校举行了主题为“有效学习，做健康快乐的追梦人”的健康手绘活动。本次活动以习近平总书记“必须以‘奔跑’姿态和行为，追赶时代的列车”为主线开展活动，让学生通过图画的形式展示积极阳光的心态。活动作品展示如图 6.5 和图 6.6 所示。

图 6.5　活动作品展示（1）

图 6.6　活动作品展示（2）

注：图 6.5 的作者是信息科学与技术学院 2018 级软件工程专业学生游佳琳、吴晓珂、李丹薇；图 6.6 的作者是信息科学与技术学院 2018 级轨道交通信号与控制专业学生张继松、于楫玉。

（六）“心理沙盘”团队建设活动

本活动主要面向辅导员及学生工作干部，旨在增强团队成员之间的合作能力，加深对彼此的认识与理解，帮助参与人员了解自身心理状态，帮助团队成员找到自己合适的位置，从而增强团队凝聚力和创造力，提高团队合作的精神，各学院可提前与心理研究与咨询中心的老师预约。

例如：2020 年 7 月 7 日，辅导员专场“心理沙盘”活动在犀浦校区 X5231 顺利进行。心理研究与咨询中心杨兴鹏老师主持了本次心理沙盘活动。活动展示如图 6.7 和图 6.8 所示。

图 6.7　活动展示（1）

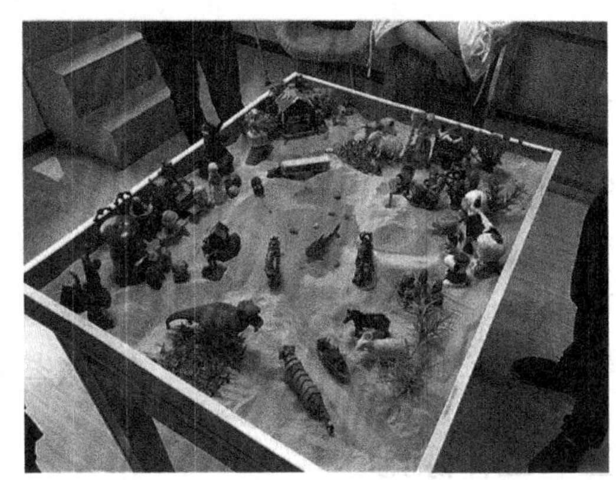

图 6.8　活动展示（2）

（七）心理相关线上观影讨论活动

本活动旨在营造积极向上的校园心理文化，丰富居家学习生活，增强学生心理韧性。采用线上观影并讨论的形式，让学生意识到心理健康的重要性，引导学生积极思考、关注自身心理健康，树立积极乐观的良好心态。

例如：各学院组织 3·25 校园心理文化节线上观影讨论活动。活动一般分为 4 个部分：心理与感恩教育、观看电影、学生就电影情节及自己的思考表达观点各抒己见、学校心理咨询与研究中心的老师对在电影中呈现的不同心理表现进行点评和总结。通过电影中的人物心理分析达到对学生心理知识普及、心理健康教育的目的。活动展示如图 6.9 所示。

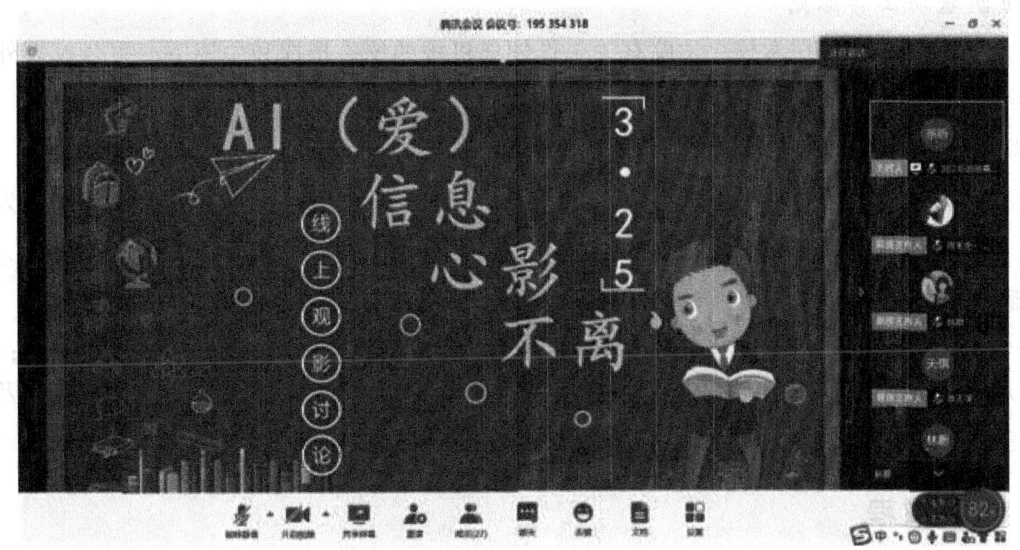

图 6.9　观影活动展示

（八）期末减压工作

期末考试前鼓励学生认真复习准备期末考试，减轻心理压力，有问题及时与同学、老师沟通交流；重点关注在学业上不适应的学生，避免考试成为心理问题发生的诱因；讲解补考、重修政策，避免学生因心理压力过大而出现作弊行为，要求诚信考试。

心理健康工作相关活动内容丰富、形式多样，学院专项负责人和辅导员可以根据学院或所带班级学生的实际情况自行开展和创新心理健康教育活动的内容与形式。

第三节　突发性心理危机的干预

一、工作时间节点

学生在校期间。

二、参与工作人员

辅导员、心理研究与咨询中心老师、学生骨干。

三、工作原则

1. 生命至上原则

心理危机干预工作应将保障学生人身安全和身心健康作为首要任务，最大限度地减少不良后果。

2. 以人为本原则

在进行心理危机干预工作时，应当尊重学生人格、维护学生尊严、保护学生隐私、确保学生生命安全。

3. 积极应对原则

工作人员在面对危机事件或征兆时，应立即作出积极响应，尽可能减少伤害或不利影响。

4. 协同联动工作原则

心理危机干预工作应在学校、学院有关工作领导机构的统一指挥和协调下，整合校内外各方力量，尤其是学生家庭力量，形成合力。

5. 规范行为原则

在进行心理危机干预工作时，应规范自身行为，依章办事、处理得当，避免出现由行为不规范导致的不良后果。

6. 适度保密原则

对于学生突发性心理危机及其干预的相关材料和结果，辅导员须妥善保管，严格保密；若在处理学生心理问题的过程中发现学生有伤害他人与伤害自己的情况，则不适用保密原则，需要及时汇报和干预。

四、工作过程

1. 总体工作原则

（1）区别对待，针对工作：能有效区分是日常心理问题还是突发性心理危机，以采取有针对性的处理方法。

（2）应急处理，把控局面：心理危机事发初期做好应急处理，在第一时间汇报情况，把控局面。

（3）做实工作，规避风险：心理危机事发中期密切关注事态进展，确保信息通畅，做实工作，规避风险。

（4）善后处理，认真总结：心理危机干预结束后做好善后处理，整理备案资料，总结经验教训。

（5）定时汇报，及时反馈：每周至少汇总、报告一次，做好记录存档。

2. 相关要求

（1）发现学生的突发性心理问题后，应及时锁定目标。选派 2～4 名得力助手，2 人编组，轮流对出现心理问题的学生进行寸步不离的看护，确保人身安全。注意，每次看护的学生不得少于 2 人，既要保护好出现问题学生也要保护好看护学生。

（2）第一时间汇报。及时联系家长，向学生家长通报情况，及时向学院、学生工作部（处）、党政办报备，如涉及公共安全等事宜，要与保卫处等部门做好沟通。

（3）及时向学校心理研究与咨询中心求助。由专业心理咨询老师对学生进行心理干预，听取评估意见及建议。

（4）保持信息通畅。与助手保持沟通，随时反馈情况，对情况变化的每个环节都要准确了解和把握。

（5）与学生家长保持沟通。要求家长来学校处理，做好相关的咨询服务。

（6）注意基础资料的采集。对事态的发展全程做好记录，必要时做好音像等资料的记录。

（7）其他说明。

① 对于需要就医的情况，必须由学生家长、学生本人做出决定；若事情紧急，家长不能及时到校，在学生家长授权许可后可带领学生前往医院诊治；如果学生杀人或自杀，即刻报警或送往医院，同时报告学院、学校和联系学生家长到校。

② 每次心理危机发生时，需要有 2 名以上的师生共同处理，做好各方及自我的安全防护。危机干预流程如图 6.10 所示。

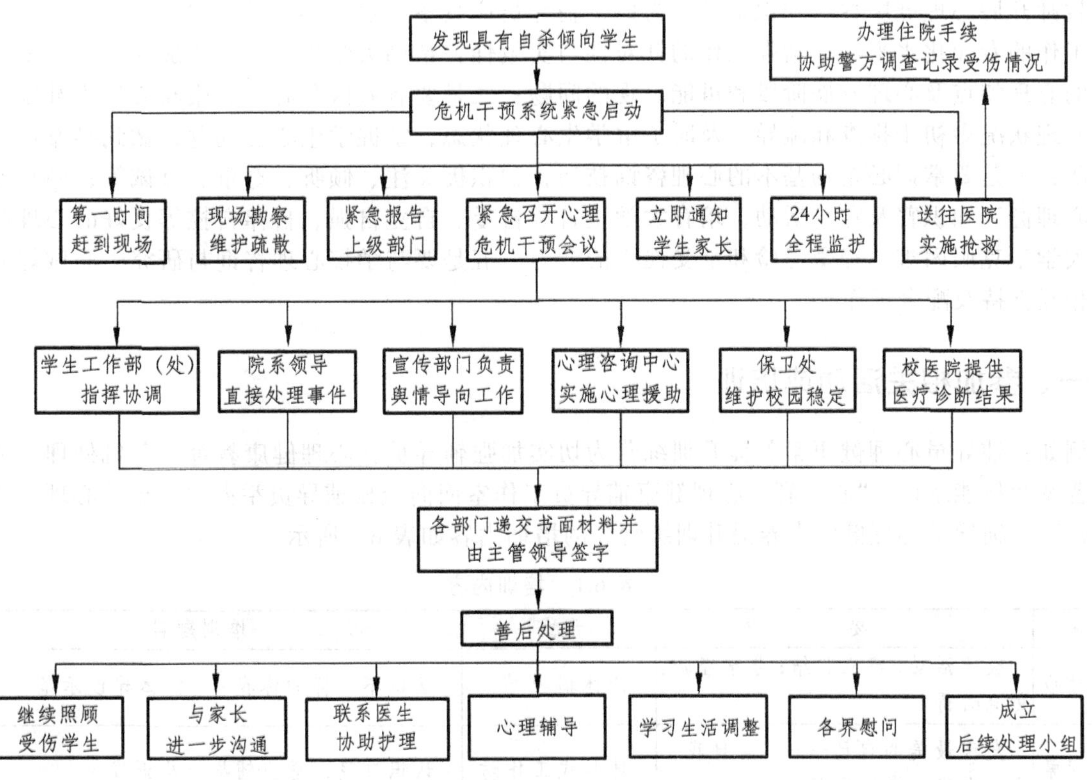

图 6.10　以自杀倾向学生为例的危机干预流程

【案例 6.1】：西南交通大学某学院某学生因考试中携带并使用手机作弊，根据学校相关管理办法及要求，学院做出了“给予该生开除学籍处分”的建议意见，学校根据相关规定最终下达了“开除学籍”的处理结果。作弊学生因得知初步处理结果和最终结果后，情绪极不稳定，并拒绝和家长、老师进行沟通，表现得十分不理智、崩溃，乃至萌生了轻生念头。危机随时可能爆发，学院危机干预系统随之紧急启动。

首先，该生辅导员及学院主管学生工作的党委副书记与学生及家长深入交流沟通，对学生进行心理疏导，给予充分鼓励和陪伴；该生辅导员帮助预约心理咨询中心老师进行心理咨询，多次引导学生接受专业心理咨询以安抚情绪，舒缓压力；通知家长第一时间前往陪护，保证学生安全；并通过与学生家长谈话、联系学生室友和班级班委密切关注学生动态，防止事故发生，同时将情况向保卫处报备以保障学生和其他人的生命安全。

其次，在学生自述并实施自杀未果的情况下，学院快速反应。辅导员多次与看护学生及其家长陪伴学生进行心理疏导；学生工作组辅导员采用轮流值班，2～3 人为一组，24 小时轮流值班陪同；主管学生工作的党委副书记将该情况汇报至学院领导及学生工作部（处）领导；通过学校安稳平台向学校党政办做了报告，向学校宣传部相关老师进行了说明情况，陈述事情经过，做好舆情应对准备；向学校保卫处处长进行了电话报告，并前往辖区派出所进行报备，各方协同处理事件。

在整个心理危机事件处理过程中，该生辅导员做好记录，随时汇报；在危机干预结束后做好总结。

第四节　辅导员自我能力的提升

教育部在《普通高等学校辅导员队伍建设规定》中明确提出，辅导员的职责之一是协助学校心理健康教育机构开展心理健康教育，对学生心理问题进行初步排查和疏导，组织开展心理健康知识普及宣传活动，培育学生理性平和、乐观向上的健康心态。《高等学校学生心理健康教育指导纲要》（教党〔2018〕41 号）也指出：各高校要重视对班主任、辅导员以及其他从事高校思想政治工作的干部、教师开展心理健康教育知识培训。为此，辅导员应具备一定的心理学知识，主动提升心理健康教育工作的专业化水平，以增强工作的针对性与实效性，帮助大学生健康成长成才。一是要了解大学生的心理特点及心理发展阶段和可能出现的问题；二是要有效区分心理健康与心理不健康，能对学生心理状况做初步排查和疏导，及时了解学生心理状态，掌握学生心理问题，做到早发现早疏导早预防；三是要掌握必要的基本的心理咨询技巧，如积极关注、倾听、尊重、真诚等；四是要组织开展心理健康知识普及宣传活动，培育大学生自尊自爱、自立自强、自律自控等良好的心理品质，增强大学生克服困难、经受考验和承受挫折的能力；五是要与学校心理咨询与研究中心做好联动联通，相互支持及配合工作。

一、参加相关活动或培训

例如：辅导员心理健康素养提升训练营为切实加强辅导员在心理健康教育、危机处理等方面的知识普及和技能培训，“心之轩”心理健康辅导员工作室面向全校辅导员举办“辅导员心理素养提升训练营”。“辅导员心理健康素养提升训练营”的培训内容如表 6.1 所示。

表 6.1　培训内容

模块	要求	形式	培训题目
团队建设	破冰活动，建立联结；分享经验，交流心得	团体辅导	认识不一样的你我——团体建设示范
自我探索	发现最美的自己——了解自我，认识自我，悦纳自我	体验式工作坊	认识自我，适应辅导员生涯发展

续表

模块	要求	形式	培训题目
人际沟通	了解人际认知；掌握大学生常见人际沟通障碍与应对；掌握人际沟通的基本技巧：倾听、自我暴露、表达；做一个受欢迎的人	1. 心理沙龙； 2. 互动交流	有效沟通与和谐师生人际关系： 辅导员的倾听与表达技巧
压力管理	压力=动力吗？了解压力；掌握大学生压力管理策略	1. 心理沙龙； 2. 工作坊	1. 压力管理相关知识、理论和技术； 2. 学生工作压力管理核心技术的体验和分享
危机干预	了解精神疾病的种类及表现；了解危机干预的基本流程；学会突发心理问题应急预防与干预措施	1. 案例分析，分组讨论； 2. 心理沙龙	1. 常见心理障碍及工作方法； 2. 心理危机的识别及危机干预

二、进行心理相关知识的专业学习

辅导员应当积极学习，提升自身心理健康教育素养，完善理论知识体系建设，通过文献阅读、专项培训、系统学习等方法切实提升辅导员在心理健康教育、危机处理等方面的能力和经验。

三、做好日常心理健康台账管理

（1）辅导员根据日常掌握的情况，动态建立心理问题学生关爱台账，做到“一人一档”；

（2）不定期更新并及时向学院报告；

（3）台账管理的目的是防患于未然，及时化解心理问题及引起心理问题的源头，避免心理危机的出现。

四、做好记录总结分享工作

（1）辅导员做好每一次心理问题处理过程的完整记录；

（2）学院组织典型心理问题案例讨论、心理危机干预工作总结、心理健康教育工作经验分享与点评会，提升全体辅导员的心理问题处理能力。

第五节　鉴别心理正常与异常的基本知识

一、当代大学生心理健康标准

（1）智力正常（大学生平均智商在110左右）；

（2）情绪稳定，能调节与控制情绪，保持良好的心境；

（3）具有良好的心理弹性；

（4）具有正确的自我观；

（5）人格完整统一；

（6）人际关系和谐，乐于交往；

（7）社会适应良好；

（8）心理行为符合年龄特征。

二、区别心理正常与异常的典型行为

1. 言谈举止怪异、反常

与其以往相比，行为举止出现较大的变化。如：平时衣冠整洁的学生突然总是头发凌乱，衣衫不整；以往安静内向的学生突然行为乖张，时而放声大笑，时而抱头痛哭等。

2. 情绪波动较大，精神状态表现异常

在没有发生任何刺激性事件的情况下，情绪波动较大，在兴奋和低落两种极端的情况来回跳跃变化。

3. 社会角色定位能力丧失，社会功能受损

不能明确自己的社会角色，无法胜任学习任务和其他工作，与人沟通交流出现障碍。

4. 明显影响自己或他人的正常生活

如在没有其他诱因的情况下，长时间不上课，或长期卧床导致学习成绩下降，与同学沟通出现问题、易激惹、无故与同学发生矛盾冲突等。

三、大学生常见的一般心理问题

1. 发展性心理问题

发展性心理问题主要是指个体没有正确的自我认知，特别是缺乏对自我能力、自我素质方面的认知，其心理素质及心理潜能没有得到有效、全面的发展。主要体现为自负或缺乏自信、志向愿望过高或偏低、责任目标缺失等几个方面。

（1）发展性心理问题针对的是心理健康、身心发展正常的个体，但在发展方面仍有潜力可挖，心理素质尚待完善。

（2）发展性心理问题的解决，重在引导个体在一个更新的层面上认识自我、开发自我潜能。而这种潜能的开发因为更具有突破自我认识局限性的特征，往往使个体在能力发展、信心重建等方面实现一定的飞跃，使其得到更充分的发展。

（3）强调发展的原则。发展性心理问题的解决，虽然也能对个体的工作、适应、发展等问题给予指导与帮助，但更侧重于发展方面，即促进心理素质的发展。它对个体所做的一切工作包括指导个体调节和控制情绪、改善精神状态、建立自信心等，都是以个体能够更好、更充分地发展为目标。

2. 适应性心理问题

适应是个体通过不断做出身心调整，在现实生活环境中维持一种良好、有效的生存、生活与学习工作状态的过程，是个体终生维护心理平衡的持续过程。而适应性心理问题则是个体与环境不能取得协调一致所带来的心理困扰。适应性心理问题的特点如下：

（1）适应性心理问题针对的是身心发展正常，但有一定的心理、行为问题的个体，或者说“在适应方面发生困难的正常人”。

（2）适应性心理问题的解决，注重的是个体的正常需要与其现实状况之间的矛盾冲突，大部分工作都是在个体的认识水平上加以帮助。

（3）强调教育的原则。适应性心理问题的解决重视个体自身理性的作用，教育者并不是要亲自帮助个体直接去解决问题，满足其需要，而是帮助其分析情况，提出合理解决的途径和方法，强调发掘、利用其潜在积极因素，自己解决问题。对于环境的改善，也是在现有条件的基础上提出改进意见的。

（4）适应性心理问题的内容，侧重于学习与工作指导、交往指导、生活指导等方面，主要解决个体在这些方面所遇到的各种心理问题。

四、大学生常见的心理疾病及应对措施

心理疾病，即“障碍性心理问题”，有时候也称“心理（精神）障碍”。其特征：一是个体持久

地感受到痛苦（一般以 6 个月为限）；二是社会功能受损，表现为人际关系糟糕，容易产生对抗甚至敌对行为，无法进行学习和工作；三是表现出非当地文化类型的特殊行为。

当个体遭遇人际关系的严重冲突、重大挫折、重大创伤或面临重大抉择时，一般都会表现出情绪焦虑、恐惧或者抑郁，有的表现出沮丧、退缩、自暴自弃，或者异常愤怒甚至冲动报复。有的是过度应用防卫机制来自我保护，且表现出一系列适应不良的行为。如果长期持续的心理障碍得不到适当的调适或从中解脱，就容易导致严重精神疾病，产生比较严重的后果。

大学生常见的心理疾病（精神障碍）如表 6.2 所示。

表 6.2　大学生常见的心理疾病

心理疾病	主要表现	应对措施
抑郁症	1. 心境低落（“双无”：无愉悦感、无兴趣）、思维迟缓、意志活动减退（不愿与人交往、什么事都不想做）、自我评价低、无自我价值感、自责自罪；总以“灰色”的眼光看待一切；注意力难以集中；无助无望，总感到活着没有意思。 2. 躯体症状：失眠或睡眠过多，精力不足或疲倦乏力，食欲减退、体重下降，性欲减退、闭经等。 以上表现持续 2 周以上	轻度：主动关心支持、温暖陪伴、耐心倾听、肯定尊重。 中度和重度：建议其及时寻求专业帮助，若有自杀或自残等倾向及时与专业人员联系。 专业干预策略：心理咨询或心理治疗+药物治疗
焦虑症	1. 难以控制精神上或者心理上的紧张不安；不能放松、过分担心；情绪急切、过于激动紧张。 2. 常有坐立不安、焦躁难耐的行为表现。 3. 往往伴随失眠、反复噩梦；有胸闷、心慌心急、盗汗等躯体症状	轻度：关心支持、温暖陪伴、耐心倾听；通过放松、情绪宣泄、适量运动等方法可缓解和消除焦虑状态。 中度和重度：建议其及时寻求专业帮助。 专业干预策略：心理咨询或心理治疗+药物治疗
强迫症	1. 反复的、持久的强迫观念或强迫行为。 2. 这种观念或行为不必要或不正常，违反了个体自己的意愿，但难以摆脱和控制，感到焦虑和痛苦。 3. 追求完美、按部就班、对自己要求极为严格、常有不安全感、拘泥于细节	轻度：关心支持，“三不”原则（不理、不怕、不对抗）。 中度和重度：建议其及时寻求专业帮助。 专业干预策略：心理咨询或心理治疗+药物治疗
精神分裂症	1. 以下症状中出现两种或两种以上，至少持续 1 个月；其中一个症状必须是 1、2、3 中的一项。 （1）妄想（被害妄想、关系妄想、影响妄想、夸大妄想等）。 （2）幻觉（幻听、幻视、幻嗅、幻味）。 （3）认知障碍（存在明显的信息处理和注意障碍，以及短时记忆和学习、执行功能等认知缺陷，瓦解性语言）。 （4）情感淡漠及情感反应不协调，不协调性兴奋、易激惹、抑郁及焦虑等。 （5）阴性症状（情感淡漠、意志减退甚至缺乏；活动减少，社交缺乏、离群独处；行为被动，缺乏应有的积极性和主动性；对工作和学习兴趣减退，不关心前途）。 2. 精神分裂症患者的社会功能严重受损（患者的学校、工作、人际关系乃至生活自理能力均受到受损）。 3. 患病的迹象持续至少 6 个月；以上症状持续至少 1 个月；在前症状期或者残余症状期，阴性症状或者 1 至 4 中至少 2 个症状有所减轻	任何程度症状：尽早发现尽早识别、保护好自己和他人、尽早通知专业人员和机构。 专业干预策略：药物治疗为主（早期、系统、足量、足疗程），心理辅导为辅

心理疾病	主要表现	应对措施
狂躁	1.“三高”：情绪高涨、思维奔逸、活动增多。 2. 以情绪高涨或易激惹为主要特征，且症状持续至少1周，在心境高扬期，至少有下述症状中的3项： （1）言语比平时显著增多； （2）联想加快，或观念飘忽，或自感言语跟不上思维活动的速度； （3）注意力不集中，或者随境转移； （4）自我评价过高，可达妄想程度； （5）自我感觉良好，如感到头脑特别灵活，或身体特别健康，或精力特别充沛； （6）睡眠的需要减少，且不感疲乏； （7）活动增多，或精神运动性兴奋； （8）行为轻率或追求享乐，不顾后果，或具有冒险性； （9）性欲明显亢进。 3. 严重时伴有幻觉、妄想等病状。 4. 后果：工作、学习和家务劳动能力受损；社交能力受损；给别人造成危险或不良后果。 5. 若和抑郁症症状同时出现，则可能为双相情感障碍，请尽早通知专业人员和机构	应对措施：尽早发现、保护好自己和他人、尽早通知专业人员和机构。 专业干预策略：药物治疗为主，心理辅导为辅
自杀与暴力伤人/杀人倾向	1. 是否存在自杀/伤人念头及计划：主要评估自杀/伤人意念出现的频率、程度；是否在为此做相关准备（查看地点、准备工具、准备、模拟或演练等行为）。当自杀/伤人意念越强、计划越明确可行，也就越有可能做出自杀/伤人行为。 2. 评估既往相关自杀/伤人经历：包括自己与家人或周围人的既往自杀/伤人史，越有自杀/伤人史的人，或曾经历过周围人的类似情况，实施自杀/伤人的风险越高。 3. 评估目前是否具有较大的现实压力，如学习压力、人际压力等，压力越大，风险越高。 4. 临床诊断：目前已有的各种医学诊断，包括精神心理疾病或躯体疾病，有临床诊断的，自杀/伤人的风险升高	自杀/伤人的早期干预： 首先确保学生或自身安全。 1. 保持冷静； 2. 耐心倾听他的感受； 3. 认可他的情感，不试图说服或改变他们的感受和想法； 4. 直接询问他们是否想自杀或伤人（注：询问一个人有无自杀/伤人念头不但不会引起自杀/伤人的行为，反而可以拯救生命）； 5. 相信他说的话，当他说要自杀时，要认真对待； 6. 如他要求你对其想自杀的事情保密时，不要答应； 7. 尽量使他相信别人的帮助可能缓解眼下的困境，鼓励其寻求帮助、寻找其自身及周围资源； 8. 不要让其独处，要立即和专业人员联系，团队合作、共同承担帮助他的责任

第七章 网络思想政治教育

互联网技术、互联网社会的迅猛发展，信息网络技术的快速迭代和新媒体的广泛应用，为大学生思想政治教育工作带来了前所未有的机遇，也带来严峻挑战。在党和国家持续深入推进“网络强国”战略、营造清朗网络空间、加强网络意识形态工作、培育“中国好网民”的时代背景下，高校辅导员必须直面挑战，主动培育互联网思维，掌握网络思想政治教育工作范式，将思想政治教育的传统优势与信息技术高度融合，主动抢占网络这一意识形态领域斗争的“主战场”，不断增强思想政治教育的亲和力、针对性和实效性。

第一节 正确认识网络思想政治教育

一、高校网络思想政治教育从“被动应对”到“主动引领”

1987 年 9 月 14 日，位于北京市海淀区的中国兵器工业计算机应用技术研究所，向境外发出了一封电子邮件 *Across the Great Wall we can reach every corner in the world*。这封邮件于一周后抵达德国卡尔斯鲁厄大学，从此揭开了中国人使用互联网的序幕。只是在当时，可能连参与者也很难想象到，互联网会在今天如此深刻地影响着全世界，几乎颠覆式地重构了人类的生存方式。

1994 年 4 月 20 日，我国首次开通 64K 国际专线，实现了与互联网的全功能连接，被国际上正式承认为第 77 个拥有全功能互联网的国家。1998 年 5 月，联合国秘书长安南在联合国新闻委员会上提出，在加强传统的文字和声像传播手段的同时，应利用最先进的第四媒体——互联网（Internet）。可见，当今中国的大学生，正是在互联网蓬勃发展的大背景下出生和成长起来的。作为高校学生工作者，如何应对互联网高速发展给大学生思想政治教育工作带来的挑战？如何理解网络思想政治教育在今天的创新发展？首先需要我们对网络思想政治教育的产生和发展有基本的了解。

1999 年 11 月，《中国地质教育》第 4 期刊载文章《计算机与计算机网络能否作为思想政治教育载体的比较研究》。同年 12 月，《空军政治学院学报》第 6 期刊载文章《发挥校园网络思想政治工作的作用》。2000 年 2 月，华南师范大学刘梅在《思想政治教育的现代方式——论网络思想政治教育建设》一文中首次提出了“网络思想政治教育”这一概念，认为“网络思想政治教育，是根据传播学原理和思想宣传的理论，利用计算机网络所进行的思想政治教育”。并且在文中指出：“网络思想政治教育是思想政治教育适应现代科技发展的表现，它具有不同于传统思想政治教育的显著特点，是计算机网络和思想政治教育的联姻，是思想政治教育的一种现代方法。”

2004 年 8 月，中共中央、国务院下发《关于进一步加强和改进大学生思想政治教育的意见》（中发〔2004〕16 号文），明确提出要“主动占领网络政治教育新阵地”“要牢牢把握网络思想政治教育主动权”。2016 年 12 月，中共中央、国务院印发《关于加强和改进新形势下高校思想政治工作的意见》（中发〔2016〕31 号），强调“要加强互联网思想政治工作载体建设，加强学生互动社区、主题教育网站、专业学术网站和‘两微一端’建设，运用大学生喜欢的表达方式开展思想政治教育”。

2017 年 12 月，中共教育部党组印发《高校思想政治工作质量提升工程实施纲要》，明确要求“创新推动网络育人”，大力构建“网络育人质量提升体系”，要求“推动思想政治工作传统优势同信息技术高度融合，引导师生强化网络意识，树立网络思维，提升网络文明素养，创作网络文化产品，传播主旋律、弘扬正能量，守护好网络精神家园”。

2018 年 8 月，习近平总书记在全国宣传思想工作会议上强调，必须“科学认识网络传播规律”“提高用网治网水平，使互联网这个最大变量变成事业发展的最大增量”。

近 30 年来，互联网的发展深刻改变了我们的工作、生活和思维习惯，高校网络思想政治教育也随着互联网的快速发展经历了“起步—被动应对—主动引领”的过程。对思想政治教育来说，网络不仅是工具，也是环境，不仅是虚拟社会，也是现实反映。

二、推动思想政治工作传统优势与信息技术高度融合

中国共产党发展壮大的历史表明，思想政治教育是我们党的优秀传统和强大优势。毛泽东同志就曾明确指出，“思想政治教育作为我们党的优秀传统和强大优势，重点始终落在政治上，落在动员和保证全党对党的路线、方针、政策和战略的正确理解和坚决执行上”。

习近平总书记在全国高校思想政治工作会议上强调，“做好高校思想政治工作，要因事而化、因时而进、因势而新”“要运用新媒体新技术使工作活起来，推动思想政治工作传统优势同信息技术高度融合，增强时代感和吸引力”。

教育部 2017 年 8 月修订并公布了《普通高等学校辅导员队伍建设规定》(教育部令第 43 号)。文件明确了辅导员工作的九大主要职责，网络思想政治教育是其中之一。这项职责要求辅导员“运用新媒体新技术，推动思想政治工作传统优势与信息技术高度融合。构建网络思想政治教育重要阵地，积极传播先进文化。加强学生网络素养教育，积极培养校园好网民，引导学生创作网络文化作品，弘扬主旋律，传播正能量。创新工作路径，加强与学生的网上互动交流，运用网络新媒体对学生开展思想引领、学习指导、生活辅导、心理咨询等”。

在“00 后”“05 后”学生高度依赖网络的背景下，辅导员如何“因事而化、因时而进、因势而新”地开展思想政治教育工作，如何推动思想政治工作传统优势同信息技术高度融合，增强网络思政工作的时代感和吸引力呢？

首先，要进一步优化思想政治教育内容，使其在信息过载的网络时代大背景下能及时更新迭代，并始终保持对教育对象的吸引力。当今互联网时代又被称为“流量时代”，思想政治教育的内容要让学生关注并且接受、吸收，不仅要提高内容质量，还要使教育内容具有“高颜值”。如果将网络思政内容的输出比喻为产品营销，那我们就要本着“围绕学生、关照学生、服务学生”的理念，努力生产出既有意义又有意思的思政产品，这样才能在市场上吸引学生的注意，最终让学生接受并喜欢上这一产品。

其次，要创新思想政治教育工作的形式，进一步增强工作的互动性。网络时代，思想政治教育“去中心化”特征明显，传统教育主体权威被逐步消解，学生自主意识、自我表达意识显著增强，学生通过网络媒体和社交平台了解信息、表达意见的行为已成为常态。辅导员要深入研究网络传播特征，主动打破传统思想政治教育“单向输出”的局限，工作中充分遵循用户思维和平台思维，充分尊重学生在教育中的主体地位，发挥学生在教育中的主动性和创造性，使学生主动参与到思政工作中来，变“单向输出”为“双向互动”，使教育能够同频共振。

最后，要借助信息网络技术和新媒体手段，主动将日常思想政治教育工作延伸到网上。学生在哪里，辅导员的工作就在哪里。西南交通大学 2019 年度“大学生成长与发展”调查显示，学生每天上网时间在 5 小时以上的占比达到 27%，上网时长 3 ~ 5 小时的占比达到 35%，而每天上网不足 1 小时的只占 6%。在网络平台选择上(最多选 3 项)，排在前 3 位的分别是社交平台、视频平台和在线学习平台。越来越多的学生为了提高学习效率，选择在手机上安装使用 Forest、番茄 ToDo 等效率类 APP，强制自己远离信息干扰。如果不将工作主动延伸到网络上，延伸到移动端，我们将面临失去网络思想政治教育工作阵地优势的巨大风险。

第二节 积极开展网络思想政治教育

一、掌握网络思想政治教育的特点开展工作

习近平总书记在全国高校思想政治工作会议上的讲话中提到，“好的思想政治工作应该像盐，但不能光吃盐，最好的方式是将盐溶解到各种食物中自然而然吸收”。这一比喻，同样为我们开展网络思想政治教育工作提供了方向。我们在工作中要深入研究学生成长发展规律，要学会将“盐”适量、适时地放入菜品中，让每一道营养丰富的“思政大餐”更加有滋有味。

1. 运用网络提升参与性，做到润物无声

盐对于人体非常重要，是每日所需。但我们并不能直接吃盐，而是需要将其融入食物当中食用。同理，辅导员面向学生开展网络思想政治教育工作，不能错误地理解为就是“网络”+“思想政治教育”，从而简单、生硬地将教育内容灌输给学生。网络思想政治教育需要充分尊重学生的主体地位，运用互联网的交互性等特征，将教育内容化于无形、融于日常，就像盐融入食物一样，在看不见摸不到的情况下润物无声，入脑入心。2019 年 10 月 1 日，西南交通大学提供体育馆、礼堂、报告厅、教室、食堂等场馆供三校区师生集中收看国庆庆典活动直播。其间，现场师生上百次自发鼓掌，并且在学生工作部（处）“扬华微语”等微信平台留言，表达自己对祖国母亲的祝福。集中收看直播，开展网络互动，让学生体验到了更好的参与感，取得了良好的教育实效。2020 年春季，由于受新冠肺炎疫情影响，全国高校延期开学。为了让学生在居家学习期间做到自律高效，许多辅导员利用网络发起了各种打卡活动：运动健康打卡、背单词打卡、预习打卡、做家务打卡等。不同于传统的通知、倡议、要求，打卡活动不仅吸引了大量学生参与，同时也帮助和督促学生长期坚持不懈，养成良好学习生活习惯。

2. 运用网络提高针对性，做到因人而异

充分运用互联网和大数据开展精准思政，使工作能够更加符合学生需求，提升教育的针对性和实效性。口渴的时候，我们需要一杯白开水，而生病脱水的时候，我们需要补充生理盐水。同理，思想政治教育不但要内容好，还要符合学生的个性化需要，才能让学生觉得“可口”，才更有利于吸收。一名辅导员面对 200 名学生，如何做到因人而异、因材施教呢？一方面，要充分利用网络快速便捷的优势，为学生提供更丰富的教育资源，让学生有更多选择；另一方面，要通过学生工作信息化平台和社交网络，采集整理学生基础信息，对学生进行分层、分类、分时段教育。西南交通大学 2019 年度“大学生成长与发展”调查结果显示，学生最常使用或浏览的媒体中，微博、微信、QQ 占比高达 92%，B 站和知乎紧随其后，分别占 50%和 40%。在此之前针对该校学生的另一项调查则显示，在即时通信 APP 中，本科生更倾向使用 QQ，而研究生更倾向使用微信。辅导员首先需要掌握学生的上网偏好和活动场域，针对不同学生采用不同方式方法，以提升工作的实效性。

3. 运用网络提高时效性，做到因时制宜

有经验的厨师都知道，做菜不仅要讲究放盐的量，还要讲究放盐的时机。烤肉需要提前一天腌制，炒青菜在起锅时才放盐，开展网络思政工作也要讲究时机。春季学期重点开展班风学风教育、毕业离校教育等；秋季学期重点开展新生入学教育、评奖评优等。安全教育需要贯穿始终，在冬季尤其要加强对宿舍用电安全的教育。考试周前需要集中开展诚信考试教育，而传统文化活动则可以结合相关的节气、节日开展。2020 年春季各高校延期开学期间，辅导员纷纷通过学校、学院网络平台开展疫情防控教育、心理疏导和居家学习指导。云班会、云支部会、云家长会、线上谈心谈话、

线上学习经验交流、线上优秀笔记展示……一个个网络会议室让辅导员瞬间化身为主播，一条条语音、短信让辅导员与学生始终保持着密切联系，一次次交流互动让朋辈教育精彩纷呈。在这一特殊时期，师生们都普遍感受到网络思想政治教育在时间、空间上的优势，同时也积极适应网络思想政治教育，并且不断丰富和发展网络思想政治教育的内容和形式。后疫情时代，各类网络教育的常态化将为网络思想政治教育的深入开展提供更加广阔的舞台。

二、应对网络时代对思想政治教育工作带来的挑战

1. 做好网络舆情引导转化

网络舆情是指受众在网络领域通过网络语言和其他方式，围绕社会公共事务性的热点或普遍关注的议题所表达的情绪、态度和意见的集合。网络舆情按其性质可以分为正向网络舆情和负向网络舆情。辅导员需要掌握网络舆情的收集、分析和处置方法，能及时对学生中产生的负向网络舆情进行引导和转化。简单而言，网络舆情的引导和转化可以采取以下方法：第一，积极调控。包括引导学生及时删除有可能形成负向网络舆情的信息，密切跟踪有关热点、焦点问题信息的转载、传播、扩散，同时主动引导、调控信息，强化主流信息引导力度，充分发挥意见领袖和学生网评员的作用，形成积极向上的舆论引导。第二，主动转化。具体可采用情感感化、信息认同、双面说理、行为约束等方法，从根本上转化相关学生偏激、片面的态度、思想和行为。情感感化和信息认同主要是与相关学生增强情感认同，寻求共识点，打通思想转化的通道。双面说理就是从正反两方面说理，摆事实、讲道理，把正确的、错误的观点、做法都摆出来，让学生来鉴别和比较。心理学研究表明，双面说理的方法对受教育程度较高的知识群体容易产生积极效果。

2. 加强学生网络素养教育

网络素养主要是指人们接近、分析、评价和生产网络媒介内容等四个方面的能力。以上四个方面的能力之间，不是一个此消彼长的关系，而是相辅相成的整体。虽然当代大学生长期生存于网络空间，但由于没有接受系统的网络素养教育，网络法律知识和网络道德意识缺乏、网络责任感弱化，导致部分大学生不会正确、合理使用网络，网络失范行为频频发生。一项针对 812 名学生的调查显示，能够准确、全面地从网络中获取学习、实践、工作等信息的大学生仅占 7%，能够熟练使用中国“知网”等网络数据库的大学生仅占 9%，经常浏览本专业权威站点的大学生仅占 4%。由此可见，虽然大学生已成为使用网络的主要群体，同时也具备一定的网络使用技能，但这并不意味着他们具备同等的分析、评价和生产网络内容的能力。因此，高校辅导员在开展网络思想政治教育工作时，要着重强化大学生网络行为规范教育，帮助大学生提高明辨是非的能力，从而能够合理、正确地使用网络。

第三节　他山之石

2015 年 12 月，习近平总书记出席第二届世界互联网大会时指出：“互联网让世界变成了‘鸡犬之声相闻’的地球村”“中国将大力实施网络强国战略、国家大数据战略、‘互联网+’行动计划，发展积极向上的网络文化”。近年来，教育部主办的高校学生网络思政平台、各高校官方微信公众平台、辅导员个人微信公众平台等影响越来越大，成为大学生阅读、学习、交流的重要渠道，受到师生的广泛关注和欢迎。他山之石，可以攻玉。通过学习借鉴优秀思政教育平台，可以不断开拓辅导员开展网络思政教育工作的思路，切实提升辅导员工作能力和水平。

一、全国高校思想政治工作网（http://www.sizhengwang.cn/）

全国高校思想政治工作网由高等教育出版社主办，教育部主管，教育部思政司指导，是全国高校思想政治工作的资源集散库、思想文化策源地和宣传舆论风向标平台。2018 年 1 月 4 日，全国高校思想政治工作网在北京上线开通启动。网站设置有“公示公告”“战线联播”“政策解读”“思政简报”“权威访谈”等版块，为辅导员开展思政工作提供丰富的理论学习和宣讲素材，同时对各大高校思政工作典型经验进行宣传展示。

二、中国大学生在线（http://www.univs.cn/zx/）

中国大学生在线网站是由教育部主导并推动，全国大学生参与，全国高校依照“共创、共建、共管、共用、共享”的原则，以“栏目共建、信息交互、活动联办、服务共享”的方式合作共建的公益性、综合性大学生门户网站。网站以“弘扬健康文化、服务大学生活、塑造大学生人格、引导大学生成才”为主题，贴近生活、贴近学生、贴近实际，提供和完善各项有益于大学生的网络服务，满足大学生日益增长的成长成才需求，使网站成为全国大学生喜爱的网上精神家园。中国大学生在线的内容分为：新闻资讯、高校共建栏目、活动和社区。该网站也是全国大学生网络文化节主要承办单位之一。

三、高校辅导员在线

高校辅导员在线是教育部中国大学生在线、高校思政工作队伍培训研修中心（高教社）、高校辅导员网络培训中心面向全国高校辅导员及广大思政工作干部开设的官方微信公众号。平台设置有“资讯”“培训”“理论思考”“工作案例”“精品微课”“辅导员之声”等栏目。

除教育部主管、主办的相关平台外，还有各高校宣传部门、学生工作部门主办的网站和微信公众平台。如西南交通大学学生工作部（处）主办的扬华素质网、“扬华微语”公众号、“扬华研究生”公众号，电子科技大学学生工作部（处）主办的“成电学工”公众号等。为适应网络思想政治教育工作的需要，越来越多的辅导员也开通了个人微信公众号，通过撰写网文为学生答疑解惑，并与学生开展网络互动，受到学生的普遍欢迎。上海交通大学辅导员梁钦老师开通公众号“辅导员娘亲”，坚持用原创周记与学生进行交流互动。截至 2019 年年底，已经吸引 6 万余粉丝关注，出版专著《大学，你得好好读》。西南交通大学辅导员任凯利老师创办了“交大 Kelly 说网络思政工作室”，并在成功运营公众号“交大 Kelly 说”的基础上开设“与新媒体共舞”通识课，着力提升大学生网络素养。

第八章 学生安全稳定与危机应对

学生安全稳定是高校发展的前提，也是社会稳定的重要组成部分。维护好学生安全稳定是思想政治教育的基本任务之一，是辅导员的重要工作职责之一，考验着辅导员的综合能力。正确、及时、有效地处置紧急、危机事件对学校的稳定和社会的稳定具有重要意义。

安稳工作以预防为主，在做了大量的预防工作、教育工作以后，小概率的偶发事件、安稳事件仍然可能会不可避免，辅导员要以良好的心态、及时的行动、有效的措施、准确的沟通与汇报进行处理，因此需要学习、了解、掌握安稳事件预防与处理的相关知识、行动原则及方法。

第一节 日常安全教育

维护与保障学生安稳的重点应以预防为主，辅导员全面了解日常安全教育所包含的内容有助于做好教育工作。

一、日常安全教育的内容

（一）交通安全

1. 校园内交通安全

提醒学生遵守《西南交通大学校园交通管理办法》，该办法对在校园道路上的车辆驾驶、行人、乘车人进行了相应的规定。注意提醒和教育学生“人、机动车、非机动车应该各行其道”，尤其是教育学生容易忽略的且日渐增多的滑滑板、溜旱冰，管理办法中明确规定“严禁在道路上溜旱冰、玩滑板等影响校园道路交通安全的行为”。同时提醒和教育学生在上下课高峰期的交通安全、夜晚灯光不够明亮地段的安全、河边行走的安全等。

2. 校园外交通安全

外出、回家选择正规、合法的运营工具；遵守我国的交通法规；外出、回家及时与老师汇报和沟通。

（二）网络安全

2017 年 6 月我国实施《网络安全法》，辅导员应提醒和教育学生：自觉选择安全上网通道、主动使用主流安全软件、严格屏蔽不良网站；建议学生使用校园网，具备价格便宜、链接图书馆免费数字资源、学校网络维护安全等优势；不在 QQ 群、微信群、贴吧、微博、朋友圈等网络空间发布、传播危害国家安全、荣誉和利益的一切言论，抵制宣扬恐怖主义、极端主义、民族仇恨、传播暴力、淫秽色情、赌博信息；加强对无线路由器的管理，无线路由器设置密码，不向陌生人透露无线网密码，不使用软件或编写软件破译他人无线路由器或使用不安全的网络；使用网络文明语言，不造谣传谣，明辨是非，抵制有害信息，积极揭露和举报不安全信息；注意病毒防护，不留给不法分子可乘之机；加强网络财产安全意识，不点击不明链接，不点击不明来源的“红包”等；做好网上个人信息安全，管理好自己的微信、微博等社交平台，并进行相应的设置，避免出现不法分子利用网络公开的私人信息（学校、班级、活动轨迹、照片等）对学生做出相应的伤害事件。

（三）财产安全

1. 防止电信诈骗

电信诈骗是指犯罪分子通过电话、网络、短信等方式，编造虚假信息，设置骗局，冒充导师、辅导员等对受害人实施远程、非接触式诈骗，诱使受害人给犯罪分子打款、转账等犯罪行为。

学生常见的受骗案例有网络购物退款、中奖、老师借钱、家里人出事借钱等，学生社会经验不足容易上当。

辅导员需要提醒并教育学生：天上不会掉馅饼，没有任何老师会向学生借钱、涉及钱的事情多思考，并向家长或老师进行了解。

2. 防止校园贷

部分不良网贷平台通过虚假、有诱惑性的宣传方式、降低贷款门槛等手段，诱导学生过度消费甚至造成高利贷、“裸贷”、被威胁、自杀等恶性事件。

辅导员需要提醒并教育学生：树立正确的消费观，引导学生合理、科学消费，合理安排生活支出，养成文明健康的生活习惯；管理好自己的信息，不要随意将学生证、身份证借给包括同学在内的其他人使用；普及金融信贷的相关法律法规，尤其是针对贫困生，帮助其了解学校奖助贷政策。

辅导员需要观察学生是否存在异常消费、过度消费、超前消费，及时了解，及时制止，及时帮助。

3. 防止推销受骗

常常有学生遇到上门推销、校园内的推销，尤其是大一新生入校会碰到不少上门推销的情况。辅导员需要提醒并教育学生：对于上门推销的情况尽量不参与，如要购买一定要三思，看自己是否需要，价格是否合理，商品品质是否可靠，切莫贪小便宜，实在不清楚的就拒绝或者听听老师的意见。

（四）人身安全

无论身处何地都要有人身安全意识，保障自身人身安全；无论在任何地方都不要私自在江河湖海池塘小溪等下水游泳；避免在雷雨天气外出活动；参加各类聚会切勿过量饮酒；不要违规使用明火等。

（五）心理安全

学生因为各种原因导致的抑郁、焦虑、精神问题等，会诱发相应的行为。具体表现和如何工作参见心理健康教育。

（六）宿舍园区安全

1. 防火

诱发校园火灾的主要原因：违章电器、劣质插座、违规吸烟、使用蚊香等明火、物品杂乱堆放等。辅导员应该指导学牛学习《西南交通大学公寓管理办法》中关于安全管理的相关规定，明确违章电器范畴、严格遵守规定。辅导员要按照学校园区管理规定，将副书记、辅导员、学院园区管理、班级生活委员的宿舍管理交叉结合；要求学生参与学校的防火灾演练活动，提高学生的消防安全意识和防范能力。

2. 防盗

校园失窃案件时有发生，主要丢失物品为笔记本电脑、平板电脑、手机等，主要丢失地点有宿舍、食堂拥挤地方等。需要提醒和教育学生：离开宿舍需要关好门窗、离开自习室带上贵重物品、拥挤场所将物品整理好放在前方等。

3. 防暴力

宿舍关系不和谐有可能导致学生宿舍争执上升为打架斗殴事件，需要提醒和教育学生：宿舍是准公共场所，同学彼此需要尊重及和谐相处，遇到不和谐的事情以沟通交流为主，解决不了可以请老师协调。

（七）防范意识形态领域渗透

1. 防范校园传教

我国实行宗教与教育相分离的政策。在大学校园里不得进行宗教相关活动，严禁传教活动。辅导员需要提醒并教育学生：应当自觉抵制校园传教，发现情况及时上报；学生不得在校园从事宗教活动、传教活动。

2. 防范校外不良赞助

某些组织、机构打着校园活动赞助、社团运营经费赞助的旗号，开展意识形态渗透活动。西南交大校团委明确规定社团的成立必须进行登记注册。辅导员需要教育和要求学生成立社团、组织必须向学院团委申请后按照校团委的规定进行登记注册；辅导员需要定期清理学生自发成立的组织并接受不良赞助进行活动的现象；辅导员需要教育并严查学生个人、社团组织私自接受企业赞助帮助企业在校内开展活动的行为；辅导员需要对邀请进行的报告内容提前审核并按照宣传部要求进行报备，现场进行全程跟进。

（八）实习安全

实习安全：一是学校统一组织的暑期实习；二是学生到企业进行实习替代学校的暑期实习；三是学生利用空闲时间自行联系的实习与实践。

1. 学校统一组织的暑期实习

学校按照教学计划在暑期开展为期 2～3 周的短学期实习，根据年级不同、学院专业不同，在学校或者学院指定的企业完成。需要提醒与教育学生严格按照实习老师的要求参加实习，在企业完成的实习，禁止私自外出、禁止不经同意私自返回学校；在学校实习期间严格遵守实验室各项管理规定，尤其是安全管理规定；对于在实验室才能完成的工作切勿带出实验室，严禁将危险实验品带回宿舍，将化学物带回宿舍实验、电路板带回宿舍焊接等。

2. 学生到企业实习替代学校暑期实习

一般在大三年级根据学校教务处和各学院《关于暑期实习替代的规定》，学生可以不参加学校的统一实习，而是选择到企业进行实习。需要提醒和教育学生：严格办理好各项校内手续，严格遵守企业安全管理规定，严格遵守企业的保密规定，学生或企业购买相应的保险，与学生、家长签订安全承诺书。

3. 学生本人自行联系的实习与实践

学生在学制内学习期间、寒暑假期间，可自行联系各种实习与实践。需要提醒和教育学生：通过正规渠道寻找正规的岗位实习，与企业签订相应的协议，学生主动向家长和老师进行报备，遵守法律法规和公司的规定，提醒和要求不能占用上课时间。

（九）诚信考试教育

辅导员需要加强学生的考试诚信教育。做好诚信考试宣传工作、诚信承诺签订、诚信警示教育等工作，以防因考试作弊带来的安全隐患。

（十）空中安全教育

越来越多的学生喜欢玩无人机，同时一些创新项目涉及无人机驾驶、航空模型等。根据《中华人民共和国民用航空法》《中华人民共和国飞行基本规则》和四川省的相关规定，西南交通大学犀浦校区、九里校区、峨眉校区管控空域内均不能进行无人机、航模、孔明灯、无人驾驶的自由气球和其他升空物体飞行，若需要开展相关事项，需要提前向相关部门申请。

（十一）集体活动安全

辅导员需要组织大型活动、集体活动，如开学、毕业典礼、迎新毕业晚会、大型讲座、运动会等，同时，学生班级、团支部、党支部也要举办相应的活动。学校和学院应有大型活动的安全预案，同时作为组织者的辅导员一方面需要对学生进行安全教育，另一方面需要熟悉安全预案。

（十二）防止传销

传销是指组织者发展人员，通过被发展人员以其直接或者间接发展的人员数量或者业绩为依据计算和付出报酬，或者要求被发展人以缴纳一定费用为条件取得加入资格等方式获得收益的违法行为。传销组织会对学生采取洗脑、限制人身自由、向家庭勒索财物等行为。

需要提醒和教育学生：对于推销各类产品、创业项目、就业机会、快速赚钱方法等行为，尤其在就业的过程中、熟人的推销中，要提高警惕，了解企业的真实信息，提高甄别能力，提高自我保护意识，遇到拿不准的信息要与老师和家长商量。一旦陷入传销组织，有些学生还能保持清醒，积极求救，但有可能某些学生已经被洗脑，无论哪种情况，辅导员都需要与公安机关、家长一道组织营救。

（十三）寒暑假留校安全

每年寒暑假均有一部分学生留在学校。辅导员需要对这部分学生进行全面提醒与教育。寒假学校将组织集中住宿。与家长进行确认与沟通，让家长知晓学生留校的情况。

（十四）暑期“三下乡”与海外实践安全

1. 暑期“三下乡”安全

根据学校和学院团委的规定，暑期开展“三下乡”活动。需要提醒和教育到位：严格按照学校规定参加“三下乡”暑期实践，出发前根据天气、自然条件等判断是否继续开展，若遇到极端恶劣天气、突发事件必须取消；了解和遵守实践活动目的地的风俗习惯。

2. 海外实践安全

学校和各学院均会组织寒暑假海外游学、实践项目或者国际组织项目。需要提醒和教育学生：出发前办理好各项手续和购买保险，听从带队老师的要求，服从学校的管理，不脱队自行活动；了解和尊重目的国的风俗习惯，讲文明、讲礼貌，不做有损国家和学校形象的事情；注意饮食、财物、身体健康、人身安全。

（十五）校外住宿安全

某些学生因特殊原因需要在校外住宿，辅导员应该熟知并让学生学习《西南交通大学本科生校外住宿管理办法》《西南交通大学学生公寓管理办法》，按照规定进行申请、家长同意、学院审批、学生工作部（处）备案的流程，并了解清楚学生的住处是否安全，提醒和教育学生：校外住宿安全，如防盗、防火、人身安全等。

二、日常安全教育的工作形式

（1）落实《学生工作部（处）关于进一步加强辅导员深入学生联系学生工作的通知》，深入学生，掌握情况，进行教育；

（2）通过学校和学院网站、官方传媒的文字、视频进行安全教育；

（3）通过召开班会、专业大会、年级大会进行安全教育；

（4）通过相关知识、案例的发布与讲解进行安全教育；

（5）通过安全月、网络文化节、心理文化节等进行主题安全教育；

（6）指导学生阅读、学习并签订安全承诺书进行安全教育；

（7）加强安全委员的教育与培养；

（8）制作警示教育宣传册；

（9）注意工作素材和工作案例的累计；

（10）辅导员、学院领导、校内外专家共同开展安全教育。

三、辅导员做好安全教育需要关注的事件与时间节点

（1）新生入学季：按照学校和学院的要求，进行新生安全教育，以防各类安稳事件发生。

（2）毕业季：毕业班课程少、聚会多，容易发生喝酒醉酒、打架斗殴、外出活动等情况，需要进行重点关注；未能按时毕业、未按期找到工作等特殊情况，需要进行重点关注。

（3）学生考试前后：需要在考试前加强考纪教育，同时需要关注考试成绩公布后因学业问题导致的安全隐患。

（4）个人重大应激事件：关注学生因为感情受挫、家庭变故等重大事件而产生的安稳隐患。

四、日常安全教育的原则把握

1. 摸底分类与台账建立

辅导员对所带学生的基本情况进行全面掌握，对于重点支持的学生，按照学校和学院的要求，建立《××学院重点支持学生台账》，动态更新。对于特别需要关注的学生建立一人一册的档案。

2. 常态教育与节点教育

安全教育，警钟长鸣，需要不断去提醒、强化学生的安全意识，安全教育常态化，同时对于特殊时间节点需要重点关注，如考前进行考试诚信教育。

3. 全面教育与个别教育

安全教育是面向全体学生的工作，但对重点支持学生需要注意进行个别教育、关爱、辅导。

4. 不留隐患与不留情面

不留死角、不留隐患，安全问题不能网开一面，对于可能存在隐患的地方严格严肃进行整改。

5. 工作留痕与工作反馈

在对学生的安全教育与关爱工作中，需要做好相应的记录，并及时向学院和学校报告，同时每学期、每学年进行定期总结，学院留存。对于需要及时上报的总结、台账，按照学校的要求进行上报。

第二节　重点支持学生的关爱与帮扶

在做好日常安全教育的同时，需要加强对重点支持学生的关注，避免因忽略重点支持学生演变成为安稳隐患甚至成为安全事故。辅导员可以通过谈心谈话、走访、其他学生协助了解、查档、问卷调查等方式，全面掌握学生的基本情况，建立基本的数据库，进行动态更新，并在此基础上，逐步梳理出需要辅导员重点支持的学生对象，建立相应的一人一册的档案，持续关爱与帮扶。

一、重点支持学生范围

（1）学业相关类：学业困难学生、退学预警学生、退学学生；
（2）心理相关类：心理疾病学生、精神疾病学生；
（3）适应类：人际关系紧张学生、大学适应性差学生；
（4）经济困难类：家庭经济困难学生、家庭（本人）突发状况学生；
（5）休学创业学生；
（6）就业困难学生；
（7）受处理或受处分学生；
（8）其他需要重点关爱的学生：编班学生、离校自修延长学年、休学复学、转专业学生等。

二、工作原则

实施分类指导，对学生逐一开展建档、定策、帮扶、反馈工作。

1. 关爱与帮扶原则

发自内心地对重点支持学生进行关爱，给予真诚的关心、切实的帮助。

2. 客观与真实原则

对于重点支持学生的工作要基于客观真实的情况，避免加入辅导员的好恶与主观臆断，每一位学生出现一些状况都有其特殊的原因，辅导员应成为学生重要心理支持来源之一。

3. 工作持续性原则

对于重点支持学生的工作有可能是长期的，需要辅导员耐心地、持续地关爱、支持学生。

4. 协调联动原则

对于重点支持学生，辅导员是工作的支撑点之一，还需要充分调动专业教师、班导师、家长、心理专家、医生等各方面的力量，成为共同工作的支持系统。

5. 记录完整性原则

对于重点支持学生，工作时需要完整记录，包括音频、文字、图片等，便于全面了解学生的状况，也方便在辅导员更替后，新任辅导员能快速了解学生的状况。

6. 保密原则

对于需要重点支持学生，需要对学生保持尊重，并对学生的个人隐私进行保密。不要随意谈论学生的个体情况，同时保管好学生一人一档的档案。

7. 及时汇报与定期指导原则

对于需要重点支持学生所涉及的一些情况，需要及时向学校和学院进行汇报，事态发生涉及安稳状态时，应该通过学生工作部（处）的安稳报送系统进行报送。副书记应当定期进行查阅和指导。

三、建档具体要求

学校学生工作部（处）对重点支持学生有“一人一档”和在扬华系统“重点支持学生”栏目及时入库的要求，具体根据各学院的特点细化执行细则。以下为参考建议：

（1）为每一个重点支持学生建立一个档案袋，在校期间一人一档，持续性维护，根据实际情况进行终止，做好存档工作。

（2）档案袋内“重点支持学生档案工作一览表”内容完整。

（3）档案袋内容包括不限于：

① 学生基本情况概述；

② 学校学院相关老师（辅导员、导师、班导师、心理老师等）谈心谈话记录；

③ 学校学院相关老师（辅导员、导师、班导师、心理老师等）帮扶工作记录；

④ 学生每学期成绩单并进行每学期的学分统计分析说明（按照培养计划的总学分、该学年应修学分、学生每学期修过学分等）；

⑤ 开展家长工作的记录。

（4）以工作时间为序，整理档案袋，并填写工作一览表，完成一项填写一项。

（5）关于记录的说明：

① 电话音频记录（是否有电子记录，存放位置）。

② 给本人和家长邮寄的记录单：在凭证上记录清楚学号和姓名、注明邮寄物品具体内容。

③ 谈心谈话的记录复印件或电子截屏（通过 QQ、微信、邮件、短信等电子方式进行的谈话）。

④ 工作记录应当记录在本人的工作记录本上，将工作记录复印件装入档案袋并及时录入系统。工作记录复印件包括与该生相关的帮扶工作、关爱工作等工作记录。

第三节　突发事件的处置

一、学生中可能发生的突发事件

（1）以学生为主体的校内外群体性事件；

（2）以学生为主体的集体食物中毒、传染病疫情等公共卫生事件；

（3）学生因各种原因而产生的心理危机；

（4）学生的网络与信息安全事件；

（5）学生因各种原因被开除学籍造成的情绪过激事件；

（6）学生的失踪、失联；

（7）学生受到严重意外伤害；

（8）学生因各种原因而产生的自杀倾向；

（9）学生个体的非正常死亡等。

二、突发事件的处置原则

1. 预防为主与重点关注原则

做好前期预防，对于有苗头的及时发现和处理，尽量不演化为突发紧急事件，特别是对于可以预见的人和事：如学业成绩差且心理素质差的学生，心理疾病学生，被开除学籍学生等。

2. 快速反应与第一时间原则

发生突发事件时，辅导员确保第一时间到现场。

3. 调整心态与冷静清醒原则

调整好心态，客观冷静判断事情的性质、事态、关联的部门与人员，捋清工作步骤，分清轻重缓急，以保障学生的生命健康为第一前提。

4. 及时汇报与协调处理原则

遇到突发事件需要向学院副书记进行及时汇报，根据情况，必要时向学院党委书记汇报，并向党政报告，向学生工作部（处）领导、保卫处进行汇报；协调学院其他老师、心理、保卫处、医院、学生工作部（处）、家长等相关人员进行协同处理。

5. 依法依规与合情合理

根据发生的情况，对于处置依据的相关规定要心中有数，根据法律、法规、校规、校纪进行处理，对于必须保卫处、公安机关处理的事项不得私自处理，对于需要法律顾问协助的可以向学校法律顾问请求支持；处理的过程注意辅导员自身的态度，具有同理心，严格遵守规章制度与温暖温度并重的工作态度。

6. 保护学生与保护自我原则

学生需要重点保护，同时也需要加强辅导员自身的安全防护，原则上处置突发事件至少有 2 名及以上工作人员同时在场。

7. 准确记录与及时报送原则

对于发生的事件经过、处理过程需要准确客观的记录，并通过学生工作部（处）、党政办安稳平台进行安稳报送，汇报情况，请求指导与支持。

三、辅导员在突发事件处置中的具体工作内容

1. 确保安全

学生安全为第一要务。第一时间到现场后，关注学生的生命、身体健康。例如，发生校园交通事故，第一时间到达现场后，应该首先关注学生的受伤情况、生命状态。

2. 现场控制

在相关机关部门调查取证后，尽可能控制影响，尽可能带离现场，尽可能化解矛盾，防止事态恶化及对其他学生的不良影响。

3. 及时上报

第一时间向主管领导和相关部门汇报情况，信息准确客观，先口头后书面。

4. 联系家长

及时联系家长协同处理，表达内容客观准确，表达方式有真情实感，争取家长的理解与配合。

5. 配合调查

采取个别谈心、学生情况说明、集中座谈收集信息等方式了解事实，尽快了解和掌握事件发生的诱因、过程、相关人员关系、造成的后果，明确性质。

6. 协同配合

与公安、医疗等单位，党政办公室、学生工作部（处）、保卫处、教务处等部门，心理研究与咨

询中心等单位，班导师（导师）、任课教师、监考老师、学生家长、学生骨干等配合工作。事情处理一般需要持续一段时间，特别需要安排相应的学生骨干、关系良好的同学持续关注学生情况。

7. 思想工作

妥善做好涉事学生及周边学生的思想教育工作、情绪安抚工作、心理疏导工作，该项工作可能需要持续、反复地进行。

8. 关注舆情

关注舆论导向和媒体传播，引导和规劝学生冷静沉着，合理合法使用自媒体，关注学生的网络媒体，有特殊情况的报告宣传部进行舆情关注，防止不良影响扩散。

以上步骤顺序根据实际情况进行。

突发事件处理的相关电话如表 8.1 所示。

表 8.1　突发事件处理相关的重要电话和办公地址

序号	名称	办公地址	联系电话
1	学校保卫处	五食堂三楼	028-66366110
2	学校教务处（学籍处理）	X225	028-66366252
3	学生工作部（处）本科生科	X263	028-66366353
4	学生工作部（处）研究生科	X265	028-66367858
5	学校校医院	西二门外	028-66366120
6	学校心理中心	X5230	028-66363086
7	宣传部	综合楼 517	028-66367039
8	犀浦派出所	校园路 553 号	028-87851117
9	九里派出所	星河路 88 号	028-87617616
10	峨眉山市景区派出所	乐山市公安局峨眉山景区分局	0833-5593398
11	其他重要电话	110、119、120	

第四节　常见安稳事件处置基本流程

一、学生出现考试作弊情形的基本工作流程

（一）情况概述

学生在考试过程中违反考试相关规定。

（二）时段特点

主要集中于考试周、补考周。

（三）处理团队

教务处或研究生院、监考老师、学生工作部（处）、辅导员、班导师（导师）。

（四）处理程序及重要时点

（1）建议辅导员在每学期考试前召开班会，做好诚信考试教育，签订《诚信考试承诺书》，收集

并存档。（时点：考试周前）

（2）建议辅导员在开考前到考场巡视，再次提醒学生遵守考试纪律。（时点：考试周）

（3）考试过程中，监考老师发现学生考试违纪后，将上报教务处，教务处将通知辅导员、学院教务员及学院相关领导。（时点：发现后立即上报）

（4）辅导员配合教务处（研究生院）、监考老师调查违纪情况。（时点：发现后立即配合）

（5）辅导员、班导师（导师）对学生进行批评教育，同时关注学生的状态。（时点：违纪事实清楚后立即开展）

（6）辅导员、班导师（导师）整理日常管理与教育的相关工作情况。（时点：违纪事实清楚后立即整理）

（7）辅导员与家长联系，告知学生的违纪行为、相关规定、日常教育工作的开展情况以及可能面临的处理结果，并建议家长到校协助教育和处理。（时点：了解违纪事实后立即联系）

（8）依据作弊事实和学校相关规定，辅导员在学院主管领导指导下，完成书面汇报并提交至学院，由学院集体讨论处分建议。（时点：违纪事实确定后）

（9）辅导员向学生及家长传达学院的处分建议，告知学生享有陈述和申辩的权利，确认学生是否对该处分建议进行陈述和申辩并告知相关规定。（时点：学院给予处分建议后）

（10）若学生对学院的处分建议不再进行申辩，辅导员将学院的处分建议提交至教务处，教务处按照规定完成相关工作后，将下达处分决定至学院；若学生对学院的处分建议需要申辩，由学生本人将申辩书提交至教务处，辅导员提交学院的处分建议至教务处，教务处按照规定完成相关工作后，若认定学院的处分建议不恰当，将通知学院重新讨论给出处分建议并提交至教务处；最终由教务处将处分决定下达至学院。（时点：向学生传达了学院处分建议后）

（11）辅导员将处分决定分别送达学生和家长并留存一份在学院，同时告知学生对该处分决定有申诉权及申诉的相关规定。（时点：学校处分下达后）

（12）学生及家长对处分决定有异议，可以按照规定进行申诉，由学生本人提交申诉书至学校申诉委员会，学校申诉委员会召开会议后给出处理决定。（时点：学生提出申诉后）

（13）辅导员将申诉结果告知学生及家长，此外，学生有权向四川省教育厅进行申诉。（时点：学校申诉委员会会议结束后）

（14）辅导员会同班导师（导师）形成最终的处理报告，上报学院分管领导审批后，报教务处并交学院存档（纸质和电子档）。（时点：处理结束后）

（15）辅导员以合适的方式警醒其他学生。（时点：处理结束后）

（16）事件处理过程中，辅导员应根据需要随时上报学院分管学生工作的党委副书记、学院党政领导、学校相关部门领导；根据事件的发展状态，及时上报至学校党政办安稳平台、学生工作部（处）安稳平台。（时点：根据需要及时汇报）

（17）辅导员、班导师（导师）全程做好学生的安全稳定工作，批评教育与关心关爱并重。（时点：违纪行为发生后持续关注）

（五）注意事项

（1）辅导员需预防学生过激行为，请家长配合工作。

（2）辅导员需预防家长的过激行为，必要时协同保卫处、教务处、学生工作部（处）等部门共同开展工作。

（3）若为开除学籍处理，辅导员可以协助学生了解重新参加高考、出国等相关政策。

学生出现考试作弊情形的基本工作流程如图 8.1 所示。

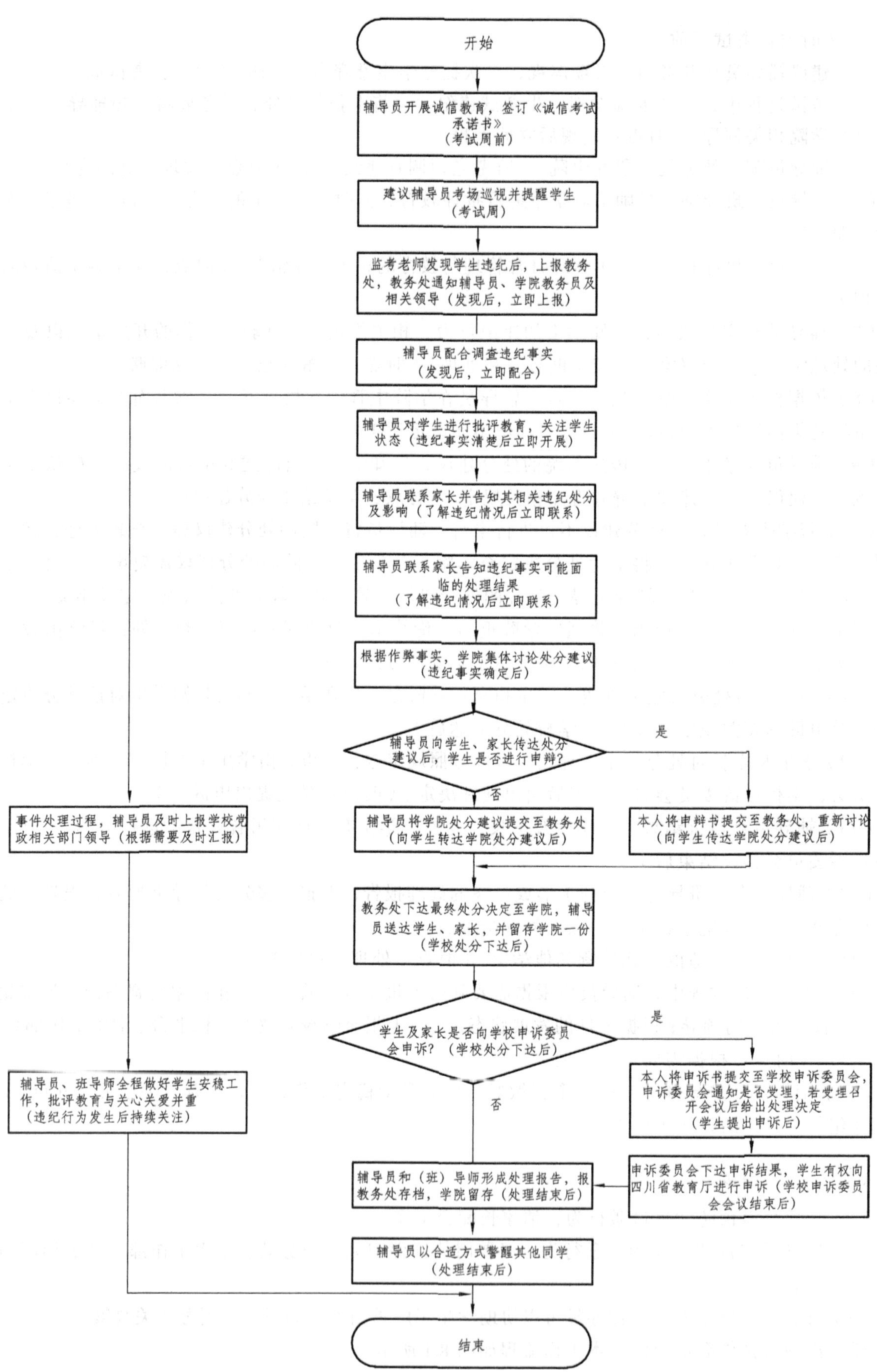

图 8.1　学生出现考试作弊情形的基本工作流程

二、学生出现违法犯罪情形的基本工作流程

（一）情况概述

学生参与违法犯罪活动，如非法使用软件、参与诈骗、抢劫、传销等。

（二）时段特点

不集中。

（三）处理团队

公安机关、学生工作部（处）、保卫处、辅导员、班导师（导师）。

（四）处理程序及重要时点（以学生参与诈骗为例）

（1）加强学生法制教育。辅导员开展日常的学生法律知识普及和教育；其他年级辅导员、班导师（导师）不定期通过班会等途径加强学生法制教育，将法律知识普及与安全稳定工作相结合。（时点：不定期）

（2）辅导员、班导师（导师）等发现学生有预谋实施诈骗的苗头时，应及时制止并警醒学生，必要时报告保卫处；辅导员、班导师（导师）获知学生实施诈骗等违法行为时，应及时教育并规劝学生自首，报保卫处并视情况报告公安机关。（时点：发现后）

（3）辅导员将情况及时向学院分管学生的党委副书记、相关部门报告。（时点：了解情况后）

（4）在预谋阶段发现后辅导员应及时制止并联系家长，提醒家长加强引导与教育；获知学生实施了诈骗等违法行为后，辅导员报告保卫处或公安机关，并与家长联系，反馈目前掌握的情况和所采取的措施，请家长到校协助处理。（时点：了解情况后）

（5）辅导员协助保卫处、公安机关做好违法事件的调查与处理。（时点：事件发生后）

（6）辅导员会同班导师（导师）整理日常教育相关资料以及处理过程形成初步报告，上报学院和学校。（时点：事实基本清晰后）

（7）辅导员遵从公安机关处理意见并按照校规校纪进行处理。（时点：公安机关处理后）

（8）辅导员会同班导师（导师）形成处理报告，上报学院分管领导审批后，报学校并交学院存档（纸质和电子档）。（时点：处理结束后）

（9）辅导员以合适的方式警醒其他同学。（时点：处理结束后）

（10）事件处理过程中，辅导员应根据需要随时上报学院分管学生工作的党委副书记、学院党政领导、学校相关部门领导；根据事件的发展状态，及时上报至学校党政办安稳平台、学生工作部（处）安稳平台。（时点：根据需要及时汇报）

（五）注意事项

（1）辅导员需预防学生过激行为。

（2）辅导员需了解、掌握学生的情绪及状态。

学生出现违法犯罪情形的基本工作流程如图 8.2 所示。

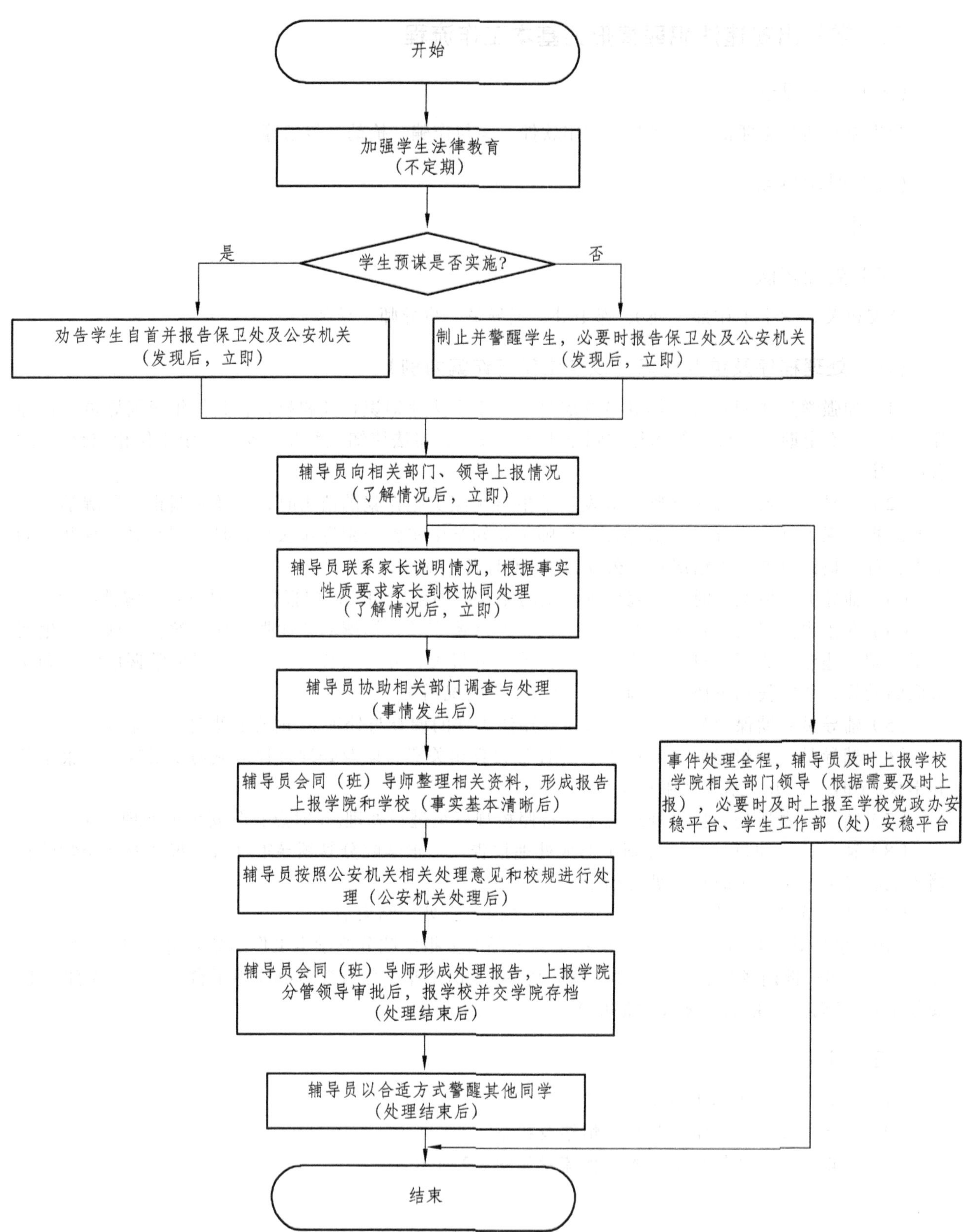

图 8.2　学生出现违法犯罪情形的基本工作流程

三、学生遭受诈骗情形的基本工作流程

（一）情况概述

学生遭遇诈骗（网络、电话、短信以及现场诈骗），遭受经济损失。

（二）时段特点

不确定。

（三）处理团队

学生工作部（处）、保卫处、辅导员、班导师（导师）。

（四）处理程序

（1）每年 9—10 月学院组织新生入学教育（安全教育专篇）；其他年级辅导员、班导师（导师）不定期通过班会等途径开展安全教育，传授防骗技巧、讲解实际案例等。（时点：第 1～2 周，新生入学季）

（2）事件发生后，辅导员了解具体情况并安抚学生情绪，协助学生报告保卫处，并在保卫处指导下决定是否报公安机关。（时点：接到学生报告后）

（3）辅导员及时报告学院分管学生工作的党委副书记、学校相关部门。（时点：了解情况后立即报告）

（4）辅导员根据情况联系家长，反馈事件事实和学生现状，提醒家长注意学生近期的情绪和状态，必要时请家长到校协助处理。（时点：了解情况后立即联系）

（5）在保卫处的指导下，辅导员协助学生做好事件调查，包括事件发生经过、经济损失、证据收集等，与家长保持沟通。（时点：了解情况后立即调查）

（6）掌握并研判学生的状态，辅导员、班导师（导师）、家长在事件处理过程中及事件处理有结果后（尤其是没有挽回经济损失的情况下），做好学生的思想工作，帮助学生分析事件发生的原因，存在的疏漏，接下来如何面对等；关注学生近期的学习、生活状态，并请家长协助做好相关工作。（时点：事情处理后）

（7）辅导员会同班导师（导师）形成处理报告，上报学院分管领导审批后，报学校并交学院存档（纸质和电子档）。（时点：事件处理结束后）

（8）辅导员以合适的方式警醒其他同学。（时点：事件处理结束后）

（9）事件处理过程中，辅导员应根据需要随时上报学院分管学生工作的党委副书记、学院党政领导、学校相关部门领导；根据事件的发展状态，及时上报至学校党政办安稳平台、学生工作部（处）安稳平台。（时点：根据需要及时汇报）

（五）注意事项

（1）辅导员需注意保护学生隐私。

（2）辅导员需注意学生的情绪，尤其是在没有挽回经济损失的情况下。

学生遭受诈骗情形的基本工作流程如图 8.3 所示。

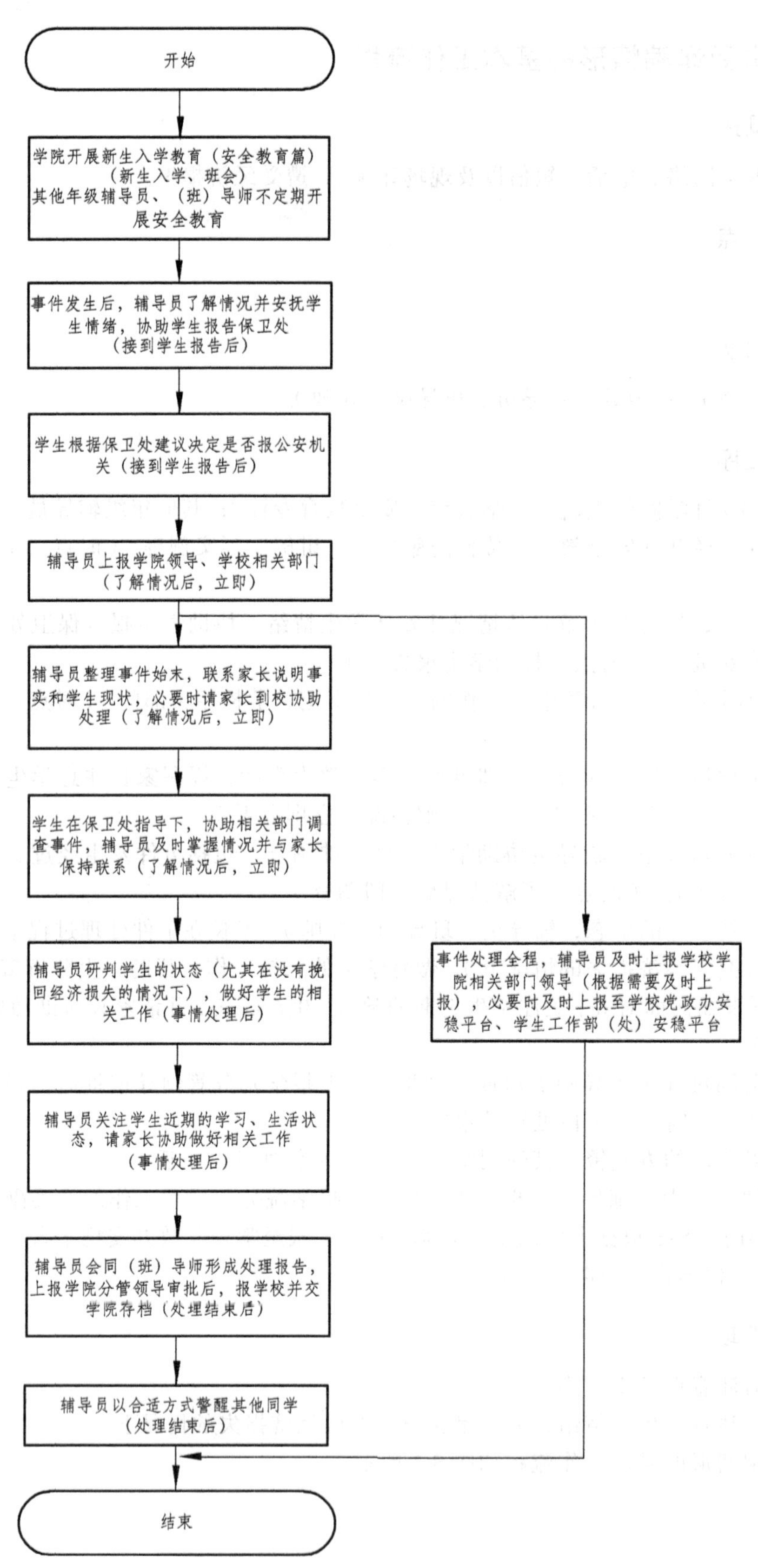

图 8.3　学生遭受诈骗情形的基本工作流程

四、学生出现打架斗殴情形的基本工作流程

（一）情况概述

学生组织或参与打架、斗殴。

（二）时段特征

常见于毕业时节、对抗性体育活动中。

（三）处理团队

学生工作部（处）、保卫处、辅导员、班导师（导师）、家长、校医院。

（四）处理程序及重要时点

（1）学院开展新生入学教育（规范篇）；其他年级辅导员、班导师（导师）不定期通过班会等途径开展学生纪律教育，明确校规校纪及《中华人民共和国治安管理处罚法》等相关规定。（时点：新生入学、班会）

（2）接到报告，辅导员首先明确是否有人受伤，如有受伤，指导现场人员及时送往校医院或拨打 120 急救电话。

（3）辅导员在第一时间赶往现场的同时报告学院分管学生工作的党委副书记、学校相关部门，并在保卫处指导下决定是否报公安机关。（时点：发现打架斗殴，立即）

（4）辅导员到现场进行处置，控制事态发展，安抚学生情绪，初步搜集证人、证言。（时点：事件现场）

（5）辅导员协助保卫处（公安机关）等部门调查事件，责成学生书写事件经过与检查，形成书面材料，对学生进行批评教育；指导学生学习校规校纪。（时点：打架制止后，立即）

（6）辅导员带领学生到保卫处进行处理；进一步调查事件并指导学生进行处理，根据事实和校规校纪，厘清责任，在保卫处指导下形成初步处理意见并上报学校。（时点：初步了解后）

（7）辅导员与家长进行沟通，通报事件的起因、经过以及学生可能面临的处理结果、后续所需配合的工作等；根据事件性质，必要时，请家长到校协助事件处理。（时点：初步了解后，立即）

（8）若涉及处分，辅导员将最终处分决定下达到学生及家长并留存学院一份，并告知申诉的权利和途径。（时点：学校处分决定下达后，立即）

（9）辅导员、班导师（导师）做好学生的教育工作和思想工作。（时点：处理初步结束后，立即）

（10）辅导员会同班导师（导师）形成处理报告，上报学院分管领导审批后，报学校并交学院存档（纸质和电子档）。（时点：事件处理结束后）

（11）辅导员以合适的方式警醒其他同学。（时点：事件处理结束后）

（12）事件处理过程中，辅导员应根据需要随时上报学院分管学生工作的党委副书记、学院党政领导、学校相关部门领导；根据事件的发展状态，及时上报至学校党政办安稳平台、学生工作部（处）安稳平台。（时点：根据需要及时汇报）

（五）注意事项

（1）辅导员需预防学生的过激行为、报复行为。

（2）辅导员需预防家长对处分结果的过激行为。

学生出现打架斗殴情形的基本工作流程如图 8.4 所示。

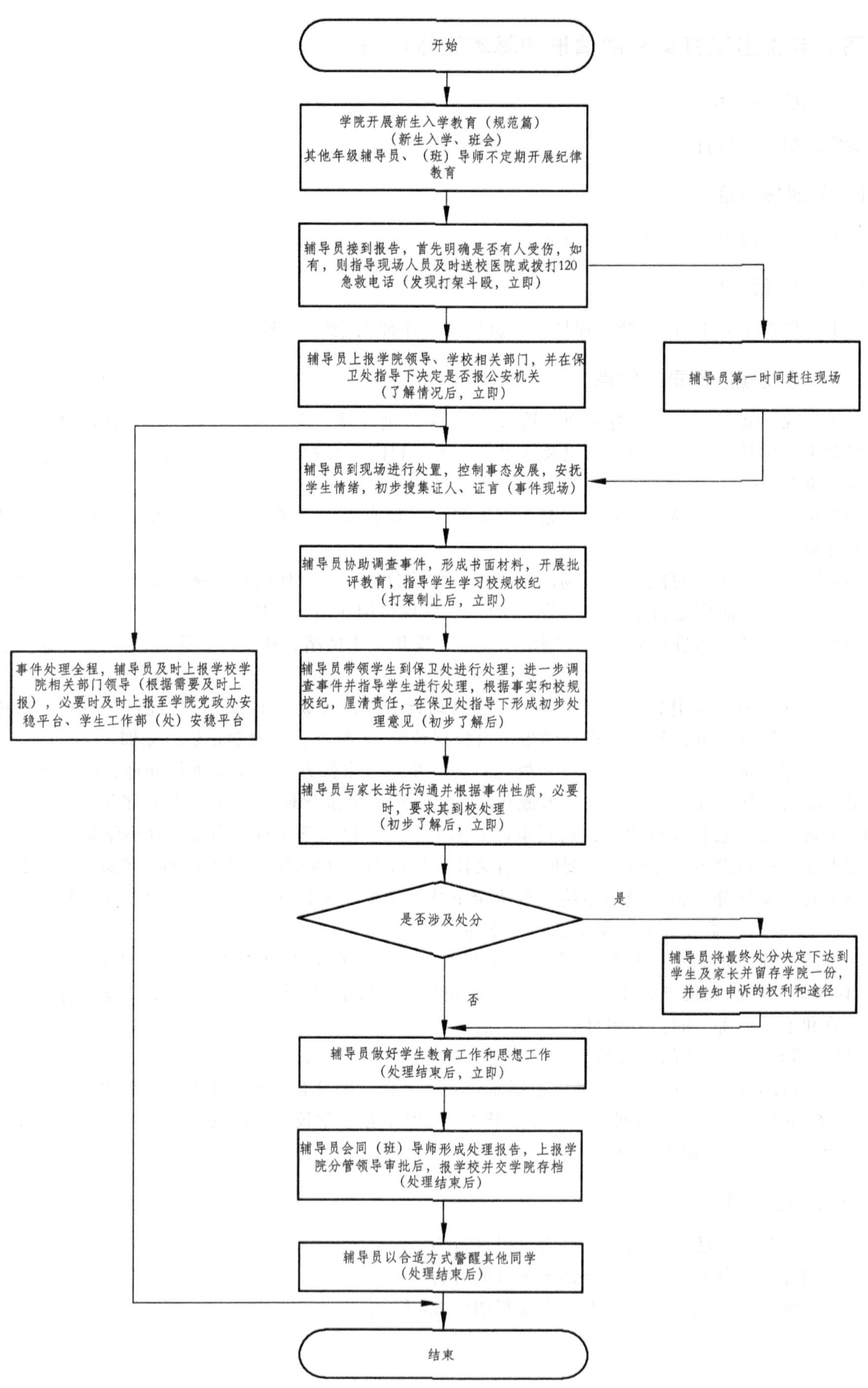

图 8.4　学生出现打架斗殴情形的基本工作流程

五、学生出现意外受伤情形的基本工作流程

（一）情况概述

学生在校期间意外受伤。

（二）集中时段

不定期。

（三）处理团队

学生工作部（处）、校医院、辅导员、班导师（导师）。

（四）处理程序及重要时点

（1）学院通过新生入学教育（安全篇）加强新生安全教育；其他年级辅导员、班导师（导师）不定期通过班会等途径进行学生日常安全教育，提醒学生合理评估参与活动的身体情况、关注身体健康状态。（时点：新生入学、班会）

（2）辅导员接到学生意外受伤报告后，根据情况指导现场人员及时将受伤学生送至校医院或拨打 120 急救电话。（时点：接到学生报告后，立即）

（3）辅导员在第一时间赶往现场的同时，报告学院分管学生工作的党委副书记、学校相关部门。（时点：出现意外受伤后，立即）

（4）辅导员了解学生受伤情况后，与家长联系，沟通学生当前的情况，同时向家长初步了解学生相关的既往病史；必要时，请家长到校或医院协助工作。（时点：了解情况后，立即）

（5）在治疗过程中，辅导员需要与家长沟通，尊重医生处理意见和家长的意见。（时点：学生入院后）

（6）辅导员、班导师（导师）在学生生病期间，提醒学生请假、学习、医疗保险等事宜；辅导员协助安排学生进行陪护，提醒陪护学生注意安全。（时点：学生住院期间）

（7）辅导员指导学生进行相关医疗费用报销。（时点：学生出院后）

（8）辅导员会同班导师（导师）形成处理报告，上报学院分管领导审批后，报学校并交学院存档（纸质和电子档）。（时点：事件处理结束后）

（9）辅导员以合适的方式提醒其他同学。（时点：事件处理结束后）

（10）事件处理过程中，辅导员应根据需要随时上报学院分管学生工作的党委副书记、学院党政领导、学校相关部门领导；根据事件的发展状态，及时上报至学校党政办安稳平台、学生工作部（处）安稳平台。（时点：根据需要及时汇报）

（五）注意事项

（1）辅导员需提醒学生按照医保就医并及时处理相关报销事宜。

（2）辅导员需关心学生的情绪问题。

（3）辅导员需关心学生的学业相关问题。

学生出现意外受伤情形的基本工作流程如图 8.5 所示。

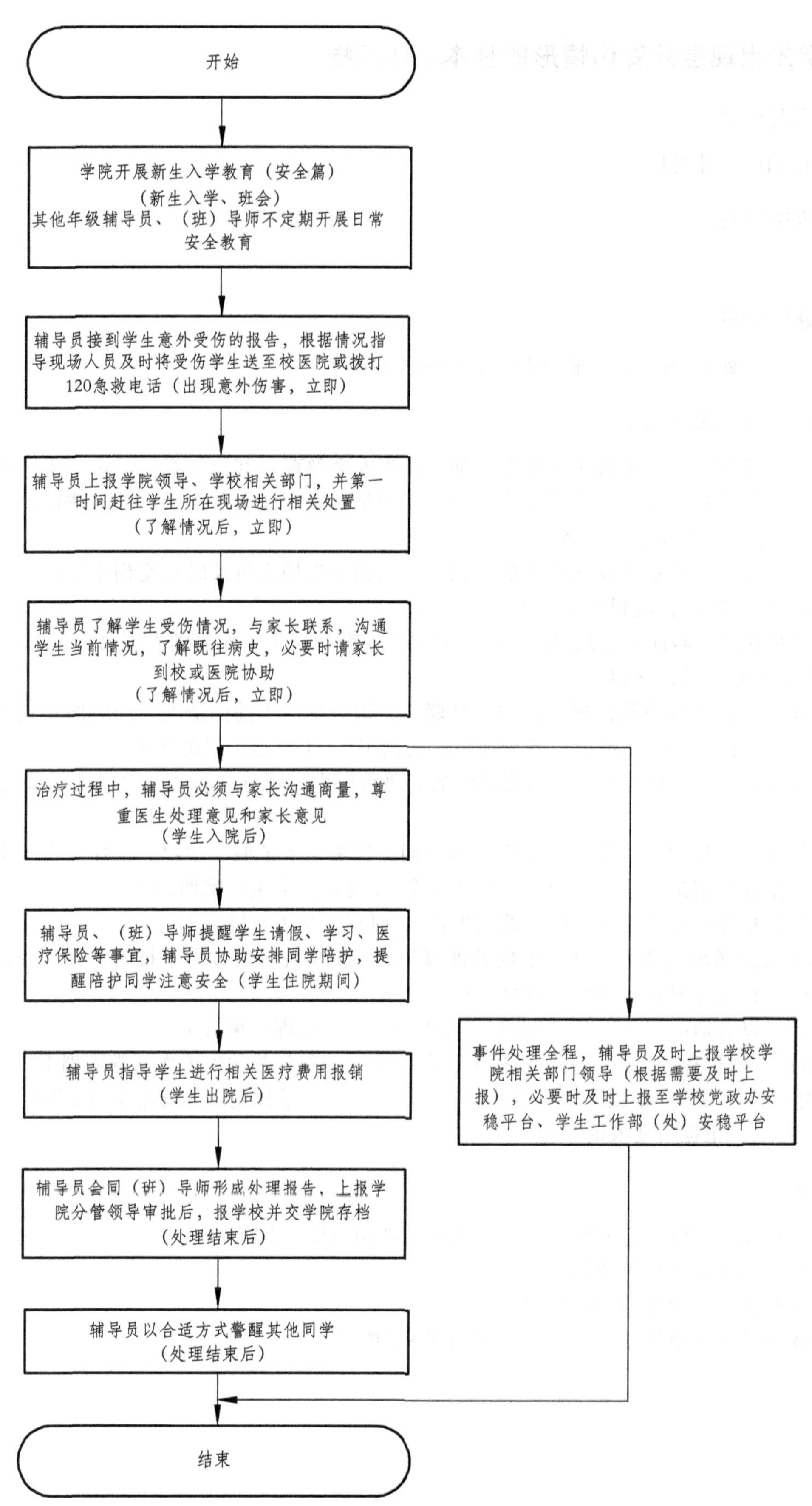

图 8.5　学生出现意外受伤情形的基本工作流程

六、学生出现心理问题的基本工作流程

（一）情况概述

学生出现心理问题征兆或已确诊为心理问题。

（二）时段特点

不定期。

（三）处理团队

心理研究与咨询中心、学生工作部（处）、辅导员、班导师（导师）。

（四）处理程序

（1）学院和心理研究与咨询中心共同完成新生入学教育（心理健康篇），并完成新生心理测评。（时点：新生入学）

（2）辅导员、班导师（导师）与完成心理测评后需要进一步交流的学生（由心理研究与咨询中心提供具体名单）沟通，初步掌握学生基本情况；同时，根据心理研究与咨询中心提供的名单通知相关学生到心理研究与咨询中心进行进一步谈话。（时点：心理研究与咨询中心测评结果反馈后）

（3）辅导员、班导师（导师）了解心理研究与咨询中心的进一步评估情况，根据情况与家长进行反馈，包括：学校测评的初步结果，与学生交流的情况，提醒家长的注意事项，了解既往情况等，根据情况讨论是否到相关医院就诊等，必要时请家长到校共同处理。（时点：进一步评估或者必要时）

（4）辅导员、班导师（导师）加强学生的日常心理教育与引导，重点关注新生测评中需要重点关注的学生情况。（时点：日常加强关注）

（5）辅导员会同班导师（导师）建议出现心理问题征兆的学生到心理研究与咨询中心或相关医院进行咨询辅导，并立即告知家长。（时点：出现征兆或行为反常时）

（6）根据心理研究与咨询中心的建议，若出现需要到医院就诊的情况，及时联系家长，请家长带领学生到医院就诊（如华西医院、第四人民医院、西南司法鉴定中心），并将就诊情况反馈给辅导员；若学生不愿意就诊，需要持续做好学生的工作并持续与家长进行沟通带领学生就诊。（时点：心理研究与咨询中心建议后）

（7）辅导员提醒学生或家长按照医疗保险或规定就诊。（时点：学生就诊时）

（8）辅导员提醒和要求学生遵医嘱进行治疗，请家长进行陪护。（时点：学生就诊时）

（9）辅导员、班导师（导师）根据医生建议、学生状况，与学生和家长共同讨论决定是否休学治疗等。若学生继续在校学习，必要时，请家长陪读，同时提醒同寝室学生、班委等关注学生情况，异常情况下立即报告；若休学治疗，指导学生和家长办理好休学手续。（时点：学生就诊后）

（10）辅导员会同班导师（导师）形成处理报告，上报学院分管领导审批后，报学校并交学院存档（纸质和电子档）。（时点：事件处理结束后）

（11）事件处理过程中，辅导员应根据需要随时上报学院分管学生工作的党委副书记、学院党政领导、学校相关部门领导；根据事件的发展状态，及时上报至学校党政办安稳平台、学生工作部（处）安稳平台。（时点：根据需要及时汇报）

（五）注意事项

（1）如遇严重突发情况，在无专业人员和保护人员在场的情况下，辅导员不能贸然采取措施，需请求专业人士支援。

（2）辅导员无权直接带学生就诊。

（3）辅导员需注意学生自暴力倾向，自伤（他伤）倾向及走失可能性。

（4）辅导员应控制适当的知情范围。

学生出现心理问题的基本工作流程如图 8.6 所示。

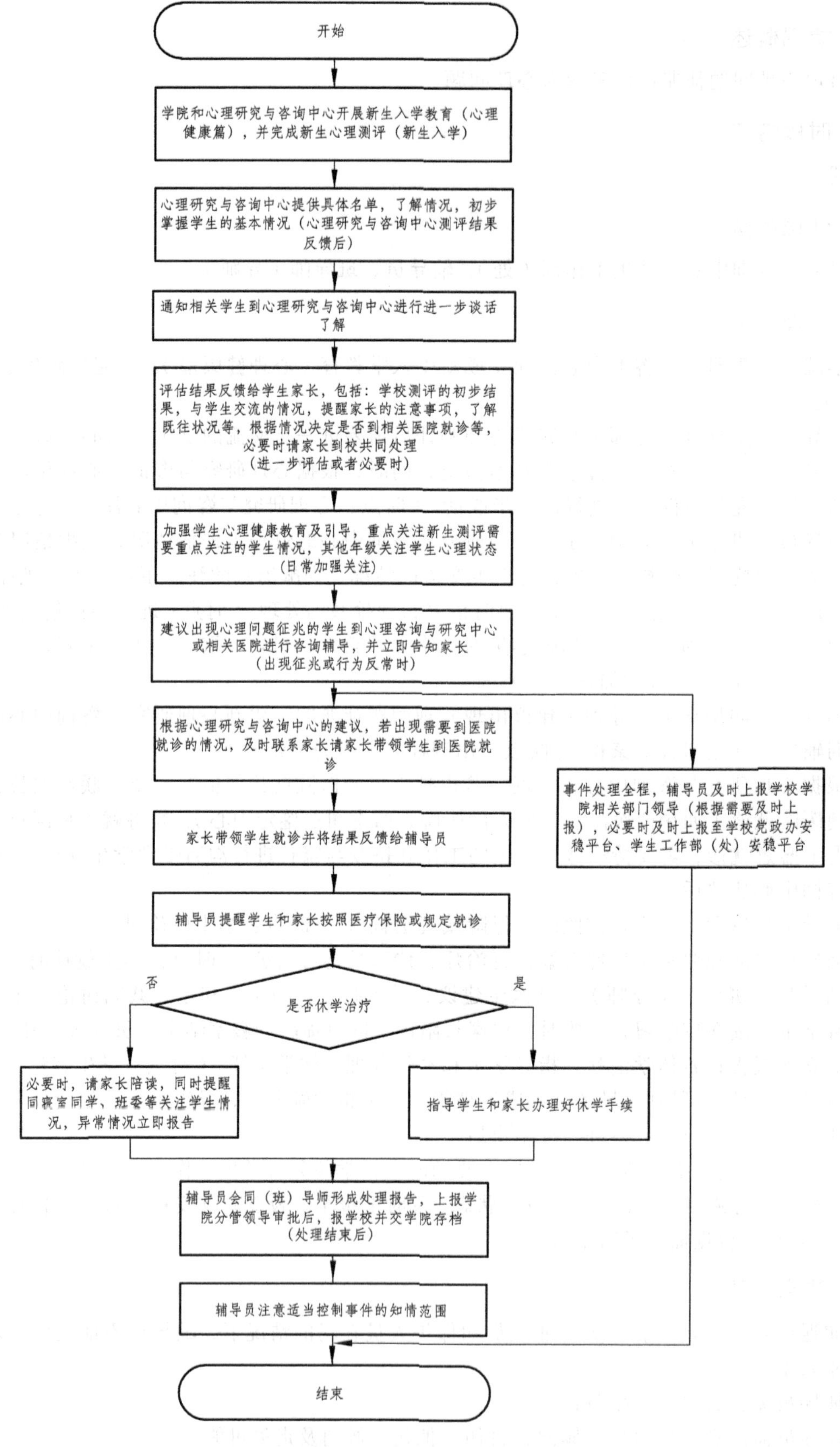

图 8.6　学生出现心理问题的基本工作流程

七、学生出现失联情形的基本工作流程

（一）情况概述

学生在校期间或返校途中与家长或学校一定时间内失去联系。

（二）事件特点

失联判定困难，后果可能较严重。

（三）处理团队

学生工作部（处）、公安机关、保卫处、辅导员、班导师（导师）。

（四）处理程序及重要时点

（1）学院通过新生入学教育（安全篇）加强新生安全教育，其他年级辅导员、班导师（导师）不定期通过班会等途径进行学生日常安全教育，尤其强调出行安全和外出请销假制度。（时点：新生入学、班会）

（2）辅导员加强班委的责任意识，若发现有学生 24 小时未见及时报告辅导员。（时点：失去联系 24 小时）

（3）辅导员、班导师（导师）与家长、班级学生等共同研判学生失联的可能性，追踪学生的活动轨迹；尝试通过学生常用渠道（QQ、微信、游戏等）与学生联系；到学生经常出入或可能的地方进行现场找寻。（时点：发现无法联络后，立即）

（4）辅导员及时报告学院分管学生工作的党委副书记、学校相关部门。（时点：了解情况后立即报告）

（5）学生联系或者找寻无果，达到立案条件的（人口失踪一般以 24 小时为限），由家长或辅导员进行报案。（时点：达到立案条件后，立即）

（6）若通过努力联系上学生后，辅导员确认学生状态，要求学生尽快返校或者回家；辅导员、班导师（导师）及家长进一步了解失联原因；辅导员、班导师（导师）及家长对学生进行批评教育和安全教育。（时点：失联学生回校后）

（7）报案后 12 小时学生仍失联，辅导员、班导师（导师）整理资料（包括事件发展过程、查找情况、与家长联系情况等），及时向学校、学院、公安机关、保卫处等进行备案；继续协助公安机关、保卫处等部门寻找学生。（时点：报案 12 小时后）

（8）辅导员会同班导师（导师）形成处理报告，上报学院分管领导审批后，报学校并交学院存档（纸质和电子档）。（时点：事件处理结束后）

（9）事件处理过程中，辅导员应根据需要随时上报学院分管学生工作的党委副书记、学院党政领导、学校相关部门领导；根据事件的发展状态，及时上报至学校党政办安稳平台、学生工作部（处）安稳平台。（时点：根据需要及时汇报）

（五）注意事项

（1）辅导员要主动发现、主动寻找，有利于尽早排查。

（2）辅导员可以发动更多学生提供线索。

学生出现失联情形的基本工作流程如图 8.7 所示。

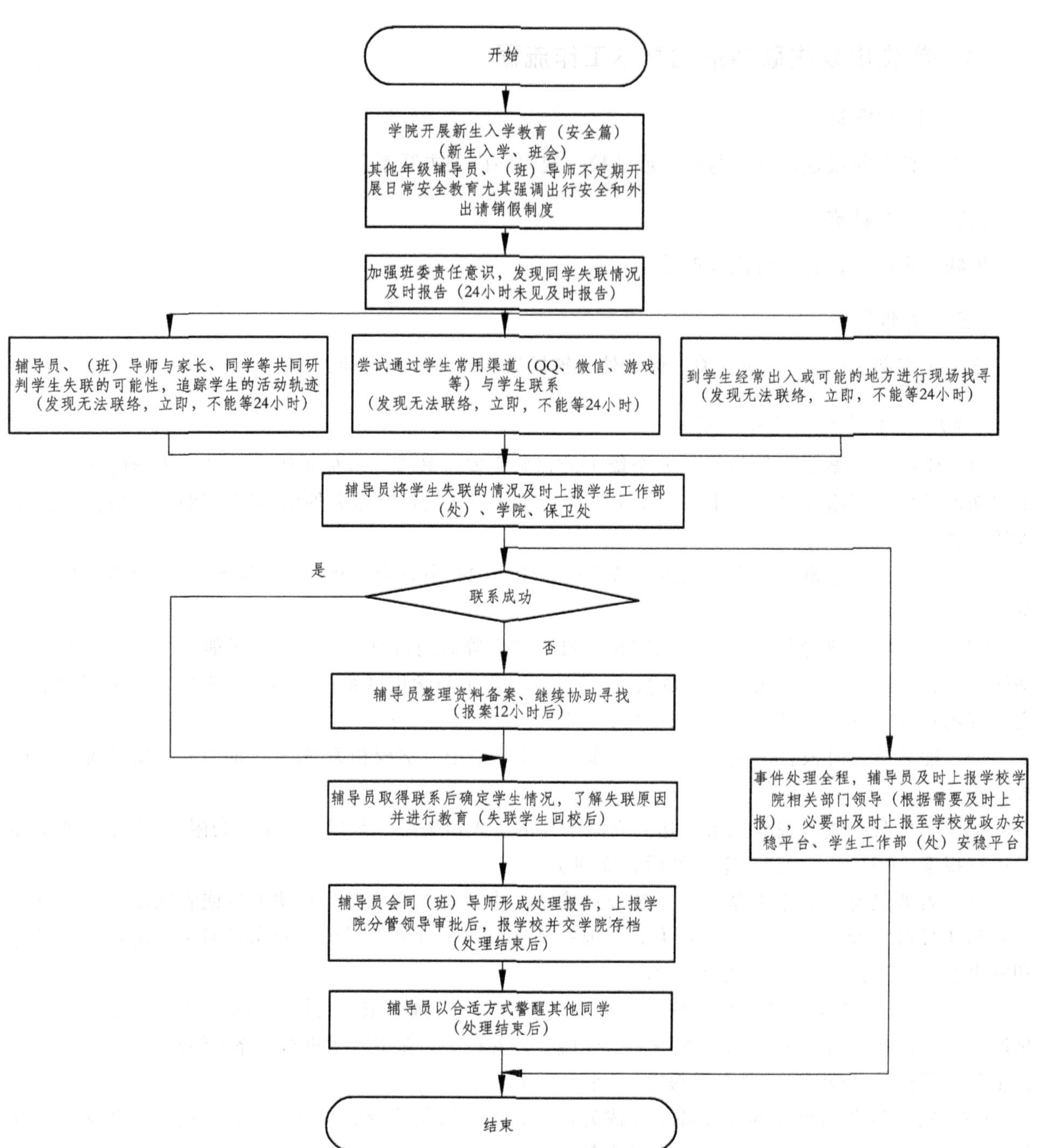

图 8.7　学生出现失联情形的基本工作流程

第九章 职业生涯规划与就业指导

第一节 生涯教育的重要概念

辅导员在开展生涯教育与就业指导工作中，需要了解一些基本概念，因篇幅所限仅列举部分概念，概念阐释也并非学术解释，仅结合实际工作需要进行初步阐释，辅导员可根据工作需要继续深入学习和研究。

一、就业引导

依据西南交通大学就业创业工作的方向和重点，运用各项政策措施和服务手段，精准发力，全面提升毕业生就业创业能力，逐步提升毕业生就业竞争力和社会满意度，实现学校人才培养目标。详见文件《西南交通大学关于加强毕业生就业引导工作的实施意见（试行）》（西交校招就〔2018〕5号）。

二、胜任力

胜任力是指在工作中将卓有成就者和表现平平者区分开来的个人潜在的特征，包括动机、特质、态度、价值取向、知识、认知或技能等方面的特征。除专业知识和专业技能外，组织与执行、时间管理、团队合作、沟通交流、解决问题、情绪管理、适应性、积极主动性等通用能力，对于大学生的成功就业和职业发展日益重要，辅导员在学生的培养中应注重学生胜任力的引导和培养。

三、就业满意度

就业满意度是衡量就业质量的重要指标，涉及薪酬、工作稳定性、成长路径和空间、职业相关度等各种因素，是一个具有较强主观性的概念和指标。通过对近年高校就业质量报告的分析，即使是双一流高校毕业生，同样存在就业满意度欠佳的情况。

帮助大学生认识自我和合理定位、确定职业发展方向、提升就业能力，可以有效解决社会需求和学生就业能力不匹配导致的就业满意度问题。

四、职业生涯规划与就业指导

职业生涯规划侧重职业方向的探索和定位。从大一开始，辅导员引导学生逐步明确兴趣、能力、性格、就业价值观，通过实习实践和能力训练，逐步确定职业方向和目标，不断提升就业竞争力和职业成熟度，这是贯穿大学生活、促进大学生全面成长的一项重要内容。

就业指导通常指面向中高年级学生，帮助开展求职的各项辅导工作，以解决就业政策和就业形势、简历制作、面试技巧、职业选择、职业能力训练等问题。

五、生涯教育专业度

生涯教育是一项专业性工作。专业工作者能够开启学生职业规划的主动性，引导学生选择适合自身的职业发展方向，有针对性地训练学生的核心竞争力，对大学生的职业成熟度教育、职业能力训练、职业选择和就业心理调适等进行专业化指导。

第二节　从不同视角看生涯教育

职业生涯规划和就业指导服务，均致力于学生的成长、学校的人才培养和社会发展，可从不同的角度考察和反思生涯教育的实施和推进，以下仅提供工作的探索思路，可不断在工作实践中深入思考和探索推进。

一、大学生的视角

（一）“95 后”“00 后”大学生追求的职业价值和职业生涯

“95 后”“00 后”群体更加追求自我。对职业的价值追求更看重兴趣，对个人成长的需求超越了对“待遇好”的要求，择业观念的急剧变化导致了“就业多元化”“慢就业”等现象，并不断加剧。

“95 后”“00 后”大学生的就业需求与能力之间存在差距，他们重视个人成长、薪酬期待高、对工作环境要求高，但存在就业能力不足、心态迷茫和职业发展的主动性不强等问题。

因此，辅导员需要帮助大学生认识自我和合理定位，确定职业发展方向，提升就业能力。同时，结合学校专业特色与优势，结合国家需要，引导学生到学校、学院对应的重点行业领域与企业就业；引导学生服务国防需求，积极参军入伍；引导学生参与到祖国最需要的基层就业，参与选调生、“三支一扶”计划、大学生志愿服务西部计划等。

（二）本研学生可能遇到的职业发展问题

每个学生的成长速度和轨迹不同，职业发展路径也不一样，他们可能会在不同时段遇到以下问题：

第一阶段（启动探索和思考）：我要转专业吗？我要读研或读博吗？我的专业未来可以做什么工作？学长们都去了哪里？……

第二阶段（职业探索和准备）：我未来从事什么职业呢？怎么样提升我的职业能力？考研还是就业？我要为职业做什么准备？怎么准备？怎样找实习单位？什么样的实习有用？……

第三阶段（求职应聘）：我能胜任哪些工作？工作一定要专业对口吗？怎样写简历？怎样轻松面试？找不到工作怎么办？这么多岗位选择哪一个？考研失败该怎么办？……

（三）毕业生求职困难的主要原因

毕业生求职困难通常有以下原因：一是未对行业、企业和职业进行相应的分析和了解，不了解市场需求，盲目求职；二是未认真梳理自身胜任力和优势，不能合理定位，缺乏求职自信心；三是存在不合理的求职理念，导致各种问题；四是缺乏求职技巧训练，求职面试效果不佳；五是求职遇到困难和挫折，产生了挫败、自我怀疑等不良情绪。

二、学校视角

学校出台了《西南交通大学关于加强毕业生就业引导工作的实施意见（试行）》，每年年初会修订和发布当年年度就业指导工作方案，明确工作重点和要求。自 2019 年起，学校启动了精细化指导模式的探索，以应对就业工作中的机遇和挑战，实现更高质量和更充分的就业。

（一）目前的工作体系和实施方案

学校构建了校、院一体化的就业指导工作体系，以学生为中心，以学院（中心）为主体，学校、学院（中心）共建一体化生涯服务体系，将生涯指导贯穿本研学生成长成才全过程。

各学院根据学校通知要求，对整个年度的生涯教育工作进行整体规划和统筹，结合学院工作重点、资源条件等实际情况，选择开展校级项目，深入推进本单位就业创业指导工作的精准化程度。具体要求详见《关于组织实施 2020 年度就业创业指导工作的通知》。

（二）目前的工作重点

学校于 2019 年启动精细化生涯辅导的探索。在全校范围内开展了多项重点工作，特色工作室已建设多年，开展特色训练营项目，编制分学院、分专业的就业指导白皮书，启动了大学生生涯档案建设工作。

学校正在打造一个以学生需求为中心，可以深度互动和多元交流的就业指导与支持服务的在线平台，为在校大学生提供高质量、实时的生涯辅导“大数据”，以信息化和智慧化推进生涯辅导新模式的构建。

（三）未来的重点推进方向

精细化辅导是生涯教育发展的未来方向。为应对动态变化的职业世界，学校将结合“互联网+”和大数据背景，从理念、模式、内容和方法各个层面实现创新，提供高质量、个性化的生涯辅导服务，提升大学生的生涯适应力。

三、辅导员的视角

生涯教育有赖于每一位辅导员的努力，通过点滴的日常管理和教育，引导大学生开启生涯发展和就业创业意识，尽早启动职业发展的探索和定位，有针对性地提升自身就业能力和就业竞争力，促进学生积极行动和全面成长。生涯教育与就业指导是辅导员的重要工作内容之一，也是专业化发展路径之一。

（一）辅导员的工作职责

1. 掌握专业指导资料

收集和整理本校、本院、本专业的就业指导资料，包括毕业生就业质量年度报告、往届毕业生就业情况、专业相关行业和企业情况、升学出国的基本情况、求职经验攻略、求职简历模板和求职技巧、各类职业人物访谈等资料，为本专业和本学院毕业生提供专业性的指导服务。

2. 引入和对接资源

主动加强沟通联络，引入和对接校友、人力资源管理部门和第三方专业机构等资源，联合开展特色工作室建设、特色训练营、大学生生涯档案建设等重点工作，发挥协同育人机制的重要作用。

3. 设计和组织活动

根据实际情况和学生需求，灵活地设计、实施就业指导活动，并将就业指导活动有机融入学生活动中，提升就业指导活动的质量和成效。

4. 工作研究及应用

开展学生生涯教育需求分析、活动效果调研、职业人物访谈和就业满意度调查等各项专题研究，并将研究成果运用到实践工作中，提升生涯教育和就业指导工作的专业度。

5. 运营重要项目

组织和实施学院和学校层面的重要项目，包括编制就业指导白皮书、建设大学生职业生涯档案、组建和运营就业特色工作室、开展就业特色训练营等。

6. 信息平台运营

负责或协助校院两级就业指导信息平台的运营，灵活利用各种媒体和技术手段，有效开展生涯教育和就业引导工作。学校目前正在打造以学生需求为中心，可以深度互动和多元交流的就业指导与支持服务在线平台，高质量、实时的生涯辅导“大数据”要依靠每一位辅导员主动参与来获取。

7. 开设生涯教育与就业指导限选课或选修课

积极参加学校的教师培训，争取获得开课资格，根据自己的兴趣和特长参与“职业生涯与发展规划”等课程的教学工作，更加系统地向学生介绍职业生涯与就业指导的相关理论和实践知识。

8. 对毕业生进行就业管理

毕业生进入就业季时，辅导员需要对毕业生的推荐表、协议书、违约、就业派遣等事项进行管理，应全面准确掌握教育部、四川省教育厅、学校对就业管理的相关规定，严格按照规定执行对毕业生的就业管理。

（二）辅导员如何实现生涯教育与就业指导的专业化

生涯教育与就业指导是辅导员专业化发展的一项重要选择。一方面要逐步具备相应的专业理论知识基础，可参加 GCDF、TTT、教练技术、焦点解决短程治疗、叙事疗法、团体辅导技术等专业培训学习，参与各类生涯工作会议和交流论坛。同时需要了解职业世界，建议可多参加企业开放日，参加企业培训课程和交流等。总之，学以致用最有效，要组织开展各类就业指导活动，开设生涯教育相关课程，组织开展工作坊一对一咨询，在实践训练中提升专业技能和积累辅导经验。

第三节　职业生涯规划与就业指导工作“应知应会”

就业工作实践中，会出现各种情况和问题，这些问题就像主观题，并没有标准答案。下面整理了部分可能出现的问题并进行简析，以提供可参考的思路和要点，以便进一步思考和探讨。

一、大学生的职业准备从何时开始

一位毕业生叙述道：“求职简历几天就写好了，可我用了 1000 多个日夜点滴践行，简历上的每一个字都是这 4 年来的努力结果。”未来的职业发展方向，需要在就业实践中渐渐明晰；塑造职业发展的核心竞争力，需要一次次的尝试和训练。因此，无论出国、考研还是就业，职业准备从入学的第一天就开始了。

二、新生生涯教育的重点

引导思考大学生活的任务和内容，思考成长的方向。适应阶段，预见大学生活中可能遇到的主要问题，鼓励和帮助其积极适应，探索大学生活的多样性和可能性。完成适应阶段后，通过学长榜样示范或其他途径，鼓励其了解专业和职业的关系，知晓本专业的职业发展方向，开启职业生涯的探索和实践。

三、计划赶不上变化，还需要规划吗

不变的只有变化。职业生涯规划与发展，一个关键词是规划，另一个关键词是发展，规划与发展包括一个重要的环节就是“评估、反馈与调整”。这一重要环节正是在强调计划中的变化性，要有能及时感知变化到来的觉察力并拥有调整与适应的开放心态与能力。因此，职业生涯规划与发展是一个动态的平衡与螺旋上升的过程。指导学生及早对职业方向进行探索和定位，综合考虑需要、兴趣、能力与机会，逐步确定职业方向和目标，是毕业时进行理智选择的基础。当今世界对大学生的生涯适应力提出了更高要求，一方面要寻找和确定长期发展方向，同时也要调整行动计划甚至努力方向，要以“积极不确定”的姿态应对复杂动态的职场和世界。

四、研究生生涯教育和本科生的异同

研究生生涯教育和本科生有相同之处。生涯教育的内容较为相似，都包括职业方向的定位、了解职业世界、职业能力训练和求职指导等。但也存在显著差异，研究生相对成熟，要更加注重需求调查和分析，有针对性地提供专题性的生涯指导和服务；要高度重视新生阶段的生涯教育，充分发挥导师的作用，指导方式要更加灵活，有效开启生涯意识，推进探索行动；可利用各种组织和团体平台，营造职业准备和发展的良好氛围，通过朋辈教育的力量推进生涯教育的成效。

五、就业实习真的很重要吗

此处引用毕业生们接受采访时所说的话语来例证。“我了解到了公司如何运营，认识到必须将专业理论与实践相结合”；“实习期间，认识了很多外校优秀学生，发现了自身差距，我要更加努力”；“走出校园创造更多可能性，早做职业准备，不断努力和勇敢尝试”；“这些实习经历给了我满满的自信，提升了我的能力，逐渐找到了未来职业方向”；“兼职、实习和志愿经历，并不是负担和压力，我从中获得了不同的人生体验，不断成长和成熟”。辅导员需要引导学生在中高年级积极开展有针对性的实习，若没有机会和条件开展企业实习，也要积极投入各种项目、竞赛、实践，将参与的每一件事情都认真做、投入做、用心做也是有效的方式。

六、“找工作”真的只是找工作吗

求职是大学生的“必修课”。找工作，如果追求高质量就业，每一个环节都要认真对待，深入了解行业、企业和职业，确定和调整求职的目标，制作简历，一次次面试。找工作，也是快速成长的机会，了解就业形势和职业世界，确定职业发展方向，梳理自身优势和能力特征，提升职业能力和求职技巧，顺利迈出职业生涯的第一步。

七、怎样提升就业指导活动效果

活动开展注重实效，有需求分析，有效果调研，每一项活动都要有计划、有方案、目标清晰、准备充分；引入和对接校内外资源，包括校友、人力资源部门、友好合作机构、教职员工，甚至高年级学长，发挥各自的优势和作用；统筹各类学生活动，协调对接其他班级和学院资源，一个活动实现多个目标，“一举多得”，让活动组织更加科学有效。

八、校友和企业人士怎样更好地发挥作用

全方位开展校企合作和校友工作，邀请其开设专题讲座和工作坊，讲授行业前瞻、职业能力训

练等专题；联合建设主题工作室、训练营等重点项目，面向全校大学生提供专业化指导服务；进行职业人物访谈、提供开放日活动、提供实习生见习机会、建立就业基地；邀请其担任生涯导师，承担学生职业探索计划制定和成长实践的指导任务。

九、升学的学生怎样进行职业发展教育

考研、出国和就业，都应是认真思考后做出的选择。做出选择前，辅导员要做好低年级阶段的生涯教育，鼓励开启职业生涯的探索和实践，经过独立思考和判断后的选择更加成熟；做出选择后，指导其进行长远规划和发展，持续提升专业能力和综合素养，提高生涯适应力和再次选择的能力，提升研究生毕业后的就业质量和满意度，即使考研失败后也能够成功就业。

十、校招和社招的区别

从一般单位入校开展校园招聘将制订相应的招聘计划，到学校招聘当年度毕业的应届毕业生称之为“校招”，校招对于应届毕业生的优势在于单位集中、单位可靠性高、单位对学生的要求不强求工作经验等。但有些学生因为各种个人原因如未能按时毕业、没有及时就业、需要重新就业等而进入到下一年度的招聘季，企业在实际招聘过程中，往往将该类学生纳入往届生的社招序列，对于学生的要求会提高标准，尤其是需要更多的实习、工作经验。这将增加此类学生的就业难度。因此，辅导员需要引导、敦促学生在当年度的就业季及时就业。

十一、校院两级就业工作机构

招生就业处就业指导科：负责全校生涯规划与就业指导的统筹与规划，每年发布工作指南。

招生就业处就业管理科：负责全校毕业生就业管理事务的统筹安排与派遣工作，每年定期开展生源信息校核、推荐表打印、就业协议书审核、就业事务办理、就业派遣等工作。

招生就业处对外联络科：负责校级层面校园招聘活动组织，每年秋季和春季招聘季组织各类校园招聘活动，发布各类校园招聘信息，同时牵头开展就业市场拓展工作。

学院：一般设置职业生涯与发展规划指导中心或就业指导中心等机构，部分学院还设置专职就业工作人员，负责全院性就业指导活动的统筹、校园招聘活动组织及就业管理工作。

辅导员：每位辅导员积极引导学生参与全校、全院性的相关活动。同时每位辅导员应掌握基本的职业生涯规划与就业指导的基本知识与技能，全面准确了解就业管理相关政策和制度，为学生开展相应的引导、指导与服务。此外，辅导员还应积极参与校园招聘活动，主动与重点用人单位工作人员沟通交流，了解单位的需求及对学校、学院人才培养的意见和建议，及时将相关信息反馈给毕业生和学院。

工作过程中注意以下原则：

（1）引导学生将国家需要与个人梦想相结合：为党和国家培养人才，引导学生到学校和学院毕业生就业重点引导单位名录、轨道交通、国防军工、大型央企及前沿研究领域的行业企业应聘。在职业生涯规划与就业指导中，需要引导学生将国家需要与个人梦想相结合，引导学生树立正确的就业价值观。

（2）全面覆盖与分类指导相结合：某些活动需要面向全体学生开展如生涯规划启蒙教育，结合学生群体的特点进行分类指导（考研、出国、考选调生、公务员、入伍、就业等），结合学生个人的特点进行个性化辅导。

（3）把握阶段与工作前置相结合：学生在大一到大四、研一到研三每一个年级均有相应的引导、指导和规划的工作内容，需要针对不同年级学生的特点开展相应的工作，同时引导学生提前开始行动，为下一阶段早做准备。

（4）就业率与就业质量相结合：在“95 后”“00 后”学生中逐步凸显出慢就业、缓就业、考研“二战”等现象，辅导员需要从大一开始就进行生涯规划与就业指导的工作，进一步提升学生为个人、为家庭、为社会负责的责任感，做好就业选择的充分准备，保障每一位毕业生及时确定毕业去向。同时提升学生的就业质量，根据学校的战略定位，引导学生更好地升学深造，尽早开启考研或出国的充分准备，争取一次性成功；引导和帮助学生树立自信、储备能力，提高就业竞争力，提升就业质量。

十二、校院两级就业指导活动平台

学校招生就业处就业指导科面向全校发布生涯规划与就业指导工作申报指南，各学院根据自身实际情况开展申报工作，立项后面向全校学生开展工作，一般有以下活动：

1. 学校精品活动

职业人物访谈大赛、职业人物评选、新生生涯规划大赛等。

2. 主题工作室类

（1）重点工作室：女生工作室、少数民族工作室、基层就业与考公务员工作室、出国留学工作室、考研工作室、国际组织任职指导工作室。

（2）一般工作室：重点工作室以外的其他工作室，如企业家俱乐部、生命健康工作室、文创工作室等。

3. 主题训练营类

（1）女生职业成长训练营；

（2）求职特训营；

（3）某项职业能力训练营；

（4）某行业/职业人才训练营。

例如：简历撰写训练营、面试训练营、沟通表达能力提升训练营、公文写作训练营、女生训练营、抗压训练营、××行业人才训练营、企业 openday 系列活动等。

辅导员还可以根据学校或者学院开展的丰富多彩的活动推荐、引导学生参与。

（1）引导、组织学生参与各学院组织的职业生涯发展启蒙讲座、求职相关活动，学习“大学生职业生涯与发展规划”“大学生职业心理素质教育”等通识课程。

（2）学习并运用学校和学院编制的《生涯人物访谈手册》《××年度就业质量白皮书》《××学院重点企业引导目录》等引导和辅导学生的生涯规划与求职指导。

第十章 教学、理论和实践研究

辅导员身兼教师和管理人员双重身份，实行教师专业技术职务和管理岗位职员职级双线晋升，在做好学生的培养教育管理工作的同时，需要做好教学、理论和实践研究工作。

第一节 教学工作

做好教学工作是教师身份的直接体现，课堂是了解学生思想状态、学习状态的有效阵地，同时教学工作量也是专业技术职务评聘的基本业务条件要求。

教师应该遵循和传承西南交通大学“双严”传统，严格教学管理、学习教学方法、创新教学形式、了解教学对象、因材施教，成为学生喜欢的教师。

一、辅导员可以教授的课程

根据《西南交通大学辅导员队伍建设规定》（西交党〔2019〕47 号）第十五条：学校支持专职辅导员在做好本职工作的基础上，承担思政课或学生工作相关课程教学和研究工作，支持专职辅导员“双肩挑”。根据《西南交通大学专家型专职辅导员“双肩挑”资格认定与薪酬管理办法》、《西南交通大学思想政治工作和党务工作队伍专业技术职务评审管理办法（试行）》（西交校人〔2017〕2 号），辅导员可以参与授课的课程建议为：思想政治相关课程、形势与政策、军事理论、职业生涯与发展规划、心理相关课程、职业素养提升相关课程、学生能力提升相关的跨学科创新课程、学生工作课程（学生第二课堂课程，包括党课、团课、新生入学教育课程）、学生干部培训课程等。（见表 10.1）

表 10.1　具体课程

课程	开课单位	课程性质	学分
思想政治教育类	马克思主义学院	必修或选修	根据课程而定
形势与政策	马克思主义学院	必修	0
军事理论	武装部	必修	2
职业生涯与发展规划	心理研究与咨询中心	选修	2
求职指导类课程	心理研究与咨询中心	选修	2
学生能力提升相关的跨学科创新课程	教务处或教学单位	选修	1-2
其他学生能力提升相关的选修课程	教务处或教学单位	选修	1-2
第二课堂课程	参看第二课堂方案		
……			

开课流程一般为：开课辅导员自行申报、将课程大纲提交至开课学院、开课学院进行审核、开课学院同意后递交教务处、参加新开课老师答辩会、教务处批准后再行开课。

二、辅导员教学能力提升的途径

（1）岗前培训：一般情况下，辅导员在入职当年或者次年的暑期参与全省统一组织的《四川省高校师资培训中心》的岗前培训，系统性学习授课相关的知识和技能。

（2）党委教师工作部（教师发展中心）相关培训：参加学校党委教师工作部（教师发展中心）安排的首次开课教师培训；参加学校党委教师工作部（教师发展中心）每年不定期举行关于教学理念创新、教学方法改革、教学内容设计、教学经验分享的专题讲座、培训、工作坊、外派培训等。

（3）参加讲课大赛：每年9—12月西南交通大学党委教师工作部（教师发展中心）、教务处、人事处等部门联合举办讲课大赛，辅导员可以报名参加讲课大赛或者观摩讲课大赛，促进授课水平的提升。

（4）学生工作部（处）相关培训：每学期，西南交通大学学生工作部（处）组织相应的辅导员职业能力提升培训，会有涉及教学的培训；同时也会选派优秀辅导员参加全国的辅导员培训。

（5）教育部高校辅导员培训和研修基地（西南交通大学）：西南交通大学作为教育部高校辅导员培训和研修基地，会定期举办相应培训；同时，也可自行报名并经学生工作部（处）选拔后参加全国其他辅导员基地培训。

（6）招生就业处培训：学校招生就业处每学年会不定期邀请职业生涯规划与就业创业指导相关专家到校（在线）开设专题培训或者工作坊；同时，会选送相关的辅导员到校外参加专题培训。

三、教师应当遵守的基本教学纪律

（1）爱国守法、爱岗敬业。坚持四项基本原则，学习和宣传马克思列宁主义、毛泽东思想、邓小平理论、“三个代表”重要思想、科学发展观、习近平新时代中国特色社会主义思想，拥护党的路线，全面贯彻党和国家的教育方针，同党中央在政治上保持一致，自觉遵守国家的法律规定；热爱教育事业、热爱学校、尽职尽责、教书育人。

（2）热爱学生、团结协作。关心、爱护学生，促进学生全面发展；相互尊重，互相帮助，关心集体，建立和谐的工作环境，共创文明校风。

（3）廉洁从教、为人师表。严于律己，作风正，树立良好的学术道德风范；模范遵守法则和社会公德，仪容仪表得体，举止文明礼貌，说普通话，用规范字，不散播有害学生身心健康的思想和情绪。

（4）严谨治学、勇于创新。系统掌握本学科的基本理论、基本知识和专业技能，努力学习和掌握现代教育技术及相关学科知识，探索教学规律，改进教学方法，注重实践，勇于创新，不断提高学术水平和教学水平。

（5）教师必须严格按照课表安排的时间和地点按时上课。

（6）任课教师应及时听取学生及有关方面对课程教学的意见，不断完善和改进教学方法、手段，提高教学效率和质量，注重教学效果，培养学生科学的思维方式、学习方法和自主学习的能力，特别是创新能力。

（7）教师应加强课堂管理，严格要求学生遵守课堂纪律，做好课堂考勤记录，并留底备查，对于缺勤、违纪的学生应及时进行批评教育。

以上为摘编，具体参见《西南交通大学教师本科教学工作手册》。

第二节　理论和实践研究工作

辅导员需要掌握相关的理论知识，同时运用理论指导实践，在实践中开展研究工作，提升工作质量。在《普通高等学校辅导员队伍建设规定》中，“理论和实践研究”是辅导员的九大工作职责之一。辅导员需要具有宽广的知识储备，掌握相关的基本理论，掌握理论分析、调查研究的方法，形成学习理论、理论指导实践，实践验证理论的不断提升。同时，教育部制定的《高等学校辅导员职业能力标准（暂行）》明确将“理论与研究”作为辅导员的职业能力之一，并对初级、中级、高级辅导员应掌握的理论和知识要求与科学研究的内容做了相应的指导说明。此外，西南交通大学在辅导员从事思想政治教育系列职称评定工作中，对辅导员初级、中级与高级职称所需的理论研究分别应该达到的标准进行了详细指导与说明[详见《西南交通大学思想政治工作和党务工作队伍专业技术职务评审管理办法（试行）》（西交校人〔2017〕1 号）]。所以无论从工作职责要求出发，还是工作能力提升着眼，辅导员都应该在意识上重视理论和实践研究，在基础上夯实理论根基，在能力上提升科学研究方法。

辅导员在实际工作中，需要学习、掌握并运用教育学、心理学、管理学、社会学等学科的知识指导工作；同时，各专业学科中的部分理论、原理也可以借鉴到学生工作中，为提升辅导员工作效能起到事半功倍的作用。此外，辅导员掌握了科学的研究方法后，可以在千头万绪的实际工作中进行总结、提炼、提升，促进工作进一步的开展以及探究工作背后的理论支撑，提升学生工作开展的科学化。因此，理论学习、科研工作对于辅导员来说是非常有价值和有意义的。

一、提升理论知识的途径

（1）攻读并获得思想政治教育、教育学等相关专业博士学位；

（2）积极参与校内、国内学生工作相关的学术交流活动；

（3）积极参加国际交流、考察和进修深造；

（4）阅读思想政治教育相关、学生工作相关的优秀期刊、书籍，关注学生工作相关的优秀公众号。

二、辅导员科学研究的尝试

1. 扎根日常、厚积薄发

在辅导员的九大工作职责的推进过程中，认真对待每一项工作。一方面，可以在工作的过程中有意识地发现问题、发现有效措施、探寻理论依据；另一方面，可以尝试将某些理论用到学生工作中进行实践，并进行提炼总结。辅导员对自己的工作对象、工作内容、工作方式了解越深入，寻找到研究方向的可能性越大。

2. 选择领域、深耕细作

辅导员的工作千头万绪，可以在九大职责中寻找自己感兴趣的方向进行尝试、在某一工作领域持续性进行跟进与研究，深耕细作，逐步扎根某一领域开展科学研究。

3. 阅读文献、学习研究

阅读文献从检索文献开始。学校图书馆有大量的免费期刊、硕士论文、博士论文可以查阅，建议对照当年度的 CSSCI 期刊目录、扩展版目录以及中文核心期刊目录，检索与思想政治教育、教育管理、学生管理相关的期刊进行阅读，了解前沿研究动向、开阔研究思路，寻找、聚焦研究方向。期刊文献浩如烟海，需要辅导员泛读与精读，一般包括文章的标题、作者、关键词、摘要、核心观点、重要贡献、研究方法、结论和未来工作、参考文献等部分。由于每个人的时间精力都是有限的，可以参考标题、关键词、摘要来了解一篇文章对自身是否有指导作用，或者是需要了解的方向，再决定是否继续往下读。建议重视“结论和未来工作”部分，这部分有可能是在前人研究基础上深入进行研究的启示。同时，也应重视“参考文献”部分，通过参考文献可以快速找到更多需要进一步阅读与学习的文献与书籍。在文献阅读过程中，建议多做笔记，及时整理、对比、思考，逐步形成自己的观点。

4. 研究指南、寻找方向

通过阅读国家级、省部级、校级课题或项目发布指南，学习目前党和国家主导的研究方向。项目指南实际已经帮助辅导员将实际工作进行了提炼，并总结为一个研究方向，根据大类的研究方向结合自己的实际工作可细化为具体的研究方向。

5. 结合专业、交叉融合

充分利用自身所学的专业，每一个专业中的某些理论都可能启发、指导学生工作，充分发掘、利用自己学科背景中的某些适用理论来指导学生工作，并形成新的跨学科研究方向。

6. 参加辅导会、学习规范

积极参加学校、学院组织的科研项目、课题的申报书撰写辅导会、申报指南解读会、论文规范与撰写指导会、文献资料检索与查阅指导会等，学习如何做科研的方法、课题申报书撰写的方法等内容。

7. 参研主持、耐心磨炼

开展科学研究是一个循序渐进的过程，积极参与有经验的辅导员的课题项目、学习科研方法。在项目允许下可以积极参与专业老师团队项目进行学习，逐步从参研到主研到主持。

8. 动笔多写、勤奋积累

好记性不如烂笔头，动手将平时工作中的所思所悟、好创意、好点子记录下来，成为科研素材来源；同时，有了好的观点、好的素材积累后及时形成论文，逐步开始投稿、修改、发表。在此过程中，保持耐心并从反馈的修改意见中提升能力。

在申报高级别课题（项目）时，一般都需要前期科研工作积累、课题（项目）积累、论文积累等，因此辅导员在着手申报课题（项目）时，建议大致选定某些方向，在自己有兴趣并擅长的领域不断积累，以便更好地实现从校级课题（项目）到省部级课题（项目）乃至国家级课题（项目）的逐步进阶申报，并成为某一研究领域的专家。

9. 方法得当、事半功倍

辅导员在科学研究的过程中，需要学会文献检索的方法、文献阅读的方法，需要掌握必要的统计分析法，需要掌握科学研究的常用方法如问卷调查法、实验法、实证法、文献研究法、教育观察法、比较研究法、经验总结法等。同时，建议辅导员重视来自学生的各种样本数据，为开展科学研究提供良好的数据来源。

10. 成果多样、不拘一格

辅导员科学研究的成果形式可以体现为课题（项目）的立项，可以体现为论文的发表、文章的见刊、专著与书籍的出版，可以体现为调研报告与工作建议的采纳，还可以体现为有影响力的网络文章、公众号等。

三、辅导员科学研究项目与课题来源参考

辅导员科学研究项目与课题来源如表 10.2 所示。

表 10.2　辅导员科学研究项目与课题来源

级别	项目名称	组织单位	申报时间	网址
国家级	教育部人文社科项目——高校思想政治教育工作专项	教育部社会科学司	3月左右	http://www.moe.edu.cn/s78/A
国家级	国家社科基金青年项目	全国哲学社会科学规划办公室	3月左右	http://www.npopss-cn.gov.cn/
国家级	教育部高校辅导员工作精品项目	教育部思想政治工作司	7月左右	http://www.moe.edu.cn/s78/A1
国家级、省部级、市级	各级社科基金项目	学校人文社科处进行转发	不定期	https://wkjsc.swjtu.edu.cn/
省部级	四川省高校思想政治教育研究课题（思想政治理论课青年教师专项）	四川省教育厅	3月左右	http://edu.sc.gov.cn/
省部级	四川省教育厅思想政治教育研究课题（高校辅导员专项）	四川省教育厅	5月左右	http://xg.swjtu.edu.cn/web
省部级	教育部校企协同育人项目	教务处网站发布	每年约两期	http://jwc.swjtu.edu.cn/index.html
校级	西南交通大学科学研究基金（学生工作专项）	学生工作部（处）	3月左右	http://xg.swjtu.edu.cn/web
校级	西南交通大学辅导员名师工作室	学生工作部（处）	根据实际情况	http://xg.swjtu.edu.cn/web
校级	本科教育教学研究与改革项目（含学工部、校团委项目）	教务处	1月左右	http://jwc.swjtu.edu.cn/index.html
校级	新时代“大思政”育人工作项目	党委宣传部	根据实际情况	https://xcb.swjtu.edu.cn/showinfo-117.shtml
校级	西南交通大学专业学位研究生教育综合改革项目	研究生院	根据实际情况	https://graduate.swjtu.edu.cn/
……				

以上仅为参考，每年均有增加或者更新，辅导员需要及时关注。

02
第二部分
辅导员谈心谈话
必备知识

第十一章 辅导员谈心谈话工作概述

谈心谈话工作是辅导员了解学生、贴近学生、关爱学生、引导学生及帮助学生的重要方法和途径，贯穿辅导员工作的始终。因此，辅导员要高度重视谈心谈话工作，掌握谈心谈话工作的方法，运用一定的工具和技巧，让该项工作真正落到实处。

辅导员的谈心谈话不等同于“聊天”，一般理解为“在构建良好的师生关系基础上，通过一定的方法、工具、技巧，以了解学生的思想动态、解决学生的实际问题为目的而开展的交流沟通”。

一、在谈心谈话过程中，辅导员应当遵守的基本原则

1. 真心真诚原则

辅导员开展谈心谈话工作首要的态度是真心与真诚：真心关爱学生、真诚帮助学生解决问题。辅导员是真心真诚的态度还是敷衍塞责完成任务的态度，学生完全可以感知到，并将影响彼此之间是否可以建立良好的信任关系，最终将决定谈心谈话的质量与效果。

2. 尊重人格原则

辅导员谈心谈话要充分尊重学生人格，尊重学生主体地位，尊重学生想法和意见，尊重学生自由表达，在充分尊重人格的前提下可以批评教育，需要避免的是人身攻击和言语伤害。

3. 实事求是原则

辅导员在开展谈心谈话前需要做好充分的准备工作，提前较为全面地了解、收集信息，在谈心谈话过程中秉承实事求是的原则，不带偏见，不做主观评价。

4. 保密原则

辅导员谈心谈话工作不是为了打探学生的个人隐私，作为茶余饭后的消遣，要严格遵守保密的原则，同时让学生知晓“保密的原则”，从而让学生充分信任辅导员，敞开心扉，使沟通更加真实有效。

5. 无公害原则

辅导员谈心谈话需要遵守保密原则，但涉及学生有伤害自我、伤害他人的相关事项，是在保密原则之外的。若涉及此类事宜，辅导员需要及时求助心理中心或者专业人士，进行转介并及时汇报，这一点需要向学生进行说明和解释。

二、谈心谈话的形式

谈心谈话的划分方式方法没有明确规定，根据在实践工作中累积的经验，大致可划分为以下几种方式。在实际工作中可以采用不同的方式，辅导员可以灵活、组合、恰当地采取相应方式。

（1）根据学生对象多与少可以分为“一对一”和“一对多”。根据谈心谈话的目的、学生的特性分别开展“一对一”和“一对多”的谈心谈话工作。一般来讲，涉及个体个性化或涉及学生隐私的情况建议采用一对一的谈话；对于具有共性且不涉及学生个人隐私的问题可以小范围开展“一对多”谈话，或者是必须共同面对与解决问题的情形下可以采用“一对多”谈话。

（2）根据谈话借助的媒介，谈心谈话可以分为“面对面”“网络视频”“网络语音”“网络文字”等。一般来讲，建议辅导员更多采用“面对面”谈心谈话的方式。“面对面”的优点：可以更好地互

动，辅导员借助对学生的眼神、表情、语音、语调的变化能更清晰地观察与感受学生，同时也可以更好地通过自身的眼神、表情、肢体语音以及语音语调表达沟通的内容，让沟通更有温度，以起到良好的沟通效果。其不足之处：对时间长度要求较高、对谈话环境的要求较高。当然，由于“95后”“00后”习惯在网络环境中进行表达，同时辅导员日常工作繁忙，辅导员可以根据谈心谈话的目的和需要解决问题的性质灵活采用网络视频、电话语音、网络语音和网络文字等方式开展谈心谈话工作。这种方式的优点是：快速、便捷；缺点是：相对缺乏温度，有可能引起歧义、难以深入。一般来讲，复杂程度高、性质严重的情况建议“面对面”沟通；对于一般性了解、关心、确认的事宜可以灵活采用其他方式。由于辅导员所带学生数量较多，建议几种方式互为补充。

（3）根据谈心谈话所需的次数可以分为“持续性”谈心谈话和“一次性”谈心谈话。有些问题的解决需要持续、长期的过程，需要辅导员循序渐进、耐心等待，不用求快，因为问题的形成不是一天两天而是一个长期累积的过程，问题的解决也就需要持续多次地开展谈心谈话；而有些问题可以通过一次谈话即可得到解决。辅导员在谈心谈话之前应该有一定的预判和良好的谈心谈话准备，对于本身可以一次性解决的问题，避免因为方式方法不当演变成需要更多时间解决的问题。

（4）根据谈心谈话对象可分为“一般群体”谈心谈话和“重点支持群体”谈心谈话。对于重点支持群体的谈心谈话，尤其要注意提前做好“谈话目的、谈话计划、谈话方式”等的准备以及对学生个体背景资料的了解，以免引发冲突、刺激学生、关闭学生心门等不良现象的出现。

三、谈心谈话需要注意的问题

1. 环境的选择

“面对面”谈话建议在安全、安静、安心的空间进行，根据谈心谈话的目的、需要解决的问题和学生的性格特点，可以选择在办公室、谈心谈话室、会议室、走廊、室外草坪等场所展开，可以征求学生意见，避免在辅导员宿舍这类私人空间；“网络视频、语音、文字”谈话需要保持网络的稳定性，若有其他事情打断需要及时反馈给学生。

2. 时机的选择

根据谈心谈话的目的和解决问题的性质，谈心谈话的时机大致可以分为：①“前置型”谈话，如了解、关心关爱类；②“立即型”谈话，如出现问题马上需要解决问题的类型；③“延迟型”谈话，如当发生事件后学生情绪特别激动不适合马上开展谈话工作解决问题的，需要先进行情绪处理或者让学生冷静下来后再谈心谈话。恰当的时机非常重要，错过、延误或过急开展谈心谈话，都容易造成工作的被动，因此根据情况来判断什么时机开展谈心谈话更为妥当和有效，是辅导员需要学习和掌握的技能。

3. 共情的艺术

共情又称同理心，是心理咨询中常用的手段，辅导员谈心谈话中可以充分地运用共情来构建良好的关系，彼此信任的良好关系才会让学生敞开心扉，进行有效沟通，这决定了谈心谈话的实效。共情就是在谈心谈话过程中，站在学生的角度、处境去体会、感受、思考，深刻体会学生的潜在行为动机，而不是简单地以辅导员的主观判断来做评判与定性。

4. 倾听的艺术

人有被倾听的需求，当辅导员过多地聚焦于“说”的时候，学生的心门会慢慢关闭起来。听“学生所说的事实、听学生的感受、听学生的意图”，才能真正走进学生的内心，引发共鸣，进行有效沟通。因此，在谈心谈话过程中，学会不带评判地倾听是一个重要的技能和方法，也是充分尊重学生的体现。

5. 提问的艺术

1 个好的提问胜过 10 个答案。有技巧的、艺术化的提问，可以启发学生的思考、调动学生的各类自助的资源、破除学生自我认知的局限，使其认清存在的问题，促进其开始行动。

6. 措辞的准确性

谈话过程中需要解释、说明相关政策、制度、要求的内容，需要辅导员提前准备充分，运用准确的措辞来表达，不能随意按照自己的想象来解释。

7. 谈心谈话的工作记录

辅导员与学生开展的谈心谈话应当及时、如实、准确地记录在学校扬华系统的谈心谈话模块内。

四、谈心谈话过程中可能存在的困惑

1. 学生不愿意说

辅导员有时会发现与学生谈心谈话持续一个小时，甚至更长，仿佛是辅导员的独角戏，辅导员从道理到意义到方法到举例启发，苦口婆心、心力交瘁，但学生的有效表达很少，甚至没有表达，直到辅导员说“那我们先谈到这里吧”，学生便快速地离开了。辅导员不清楚自己所说的学生是否在听，是否听进去了，是否有效果，这让辅导员感受到挫败与焦虑，谈心谈话也变成了一个索然无味的“例行公事”。

2. 学生说得好做不到

辅导员会发现，在与学生谈心谈话过程中，学生积极表态、认真反馈、自我反思，表达非常流畅与积极，但是回去以后依然故我，没有发生期待的行为改变，再一次回到谈话最初。辅导员也许会困惑，如何才能通过谈心谈话促进学生行为改变呢？

因此，辅导员如何提高谈心谈话的效率，真正起到实效，是每一个辅导员都要面对的问题。在保持对学生的爱心、真心、细心的基础上，除了上面我们提到的一些原则、方法、小技巧外，还需要辅导员去学习、掌握更加专业的知识与技能，如学习心理咨询相关知识与方法，学习职业生涯规划相关知识，学习后现代主义的焦点解决短程治疗、叙事疗法、教练技术等，帮助辅导员谈心谈话工作“有效率、有效果、有笑声”。

辅导员在长期的谈心谈话实践中发现，运用“教练技术”的理念、技能、工具，可以提升谈心谈话工作效能，尤其是在处理学生的情绪、启发学生的思维、敞开学生的心扉、促进学生的行动等方面有良好的效果，因此，下一章将对“教练技术”及其在谈心谈话中的工具运用进行简要介绍，以供参考。若要全面掌握，还需要进行专门的学习与实践。

第十二章 “教练技术”及其在谈心谈话中的运用

一、教练技术的缘起与发展

教练技术是20世纪70年代，起源于美国体育界的一种体育教学智慧。经过30余年的发展，越来越多的企业和组织引入教练技术先进理念，进行员工发展和企业管理。在IBM、苹果、通用电气、福特、可口可乐、丰田等近80%以上的世界500强企业中，教练技术极大地支持了企业组织的发展，逐渐成为支持企业和组织提高生产力的最有效的技术，被誉为最有革命性和效能的管理理念。

同时，教练技术已经越来越多地衍生应用在了很多领域，包括领导力提升、团队协作、组织绩效提升、生涯发展、生命发展、亲子教育、情绪管理、财富管理等。教练技术的核心理念和方法，几乎可以迁移到工作、生活、家庭、关系等各个领域，现在在教育领域也有了较好的发展应用，不少老师逐步成长为“教练型”老师。教练技术在2007年前后进入中国，在近几年也得到了不断应用和推广。2014年，中国国家人力资源和社会保障部已经正式批准教练成为一个新的职业，教练行业也应运而生，并不断地发展起来。

二、国际教练联盟ICF对教练的定义

专业教练是旨在帮助人们提升个人表现，提高生活质量，并成为生活和事业上的赢家的长期伙伴。教练经过专业的训练，结合个人需求定制教练方式，通过聆听、观察、发问，来引导人们通过思考探索，自己找到解决问题的方法途径，激发自我潜能，并推动其采取有效行动去促进改变，实现目标。

主要理解以下要点：

（1）教练技术：一种高品质的对话。

（2）辅导目标：支持人的成长和成功。

（3）核心能力：深层次聆听、强有力发问。

（4）辅导过程：启发思考、清晰目标、激发潜能、化解干扰、促进行动、实现目标。

（5）相互关系：长期伙伴、支持者、陪伴者。

因此，教练技术可简单地理解为一种通过深层聆听和有效提问，引导和支持人们深入开展自我探索，清晰目标、激发潜能、化解干扰，并推动有效的行动来实现自我目标，从而支持人们成长和成功的高品质对话技术。

通过对教练技术的初步认知与了解可以看出，教练技术可以在学生谈心谈话中进行实践与应用，并能较好地支持学生成长。

在教练技术中，一般分为教练和客户，放在辅导员工作中，我们可以理解为辅导员和学生。以下描述中，教练代指辅导员，客户代指学生。

三、教练技术支持个人及组织发展的核心要点

教练技术之所以能够有效支持个人和组织的成长和成功，主要包含以下核心要素：

（1）基本信念：以人为本、相信生命；

（2）思维模式：目标导向、正向聚焦；

（3）核心能力：深层聆听、有效发问；
（4）工具流程：科学系统、丰富灵活；
（5）教练状态：以己达人、无我利他。

四、理论基础

经过几十年的发展，教练技术逐渐融合了更多的科学理念和方法，形成了集心理学、管理学、社会学、行为动力学、脑科学、心学、神经语言学、量子物理学等于一体，有效支持个人、组织成长发展的应用科学和理念方法，被誉为21世纪最具革命性的管理理念。

在辅导员与学生的工作中，可以保持一定的教练理念，运用教练的基本技能“倾听”和“提问”，使用教练技术的相应工具和方法，学会使用教练式的结构性对话，帮助学生聚焦目标、促进行动、解决问题，提高工作效率、效果。

五、教练技术的核心技能

教练技术的核心技能一为“倾听”，二为“提问”。

（一）倾听

1. 倾听是什么

有效的倾听可以让我们获取最真实的判断和信息，可以让学生感受到尊重，拉近彼此的距离。倾听是一种只要做，就能与外在能量进行感知和交互的能力。倾听是教练式谈心谈话的基础，没有很好的倾听，就不可能有针对性、有效地发问和推动。

伟大的教练座右铭是“倾听到生命的最后一刻”。

2. 3F倾听法

这是一种有效倾听的方法，即Fact、Feel、Focus，可以提升教练的直觉。

Fact：倾听事实。这是看似容易其实很难做到的一步，一方面，学生在描述的时候可能已经加入了自己的主观加工；另一方面，辅导员在听的时候可能也进行了主观加工。

Feel：倾听感受、情感。

Focus：倾听意图，倾听讲话背后的含义、目的。

例如：

学生：老师，我这次期末考试没考好。

在学生的这句话语中，若用3F的方法来倾听：

Fact：多少分？是考了50分、70分还是90分对学生而言是“没有考好”？学生对于“考好”的衡量标准是什么？

Feel：学生在表达这句话的时候是沮丧还是害怕？还是其他感受？

Focus：希望下次能考好？希望得到老师的支持、理解？

当我们能够用3F倾听，去倾听学生说话的事实、情感和意图的时候，学生才能真正感受到被理解、被支持；能帮助学生澄清事实，与学生感同身受。辅导员也就不会再聚焦于去批评学生，而是积极与学生一起想办法改进学习方法，提升学习效率。

3. 良好的倾听

（1）倾听要保持敏锐和共情。细心注意学生的言行，观察他的表情、动作和状态，注意行为背后透露出来的信息，看懂学生没有直接表达的情绪和情感。不但要发现学生间接表达、隐藏的信息，还要发现他自己都没有注意到和发现的情绪、状态，陪伴学生一起更加深入地共同开展工作。

（2）倾听要适度参与。在适当的时候，辅导员在不打断学生思路和情绪的情况下，提出问题，表达欣赏和赞美，发现和扩大对方积极、光明的部分。

4. 倾听的误区

（1）倾听就是什么也不做。倾听看似什么也没做，但实际上需要用心去听和积极关注，也需要恰当地参与，给予适当的回应和推动。

（2）随意打断学生。生活中我们可能会进行主观猜测，或者大谈特谈自己的经历和感受。但在谈心谈话过程中，这样的方式会影响学生表达，让学生觉得辅导员不愿意倾听，以致影响情绪。

（3）急于下结论和提出建议。有时候可能容易进行评判，或者没有真正了解学生，辅导员不一定要完全同意学生的观念，但要学会接纳、尊重，不用着急打断学生，得出辅导员的结论或者提出辅导员的建议，相信学生能够找到方法、得出自己的结论。当然，当学生出现错误的价值取向时，辅导员要保持清醒的认识，并给予相应的引导，通过有技巧的提问，让学生一步步意识到自己的问题。

（4）轻视学生的问题。学生的困境，对于他而言是非常困难的时刻，如果我们认为他是小题大做，或者并不严重，高高在上地给予建议，这并不能给予学生真正的帮助和支持。

5. 倾听能帮助辅导员做什么（应用场景）

倾听是教练对话中最基本、最重要的工具和能力，可以也应当应用到所有的工作场景，只是运用的方式和程度有所区别。

一对一的谈心谈话和咨询辅导中，倾听运用程度是最强的。这时，倾听是建立关系和“入脑入心”的关键。

在小型团辅和工作坊，倾听可以帮助收集信息，分析群体特征，针对该群体的需求和目标设计工作方案，并及时调整和推进辅导流程。

在班级活动等学生活动中，倾听可以帮助我们积极关注学生，了解学生的优势、能力和特征，给予正向反馈，同时也能收集活动效果等反馈信息。

6. 倾听运用场景举例

（1）以大学生职涯规划为例，使用倾听技巧：

【谈话背景】小新同学刚上大二，自我感觉同宿舍的同学对于未来似乎都有很清晰的方向和目标，只有自己觉得很迷茫，大一上学期成绩还好，下学期成绩就有些下滑。小新同学主动找辅导员进行谈话，主题为“大学生活该怎么过”。

【谈话目的】帮助小新同学找到努力的方向和目标，并有效开启行动。

【谈话过程】

很多时候，我们可能会根据自己的经验，提出各种行动建议方案，告诉她应该怎么做。现在，我们可以先开展的工作是更多地倾听：

辅导员：小新，你主动来找我讨论“大学生活应该怎么过”，你希望更好地度过大学生涯，真是特别棒，像你这样的学生真的不多！我们一起回顾一下，大一你做了哪些让你觉得有意义，对自己有帮助的事情呢？

解析：首先用一个开放式的提问，让学生从问题中抽身出来，从过往经历中找到资源和优势。虽然是自己的学生，但是未必那么了解，通过提问和回顾，可以更深入地了解学生，也为后续谈话任务的实现做好铺垫和准备。

学生：……

辅导员：还有呢，再想想，不管大小，都说说？

解析：整个过程中，辅导员认真专注，充满兴趣地听，目光注视，很自然地使用一些非常简单的语言进行推动，如“然后呢”“再多说一点，我明白了”等。采用点头、皱眉等肢体语言，发出嗯、喔、啊的声音，细心观察和注意学生的言行，并给予恰当的回应。

学生：……

辅导员：小新，听了你的讲述，我看到了你这一年来一直很努力，你……，有了非常大的进步。

解析：在学生讲述的过程中，在不打断学生思路的前提下，可以提出一些问题，如“你是怎么做到的”，让学生可以更多地看到自己的优势和亮点，也可以适时赞美，点出她的能力和资源，如“这个很不容易做到，你真是很坚韧呢”。通过直接、间接地赞美，表达欣赏之情，让学生看到自己的优点。

在一个阶段的讲述基本结束后，也可以再次进行小结，对挖掘出来的优势和资源进行盘点，再次表达欣赏和赞美，强化学生的力量感和积极光明的一面。

辅导员：想象一下，你现在已经毕业了，你收拾好行囊，准备离开校园。这几年来，你一直朝着想要的目标努力，你对自己的大学生活比较满意，这是因为你大学期间做了哪些事情呢？请把这些事情都列下来。

解析：通过假设提问，我们可以跳出目前的困境和问题，通过时空的推移，让她想象、描绘出自己真正想要的是什么。整个过程不断启发和耐心引导，可以通过画面感更强的提问，陪伴她一点点勾画出她想要去做的事情，提醒她先不用考虑现实性和可能性，在轻松的氛围下，启发她发现自己内心的想法和目标。

备注：后续谈话，可以提出更多问题来推进，如：“我们接下来需要选择其中几项任务来完成，你看看哪些是最为重要的，而且这些任务实现后就可以推动其他任务的完成呢？”进行选择后，可以继续讨论怎么样实现这几个目标，不断推进，根据具体推进情况完成整个谈心谈话。

（2）使用倾听技巧：

【谈话背景】小张向辅导员反映想调换宿舍，因为室友小刘长期旷课，“宅”在寝室睡觉打游戏，反复劝说也没有用，自己很郁闷。

【谈话目的】帮助小张走出困扰，找到困扰背后真正的动机，从而寻求解决办法。

【谈话过程】

学生向辅导员诉说了自己的烦恼。

辅导员：我了解了目前你所遇到的状况，的确很郁闷，那老师想确认一下，小刘经常旷课，那怎么理解这个经常呢？

学生：嗯，他也不是完全不上课，有的时候也会去，但是我们去上课难道不是最最基本的吗，天天打游戏像什么话！

辅导员：小刘上课的频率大概是？

学生：嗯……他除了第一讲不去，其他大部分时间还是会去，但是第一讲都是很重要的课程。

解析：当学生带着情绪讲述事实时，很有可能会出现夸大和主观意愿的情况，那么这个时候辅导员需要帮助他厘清，长期、经常、总是（带有主观评判的词语）这些的背后真实的情况到底是怎么样。

辅导员：好的，那为什么小刘不去上课对你来说这么重要呢？

学生：老师，因为他的家庭条件并不好，长期是这样的状态，我很担心他会越来越跟不上，越来越掉队，我很着急……

解析：良好的倾听就是要挖掘背后的情感和意图，在这里我们可以看到，学生背后的意图其实是希望室友能够按时上课，积极向上，是一种利他的思想。

辅导员：那你觉得当小刘改变了现在的状态，你理想中的他是什么样子呢？

学生：我希望他可以和我一起上课，一起学习，他可以更努力、积极、认真、勤奋，像以前一样，他以前特别好。

辅导员：我听到了你希望他更努力、积极、认真、勤奋。那你觉得你能做什么，就可以帮助他？

学生：……

辅导员：那你决定第一步从哪里开始呢？

学生：……

解析：倾听的过程中可以帮助学生抓取一些价值观词汇，并且回放，这一点对于教练型辅导员至关重要。价值观词汇是能强有力地帮助学生厘清自己的意图和远景的部分，能有效推动谈话进程。

（二）提问

在辅导员与学生构建教练式对话的过程中，一个好的提问胜过 10 个答案。

在与学生的教练式对话中，问什么问题？怎样问问题？都需要技巧，超越普通的问题范畴，需要很强的能力去归纳引导，推动学生思考并促进行动。

提问的目的，是引发学生思考，支持学生找到自己想要的必要信息、资源、目标、行动计划与步骤。提问不是让学生回答出老师提出的问题而是让学生自己思考、得出自己的结论。

什么才是好的问题呢，具备六大特征之一的强有力的问题可以称得上好问题。（见图 12.1）

图 12.1　好问题的六大特征

下面分别解释六大特征的含义及使用方法：

1. 多问开放式问题，少问封闭式问题

封闭式问题一般都只有 2 个预设答案，让学生在 2 个预设答案中来选择，可能会限制学生更多地思考和选择。例如：有没有？是不是？对不对？会不会？知不知道？了不了解？好不好？愿不愿意？去不去？……

封闭式的问题一般在需要学生反馈，需要获取学生确认或澄清一个信息时用到。例如：我想确认一下刚才你提到的是：你准备本周五开始你的行动计划？我想确认一下老师的理解对不对？

开放性问题可以引导学生开放思维，不预设结果，引发学生更多地思考，打开话匣子。

对比：开放式问题 VS 封闭式问题

今天在学校过得怎么样？VS 今天在学校过得开不开心？

听说今天没去上课，给老师谈谈是什么情况吧？VS 听说今天没去上课，是不是？

2. 多问“什么”，少问“为什么”

“为什么”的问题，容易让人感觉咄咄逼人，产生防备心理，也常常难以回答，以致编造借口。例如：你为什么要这样打架？你为什么考试不及格？为什么缺课？

当学生专注听辅导员说关于“是什么，有什么”的问题，学生会比较舒服，愿意说。例如：你想要的是什么？什么对你是重要的？老师听说你缺课了，那你想要的是什么样的大学生活呢？

为什么的问题，重点在价值观的探索上，为什么这样做对你这么重要，引导深入挖掘价值取向，而非去追求问题的缘由。例如：为什么考研究生对你这么重要，对你意味着什么？

3. 指向目标而非问题

教练聚焦目标，聚焦问题解决，而非问题本身。

纠结于问题中，大脑没有想象力量，设法越过问题直接找解决方法，激发创造力。指向目标的提问，能将学生带出问题的困扰，为解决问题找方法。

例如：

学生诉说：我人际沟通能力不好。

一般情况，辅导员可能会问：为什么你的沟通能力不好，存在哪些障碍和问题，是因为以前发生过什么事情引起的？越来越多地陷入问题当中，情绪越来越低落。

教练型辅导员：噢，老师听到的是你想要更好地提升人际沟通能力，那你可以尝试做点什么来提升你的人际沟通能力呢？

4. 关注现在和将来而非过去

很多时候，我们认为更多地追溯过去发生的事情，找问题根源。如“你过去发生了什么事情，影响到了你现在的观念，你以前存在哪些问题”，以解决现在的问题，但往往发现易陷入过去不好的回忆中却没有找到解决现在问题的答案。

教练技术认为解决问题、实现目标与追溯根源没有必然的因果联系，教练直接以未来的愿景目标为导向，用未来创造未来。

例如：四年毕业时，你最想要的是什么？你本学期期末最希望实现的目标是什么？大学里你希望成为一个什么样的人？你如何做才能实现？四年后离开西南交大的时候，你希望带着什么样的收获离开？

5. 包含强有力的假设

用假设的方法来解决问题是一种重要的思维方法。假设可以把未知看作已知，可以把复杂的关系简单化，可以帮助学生建立正向的思考系统。当我们使用假设问题时，我们就开始有效地把注意力从难以发现创造性想法的结构，转移到充满创造性的潜意识视觉空间。

例如：今天的学习你收获最大的三点是什么？

在这个带有强有力的假设的提问中，假设是有收获，至少有三点收获，让学生主动去思考收获的是什么。这样的提问方式就比“今天的学习你有没有收获呢”可能更好，若是后者，学生有可能就会“偷懒”不再思考，直接回复：没有收获，以致限制了学生的思维。

例如：在学生干部的培养中，用强有力的假设提问：

假如你是一个同学们都信服的班长，你认为应该做好哪些方面？

在这个提问中，让学生直接进入一个“信服的班长”的思维模式来考虑自己的工作职责，以一个“信服的班长”应该有的样子去思考行动计划。

6. 行动推动力强

所有的对话最后都要落实到促进学生的行动上来，这也是解决学生“说得好做不到”“夸夸其谈”的有效方法，且要让学生落实到每一周、每一天的具体行动计划。

例如：

为了实现你刚才提到的想要的目标，你认为可以做点什么呢？

你认为从哪里入手行动会最容易突破？

你的行动计划是什么？

你准备下一步做什么，什么时候做，做到什么程度？

当然，行动计划是一个动态调整的过程，若制订的计划没能很好地执行，需要师生或者学生自己学会接纳、反观、重新制订：是目标定得太高？还是行动计划不合理？还是其他原因，重新调整行动计划。

例如：之前学生做出的行动计划是：为了通过英语六级，每天做一篇阅读理解，每天记忆 100 个单词，每天练习听力 1 个小时，每天…

出现没有完成的情况，产生了挫败情绪，师生一起来对照之前的计划：

辅导员：以你对自己英语学习能力的了解、对目前课程学习的时间了解，看看这个行动计划是否需要调整？

解析：学生是最了解自己状态的人，可以了解学生自己本身的课程安排、英语基础等，也许会发现大二的课程已经非常满了，自己给自己定的英语复习计划太高了，不切实际，需要进行适当调整。

六、教练技术工具在辅导员工作中的应用

（一）教练技术工具之——开放式问题线

1. 开放式问题线的内涵

前面介绍的教练式强有力问题的特征之一就是“多问开放性的问题”，如何更好地提出开放式问题呢？在教练技术中有一个“开放式问题线”的工具。在辅导员与学生的谈心谈话中，可以运用“第一”“复数”“最”“尝试”“系统”5 个关键词来造句与提问，帮助学生从想法开启为行动、获得更多信息、找出优化方案、开阔思路、整合广阔资源、激发学生潜能。（见图 12.2）

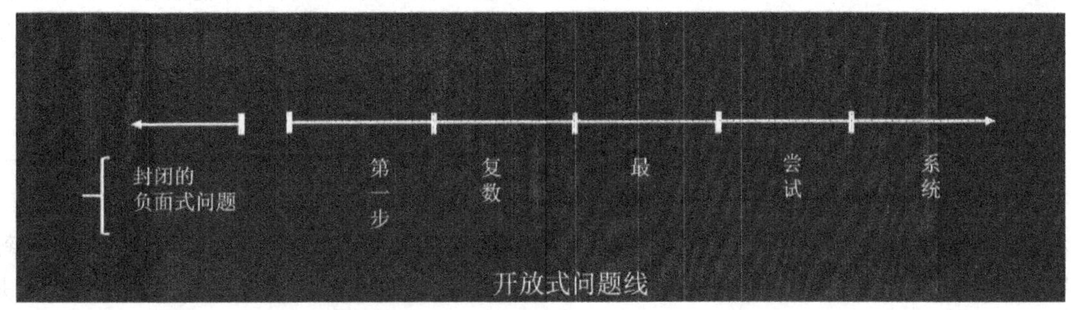

图 12.2　开放式问题线

从图 12.2 中我们看出，5 个“关键词”的开放性越来越大，我们如何使用呢？

（1）5 个关键词的灵活运用：根据学生当下的状态，选择恰当的关键词来进行提问。例如我们要帮助学生解决一个问题，可以从“第一步”开始，启动学生进入解决问题的状态；可以用“复数”开阔学生的思维寻找更多的解决方案；可以用“最”来寻找到最切实际的方案，更有能量，让问题或者方案更聚焦；可以用“尝试”开启行动；用“构建一个系统”来寻找到能支持学生完成的各种资源、机会、行动等。

（2）对同一个问题用 5 个关键词造句来帮助学生找到最优方案。

2. 开放式问题线能帮助辅导员做什么（应用场景）

当学生面临一个问题，需要去解决，但他毫无头绪，非常混乱，一会儿想做这个、一会儿想做那个，但迟迟没有开启行动。这就是辅导员嘴里的“梦想的巨人，行动的矮子”。辅导员可以运用“开放式问题线”帮助学生自己理清行动步骤。如果学生没有找到合适自己的方法，辅导员可以运用“开放式问题线”帮助学生启发思维，找到方案。

学生想找工作；学生想通过考试；学生想改善与同学的关系；学生想获得奖学金；学生想考研究生……

关于学生“只想不动”“只想不知道如何行动”的场景均可以尝试用开放式问题线一步步帮助学生自己找到行动方案，并促进学生行动。

开放式问题线能有效提升辅导员帮助学生从“空想家”到“实干家”转变的效率，以避免学生在校期间定下目标无数次，却迟迟没有达到预期目标的情况。

3. 开放式问题线运用场景举例

以学生找工作为例，了解“开放式问题线”的应用。

【谈话背景】小林同学大四了，将要面临找工作，但是不知道自己该做什么、如何做，一直在脑海里幻想找到工作，却没有实际行动。辅导员问小林时，小林总是答复：我在想怎么找工作，就是想不明白如何找。辅导员就“找工作”问题与小林同学进行谈心谈话。

【谈话目的】帮助小林同学理清思路，找到方案，开启行动。

【谈话过程】

之前，我们可能是这样来提问：

辅导员：小林，你有没有开始在找工作呀？

学生：没有！

辅导员：小林，你怎么还没有开始找工作呀？

学生：因为……各种原因！

现在，我们可以尝试这样来提问：

辅导员：小林，我知道你最近面临找工作的问题，老师想了解一下为了找到工作，你都做了什么？

解析：用“什么”开启了一个开放式的提问，“做了什么”暗含的是学生已经做了些什么，若用封闭性的提问“你有没有做什么”，学生会直接回答：没有。那我们的对话可能就难以继续了，也有可能老师就会开始教育学生“都已经什么时候了，你还不开始行动……”，学生可能再也不想与老师谈话了。

学生：……

辅导员：噢，有这么多事情要做，那老师想了解一下，为了更好地找到工作，你觉得第一步应该做什么呢？

解析：当学生在对一个事情混乱不清的时候，用“第一步”快速地帮助其实现“从理想到现实的链接”，而不是一直悬在空中，或是如无头苍蝇般乱转。在纷繁复杂的事情中理出头绪，这就是“第一步”这个词的用处。

学生：……

也许学生的第一步是写简历，也许是定出目标企业范围，也许是先去听几场相关行业领域的招聘会。

辅导员：在你找工作的过程中，你能想到的有效的方法有哪些呢？

解析：我们可以把“你能想到有效的方法是什么呢”修改为“你能想到的有效的方法有哪些呢”，把“什么”修改为“哪些”，也就是把“单数”换成了“复数”，通过挖掘学生的潜力，启发学生的思维，给予学生解决问题的更大的空间，相信学生不仅有解决问题的方式方法，且不仅仅只有一个。这里是在扩展学生的思维，也可以增强学生的自信，这就是“复数”的作用。

学生：1，2，3，……

辅导员：那在你想到的找到工作的方法中，你最想去尝试的是哪一个？（最靠谱的是哪两个？）

解析：前面用“复数”开启了各种方式的探索后，需要进行更加落地的，有理有据的判断过程，有些选项可以放弃，有些选项可以更加细化成为真正的方案。加上“最”之后，让学生相信自己不仅有选择，还有做出判断和优化的能力，赋予学生的能力更加强大。

学生：我觉得……方案对我更好，因为……

辅导员：为了更好地找到工作，你现在最有可能去做的努力与尝试是什么？

解析：运用“尝试”是学生开启行动的一个开端，一个承诺，但没有那么大的压力，是可以进行修订的，让学生行动，但让他不要过于负重前行，觉得承诺压力太大，便于他能及时地进行调整。因为每一个想法在落地的时候都不是十全十美的。不给那么大的压力反而让学生能更好地去尝试行动，调整行动方案。

学生：那我回去以后先尝试一下……

辅导员：那我们现在把所有可以支持你找工作的人都列出来，方法和资源也都列出来。

学生：……

解析：在这里，我们打开系统的大门，找到更多的支持、链接、资源。

在开放式问题线的运用中，可以灵活使用，根据学生的具体情况开展，有的是一团乱麻，有的是有了几个方案无法比较……可以选择不同的问题来帮助学生落地。

（二）教练技术工具之成功五问

1. 成功五问的内涵

成功五问是指以下五个问题：

（1）你想要什么？

（2）你觉得怎样可以得到？

（3）你现在所做的是否有利于你想要得到的？

（4）你愿意为之付出什么样的代价？

（5）你如何让自己持之以恒？

辅导员可以按照顺序运用这五个问题帮助学生思考并订立目标，以及评估目标是否具备可实现性、是否理性，同时辅导员可以运用这五个问题协助学生去制定一个现实、可靠、可持续的行动计划。当然，这是成功五问的基本问法与核心含义，辅导员可以根据自己的语言习惯和学生的接受习惯进行改写，让提问更生动与贴近现实。

我们可以看到，第一个问题“你想要什么”是在帮助学生确认自己的内心真正想要的东西；第二个问题“你觉得怎样可以得到”是在帮助学生制订一个现实的行动计划，也就是目标的实现是需要行动计划来实现的；第三个问题“你现在所做的是否有利于你想要得到的？”帮助学生理清楚，做的和说的是否一致，做的一系列事情是否围绕着自己的目标在做，同时也帮助学生确定当下的目标是否在服务于一个更长远的目标；第四个问题“你愿意为之付出什么样的代价”，是赋予学生能量，做好努力的准备，没有随随便便的成功，为了这个目标，学生愿意做出什么样的努力与付出什么样的代价，自己有无考虑，是否愿意和接纳；最后一个问题“你如何让自己持之以恒”是让学生赋予自己持之以恒的动力，这一点也非常重要，让学生明白自己付出的辛苦与努力是对自己有意义的，当学生清晰与确定自己所做的意义才能更好地坚持下去，取得相应的收获。

2. 成功五问能帮辅导员做什么（应用场景）

（1）当学生有一个目标（学习、就业、创业、瘦身、锻炼、自我管理、改善关系……）时，能帮助学生的目标落地、帮助学生制订行动计划。

（2）制订班级学期（年度）计划如争当五四红旗团支部（忠忱班集体、先进班集体……），帮助班级（团支部、党支部）制订合理的计划，开启行动计划，持之以恒地坚持下去。

辅导员可以用“成功五问”来帮助学生引导他们对这个目标进行思考。当然辅导员也可以用这五个问题来问问自己，如自己要成为一个“优秀的辅导员”，自己在五年内评上（副）教授等，均可以用成功五问来问问自己，帮助自己确定自己的目标，是否围绕目标在行动，行动计划是否可行、可持续，支撑我坚持下去的原动力是什么？

3. 成功五问应用场景举例

【谈话背景】小林想要成为一名科创达人，在科创竞赛中有所收获。一段时间后很苦恼，觉得自己没有恒心和毅力，总是半途而废，甚至给自己贴标签"我就是一个什么都做不成的人"，很郁闷。

【谈话目的】帮助小林走出情绪的困扰，理清楚目标、行动、实施计划，找到加持的动力。

【谈话过程】

学生给辅导员诉说了自己的烦恼。

辅导员：老师了解了你的烦恼，目前感觉有一些不够明朗，那老师想了解一下，你到底想要的是什么呢？

学生：我就是想成为一名科创达人。

辅导员：噢，老师大概明白了，那你打算如何达到这个目标呢？换言之你觉得你打算用多长时间，通过什么样的方法，成为一个什么样的科创达人呢？

学生：……

解析：用"你怎么样可以得到"帮助学生找到可以实现的方法（具体化）。一般我们会给这个问题加上一个时间期限，没有时间期限的计划很可能就迟迟开启不了，同时让学生列出自己可实现的方式方法，让学生自己一一进行评估（合理性、现实性）。

辅导员：你说想在一年内成为××竞赛方面的达人，那你现在所做的事情，对你的这个目标是否有帮助呢？

学生：……

解析：一方面，通过"你现在做的是否有利于你想要的"这个问题，帮助学生将行动聚焦到目标上来；另一方面，这也可以帮助学生找到他的困惑来源，自己想做的是否与自己正在做的一致。如果一致，那就鼓励学生继续坚持、细化；若不一致，学生也就知道了为何行而未果的原因，找到了烦恼的来源。

辅导员：为了成为××竞赛方面的达人，你愿意付出哪些努力呢？

学生：……

解析：通过"你愿意为之付出什么样的代价"，一方面让学生明确知道目标的达成要通过努力，有舍才有得；另一方面让学生再次确定自己的目标。有的学生通过这个问题，发现自己没有办法放弃，没有办法那么努力，则可能会调整目标，或降低自己的目标，也可能让学生好好思考下目标对自己的价值，增加投入度和努力程度。

辅导员：你如何让自己持之以恒？换言之，要成为××竞赛的达人，拿到国家级奖励，我们必然会遇到各种挑战、诱惑，就如刚才你说的那样还要投入各种努力，那么你觉得支撑你坚持下去的理由是什么？动力是什么？

学生：……

解析：要达到一个目标必然需要付出努力，要持续地付出努力，让学生自己找到支持自己持续稳定地执行下去的动力，这是一个很关键的问题，否则即便是跟老师讨论热烈，回去以后也会烟消云散，或者是三天打鱼两天晒网，不能坚持。

所以，"成功五问"五个问题看似简单，但有三个方面的作用：一是帮助学生理性地思考自己的目标；二是帮助学生制订切实可行的行动计划；三是帮助学生寻找持续坚持的内在动力。谈话结束后，可以让学生多次地自己问自己这五个问题，帮助学生不断澄清、行动、找到价值，反过来更加坚持自己的行动。

（三）教练技术工具之快乐三问

很多时候，让我们感到困扰、焦虑的根源，并不是事件本身，而是我们对事件的认知、态度以及处理方式。如果我们能正确认知事件本身，将自己的情绪从事件本身抽离开来，学会平衡自己的情况，那么平衡情绪的重点就是要认清所有重要的事情都来自内在，这是通往内心和谐的第一个线索。我们需要接纳自己：接纳生命是艰苦的，接纳人生中将会有重重的阻碍，接纳我们将会犯下许多错误，以及接纳许多人会误认为我们就是他们苦恼的源头。我们也需要接纳他人：我们要认清每次的事件、创伤、意外、处境和人际关系，都是我们自己制造出的现实的一部分，因此我们能百分之百地接纳它、爱惜它。只有在我们毫无条件地接纳他人以及每种处境时，我们才算真正接纳了自己。

“快乐三问”就是一个易学易用的情绪平衡与行动促进的工具。顾名思义，就是能让我们平衡情绪，体验快乐的同时帮助自己未来合理行动的三个问题，可适用于学生遭遇挫折或困境，一度产生强烈的负向情绪，不知所措的时候。

第一问：我没有做什么应该做的或（和）做了什么不应该做的，导致了目前的状况？

第二问：从这件事当中我学到了什么？

第三问：接下来要怎么做才能让事情变得更好？

这三个问题要依照以上顺序，依次回答。当我们遭遇一些困境、经历失败挫折从而导致心烦意乱、情绪低迷甚至抱怨、自责的时候，就可以立即使用这个工具。

情景：学生中午 12 点多到食堂吃饭，正是就餐高峰期，学生用书包占位然后到旁边打饭。一眨眼的工夫书包就不翼而飞了！学生的钱包、证件、重要的学习资料都在书包里。而且，这已经是学生在食堂掉的第二个书包了。此时学生又急又气，陷入深深的自责和沮丧中。

工具运用：首先，帮助学生觉察到自己此刻的负向情绪，并开启暂停键。然后，依次回答“快乐三问”的三个问题。

首先回答第一问：自己做了一件不该做的事情（我明知道在食堂用书包占位很不安全，但还是出于侥幸拿书包去占位了），才导致了书包被盗这个结果。

其次回答第二问：这件事情让我学到以下两点：一是任何时候都要注意自己的财物安全，尤其在公共场所，不能存侥幸心理；二是犯错后要及时总结吸取教训，这样才能避免再犯同样的错误。

最后回答第三个问题：接下来我准备要做三件事，让这件事情能往好的方面发展。一是找同学帮忙在学校里找一下书包，看能否拿回证件和学习资料；二是到保卫处查监控，看能否有书包的线索；三是将自己的经历和教训告诉身边的同学，提醒大家不要像我犯同样的错误。

当学生回答完第一个问题，将清楚地看到，这件事情有自身的原因，不能一味抱怨外界环境和其他人；同时是可以避免的，以后可以不再犯。当学生回答完第二个问题，他将清楚地看到，发生这种事也不全是坏事，也能让他吸取教训、学到东西。当学生回答完第三个问题，他将清楚地看到，自己有能力通过自己的行动，让这件事的结果变好。一切主动权在“我”手上，自己能让事情往好的方面发展。回答完这三个问题，学生至少不会一直陷于沮丧、懊恼的情绪中不能自拔，可以帮助自己从最初的沮丧中走出来，同时帮助自己厘清接下来相应的行动步骤，让事情良好地发展而不是陷入情绪泥潭，怨天尤人，不能好好学习，好好生活，导致学业、身体健康等都出现问题，陷入恶性循环之中。

（四）教练技术工具之换框

换框这个概念，来源于神经语言程式学（NLP）。NLP 有一个前提假设：我们只是活在由自己的感官所塑造出来的主观世界。在此前提下，换框着力于帮助人们改变感知问题的框架，从而重新解释问题，找到解决方案。心理学上，对某事物换框意味着，将其置于与之前感知的有所不同的背景框架或情境下，从而改变其意义。

换框通常适用于在心理或价值层面陷入困境，自己给自己设限，甚至否定自己，对未来没有信心和动力的学生。常用的换框法有意义换框法、环境换框法、五步换框法。

1. 意义换框法

意义换框法的前提是，所有的意义都是人加上去的，所以可以灵活改变。这一方法就是找出一个负面经验中的正面意义，对一些因果式的信念最为有效。

换框句型：因为A，所以B。

改成：因为A，所以非B，因为……

例：因为考研很难，所以，我不想考研了。

改：因为考研很难，所以，我要努力考研，因为：

（1）越来越多的人选择提升学历，我更要迎难而上；

（2）考研的过程也是磨砺心智、提升自控力的过程；

（3）考研也是对所学知识的巩固和加强，不会让我虚度光阴。

意义换框法的关键在于，找出其中最能给自己帮助的意义，把事情的价值改变，使事情由绊脚石变成踏脚石，让自己有所提升。辅导员可以通过对话引导学生自我改写，让学生自己寻找到答案。

2. 环境换框法

同样的一件东西或一个情况，在不同的环境中包含的价值会有所不同。找出有利的环境，便能改变这件东西或这种情况的价值，因而改变了有关的信念。

当某些信念妨碍我们达到自己的人生目标时，我们可以将它们修正、移开（暂时）、扩展（兼容）甚至改变。

换框句型：（看似不利的条件）______，（可以达成的效果）______，例如（在这些情况下可以）：1.______；2.______；3.______。

例：我在陌生人面前很害羞，不适合做学生干部。

改：我在陌生人面前很害羞，在这些情况下一样可以做好学生干部：

（1）先从班干部做起；

（2）多承担一些幕后工作；

（3）尝试通过社交平台开展工作；

（4）主动创造在陌生人面前说话的机会，让自己大方起来。

环境换框法的运用，对一些因为自己的特质而不满意，不接受自己，内心感到自卑、认为自己不如别人的个案最为有效（觉得自己学习不好、家境不好、相貌不出众、性格内向等）。

环境换框法和意义换框法往往可以一起使用，在同一个情况里发挥作用。

3. 五步换框法

罗伯特·迪尔茨曾说过："语言，既反映心理体验，也塑造心理体验。"一个人的内心状态可从其说话中得知，改变说话方式，可以改变人的内心状态。很多人内心的困境，其实是本人的一些错误信念造成的。错误的信念，限制了能力的发展！

五步换框法，就是通过五个简单的步骤，帮助我们运用语言去把处于困境的心态，改为积极进取、更有清晰的行动目标和途径。

例如：一个人说做不到某一件事：

（1）困境：我做不到X。

（2）改写：到现在为止，我尚未能做到X。

（3）因果：因为过去我不懂得_____，所以到现在为止，尚未能做到X。

（4）假设：当我学懂_____，我便能做到X。

（5）未来：我要去学_____，我将会做到X。

"我做不到"事实上是描述一件过去的事实：在当时"我没有这个能力"，或者"我不想去做"。

但是在未来，我们总想保留“做得到”，或者“想去做”的权利。发生了的事无法改变，然而往事对未来的影响却可以改变，因此“我做不到”不应成为一个包袱，阻碍我们向前走。上面的五个步骤，让我们放下过去的包袱，勇往直前。

例：我不会游泳。

（1）困境：我不会游泳。

（2）改写：到现在为止，我尚未学会游泳。

（3）因果：因为过去我未能找到一个好老师和安排出时间，所以到现在为止，我尚未学会游泳。

（4）假设：当我找到一个好老师，我便能学会游泳。

（5）未来：我要去找会游泳的朋友，请他们介绍经验，并且做出安排，让自己每个星期六下午都可以去上课。我将会学会游泳。

回头看第一句“困境”时的话：“我不会游泳”，可以感觉到说话者是把自己困在一个狭窄的小圈子里，而外面就是游泳，他却无可奈何，说的话完全是静态的。再看看第五句“未来”，说话者的目标“游泳”已经完全在掌握之中，他不单只有目标，而且有清晰可行的达到目标的途径，所说的话，充满了动感，他已经恢复到正常的“自己控制自己的人生”的状态了。

辅导员掌握好这个技巧，在与学生对话过程中，可以一步步帮助学生寻找到解决问题的答案。

（五）教练技术工具之平衡轮

学生大学生涯、人生不同阶段期望活出什么样的状态？

学生看不清楚自己应该朝哪些方面努力？

学习、班级工作、社团活动样样都想做好，却发现好像一件也做不好？

年初定下的目标为什么总是要推翻？

以上问题，共性特征是学生有目标、有期待，但是没有聚焦、没有方法、没有行动。此时，可以使用教练技术工具“平衡轮”。

简单地说，“平衡轮”工具就是一个“四象限人生规划法”。人生规划，不仅要追求个人成就，还要注重“生命的平衡”。只有平衡好个人、家庭、事业（学业）、社会四个象限，才是一个平衡的人生。一个目标的实现，通常需要多方面的支持，也就是共同的协调配合。平衡轮这个工具可以让学生比较直观地看到人生规划的重要方面，以及每一方面在当下与未来的关系。

运用平衡轮工具，可以帮助学生思考并清晰自己的人生目标。这样的平衡轮可以叫作“生命平衡轮”，也可以用于制订中短期计划，如“五年生涯平衡轮”“四年大学平衡轮”“××年度平衡轮”“××学期平衡轮”等。平衡轮可以帮助学生更好地思考人生规划或生涯规划，更为全面地去平衡各方面的发展，找到人生或生涯发展的制约因素、撬动因素，从而促进行动。

运用平衡轮工具，可以帮助学生思考某一目标如何实现的行动计划。

运用平衡轮工具，还可以运用团队建设、班级管理等。

平衡轮的概念包含以下三个方面的含义：

（1）平衡轮就像是一架照相机，可以拍摄到当下这个时刻与目标（规划、选择因素等）相关的因素的真实情况。

（2）一个目标的实现需要相关方面的支持，就像一个轮子要想转动，需要里面辐条的支撑一样。

（3）要想让轮子转动，需要这些辐条长短一致，强度一致；同样的道理，要想实现目标，需要每个方面平衡发展。

首先，在纸上画出一个圆形（推荐使用空白纸或点格纸），将圆平均分成 8 等份（特殊情况下，也可以少于或多于 8 等份）。其次，思考自己人生发展中最看重的 8 个方面（可以围绕个人、家庭、事业、社会四个象限进行思考），每个方面对应圆的 1 等份，如图 12.3 所示。

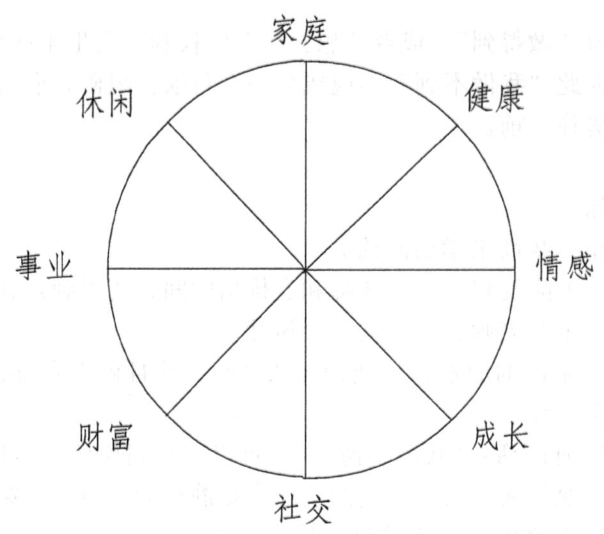

图 12.3　平衡轮等分圆举例（1）

接下来对 8 个方面的现状进行评价。此时会用到教练技术的另一个工具：度量尺。针对每一方面，问这样一个问题：如果在这个方面达到你满意的程度是 10 分的话，此刻你觉得可以打多少分？所谓满意的程度，即人生平衡最理想的状态。对于此刻的评分，一定是以你此时此刻的真实感受为准。

当得出 8 个方面的评分后，按分数进行标注，并将所有标注的点用折线连接，如图 12.4 所示。

图 12.4　平衡轮等分圆举例（2）

接下来，可以给不同的项目涂上不同的颜色以示区分，自己特别看重或者得分特别低的项目，可以尝试用醒目的颜色来填涂，这样在视觉上会产生更为强烈的冲击，如图 12.5 所示。

至此，绘制平衡轮的工作就完成了。接下来，我们将根据这个平衡轮，提出一些强有力的问题，以此来推动学生聚焦和采取行动。聚焦是平衡轮工具运用的重要一环。绘制出平衡轮以后，学生一般会恍然大悟，“啊，原来我最看重的是这个方面”，或者“原来我在这个方面的评分这么低”“看来我要重点提升这个方面的评分”……这时，辅导员就可以开始顺势提问，帮助学生找到平衡轮的“撬动点”。所谓“撬动点”是指平衡轮中的某一个方面，如果在这个方面的现状评分得到明显改善，将带动其他方面的评分也得到改善。要注意，撬动点不一定是平衡轮中得分最低的那个方面，它甚至可能是得分较高的方面。评判一个方面是不是撬动点，不是单看当前的得分情况，而是看这一方面的改善是否有利于促进其他方面的改善。

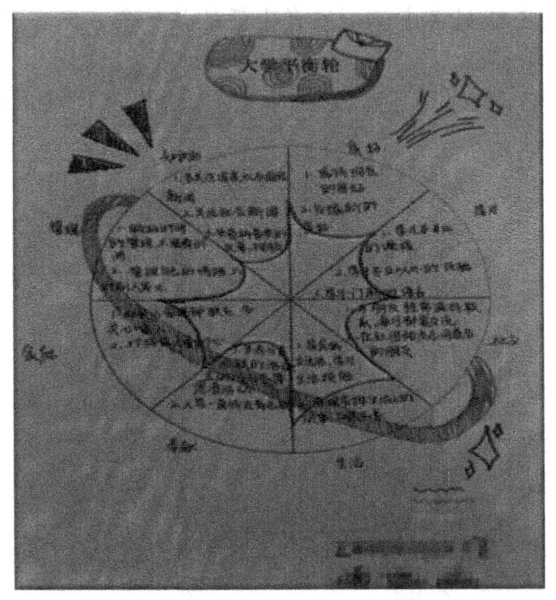

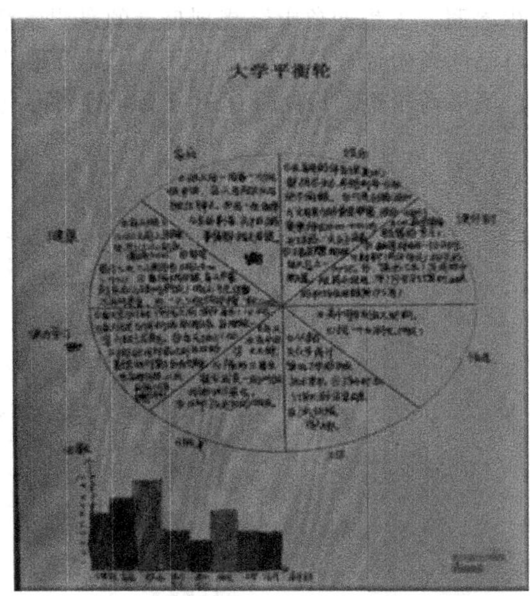

图 12.5　学生对大学四年规划的平衡轮示例

辅导员可以参考以下提问：

（1）从平衡轮中你注意到了什么？（这里不是想象的，是视觉的，直接从平衡轮圈中可以看到。学生无论反馈什么，辅导员都不要加以评判）

（2）如果其中某一方面有所改善，将会带动其他方面也向好的方向发展，我们称它为“撬动点”。你的撬动点是哪一个？

（3）你觉得有了什么（改变）？这个撬动点会达到你理想的程度（获得高分）吗？

（4）如果要让这个撬动点提高 1 分，你觉得可以做些什么？

（5）你觉得首先可以开始做的是什么？

（6）接下来你马上要做的第一（小）步是什么？

（7）你会从什么时候开始行动？（一定要拿到具体的时间，如“今天晚上 8 点”）

（8）我如何知道你已经做了这些？（与学生约定，行动以后及时反馈）

另外，对于每一个问题，都可以在学生回答以后追问“还有呢”，促进学生进一步思考。

如何指导学生绘制短期平衡轮呢？下面，以制订寒假计划为例。

第一步：画出一个空白的平衡轮（见图 12.6）

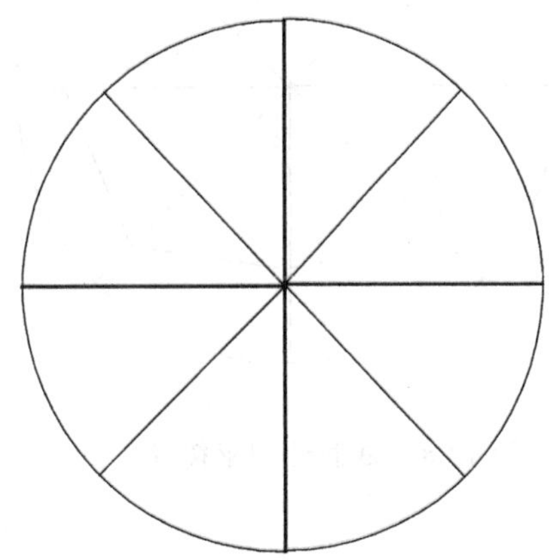

图 12.6　寒假计划平衡轮（1）

第二步：确定自己的寒假生活目标并填到平衡轮中。

例如“想过一个有意义的寒假”。有的学生希望在寒假中增进友谊、陪伴父母、提升学习等，引导学生参照“人生四象限”规划自己的寒假生活，而不能只考虑学习或者生活的某一个方面。让学生在自己的寒假计划平衡轮上写下自己最看重的 8 个方面，并定下目标和具体的计划。（见图 12.7）注意，用平衡轮规划短期目标一定要同时列上具体的行动方案，使计划具体化、明晰化、可达成化。

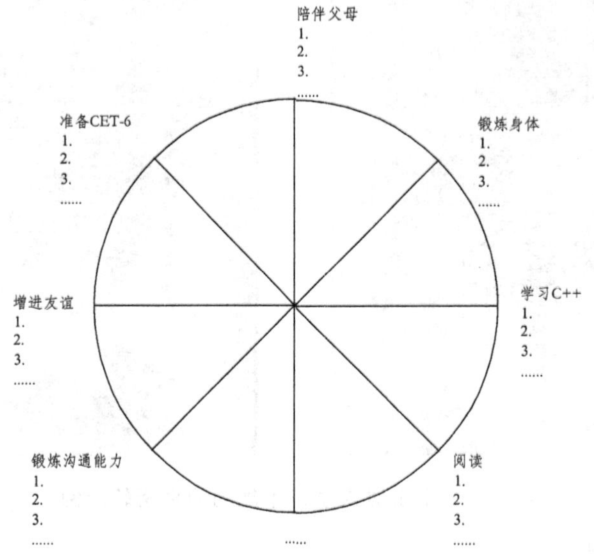

图 12.7　寒假计划平衡轮（2）

第三步：请学生按照自己的行动计划执行。

第四步：适时进行评价。

评价方法：将圆心到圆周的每条线等分为 10 份，分别代表 1 ~ 10 分，学生自己诚实地对自己进行评价，给予相应的分数，并用点在线上相应的位置标注。随后将各个点相连接，形成图 12.8 中的图形。看看自己哪些方面达到了预期，哪些方面还没有？没有达到预期的，需要及时反思自己哪些方面还没有做到，或者做得不够好，并且及时做出调整。

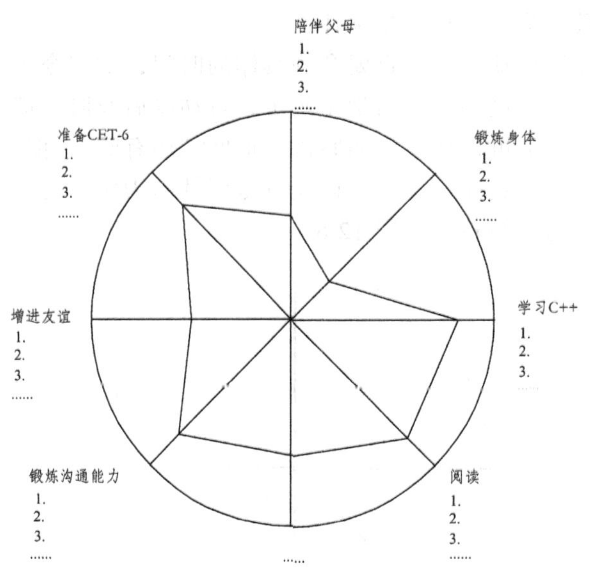

图 12.8　寒假计划平衡轮（3）

平衡轮使用的说明如下：

（1）绘制平衡轮一般不超过 8 个方面，根据学生自己的思考，可以少于 8 个方面，只要满足了“平衡”的需要即可。例如，学生觉得有意义的寒假计划最重要的就是锻炼身体、学习英语、阅读、陪伴父母，学生自己进行确认和评估。

（2）平衡轮的评分中没有“0 分”，评分一定是从“1 分”开始的。这里包含一个强有力的假设，即在每一个方面都“有”。

（3）平衡轮可以用于个人与团体（班级）。例如，想要建设一个先进班集体，需要在哪些方面开展建设？运用平衡轮帮助班级制定班级发展目标、实施方案等，并直观地画出来。

（4）平衡轮可以用在长期的、近期的、短期的、当下的不同时间阶段，可以绘制从长远到近期到当下逐步细化的多个平衡轮。生命平衡轮可以帮助我们清晰自己的价值观和发展目标，中短期平衡轮可以帮助我们聚焦关键领域和事件，帮助我们将目标分解细化，制定落地方案，从而促进行动。

（5）平衡轮的各个方面是动态发展的，因此也需要动态调整。可以将调整前后的平衡轮进行对比，看看哪些方面取得了显著的变化，并且思考：取得这些变化是因为自己做了什么？不同人生发展阶段，撬动点也可能会发生变化，因此动态调整平衡轮是非常必要的。

（6）平衡轮可以运用到目标的寻找、决策的制定、状态的调整、行动规划方案的制定等方面。

（六）教练技术工具之度量尺

1. 度量尺的内涵

在教练式谈心谈话中，辅导员可以在任何时候帮助学生明确自己在哪里，将要去哪里，对于某件事情的感受程度、自己的收获、不足及提升的内容等。度量尺是一种检查学生状态的有力工具，并且能够使他们在谈话中连续地测定自己处于什么位置，从而强有力地推进谈心谈话进程。

在教练谈话中可以运用度量尺状态、启发思维，找到行动方向、促进行动。度量尺提问方式举例：

问：从 1 到 10 进行度量，10 代表最高（最好、最满意……），1 代表最低（最差的状态、最不满意的状态），你现在对于……处在什么位置？

答：3 分。

问：嗯，在 3 分的状态，那这 3 分代表你已经做到了什么？（获得了什么）？

回答：……

问：真不错，已经做到不少事情了。那你觉得达到几分你就会比较满意？

回答：7 分。

问：那你觉得你要达到 7 分还需要做些什么才好呢？

回答：……

在使用度量尺的过程中，没有“0”分，假设都有一定的收获、一定的行动。度量尺是一个易掌握易使用的教练工具，可以采用多种形式的正向提问方式，帮助学生挖掘资源、感知状态、寻找目标、规划行动。

2. 度量尺能帮助辅导员做什么（应用场景）

当学生遇到比较纠结和艰难的选择时，当学生沉浸在某种失落消极的情绪中走不出来时，当学生对于未来的规划比较迷茫无助时，当学生遇到某个难题迫切想要解决时，辅导员可以运用“度量尺”帮助学生明确自己的感受程度，检查自己当下的意图或者状态，能够很好地启发学生思考、评估和检视自己当下或者未来的状态或者位置，帮助辅导员更全面地掌握和了解学生所陈述事实背后的意图。

如学生不知道应该出国、考研还是就业，不知道应该去大城市打拼还是回老家就业。

3. 度量尺运用场景举例

对于这个目标的满意度，10 代表最高，1 代表最低，你希望得到几分？

听完你的这些行动，我也受到了鼓励，我很好奇，如果 1～10 分的意愿，你现在的意愿是多少？

（如果学生回答在 8 分以下）你还能够有什么样的方法，让你有 10 分的意愿？假如这些你都做到了，会对你达成目标产生什么样的意义或者价值？

目前你的投入度、满意度、渴望度、自信度、团结度、配合度、动力度……是几分？

你希望通过我们的谈话，自己能够达到几分？

你可以做什么，让自己提高 1 分？

我们谈话以前，你的清晰度是几分？现在是几分？

用度量尺工作进行教练式谈心谈话过程示例：用度量尺就可以完成一次教练过程，也可以组合运用。

假设以 1 ~ 10 来衡量，1 为完全不满意，10 为完全满意。

你给现在的状态打几分？

你已经做到了什么让你有这个分数？

你希望能够达到几分？对此你的渴望度是几分？

当发生了什么就能达到这个分数？

如果达到了这个分数，你的家人（老师、同学、朋友、领导）将注意到你会有什么不同？

你准备下一步做什么，让自己朝这个方向提高 1 分？

你将从什么时候开始行动？

（七）教练技术工具之逻辑层次

1. 总结概述

逻辑层次图用 6 个层次来描述一个人的生命状态。从上到下，依次是：愿景、身份、价值观、能力、行为、环境（见图 12.9）。可以说，一个人的内在思想、外在行为表现，不外乎都在这 6 个层次当中。

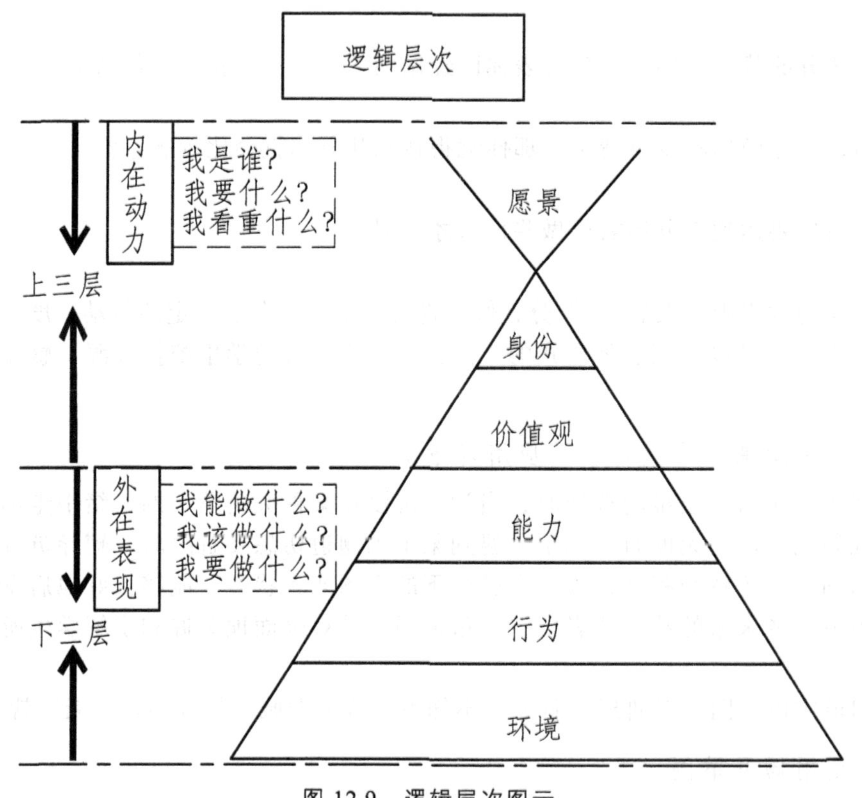

图 12.9　逻辑层次图示

2. 上三层和下三层

逻辑层次图把这 6 个层次，分为上三层和下三层两个部分：

上三层包括愿景、身份、价值观，主要解决的是“我是谁”“我要什么”“我看重什么”等这些内在精神和内驱力层面的问题。

下三层包括能力、行为、环境，主要解决的是“我能够做什么”“我该做什么”“我要做什么”等这些外在的能力和行为的问题。

3. 上下三层的相互关系

上三层决定和指引下三层，一般上三层清晰了，下三层就会更清晰。同时，下三层的实施效果，又会影响上三层的实现品质。

假如只有下三层，不清晰上三层，是一个怎样的状态？——忙碌而茫然，不知道为什么而忙，没有意义和价值。

假如只有上三层，没有下三层，又会是怎样的状态？——空中楼阁，纸上谈兵，空想主义者，落不了地。

所以，将逻辑层次的 6 个层次从上到下贯通地探索和清晰，就能在较大程度上支持一个人了解自己，并且按自己的意愿生活。

通常在哪个层次遇到了问题，只在那个层次是很难解决问题的，至少要在比它高一级的层次上去解决问题。比如行动出了问题，至少要上升到能力的提升，如果从上到下贯通地清晰，就会更加有效地解决问题。

4. 逻辑层次的教练提问探索

逻辑层次的每一个层次，我们都可以通过启发式的提问，去支持学生深入地探索自我。

逻辑层次每层的问题示例：

愿景层：我真正想要的是什么？ 未来的理想画面是什么？ 看到？听到？触摸到？感受到？

身份层：我是谁？我最想成为谁？我想成为一个什么样的人？

价值层：我最看重的是什么？为什么很重要？会给我带来什么价值，给社会创造什么价值？

能力层：我有什么能力？还需要发展什么能力？我有哪些可以运用的资源？

行为层：为了实现我的目标，我的行动计划是什么？

环境层：我第一步做什么？何时、何地开始？做到什么程度？

这样，我们可以通过启发式提问，从上到下，从内在精神到外在行动，从宏观到微观，从目标愿景到当下马上可以实施的行动计划，一步一步地探索清晰，并有效促进行动与改变。

5. 运用逻辑层次进行教练生涯辅导的真实案例解析

（1）案例背景：

这是一个真实的中学生生涯教练辅导案例。辅导对象是一个刚升入重点高中的高一男生，没有学习兴趣和动力，学习成绩不理想，父母非常焦虑。他的父母找到教练，教练与这个高一男生通过微信语音，进行了一个小时的在线沟通。

在以下对话中，辅导老师简称“教练”，被辅导学生简称“客户”。

（2）教练互动过程：

① 建立相互信任的对话关系。

（相互信任，尊重平等的关系，是有效对话和辅导的基础。）

教练（自我介绍）：你好，我是你妈妈同事的好朋友，我是一个大学老师，也是一个专业教练，很感谢你愿意花时间跟我交流。听你妈妈说，她感觉你最近学习有一点没有动力，成绩有些下滑，她有些担心你，你愿意跟我在这个方面做一些交流吗？

（说明：估计孩子妈妈提前跟他说明了这次交流，所以，孩子比较配合，否则需要更多铺垫，来建立相互信任关系的基础。）

客户：是的，我最近确实找不到学习的动力，感觉学习没有什么意义，没有兴趣。

小结：通过相互介绍沟通，基本达成相互信任的沟通关系，看得出来，这是一个由于缺乏内在动力，导致外在行为无力的问题。

② 开启对话和探索。

教练没有急着去跟学生讲学习的意义，或者给他分析问题，或者直接给出如何更好地学习的建议，而是带着好奇，向学生提问探寻。

教练：那你平常最喜欢的是什么？你课余时间一般喜欢做什么？

客户：偶尔会打篮球，周末会和初中同学聚会，有时间就看看汽车杂志，了解一些汽车方面的信息。（当他说起汽车杂志的时候，教练从电话里面，明显可以听得出来，学生的语气立刻变得不一样了，语气轻快愉悦了很多。）

教练顺势邀请客户多聊聊他感兴趣的汽车。客户就开始滔滔不绝地分享关于汽车的各种知识，各种汽车的种类、各种指标、各种参数，各种性能……从分享中，教练可以听出，客户对汽车方面懂得特别多，分享得特别专业和精通，俨然像是一个汽车专家。

教练一直很有兴趣，也很耐心地听客户的分享，没有打断他。

教练（由衷地赞美客户）：我简直不敢相信你才是一个中学生，我感觉刚才就像是一个汽车专家在跟我分享，非常专业。你是怎么做到对汽车有这么精通，这么了解的啊？

客户（开始很自豪地分享）：我会订阅汽车杂志，有空就会上汽车网站浏览查询相关的信息，有时间就会去琢磨和钻研汽车的参数性能。

教练（进一步好奇地提问）：当你在看这些汽车资料的时候，你的感觉和心情是怎样的？

客户：我在看汽车资料的时候，就会如饥似渴，如痴如醉，特别喜欢，常常忘记时间。

解析：在这个过程中，教练并没有直接开始对客户不喜欢读书进行分析、评判和建议，否则很容易破坏刚才建立的信任关系，同时，直接的分析、建议评判，也不一定真正适合客户的现状和需求。兴趣是学习真正的驱动力，教练通过好奇的提问，尝试了解客户真正的兴趣特长方向和热爱程度，为进一步促进探索和规划做准备。

③ 运用逻辑层次探索。

教练了解到客户真正的兴趣特征方向是汽车的相关研究，于是教练开始运用逻辑层次工具，进一步开展生涯规划相关的探索和辅导。

教练：假如你今后一辈子都可以从事与汽车相关的工作，你感觉这会是你想要的生活吗？（教练在愿景层次提问。）

客户：当然愿意。（从他的声音中听出来他对此很憧憬，也很肯定。）

教练：如果未来你真的能够从事跟汽车相关的工作，那最想做的是什么？（继续在愿景层次深入地提问。）

客户：开 4S 品牌汽车连锁店。

教练：那会是一个多大规模的 4S 汽车连锁店呢？

客户：是一家全国连锁店。

教练：那这个全国汽车连锁店总部在哪里？有多少家分店？

客户：总部在成都，在各个省会城市都会开分店。

教练：那你这个全国 4S 连锁店，会有多少员工呢？

客户：应该有 5 000 多名员工。

教练：如果你真的实现了你的愿望，那时候的你是一个什么样的人？（在身份层面提问。）

客户：那时候，我会是一家全国汽车 4S 连锁店的董事长。

教练：为什么要开汽车 4S 店？成为汽车连锁店董事长，对你来说这么重要？（在价值观层面提问。）

客户：因为我希望能够做自己真正热爱的事情，我希望自己是一个有成就的人，希望我的家人可以为我的成就而骄傲。

教练：开 4S 连锁店，除了可以满足自己的兴趣和成就感，还可以给他人或者社会带来什么样的价值？（继续在价值观层面提问。）

客户：我还希望能够用最便民的方式，满足更多人对汽车的需求，同时提供特色汽车改装服务，帮助热爱汽车改装的人，实现他们对汽车的梦想。

教练：现在想到那个画面，心情如何？

客户：很兴奋，很开心，也很希望真的有可能实现。

教练：那么，梁总（学生姓梁，教练开始直接用学生未来的身份称呼他，进一步增强他来自未来愿景的智慧和力量），作为一个拥有 5 000 名员工、全国 4S 连锁店的董事长，你认为他应该具有哪些能力和优秀的品质呢？（在能力层次提问。）

客户（想了想）：一方面，他需要有更加专业的汽车专业知识，他还需要有管理能力以及不怕挫折的心理素质等。

教练：那如果成为 4S 连锁店董事长，需要这些能力和品质，你打算如何去积累和发展这些东西，去帮助自己实现目标呢？（在行动层次提问。）

客户：首先，我需要报考汽车相关专业大学，进行更加专业的学习。其次，我需要从现在开始更加努力学习，并且制订学习计划。如果现在不好好学习，今后也考不上大学。此外，我还需要在平常有意识地锻炼自己的心理素质。

教练：听起来你已经有了一些目标和行动计划，那你如何知道哪些大学有汽车专业呢？

客户：我可以上网查询，网上应该可以查到相关信息。

教练：那你接下来的第一步，准备做什么？从什么时候开始做？（在环境层面提问，进一步推进行动。）

客户：我会上网收集有汽车专业的大学信息。

教练：大概在什么时候完成这个信息收集呢？

客户：在两周内完成。

教练：还有呢？

客户：我会做学习计划，今天周日下午回到学校就写。

教练：你制订的学习计划，愿意跟我分享一下吗？（进一步促进行动。）

客户：可以，下周末回到家，可以用手机的时候，我就微信发给您。

④ 对话尾声：总结价值+反馈赋能。

教练：我们今天沟通了一个小时，最后我想邀请你分享一下，通过今天的交流，你有哪些学习和收获？

客户：通过和您的交流，我发现我自己很喜欢的汽车，居然可以发展成为自己未来的事业，感到很开心，也更有了学习的动力；同时，也找到了下一步可以行动的方向，很感谢老师，我会努力的。

教练：太好了，我也很高兴今天跟你的交流，也很感谢你对我的信任，跟我分享了你的兴趣爱好和你的梦想。我也特别为你感到高兴，你能在中学阶段，就明确了自己特别热爱甚至愿意终身去从事的事业方向，是非常难得和珍贵的。祝愿你未来真的能够靠自己的努力，实现自己的梦想。记得下周给我分享你的行动计划哦。

客户：好的，我记得，谢谢老师。

（3）成果延续：

① 一周后的周末，客户通过微信发给教练他手写的行动计划书。虽然字迹有些潦草，但是非常详细。从这些真实朴实的文字中，看到一个孩子给自己从内心发出的深入细致、自觉自律的承诺的力量。从中也可以看到，当一个孩子真正找到了自己的目标方向，就可以激发出他更强的内在驱动力和外在行动力。

② 两周后，客户给教练分享了他自己上网查找和整理的有汽车专业的大学清单，以及详细的专业介绍资料。并留言说：感觉到自己的行动力明显增强了，以前听不懂的课，也开始听得懂了，学习越来越有信心了。他也一直记得自己的目标和梦想。

③ 之后，这个高一男孩常常给教练一些暖心的留言，提醒教练早点休息，晚上空调温度不要太

低，以免受寒。教练也会随时鼓励他：加油，梁总，我会一直支持你！

④ 孩子的妈妈也感觉到孩子的明显变化，有其他朋友的小孩遇到一些问题，也推荐他们来进行教练对话辅导。

（4）案例小结：

这就是运用教练式对话的逻辑层次工具，进行高中生生涯辅导的一个案例。当通过教练技术的高品质对话，能够走进一个生命，聆听一个生命，真正支持一个生命的成长，那种生命之间的信任与连接，相互的滋养，是非常幸福和满足的。在这个对话过程中，教练既没有评判他不努力学习不对，也没有去分析他为什么不喜欢学习，也没有告诉他应该怎么做才是对的。然而，就在这样深入的聆听和强有力的提问中，让他的目标不断清晰，也帮助他找到了解决问题的方案，并且促进了有效的行动，真正的发展和改变就这样自觉自愿地发生了。

关于教练技术在辅导员谈心谈话中的应用，本章仅是一个抛砖引玉。辅导员可以通过更加专业的学习和切实的实践，成为具有“教练”理念和掌握“教练”工具的辅导员，更好地帮助学生成长。以上的工具、方法仅是教练工具中的一小部分，可以单独使用也可以组合使用，根据实际情况来开展；同时，不是所有的教练对话都需要长时间的对话过程，熟练掌握教练式的高品质谈话方式后，如保持良好的提问方式，三言两语也能很快协助学生自己解决自己的问题。

第三部分

优秀辅导员经验分享

第十三章　三大“法宝”·五大“神器”助力飞升“上神”级辅导员——土木工程学院刘萍

“学贵得师，亦贵得友”，辅导员既是学生成长成才的人生导师，又是学生健康生活的知心朋友。要扮演好“亦师亦友”的角色，需要我们不断学习提升自己的个人能力，探索创新工作方法。在此，我为大家总结了“三大法宝、五大神器”，助力各位飞升“上神”级辅导员。

“法宝”一，爱与责任

辅导员是高校中最贴近学生、最基础的工作岗位，工作内容涵括多个方面，我们不仅要做好学生的思想政治教育工作，也要承担奖勤助贷补等学生日常事务管理工作，同时还要做好“上情下达，下情上传”的桥梁纽带。工作量不容小觑，有人形容辅导员工作就是“上面千条线、下面一根针”。另外，辅导员要深入学生群体，为同学们排忧解难，一名辅导员在日常工作中，每天的步数基本保持在1万~2万步，每天不是在通往寝室的路上，就是在奔赴教室的路上。面对这样一份需要付出心力、耗费体力的工作，更需要我们用爱与责任作为动力和支撑。不因工作繁多而抱怨、不因工作难做而放弃，想学生之所想、急学生之所急，就是一名辅导员的责任与担当。而对工作的责任与担当也源自辅导员对学生工作的热爱、对学生的关爱。因此，我们必须有责任、有担当，给学生春风化雨的关怀，不要让学生觉得辅导员的工作就是走走过场、装装面子，要让学生觉得辅导员的工作有温度、不可或缺、不可替代。

“法宝”二，方式方法

辅导员的工作究竟有没有方式方法可寻？当然有，正所谓“巧干胜于蛮干”，只有讲究科学高效的方法，才能“四两拨千斤”，高效地完成工作。对于常规事务性工作，学校有相应的规范流程来指导辅导员的实践操作，只需遵循流程开展工作即可；而对于没有规范操作的工作内容，学校学院也有相关文件来指导。那么，在大框架下，辅导员可以在长期实践中总结提炼一些经验，使自己所负责的工作更加有条不紊地开展。比如，每年都有一些固定工作基本在同一时间段内开展，如贫困认定、评奖评优等，对此可以提前做好准备工作；每学期初、中、末的主题班会，都有相对固定的教育主题；对于不同的学生，在不同阶段开展工作时要因材施教，采取有针对性的教育引导方式；善于运用重要时间节点开展思政教育；等等。总之，要讲究科学的工作方式，在探索创新工作方法的过程中不断总结经验，指导实践工作，不要让学生觉得辅导员的工作杂乱无章，要让学生觉得辅导员的工作有章可循、灵活多样。

“法宝”三，情感连接

辅导员是一线的学生工作者，说到底是在做人的工作，核心是“以人为本”。要做好这份工作，首先要树立“为学生服务”的理念，更关键的是要获得学生的信任和理解，与学生建立情感上的连接。这种情感连接能帮助我们与学生建立较为稳定的关系，从而让我们真正有机会走入学生内心，倾听其真实想法。

下面分享一则真实的工作事例：一位学生平时表现非常正常。在一次丢失手机的过程中，辅导员想尽办法陪同该学生寻找手机，尽管最后手机并未找回，但学生在这个过程中感受到了来自辅导员的关心与爱护，从而与其建立了良好的情感连接。后来的一次谈心中，该学生主动告知辅导员自己有重度抑郁，随后辅导员与家长多次沟通联系，帮助学生正视心理疾病、积极治疗。这样的案例还有很多，人与人之间的信赖是相互的，情感的付出也是对等的，也许与学生建立情感连接就只需通过一件小事。但情感连接一经建立，会让我们的工作事半功倍，很多难题也会迎刃而解。《孟子·离娄下》有言："爱人者，人恒爱之；敬人者，人恒敬之。"我们应该以真诚和关爱去赢得学生的信赖与认同，不要让学生觉得辅导员的门难进，话难听，脸难看，事难办，要让学生看到辅导员就像看到阳光一样，让师生间的关系更加自然、亲近、和谐、真诚。

"神器"一，选对学生干部

学生干部在学生工作中发挥着重要作用，也是辅导员开展工作的重要抓手。辅导员的工作涉及方方面面，单靠辅导员个人单打独斗难以形成发散性、持续性的力量，在班级管理中也会有一些盲区和死角，无法顾及班级的方方面面。因此，选拔任用好学生干部可以给辅导员的工作带来诸多助力。在选拔学生干部时，首先，要综合考虑思想素质、学生意愿、工作能力、学习成绩等各方面，还要重视工作态度，有时工作态度甚至比工作能力更重要，在选拔时做到公平公正、知人善任；其次，不要只"选"不"管"，要经常性与学生干部交流，并通过培训提升其工作能力与综合素质，建立一支思想过硬、工作高效、迎难而上的学生干部队伍。总之，我们一方面要知人善任，人尽其才；另一方面不要让学生干部觉得自己只是传话筒、辅导员的代言人，要给予其充分锻炼的机会，要让学生干部在服务他人中体会快乐、实践中增长才干。

"神器"二，做强班团建设

班级、团支部是学校管理的最基本单元，做好班风学风建设是辅导员的工作职责之一。首先，建章立制是做好班团建设的基础。无规矩不成方圆，建立班团契约文化，有规章制度保驾护航，才能使所有学生积极参与班团建设；其次，选树典型，榜样引领。在班级中要发现并鼓励能带领学风、示范引领的标杆人物，使其与班委一起营造积极向上、良性竞争、互帮互助的学习氛围；最后，打造班级凝聚力，形成优秀班级文化。通过班级活动、主题教育等形式加强班级凝聚力的建设，增强班级同学的归属感、认同感，打造积极向上的班级文化。总之，"单丝不成线，独木不成林"，凝聚才能产生力量，不要让学生觉得班团散漫混乱、可有可无，要让学生看到班级、团支部青春向上的活力、团结一致的凝聚力、迎难而上的战斗力。

"神器"三，强化家校沟通

辅导员是家校沟通的纽带，家长能通过辅导员了解学生在校情况，辅导员也能通过家长了解学生的思想动态。为保证家校沟通的畅通、有效，几点建议供参考：第一，建议辅导员在接手学生之初，就通过网络、电话、家长会等形式与所带学生的家长建立沟通渠道，保证家长有事能够联系到辅导员，辅导员有事也能找到家长。第二，建议辅导员建立完善学生档案，与家长沟通前要做好准备工作，充分了解学生各方面的情况，做到有的放矢。第三，注意沟通的频次，具体问题具体分析，对于重点关注学生，建议根据具体情况定期与家长沟通；对于非重点关注学生，也要保证每学期至少沟通一次。我们应积极做好家校沟通工作，不要让家长觉得根本联系不到辅导员，或是学习教育学校包干、事不关己，要让家长了解到家校沟通是一种常态，辅导员与家长同心同力，携手助力学生成长成才。

“神器”四，善用网络平台

辅导员要贴近学生，成为学生健康生活的知心朋友，才能使思政工作入心入脑、落到实处。当前是信息爆炸的时代，随着互联网的飞速发展，QQ、微信、微博等成了学生最常使用的社交软件，学生也许不接手机电话，但他会接微信电话、QQ电话。因此，辅导员要善用各类网络平台与学生沟通交流，利用好各类新媒体来缩小“代际差异”。比如，定期的微博微信推送让学生更了解辅导员的工作，使用高频出现的网络热词能拉近辅导员与学生的距离，关注学生的 QQ 能够及时了解该生当下的情绪状态……无论辅导员是“70后”“80后”，还是“90后”，都要积极学习，利用QQ、微信、微博等平台开展顺应形势、合乎规律的网络思政教育。总之，要让网络成为辅导员与学生沟通交流的纽带，拉近心与心的距离，不要让学生觉得辅导员距离他们太遥远、工作不接地气，要让学生看到辅导员活跃在各大网络平台、传递正能量的积极姿态。

“神器”五，提升个人能力

辅导员既要埋头苦干、踏实负责，也要仰望星空、提升自我。新形势下，伴随着学生愈发多样化的需求，对辅导员提出的挑战与要求也越来越多：既要上得了课堂，下得了寝室，又要顶得住压力，镇得住场面；既要是事务工作的多面手，还要是人生规划、心理疏导的灵魂工程师。这些要求既是挑战，也是机遇。从职业规划的角度来看，辅导员应该有个人的发展目标和规划，一方面，可以考博提升学历，或是为自己量身设计考取心理咨询师、职业规划师等相关证书，让自己成为学生工作相关领域的专家；另一方面，可以就自己感兴趣的领域开展课题研究，提升学生工作理论与实践相结合的能力，不断向专业化、职业化和专家化的方向发展。总之，要注重个人成长与能力提升，不要让学生认为自己大学四年都毕业了、成长了，而辅导员还在原地踏步，要让学生看到自己的辅导员为更好地开展学生工作所挥洒的汗水和努力、投入的时间和精力。

万事万物皆有循序渐进的过程，正所谓“不积跬步，无以至千里；不积小流，无以成江海”，优秀辅导员的修炼亦需要时间积累和实践探索，希望各位循序渐进，不忘初心，且行且摸索，相信在三大“法宝”、五大“神器”的加持下，各位必定会在工作中渐入佳境。

（刘萍，现任土木工程学院学生工作组副组长、本科生党总支书记、分团委书记，担任 2017 级 1-6 班本科生辅导员。）

第十四章 以爱为业 从心出发——电气工程学院谢力

谢力，女，中共党员，西南交通大学电气工程学院本科 2016 级辅导员、院团委书记、院学生工作组副组长。她 14 年如一日，始终奋战在辅导员工作岗位一线。自 2006 年担任免研辅导员以来，先后辅导 6 个年级，68 个班级，2 558 名学生。

她所带班级中，1 个班级获“全国先进班集体”，1 个班级获成都市五四红旗团支部，37 个班级获“西南交通大学先进（优秀）班集体”。她所带学生中，超过 450 人次获省级及以上奖励，其中 2006 级电气 3 班班长贾格华作为百团大战“白刃格斗英雄连”英模方阵的一员参加抗日战争 70 周年大阅兵，2012 级本科生安峰作为川内唯一一名本科生，荣获第十届“中国青少年科技创新奖”。

她个人获聘西南交通大学首届辅导员“闪亮之星”岗位（全校 180 余名辅导员仅 4 名入选），在第三方认证机构（麦克斯公司）所做的 2015 届毕业生质量跟踪调查中，成功入围学生心目中“在学校对他帮助最大的老师”（全校仅 2 名辅导员入围）。先后荣获四川省辅导员年度人物（提名奖）、四川省优秀共青团干部、曹建猷教育奖、西南交通大学华为辅导员、优秀学生工作者、优秀共产党员、优秀党务工作者等 40 余项荣誉。在其所带的学生中有 14 名同学先后担任学校的专兼职辅导员，继续着学生工作的传递和接力。

一、理想信念坚定，争做学生思想上的“引路人”

她认真学习宣传贯彻习近平新时代中国特色社会主义思想和党的十八大、十九大精神，落实全国高校思想政治工作会议精神，在思想上政治上行动上同以习近平同志为核心的党中央保持高度一致，牢固树立“四个意识”。她扎根基层，先后担任电气工程学院分团委书记、本科生党总支书记、学生工作组党支部书记，在工作岗位上兢兢业业，身体力行弘扬、培育和践行社会主义核心价值观，通过各类主题教育引导了一批又一批的优秀青年向党组织靠拢，累计组织党课培训 700 余人次，推荐 400 余名学生团员加入中国共产党。善于发挥党员的先锋模范作用，通过加强党员学生干部培养，以优秀个人带动群体，以党员发展促进学生价值观的塑造，实现辅导员—党员学生干部—全体学生的引导传递，形成了一套点面结合的大学生日常思想政治教育体系，为中国特色社会主义事业凝聚了青春智慧，贡献了青春力量。

二、关心关爱学生，是学习生活上的“贴心人”

14 年来，她始终坚持利用休息时间深入学生宿舍园区了解学生日常生活情况、寝室关系、学生爱好、班级氛围情况，采用个别+集体的谈心谈话方式针对性地解决同学们的困难，提供合理的帮助，制定个性化的方案。14 年来，她深入学生宿舍园区超过 1 200 次，学生谈心谈话超过 5 200 人次，召开学生干部例会 300 余次，组织召开主题班会 1 000 余场，年级大会 36 次，指导开展的班级活动超过 200 场，与学生们成为知心朋友，同学们都亲切地叫她“力姐”。她用爱和责任，帮助 20 余名心理重度抑郁的学生走出阴霾，多次被热泪盈眶的学生家长认作“永远的亲人”。为了让学业困难的学生不再挂科，让学业优秀的同学有明确的学业目标，她创新开展阶梯朋辈计划，在 2016 级学业困难学生、学业优秀学生以及 2014 级免研学生中，通过双重双向朋辈导师配备，成立 25 个阶梯朋辈小组，通过情况汇报、下午茶、饭后答疑以及每日一记等方式开展帮扶活动，形成阶梯成长的氛围，引导促进不同阶段的学生知识、能力、素质的全面提升。

三、业务能力过硬，是学生工作的“带头人”

狠抓班风学风建设，组织制定《电气工程学院本科生学风建设方案》，加强学风调查研究、学风督查检查、学习活动开展、学业困难学生帮扶，实现学院本科生上课出勤率超过 90%，班级重修率平均在 5%以下，学业困难学生学业通过率提高 67%。根据学生培养需要，设计制作《电气工程学院成长手册》，分学年学期组织学生开展自我总结和班级评议，引导学生成长成才。

培育学生自我管理能力，率先成立全校第一个班级组织“电气工程学院班级联合会”，并设立了全校唯一的班长奖学金。开创全校首个学生事务中心，打造学生工作一站式服务平台，总结 5 年来的制度章程、事务流程、经验教训，刊印全校首本《电气工程学院事务中心工作手册》并推广使用。

完善管理制度建设，组织编写《电气工程学院学生工作制度汇编》，分专项工作和社团管理两部分，为学院学生工作制度化、规范化建设发挥重要作用。分类总结、系统分析工作感悟，结合经验做法，将辅导员日常工作编撰形成《电气工程学院本科生辅导员工作手册》，提升学生工作组整体业务水平。总结形成《电气工程学院就业工作小组规范与管理办法》，设置日常值班员、接待专员、就业信息员、协议书管理员提升就业工作管理水平。总结整理《电气工程学院 2015 届就业招聘单位汇编》，梳理就业信息 702 条，系统提升了毕业生就业率和就业质量。

四、坚持“专业化+职业化”发展，各项工作屡获表彰

14 年来，她立足工作岗位，不断加强理论与实践相结合。主研西南交通大学辅导员专项基金 1 项，西南交通大学学风建设任务项目 1 项并获得优秀结题，校学生工作专题研究基金 1 项，校学位与研究生教育科学研究项目 1 项，校文化建设研究基金项目 1 项；参研校党建基金项目 3 项；发表文章 3 篇，其中中文核心 1 篇。14 年来，她在辅导员岗位上勤勤恳恳，获得了校内外表彰 30 余项。

第十五章　不忘初心　坚守匠心
——信息科技与技术学院刘娟

一、个人简历

刘娟，女，汉族，1977 年 5 月出生，中共党员，副教授，诉讼法硕士。1999 年至今，担任西南交通大学信息科学与技术学院辅导员，先后辅导 1999、2003、2007、2011、2015、2019 级 1 700 余名学生，曾任学院分团委书记、学院本科生党总支副书记，现兼任学校学生申诉处理委员会秘书、学校党建组织员，讲授“形势与政策”“职业生涯与发展规划”“大一新生适应力训练与提升”等课程。

二、工作情况

（一）十八年初心不改，她是辅导员职业化的代表

作为全校“最资深”的辅导员，她先后辅导 5 届 1 500 余名学生。20 年中，其实她有很多次转岗提拔的机会，学校机关很多部门曾向她抛出“橄榄枝”。但她 18 年如一日，始终摸爬滚打在学生工作第一线。在学生心中，她 20 年未变，还是那个阳光灿烂的娟姐、那个嘘寒问暖的亲人。

1999 年，两个学生同时病危，刘娟开启了奔波模式，送学生到医院，办理住院手续，安抚学生，陪伴鼓励。白天在学校上班，下班后往返两家医院。同事说“你一天去一处，不用每天都跑啊。”她回答：“我是他们唯一的辅导员啊！他们刚刚离家，父母还没有到，都想有一个熟悉的人在身边，没事。”尽管极度疲惫，但病床上的学生看到的都是始终充满活力的她。

2008 年，汶川大地震后，刘娟开启了守护模式。她不顾自己安危，奋力冲进宿舍楼疏散学生，在短期内通信不畅的情况下，她组织学生骨干，寻遍 3 000 多亩校园，直到确认每一个学生平安。正是在寻找与守护、焦虑与不安之中，她默默度过了自己 31 岁的生日。

2012 年暑假，某天值班结束，突遇学院留校的一名高年级学生不慎从上铺床摔下，刘娟开启了急救模式。生病的她原准备去医院急诊，得知学生被送往市中心医院抢救后，她二话没说冲去医院，鼻血落到了衣服上也没注意。她找到受伤的学生，与医生沟通救治，联系学生辅导员和家长。待安排妥当，离开时已经凌晨 3 点。她自己却因没有及时治疗，病情加重，家人责怪她，她却说：“学生的事情永远是第一位的。”

20 年来，学院只要有学生重病或者特殊情况需要捐款，刘娟就会开启救助模式，默默给一份帮助，不是噱头，也非作秀，能帮助有需要的学生，她觉得很开心。她在全力帮助学生走出物质困境的同时也帮助他们走出精神困境。

20 年来，她每天同时开启 N 个模式。白天，和学生促膝交流；夜晚，在课堂传道授业。20 年奉献不已、探索不止，所带学生成长成才，硕果累累。在她的学生中，涌现出第七届中国青少年科技创新奖获得者、全国十佳优秀升旗手、英特尔杯大学生电子竞赛嵌入式系统专题赛（亚太地区）第一名、蓝桥杯全国软件专业人才设计与创业大赛一等奖获得者等优秀学生。她所带的班级，每年都有校级“先进班集体”“十佳示范团支部”。2016 学年，她所带的班级“先进（优秀）班集体创建率”100%（全校唯一）。她所带的党支部，屡次被评为学校先进党支部。目前，由刘娟老师带出的学生已经完整走出了 4 届。他们有的已经博士毕业，成为科研方面的专家；有的创业成功，成为企业老总；有的出国深造，成为 IT 精英；还有的转型管理，成为部门领导。而更多的合格建设者和可靠接班人

们，已经在各自的岗位上实现着“交大梦”和“中国梦”。

（二）深入的学习和丰富的实践，她是辅导员专业化的代表

1999 年，刚刚走上工作岗位的刘娟承担起了学院团学组织的指导工作。“我那会儿也没有经验，只有摸着石头过河，我愿意做。我想，只要有责任心，肯定能做好。”就是这句话，伴随着她在社团活动中奔走了 4 年。当年的学生会主席，现已是某公司 CTO。他返校在“朋辈讲堂”中介绍：“刘老师指导的院团委，没有做不了的活动，没有创新不了的形式，没有得不了的第一。”学生所言，固然有激动与骄傲。但她所带团队，终获评成都市先进基层团组织、成都市大中专学生志愿者暑期“三下乡”社会实践活动先进实践队。

2010 年，刘娟担任 300 多名学生的辅导员的同时，主动承担起了评奖评优专项工作。由于这项工作的严谨性，加之学院学生基数大，在“评奖评优季”加班是常有的事。每逢评奖评优高峰期，她都要连续加班到凌晨一两点，为的是那一列列准确无误的评优数据，为的是让属于同学们的荣誉尽快尘埃落定。

她工作上永远充满激情。2015 年，学院创建学业发展中心。作为一名经验丰富的辅导员，她再次主动请缨。“评奖评优上了轨道，接任的老师比较好上手。新工作要和任课老师打交道，我是‘老人’，认识的人多，我来。”负责不久，中心就推出了小讲师・微课堂、朋辈导师、学业数据榜等品牌活动，营造了良好的学风氛围，帮助学生养成了良好的学习习惯。

主动工作的背后，是刘娟老师的主动思考。正是在一件又一件工作中的较真、在一项又一项活动中的琢磨、在一届又一届学生培养中的总结，她凝练出了一系列科研成果。20 年来，她共发表学术论文 10 余篇（其中，CSSCI 来源期刊 5 篇），主持参研课题 30 多项，先后获得四川省社会科学优秀成果二等奖等省级奖励 3 项、市级奖励 2 项、校级奖励 15 项。

（三）教学相长+朋辈影响，她是辅导员专家化的代表

作为从辅导员成长起来的副教授，她已成为新时期思政工作研究、学生工作法治化、学生职业规划、辅导员培训等领域的专家，是全校一线辅导员的“朋辈导师”，在校内具有较大的影响力。

20 年来，她坚持工作思考和工作方法创新。刚做团学工作的时候不知道如何下手，不怕，发挥自己法学优势，推出各种制度并严格执行，汇编成册，各院系争相传阅；评奖评优工作纷繁复杂，不担心，工作事务清单化，流程清晰，高效无误；初建学业中心目标不明确，不急，先完成 80 页《学院学风情况调查分析报告》，摸清楚情况再行动。

总结经验，结合所长，她在 2015 级学生中推出学生阶梯成长方案。大一班级建设，大二创新培养，大三职业规划，大四求职发展。面对长在互联网时代的“95 后”“00 后”，她自有妙招，应付自如。进校时如何增加凝聚力？班级建设团体辅导来助力。目标不明确？生命之花“平衡轮”每人每学期必画，生活如花般美好。各种疑惑多？“娟姐答疑时间”在 QQ 群定期推出各项专题，爸爸妈妈再也不用担心孩子们的学习生活了。喜欢网聊，独来独往？每周“娟姐小餐桌”她带上自做可口菜和同学分享、互动，原来面对面交流也如此畅心。凡事问“度娘”？用生涯咨询方式和学生谈话，变直接给学生信息和解决方案为让学生自己探寻，提升他们各方面的能力，秒杀“度娘”。针对家长的担忧？刘老师网络小课堂即将开课，再也不用担心父母不理解孩子了。

20 年来，她不仅在辅导员岗位上奉献不已、探索不止，还投身于辅导员群体的专业化、职业化中。耐心指导新老师，帮助他们尽快上手；自筹资金建立“学生工作组图书室”，购书 400 余本，带动年轻辅导员学习提高；辅导新入职辅导员，热心为他们答疑解惑。她还面向全校辅导员推出“和娟姐一起学 excel”，带动大家学习技术，提高工作效率。

她正努力成为“能干实践型”和“专业研究型”相结合的辅导员，逐渐成长为学校辅导员队伍中职业化、专业化的标杆人物。她，还将继续做好学生健康成长的指导者和引路人。

三、获奖情况

国家级：2019 年 4 月，第九届全国高校辅导员年度人物入围奖。
省级：2017 年 3 月，四川省高校辅导员年度人物。
省级：2014 年 12 月，四川省第十六次社会科学优秀成果二等奖（四川省人民政府颁）。
省级：2001 年 10 月，四川省大中专学生志愿者暑期三下乡社会实践活动优秀教师。
省级：2000 年 9 月，四川伦理学会社会科学研究成果二等奖。
市级：2003 年 1 月，成都市优秀共青团员。
市级：2002 年 1 月，成都市优秀团干部。
校级：2016 年 12 月，西南交通大学唐立新优秀学生工作奖。
校级：2019、2017、2013、2011、2009、2007、2005 年，西南交通大学优秀学生工作者。
校级：2016、2012、2008 年，西南交通大学就业先进个人。
校级：2013、2011 年，西南交通大学优秀共产党员。
校级：2010 年 4 月，西南交通大学心理健康教育先进个人。
校级：2002、2003 年，西南交通大学优秀团干部。

第十六章 悟达（5W）工作法——辅导员探索“让思想政治工作活起来”的实践路径（经济管理学院任凯利）

一、案例简介

随着新媒体时代的到来，人们的生活以及思想方式也随之改变，新媒体在给思想政治教育工作者提供便利的同时，也带来了新的挑战。习近平总书记在全国高校思想政治工作会议上强调：“做好高校思想政治工作，要因事而化、因时而进、因势而新。要遵循思想政治工作规律，遵循教书育人规律，遵循学生成长规律，不断提高工作能力和水平……要运用新媒体新技术使工作活起来，推动思想政治工作传统优势同信息技术高度融合，增强时代感和吸引力。”这为开展大学生思想政治教育工作指明了方向。2015 年，任凯利成立个人网络育人微信公众号“交大 Kelly 说”，因势而新，探索运用新媒体做好网络思想政治教育工作，初步形成了一套大学生思想政治教育工作有效模式。

二、案例分析解决

1. 思路和主题：因事而新，做网络思想政治教育的探索者

凯利老师是一名“身价百万”的辅导员：开设的个人辅导员微信公众号“交大 Kelly 说”，取得了推送总字数超 100 万、总阅读量超 100 万的显著成绩。

凯利老师是一名“明星”辅导员：被评为第五届四川省高校辅导员年度人物、第十一届全国高校辅导员年度人物入围、第三届“中国青年好网民”等。

凯利老师是一名“让思想政治工作活起来”的辅导员：通过“交大 Kelly 说”，创立大学生网络思政工作的“悟达（5W）工作法”，工作实效显著。

2. 实施方法和过程：从“交大 Kelly 说”到“悟达（5W）工作法”

“交大 Kelly 说”，坚持日更，取得了推送总字数超 100 万、总阅读量超 100 万的显著成绩，在此基础之上，积极探索构建网络思想政治教育工作的“悟达（5W）工作法”，依托一个载体（what），打造两个平台（where），实施三点切入（when），围绕四个正确认识（why），践行五维育人（how），让思政工作活起来。

一是依托一个载体。以微信公众号“交大 Kelly 说”为依托，坚持每天推送，作品数量实足、维度丰富、形式多样。发布推送 1000 余篇，总阅读量突破 100 万，作品从答疑解惑、榜样树立、经典阅读、热点评析、心理调适等近 10 个维度创作网络作品，探索创作网文、长图、短视频、H5、电台等丰富的表现形式，以大学生喜闻乐见的表现形式多点发力，走进学生，影响学生，引领学生。

二是打造两个平台。因时而进，打造线上平台，以公众号为主阵地，坚持日更，并着力构建以“交大 Kelly 说”为品牌的抖音、知乎、微博、QQ 空间等多维新媒体平台，多点发力，力争做好网络育人阵地全覆盖；因事而新，打造网络思政线下平台，成立“交大 Kelly 说协会”，既为学生提供成长和锻炼的平台，又激发线上公众号的生命力，将网络思想政治教育工作与学生社团组织进行有机结合。

三是实施三点切入。围绕重要时间节点，设置“Kelly 课堂”“Kelly 之窗”等板块，精心设计主

题育人文章，做好“节点”育人；围绕师生关注热点，设置“原创工厂”“看天下”等板块，搜罗评析热点事件，引导学生独立思考，做好“热点”育人；围绕师生关注难点，设置“解忧店”“Kelly问答”等板块，分享实用技能和学习经验，搭建答疑解惑交流平台，为学生指引方向，做好“难点”育人。

四是围绕“四个正确认识”。引导学生正确认识世界和中国发展大势，让学生不断树立为共产主义远大理想和中国特色社会主义共同理想而奋斗的信念、信心；引导学生正确认识中国特色和国际比较，让学生全面客观认识当代中国、看待外部世界；引导学生正确认识时代责任和历史使命，激励学生自觉把个人的理想追求融入国家和民族的事业中；引导学生正确认识远大抱负和脚踏实地，让学生把远大抱负落实到实际行动中。

五是践行五维育人。成立学生社团，培养网络人才，激发公众号的生命力，做好组织育人；定期组织学生骨干开展交流、培训、学习，为学生提供成长和锻炼的平台，做好培训育人；将微信公众号线上平台与学生社团线下平台有机结合，打造品牌活动，做好活动育人；总结育人模式，开发网络素养课程体系，做好课程育人；实践升华理论，指导学生骨干申报研究课题，参加竞赛项目，做好科研育人。

3. 成效和经验：让思政工作活起来

一是“交大 Kelly 说”育人模式效果彰显。线上平台关注量破 15 000，总阅读量破 100 万，为学生答疑解惑 5 万余人次；线下平台为学生提供成长和锻炼的机会，累计培养网络骨干人才 300 余人。

二是“交大 Kelly 说网络思政工作室”建设初成体系。依托“交大 Kelly 说”品牌，着力打造“悟达（5W）工作法”，打造出一批优秀网文作品、线上线下活动和文创产品，为广大学生和思政工作者提供相互交流、学习的平台。

三是“交大 Kelly 说”不断被推广、被分享。“交大 Kelly 说”育人模式深受师生欢迎和好评，受邀在全国、省级平台和高校系统作分享报告 30 余次，荣获 2019 高校新媒体案例征集大赛优秀案例奖。

四是网络思政研究收获丰厚。围绕“交大 Kelly 说”网络育人模式开展学术研究，主持、参与 10 余项省级、校级课题，发表 10 余篇学术论文，论文荣获四川省高校思政工作研究会优秀论文三等奖等奖项。

三、思考与建议

做好网络育人工作，在以下 6 个方面巩固已有成果，突破重点难点，开拓有力度、有温度、受欢迎的高校网络思政新路径。

一是网络宣传教育方面。成立网络思想政治理论宣讲团，创新多种形式，深入推进习近平新时代中国特色社会主义思想网络宣传教育。

二是网络热点阐释方面。成立网络热点阐释团队，时刻关注、搜集师生关注的热点、重点、难点问题，认真策划，深入分析，做好宣传阐释。

三是网络作品创作方面。以新媒体平台为载体，网络思政工作室为依托，充分运用网络多媒体手段，持续打造优秀网文、电台、短视频等形式多样的网络作品。

四是网络人才培养方面。通过专题培训、实践锻炼等形式，培养一支有理想、有担当、有情怀、有思想的网络人才骨干队伍。通过网络文化节等活动提高大学生的网络素养。

五是网络阵地建设方面。以新媒体平台为依托，着力打造全方位、多层次、多声部的网络思政工作融媒体矩阵，线下依托组织实体，线上依托融媒体矩阵。

六是网络机制研究方面。总结典型经验，建立长效机制，形成理论成果，发表学术论文，编辑出版专著，撰写研究报告，打造出全新有效的网络育人机制。

（任凯利，男，西南交通大学辅导员，讲师，思想政治教育专项在读博士，校团委挂职副书记。）

第十七章 Jessie 心语——利兹学院刘耀谦

刘耀谦，女，汉族，中共党员，自 2010 年 9 月起从事辅导员工作，现为利兹学院学生支持中心主任、团委书记，多次获得“优秀党员”“华为优秀辅导员”“大学生暑期‘三下乡’社会实践指导老师”“心理健康教育工作先进个人”“就业工作先进个人”等荣誉称号。在辅导员一线工作岗位工作十余年，初心未改，坚持用爱和智慧陪伴学生成长。

一、亲和敬业的杰西印象

“她就好像是交大犀湖三月的雨，与寂寞无关，同忧愁甚远。这是和爱与学生有关的一切，予人宁静，予人润心。”同学们说，这是他们的辅导员给人的第一印象。Jessie 是她的英文名字，因其亲切和蔼被小栗子们称作杰西姐，而“有问题，找杰西”也早已成为小栗子们的默契。如果说一个人最大的魅力来自微笑，那杰西姐与同学们交流沟通的每一个饱含鼓励的笑容都会让人从平静中找到快乐，使人不禁想起朱自清先生笔下的《绿》。

这平铺着，厚积着的绿，着实可爱……她又不杂些儿尘滓，宛然一块温润的碧玉，只清清的一色。……我若能裁你以为带，我将赠给那轻盈的舞女；她必能临风飘举了。我若能挹你以为眼，我将赠给那善歌的盲妹；她必明眸善睐了。

“只有和学生们打成一片，才能了解学生们在想些什么，才能更好地知道自己还需要为学生做些什么。”这是她的工作信念，更是她的真实写照。日常生活中，她和同学们一起吃饭，一起活动，一起分享生活中开心或不开心的事情。她会录制视频教新生使用 Minerva（利兹大学线上学习系统），认真核对同学们提交的各类表格，开导因为考试成绩不理想而心情低落的同学，鼓励同学们提出对学院和学生发展有益的建议。每次与她交谈，她的话语总如熏风解愠，不急不躁，罕有厉色。

刘耀谦有一个随身携带的待办事项笔记本，里面密密麻麻记载的每一条都是与爱有关的一切。

“周三提交奖学金申请表。”

“周四下午四点，16 级土木 1 班班会！”

“×月×日，找柯××了解他的学习生活状况。”

“周五中午一点，一年级师生联席会。”

“下周三，提醒新生完成利兹大学线上注册！”

……

她将自己的工作内容与学生的生涯发展诉求紧密结合，为同学们建立成长档案，坚持开展谈心谈话，帮助学生用最有效的方法解决他们日常生活中所遇到的各类问题。她用自己的智慧与实干坚守着自己的承诺，守护着一粒粒梦想的种子，看着它们生根、发芽，守护它们茁壮成长。她总说：“一丝不苟的工作态度和快速的工作节奏有时确实很累，但我收获的是看着孩子们成长成才的喜悦与踏实。”

二、快乐传承的杰西团队

“对学生最好的教育和引导，莫过于老师的身体力行。很多时候，对学生的影响不在于你说了什么，更在于你做了什么。就像总有一天，你的学生也成为像你一样的老师。”大学期间，刘耀谦最喜爱的两位老师是兰萍和蒲茂华。她们的共同特点是学识渊博、亲切和蔼，对待工作一丝不苟，生活中开朗乐天。深受两位老师影响的她，毕业后选择留在高校工作，延续这一份对教育事业的热爱。令她感到欣慰的是，她所带的第一届学生中有数十人选择了留在高校工作，其中两位在西南交通大学担任辅导员，同她一起为引导学生更好更快地成长成才奉献力量。

在利兹学院学生支持中心的团队中，她也乐于同大家分享工作经验。从基础的办公软件操作到课堂打卡签到；从申请表格设计到班会开展形式；从谈心谈话技巧到家校沟通，刘耀谦通过她的一言一行，将爱和责任的接力棒一次又一次地传递下去。在利兹学院，辅导员不再仅是一份工作，它已然成为一种可以传承的精神。对于刘耀谦来说，这种精神是“有厚度、有温度、有甜度”的工作理念，更是“真诚服务学生，急学生之所急，想学生之所想”的工作态度。“予人玫瑰，手有余香。”刘耀谦用自己的言行在利兹打了一个样，于是利兹学生支持中心团队从她一人变成现在的七人，队伍更加壮大。

三、丰富扎实的杰西答卷

“筚路蓝缕启山林，栉风沐雨砥砺行。天地生人，有一人应有一人之业，人生在世，生一日当尽一日之勤。”2014 年 5 月 16 日下午，在西南交通大学九里校区国际会议厅内，随着西南交大-利兹学院牌匾上的红绸被缓缓解开，利兹学院正式成立。然而，学院初创，遇到的困难远比想象中的多。

与英国有 7 小时时差，同利兹大学学生支持中心的同事开会通常是在下班后；同学们不适应全英文教学，与外教沟通有困难；利兹大学倾向学生自由发展，交大倾向对学生学习、生活方方面面严格管理，学生难适应两种管理方式的差异；利兹大学注重培养学生自主学习能力，而学生从高中直接跨入大学还不能充分发挥主观能动性。这一切都给中外合作办学的学生支持与管理带来了挑战。作为学院的第一位辅导员，她在学院的安排下到利兹大学学习学生支持工作，与国内同为中外合作办学单位的辅导员探讨，逐渐摸索出一套能适应中英两种文化、两种教育体系的学生工作方法。

利兹学院率先在学校学生支持中心“一站式”窗口，辅导员和教务老师轮流坐班，为同学们提供作业收缴、表格提交、事务咨询等服务。为了更好地听取同学们对课程和学院发展的建议，她牵头建立师生联席会和院长午餐会，一个是学生代表向学院正式提案，一个是与院长面对面交流。为了丰富同学们的课余文化生活，她就像魔法师一样“变”出 Spelling Bee 词王争霸赛、Welcome Party、海外支教、素质拓展、利兹大学暑期夏令营等丰富多彩的活动。为了让准备出国深造的同学们得到有针对性的指导，她又带头成立了“启明星留学深造辅导员工作室”。

学院刚开始建立，有太多的不容易，可一分耕耘就会带来一分收获，帮助同学们实现梦想的道路上或许很辛苦，可她也很快乐，因为她也走在实现自己梦想的路上。

四、花蕊初绽的杰西骄傲

“学生是我的朋友，每一个学生都是我的骄傲。我愿意尽自己最大的努力，与他们共同成长，助力他们走向成功。”这是刘耀谦的心语，更是她的努力映射。2016 级的每一名同学她都非常熟悉，通过帮助他们树立目标、制订计划、一对一指导和督促，她让每一个人都找到了属于自己最适合的未来发展之路。他们有的在本科阶段就发表高水平 SCI 论文，有的多次获得国家奖学金、感恩中国近现代科学家奖助学金，两位同学获得“四川省优秀毕业生称号”，一位同学获得西南交通大学学生个人最高荣誉奖项“竢实扬华奖章”。

2016 级学生预计深造率达 80%以上。在海外深造的学生中，获得世界大学排名前 10 位院校录取函的学生达 35%，半数同学拿到世界大学排名前 20 位院校录取函，更是有 70%以上的同学拿到世界大学排名前 50 位大学的录取函，学院所有同学海外录取学校排名均在世界大学榜单前 100 位。他们之中有前往伦敦大学学院、帝国理工学院、爱丁堡大学、卡内基梅隆大学等世界名校深造的，更有两位同学拿到了利兹大学全奖博士录用通知。在国内读研的学生中，1 人保送至清华大学，4 人获得浙江大学直博资格，3 位同学选择继续留在西南交大，其余学生均前往 985 学校深造。

她说："学生一直都是老师的骄傲，他们身上都有着老师们的影子，但是更是老师们一生最宝贵的精神财富和美好回忆。在帮助学生的同时，我自己也从学生身上学到了许多新的东西，这些东西让我更加懂得如何与学生相处，如何做一名优秀的辅导员。"

"铸造一个人的灵魂比建造一栋大楼的成就感强得多。"作为"为什么选择成为辅导员"问题的答案，这个"回答"在纷繁复杂的学生工作和不断传承的"辅导员"精神中愈发清晰，愈发厚重，愈发坚定。

第十八章　点亮理想的灯、照亮前行的路
——牵引动力国家重点实验室余卉

一、个人简历

余卉，女，汉族，1982 年 12 月生，四川乐山人，中共党员，讲师，思想政治教育专业在读博士。从 2005 年至今担任辅导员 15 年，先后担任机械工程学院 2003 级、2009 级本科生，2007 级、2016 级博士研究生，2011 级、2013 级硕士，牵引动力国家重点实验室 2015 级硕士研究生，2017 级硕士研究生，2012—2018 级博士研究生辅导员。共带过 104 个班级，3 319 名学生。现任西南交通大学牵引动力国家重点实验室学生工作组副组长、团委书记。

15 年来先后获得国家级奖项 1 项，省级校院级奖励 20 项，主持省级课题 3 项，参与各类课题 15 项。以第一作者发表论文 11 篇，其中核心期刊 3 篇。承担了"职业生涯与发展规划"等 6 门课程的教学工作，开设讲座 40 余场，策划并组织拍摄的"从和谐号到复兴号——我的'交通强国梦'：让高铁服务祖国和人民"的微党课获得第二届全国高校"两学一做"支部风采展示活动教工党支部微党课精品作品。协助所在单位列车与线路研究所教工党支部成功申创首批全国高校"党建工作样板支部"；协助所在单位牵引动力国家重点实验室党委成功申创全国高校二批"全国党建工作标杆院系"。

二、工作情况

（一）她身正为范，始终把立德树人放在首位，树立正确"三观"

15 年来，她坚持以马克思主义为指导，始终将立德树人放在首位，以帮助学生扣好人生"第一粒扣子"为己任，坚持不懈培育和弘扬社会主义核心价值观，引导学生树立正确的世界观、人生观、价值观。在工作中不断提高学生思想水平、政治觉悟、道德品质、文化素养，为学生成长为德才兼备、全面发展的人才打下坚实基础。

2009 年的一名新生为复读生，2008 年高考前夕因母亲突然去世的打击，2009 年才考上大学，表现出厌学倾向，对生活失去兴趣。因学校离家较远，其父将孩子托付给余卉老师，希望学校和老师好好照顾自己的孩子。余卉老师为了完成这位父亲的嘱托，在该生本研 7 年的时间放弃自己的休息时间，从精神上引导学生成长、从生活上帮助学生解决难题。鼓励他竞选党支部书记，鼓励他参加学科竞赛，帮助他申请勤工俭学岗位等。用自己细心、爱心、耐心不断关心帮助他。7 年时间，该生成长蜕变，从入学时的胆小怯懦成长为 2013 年唯一一名获得校级优秀党务工作者的学生党支部书记。本科毕业时以专业前五的成绩保送了本校研究生，2016 年研究生毕业，以优异的成绩进入了一汽大众公司。

2011 年，余卉老师所带本科生班级出现多名学生不适应大学生生活，打游戏、逃课的现象。余卉老师运用开班会、个别谈心、家校联动等方式均不奏效的情况下，牺牲休假时间自费带领 40 余名同学前往四川省乐山市马边县互助小学开展助学活动。在余卉老师的带领下，学生们被当地学生家庭贫困的现状所触动，内心产生了极大的振动。返校后，学生们纷纷感谢余卉老师利用这次活动给自己上了一堂生动的思想政治教育课程，自己一定会珍惜大学时光，好好学习。如今这些学生们已经成为轨道交通领域各类企业的骨干力量。

2017 年，一名博士三年级的学生找到了余卉老师，声称自己读到博士三年级却发现自己不适合搞科研，对未来非常迷茫，甚至想放弃博士研究生的学习。余卉老师根据研究生的特点，与该生导师、心理中心密切联系，对其进行了多次一对一的咨询。通过一年半的持续帮扶，逐渐帮助学生树立起对科研的信心，帮助其正确认识读博期间的焦虑、抑郁的状态，纠正了学生的观念。该生最后成为班级第一个按时毕业的博士研究生，进入高校成为一名教师。

15 年来，余卉老师不断严格要求自己，认真做人，勤奋工作。始终围绕着学生、关注学生的成长成才需求、服务陪伴在学生周围，与学生共同面对生活、学习、心理的困难，成为学生思想政治的引路人。连续 11 年在凉山彝族自治州、甘孜藏族自治州开展助学活动，资助贫困学生。坚持身正为范，以真诚、务实、向上的面貌影响学生，把立德树人作为思政工作的首要任务，帮助学生扣好人生的第一颗扣子，为学生树立远大理想打下坚实基础。

（二）她注重引导，以党建引领思想，点亮“中国梦”理想

她不仅是辅导员，还是学生工作组副组长、团委书记、党建工作专项负责人。15 年来，用党团班一体化建设，以党建带团建、团建带班建的方式开展各类具有特色的党支部活动、团支部活动和班级活动；推动思想政治工作与新形势相结合，增强思想政治教育的吸引力和感召力；以党建引领思想，点亮每一位学生的“中国梦”理想。

研究生思想政治教育与本科生相比有着较多的不同，一是教育对象更为成熟，二是需要协同导师、学院、党支部、团支部、班级等多方面力量，共同开展工作。余卉老师以研究生党支部建设为龙头，注重对研究生的思想政治引导，强化研究生思想引领，以引导研究生成为担当民族复兴大任的时代新人为己任。按照全国高校“党建工作样板支部”要求，加强党支部建设的“七个有力”，提升党支部政治引领力、组织动员力、奉献服务力、凝聚号召力等。以二级党委带动教工党支部，以教工党支部带动学生党支部，以学生党支部带动团支部，以团支部带动班级。党支部书记带动其他党员，党员带动积极分子及普通学生。将师生党支部建设与师生日常科学研究同频共振，通过建强建优党支部带动研究生多出科研成果，号召研究生以服务国家重大需求为己任，树立远大理想，以更多更好的科研成果回报团队，回报支部，促进党支部建设。

基于以上工作经验，余卉老师协助所在单位成功申创“全国党建工作标杆院系”和全国高校“党建工作样板支部”1 个，为所在单位列车与线路研究所教工党支部策划并组织拍摄的“从和谐号到复兴号——我的‘交通强国梦’：让高铁服务祖国和人民”的微党课获得第二届全国高校“两学一做”支部风采展示活动教工党支部微党课精品作品（全国仅 10 件获奖）。所带班级和学生多次获得校级集体最高荣誉“忠忱班集体”（全校仅 10 个班级获选），校级“十佳团支部”、十佳团支部书记等，连续 6 年指导学生获得竢实扬华奖章，其中 50%以上为党支部书记。

（三）她全情投入，甘为领路人，用就业思政照亮前行的路

15 年来，她始终按照教育部对于辅导员队伍建设“职业化、专业化、专家化”的要求，不断提升自己。累计参加职业指导类培训 24 项，考取国家三级咨询师、攻读思想政治教育专业博士研究生，投身于大学生就业指导工作和就业思想政治教育研究，努力成为新时期辅导员专家化的代表，以与学生共同创造一段有意义的经历为理念，用就业思政专业能力为学生照亮前行的路。

15 年来，余卉老师开设职业生涯与发展规划、大学生职业核心能力提升、形势与政策、人际互动中的心理与艺术、悦读与旅行、工程伦理等课程；为信息科学与技术学院、机械工程学院、牵引动力国家重点实验室等学院了开设了“简历制作”“职业生涯与规划”等讲座，累计受益者多达 3 000 余人，为 500 余人开展一对一简历制作辅导和就业咨询。在这些课程和讲座中，余卉老师引导学生将个人理想融入国家、民族的事业中，号召毕业生肩负时代责任和历史使命，在砥砺奋斗中实现自己的“中国梦”，用青春激荡自己的“中国梦”。许多同学毕业时都因余老师的就业辅导在就业时不再迷茫和困惑，因与余卉老师交谈树立起属于自己的梦想。如今许多同学都在企业中崭露头角，将

远大抱负落实在实际行动中，勇作时代的奋进者和开拓者。

余卉老师共获得校级教学成果奖一等奖一项，二等奖一项。教授的“人际互动中的心理与艺术”课程成功入围第二届西浦全国大学教学创新大赛决赛。获得校级教师教学技能竞赛暨第五届青年教师讲课竞赛二等奖。以第一作者发表就业思想政治类论文 9 篇，其中 CSSCI 一篇，核心期刊二篇。两次受邀前往上海、台湾参加“海峡两岸高校就业服务与生涯发展教育论坛”，扩大了学校在全国的影响力。

15 载青春岁月送走 104 个班级；15 载人生陪伴 3 319 名学生成长。如果岁月可回头，她依然选择将 15 载青春奉献给 104 个班级、3319 名学生。陪伴他们成长，与他们共同度过一段有意义的时间，实乃一件幸事。在这样一段美好的时光中，能够为他们点亮一盏理想的灯塔，照亮他们前行的路程，足矣。

04 第四部分

以学生成长为时间轴的辅导员日常管理工作事务表

学生在校期间的成长具有规律性和不可逆性。在本科生四年、硕士生三年，博士生四年及更长的时间里，辅导员应了解学生成长的规律，在恰当的时间点做恰当的事情，甚至前置性地开展工作，指导学生有更充分的时间进行心理准备和能力准备，做好自己的规划，成长为“德智体美劳”全面发展的新时代大学生。

为更好地帮助新入职辅导员掌握整体工作和不同学期工作，本书梳理了一份基本的本科生、硕士研究生、博士研究生的“以学生成长为时间轴”的辅导员日常工作事务表，便于辅导员把握全局，提前做好相应准备。

当然，由于各学院的人才培养各具特色、每个学生的成长具有独特性、辅导员工作千头万绪、第二课堂活动不尽相同、思想政治教育工作贯穿始终并融入每项事务性工作等原因，本表仅为基本工作梳理，供辅导员参考。

第十九章　本科生四年工作事务参考

本科生四年工作事务分 8 个学期进行介绍，具体如表 19.1 ~ 表 19.8 所示。

表 19.1　第一学期工作指南

类别	工作名称	建议工作时间	参考工作内容	相关部门或人员	辅导员工作内容
迎新工作	确定带班工作	暑期	1. 目的：确定工作安排，便于了解学生信息，开展工作。 2. 根据学校要求、学院专业特点及招生人数，为班级配备辅导员与班导师	教学与学工主管领导、系主任、辅导员	了解自身带班情况与班导师的配备情况
	开展迎新准备工作	开学前	1. 目的：做好迎新准备工作，顺利迎接新生。 2. 助理辅导员招聘及培训。 3. 迎新纸质、电子资料、学生一卡通，新生大礼包礼物等准备。 4. 迎新工作人员如党员服务队的招聘及培训。 5. 迎新现场流程与人员安排、物料准备。 6. 新生宿舍安排。 7. 新生名册准备。 8. 初步拟定新生入学教育安排，确定场地与师资	学生工作部（处）、各学院相关学生团队、年级组长、辅导员	根据学校、学院的整体安排，参与工作
	开展现场迎新工作	0 周	1. 目的：现场迎接新生、报到入住工作，协助新生顺利完成入校工作。 2. 迎新现场布置、迎新人员值班确定。 3. 指导新生办理入学手续、引导新生入住。 4. 组织新生家长会。 5. 走访新生宿舍了解情况，对于有特殊宿舍需求的学生尽力进行协调。 6. 确定入学教育安排	各学院相关学生团队、年级组长、辅导员	根据学校、学院的整体安排，参与工作
	开展校、院开学典礼相关工作	0 ~ 1 周	1. 目的：组织学生参加校院两级开学典礼，增强学生对学校学院的了解与情感。 2. 做好组织工作。 3. 协助学校、学院开学典礼的筹办	学生工作部（处）、各学院相关学生团队、辅导员	根据学校、学院的整体安排，组织学生参加，协助开展活动组织工作
	开展新生体检工作	1 周	1. 目的：组织新生体检，检查新生身体状况。 2. 对于某些身体条件不适合专业学习的学生，与学生进行沟通，与学校教务处、招生就业处进行汇报与协调	校医院、辅导员	根据学校的整体安排，组织学生参加

续表

类别	工作名称	建议工作时间	参考工作内容	相关部门或人员	辅导员工作内容
迎新工作	开展军事训练工作	根据学校安排	1. 目的：增强学生身体素质，培养学生集体主义精神和吃苦耐劳的精神。 2. 做好组织工作。 3. 军训服装安排工作。 4. 定期查看军训情况。 5. 关心学生身体状态	武装部、辅导员	建议按照工作内容的说明开展
	开展入学教育	0～12周	1. 目的：按照学校和学院新生入学教育计划，开展新生入学教育，协助学生初步适应大学生活。 2. 计划内容包括本科规范教育、入党知识教育、心理健康教育、校史教育、院情介绍、大学学习方法与特点介绍、社团介绍、责任感教育、科技竞赛活动介绍、组织新生参观实验室等	学生工作专家、辅导员	根据学校、学院的整体安排，组织学生参加、协助活动组织、邀请专家等，具备相应能力的辅导员可自行组织并开展教育
	召开专业介绍大会	0～4周	1. 目的：召开学院师生见面会暨各专业介绍会，帮助学生初步培养专业兴趣，增强专业投入度。 2. 做好组织工作。 3. 了解学生对专业认知的反馈，以更好地帮助学生投入专业学习	系主任、辅导员	根据学院的整体安排，组织学生参加，协助活动组织
	协助新生适应环境	2～4周	1. 目的：组织新生熟悉校园环境，学习、生活环境，协助新生尽快适应。 2. 做好组织工作	各学院相关学生团队、辅导员	根据学院的整体安排，组织学生参加，可以根据学生需求自行开展
	开展迎新工作总结工作	10～16周	1. 目的：做好总结，不断优化与提升迎新工作。 2. 按照学校和学院的要求对迎新工作进行总结并上报学院	辅导员	建议按照工作内容的说明开展
关于辅导员开展党建工作的整体说明： 1. 各学院设置学生党支部一般分为纵向或横向。 2. 辅导员按照党委组织部要求，本人组织关系转入某一学生党支部。 3. 辅导员既要完成所在支部的指导、建设工作，也要完成所带学生各项党建工作的引领、指导、辅导工作。 4. 因此本部分党建工作涉及辅导员所带学生的党建工作也涉及辅导员所在支部的党建工作					
党建工作	接收新生组织关系	1～2周	对于高中预备党员进行组织关系转接	党建负责人	按照学院党委整体安排，提醒所带学生完成此项工作
	引导学生向党组织靠拢	1～2周	1. 引导学生积极向党组织靠拢，强化入党动机，增强理想信念教育。 2. 可以以新生入学教育为契机，以班级、专业为单位开展	学院党委、学院党建负责人、辅导员	按照学院党委整体安排，提醒、引导、指导学生向党组织递交入党申请书；协助或组织开展教育活动
	指导学生撰写入党申请书		1. 引导学生积极学习入党流程，加深对党的认识与了解。 2. 可以以新生班会、团员大会或专业群、班群等线上线下方式开展。 3. 在学生撰写入党申请书过程中加强思想引领	学院党委、学院党建负责人、辅导员	按照学院党委整体安排，邀请专家进行指导，或自行开展

续表

类别	工作名称	建议工作时间	参考工作内容	相关部门或人员	辅导员工作内容
党建工作	开展递交入党申请学生的谈话工作	3～5周	1. 目的：了解入党申请人基本情况，加强教育引导。 2. 学生在提交入党申请书一月内学院党委（总支）统筹安排进行谈话	学院党委、学院党建负责人、组织员、辅导员	按照学院党委安排，协助开展工作
	开展推优入党工作（推选积极分子）	6～8周	1. 通过民主推荐方式，选择优秀学生向党组织靠拢。 2. 按照学院党委、学院团委要求，团支部开民主会议，推选积极分子	党建负责人、院系团委、辅导员	指导所带团支部开展工作
	开展主题教育实践活动	6～14周	1. 在实践中强化思想引领。 2. 根据具体的学习内容，在党建活动基地开展教育实践活动。 3. 建议根据具体的主题举行实践活动。 4. 形式灵活，方式多样	学院党委、学院党建负责人、辅导员	1. 指导所在支部开展工作。 2. 引导所带学生适当参与活动
	确定推荐积极分子参加党课培训名单	14～15周	1. 按照学院党委安排，在积极分子中推送符合条件的同学参加党课培训。 2. 各支部将名单报送给学院党建负责人	学院党委、学院党建负责人、辅导员	1. 指导所在党支部开展工作。 2. 了解所带学生的推选工作
	开展支部建设工作	1～16周	按照学院党委整体要求进行支部建设工作，包括组织生活会、理论学习、支部特色活动、党支部书记述职、收缴党费、党员信息年统等工作	学院党委、学院党建负责人、辅导员	指导所在支部开展相应工作
班团工作	接收新生团组织关系	入校后3周内	1. 通知团员发起组织关系转入“四川省西南交通大学××学院团委20××级团总支××团支部”。 2. 指导团支书线上审批、核对团员名单和非团员青年名单。 3. 整理团员档案取出团员证。 4. 提交遗失补办团员证资料。 5. 加盖团员证组织关系转接用章	校团委组织部、院系团委、辅导员	明确要求、规则，开展指导，督察工作进展情况
	培养班团干部	入校后3周内	1. 优化团支部和班委设置，明确班委、团支委职能。 2. 组织召开团支部大会，主持团支部选举。 3. 向全体学生明确团支委职责和班委职责。 4. 指导团支委做好班委选举。 5. 召开班团干部会议做好新生班团干部培训	院系团委、辅导员、新生助理团队	明确要求、规则，开展指导，督察工作进展情况
	召开团支部大会	入校后3周内，6～7周	第3周：传达、学习。团支部成立大会，选举团支委；讨论建议主要班委候选人；开展学期民主生活会；研究决定是否同意班级推荐参加上一学年评奖、评优的个人；审议下一年支部工作计划。 第6～7周：传达、学习。推荐优秀团员为入党积极分子；研究决定是否同意推荐优秀的入党积极分子作为预备党员的发展对象；清理团费收缴情况并上缴团费	辅导员	明确要求、规则，开展指导，督察工作进展情况

续表

类别	工作名称	建议工作时间	参考工作内容	相关部门或人员	辅导员工作内容
班团工作	召开班会	1～17 周	第 3 周：新生班委选举；审议下一年班级工作计划。 第 15 周：总结一学期工作；期末学风学业动员；寒假安全提醒。 结合各项教育工作和事务工作，合理统筹召开班会	辅导员	明确要求、规则，开展指导，督察工作进展情况
	召开班委会、团支委会	每月召开，团支部大会前、后召开	第 1 次：选举团支部书记、讨论团支委分工；讨论班委候选人；传达、学习，制定团支部年度工作计划。 第 2 次：传达、学习，团支委民主生活会；讨论推优入党工作；讨论主题团日活动开展。 第 3 次：传达、学习；讨论推优入党候选人建议人选；讨论主题团日活动开展； 第 4 次：传达、学习，学期工作总结和期末班会布置	新生助理团队、辅导员	明确要求、规则，开展指导，听取班团干部工作汇报
	开展团课	入校后 4 周内	新生入校第一堂团课，按照每年新生入学教育安排或各院系团组织对各团支部秋季第一堂团课的要求进行	院系团委、辅导员、青年讲师团	开展指导，讲团课，指导学生
	发展团员	成熟一个，发展一个，根据基层团组织工作进度开展	按照《发展团员工作细则》，指导非团员青年递交《入团申请书》	校团委组织部、院系团委、新生助理辅导员、辅导员	开展指导，听取班团干部工作汇报
	推优入党	5～7 周	1. 推荐入党积极分子：根据递交入党申请书情况和组织安排递交入党申请书谈话后情况、上一年团员教育评议情况，召开支部大会讨论形成决议或不记名投票。 2. 推荐参加党校培训的入党积极分子：在入党积极分子中优中选优，通过支部大会或支部委员会推荐参加党校培训的入党积极分子	党建负责人、院系团委、辅导员	指导所带团支部开展工作
	开展主题团日	每月一次	主题自定，建议： 9 月：学习校史校情等爱校主题团日活动。 10 月：庆国庆主题团日活动。 11 月：学风建设主题团日活动。 12 月：纪念“一二·九”运动主题团日活动	院系团委、辅导员	开展指导，听取班团干部工作汇报
	完成“青年大学习”	每周一期	每周通过“天府新青年”或“交大有思”进入并完成青年大学习	校团委宣传部、院系团委、辅导员	开展指导和检查，听取班团干部工作汇报

续表

类别	工作名称	建议工作时间	参考工作内容	相关部门或人员	辅导员工作内容
班团工作	开展第二课堂	持续参加	1. 将有特色的主题团日活动按照第二部分第一章申报第二课堂系统。 2. 将团课开设为思想政治与道德素养类课程。 3. 鼓励学生参加校、院文体活动，如迎新晚会、趣味运动会、合唱比赛、篮球赛、辩论赛、主持人大赛、歌咏比赛、演讲比赛、寝室装潢大赛等。 4. 告知学生《西南交通大学“第二课堂成绩单”制度实施办法》中的要求，提醒学生查看自己所获学时。 5. 组建志愿服务支队，参加青年志愿者协会集中培训，了解志愿服务开展的方法和注意事项	校团委青年发展部、院系团委、各学院相关学生团队、辅导员	鼓励、教育和强调，指导学生参加
学业发展与指导	了解学生高考成绩	0 周	1. 目的：帮助辅导员了解学生学习基础，了解各班级的学习基础，做到心中有数。 2. 可以查看招生就业处给的相关数据	辅导员	建议按照工作内容的说明开展
	召开专业见面会	0～2 周	1. 目的：帮助新生尽快了解所学专业，培养专业兴趣。 2. 可以以大类专业或者专业为单位开展。 3. 对大类专业或者专业内容和发展前景等进行讲解。 4. 邀请系主任和相关专业老师参加	辅导员、年级组长	根据学院的整体安排，组织学生参加、协助邀请老师
	开展培养计划学习	0～2 周	1. 目的：帮助新生尽快了解专业学习全貌。 2. 邀请系主任、专业教授、班导师讲解培养计划	辅导员、班导师、教务员	根据学院的整体安排，组织学生参加、协助邀请老师
	制订学习计划	0～2 周	1. 目的：帮助新生明确目标，制订有效学习计划。 2. 可以通过班会或团体辅导等方式开展	辅导员	自行组织开展
	培训学习委员	4～16 周	1. 目的：帮助学习委员了解学习委员工作，提升工作能力。 2. 邀请辅导员、有经验的学习委员进行指导。 3. 可以通过沙龙、工作坊、讲座等方式开展	各学院相关学生团队、辅导员、学习委员	根据学院的整体安排，组织学习委员参加、协助邀请相关老师
	开展学习经验交流	4～16 周	1. 目的：帮助新生尽快适应大学学习，让优秀的学长学姐带动新生。 2. 邀请学业优秀的高年级学生进行指导。 3. 可以通过沙龙、工作坊、讲座、微课堂、课程导航等方式开展	各学院相关学生团队、辅导员、高年级学生	根据学院的整体安排，组织学生参加

续表

类别	工作名称	建议工作时间	参考工作内容	相关部门或人员	辅导员工作内容
学业发展与指导	开展集体晚（早）自习	4～16 周	1. 目的：帮助新生过渡到大学的学习模式。 2. 可以以班级、专业、年级为单位开展。 3. 根据学院要求，可以每周安排 2～5 次。 4. 可以安排学生助理辅导员或学生党员值班。 5. 辅导员、班导师不定时抽查集体自习情况	辅导员、年级组长、班导师、学生助理辅导员、学生党员	建议按照工作内容的说明开展
	了解日常学习情况	2～16 周	1. 目的：及时了解学生学习情况，及时与学生沟通。 2. 可以通过任课老师考勤、学习委员考勤、查课、与学生交流、与任课老师交流等方式了解学生学习情况	辅导员、班导师、任课教师、学习委员	建议按照工作内容的说明开展
	开展半期学习总结	11～12 周	1. 目的：帮助新生及时了解自己的学习情况，调整学习方法。 2. 可以在半期考试后，以班级、专业为单位开展。 3. 总结半期学习情况和半期考试情况	辅导员、班导师	建议按照工作内容的说明开展
	开展选课指导	15～16 周	1. 目的：帮助新生了解学校选课方式，顺利选好课程。 2. 可以以班级、专业、为单位开展。 3. 辅导员自行或者邀请班导师或高年级学生讲解选课要点和注意事项	辅导员、班导师	建议按照工作内容的说明开展
	开展期末动员	15～16 周	1. 目的：提醒学生进入复习考试冲刺状态，帮助新生树立诚信考试观念，强调考场纪律。 2. 可以以班级、专业为单位开展。 3. 辅导员自行或者邀请班导师强调考场纪律。 4. 组织学生签订《诚信考试承诺书》	辅导员、班导师	建议按照工作内容的说明开展
	整理学期成绩	18～20 周	1. 目的：及时了解学生学习情况，及时与家长沟通，帮助学生调整学习状态。 2. 可以对学期成绩统计进行整理分析，整理学业问题名单。 3. 可以给家长邮寄成绩或联系，并请其做好假期督促复习工作	辅导员	建议按照工作内容的说明开展
	开展学业指导	1～20 周	1. 目的：及时了解学生学习情况，帮助学生明确学业目标，制订学业计划。 2. 可以与学业有困难或困惑的学生进行一对一交流，指导其明确学业目标，制订学业计划	辅导员、班导师	建议按照工作内容的说明开展

续表

类别	工作名称	建议工作时间	参考工作内容	相关部门或人员	辅导员工作内容
创新创业工作	创新创业启蒙——科创指南与手册的发放	迎新期间	1. 目的：让学生对于大学中的科创竞赛有初步的感性认识，促进学生对于之后想要参加哪类科创竞赛的思考。 2. 要求：建议每年学院更新手册内容，人手一册。 3. 方式：可以在迎新期间随其他给新生的资料一并发放	学院科创中心、辅导员	根据学院的整体安排，为学生发放手册
	创新创业启蒙——组织入学教育之科创竞赛专题讲座	1～8周	1. 目的：在学生阅读科创竞赛手册的基础上，让学生进一步了解科创竞赛并吸引学生参与。 2. 要求：重点讲解如何参加竞赛、在什么时间报名等流程，并针对本院学生参加较多的科创竞赛进行充分讲解。 3. 形式：可以年级或者专业为单位，邀请学院负责创新创业的老师进行讲解	学院科创中心、科创竞赛指导老师、辅导员	根据学院整体安排，组织学生参加，协助邀请专家
	创新创业启蒙——新生实验室参观	1～8周	1. 目的：帮助新生尽快了解学院各个实验室的研究内容，认识实验室老师，了解各实验室与各学科竞赛的关系。 2. 要求：提早联系各个实验室的负责老师，尽可能多地联系到可以参观与体验的实验室，并请老师在学生参观过程中进行讲解。 3. 形式：建议以班级为单位进行小班参观。 4. 注意事项：尽可能在军训期间完成实验室参观，以免之后和上课时间冲突，不好安排	学院科创中心、各系实验室主任、各实验室负责老师、辅导员	根据学院整体安排，组织学生参加，协助联络各系实验室主任与各实验室负责老师
	创新创业启蒙——大学科创竞赛启蒙教育与第一次解读科创竞赛政策	3～13周	1. 目的：在学生阅读完科创竞赛手册、参加完入学教育和实验室参观之后，再次对学生参加科创竞赛进行启蒙，同时讲解科创竞赛相关的鼓励政策。 2. 要求：政策讲解清晰、准确，对学生参加科创竞赛进行引导。 3. 形式：结合班会进行，可以邀请学院科创竞赛表现优异的高年级学生进行分享，讲解清晰科创竞赛的加分政策，强调大一基础学科学习对于任何科创竞赛的重要性，了解竞赛对于综合能力提升的重要性	学院科创中心、科创竞赛表现优异的高年级学生、辅导员	根据学院整体安排，组织学生参加，协助邀请专家、高年级学生

续表

类别	工作名称	建议工作时间	参考工作内容	相关部门或人员	辅导员工作内容
国际化引导与教育	准备迎新工作	开学前一个月	1. 目的：营造国际化氛围。 2. 可以通过传媒、网络等方式向新生推送学校和学院的国际化项目以及学生风采等。 3. 可以制作国际化的新生宣传手册等	学院国际化专项工作负责人、辅导员	根据学院的整体安排，协助专项负责人开展工作
	组织国际化启蒙教育	1～4 周	1. 目的：对国际化活动形成初步的了解。 2. 开展新生国际化教育专题讲座，拓展学生国际化视野，引导学生关注学校和学院的交流交换项目，了解项目报名要求等基础事项，提前做好规划和相关能力储备。 3. 介绍学校和学院对国际化项目的资助政策。 4. 强调英语学习的重要性，合理安排四级、六级、托福、雅思等考试的时间。 5. 引导有兴趣的学生积极参与学院国际化学生社团招新	学院国际化专项工作负责人、辅导员	根据学院的整体安排，组织学生参加，协助组织活动
	组织英语四级模拟考试	13～14 周	1. 目的：提高大学英语四级考试通过率。 2. 可以根据学生工作部（处）的要求，各学院自行联合具有校（院）合作关系的专业留学咨询（英语学习）机构开展大学英语四级模拟考试，并进行试题分析讲解	学生工作部（处）、具有校（院）合作关系的专业留学咨询（英语学习）机构、学院国际化专项工作负责人、辅导员	根据学校、学院的整体安排，组织学生参加
	了解与指导国际化意向	6～14 周	1. 目的：了解学生对于国际化的认识和认可程度。 2. 可以通过国际化调查问卷、班会、个别谈心等方式初步了解学生的整体国际化意识和已经具备的基础能力等。 3. 可以通过针对性讲座（按专业分类等）为学生提供初步规划和指导	具有校（院）合作关系的专业留学咨询（英语学习）机构、学院国际化专项工作负责人、辅导员	建议按照工作内容的说明开展
	组织交流交换活动	10～16 周	1. 目的：引导学生积极参与国际化活动。 2. 宣传、组织学生集中报名参与寒假海外实践项目。 3. 组织学生参与面试与选拔，按照时间要求办理相关手续并进行备案。 4. 协助开展行前教育，做好安全教育等工作	国际处、教务处、学生工作部（处）、招生就业处、学院国际化专项工作负责人、辅导员	根据学院的整体安排，协助专项负责人开展工作，重点做好宣传、动员、引导工作

续表

类别	工作名称	建议工作时间	参考工作内容	相关部门或人员	辅导员工作内容
国际化引导与教育	收集与宣传海外项目总结信息	寒假期间	1. 目的：进行总结、反馈、宣传，营造更好的国际化氛围。 2. 协助学校或学院收集寒期海外实践项目总结信息、完成学分替换等工作。 3. 协助在相关媒体上进行项目宣传报道，营造良好的国际化氛围	国际处、教务处、学院国际化专项工作负责人、辅导员	根据学院的整体安排，协助专项负责人开展工作
心理健康教育工作	开展新生心理健康教育讲座	1～8周	1. 目的：帮助新生提高心理自我调适能力和人际交往能力，尽快实现心理转变，帮助新生更客观、理性和全面地认识自我，增强自我调适能力，引导新生以良好的心态面对新的学习和生活环境。 2. 建议邀请心理研究与咨询中心专业讲师开展新生心理健康讲座。 3. 针对新生心理健康进行专业的指导，提高新生对于心理健康的重视	心理研究与咨询中心、学院心理专项工作负责人、辅导员	协助邀请心理研究与咨询中心老师，组织学生参加工作，协助学院做好宣传报道工作
	进行新生心理测评	1～8周	1. 目的：帮助新生更快、更好地适应大学生活，让新生了解心理测评的意义和维护心理健康的重要性，做好新生心理健康教育工作。 2. 根据心理研究与咨询中心的要求，以班级、专业为单位集中开展，覆盖全体新生	心理研究与咨询中心、学院心理专项工作负责人、辅导员	辅导员组织学生完成心理测评，协助学院做好宣传报道总结工作
	开展新生测评后的约谈工作	1～10周	1. 目的：通过约谈对新生的适应状况和心理健康状况有深入的了解和评估，并在与学生长期的交往互动中继续观察、关注和开展工作。 2. 协助配合心理研究与咨询中心、学院心理专项工作负责人完成一级筛查学生谈心谈话全覆盖。 3. 辅导员与二级筛查学生开展一对一谈话，全面细致地了解了学生学习、生活基本情况和心理状况等。 4. 做好记录，提交学院心理专项工作负责人，学院及时向心理研究与咨询中心提交书面总结和具体约谈记录表	心理研究与咨询中心、学院心理专项工作负责人、辅导员	建议按照工作内容的说明开展
	开展心理委员选拔与培训	1～4周	1. 目的：与班委选拔工作同步，选择心理健康、积极向上的学生担任心理委员。 2. 通过建设优良的心理委员队伍，做好学生心理危机早期预警工作，对学生的心理状况变化早发现、早通报，保证信息畅通、反应迅速，努力将学生心理危机的发生消除在萌芽状态。 3. 组织心理委员参加学校、学院的心理委员培训	学院心理专项工作负责人、辅导员	建议按照工作内容的说明开展

续表

类别	工作名称	建议工作时间	参考工作内容	相关部门或人员	辅导员工作内容
心理健康教育工作	建立重点支持学生台账	1～20周	1. 目的：帮助辅导员更好地熟悉、关爱、支持每一位学生。 2. 建议关爱进入大学后心理适应不佳的学生群体，帮助学生融入大学生活，避免心理问题的产生。 3. 分类关爱重点支持学生群体，做到及时发现问题、解决问题。 4. 辅导员根据日常掌握的情况，分类别建立重点支持学生台账。 5. 根据学校、学院要求不定期更新台账。 6. 按照要求建立“一人一档”。 7. 深入关注关爱、注重方式方法、做好工作记录、问题严重及时汇报，请求专业支持	心理研究与咨询中心、学院分管领导、学院心理专项工作负责人、辅导员	建议按照工作内容的说明开展
	干预与处理日常及突发性学生心理危机事件	1～20周	1. 目的：提高心理危机干预工作的针对性和实效性，有效防范化解危机事件的发生。 2. 建议学习在大学生心理危机干预工作中需要运用的专业知识，提高大学生心理危机干预能力，能基本辨别心理正常与异常现象，提高面对日常心理问题和突发性心理危机事件的应变能力与解决能力。 3. 面对出现心理危机的学生采取迅速而有效的应对措施，给予支持与帮助。 4. 出现突发性心理危机事件立即请求心理专业老师、家长、班导师、学院领导、得力骨干的支持。 5. 面对突发性心理危机，在得到家长授权下，可以采取及时就医工作	心理研究与咨询中心、学校（院）分管领导、学院心理专项工作负责人、辅导员、班导师、家长、相关学生	建议按照工作内容的说明开展
	开展谈心谈话工作	1～20周	1. 目的：通过谈心谈话工作，全面了解、掌握学生状态。 2. 了解学生真实状态，开展各方面的引导、指导、督导工作。 3. 在谈话中及时发现、辨别学生是否存在心理问题，及时汇报并请求专业支持。 4. 根据情况，联系家长。 5. 做好工作记录	辅导员	建议按照工作内容的说明开展
	开展期末减压工作	14～16周	1. 目的：鼓励学生认真复习准备期末考试，减轻心理压力。 2. 重点关注在学业上有不适应的学生，避免考试成为心理问题发生的诱因。 3. 讲解补考、重修政策，避免学生因心理压力过大而作弊，要求诚信考试	年级组长、辅导员	建议按照工作内容的说明开展

续表

类别	工作名称	建议工作时间	参考工作内容	相关部门或人员	辅导员工作内容
职业生涯规划与就业指导	开展新生适应指导	1～4周	1. 目的：帮助新生尽快适应大学生活。 2. 可以以班级、专业、年级为单位开展。 3. 可以通过班会、沙龙、工作坊、讲座等方式开展。 4. 对如何面对与适应大学学习、生活的变化与挑战进行分析与讲解。 5. 建议邀请有经验的老师进行专业指导	各学院相关学生团队、专家、辅导员	根据学院的整体安排，组织学生参加，协助邀请专家，具备相应能力的辅导员可自行组织并开展教育
	开展大学生涯规划启蒙教育	2～10周	1. 目的：为新生树立大学的目标、普及生涯规划的概念，教授生涯规划的方法，让学生形成为大学生活负责的态度。 2. 可以以班级、专业、年级为单位开展，建议小班制进行。 3. 邀请学校、学院具有职业生涯规划专业知识的老师进行指导。 4. 可以通过班会、沙龙、工作坊、讲座等方式开展	各学院相关学生团队、专家、辅导员	根据学院的整体安排，组织学生参加，协助邀请专家，具备相应能力的辅导员可自行组织并开展教育
	指导学生使用大学生涯规划手册	2～10周	1. 目的：帮助学生学会使用大学生涯规划手册，便于引导学生学会思考、调整与行动。 2. 为学生发放大学四年生涯规划手册，指导学生学会使用生涯规划手册。 3. 在此过程中开展相应的引导与指导	辅导员	建议按照工作内容的说明开展
	初步了解学生的大学目标	12～16周	1. 目的：引导大一新生对四年后毕业去向的初步思考，更好地了解学生并给予相应指导。 2. 可以通过班会、座谈、问卷调查、访谈、一对一谈心、文本撰写等方式开展。 3. 进行记录与留存。 4. 增加对学生升学深造的引导内容	辅导员	建议按照工作内容的说明开展
	解读保研政策	2～14周	1. 目的：初步引导学生对升学深造进行思考并引导学生对标进行相应的准备。 2. 可以以班级、专业、年级为单位对学院的保研细则进行解读	各学院相关学生团队、年级组长、辅导员	根据学院的整体安排，组织学生参加，或者自行讲解
评奖评优	开展评奖评优教育	1～4周	1. 目的：让新生了解学校、学院评奖评优相关政策，以评促学。 2. 可以邀请学院评奖评优专项负责老师为新生讲解，结合新生入学教育系列活动开展。 3. 可以采取年级大会、专业大会、班会等方式	学院评奖评优负责人、辅导员	根据学院安排组织学生参加，或自行开展

续表

类别	工作名称	建议工作时间	参考工作内容	相关部门或人员	辅导员工作内容
评奖评优	开展新生奖（助）学金院内评选	3～7周	1. 目的：给予困难新生奖（助）学金以鼓励和支持，助其完成学业，传递学校关爱。 2. 根据学校、学院通知和要求参与该类奖助学金评选。 3. 根据条件进行候选人的推荐与材料申报。 4. 学院集中评审并上报学校。 5. 关注评选结果并及时通知学生	学生工作部（处）、学院评奖评优负责人、辅导员	鼓励相关学生进行申请、审核相关材料、参与学院评审
	开展新生个人与集体的榜样教育	5～15周	1. 目的：给新生树立优秀标杆。 2. 组织班委、学生代表观摩学院、学校的集体荣誉答辩。 3. 根据学校、学院安排，组织学生观摩竢实扬华奖章答辩、忠忱班集体答辩等。 4. 开始持续的忠忱、先进班集体培育工作	学生工作部（处）、学院相关学生团队、领导、班导师、年级组长、辅导员、学院评奖评优负责人	根据学院安排组织学生参加、担任学院集体荣誉答辩选拔评委及指导老师
勤助贷	办理新生学费缓交（绿色通道）	迎新期间	1. 为需要办理校园地国家助学贷款的学生和办理了生源地国家助学贷款但暂未放款的学生办理学费缓交。 2. 因其他特殊原因需要办理学费缓交者	学生工作部（处）、学院资助工作联系人、辅导员	收集申请，协助办理，通过办理工作了解和关爱新生
	开展家庭经济困难学生认定	3～4周	1. 通知学生认定开启，通过在线申请。 2. 组建班级认定小组。 3. 针对系统评级组织班级认定小组评议。 4. 及时提交评议结果。 5. 通知学生查看公示并接受意见反馈。 6. 提醒通过困难认定并非代表助学金申请成功。 7. 随时掌握学生情况，确保困难学生得到认定	学生工作部（处）、学院资助工作联系人、辅导员	建议按照工作内容的说明开展
	开展国家助学贷款申请	2～4周	1. 通知家庭经济困难学生、办理了“绿色通道”但没有办理生源地国家助学贷款的学生自愿申请、及时办理。 2. 整理申请学生材料。 3. 提醒学生签署合同、领取借据。 4. 申请贷款学生诚信教育	学生工作部（处）、学院资助工作联系人、辅导员	通知和诚信教育
	开展国家助学金评定	6～8周	1. 通知家庭经济困难学生及时在线申请。 2. 对应家庭经济困难等级等额评定国家助学金并在班级公示。 3. 及时提交评定结果。 4. 通知学生查看学院公示并接受意见反馈。 5. 提醒获评学生发放查收事宜	学生工作部（处）、学院资助工作联系人、辅导员	建议按照工作内容的说明开展

续表

类别	工作名称	建议工作时间	参考工作内容	相关部门或人员	辅导员工作内容
勤助贷	开展勤工助学招聘	3～4 周	1. 通知学生申请，特别是家庭经济困难学生。 2. 审核学生申请表，叮嘱申请学生兼顾勤工助学和学业学习。 3. 关心学生勤工助学工作情况	学生工作部（处）、学院资助工作联系人、辅导员	通知和关爱学生
安全教育与安稳处理	开展新生安全教育	新生季	1. 目的：树立新生校园安全的意识。 2. 可以通过班会、专业会、年级会方式开展专题教育。 3. 建议根据学校安全教育要点，重点强调。 4. 可以邀请学校、学院专家开展教育	学校相关专家、年级组长、辅导员	根据学院的整体安排，组织学生参加，协助邀请专家，具备相应能力的辅导员可自行组织并开展教育
	开展日常安全教育	1～17 周	1. 目的：通过班会、线上提示、安全教育承诺书等教育方式，提高学生校园安全意识，避免校园安全事件发生。 2. 加强宿舍、园区安全教育，禁止在宿舍存放或使用违章电器，定期走访宿舍了解安全情况。 3. 重点加强意识形态安全、人身安全、交通安全、财产安全、空中安全（禁飞无人机）、集体活动安全、实验室安全、网络安全等内容的教育。 4. 可以以班会、专业会、年级会方式或线上方式开展教育。 5. 根据学校要求，签订相应的安全承诺书并存档。 6. 不组织、不开展任何形式的集体外出旅游	辅导员	建议按照工作内容的说明开展
	做好集中购买城乡居民医疗保险的提醒工作	0～2 周	1. 目的：保障学生基本医疗需求，保障学生享受国家医疗保障政策，保证学生及家人突发疾病时有国家政策兜底。 2. 报到时提醒学生并进行解释说明。 3. 及时转发校医院通知至未购买成功者。 4. 根据校医院名单提醒未购买学生。 5. 根据银行或校医院通知，提醒学生申请办理、领取并妥善保管社会保障卡	后勤与基建管理处、医幼及场馆中心、辅导员	建议按照每年《成都市城乡居民医疗保险政策宣传资料》（大学生）和工作内容的说明展开
	开展重点支持学生安稳工作	1～20 周	1. 目的：更好地关注、关心需要重点支持的学生。 2. 根据学生情况，做好重点支持学生“一人一档”工作。 3. 做好关爱支持工作。 4. 做好档案记录与管理工作。 5. 根据严重性及时上报。 6. 动态更新	学院分管领导、学生工作部（处）、心理咨询与研究中心、相关学生辅导员	建议按照工作内容的说明开展

续表

类别	工作名称	建议工作时间	参考工作内容	相关部门或人员	辅导员工作内容
安全教育与安稳处理	开展地震、防灾演练	根据学校安排	1. 目的：提升学生应对地震、火灾等自然灾害的能力。 2. 按照学校要求，组织学生认真参与预防地震演练或预防火灾演练，提升学生防灾能力	学校安全办、学生工作部（处）、保卫处、辅导员	根据学校的整体安排，组织学生参加
	开展校外住宿安全相关工作	1～17 周	1. 目的：增强校外住宿学生安全意识。 2. 原则上，不允许校外住宿。 3. 因特殊情况，按照学校规定进行校外住宿手续办理，做好记录，了解学生校外住宿安全情况，并进行安全教育	学生工作部（处）、辅导员	建议按照工作内容的说明开展
	做好突发安稳事件处理工作	1～20 周	1. 目的：形成安稳处理体系，保障突发安稳事件顺利解决。 2. 对于突发的安全问题，按照学校学院要求，遵循第一时间、第一现场的原则进行妥善处置。 3. 及时向相关领导与部门汇报。 4. 及时做好上报和总结汇报工作	学生工作部（处）、保卫处、心理咨询与研究中心等部门、学院分管领导、辅导员	建议按照工作内容的说明开展
	做好寒假海外实践安全教育	16～20 周	1. 目的：增强参与海外项目学生的安全意识。 2. 指导学生按照国际化项目要求办理安全手续。 3. 做好海外实践安全教育	国际处、教务处、学院国际化专项工作负责人、辅导员	根据学院的整体安排，协助做好教育工作
	做好假期安全教育	16～20 周	1. 目的：增强学生假期安全意识。 2. 做好假期留校统计工作。 3. 做好学生的假期安全教育。 4. 如遇突发情况，要迅速掌握及时处理。 5. 加强寝室管理：假期要严格遵守宿舍管理规定。 6. 严格执行外出请销假制度。 7. 做好开学前因事因病未能按期返校学生的请假工作	辅导员	建议按照工作内容的说明开展

表 19.2 第二学期工作指南

类别	工作名称	建议工作时间	参考工作内容	相关部门或人员	辅导员工作内容
党建工作	引导学生向党组织靠拢	1～4 周	1. 引导学生积极向党组织靠拢，强化入党动机，增强理想信念教育。 2. 指导学生撰写入党申请书	学院党委、学院党建负责人、辅导员	按照学院党委整体安排，提醒、引导、指导学生向党组织递交入党申请书
	开展递交入党申请学生的谈话工作		1. 了解入党申请人基本情况，加强教育引导。 2. 学生在提交入党申请书一月内学院党委（总支）统筹安排进行谈话	学院党委、学院党建负责人、组织员、辅导员	按照学院党委安排，协助开展工作
	制订政治理论学习计划	5 周	1. 根据学院党委工作安排，指导支部执行学期内政治理论学习计划。 2. 建议可以以多种形式开展	学院党建负责人、辅导员	指导所在党支部制订理论学习计划
	开展推优入党工作（推选积极分子）	5～7 周	1. 通过民主推荐方式，选择优秀学生向党组织靠拢。 2. 按照学院党委、学院团委要求，团支部召开民主会议，推选积极分子	党建负责人、院系团委、辅导员	指导所带团支部开展工作
	开展入党积极分子课程培训	6～7 周	1. 根据党校工作安排，组织拟上党课积极分子参加入党积极分子课程培训。 2. 辅导员及时了解和掌握学习情况	学院党委、学院党建负责人、组织员、辅导员	1. 了解、指导所在支部和所带学生学习情况。 2. 协助党校开展工作
	开展入党积极分子实践培训	8～9 周	1. 根据党校工作安排，组织拟上党课积极分子参加入党积极分子实践培训。 2. 辅导员及时了解和掌握实践情况	学院党委、学院党建负责人、组织员、辅导员	1. 了解、指导所在支部和所带学生学习情况。 2. 协助党校开展工作
	开展主题教育实践活动（含“三会一课”及民主评议工作）	2～14 周	1. 在实践中强化思想引领。 2. 根据具体的学习内容，开展主题教育实践活动。 3. 活动形式灵活，方式多样。 4. 做好“三会一课”及民主评议工作	学院党委、学院党建负责人、辅导员	1. 指导所在支部开展工作。 2. 引导所带学生适当参与活动
	确定推荐积极分子参加党课培训名单	14～15 周	1. 按照学院党委安排，在积极分子中推送符合条件的参加党课培训。 2. 各支部将名单报送给学院党建负责人	学院党委、学院党建负责人、辅导员	1. 指导所在党支部开展工作。 2. 了解所带学生的推选工作
	开展支部建设工作	1～16 周	按照学院党委整体要求进行支部建设工作，包括组织生活会、理论学习、支部特色活动、党支部书记述职、收缴党费、七一表彰、党员信息半年统等工作	学院党委、学院党建负责人、辅导员	指导所在支部开展相应工作

续表

类别	工作名称	建议工作时间	参考工作内容	相关部门或人员	辅导员工作内容
班团工作	召开团支部大会	4周、7～8周	1. 传达、学习。 2. 团员年度民主生活会、年度教育评议，研究决定评议意见，研究决定对团员的奖励	辅导员、团支委、团员	明确要求、规则，开展指导，督察工作进展情况
	召开班会	1～17周	第4周：听取审议各班委工作汇报；决定中期班委任免；讨论新学期工作计划；学期班风学风建设情况汇报和计划。 第15周：总结一学期工作；期末学风学业动员；暑期实习和假期安全提醒。 结合各项教育工作和事务工作，合理统筹召开班会	辅导员	明确要求、规则，开展指导，督察工作进展情况
	召开班委会、团支委会	每月召开，团支部大会前、后召开	第5次：传达、学习，听取前一学期工作汇报，讨论支委、班委分工变化，讨论班委工作情况，提出中期班委任免建议；讨论“交通·公益”志愿服务项目开展。 第6次：传达、学习，团支委民主生活会；讨论推优入党工作；讨论主题团日活动开展。 第7次：传达、学习，讨论推优入党候选人建议人选；讨论主题团日活动开展。 第8次：传达、学习，研究具体工作，学期工作总结和期末班会布置；讨论下一届换届建议人选和换届方案，筹备支部换届大会、班委换届大会	辅导员	明确要求、规则，开展指导，听取班团干部工作汇报
	开展团课	1场	1. 辅导员（或联系“青年讲师团”成员、党团干部等）每个学期讲1场（2学时），团员和入团积极分子全覆盖。 2. 按各院系团组织工作安排开展好年度第一堂团课	院系团委、辅导员、青年讲师团	开展指导，讲团课，指导学生
	落实团员教育评议制度	4周	通过团支部大会，团员依次开展批评和自我批评，通过评议表决和支委会讨论，决定评议结果（优秀、合格、基本合格、不合格）；结果录入“智慧团建”“团支部工作指导手册”	院系团委、辅导员	开展指导，听取班团干部工作汇报
	落实团员年度团籍注册制度	5周	根据团员教育评议结果，注册团籍，录入“智慧团建”和“团支部工作指导手册”；清理团费收缴情况	院系团委、辅导员	开展指导，听取班团干部工作汇报
	发展团员	成熟一个，发展一个，根据基层团组织工作进度开展	按照《发展团员工作细则》，指导非团员青年递交《入团申请书》，指导团支部考察入团积极分子并与其谈话，安排培养联系人，指导学生参加团课，指导团支部的新团员接收	校团委组织部、院系团委、辅导员	开展指导，听取班团干部工作汇报

续表

类别	工作名称	建议工作时间	参考工作内容	相关部门或人员	辅导员工作内容
班团工作	推优入党	5~7周	1. 推荐入党积极分子：根据递交入党申请书情况和组织安排递交入党申请书谈话后情况，上一年团员教育评议情况，召开支部大会讨论形成决议或不记名投票。 2. 推荐参加党校培训的入党积极分子：在入党积极分子中优中选优，通过支部大会或支部委员会推荐参加党校培训的入党积极分子	党建负责人、院系团委、辅导员	指导所带团支部开展工作
	开展主题团日	每月一次	主题自定，建议： 3月：学习雷锋主题团日活动、经典阅读主题团日活动。 4月：坚持体育锻炼相关主题团日活动。 5月：纪念“五四运动”或庆祝劳动节主题团日活动。 6月：迎接“七一”主题团日活动	院系团委、辅导员	开展活动指导
	完成“青年大学习”	每周一期	每周通过“天府新青年”或“交大有思”进入并完成青年大学习	校团委宣传部、院系团委、辅导员	开展指导，听取班团干部工作汇报
	开展第二课堂	持续参加	1. 将有特色的主题团日活动按照第二部分第一章申报第二课堂系统。 2. 将团课开设为思想政治与道德素养类课程。 3. 鼓励学生参加校、院文体活动，如校院运动会、趣味运动会、合唱比赛、篮球赛、辩论赛、主持人大赛、歌咏比赛、演讲比赛、寝室装潢大赛等。 4. 重点提醒学生可以参与和接触专业相关的学术科技与创新创业类讲座、竞赛、活动。 5. 提醒学生按照《西南交通大学第二、三课堂建设实施办法》中的要求及时查看自己所获学时。 6. 按照青年志愿者协会安排申报“交通·公益”志愿服务项目和各单位品牌服务项目，指导所带学生的志愿服务支队持续开展志愿服务。 7. 鼓励学生申报“三下乡”暑期社会实践。 8. 受学生邀请担任“三下乡”社会实践指导老师：项目指导、安全事项、专项评优	校团委青年发展部、院系团委、各学院相关学生团队、辅导员	教育和强调，指导学生参加，督促学时预警学生

续表

类别	工作名称	建议工作时间	参考工作内容	相关部门或人员	辅导员工作内容
学业发展与指导	整理上学期成绩	假期至第3周	1. 目的：及时了解学生补考后学习情况，及时与家长沟通，帮助学生调整学习情况。 2. 可以对补考后学期成绩统计整理分析，整理学业问题名单	辅导员	建议按照工作内容的说明开展
	整理学业数据	1～3周	1. 目的：帮助辅导员清楚了解各班级、各专业、各年级学习情况。 2. 按照学院要求收集整理各班级、各专业计算机二级、英语四六级通过情况	辅导员	根据学院的整体安排，进行统计
	开展上学期学习总结	1～3周	1. 目的：帮助学生及时了解自己的学习情况，促使班级共同努力提升。 2. 可以以班级、专业、年级为单位开展，与班导师共同开展。 3. 可结合上学期学习情况总结	辅导员、班导师	建议按照工作内容的说明开展
	了解日常学习情况	2～16周	1. 目的：及时了解学生学习情况，及时与学生沟通。 2. 可以通过任课老师考勤、学习委员考勤、查课、与学生交流、与任课老师交流等方式了解学生学习情况	辅导员、班导师、任课教师、学习委员	建议按照工作内容的说明开展
	开展学习经验交流	4～16周	1. 目的：帮助新生尽快适应大学学习，通过优秀的学长学姐带动新生。 2. 邀请学业优秀的高年级学生进行指导。 3. 可以通过沙龙、工作坊、讲座、微课堂、课程导航等方式开展	各学院相关学生团队、辅导员、高年级学生	根据学院的整体安排，组织学生参加
	开展集体晚（早）自习	4～16周	1. 目的：帮助新生过渡到大学的学习模式。 2. 可以以班级、专业、年级为单位开展。 3. 可以每周安排2～3次。 4. 可以安排学生助理辅导员或学生党员值班。 5. 辅导员、班导师不定时抽查集体自习情况	辅导员、年级组长、班导师、学生助理辅导员、学生党员	建议按照工作内容的说明开展
	开展半期学习总结	11～12周	1. 目的：帮助新生及时了解自己学习情况，调整学习方法。 2. 可以在半期考试后，以班级、专业为单位开展。 3. 总结半期学习情况和半期考试情况	辅导员、班导师	建议按照工作内容的说明开展
	开展选课指导	15～16周	1. 目的：帮助新生了解学校选课方式，顺利选好课程。 2. 可以以班级、专业、为单位开展。 3. 辅导员自行或者邀请班导师或高年级学生讲解选课要点和注意事项	辅导员、班导师	建议按照工作内容的说明开展

续表

类别	工作名称	建议工作时间	参考工作内容	相关部门或人员	辅导员工作内容
学业发展与指导	开展期末动员	15～16 周	1. 目的：提醒学生进入复习考试冲刺，帮助新生树立诚信考试观念，强调考场纪律。 2. 可以以班级、专业为单位开展。 3. 辅导员自行或者邀请班导师强调考场纪律。 4. 组织学生签订《诚信考试承诺书》	辅导员、班导师	建议按照工作内容的说明开展
	整理学期成绩	18～20 周	1. 目的：及时了解学生学习情况，及时与家长沟通，帮助学生调整学习状态。 2. 可以对学期成绩统计整理分析，整理学业问题名单。 3. 可以给家长邮寄成绩或与其联系，并请其督促学生复习	辅导员	建议按照工作内容的说明开展
	开展学业指导	1～20 周	1. 目的：及时了解学生学习情况，帮助学生明确学业目标，制订学业计划。 2. 可以与学业有困难或困惑的学生进行一对一交流，指导其明确学业目标，制订学业计划	辅导员、班导师	建议按照工作内容的说明开展
创新创业工作	感受创新创业氛围——参与实验竞赛月开幕式等	8～10 周	1. 目的：在开幕式中感受科创竞赛的魅力，激发投身科创竞赛的热情。 2. 要求：建议组织学生 100%参加竞赛开幕式活动。 3. 形式：可以以班级为单位，全年级参加	学院科创中心、辅导员	根据学院整体安排，组织学生参加
	初次尝试创新创业——要求学生 100%报名参加学校（学院）实验竞赛月相关竞赛	10～12 周	1. 目的：引导学生在众多竞赛中尝试 1～2 项实验竞赛月竞赛，学生若有明确兴趣，则鼓励学生参加，若暂时不感兴趣，则要求学生参加，让学生在实际体验中寻找感兴趣的方向。 2. 要求：建议要求所带学生 100%报名参加。 3. 形式：建议集中报名之后，对于未报名的学生采取小范围或一对一谈话要求参加	学院科创中心、各竞赛指导老师、辅导员	根据学院整体安排，组织学生参加，并对未报名参加的学生进行督促，争取 100%参加

类别	工作名称	建议工作时间	参考工作内容	相关部门或人员	辅导员工作内容
创新创业工作	尝试创新创业——鼓励学生参加学校SRTP等项目	1～12周	1. 目的：让学生接触SRTP项目、个性化实验、重点实验室开放项目等，并通过此类项目，更持续、深入地与专业老师进行沟通。 2. 要求：大一下学期去做SRTP等科创项目，可能会有些早，可以进行鼓励，不做要求，可以提醒学生与高年级学生组队参加，一起完成项目。 3. 形式：可以和学期班会一并来做	学院科创中心、学校（院）教务老师、学院与资实处联系的老师、辅导员	根据学院整体安排，组织学生参加，并对未报名参加的学生进行督促
	鼓励学生参加创新讲座活动	1～16周	1. 目的：通过创新讲座了解某一细分领域的专业知识。 2. 要求：鼓励学生参与。 3. 形式：根据学院创新创业基地会组织相关的活动，鼓励学生积极报名参加	学院科创中心、辅导员	根据学校、学院整体安排，组织学生参加
	鼓励学生参加科创竞赛沙龙活动	1～16周	1. 目的：小范围、主题性的科创沙龙能够让学生更进一步地了解科创竞赛。 2. 要求：鼓励学生参与。 3. 形式：学院创新创业基地会组织相关的活动，鼓励学生积极报名参加	学院科创中心、辅导员	根据学校、学院整体安排，组织学生参加
国际化引导与教育	进行国际化引导工作	1～15周	1. 目的：进一步了解学生出国意向，引导学生逐步树立国际化意识。 2. 可以组织学生参与针对性国际化讲座，鼓励学生参与国际化相关活动。 3. 引导学生了解国际化竞赛、会议、公益活动、国际化组织等	具有校（院）合作关系的专业留学咨询（英语学习）机构、学院国际化专项工作负责人、辅导员	根据学院的整体安排，协助专项负责人开展工作，重点做好宣传、动员、了解、引导工作
	组织大学英语四、六级模拟考试	13～14周	1. 目的：提高大学英语四、六级考试通过率。 2. 可以根据学生工作部（处）的要求或各学院自行联合具有校（院）合作关系的专业留学咨询（英语学习）机构开展大学英语四、六级模拟考试，并进行试题分析讲解	学生工作部（处）、具有校（院）合作关系的专业留学咨询（英语学习）机构、学院国际化专项工作负责人、辅导员	根据学校、学院的整体安排，组织学生参加，重点关注四级未通过学生
	组织交流交换活动	10～16周	1. 目的：引导学生积极参与交流交换活动。 2. 针对长中短期项目开展宣传，协助进行面试选拔，对接项目主办方、进行签证手续办理、按期做好行前培训。 3. 协助带队老师与国际处、教务处进行项目备案以及学分转换等，若遇项目与期末考试时间冲突，还需办理缓考手续	国际处、教务处、学生工作部（处）、招生就业处、学院国际化专项工作负责人、辅导员	根据学院的整体安排，协助专项负责人开展工作，重点做好宣传、动员、引导工作

续表

类别	工作名称	建议工作时间	参考工作内容	相关部门或人员	辅导员工作内容
国际化引导与教育	普及与解读专项资助政策	根据学校各部门、各学院的通知	1. 目的：给予学生更多参与国际化项目的机会。 2. 根据学校学院、学院安排，鼓励并指导学生积极参与国际化资助项目，并指导符合条件学生申请资助	国际处、教务处、学生工作部（处）、学院国际化专项工作负责人、辅导员	根据学院的整体安排，协助专项负责人开展工作，重点做好政策解读与指导学生申请
	收集与宣传海外项目总结	暑假期间	1. 目的：进行总结、反馈、宣传，营造更好的国际化氛围。 2. 协助学校或学院收集寒期海外实践项目总结、协助完成学分替换等工作。 3. 协助在相关媒体上进行项目宣传报道，营造良好的国际化氛围	国际处、教务处、学院国际化专项工作负责人、辅导员	根据学院的整体安排，协助专项负责人开展工作
心理健康教育工作	进行心理委员调整与培训	1～4周	1. 目的：根据情况调整心理委员人选。 2. 组织心理委员参加学校、学院的心理委员培训	学院心理专项工作负责人、辅导员	建议按照工作内容的说明开展
	开展3·25（善爱我）大学生校园文化心理节活动	3～12周	1. 目的：倡导大学生善待自我、关爱自我，怀着这份温暖、包容的情意欣赏和接纳全部的自己；以积极、豁达的心态体验我们生活中的每一次经历，快乐成长，健康成才；以发自内心的爱与和谐来善待和关爱他人及社会，共创美丽校园，建设美丽中国。 2. 组织学院学生参与3·25（善爱我）校园心理文化节开幕式。 3. 组织学院学生参与3·25（善爱我）校园心理文化节系列活动，协助进行学院整体关注心理健康氛围的营造。 4. 参与学院3·25（善爱我）校园心理文化节建设活动	心理研究与咨询中心、学院相关团学组织、学院心理专项工作负责人、辅导员	根据学校、学院整体安排，组织学生参与
	开展心理沙盘活动	4～16周	1. 目的：了解自我，增强团队合作能力，提升心理工作能力。 2. 建议组织学生骨干或辅导员参与心理沙盘活动	心理研究与咨询中心、学院心理专项工作负责人、辅导员	根据学院安排，参与活动或组织学生参与活动

续表

类别	工作名称	建议工作时间	参考工作内容	相关部门或人员	辅导员工作内容
心理健康教育工作	动态更新重点支持学生台账	1~20周	1. 目的：帮助辅导员更好地熟悉、关爱、支持每一位学生。 2. 建议关爱进入大学后心理适应不佳的学生群体，帮助学生融入大学生活，避免心理问题的产生。 3. 分类关爱重点支持学生群体，做到及时发现问题、解决问题。 4. 辅导员根据日常掌握的情况，分类别动态更新重点支持学生台账。 5. 根据学校、学院要求不定期更新台账。 6. 按照要求建立“一人一档”。 7. 深入关注关爱、注重方式方法、做好工作记录、问题严重及时汇报，请求专业支持	心理研究与咨询中心、学院分管领导、学院心理专项工作负责人、辅导员	建议按照工作内容的说明开展
	干预与处理日常及突发性学生心理危机事件	1~20周	1. 目的：提高心理危机干预工作的针对性和实效性，有效防范化解危机事件的发生。 2. 建议学习在大学生心理危机干预工作中需要运用的专业知识，提高大学生心理危机干预能力，能基本辨别心理正常与异常现象，提高面对日常心理问题和突发性心理危机事件的应变能力与解决能力。 3. 面对出现心理危机的学生采取迅速而有效的应对措施，给予支持与帮助。 4. 出现突发性心理危机事件立即请求心理专业老师的支持、家长支持、班导师与学院领导支持、得力骨干支持。 5. 面对突发性心理危机，在得到家长授权下，可以采取及时就医工作	心理研究与咨询中心、学校（院）分管领导、学院心理专项工作负责人、辅导员、班导师、家长、相关学生	建议按照工作内容的说明开展
	开展谈心谈话工作	1~20周	1. 目的：通过谈心谈话工作，全面了解、掌握学生状态。 2. 了解学生真实状态，开展各方面的引导、指导、督导工作。 3. 在谈话中及时发现、辨别是否存在心理问题，及时汇报并请求专业支持。 4. 根据情况，联系家长。 5. 做好工作记录	辅导员	建议按照工作内容的说明开展

续表

类别	工作名称	建议工作时间	参考工作内容	相关部门或人员	辅导员工作内容
心理健康教育工作	开展期末减压工作	14～16 周	1. 目的：鼓励学生认真复习，准备期末考试，减轻其心理压力。 2. 重点关注在学业上有不适应的学生，避免考试成为心理问题发生的诱因。 3. 讲解补考、重修政策，避免学生因心理压力过大而作弊，要求诚信考试	年级组长、辅导员	建议按照工作内容的说明开展
职业生涯规划与就业指导	开展优秀学生经验分享	4～10 周	1. 目的：帮助学生更好地树立目标，围绕目标开启行动。 2. 邀请保研、大四就业学生、出国学生为大一学生进行经验分享。 3. 可以以讲座、沙龙、工作坊、线上推文等方式开展。 4. 建议分班级或分专业开展	各学院相关学生团队、年级组长、辅导员	根据学院的整体安排，组织学生参加，可以根据学生需求自行开展
	指导学生进行行业认知	4～15 周	1. 目的：增强学生对行业的认知、激发学生的学习兴趣。 2. 建议邀请专业老师、企业专家、校友为学生介绍本专业所对应的行业。 3. 可以以讲座、沙龙、线上推文等方式开展。 4. 建议分专业进行	各学院相关学生团队、年级组长、辅导员、有行业经验的专业老师、企业专家、校友等	根据学院的整体安排，组织学生参加，可以根据学生需求自行开展
	进行目标达成度的分析	暑假	1. 目的：进一步了解学生的大学目标，便于引导和指导。 2. 建议通过一对一谈心谈话方式开展。 3. 以学生第一学期的目标为基础，了解学生目标实现情况、目标调整情况等，并给予相应的指导，可结合学生的学期总结进行。 4. 指导学生在《大学生生涯规划手册》里进行记录	辅导员	建议按照工作内容的说明开展
评奖评优	解读评奖评优政策	1～2 周	1. 目的：解读评奖评优政策，以评促发展，为下学期评奖评优做铺垫。 2. 可以以专业、班级为单位开展，为学生答疑解惑。 3. 可以邀请学院评奖评优专项负责老师参与	学院评奖评优负责人、辅导员	解读评奖评优政策，做好重点条件的提醒，为下学期评奖评优做铺垫，做好评奖评优育人
	开展学校、学院其他奖助学金评选	4～16 周	1. 目的：给予困难学生奖助学金以鼓励和支持其完成学业，表达学校、学院的关爱。 2. 根据各学院通知和要求，指导学生参与该类奖助学金评选。 3. 根据条件进行候选人的推荐与材料申报。 4. 关注评选结果并及时通知学生	学院相关学生团队、领导、专业教师代表、年级组长、辅导员、学院评奖评优负责人	鼓励相关学生进行申请、审核相关材料、参与学院评审

续表

类别	工作名称	建议工作时间	参考工作内容	相关部门或人员	辅导员工作内容
勤助贷	开展生源地助学贷款网上续贷申请	10～15周	转发金融机构通知，提醒学生网上申请	辅导员、学院资助专项工作联系人、学生工作部（处）	提醒学生、掌握贷款学生情况
	开展“自强之星”评选	5～7周	1. 从家庭经济困难学生中推荐典型人物。 2. 通过典型人物鼓励家庭经济困难学生	辅导员、校团委、学生工作部（处）、承办学院	建议按照工作内容的说明开展
	开展勤工助学招聘	3～4周	1. 通知学生申请，特别是家庭经济困难学生。 2. 审核学生申请表，叮嘱申请学生兼顾勤工助学和学业学习。 3. 关心学生勤工助学工作情况。 4. 低年级学生无法胜任专业能力需求较高的勤工助学岗位，引导学生尽量通过学生干部岗位锻炼后，高年级再申请勤工助学岗位	辅导员、学院资助专项工作联系人、用人单位负责老师	通知和关爱学生
安全教育与安稳处理	开展日常安全教育	1～17周	1. 目的：通过班会、线上提示、安全教育承诺书等教育方式，提高学生校园安全意识，避免校园安全事件发生。 2. 加强宿舍、园区安全教育，禁止在宿舍存放或使用违章电器，定期走访宿舍了解安全情况。 3. 重点加强意识形态安全、人身安全、交通安全、财产安全、空中安全（禁飞无人机）、集体活动安全、实验室安全、网络安全等内容的教育。 4. 可以以班会、专业会、年级会方式或线上方式开展教育。 5. 根据学校要求，签订相应的安全承诺书并存档。 6. 不组织、不开展任何形式的集体外出旅游	辅导员	建议按照工作内容的说明开展
	开展重点支持学生安稳工作	1～20周	1. 目的：更好地关注、关心需要重点支持的学生。 2. 根据学生情况，做好重点支持学生“一人一档”工作。 3. 做好关爱支持工作。 4. 做好档案记录与管理工作。 5. 根据严重性及时上报。 6. 动态更新	学院分管领导、学生工作部（处）、心理咨询与研究中心、相关学生辅导员	建议按照工作内容的说明开展

续表

类别	工作名称	建议工作时间	参考工作内容	相关部门或人员	辅导员工作内容
安全教育与安稳处理	开展地震、防灾演练	根据学校安排	1. 目的：提升学生应对地震、火灾等自然灾害的能力。 2. 按照学校要求，组织学生认真参与预防地震演练或预防火灾演练，提升学生防灾能力	学校安全办、学生工作部（处）、保卫处、辅导员	根据学校的整体安排，组织学生参加
	开展校外住宿安全工作	1～17 周	1. 目的：增强校外住宿学生安全意识。 2. 原则上，不允许校外住宿。 3. 因特殊情况，按照学校规定进行校外住宿手续办理，做好记录，了解学生校外住宿安全情况，并进行安全教育	学生工作部（处）、辅导员	建议按照工作内容的说明开展
	做好突发安稳事件处理工作	1～20 周	1. 目的：形成安稳处理体系，保障突发安稳事件顺利解决。 2. 对于突发的安全问题按照学校学院要求，遵循第一时间、第一现场的原则进行妥善处置。 3. 及时向相关领导与部门汇报。 4. 及时做好上报和总结汇报工作	学生工作部（处）、保卫处、心理咨询与研究中心等部门、学院分管领导、辅导员	建议按照工作内容的说明开展
	暑期短学期实习安全教育	16～20 周	1. 目的：提高学生的实习安全意识。 2. 对于突发的安全问题按照学校学院要求，遵循第一时间、第一现场的原则进行妥善处置。 3. 及时向相关领导与部门汇报。 4. 及时做好上报和总结汇报工作	学院教务、实习带队老师、辅导员	做好教育工作，若发生安稳问题协助带队老师处理
	做好暑假海外实践安全教育	16～20 周	1. 目的：增强参与海外项目学生的安全意识。 2. 指导学生按照国际化项目要求办理安全手续。 3. 做好海外实践安全教育	国际处、教务处、学院国际化专项工作负责人、辅导员	根据学院的整体安排，协助做好教育工作
	做好假期安全教育	16～20 周	1. 目的：增强学生假期安全意识。 2. 做好假期留校统计工作。 3. 做好学生的假期安全教育。 4. 如遇突发情况，要迅速掌握及时处理。 5. 加强寝室管理，假期要严格遵守宿舍管理规定。 6. 严格执行外出请销假制度。 7. 做好开学前因事因病未能按期返校学生的请假工作	辅导员	建议按照工作内容的说明开展

表 19.3 第三学期工作指南

类别	工作名称	建议工作时间	参考工作内容	相关部门或人员	辅导员工作内容
党建工作	引导学生向党组织靠拢	1～4 周	1. 引导学生积极向党组织靠拢，强化入党动机，增强理想信念教育。 2. 指导学生撰写入党申请书	学院党委、学院党建负责人、辅导员	按照学院党委整体安排，提醒、引导、指导学生向党组织递交入党申请书
	开展递交入党申请学生的谈话工作		1. 了解入党申请人基本情况，加强教育引导。 2. 学生在提交入党申请书一月内学院党委（总支）统筹安排进行谈话	学院党委、学院党建负责人、组织员、辅导员	按照学院党委安排，协助开展工作
	制订政治理论学习计划	5 周	1. 根据学院党委工作安排，指导支部执行学期内政治理论学习计划。 2. 建议可以以多种形式开展	辅导员、党建负责人	指导所在党支部制订理论学习计划
	开展推优入党工作（推选积极分子）	6～8 周	1. 通过民主推荐方式，选择优秀学生向党组织靠拢。 2. 按照学院党委、学院团委要求，团支部开民主会议，推选积极分子	党建负责人、院系团委、辅导员	指导所带团支部开展工作
	开展入党积极分子课程培训	7～8 周	1. 根据党校工作安排，组织拟上党课积极分子参加入党积极分子实践培训。 2. 辅导员及时了解和掌握实践情况	学院党委、学院党建负责人、组织员、辅导员	1. 了解、掌握所在支部和所带学生学习情况。 2. 协助党校开展工作
	开展入党积极分子实践培训	9～10 周	1. 根据党校工作安排，组织拟上党课积极分子参加入党积极分子实践培训。 2. 辅导员及时了解和掌握实践情况	学院党委、学院党建负责人、组织员、辅导员	1. 了解、掌握所在支部和所带学生学习情况。 2. 协助党校开展工作
	开展推优入党工作（推选发展对象）	第 9 周	1. 根据党员发展相关规定，对经过一年以上培养教育和考察、基本具备党员条件（已通过党课）的入党积极分子，在听取党小组、培养联系人、党员和群众意见的基础上，支部委员会讨论同意并报上级党委备案后，可列为发展对象。 2. 为发展对象确定入党介绍人。 3. 辅导员及时了解和掌握发展对象情况	党建负责人、院系团委、组织员、辅导员	指导所带党、团支部协同开展工作
	开展发展对象课程培训	10～11 周	1. 根据党校工作安排，组织发展对象参加课程培训。 2. 辅导员及时了解和掌握学习情况	学院党委、学院党建负责人、组织员、辅导员	1. 了解、掌握所在支部和所带学生学习情况。 2. 协助党校开展工作

续表

类别	工作名称	建议工作时间	参考工作内容	相关部门或人员	辅导员工作内容
党建工作	开展发展对象实践培训	12～13 周	1. 根据党校工作安排，组织发展对象参加社会实践。 2. 辅导员及时了解和掌握培训情况	学院党委、学院党建负责人、组织员、辅导员	1. 了解、掌握所在支部和所带学生学习情况。 2. 协助党校开展工作
	指导党员材料撰写（含政审工作）	10～14 周	1. 对发展对象开展政审工作。 2. 指导发展对象撰写党员材料。 3. 对审查合格的发展对象报学院党委预审	学院党委、学院党建负责人、辅导员	指导所在支部开展工作
	确定推荐积极分子参加党课培训名单	14～15 周	1. 按照学院党委安排，在积极分子中推送符合条件的参加党课培训。 2. 各支部将名单报送给学院党建负责人	学院党委、学院党建负责人、辅导员	1. 指导所在党支部开展工作。 2. 了解所带学生的推选工作
	召开预备党员接收大会	第 15 周	党支部召开接收大会，接受发展对象为预备党员	学院党委、学院党建负责人、辅导员	指导所在支部开展工作
	发展对象谈话工作	16～17 周	1. 按照要求，指派学院党委委员（或党总支委员）、组织员同发展对象谈话。 2. 谈话人将谈话情况和自己对发展对象能否入党的意见，如实填写并向党委汇报	学院党委、学院党建负责人、辅导员	1. 了解、掌握所在支部和所带学生作为发展对象的情况。 2. 协助党委（党总支）开展工作
	党委审批预备党员	18 周及以后	党委主要审议发展对象是否具备党员条件、入党手续是否完备。发展对象符合党员条件、入党手续完备的，批准其为预备党员	学院党委、学院党建负责人	1. 了解、掌握所在支部和所带学生作为预备党员的情况。 2. 协助党委（党总支）开展工作
	开展主题教育活动（含“三会一课”等）	2～14 周	1. 在实践中强化思想引领。 2. 根据具体的学习内容，开展主题教育实践活动。 3. 活动形式灵活，方式多样。 4. 做好“三会一课”等	学院党委、学院党建负责人、辅导员	指导所在支部开展工作
	开展支部建设工作	1～16 周	按照学院党委整体要求进行支部建设工作，包括组织生活会、理论学习、支部特色活动、党支部书记述职、收缴党费、党员信息年统等工作	学院党委、学院党建负责人、辅导员	指导所在支部开展相应工作

续表

类别	工作名称	建议工作时间	参考工作内容	相关部门或人员	辅导员工作内容
班团工作	召开团支部大会	3 周、6～7 周	第 3 周：传达、学习。审议上一届支部委员会工作报告；团支委换届选举；讨论建议主要班委候选人；开展学期民主生活会；研究决定是否同意班级推荐参加上一学年评奖、评优的个人；审议下一年支部工作计划。 第 6～7 周：传达、学习。推荐优秀团员为入党积极分子；研究决定是否同意推荐优秀的入党积极分子作为预备党员的发展对象；清理团费收缴情况并上缴团费	辅导员	明确要求、规则，开展指导，督察工作进展情况
	召开班会	1～17 周	第 3 周：听取审议各班委工作汇报；班委换届选举；讨论通过学年民主评议和班级学年鉴定意见；推荐参加校、院评奖、评优个人；审议下一年班级工作计划。 第 15 周：总结一学期工作；期末学风学业动员；寒假安全提醒。 结合各项教育工作和事务工作，合理统筹召开班会	辅导员	明确要求、规则，开展指导，督察工作进展情况
	召开班委会、团支委会	每月召开，团支部大会前、后召开	第 1 次：选举团支部书记、讨论团支委分工；讨论班委候选人；传达、学习，制订团支部年度工作计划； 第 2 次：传达、学习，团支委民主生活会；讨论推优入党工作；讨论主题团日活动开展； 第 3 次：传达、学习；讨论推优入党候选人建议人选；讨论主题团日活动开展； 第 4 次：传达、学习，学期工作总结和期末班会布置	辅导员	明确要求、规则，开展指导，听取班团干部工作汇报
	开展团课	1 场	辅导员（或联系"青年讲师团"成员、党团干部等）每个学期讲 1 场（2 学时），团员和入团积极分子全覆盖	院系团委、辅导员、青年讲师团	开展指导，讲团课，指导学生
	培养班团干部	3 周	1. 优化团支部和班委设置，明确班委、团支委职能。 2. 组织召开团支部大会主持团支部选举。 3. 明确团支委职责和班委职责。 4. 指导团支委做好班委选举。 5. 召开班团干部会议，做好新一届班团干部培训	院系团委、辅导员	明确要求、规则，开展指导，督察工作进展情况

续表

类别	工作名称	建议工作时间	参考工作内容	相关部门或人员	辅导员工作内容
班团工作	开展学生个人和集体学年鉴定和荣誉评选	3 周	组织班会：听取审议各班委工作汇报；所有学生依次总结上一学年思想、学习、工作、生活情况；依次讨论对每个学生的鉴定意见；结合学年鉴定意见、根据评优条件和指标评选个人荣誉	院系评奖评优负责人、辅导员	明确要求、规则，开展指导，督察工作进展情况
	发展团员	成熟一个，发展一个，根据基层团组织工作进度开展	按照《发展团员工作细则》，指导非团员青年递交《入团申请书》，指导团支部考察并与入团积极分子谈话，安排培养联系人，指导学生参加团课，指导团支部的新团员接收	校团委组织部、院系团委、辅导员	开展指导，讲团课，指导学生
	推优入党	5～7 周	1. 推荐入党积极分子：根据递交入党申请书情况和组织安排递交入党申请书谈话后情况，上一年团员教育评议情况，召开支部大会讨论形成决议或不记名投票。 2. 推荐党员发展对象：召开支部大会，在满足党员发展要求的团员中推荐可发展的人选。 3. 推荐参加党校培训的入党积极分子：在入党积极分子中优中选优，通过支部大会或支部委员会推荐参加党校培训的入党积极分子	党建负责人、院系团委、辅导员	指导所带团支部开展工作
	开展主题团日	每月一次	主题自定，建议： 9 月：经典阅读主题团日活动； 10 月：庆国庆主题团日活动； 11 月：学风建设主题团日活动； 12 月：纪念“一二·九”运动主题团日活动	院系团委、辅导员、团支委	开展指导，听取班团干部工作汇报
	开展第二课堂	持续参加	1. 将有特色的主题团日活动按照第二部分第一章申报第二课堂系统。 2. 将团课开设为思想政治与道德素养类课程。 3. 鼓励学生参加校、院文体活动。 4. 重点提醒学生参加专业相关的学术科技与创新创业类讲座、竞赛、活动。 5. 提醒学生按照《西南交通大学“第二课堂成绩单”制度实施办法》中的要求及时查看自己所获学时。 6. 指导所带学生的志愿服务支队持续开展已经申报的“交通·公益”志愿服务。 7. 鼓励学生申报“三下乡”寒假社会实践和招生宣传社会实践。 8. 受学生邀请担任“三下乡”社会实践指导老师，负责项目指导、安全事项、专项评优	校团委青年发展部、院系团委、各学院相关学生团队、辅导员、	教育和强调，指导学生参加，督促学时预警学生

续表

类别	工作名称	建议工作时间	参考工作内容	相关部门或人员	辅导员工作内容
班团工作	完成“青年大学习”	每周一期	每周通过“天府新青年”或“交大有思”进入并完成青年大学习	校团委宣传部、院系团委、辅导员	开展指导，听取班团干部工作汇报
学业发展与指导	整理上学期成绩	假期至第3周	1. 目的：及时了解学生补考后学习情况，及时与家长沟通，帮助学生调整学习情况。 2. 可以对补考后学期成绩进行统计、整理、分析，整理学业问题名单	辅导员	建议按照工作内容的说明开展
	整理学业数据	1～3周	1. 目的：帮助辅导员清楚了解各班级、各专业、各年级学习情况。 2. 按照学院要求收集整理各班级计算机二级、英语四六级通过情况	辅导员	根据学院的整体安排，进行统计
	开展上学期学习总结	1～3周	1. 目的：帮助学生及时了解自己的学习情况，促使班级共同努力提升。 2. 可以以班级、专业、年级为单位开展，与班导师共同开展。 3. 可结合上学期学习情况总结	辅导员、班导师	建议按照工作内容的说明开展
	开展学习经验交流	4～16周	1. 目的：帮助新生尽快适应大学学习，让优秀的学长学姐带动新生。 2. 邀请学业优秀的高年级学生进行指导。 3. 可以通过沙龙、工作坊、讲座、微课堂、课程导航等方式开展	各学院相关学生团队、辅导员、高年级学生	根据学院的整体安排，组织学生参加
	开展学业不适应学生集体自习	4～16周	1. 目的：帮助上学期有退学预警的学生及时调整自己，养成良好的自习习惯。 2. 可以以年级、学院为单位开展。 3. 可以邀请高年级学生或学生党员帮助学院不适应学生	辅导员、年级组长、高年级学生、学生党员	根据学院的整体安排，组织学生参加
	了解日常学习情况	2～16周	1. 目的：及时了解学生学习情况，及时与学生沟通。 2. 可以通过任课老师考勤、学习委员考勤、查课、与学生交流、与任课老师交流等方式了解学生学习情况	辅导员、班导师、任课教师、学习委员	建议按照工作内容的说明开展
	开展半期学习总结	11～12周	1. 目的：帮助新生及时了解自己学习情况，调整学习方法。 2. 可以在半期考试后，以班级、专业为单位开展。 3. 总结半期学习情况和半期考试情况	辅导员、班导师	建议按照工作内容的说明开展

续表

类别	工作名称	建议工作时间	参考工作内容	相关部门或人员	辅导员工作内容
学业发展与指导	选拔朋辈导师或小讲师	11～14周	1. 目的：鼓励成绩优异的学生帮扶有学业困难的学生；鼓励成绩优异的学生自主设计微课堂，帮助有需要的学生，同时提高自己的学习能力。 2. 可以鼓励成绩优异的学生参加相关活动	各学院相关学生团队、辅导员	根据学院的整体安排，组织学生参加
	开展期末动员	15～16周	1. 目的：提醒学生进入复习考试冲刺状态，帮助新生树立诚信考试观念，强调考场纪律。 2. 可以以班级、专业为单位开展。 3. 辅导员自行或者邀请班导师强调考场纪律。 4. 组织学生签订《诚信考试承诺书》	辅导员、班导师	建议按照工作内容的说明开展
	整理学期成绩	18～20周	1. 目的：及时了解学生学习情况，及时与家长沟通，帮助学生调整学习状态。 2. 可以对学期成绩进行统计、整理、分析，整理学业问题名单。 3. 可以给家长邮寄成绩或与其联系，并请其督促学生复习	辅导员	建议按照工作内容的说明开展
	开展学业指导	1～20周	1. 目的：及时了解学生学习情况，帮助学生明确学业目标，制订学业计划。 2. 可以与学业有困难或困惑的学生进行一对一交流，指导其明确学业目标，制订学业计划	辅导员、班导师	建议按照工作内容的说明开展
创新创业工作	进阶参与创新创业——引导参与学科竞赛	1～8周	1. 目的：让学生在了解学院和学校的科创项目之外，进一步进阶升级，了解学科竞赛。 2. 要求：向学生普及哪些学科竞赛是本学院学生参与广泛的、与专业知识是密切相关的、跨学科可以较好结合的。 3. 形式：可以结合学期班会一并进行	教务处、校团委、学院科创中心、辅导员	根据学校、学院整体安排，组织学生参加
	监督SRTP完成情况	4～12周	1. 目的：给学生鼓励与要求，督促已经报名的学生完成SRTP，切勿中途放弃。 2. 要求：建议尽可能做到报名学生100%完成。 3. 形式：从学院教务了解完成情况数据，利用好SRTP中期检查，加强对学生的督促	学院科创中心、学院教务老师辅导员	根据学院整体安排，对学生进行督促

续表

类别	工作名称	建议工作时间	参考工作内容	相关部门或人员	辅导员工作内容
创新创业工作	统计学生参加科创活动（实验竞赛月、SRTP、个性化实验、重点实验室开放项目）情况	1～8周	1. 目的：掌握学生参加科创竞赛情况，发掘科创竞赛种子进行进一步的鼓励，发现科创竞赛欠佳的学生要了解原因并做好下一步分流工作。 2. 要求：数据准确，统计合理，耐心分析。 3. 方式：可以结合学年评奖评优工作一并开展	学院科创中心、学院教务老师、学院与资实处联系的老师、辅导员	根据学院整体安排，进行统计，需要统计完整
	鼓励学生参加创新讲座活动	1～16周	1. 目的：通过创新讲座了解某一细分领域的专业知识。 2. 要求：鼓励学生参与。 3. 形式：学校和学院科创中心会组织相关的活动，鼓励学生积极报名参加	教务处、学院科创中心、辅导员	根据学校、学院整体安排，组织学生参加
	鼓励学生参加科创竞赛沙龙活动	1～16周	1. 目的：小范围、主题性的科创沙龙能够让学生更进一步了解科创竞赛。 2. 要求：鼓励学生参与。 3. 形式：学院科创中心会组织相关的活动，鼓励学生积极报名参加	学院科创中心、辅导员	根据学校、学院整体安排，组织学生参加
国际化引导与教育	进行国际化指导工作	1～15周	1. 目的：关注国际化活动，形成自身国际化规划。 2. 鼓励学生参与国际化竞赛、会议、公益活动等，提升自身竞争硬实力	具有校（院）合作关系的专业留学咨询（英语学习）机构、学院国际化专项工作负责人、辅导员	根据学院的整体安排，协助专项负责人开展工作，重点做好宣传、动员、了解、引导工作
	组织大学英语六级模拟考试	13～14周	1. 目的：重点关注六级还未通过的学生，提升大学英语六级通过率。 2. 可以根据学生工作部（处）的要求或联合具有校（院）合作关系的专业留学咨询（英语学习）机构开展大学英语四、六级模拟考试，并进行试题分析讲解	学生工作部（处）、具有校（院）合作关系的专业留学咨询（英语学习）机构、学院国际化专项工作负责人、辅导员	根据学校、学院的整体安排，组织学生参加，重点关注六级未通过学生
	引导学生参加语言考试	1～16周	1. 目的：为留学深造进行能力储备。 2. 鼓励通过四、六级的学生尝试英语雅思、托福、德福等语言考试的准备，为提升语言能力和参与国际化项目选拔做准备	学生工作部（处）、具有校（院）合作关系的专业留学咨询（英语学习）机构、学院国际化专项工作负责人、辅导员	建议按照工作内容的说明开展

续表

类别	工作名称	建议工作时间	参考工作内容	相关部门或人员	辅导员工作内容
国际化引导与教育	开展交流交换活动	1～16周	1. 目的：引导学生进行参与交流交换活动。 2. 根据学校和学院项目要求，积极宣传、组织、选拔学生参与交流、交换项目以及其他适合的国际组织任职项目。 3. 组织学生参与选拔、按照项目要求办理相关手续和项目备案并做好行前教育等事宜	国际处、教务处、学生工作部（处）、招生就业处、学院国际化专项工作负责人、辅导员	根据学院的整体安排，协助专项负责人开展工作，重点做好宣传、动员、引导工作
	普及与解读专项资助政策	根据学校各部门、各学院的通知	1. 目的：给予学生更多参与国际化项目的机会。 2. 根据学校学院、学院安排，鼓励并指导学生积极参与国际化资助项目，并指导符合条件学生申请资助	国际处、教务处、学生工作部（处）、学院国际化专项工作负责人、辅导员	根据学院的整体安排，协助专项负责人开展工作，重点做好政策解读与指导学生申请
	收集与宣传海外项目总结信息	寒假期间	1. 目的：进行总结、反馈、宣传，营造更好的国际化氛围。 2. 协助学校或学院收集寒期海外实践项目总结信息、协助完成学分替换等工作。 3. 协助在相关媒体上进行项目宣传报道，营造良好的国际化氛围，并更新国际化宣传素材	国际处、教务处、学院国际化专项工作负责人、辅导员、项目带队老师	根据学院的整体安排，协助专项负责人开展工作
心理健康教育工作	进行心理委员调整与培训	1～4周	1. 目的：根据情况调整心理委员人选。 2. 组织心理委员参加学校、学院的心理委员培训	学院心理专项工作负责人、辅导员	建议按照工作内容的说明开展
	动态更新重点支持学生台账	1～20周	1. 目的：帮助辅导员更好地熟悉、关爱、支持每一位学生。 2. 建议关爱进入大学后心理适应不佳的学生群体，帮助学生融入大学生活，避免心理问题的产生。 3. 分类关爱重点支持学生群体，做到及时发现问题、解决问题。 4. 辅导员根据日常掌握的情况，分类别动态更新重点支持学生台账。 5. 根据学校、学院要求不定期更新台账。 6. 按照要求建立“一人一档”。 7. 深入关注关爱、注重方式方法、做好工作记录、问题严重及时汇报，请求专业支持	心理研究与咨询中心、学院分管领导、学院心理专项工作负责人、辅导员	建议按照工作内容的说明开展

续表

类别	工作名称	建议工作时间	参考工作内容	相关部门或人员	辅导员工作内容
心理健康教育工作	干预与处理日常及突发性学生心理危机事件	1～20周	1. 目的：提高心理危机干预工作的针对性和实效性，有效防范化解危机事件的发生。 2. 建议学习在大学生心理危机干预工作中需要运用的专业知识，提高大学生心理危机干预能力，能基本辨别心理正常与异常现象，提高面对日常心理问题和突发性心理危机事件的应变能力与解决能力。 3. 面对出现心理危机的学生采取迅速而有效的应对措施，给予支持与帮助。 4. 出现突发性心理危机事件立即请求心理专业老师的支持、家长支持、班导师与学院领导支持、得力骨干支持。 5. 面对突发性心理危机，在得到家长授权下，可以采取及时就医工作	心理研究与咨询中心、学校(院)分管领导、学院心理专项工作负责人、辅导员、班导师、家长、相关学生	建议按照工作内容的说明开展
	开展谈心谈话工作	1～20周	1. 目的：通过谈心谈话工作，全面了解、掌握学生状态。 2. 了解学生真实状态，开展各方面的引导、指导、督导工作。 3. 在谈话中及时发现、辨别是否存在心理问题，及时汇报并请求专业支持。 4. 根据情况，联系家长。 5. 做好工作记录	辅导员	建议按照工作内容的说明开展
	开展期末减压工作	14～16周	1. 目的：鼓励学生认真复习准备期末考试，减轻心理压力。 2. 重点关注在学业上有不适应的学生，避免因考试成为心理问题发生的诱因。 3. 讲解补考、重修政策，避免因学生心理压力过大发生作弊行为，要求诚信考试	年级组长、辅导员	建议按照工作内容的说明开展
职业生涯规划与就业指导	进行目标-行为分析	1～6周	1. 目的：根据学生第一学年的目标，引导学生进行大二学年的生涯规划。 2. 通过学生本人记录的《大学生生涯规划手册》，围绕学生的目标进行一对一沟通，进行相应的指导	辅导员	建议按照工作内容的说明开展

续表

类别	工作名称	建议工作时间	参考工作内容	相关部门或人员	辅导员工作内容
职业生涯规划与就业指导	指导学生开展生涯人物访谈	5～10 周	1. 目的：让学生进一步了解自身对目标的了解程度，确认目标。 2. 鼓励学生围绕升学、就业、出国等毕业去向进行生涯人物访谈，可参加学院、学校举办的生涯人物访谈相关活动。 3. 按照招生就业处的生涯人物访谈书模板或辅导员自行设计，指导学生开展生涯人物访谈活动并进行总结、分享	招生就业处、各学院相关学生团队、年级组长、辅导员	根据学校、学院的整体安排，组织学生参加，可以根据学生需求自行开展
	进行目标达成度的分析	寒假	1. 目的：指导学生学会自我总结与提升。 2. 可结合学生的学期总结进行。 3. 指导学生在《大学生生涯规划手册》里进行记录	辅导员	建议按照工作内容的说明开展
评奖评优	计算（综合）排名	1～2 周	1. 辅导员依据学校、学院综奖评定办法认定、计算每位学生的（综合）平均分，将各年级各专业的综合平均分及排名以年级为单位在院网公示 3 个工作日。 2. 公示期满，需要删除院网上含有学生信息的附件以保护学生的个人信息。 3. 审核学生在评奖周期内是否有纪律处分以及是否满足评奖条件，并做好记录	辅导员、学院相关学生团队	计算与公示综合平均分、进行资格审查
	开展国家（励志）奖学金、感恩科学家奖的院内评选	3～5 周	1. 依据学校、各学院评选办法选拔学院拟推荐人选，并在扬华系统上进行审批。 2. 依据通知仔细审核国奖、国励候选人的书面材料（审批表）。 3. 通知并指导申请感恩科学家奖学金的学生准备参加（学院）学校面试、感恩科学家申请论文撰写。 4. 作为评委参加学评审。 5. 等候学院相关专项负责人公示上报学校，学校评选、公示后确定最终获奖名单，关注评选结果并及时通知学生	学院相关学生团队、领导、专业教师代表、年级组长、辅导员、学院评奖评优负责人	指导、审核学生申请材料、参与学院评审

续表

类别	工作名称	建议工作时间	参考工作内容	相关部门或人员	辅导员工作内容
评奖评优	开展专项奖助学金院内评选	5～10 周	1. 鼓励学生积极参评各项奖助学金。 2. 根据各专项奖助学金管理办法，按照分配名额选拔、推荐最具综合实力的申请者，并在扬华系统进行审批。 3. 关注各类专项奖最终获奖名单并做好记录，原则上，学生各类专项奖学金不兼得。 4. 等候学院相关专项负责人公示上报学校，学校评选、公示后确定最终获奖名单，关注评选结果并及时通知学生	学院相关学生团队、领导、专业教师代表、年级组长、辅导员、学院评奖评优负责人	鼓励相关学生进行申请、审核相关材料、参与学院评审
	开展综合奖学金院内评选	11～13 周	1. 按照专业综合排名和学生申请情况推荐至学院评审会，并在扬华系统上进行审批。 2. 原则上，综奖与其他专项奖学金不兼得。 3. 等候学院相关专项负责人公示上报学校，学校评选、公示后确定最终获奖名单，关注评选结果并及时通知学生	学院相关学生团队、领导、专业教师代表、年级组长、辅导员、学院评奖评优负责人	鼓励相关学生进行申请、审核相关材料、参与学院评审
	开展学年鉴定和个人荣誉院内评选	4～5 周	1. 下发学年鉴定表，根据学院要求班级情况，参与各班的学年鉴定会和民主评议会，指导学生民主推选出个人荣誉获得者至学院评审会。 2. 作为评委参与学院组织的评审会。 3. 等候学院相关专项负责人公示上报学校，学校评选、公示后确定最终获奖名单，关注评选结果并及时通知学生	学院相关学生团队、领导、专业教师代表、年级组长、辅导员、学院评奖评优负责人	指导、参与各班的学年鉴定会和民主评议会，审核相关材料，参与学院评审
	开展集体荣誉院内评选	4～6 周	1. 根据学校、学院评定办法计算各班集体基础数据。 2. 审核各班是否有违纪处分记录。 3. 鼓励各班申请集体荣誉，指导学生准备答辩并参与学院和学校的答辩评审。 4. 作为评委参与学院组织的评审会。 5. 等候学院相关专项负责人公示上报学校，学校评选、公示后确定最终获奖名单，关注评选结果并及时通知班级	学院相关学生团队、领导、专业教师代表、年级组长、辅导员、学院评奖评优负责人	计算各班集体基础数据、答辩指导、参与学院评审

续表

类别	工作名称	建议工作时间	参考工作内容	相关部门或人员	辅导员工作内容
评奖评优	开展榜样示范与感恩教育	1～16 周	1. 以评奖评优为契机，宣传与示范，营造学生创先争优的积极向上精神。 2. 以评奖评优为契机，加强学生的感恩教育，引导学生感恩，用自己可行的方式表达。 3. 学校、学院组织相关的展示活动、感恩活动	辅导员、学院评奖评优负责人、各学院相关学生团队	指导学生参与学校、学院感恩教育活动
勤助贷	收取办理生源地助学贷款学生的回执	1～3 周	收取办理生源地助学贷款学生的回执	学生工作部（处）、学院资助工作联系人、辅导员	收集回执
	开展家庭经济困难学生集中认定	3～4 周	1. 通知学生认定开启，通过在线申请。 2. 组建班级认定小组。 3. 针对系统评级组织班级认定小组评议。 4. 及时提交评议结果。 5. 通知学生查看公示并接受意见反馈。 6. 提醒通过困难认定并非申请了助学金。 7. 随时掌握学生情况确保困难学生得到认定	学生工作部（处）、学院资助工作联系人、辅导员	建议按照工作内容的说明开展
	开展国家助学贷款申请	2～4 周	1. 通知家庭经济困难学生、办理了“绿色通道”但没有办理生源地国家助学贷款的学生自愿申请、及时办理。 2. 整理申请学生材料。 3. 提醒学生签署合同、领取借据。 4. 申请贷款学生诚信教育	学生工作部（处）、学院资助工作联系人、辅导员	通知和诚信教育
	开展国家助学金评定	6～8 周	1. 通知家庭经济困难学生及时在线申请。 2. 对应家庭经济困难等级等额评定国家助学金并在班级公示。 3. 及时提交评定结果。 4. 通知学生查看学院公示并接受意见反馈。 5. 提醒获评学生发放查收事宜	学生工作部（处）、学院资助工作联系人、辅导员	建议按照工作内容的说明开展
	开展勤工助学招聘	3～4 周	1. 通知学生申请，特别是家庭经济困难学生。 2. 审核学生申请表，叮嘱申请学生兼顾勤工助学和学业学习。 3. 关心学生勤工助学工作情况。 4. 引导家庭经济困难学生结合专业能力和学生干部经历申请岗位	学生工作部（处）、学院资助工作联系人、辅导员	通知和关爱学生

续表

类别	工作名称	建议工作时间	参考工作内容	相关部门或人员	辅导员工作内容
安全教育与安稳处理	开展日常安全教育	1～17 周	1. 目的：通过班会、线上提示、安全教育承诺书等教育方式，提高学生校园安全意识，避免校园安全事件发生。 2. 加强宿舍、园区安全教育，禁止在宿舍存放或使用违章电器，定期走访宿舍了解安全情况。 3. 重点加强意识形态安全、人身安全、交通安全、财产安全、空中安全（禁飞无人机）、集体活动安全、实验室安全、网络安全等内容的教育。 4. 可以以班会、专业会、年级会方式或线上方式开展教育。 5. 根据学校要求，签订相应的安全承诺书并存档。 6. 不组织、不开展任何形式的集体外出旅游	辅导员	建议按照工作内容的说明开展
	做好集中购买城乡居民医疗保险的提醒工作	0～2 周	1. 目的：保障学生基本医疗需求，保障学生享受国家医疗保障政策，保护学生及家庭突发疾病时有国家政策兜底。 2. 报到时提醒学生并进行解释说明。 3. 及时转发校医院通知至未购买成功者。 4. 根据校医院名单提醒未购买学生。 5. 根据银行或校医院通知，提醒学生申请办理、领取并妥善保管社会保障卡	后勤与基建管理处（医幼及场馆中心）、辅导员	建议按照每年《成都市城乡居民医疗保险政策宣传资料》（大学生）和工作内容的说明展开
	开展重点支持学生安稳工作	1～20 周	1. 目的：更好地关注、关心需要重点支持的学生。 2. 根据学生情况，做好重点支持学生“一人一档”工作。 3. 做好关爱支持工作。 4. 做好档案记录与管理工作。 5. 根据严重性及时上报。 6. 动态更新	学院分管领导、学生工作部（处）、心理咨询与研究中心、相关学生辅导员	建议按照工作内容的说明开展

续表

类别	工作名称	建议工作时间	参考工作内容	相关部门或人员	辅导员工作内容
安全教育与安稳处理	开展地震、防灾演练	根据学校安排	1. 目的：提升学生应对地震、火灾等自然灾害的能力。 2. 按照学校要求，组织学生认真参与预防地震演练或预防火灾演练，提升学生防灾能力	学校安全办、学生工作部（处）、保卫处、辅导员	根据学校的整体安排，组织学生参加
	开展校外住宿安全工作	1～17 周	1. 目的：增强校外住宿学生安全意识。 2. 原则上，不允许校外住宿。 3. 因特殊情况，按照学校规定进行校外住宿手续办理，做好记录，了解学生校外住宿安全情况，并进行安全教育	学生工作部（处）、辅导员	建议按照工作内容的说明开展
	做好突发安稳事件处理工作	1～20 周	1. 目的：形成安稳处理体系，保障突发安稳事件顺利解决。 2. 对于突发的安全问题按照学校学院要求，遵循第一时间、第一现场的原则进行妥善处置。 3. 及时向相关领导与部门汇报。 4. 及时做好上报和总结汇报工作	学生工作部（处）、保卫处、心理咨询与研究中心等部门、学院分管领导、辅导员	建议按照工作内容的说明开展
	做好寒假海外实践安全教育	16～20 周	1. 目的：增强参与海外项目学生的安全意识。 2. 指导学生按照国际化项目要求办理安全手续。 3. 做好海外实践安全教育	国际处、教务处、学院国际化专项工作负责人、辅导员	根据学院的整体安排，协助做好教育工作
	做好假期安全教育	16～20 周	1. 目的：增强学生假期安全意识。 2. 做好假期留校统计工作。 3. 做好学生的假期安全教育。 4. 如遇突发情况，要迅速掌握及时处理。 5. 加强寝室管理：假期要严格遵守宿舍管理规定。 6. 严格执行外出请销假制度。 7. 做好开学前因事因病未能按期返校学生的请假工作	辅导员	建议按照工作内容的说明开展

表 19.4 第四学期工作指南

类别	工作名称	建议工作时间	参考工作内容	相关部门或人员	辅导员工作内容
党建工作	引导学生向党组织靠拢	1～4 周	1. 引导学生积极向党组织靠拢，强化入党动机，增强理想信念教育。 2. 指导学生撰写入党申请书	学院党委、学院党建负责人、辅导员	按照学院党委整体安排，提醒、引导、指导学生向党组织递交入党申请书
	开展递交入党申请学生的谈话工作		1. 了解入党申请人基本情况，加强教育引导。 2. 学生在提交入党申请书一月内学院党委（总支）统筹安排进行谈话	学院党委、学院党建负责人、组织员、辅导员	按照学院党委安排，协助开展工作
	制订政治理论学习计划	5 周	1. 根据学院党委工作安排，指导支部执行学期内政治理论学习计划。 2. 建议可以以多种形式开展	党建负责人、辅导员	指导所在党支部制订理论学习计划
	开展推优入党工作（推选积极分子）	5～7 周	1. 通过民主推荐方式，选择优秀学生向党组织靠拢。 2. 按照学院党委、学院团委要求，团支部开民主会议，推选积极分子	党建负责人、院系团委、辅导员	指导所带团支部开展工作
	开展入党积极分子课程培训	6～7 周	1. 根据党校工作安排，组织拟上党课积极分子参加入党积极分子课程培训。 2. 辅导员及时了解和掌握学习情况	学院党委、学院党建负责人、组织员、辅导员	了解、掌握学生学习情况
	开展入党积极分子实践培训	8～9 周	1. 根据党校工作安排，组织拟上党课积极分子参加入党积极分子实践培训。 2. 辅导员及时了解和掌握实践情况	学院党委、学院党建负责人、组织员、辅导员	1. 了解、掌握所在支部和所带学生学习情况。 2. 协助党校开展工作
	开展推优入党工作（推选发展对象）	第 8 周	1. 根据党员发展相关规定，对经过一年以上培养教育和考察、基本具备党员条件（已通过党课）的入党积极分子，在听取党小组、培养联系人、党员和群众意见的基础上，支部委员会讨论同意并报上级党委备案后，可列为发展对象。 2. 为发展对象确定入党介绍人。 3. 辅导员及时了解和掌握发展对象情况	党建负责人、院系团委、组织员、辅导员	指导所带党、团支部协同开展工作
	开展发展对象课程培训	9～10 周	1. 根据党校工作安排，组织发展对象参加课程培训。 2. 辅导员及时了解和掌握学习情况	学院党委、学院党建负责人、组织员、辅导员	1. 了解、掌握所在支部和所带学生学习情况。 2. 协助党校开展工作

续表

类别	工作名称	建议工作时间	参考工作内容	相关部门或人员	辅导员工作内容
党建工作	开展发展对象实践培训	11～12 周	1. 根据党校工作安排，组织发展对象参加社会实践。 2. 辅导员及时了解和掌握培训情况	学院党委、学院党建负责人、组织员、辅导员	1. 了解、掌握所在支部和所带学生学习情况。 2. 协助党校开展工作
	指导党员材料撰写（含政审）	9～13 周	1. 对发展对象开展政审工作。 2. 指导发展对象撰写党员材料。 3. 对审查合格的发展对象报学院党委预审	学院党委、学院党建负责人、辅导员	指导所在支部开展工作
	确定推荐积极分子参加党课培训名单	14～15 周	1. 按照学院党委安排，在积极分子中推送符合条件的参加党课培训。 2. 各支部将名单报送给学院党建负责人	学院党委、学院党建负责人、辅导员	1. 指导所在党支部开展工作。 2. 了解所带学生的推选工作
	召开预备党员接收大会	第 14 周	党支部召开接收大会，接受发展对象为预备党员	学院党委、学院党建负责人、辅导员	指导所在支部开展工作
	发展对象谈话工作	15～16 周	1. 按照要求，指派学院党委委员（或党总支委员）、组织员同发展对象谈话。 2. 谈话人将谈话情况和自己对发展对象能否入党的意见，如实填写并向党委汇报	学院党委、学院党建负责人、辅导员	1. 了解、掌握所在支部和所带学生作为发展对象的情况。 2. 协助党委（党总支）开展工作
	党委审批预备党员	17 周及以后	党委主要审议发展对象是否具备党员条件、入党手续是否完备。发展对象符合党员条件、入党手续完备的，批准其为预备党员	学院党委、学院党建负责人	1. 了解、掌握所在支部和所带学生作为预备党员的情况。 2. 协助党委（党总支）开展工作
	开展主题教育活动（含“三会一课”及民主评议工作）	2～14 周	1. 在实践中强化思想引领。 2. 根据具体的学习内容，开展主题教育实践活动。 3. 活动形式灵活，方式多样。 4. 做好“三会一课”及民主评议工作	学院党委、学院党建负责人、辅导员	指导所在支部开展工作
	开展支部建设工作	1～16 周	按照学院党委整体要求进行支部建设工作，包括组织生活会、理论学习、支部特色活动、党支部书记述职、收缴党费、七一表彰、党员信息半年统等工作	学院党委、学院党建负责人、辅导员	指导所在支部开展相应工作
班团工作	召开团支部大会	4 周、7～8 周	1. 传达、学习。 2. 团员年度民主生活会、年度教育评议，研究决定评议意见，研究决定对团员的奖励	辅导员	明确要求、规则，开展指导，督察工作进展情况

续表

类别	工作名称	建议工作时间	参考工作内容	相关部门或人员	辅导员工作内容
班团工作	召开班会	1～17 周	第 4 周：听取审议各班委工作汇报；决定中期班委任免；讨论新学期工作计划；学期班风学风建设情况汇报和计划。 第 15 周：总结一学期工作；期末学风学业动员；暑期实习和假期安全提醒。 结合各项教育工作和事务工作，合理统筹召开班会	辅导员	明确要求、规则，开展指导，督察工作进展情况
	召开班委会、团支委会	每月召开，团支部大会前、后召开	第 5 次：传达、学习，听取前一学期工作汇报，讨论支委、班委分工变化，讨论班委工作情况，提出中期班委任免建议；讨论“交通·公益”志愿服务项目开展。 第 6 次：传达、学习，团支委民主生活会；讨论推优入党工作；讨论主题团日活动开展； 第 7 次：传达、学习，讨论推优入党候选人建议人选；讨论主题团日活动开展； 第 8 次：传达、学习，研究具体工作，学期工作总结和期末班会布置；讨论下一届换届建议人选和换届方案，筹备支部换届大会、班委换届大会	辅导员、班团干部	明确要求、规则，开展指导，听取班团干部工作汇报
	开展团课	1 场	1. 辅导员（或联系“青年讲师团”成员、党团干部等）每个学期讲 1 场（2 学时），团员和入团积极分子全覆盖。 2. 按各院系团组织工作安排开展好年度第一堂团课	院系团委、辅导员、青年讲师团	开展指导，讲团课，指导学生
	落实团员教育评议制度	4 周	通过团支部大会，团员依次开展批评和自我批评，通过评议表决和支委会讨论，决定评议结果（优秀、合格、基本合格、不合格）；结果录入“智慧团建”“团支部工作指导手册”	院系团委、辅导员、	开展指导，听取班团干部工作汇报
	落实团员年度团籍注册制度	5 周	根据团员教育评议结果，注册团籍，录入“智慧团建”和“团支部工作指导手册”；清理团费收缴情况	院系团委、辅导员	开展指导，听取班团干部工作汇报
	发展团员	成熟一个，发展一个，根据基层团组织工作进度开展	按照《发展团员工作细则》，指导非团员青年递交《入团申请书》，指导团支部考察、谈话入团积极分子，安排培养联系人，指导学生参加团课，指导团支部的新团员接收	校团委组织部、院系团委、辅导员	开展指导，听取班团干部工作汇报

续表

类别	工作名称	建议工作时间	参考工作内容	相关部门或人员	辅导员工作内容
班团工作	推优入党	5~7周	1. 推荐入党积极分子：根据递交入党申请书情况和组织安排递交入党申请书谈话后情况，上一年团员教育评议情况，召开支部大会讨论形成决议或不记名投票。 2. 推荐参加党校培训的入党积极分子：在入党积极分子中优中选优，通过支部大会或支部委员会推荐参加党校培训的入党积极分子。 3. 推荐党员发展对象：召开支部大会，在满足党员发展要求的团员中推荐可发展的人选	党建负责人、院系团委、辅导员	指导所带团支部开展工作
	开展主题团日	每月一次	主题自定，建议： 3月：学习雷锋主题团日活动、经典阅读主题团日活动。 4月：坚持体育锻炼相关主题团日活动。 5月：纪念“五四运动”或庆祝劳动节主题团日活动。 6月：迎接“七一”主题团日活动	院系团委、辅导员	开展活动指导
	完成“青年大学习”	每周一期	每周通过“天府新青年”或“交大有思”进入并完成青年大学习	校团委宣传部、院系团委、辅导员	开展指导，听取班团干部工作汇报
	开展第二课堂	持续参加	1. 将有特色的主题团日活动按照第二部分第一章申报第二课堂系统。 2. 将团课开设为思想政治与道德素养类课程。 3. 鼓励学生参加校、院文体活动，如校院运动会、趣味运动会、合唱比赛、篮球赛、辩论赛、主持人大赛、歌咏比赛、演讲比赛、寝室装潢大赛等。 4. 重点提醒学生可以参与和接触专业相关的学术科技与创新创业类讲座、竞赛、活动。 5. 提醒学生按照《西南交通大学“第二课堂成绩单”制度实施办法》中的要求及时查看自己所获学时。 6. 按照青年志愿者协会安排申报“交通·公益”志愿服务项目和各单位品牌服务项目，指导所带学生的志愿服务支队持续开展志愿服务。 7. 鼓励学生申报“三下乡”暑期社会实践。 8. 受学生邀请担任“三下乡”社会实践指导老师：项目指导、安全事项、专项评优	校团委青年发展部、院系团委、各学院相关学生团队、辅导员	教育和强调，指导学生参加，督促学时预警学生

续表

类别	工作名称	建议工作时间	参考工作内容	相关部门或人员	辅导员工作内容
学业发展与指导	整理上学期成绩	假期至第3周	1. 目的：及时了解学生补考后的学习情况，及时与家长沟通，帮助学生调整学习情况。 2. 可以对补考后学期成绩进行统计、整理、分析，整理学业问题名单	辅导员	建议按照工作内容的说明开展
	整理学业数据	1～3周	1. 目的：帮助辅导员清楚了解各班级、各专业、各年级学习情况。 2. 按照学院要求收集整理各班级计算机二级、英语四六级情况	辅导员	根据学院的整体安排，进行统计
	开展上学期学习总结	1～3周	1. 目的：帮助学生及时了解自己的学习情况，促使班级共同努力提升。 2. 可以以班级、专业、年级为单位开展，与班导师共同开展。 3. 可结合上学期学习情况总结	辅导员、班导师	建议按照工作内容的说明开展
	开展学习经验交流	4～16周	1. 目的：帮助新生尽快适应大学学习，让优秀的学长学姐带动新生。 2. 邀请学业优秀的高年级学生进行指导。 3. 可以通过沙龙、工作坊、讲座、微课堂、课程导航等方式开展	各学院相关学生团队、辅导员、高年级学生	根据学院的整体安排，组织学生参加
	开展学业不适应学生集体自习	4～16周	1. 目的：帮助上学期有退学预警的学生及时调整自己，养成良好的自习习惯。 2. 可以以年级、学院为单位开展。 3. 可以邀请高年级学生或学生党员帮助学院不适应学生	辅导员、年级组长、高年级学生、学生党员	根据学院的整体安排，组织学生参加
	了解日常学习情况	2～16周	1. 目的：及时了解学生学习情况，及时与学生沟通。 2. 可以通过任课老师考勤、学习委员考勤、查课、与学生交流、与任课老师交流等方式了解学生学习情况	辅导员、班导师、任课教师、学习委员	建议按照工作内容的说明开展
	开展半期学习总结	11～12周	1. 目的：帮助新生及时了解自己的学习情况，调整学习方法。 2. 可以在半期考试后，以班级、专业为单位开展。 3. 总结半期学习情况和半期考试情况	辅导员、班导师	建议按照工作内容的说明开展
	选拔学习榜样	11～14周	1. 目的：鼓励成绩优异的学生展示自己，提升自己的综合素质，营造良好的学习氛围。 2. 可以鼓励成绩优异的学生参加相关活动	各学院相关学生团队、辅导员	根据学院的整体安排，组织学生参加

续表

类别	工作名称	建议工作时间	参考工作内容	相关部门或人员	辅导员工作内容
学业发展与指导	开展期末动员	15～16周	1. 目的：提醒学生进入复习考试冲刺，帮助新生树立诚信考试观念，强调考场纪律。 2. 可以以班级、专业为单位开展。 3. 辅导员自行或者邀请班导师强调考场纪律。 4. 组织学生签订《诚信考试承诺书》	辅导员、班导师	建议按照工作内容的说明开展
	整理学期成绩	18～20周	1. 目的：及时了解学生学习情况，及时与家长沟通，帮助学生调整学习状态。 2. 可以对学期成绩统计整理分析，整理学业问题名单。 3. 可以给家长邮寄成绩或联系，并请其做好假期督促复习工作	辅导员	建议按照工作内容的说明开展
	开展学业指导	1～20周	1. 目的：及时了解学生学习情况，帮助学生明确学业目标，制定学业计划。 2. 可以与学业有困难或困惑的学生进行一对一交流，指导其明确学业目标，制订学业计划	辅导员、班导师	建议按照工作内容的说明开展
创新创业工作	创新创业进阶参与——鼓励学生报名参加学科竞赛	1～16周	1. 目的：让学生不要畏难，积极尝试，报名学科竞赛、企业大赛。 2. 要求：对于科创经历较丰富的学生多鼓励，并可以协助进行组队。 3. 形式：可以和学期班会一并开展	教务处、校团委、学院科创中心、辅导员	根据学校、学院整体安排，组织学生参加
	引导和要求学生参加SRTP项目	1～12周	1. 目的：学生如有兴趣，则鼓励学生参加，如暂时不感兴趣，则要求学生参加，让学生务必完成一个SRTP项目。 2. 要求：所负责学生100%报名参加。 3. 形式：根据上学期统计的数据，在集中报名结束后，对于还未报名的学生进行小范围或一对一谈心谈话，可以安排科创竞赛较好的学生带上科创竞赛稍差的学生共同组队报名	学院教务老师、学院科创中心、辅导员	根据学校、学院整体安排，组织学生参加
	鼓励学生参加个性化实验、重点实验室开放项目等科创项目	1～12周	1. 目的：让学有余力的学生，可以通过个性化实验、重点实验室开放项目，进一步丰富科创经历。 2. 要求：鼓励参加。 3. 形式：可以和学期班会一并来做	学院与资实处对接的老师、学院科创中心、辅导员	根据学院整体安排，组织学生参加

续表

类别	工作名称	建议工作时间	参考工作内容	相关部门或人员	辅导员工作内容
创新创业工作	鼓励、引导学生参加创新讲座活动	1～16 周	1. 目的：通过创新讲座了解某一细分领域的专业知识。 2. 要求：鼓励学生参与。 3. 形式：学校、学院科创中心组织相关的活动，鼓励学生积极报名参加	学院科创中心、辅导员	根据学校、学院整体安排，组织学生参加
	鼓励、引导学生参加科创竞赛沙龙活动	1～16 周	1. 目的：小范围、主题性的科创沙龙能够让学生更进一步地了解科创竞赛。 2. 要求：鼓励学生参与。 3. 形式：学院科创中心组织相关的活动，鼓励学生积极报名参加	学院科创中心、辅导员	根据学校、学院整体安排，组织学生参加
国际化引导与教育	进行国际化指导工作	1～15 周	1. 目的：了解学生基本需求并提供分类指导。 2. 针对不同规划的学生提供个性化指导。 3. 鼓励学生参与国际化竞赛、会议、公益活动等，提升自身竞争硬实力。 4. 联合具有校（院）合作关系的专业留学咨询（英语学习）机构为有需要的学生提供留学规划方案等	具有校（院）合作关系的专业留学咨询（英语学习）机构、招生就业处、学生工作部（处）、学院国际化专项工作负责人、辅导员	根据学院的整体安排，协助专项负责人开展工作，重点做好宣传、动员、了解、引导工作
	组织大学英语六级模拟考试	13～14 周	1. 目的：重点关注六级还未通过的学生，提升大学英语六级通过率。 2. 可以根据学生工作部（处）的要求或联合具有校（院）合作关系的专业留学咨询（英语学习）机构开展大学英语四级、六级模拟考试，并进行试题分析讲解	学生工作部（处）、具有校（院）合作关系的专业留学咨询（英语学习）机构、学院国际化专项工作负责人、辅导员	根据学校、学院的整体安排，组织学生参加，重点关注六级未通过学生
	引导学生参加语言考试	1～16 周	1. 目的：为留学深造进行能力储备。 2. 鼓励通过四、六级的学生尝试英语雅思、托福、德福等语言考试的准备，为提升语言能力和参与国际化项目选拔做准备	学生工作部（处）、具有校（院）合作关系的专业留学咨询（英语学习）机构、学院国际化专项工作负责人、辅导员	建议按照工作内容的说明开展
	组织交流交换活动	1～16 周	1. 目的：引导学生进行参与交流交换活动。 2. 根据学校和学院项目要求，积极宣传、组织、选拔学生参与交流、交换项目以及其他适合的国际组织任职项目。 3. 组织学生参与选拔、按照项目要求办理相关手续和项目备案并做好行前教育等事宜	国际处、教务处、学生工作部（处）、招生就业处、学院国际化专项工作负责人、辅导员	根据学院的整体安排，协助专项负责人开展工作，重点做好宣传、动员、引导工作

续表

类别	工作名称	建议工作时间	参考工作内容	相关部门或人员	辅导员工作内容
国际化引导与教育	普及与解读专项资助政策	根据学校各部门、各学院的通知	1. 目的：给予学生更多参与国际化项目的机会。 2. 根据学校学院、学院安排，鼓励并指导学生积极参与国际化资助项目，并指导符合条件学生申请资助	国际处、教务处、学生工作部（处）、学院国际化专项工作负责人、辅导员	根据学院的整体安排，协助专项负责人开展工作，重点做好政策解读与指导学生申请
	收集与宣传海外项目总结	暑假期间	1. 目的：进行总结、反馈、宣传，营造更好的国际化氛围。 2. 协助学校或学院收集寒期海外实践项目总结、协助教学完成学分替换等工作。 3. 协助在相关媒体上进行项目宣传报道，营造良好的国际化氛围，并更新国际化宣传素材	国际处、教务处、学院国际化专项工作负责人、辅导员、项目带队老师	根据学院的整体安排，协助专项负责人开展工作
心理健康教育工作	开展3·25（善爱我）大学生校园文化心理节活动	3～12周	1. 目的：倡导大学生善待自我、关爱自我，怀着这份温暖、包容的情意欣赏和接纳全部的自己；以积极、豁达的心态体验我们生活中的每一次经历，快乐成长，健康成才；以发自内心的爱与和谐来善待和关爱他人及社会，共创美丽校园，建设美丽中国。 2. 组织学院学生参与3·25（善爱我）校园心理文化节开幕式。 3. 组织学院学生参与3·25（善爱我）校园心理文化节系列活动，协助进行学院整体关注心理健康氛围的营造。 4. 参与学院3·25（善爱我）校园心理文化节建设活动	心理研究与咨询中心、学院相关团学组织、学院心理专项工作负责人、辅导员	根据学校、学院整体安排，组织学生参与
	开展心理沙盘活动	4～16周	1. 目的：了解自我，增强了团队合作能力、提升心理工作能力。 2. 建议组织学生骨干或辅导员参与心理沙盘活动	心理研究与咨询中心、学院心理专项工作负责人、辅导员	根据学院安排，参与活动或组织学生参与活动
	动态更新重点支持学生台账	1～20周	1. 目的：帮助辅导员更好地熟悉、关爱、支持每一位学生。 2. 建议关爱进入大学后心理适应不佳的学生群体，帮助学生融入大学生活，避免心理问题的产生。 3. 分类关爱重点支持学生群体，做到及时发现问题、解决问题。 4. 辅导员根据日常掌握的情况，分类别动态更新重点支持学生台账。 5. 根据学校、学院要求不定期更新台账。 6. 按照要求建立“一人一档”。 7. 深入关注关爱、注重方式方法、做好工作记录、问题严重及时汇报，请求专业支持	心理研究与咨询中心、学院分管领导、学院心理专项工作负责人、辅导员	建议按照工作内容的说明开展

续表

类别	工作名称	建议工作时间	参考工作内容	相关部门或人员	辅导员工作内容
心理健康教育工作	干预与处理日常及突发性学生心理危机事件	1～20周	1. 目的：提高心理危机干预工作的针对性和实效性，有效防范化解危机事件的发生。 2. 建议学习在大学生心理危机干预工作中需要运用的专业知识，提高大学生心理危机干预能力，能基本辨别心理正常与异常现象，提高面对日常心理问题和突发性心理危机事件的应变能力与解决能力。 3. 面对出现心理危机的学生采取迅速而有效的应对措施，给予支持与帮助。 4. 出现突发性心理危机事件立即请求心理专业老师、家长、班导师、学院领导、得力骨干的支持。 5. 面对突发性心理危机，在得到家长授权下，可以采取及时就医工作	心理研究与咨询中心、学校(院)分管领导、学院心理专项工作负责人、辅导员、班导师、家长、相关学生	建议按照工作内容的说明开展
	开展谈心谈话工作	1～20周	1. 目的：通过谈心谈话工作，全面了解、掌握学生状态。 2. 了解学生真实状态，开展各方面的引导、指导、督导工作。 3. 在谈话中及时发现、辨别是否存在心理问题，及时汇报并请求专业支持。 4. 根据情况，联系家长。 5. 做好工作记录	辅导员	建议按照工作内容的说明开展
	开展期末减压工作	14～16周	1. 目的：鼓励学生认真复习准备期末考试，减轻心理压力 2. 重点关注在学业上有不适应学生，避免考试成为心理问题发生的诱因 3. 讲解补考、重修政策，避免学生因心理压力过大而作弊，要求诚信考试	年级组长、辅导员	建议按照工作内容的说明开展
职业生涯规划与就业指导	进行目标-行为分析	1～6周	1. 目的：让学生确认或调整目标、引导相应的行为。 2. 有意识加强升学、深造的引导。 3. 结合学生各方面的表现对学生的行为进行督促与指导	辅导员	建议按照工作内容的说明开展

续表

类别	工作名称	建议工作时间	参考工作内容	相关部门或人员	辅导员工作内容
职业生涯规划与就业指导	指导学生进行生涯人物访谈	5～14 周	1. 目的：让学生进一步了解自己对目标的了解程度，确认目标。 2. 继续鼓励还没有完成该项工作的学生，围绕升学、就业、出国等毕业去向进行生涯人物访谈（可参加学院、学校举办的生涯人物访谈相关活动）。 3. 按照招生就业处的生涯人物访谈书模板或辅导员自行设计，指导学生开展生涯人物访谈活动并进行总结、分享	招生就业处、各学院相关学生团队、年级组长、辅导员	根据学院的整体安排，组织学生参加，可以根据学生需求自行开展
	进行目标达成度的分析	暑假	1. 目的：指导学生学会自我总结与提升。 2. 可结合学生的学期总结进行。 3. 指导学生在《大学生生涯规划手册》里进行记录	辅导员	建议按照工作内容的说明开展
评奖评优	开展学校、学院其他奖助学金评选	4～7 周	1. 目的：给予学生奖助学金以鼓励和支持其完成学业，表达学校、学院的关爱。 2. 根据学校、学院通知参与该类奖助学金评选。 3. 根据条件进行候选人的推荐与材料申报。 4. 关注评选结果并及时通知学生	学院相关组织、领导、专业教师代表、年级组长、辅导员、学院评奖评优负责人	鼓励相关学生进行申请、审核相关材料、参与学院评审
	开展榜样示范与感恩教育	1～16 周	1. 以评奖评优为契机，宣传与示范，营造学生创先争优的积极向上精神。 2. 以评奖评优为契机，加强学生的感恩教育，引导学生感恩，用自己可行的方式表达。 3. 学校、学院组织相关的展示活动、感恩活动	辅导员、学院评奖评优负责人、各学院相关学生团队	指导学生参与学校、学院感恩教育活动
勤助贷	开展生源地助学贷款网上续贷申请	10～15 周	转发金融机构通知，提醒学生网上申请	辅导员、学院资助专项工作联系人、学生工作部（处）	提醒学生、掌握贷款学生情况
	开展“自强之星”评选	5～7 周	从家庭经济困难学生中推荐典型人物，通过典型人物鼓励家庭经济困难学生	辅导员、校团委、学生工作部（处）、承办学院	建议按照工作内容的说明开展

续表

类别	工作名称	建议工作时间	参考工作内容	相关部门或人员	辅导员工作内容
勤助贷	开展勤工助学招聘	3～4 周	1. 通知学生申请，特别是家庭经济困难学生。 2. 审核学生申请表，叮嘱申请学生兼顾勤工助学和学业学习。 3. 关心学生勤工助学工作情况。 4. 引导家庭经济困难学生结合专业能力和学生干部经历申请岗位	辅导员、学院资助专项工作联系人、用人单位负责老师	建议按照工作内容的说明开展
安全教育与安稳处理	开展日常安全教育	1～17 周	1. 目的：通过班会、线上提示、安全教育承诺书等教育方式，提高学生校园安全意识，避免校园安全事件发生。 2. 加强宿舍、园区安全教育，禁止在宿舍存放或使用违章电器，定期走访宿舍了解安全情况。 3. 重点加强意识形态安全、人身安全、交通安全、财产安全、空中安全（禁飞无人机）、集体活动安全、实验室安全、网络安全等内容的教育。 4. 可以以班会、专业会、年级会方式或线上方式开展教育。 5. 根据学校要求，签订相应的安全承诺书并存档。 6. 不组织、不开展任何形式的集体外出旅游	辅导员	建议按照工作内容的说明开展
安全教育与安稳处理	开展重点支持学生安稳工作	1～20 周	1. 目的：更好地关注、关心需要重点支持的学生。 2. 根据学生情况，做好重点支持学生“一人一档”工作。 3. 做好关爱支持工作。 4. 做好档案记录与管理工作。 5. 根据严重性及时上报。 6. 动态更新	学院分管领导、学生工作部（处）、心理咨询与研究中心、相关学生辅导员	建议按照工作内容的说明开展
安全教育与安稳处理	开展地震、防灾演练	根据学校安排	1. 目的：提升学生应对地震、火灾等自然灾害的能力。 2. 按照学校要求，组织学生认真参与预防地震演练或预防火灾演练，提升学生防灾能力	学校安全办、学生工作部（处）、保卫处、辅导员	根据学校的整体安排，组织学生参加
安全教育与安稳处理	开展校外住宿安全工作	1～17 周	1. 目的：增强校外住宿学生安全意识。 2. 原则上，不允许校外住宿。 3. 因特殊情况，按照学校规定进行校外住宿手续办理，做好记录，了解学生校外住宿安全情况，并进行安全教育	学生工作部（处）、辅导员	建议按照工作内容的说明开展

续表

类别	工作名称	建议工作时间	参考工作内容	相关部门或人员	辅导员工作内容
安全教育与安稳处理	做好突发安稳事件处理工作	1～20周	1. 目的：形成安稳处理体系，保障突发安稳事件顺利解决。 2. 对于突发的安全问题按照学校学院要求，遵循第一时间、第一现场的原则进行妥善处置。 3. 及时向相关领导与部门汇报。 4. 及时做好上报和总结汇报工作	学生工作部（处）、保卫处、心理咨询与研究中心等部门、学院分管领导、辅导员	建议按照工作内容的说明开展
	暑期短学期实习安全教育	16～20周	1. 目的：提高学生的实习安全意识。 2. 对于突发的安全问题按照学校学院要求，遵循第一时间、第一现场的原则进行妥善处置。 3. 及时向相关领导与部门汇报。 4. 及时做好上报和总结汇报工作	学院教务、实习带队老师、辅导员	做好教育工作，若发生安稳问题协助带队老师处理
	做好暑假海外实践安全教育	16～20周	1. 目的：增强参与海外项目学生的安全意识。 2. 指导学生按照国际化项目要求办理安全手续。 3. 做好海外实践安全教育	国际处、教务处、学院国际化专项工作负责人、辅导员	根据学院的整体安排，协助做好教育工作
	做好假期安全教育	16～20周	1. 目的：增强学生假期安全意识。 2. 做好假期留校统计工作。 3. 做好学生的假期安全教育。 4. 如遇突发情况，要迅速掌握及时处理。 5. 加强寝室管理，假期要严格遵守宿舍管理规定。 6. 严格执行外出请销假制度。 7. 做好开学前因事因病未能按期返校学生的请假工作	辅导员	建议按照工作内容的说明开展

表 19.5　第五学期工作指南

类别	工作名称	建议工作时间	参考工作内容	相关部门或人员	辅导员工作内容
党建工作	引导学生向党组织靠拢	1～4 周	1. 引导学生积极向党组织靠拢，强化入党动机，增强理想信念教育。 2. 指导学生撰写入党申请书	学院党委、学院党建负责人、辅导员	按照学院党委整体安排，提醒、引导、指导学生向党组织递交入党申请书
	开展递交入党申请学生的谈话工作		1. 了解入党申请人基本情况，加强教育引导。 2. 学生在提交入党申请书一月内学院党委（总支）统筹安排进行谈话	学院党委、学院党建负责人、组织员、辅导员	按照学院党委安排，协助开展工作
	制订政治理论学习计划	5 周	1. 根据学院党委工作安排，指导支部执行学期内政治理论学习计划。 2. 建议可以以多种形式开展	辅导员、党建负责人	指导所在党支部制订理论学习计划
	开展推优入党工作（推选积极分子）	6～8 周	1. 通过民主推荐方式，选择优秀学生向党组织靠拢。 2. 按照学院党委、学院团委要求，团支部开民主会议，推选积极分子	党建负责人、院系团委、辅导员	指导所带团支部开展工作
	开展入党积极分子课程培训	7～8 周	1. 根据党校工作安排，组织拟上党课积极分子参加入党积极分子实践培训。 2. 辅导员及时了解和掌握实践情况	学院党委、学院党建负责人、组织员、辅导员	1. 了解、掌握所在支部和所带学生学习情况。 2. 协助党校开展工作
	开展入党积极分子实践培训	9～10 周	1. 根据党校工作安排，组织拟上党课积极分子参加入党积极分子实践培训。 2. 辅导员及时了解和掌握实践情况	学院党委、学院党建负责人、组织员、辅导员	1. 了解、掌握所在支部和所带学生学习情况。 2. 协助党校开展工作
	开展推优入党工作（推选发展对象）	第 9 周	1. 根据党员发展相关规定，对经过一年以上培养教育和考察、基本具备党员条件（已通过党课）的入党积极分子，在听取党小组、培养联系人、党员和群众意见的基础上，支部委员会讨论同意并报上级党委备案后，可列为发展对象。 2. 为发展对象确定入党介绍人。 3. 辅导员及时了解和掌握发展对象情况	党建负责人、院系团委、组织员、辅导员	指导所带党、团支部协同开展工作
	开展发展对象课程培训	10～11 周	1. 根据党校工作安排，组织发展对象参加课程培训。 2. 辅导员及时了解和掌握学习情况	学院党委、学院党建负责人、组织员、辅导员	1. 了解、掌握所在支部和所带学生学习情况。 2. 协助党校开展工作

续表

类别	工作名称	建议工作时间	参考工作内容	相关部门或人员	辅导员工作内容
党建工作	开展发展对象实践培训	12～13 周	1. 根据党校工作安排，组织发展对象参加社会实践。 2. 辅导员及时了解和掌握培训情况	学院党委、学院党建负责人、组织员、辅导员	1. 了解、掌握所在支部和所带学生学习情况。 2. 协助党校开展工作
	指导党员材料撰写（含政审工作）	10～14 周	1. 对发展对象开展政审工作。 2. 指导发展对象撰写党员材料。 3. 对审查合格的发展对象报学院党委预审。 4. 指导申请转正的预备党员撰写相关材料	学院党委、学院党建负责人、辅导员	指导所在支部开展工作
	确定推荐积极分子参加党课培训名单	14～15 周	1. 按照学院党委安排，在积极分子中推送符合条件的参加党课培训。 2. 各支部将名单报送给学院党建负责人	学院党委、学院党建负责人、辅导员	1. 指导所在党支部开展工作。 2. 了解所带学生的推选工作
	召开预备党员接收大会及预备党员转正大会	第 15 周	1. 党支部召开接收大会，接受发展对象为预备党员。 2. 党支部召开转正大会，同意预备期满的预备党员转正	学院党委、学院党建负责人、辅导员	指导所在支部开展工作
	发展对象谈话工作	16～17 周	1. 按照要求，指派学院党委委员（或党总支委员）、组织员同发展对象谈话。 2. 谈话人将谈话情况和自己对发展对象能否入党的意见，如实填写并向党委汇报	学院党委、学院党建负责人、辅导员	1. 了解、掌握所在支部和所带学生作为发展对象的情况。 2. 协助党委（党总支）开展工作
	党委审批预备党员及预备党员转正	18 周及以后	1. 党委主要审议发展对象是否具备党员条件、入党手续是否完备。发展对象符合党员条件、入党手续完备的，批准其为预备党员。 2. 党委审批预备党员转正	学院党委、学院党建负责人	1. 了解、掌握所在支部和所带学生作为预备党员的情况。 2. 协助党委（党总支）开展工作
	开展主题教育活动（含“三会一课”等）	2～14 周	1. 在实践中强化思想引领。 2. 根据具体的学习内容，开展主题教育实践活动。 3. 活动形式灵活，方式多样。 4. 做好“三会一课”等	学院党委、学院党建负责人、辅导员	指导所在支部开展工作
	开展支部建设工作	1～16 周	按照学院党委整体要求进行支部建设工作，包括组织生活会、理论学习、支部特色活动、党支部书记述职、收缴党费、党员信息年统等工作	学院党委、学院党建负责人、辅导员	指导所在支部开展相应工作

续表

类别	工作名称	建议工作时间	参考工作内容	相关部门或人员	辅导员工作内容
班团工作	召开团支部大会	3周、6~7周	第3周：传达、学习。审议上一届支部委员会工作报告；团支委换届选举；讨论建议主要班委候选人；开展学期民主生活会；研究决定是否同意班级推荐参加上一学年评奖、评优的个人；审议下一年支部工作计划。 第6~7周：传达、学习。推荐优秀团员为入党积极分子；研究决定是否同意推荐优秀的入党积极分子作为预备党员的发展对象；清理团费收缴情况并上缴团费	辅导员	明确要求、规则，开展指导，督察工作进展情况
	召开班会	1~17周	第3周：听取审议各班委工作汇报；班委换届选举；讨论通过学年民主评议和班级学年鉴定意见；推荐参加校、院评奖、评优个人；审议下一年班级工作计划。 第15周：总结一学期工作；期末学风学业动员；寒假安全提醒。 结合各项教育工作和事务工作，合理统筹召开班会	辅导员	明确要求、规则，开展指导，督察工作进展情况
	召开班委会、团支委会	每月召开，团支部大会前、后召开	第1次：选举团支部书记、讨论团支委分工；讨论班委候选人；传达、学习，制订团支部年度工作计划； 第2次：传达、学习，团支委民主生活会；讨论推优入党工作；讨论主题团日活动开展； 第3次：传达、学习；讨论推优入党候选人建议人选；讨论主题团日活动开展； 第4次：传达、学习，学期工作总结和期末班会布置	辅导员	明确要求、规则，开展指导，听取班团干部工作汇报
	开展团课	1场	辅导员（或联系“青年讲师团”成员、党团干部等）每个学期讲1场（2学时），团员和入团积极分子全覆盖	院系团委、辅导员、青年讲师团	开展指导，讲团课，指导学生
	培养班团干部	3周	1. 优化团支部和班委设置，明确班委、团支委职能。 2. 组织召开团支部大会主持团支部选举。 3. 明确团支委职责和班委职责。 4. 指导团支委做好班委选举。 5. 召开班团干部会议做好新一届班团干部培训	院系团委、辅导员	明确要求、规则，开展指导，督察工作进展情况

续表

类别	工作名称	建议工作时间	参考工作内容	相关部门或人员	辅导员工作内容
班团工作	开展学生个人和集体学年鉴定和荣誉评选	3周	组织班会：听取审议各班委工作汇报；所有学生依次总结上一学年思想、学习、工作、生活情况；依次讨论对每个学生的鉴定意见；结合学年坚定意见、根据评优条件和指标评选个人荣誉	院系评奖评优负责人、辅导员	明确要求、规则，开展指导，督察工作进展情况
	发展团员	成熟一个，发展一个，根据基层团组织工作进度开展。	按照《发展团员工作细则》，指导非团员青年递交《入团申请书》，指导团支部考察、谈话入团积极分子，安排培养联系人，指导学生参加团课，指导团支部的新团员接收	校团委组织部、院系团委、辅导员	开展指导，讲团课，指导学生
	推优入党	5～7周	1. 推荐入党积极分子：根据递交入党申请书情况和组织安排递交入党申请书谈话后情况，上一年团员教育评议情况，召开支部大会讨论形成决议或不记名投票。 2. 推荐党员发展对象：召开支部大会，在满足党员发展要求的团员中推荐可发展的人选。 3. 推荐参加党校培训的入党积极分子：在入党积极分子中优中选优，通过支部大会或支部委员会推荐参加党校培训的入党积极分子	党建负责人、院系团委、辅导员	指导所带团支部开展工作
	开展主题团日	每月一次	主题自定，建议： 9月：经典阅读主题团日活动。 10月：庆国庆主题团日活动。 11月：学风建设主题团日活动。 12月：纪念“一二·九”运动主题团日活动	院系团委、辅导员	开展指导，听取班团干部工作汇报
	开展第二课堂	持续参加	1. 将有特色的主题团日活动按照第二部分第一章申报第二课堂系统。 2. 将团课开设为思想政治与道德素养类课程。 3. 鼓励学生参加校、院文体活动。 4. 重点提醒学生参加与专业相关的学术科技及创新创业类讲座、竞赛、活动。 5. 提醒学生按照《西南交通大学“第二课堂成绩单”制度实施办法》中的要求及时查看自己所获学时。 6. 指导所带学生的志愿服务支队持续开展已经申报的“交通·公益”志愿服务。 7. 鼓励学生申报“三下乡”寒假社会实践和招生宣传社会实践。 8. 受学生邀请担任“三下乡”社会实践指导老师：项目指导、安全事项、专项评优	校团委青年发展部、院系团委、各学院相关学生团队、辅导员	教育和强调，指导学生参加，督促学时预警学生

续表

类别	工作名称	建议工作时间	参考工作内容	相关部门或人员	辅导员工作内容
班团工作	完成“青年大学习”	每周一期	每周通过“天府新青年”或“交大有思”进入并完成青年大学习	校团委宣传部、院系团委、辅导员	开展指导，听取班团干部工作汇报
学业发展与指导	整理上学期成绩	假期至第3周	1. 目的：及时了解学生补考后学习情况，及时与家长沟通，帮助学生调整学习情况。 2. 可以对补考后学期的成绩进行统计、整理、分析，整理学业问题名单	辅导员	建议按照工作内容的说明开展
	整理学业数据	1～3周	1. 目的：帮助辅导员清楚了解各班级、各专业、各年级学习情况。 2. 按照学院要求收集整理各班级计算机二级、英语四六级情况	辅导员	根据学院的整体安排，进行统计
	开展上学期学习总结	1～3周	1. 目的：帮助学生及时了解自己的学习情况，促使班级共同努力提升。 2. 可以以班级、专业、年级为单位开展，与班导师共同开展。 3. 可结合上学期学习情况总结	辅导员、班导师	建议按照工作内容的说明开展
	开展学业不适应学生集体自习	4～16周	1. 目的：帮助上学期有退学预警的学生及时调整自己，养成良好的自习习惯。 2. 可以以年级、学院为单位开展。 3. 可以邀请高年级学生或学生党员帮助学院不适应学生	辅导员、年级组长、高年级学生、学生党员	根据学院的整体安排，组织学生参加
	了解日常学习情况	2～16周	1. 目的：及时了解学生学习情况，及时与学生沟通。 2. 可以通过任课老师考勤、学习委员考勤、查课、与学生交流、与任课老师交流等方式了解学生学习情况	辅导员、班导师、任课教师、学习委员	建议按照工作内容的说明开展
	开展半期学习总结	11～12周	1. 目的：帮助新生及时了解自己学习情况，调整学习方法。 2. 可以在半期考试后，以班级、专业为单位开展。 3. 总结半期学习情况和半期考试情况	辅导员、班导师	建议按照工作内容的说明开展
	选拔朋辈导师或小讲师	11～14周	1. 目的：鼓励成绩优异的学生帮扶有学业困难的学生；鼓励成绩优异的学生自主设计微课堂，帮助有需要的学生，同时提高自己的学习能力。 2. 可以鼓励成绩优异的学生参加相关活动	各学院相关学生团队、辅导员	根据学院的整体安排，组织学生参加

类别	工作名称	建议工作时间	参考工作内容	相关部门或人员	辅导员工作内容
学业发展与指导	开展期末动员	15～16周	1. 目的：提醒学生进入复习考试冲刺，帮助新生树立诚信考试观念，强调考场纪律。 2. 可以以班级、专业为单位开展。 3. 辅导员自行或者邀请班导师强调考场纪律。 4. 组织学生签订《诚信考试承诺书》	辅导员、班导师	建议按照工作内容的说明开展
	整理学期成绩	18～20周	1. 目的：及时了解学生学习情况，及时与家长沟通，帮助学生调整学习状态。 2. 可以对学期成绩进行统计整理分析，整理学业问题名单。 3. 可以给家长邮寄成绩或联系，并请其做好假期督促复习工作	辅导员	建议按照工作内容的说明开展
	开展学业指导	1～20周	1. 目的：及时了解学生学习情况，帮助学生明确学业目标，制订学业计划。 2. 可以与学业有困难或困惑的学生进行一对一交流，指导其明确学业目标，制订学业计划	辅导员、班导师	建议按照工作内容的说明开展
创新创业工作	第二次解读大学科创竞赛政策	1～8周	1. 目的：本学期学生们将更多地思考自己的毕业去向，通过政策讲解，可以让学生们进一步明确科创竞赛对于提升升学深造、提升就业竞争力的重要性。 2. 要求：政策讲解清晰、准确。 3. 形式：结合学期班会一并进行	辅导员	在学期班会开展政策讲解工作
	SRTP完成情况督促	4～12周	1. 目的：给学生鼓励与要求，督促已经报名的学生完成SRTP，切勿中途放弃。 2. 要求：尽可能做到报名学生100%完成。 3. 形式：从学院教务了解完成情况数据，利用好SRTP中期检查，加强对学生的督促	学院教务老师、辅导员	根据学校、学院整体安排，敦促学生完成
	创新创业深度参与——支持学生学科竞赛攻坚	1～16周、寒假	1. 目的：本学年为学生参加学科竞赛的攻坚阶段，可以用适当的方式给予学生鼓励、关心与支持。 2. 要求：由于学生备战学科竞赛，身心都会比较集中投入，多支持多鼓励。 3. 形式：宿舍走访、实验室走访，或在食堂、操场等非正式场合对学生给予关心支持	辅导员、竞赛指导老师	利用与学生见面的机会开展谈心谈话，联系竞赛指导老师了解学生参加科创竞赛的情况

续表

类别	工作名称	建议工作时间	参考工作内容	相关部门或人员	辅导员工作内容
创新创业工作	统计学生参加科创活动（实验竞赛月、SRTP、个性化实验、重点实验室开放项目）情况	1～8周	1. 目的：掌握学生参加科创竞赛情况，发掘科创竞赛种子，发现科创竞赛欠佳学生，分类指导。 2. 要求：数据准确，统计合理。 3. 方式：可以结合学年评奖评优工作一并来做	辅导员	在学生评奖评优获奖数据的基础上开展工作
	鼓励学生参加创新讲座活动	1～16周	1. 目的：通过创新讲座了解某一细分领域的专业知识。 2. 要求：鼓励学生参与。 3. 形式：学校、学院科创中心会组织相关的活动，鼓励学生积极报名参加	学院教务老师、辅导员	根据学校、学院整体安排，组织学生参加
	鼓励学生参加科创竞赛沙龙活动	1～16周	1. 目的：小范围、主题性的科创沙龙能够让学生更进一步地了解科创竞赛。 2. 要求：鼓励学生参与。 3. 形式：学院科创中心会组织相关的活动，鼓励学生积极报名参加	学院科创中心、辅导员	根据学校、学院整体安排，组织学生参加
国际化引导与教育	进行国际化指导工作	1～15周	1. 目的：提升学生英语实际运用能力并提供针对性指导。 2. 联合学校（院）国际化学生团队开展多样化活动，如英语角等，鼓励学生将英语运用到实践中。 3. 针对性职业生涯进行规划与指导，如制作英文简历以及英文面试的技巧等。 4. 制作国际化调查问卷并对结果进行分析和整理，针对有长期出国意向的学生进行一对一出国咨询，同时提供线上和线下多种出国学生信息交流平台	具有校（院）合作关系的专业留学咨询（英语学习）机构、学院国际化专项工作负责人、辅导员	根据学院的整体安排，协助专项负责人开展工作，重点做好宣传、动员、了解、引导工作
	开展海外高校申请指导工作	8～13周	1. 目的：提升名校录取率。 2. 联合具有校（院）合作关系的专业留学咨询（英语学习）机构进行托福雅思模拟考试，并提供指导。 3. 邀请具有留学经验的学生进行沟通和分享，如海外高校的申请技巧和文书写作技巧等	具有校（院）合作关系的专业留学咨询（英语学习）机构、学院国际化专项工作负责人、辅导员	建议按照工作内容的说明开展

续表

类别	工作名称	建议工作时间	参考工作内容	相关部门或人员	辅导员工作内容
国际化引导与教育	组织交流交换活动	10～16 周	1. 目的：引导学生进行参与交流交换活动。 2. 根据学校和学院项目要求，积极宣传、组织、选拔学生参与交流、交换项目以及其他适合的国际组织任职项目。 3. 组织学生参与选拔、按照项目要求办理相关手续和项目备案并做好行前教育等事宜	国际处、教务处、学生工作部（处）、招生就业处、学院国际化专项工作负责人、辅导员	根据学院的整体安排，协助专项负责人开展工作，重点做好宣传、动员、引导工作
	普及与解读专项资助政策	根据学校各部门、各学院的通知	1. 目的：给予学生更多参与国际化项目的机会。 2. 根据学校学院、学院安排，鼓励并指导学生积极参与国际化资助项目，并指导符合条件学生申请资助	国际处、教务处、学生工作部（处）、学院国际化专项工作负责人、辅导员	根据学院的整体安排，协助专项负责人开展工作，重点做好政策解读与指导学生申请
	收集与宣传海外项目总结信息	寒假期间	1. 目的：进行总结、反馈、宣传，营造更好的国际化氛围。 2. 协助学校或学院收集寒期海外实践项目总结信息、协助完成学分替换等工作。 3. 协助在相关媒体上进行项目宣传报道，营造良好的国际化氛围，并更新国际化宣传素材	国际处、教务处、学院国际化专项工作负责人、项目带队老师	根据学院的整体安排，协助专项负责人开展工作
心理健康教育工作	进行心理委员调整与培训	1～4 周	1. 目的：根据情况调整心理委员人选。 2. 组织心理委员参加学校、学院的心理委员培训	学院心理专项工作负责人、辅导员	建议按照工作内容的说明开展
	动态更新重点支持学生台账	1～20 周	1. 目的：帮助辅导员更好地熟悉、关爱、支持每一位学生。 2. 建议关爱进入大学后心理适应不佳的学生群体，帮助学生融入大学生活，避免心理问题的产生。 3. 分类关爱重点支持学生群体，做到及时发现问题、解决问题。 4. 辅导员根据日常掌握的情况，分类别动态更新重点支持学生台账。 5. 根据学校、学院要求不定期更新台账。 6. 按照要求建立“一人一档”。 7. 深入关注关爱、注重方式方法、做好工作记录、问题严重及时汇报，请求专业支持	心理研究与咨询中心、学院分管领导、学院心理专项工作负责人、辅导员	建议按照工作内容的说明开展

续表

类别	工作名称	建议工作时间	参考工作内容	相关部门或人员	辅导员工作内容
心理健康教育工作	干预与处理日常及突发性学生心理危机事件	1～20周	1. 目的：提高心理危机干预工作的针对性和实效性，有效防范化解危机事件的发生。 2. 建议学习在大学生心理危机干预工作中需要运用的专业知识，提高大学生心理危机干预能力，能基本辨别心理正常与异常现象，提高面对日常心理问题和突发性心理危机事件的应变能力与解决能力。 3. 面对出现心理危机的学生采取迅速而有效的应对措施，给予支持与帮助。 4. 出现突发性心理危机事件立即请求心理专业老师、家长、班导师、学院领导、得力骨干的支持。 5. 面对突发性心理危机，在得到家长授权时，可以采取及时就医工作	心理研究与咨询中心、学校(院)分管领导、学院心理专项工作负责人、辅导员、班导师、家长、相关学生	建议按照工作内容的说明开展
	关注目标选择焦虑的学生	1～16周	1. 目的：关注学生在进入大三阶段对于未来方向性选择所产生的困惑与焦虑。 2. 结合学业发展、生涯规划，引导与指导学生逐步明确目标，降低焦虑	生涯规划专家、辅导员	指导学生或协助联系生涯规划专家
	开展谈心谈话工作	1～20周	1. 目的：通过谈心谈话工作，全面了解、掌握学生状态。 2. 了解学生真实状态，开展各方面的引导、指导、督导工作。 3. 在谈话中及时发现、辨别学生是否存在心理问题，及时汇报并请求专业支持。 4. 根据情况，联系家长。 5. 做好工作记录	辅导员	建议按照工作内容的说明开展
	开展期末减压工作	14～16周	1. 目的：鼓励学生认真复习准备期末考试，减轻心理压力。 2. 重点关注在学业上有不适应学生，避免考试成为心理问题发生的诱因。 3. 讲解补考、重修政策，避免学生因心理压力过大而作弊，要求诚信考试	年级组长、辅导员	建议按照工作内容的说明开展
职业生涯规划与就业指导	进行目标-行为分析	1～6周	1. 目的：让学生确认或调整目标、引导相应的行为。 2. 有意识加强升学、深造的引导。 3. 结合学生各方面的表现对学生的行为进行督促与指导	辅导员	建议按照工作内容的说明开展

续表

类别	工作名称	建议工作时间	参考工作内容	相关部门或人员	辅导员工作内容
职业生涯规划与就业指导	开展（考）保研指导工作	5～10周	1. 目的：进一步引导学生明确升学深造目标，明确（考）保研要求，指导学生做好相应准备。 2. 可通过邀请学院主管研究生副院长、教授团队、（考）保研经验丰富的优秀研究生进行专题讲座开展工作。 3. 可开展一对一指导工作	各学院相关学生团队、分管领导、年级组长、辅导员	根据学院的整体安排，组织学生参加；可以根据学生需求自行开展
	指导学生进行职业世界认知	5～14周	1. 目的：引导学生了解真实的职业世界。 2. 鼓励学生参与企业组织或学校组织的企业开放日，了解职业世界。 3. 鼓励学生参与企业实习实践	招生就业处、各学院相关学生团队、年级组长、辅导员	根据学校、学院的整体安排，组织学生参加；可以根据学生需求自行开展
	进行目标达成度的分析	寒假	1. 目的：指导学生学会自我总结与反省。 2. 可结合学生的学期总结进行。 3. 指导学生在《大学生生涯规划手册》里进行记录	辅导员	建议按照工作内容的说明开展
评奖评优	计算（综合）排名	1～2周	1. 辅导员依据学校、学院综奖评定办法认定、计算每位学生的（综合）平均分，将各年级各专业的综合平均分及排名以年级为单位在院网公示3个工作日。 2. 公示期满，需要删除院网上含有学生信息的附件以保护学生的个人信息。 3. 审核学生在评奖周期内是否有纪律处分以及是否满足评奖条件，并做好记录	辅导员、各学院相关学生团队	计算与公示综合平均分、进行资格审查
	开展国家（励志）奖学金、感恩科学家奖的院内评选	3～5周	1. 依据学校、各学院评选办法选拔学院拟推荐人选，并在扬华系统上进行审批。 2. 依据通知仔细审核国奖、国励候选人的书面材料（审批表）。 3. 通知并指导申请感恩科学家奖学金的学生准备参加（学院）学校面试、感恩科学家申请论文撰写。 4. 作为评委参加学评审。 5. 等候学院相关专项负责人公示上报学校，学校评选、公示后确定最终获奖名单，关注评选结果并及时通知学生	学院相关学生团队、领导、专业教师代表、年级组长、辅导员、学院评奖评优负责人	指导、审核学生申请材料、参与学院评审

续表

类别	工作名称	建议工作时间	参考工作内容	相关部门或人员	辅导员工作内容
评奖评优	开展专项奖助学金院内评选	5～10 周	1. 鼓励学生积极参评各项奖助学金。 2. 根据各专项奖助学金管理办法，按照分配名额选拔、推荐最具综合实力的申请者，并在扬华系统进行审批。 3. 关注各类专项奖最终获奖名单并记录，原则上，学生各类专项奖学金不兼得。 4. 等候学院相关专项负责人公示上报学校，学校评选、公示后确定最终获奖名单，关注评选结果并及时通知学生	学院相关学生团队、领导、专业教师代表、年级组长、辅导员、学院评奖评优负责人	鼓励相关学生进行申请、审核相关材料、参与学院评审
	开展综合奖学金院内评选	11～13 周	1. 按照专业综合排名和学生申请情况推荐至学院评审会，并在扬华系统上进行审批。 2. 原则上，综奖与其他专项奖学金不兼得。 3. 等候学院相关专项负责人公示上报学校，学校评选、公示后确定最终获奖名单，关注评选结果并及时通知学生	学院相关学生团队、领导、专业教师代表、年级组长、辅导员、学院评奖评优负责人	鼓励相关学生进行申请、审核相关材料、参与学院评审
	开展学年鉴定和个人荣誉院内评选	4～5 周	1. 下发学年鉴定表，根据学院要求班级情况，参与各班的学年鉴定会和民主评议会，指导学生民主推选出个人荣誉获得者至学院评审会。 2. 作为评委参与学院组织的评审会。 3. 等候学院相关专项负责人公示上报学校，学校评选、公示后确定最终获奖名单，关注评选结果并及时通知学生	学院相关学生团队、领导、专业教师代表、年级组长、辅导员、学院评奖评优负责人	指导、参与各班的学年鉴定会和民主评议会、审核相关材料、参与学院评审
	开展集体荣誉院内评选	4～6 周	1. 根据学校、学院评定办法计算各班集体基础数据。 2. 审核各班是否有违纪处分记录。 3. 鼓励各班申请集体荣誉，指导学生准备答辩并参与学院和学校的答辩评审。 4. 作为评委参与学院组织的评审会。 5. 等候学院相关专项负责人公示上报学校，学校评选、公示后确定最终获奖名单，关注评选结果并及时通知班级	学院相关学生团队、领导、专业教师代表、年级组长、辅导员、学院评奖评优负责人	计算各班集体基础数据、答辩指导、参与学院评审

续表

类别	工作名称	建议工作时间	参考工作内容	相关部门或人员	辅导员工作内容
评奖评优	开展榜样示范与感恩教育	1～16 周	1. 以评奖评优为契机，宣传与示范，营造学生创先争优的积极向上精神。 2. 以评奖评优为契机，加强学生的感恩教育，引导学生感恩，用自己可行的方式表达。 3. 学校、学院组织相关的展示活动、感恩活动	辅导员、学院评奖评优负责人、各学院相关学生团队	指导学生参与学校、学院感恩教育活动
勤助贷	收取办理生源地助学贷款学生的回执	1～3 周	收取办理生源地助学贷款学生的回执	学生工作部（处）、学院资助工作联系人、辅导员	收集回执
	开展家庭经济困难学生集中认定	3～4 周	1. 通知学生认定开启，通过在线申请。 2. 组建班级认定小组。 3. 针对系统评级组织班级认定小组评议。 4. 及时提交评议结果。 5. 通知学生查看公示并接受意见反馈。 6. 提醒通过困难认定并非代表申请成功。 7. 随时掌握学生情况确保困难学生得到认定	学生工作部（处）、学院资助工作联系人、辅导员	建议按照工作内容的说明开展
	开展国家助学贷款申请	2～4 周	1. 通知家庭经济困难学生、办理了“绿色通道”但没有办理生源地国家助学贷款的学生自愿申请、及时办理。 2. 整理申请学生材料。 3. 提醒学生签署合同、领取借据。 4. 申请贷款学生诚信教育	学生工作部（处）、学院资助工作联系人、辅导员	通知和诚信教育
	开展国家助学金评定	6～8 周	1. 通知家庭经济困难学生及时在线申请。 2. 对应家庭经济困难等级等额评定国家助学金并在班级公示。 3. 及时提交评定结果。 4. 通知学生查看学院公示并接受意见反馈。 5. 提醒获评学生发放查收事宜	学生工作部（处）、学院资助工作联系人、辅导员	建议按照工作内容的说明开展
	开展勤工助学招聘	3～4 周	1. 通知学生申请，特别是家庭经济困难学生。 2. 审核学生申请表，叮嘱申请学生兼顾勤工助学和学业学习。 3. 关心学生勤工助学工作情况。 4. 引导家庭经济困难学生结合专业能力和学生干部经历申请岗位	学生工作部（处）、学院资助工作联系人、辅导员	通知和关爱学生

续表

类别	工作名称	建议工作时间	参考工作内容	相关部门或人员	辅导员工作内容
安全教育与安稳处理	开展日常安全教育	1～17周	1. 目的：通过班会、线上提示、安全教育承诺书等教育方式，提高学生校园安全意识，避免校园安全事件发生。 2. 加强宿舍、园区安全教育，禁止在宿舍存放或使用违章电器，定期走访宿舍了解安全情况。 3. 重点加强意识形态安全、人身安全、交通安全、财产安全、空中安全（禁飞无人机）、集体活动安全、实验室安全、网络安全等内容的教育。 4. 可以以班会、专业会、年级会方式或线上方式开展教育。 5. 根据学校要求，签订相应的安全承诺书并存档。 6. 不组织、不开展任何形式的集体外出旅游	辅导员	建议按照工作内容的说明开展
	做好集中购买城乡居民医疗保险的提醒工作	0～2周	1. 目的：保障学生基本医疗需求，保障学生享受国家医疗保障政策，保证学生及家人突发疾病时有国家政策兜底。 2. 报到时提醒学生并进行解释说明。 3. 及时转发校医院通知至未购买成功者。 4. 根据校医院名单提醒未购买学生。 5. 根据银行或校医院通知，提醒学生申请办理、领取并妥善保管社会保障卡	后勤与基建管理处（医幼及场馆中心）、辅导员	建议按照每年《成都市城乡居民医疗保险政策宣传资料》（大学生）和工作内容的说明展开
	开展重点支持学生安稳工作	1～20周	1. 目的：更好地关注、关心需要重点支持的学生。 2. 根据学生情况，做好重点支持学生“一人一档”工作。 3. 做好关爱支持工作。 4. 做好档案记录与管理工作。 5. 根据严重性及时上报。 6. 动态更新	学院分管领导、学生工作部（处）、心理咨询与研究中心、相关学生辅导员	建议按照工作内容的说明开展
	开展地震、防灾演练	根据学校安排	1. 目的：提升学生应对地震、火灾等自然灾害的能力。 2. 按照学校要求，组织学生认真参与预防地震演练或预防火灾演练，提升学生防灾能力	学校安全办、学生工作部（处）、保卫处、辅导员	根据学校的整体安排，组织学生参加

续表

<table>
<tr><th>类别</th><th>工作名称</th><th>建议工作时间</th><th>参考工作内容</th><th>相关部门或人员</th><th>辅导员工作内容</th></tr>
<tr><td rowspan="4">安全教育与安稳处理</td><td>开展校外住宿安全工作</td><td>1～17 周</td><td>1. 目的：增强校外住宿学生安全意识。
2. 原则上，不允许校外住宿。
3. 因特殊情况，按照学校规定进行校外住宿手续办理做好记录，了解学生校外住宿安全情况，并进行安全教育</td><td>学生工作部（处）、辅导员</td><td>建议按照工作内容的说明开展</td></tr>
<tr><td>做好突发安稳事件处理工作</td><td>1～20 周</td><td>1. 目的：形成安稳处理体系，保障突发安稳事件顺利解决。
2. 对于突发的安全问题按照学校学院要求，遵循第一时间、第一现场的原则进行妥善处置。
3. 及时向相关领导与部门汇报。
4. 及时做好上报和总结汇报工作</td><td>学生工作部（处）、保卫处、心理咨询与研究中心等部门、学院分管领导、辅导员</td><td>建议按照工作内容的说明开展</td></tr>
<tr><td>做好寒假海外实践安全教育</td><td>16～20 周</td><td>1. 目的：增强参与海外项目学生的安全意识。
2. 指导学生按照国际化项目要求办理安全手续。
3. 做好海外实践安全教育</td><td>国际处、教务处、学院国际化专项工作负责人、辅导员</td><td>根据学院的整体安排，协助做好教育工作</td></tr>
<tr><td>做好假期安全教育</td><td>16～20 周</td><td>1. 目的：增强学生假期安全意识。
2. 做好假期留校统计工作。
3. 做好学生的假期安全教育。
4. 如遇突发情况，要迅速掌握及时处理。
5. 加强寝室管理：假期要严格遵守宿舍管理规定。
6. 严格执行外出请销假制度。
7. 做好开学前因事因病未能按期返校学生的请假工作</td><td>辅导员</td><td>建议按照工作内容的说明开展</td></tr>
</table>

表 19.6　第六学期工作指南

类别	工作名称	建议工作时间	参考工作内容	相关部门或人员	辅导员工作内容
党建工作	引导学生向党组织靠拢	1～4 周	1. 引导学生积极向党组织靠拢，强化入党动机，增强理想信念教育。 2. 指导学生撰写入党申请书	学院党委、学院党建负责人、辅导员	按照学院党委整体安排，提醒、引导、指导学生向党组织递交入党申请书
	开展递交入党申请学生的谈话工作		1. 了解入党申请人基本情况，加强教育引导。 2. 学生在提交入党申请书一月内学院党委（总支）统筹安排进行谈话	学院党委、学院党建负责人、组织员、辅导员	按照学院党委安排，协助开展工作
	制订政治理论学习计划	5 周	1. 根据学院党委工作安排，指导支部执行学期内政治理论学习计划。 2. 建议可以以多种形式开展	学院党建负责人、辅导员	指导所在党支部制订理论学习计划
	开展入党积极分子课程培训	6～7 周	1. 根据党校工作安排，组织拟上党课积极分子参加入党积极分子课程培训。 2. 辅导员及时了解和掌握学习情况	学院党委、学院党建负责人、组织员、辅导员	了解、掌握学生学习情况
	开展入党积极分子实践培训	8～9 周	1. 根据党校工作安排，组织拟上党课积极分子参加入党积极分子实践培训。 2. 辅导员及时了解和掌握实践情况	学院党委、学院党建负责人、组织员、辅导员	1. 了解、掌握所在支部和所带学生学习情况。 2. 协助党校开展工作
	开展推优入党工作（推选发展对象）	第 8 周	1. 根据党员发展相关规定，对经过一年以上培养教育和考察、基本具备党员条件（已通过党课）的入党积极分子，在听取党小组、培养联系人、党员和群众意见的基础上，支部委员会讨论同意并报上级党委备案后，可列为发展对象。 2. 为发展对象确定入党介绍人。 3. 辅导员及时了解和掌握发展对象情况	党建负责人、院系团委、组织员、辅导员	指导所带党、团支部协同开展工作
	开展发展对象课程培训	9～10 周	1. 根据党校工作安排，组织发展对象参加课程培训。 2. 辅导员及时了解和掌握学习情况	学院党委、学院党建负责人、组织员、辅导员	1. 了解、掌握所在支部和所带学生学习情况。 2. 协助党校开展工作
	开展发展对象实践培训	11～12 周	1. 根据党校工作安排，组织发展对象参加社会实践。 2. 辅导员及时了解和掌握培训情况	学院党委、学院党建负责人、组织员、辅导员	1. 了解、掌握所在支部和所带学生学习情况。 2. 协助党校开展工作

续表

类别	工作名称	建议工作时间	参考工作内容	相关部门或人员	辅导员工作内容
党建工作	指导党员材料撰写（含政审）	9～13 周	1. 对发展对象开展政审工作。 2. 指导发展对象撰写党员材料。 3. 对审查合格的发展对象报学院党委预审。 4. 指导申请转正的预备党员撰写相关材料	学院党委、学院党建负责人、辅导员	指导所在支部开展工作
	召开预备党员接收大会及预备党员转正大会	第 14 周	1. 党支部召开接收大会，接受发展对象为预备党员。 2. 党支部召开转正大会，同意预备期满的预备党员转正	学院党委、学院党建负责人、辅导员	指导所在支部开展工作
	发展对象谈话工作	15～16 周	1. 按照要求，指派学院党委委员（或党总支委员）、组织员同发展对象谈话。 2. 谈话人将谈话情况和自己对发展对象能否入党的意见，如实填写并向党委汇报	学院党委、学院党建负责人、辅导员	1. 了解、掌握所在支部和所带学生作为发展对象的情况。 2. 协助党委（党总支）开展工作
	党委审批预备党员及预备党员转正	17 周及以后	1. 党委主要审议发展对象是否具备党员条件、入党手续是否完备。发展对象符合党员条件、入党手续完备的，批准其为预备党员。 2. 党委审批预备党员转正	学院党委、学院党建负责人	1. 了解、掌握所在支部和所带学生作为预备党员的情况。 2. 协助党委（党总支）开展工作
	开展主题教育活动（含“三会一课”及民主评议工作）	2～14 周	1. 在实践中强化思想引领。 2. 根据具体的学习内容，开展主题教育实践活动。 3. 活动形式灵活，方式多样。 4. 做好“三会一课”及民主评议工作	学院党委、学院党建负责人、辅导员	指导所在支部开展工作
	开展支部建设工作	1～16 周	按照学院党委整体要求进行支部建设工作，包括组织生活会、理论学习、支部特色活动、党支部书记述职、收缴党费、七一表彰、党员信息半年统等工作	学院党委、学院党建负责人、辅导员	指导所在支部开展相应工作
班团工作	召开团支部大会	4 周、7～8 周	1. 传达、学习。 2. 团员年度民主生活会、年度教育评议，研究决定评议意见，研究决定对团员的奖励	辅导员	明确要求、规则，开展指导，督察工作进展情况
	召开班会	1～17 周	第 4 周：听取审议各班委工作汇报；决定中期班委任免；讨论新学期工作计划；学期班风学风建设情况汇报和计划。 第 15 周：总结一学期工作；期末学风学业动员；暑期实习和假期安全提醒。 结合各项教育工作和事务工作，合理统筹召开班会	辅导员、班团干部	明确要求、规则，开展指导，督察工作进展情况

续表

类别	工作名称	建议工作时间	参考工作内容	相关部门或人员	辅导员工作内容
班团工作	召开班委会、团支委会	每月召开，团支部大会前、后召开	第5次：传达、学习，听取前一学期工作汇报，讨论支委、班委分工变化，讨论班委工作情况，提出中期班委任免建议；讨论“交通·公益”志愿服务项目开展； 第6次：传达、学习，团支委民主生活会；讨论推优入党工作；讨论主题团日活动开展； 第7次：传达、学习，讨论推优入党候选人建议人选；讨论主题团日活动开展； 第8次：传达、学习，研究具体工作，学期工作总结和期末班会布置；讨论下一届换届建议人选和换届方案，筹备支部换届大会、班委换届大会	辅导员	明确要求、规则，开展指导，听取班团干部工作汇报
	开展团课	1场	1. 辅导员（或联系“青年讲师团”成员、党团干部等）每个学期讲1场（2学时），团员和入团积极分子全覆盖。 2. 按各院系团组织工作安排开展好年度第一堂团课	院系团委、辅导员、青年讲师团	开展指导，讲团课，指导学生
	落实团员教育评议制度	4周	通过团支部大会，团员依次开展批评和自我批评，通过评议表决和支委会讨论，决定评议结果（优秀、合格、基本合格、不合格）；结果录入“智慧团建”“团支部工作指导手册”	院系团委、辅导员	开展指导，听取班团干部工作汇报
	落实团员年度团籍注册制度	5周	根据团员教育评议结果，注册团籍，录入“智慧团建”和“团支部工作指导手册”；清理团费收缴情况	院系团委、辅导员	开展指导，听取班团干部工作汇报
	发展团员	成熟一个，发展一个，根据基层团组织工作进度丌展。	按照《发展团员工作细则》，指导非团员青年递交《入团申请书》，指导团支部考察、谈话入团积极分子，安排培养联系人，指导学生参加团课，指导团支部的新团员接收	校团委组织部、院系团委、辅导员	开展指导，听取班团干部工作汇报
	推优入党	5~7周	1. 推荐入党积极分子：根据递交入党申请书情况和组织安排递交入党申请书谈话后情况，上一年团员教育评议情况，召开支部大会讨论形成决议或不记名投票。 2. 推荐参加党校培训的入党积极分子：在入党积极分子中优中选优，通过支部大会或支部委员会推荐参加党校培训的入党积极分子	党建负责人、院系团委、辅导员	指导所带团支部开展工作

续表

类别	工作名称	建议工作时间	参考工作内容	相关部门或人员	辅导员工作内容
班团工作	开展主题团日	每月一次	主题自定，建议： 3 月：学习雷锋主题团日活动、经典阅读主题团日活动； 4 月：坚持体育锻炼相关主题团日活动； 5 月：纪念“五四运动”或庆祝劳动节主题团日活动； 6 月：迎接“七一”主题团日活动	院系团委、辅导员	开展活动指导
	完成“青年大学习”	每周一期	每周通过“天府新青年”或“交大有思”进入并完成青年大学习	校团委宣传部、院系团委、辅导员	开展指导，听取班团干部工作汇报
	开展第二课堂	持续参加	1. 将有特色的主题团日活动按照第二部分第一章申报第二课堂系统。 2. 将团课开设为思想政治与道德素养类课程。 3. 鼓励学生参加校、院文体活动，如校院运动会、趣味运动会、合唱比赛、篮球赛、辩论赛、主持人大赛、歌咏比赛、演讲比赛、寝室装潢大赛等。 4. 重点提醒学生可以参与和接触专业相关的学术科技与创新创业类讲座、竞赛、活动。 5. 提醒学生按照《西南交通大学“第二课堂成绩单”制度实施办法》中的要求及时查看自己所获学时。 6. 按照青年志愿者协会安排申报“交通·公益”志愿服务项目和各单位品牌服务项目，指导所带学生的志愿服务支队持续开展志愿服务。 7. 指导学生结合专业申报“三下乡”暑期社会实践。 8. 受学生邀请担任“三下乡”社会实践指导老师：项目指导、安全事项、专项评优	校团委青年发展部、院系团委、各学院相关学生团队、辅导员	教育和强调，指导学生参加，督促学时预警学生
学业发展与指导	整理上学期成绩	假期至第 3 周	1. 目的：及时了解学生补考后的学习情况，及时与家长沟通，帮助学生调整学习情况。 2. 可以对补考后学期成绩进行统计、整理、分析，整理学业问题名单	辅导员	建议按照工作内容的说明开展
	整理学业数据	1～3 周	1. 目的：帮助辅导员清楚了解各班级、各专业、各年级学习情况。 2. 按照学院要求收集整理各班级计算机二级、英语四六级情况	辅导员	根据学院的整体安排，进行统计

续表

类别	工作名称	建议工作时间	参考工作内容	相关部门或人员	辅导员工作内容
学业发展与指导	开展上学期学习总结	1～3周	1. 目的：帮助学生及时了解自己的学习情况，促使班级共同努力提升。 2. 可以以班级、专业、年级为单位开展，与班导师共同开展。 3. 可结合上学期学习情况总结	辅导员、班导师	建议按照工作内容的说明开展
	开展考研动员工作	3～16周	1. 目的：帮助拟定考研的学生鉴定目标，促进考研复习行动。 2. 组织考研动员大会，帮助学生坚定目标，并进行考研形势分析、考研政策解析。 3. 动员学生参与学校或学院的考研相关的提升班	各学院相关学生团队、年级组长、专家、辅导员	根据学院的整体安排，组织学生参加；可以根据学生需求自行开展
	开展学业不适应学生集体自习	4～16周	1. 目的：帮助上学期有退学预警的学生及时调整自己，养成良好的自习习惯。 2. 可以以年级、学院为单位开展。 3. 可以邀请高年级学生或学生党员帮助学院不适应学生	辅导员、年级组长、高年级学生、学生党员	根据学院的整体安排，组织学生参加
	了解日常学习情况	2～16周	1. 目的：及时了解学生学习情况，及时与学生沟通。 2. 可以通过任课老师考勤、学习委员考勤、查课、与学生交流、与任课老师交流等方式了解学生学习情况	辅导员、班导师、任课教师、学习委员	建议按照工作内容的说明开展
	开展半期学习总结	11～12周	1. 目的：帮助新生及时了解自己学习情况，调整学习方法。 2. 可以在半期考试后，以班级、专业为单位开展。 3. 总结半期学习情况和半期考试情况	辅导员、班导师	建议按照工作内容的说明开展
	选拔学习榜样	11～14周	1. 目的：鼓励成绩优异的学生展示自己，提升自己的综合素质，营造良好的学习氛围。 2. 可以鼓励成绩优异的学生参加相关活动	各学院相关学生团队、辅导员	根据学院的整体安排，组织学生参加
	开展保研指导工作	14～15周	1. 目的：帮助拟定保研学生更好地实现目标。 2. 通过讲座、会议、一对一等方式引导学生合理定位目标院校选择。 3. 通过讲座、一对一等方式进行保研简历与面试的辅导，并开展保研形势、夏令营材料、导师联系等工作的指导	各学院相关学生团队、年级组长、专家、辅导员	根据学院的整体安排，组织学生参加，可以根据学生需求自行开展

续表

类别	工作名称	建议工作时间	参考工作内容	相关部门或人员	辅导员工作内容
学业发展与指导	开展期末动员	15～16 周	1. 目的：提醒学生进入复习考试冲刺，帮助新生树立诚信考试观念，强调考场纪律。 2. 可以以班级、专业为单位开展。 3. 辅导员自行或者邀请班导师强调考场纪律。 4. 组织学生签订《诚信考试承诺书》	辅导员、班导师	建议按照工作内容的说明开展
	整理学期成绩	18～20 周	1. 目的：及时了解学生学习情况，及时与家长沟通，帮助学生调整学习状态。 2. 可以对学期成绩进行统计整理分析，整理学业问题名单。 3. 可以给家长邮寄成绩或与其联系，并请其督促学生复习	辅导员	建议按照工作内容的说明开展
	开展学业指导	1～20 周	1. 目的：及时了解学生学习情况，帮助学生明确学业目标，制订学业计划。 2. 可以与学业有困难或困惑的学生进行一对一交流，指导其明确学业目标，制订学业计划	辅导员、班导师	建议按照工作内容的说明开展
创新创业工作	清理学生完成创新学分情况	1～2 周	1. 目的：通过清理创新学分，对于还没修满创新学分的学生进行督促，避免因为缺失创新学分而影响毕业。 2. 要求：清理准确、提醒到位。 3. 形式：班级学习委员统计自查，对于掌握的重点学生，单独检查督促。 4. 对于未完成创新学分学生，要求其报名个性化实验、重点实验室开放项目等项目以完成学分	学院教务老师、辅导员	对重点学生开展敦促与指导工作
	创新创业深度参与——支持学生学科竞赛攻坚	1～16 周、暑假	1. 目的：本学年为学生参加学科竞赛的攻坚阶段，可以用适当的方式对学生进行支持。 2. 要求：由于学生备战学科竞赛，身心都会比较集中投入，尽可能做到默默支持。 3. 形式：结合宿舍走访、实验室走访或者比如在食堂、操场等非正式场合对学生进行关心支持	辅导员、竞赛指导老师	利用与学生见面的机会开展谈心谈话，联系竞赛指导老师了解学生参加科创竞赛的情况

续表

类别	工作名称	建议工作时间	参考工作内容	相关部门或人员	辅导员工作内容
创新创业工作	鼓励学生参加创新讲座活动	1~16周	1. 目的：通过创新讲座了解某一细分领域的专业知识。 2. 要求：鼓励学生参与。 3. 形式：学校、学院科创中心会组织相关的活动，鼓励学生积极报名参加	学院科创中心、辅导员	根据学校、学院整体安排，组织学生参加
	鼓励学生参加科创竞赛沙龙活动	1~16周	1. 目的：小范围、主题性的科创沙龙能够让学生更进一步地了解科创竞赛。 2. 要求：鼓励学生参与。 3. 形式：学院科创中心会组织相关的活动，鼓励学生积极报名参加	学院科创中心、辅导员	根据学校、学院整体安排，组织学生参加
国际化引导与教育	进行国际化指导工作	1~15周	1. 目的：提升英语能力和自身竞争力。 2. 联合学校（院）国际化学生团队开展多样化活动，如英语风采展示、辩论赛等，鼓励学生将英语运用到实践当中。 3. 针对性职业生涯规划与指导，联合具有校（院）合作关系的专业留学咨询（英语学习）机构进行模拟面试等。 4. 提供个性化留学规划方案，并根据方案补齐自身短板，提高综合实力	具有校（院）合作关系的专业留学咨询（英语学习）机构、学院国际化专项工作负责人、辅导员	根据学院的整体安排，协助专项负责人开展工作，重点做好宣传、动员、了解、引导工作
	开展出国深造指导工作	8~13周	1. 目的：提升语言考试水平。 2. 联合具有校（院）合作关系的专业留学咨询（英语学习）机构进行托福、雅思模拟考试，并分享考试技巧、海外高校的申请技巧和相关文书写作技巧等	具有校（院）合作关系的专业留学咨询（英语学习）机构、学院国际化专项工作负责人、辅导员	根据学院的整体安排，协助专项负责人开展工作，重点做好学生的思想工作和帮扶工作
	组织交流交换活动	10~16周	1. 目的：引导学生进行参与交流交换活动，通过短期体验为今后的留学做出更加科学的规划和选择。 2. 根据学校和学院项目要求，积极宣传、组织、选拔学生参与交流、交换项目以及其他适合的国际组织任职项目。 3. 组织学生参与选拔、按照项目要求办理相关手续和项目备案并做好行前教育等事宜	国际处、教务处、学生工作部（处）、招生就业处、学院国际化专项工作负责人、辅导员	根据学院的整体安排，协助专项负责人开展工作，重点做好宣传、动员、引导工作
	普及与解读专项资助政策	根据学校各部门、各学院的通知	1. 目的：给予学生更多参与国际化项目的机会。 2. 根据学校学院、学院安排，鼓励并指导学生积极参与国际化资助项目，并指导符合条件学生申请资助	国际处、教务处、学生工作部（处）、学院国际化专项工作负责人、辅导员	根据学院的整体安排，协助专项负责人开展工作，重点做好政策解读与指导学生申请

续表

类别	工作名称	建议工作时间	参考工作内容	相关部门或人员	辅导员工作内容
国际化引导与教育	收集与宣传海外项目总结信息	暑假期间	1. 目的：进行总结、反馈、宣传，营造更好的国际化氛围。 2. 协助学校或学院收集寒期海外实践项目总结信息、协助完成学分替换等工作。 3. 协助在相关媒体上进行项目宣传报道，营造良好的国际化氛围，并更新国际化宣传素材	国际处、教务处、学院国际化专项工作负责人、项目带队老师	根据学院的整体安排，协助专项负责人开展工作
心理健康教育工作	开展3·25（善爱我）大学生校园文化心理节活动	3～12周	1. 目的：倡导大学生善待自我、关爱自我，怀着这份温暖、包容的情意欣赏和接纳全部的自己；以积极、豁达的心态体验我们生活中的每一次经历，快乐成长，健康成才；以发自内心的爱与和谐来善待和关爱他人及社会，共创美丽校园，建设美丽中国。 2. 组织学院学生参与3·25（善爱我）校园心理文化节开幕式。 3. 组织学院学生参与3·25（善爱我）校园心理文化节系列活动，协助进行学院整体关注心理健康氛围的营造。 4. 参与学院3·25（善爱我）校园心理文化节建设活动	心理研究与咨询中心、学院相关团学组织、学院心理专项工作负责人、辅导员	根据学校、学院整体安排，组织学生参与
	开展心理沙盘活动	4～16周	1. 目的：了解自我，增强团队合作能力、提升心理工作能力。 2. 建议组织学生骨干或辅导员参与心理沙盘活动	心理研究与咨询中心、学院心理专项工作负责人、辅导员	根据学院安排，参与活动或组织学生参与活动
	动态更新重点支持学生台账	1～20周	1. 目的：帮助辅导员更好地熟悉、关爱、支持每一位学生。 2. 建议关爱进入大学后心理适应不佳的学生群体，帮助学生融入大学生活，避免心理问题的产生。 3. 分类关爱重点支持学生群体，做到及时发现问题、解决问题。 4. 辅导员根据日常掌握的情况，分类别动态更新重点支持学生台账。 5. 根据学校、学院要求不定期更新台账。 6. 按照要求建立“一人一档”。 7. 深入关注关爱、注重方式方法、做好工作记录、问题严重及时汇报，请求专业支持	心理研究与咨询中心、学院分管领导、学院心理专项工作负责人、辅导员	建议按照工作内容的说明开展

续表

类别	工作名称	建议工作时间	参考工作内容	相关部门或人员	辅导员工作内容
心理健康教育工作	干预与处理日常及突发性学生心理危机事件	1~20周	1. 目的：提高心理危机干预工作的针对性和实效性，有效防范化解危机事件的发生。 2. 建议学习在大学生心理危机干预工作中需要运用的专业知识，提高大学生心理危机干预能力，能基本辨别心理正常与异常现象，提高面对日常心理问题和突发性心理危机事件的应变能力与解决能力。 3. 面对出现心理危机的学生采取迅速而有效的应对措施，给予支持与帮助。 4. 出现突发性心理危机事件立即请求心理专业老师、家长、班导师、学院领导、得力骨干的支持。 5. 面对突发性心理危机，在得到家长授权下，可以采取及时就医工作	心理研究与咨询中心、学校(院)分管领导、学院心理专项工作负责人、辅导员、班导师、家长、相关学生	建议按照工作内容的说明开展
	开展谈心谈话工作	1~20周	1. 目的：通过谈心谈话工作，全面了解、掌握学生状态。 2. 了解学生真实状态，开展各方面的引导、指导、督导工作。 3. 在谈话中及时发现、辨别是否存在心理问题，及时汇报并请求专业支持。 4. 根据情况，联系家长。 5. 做好工作记录	辅导员	建议按照工作内容的说明开展
	开展期末减压工作	14~16周	1. 目的：鼓励学生认真复习准备期末考试，减轻心理压力。 2. 重点关注在学业上有不适应学生，避免考试成为心理问题发生的诱因。 3. 讲解补考、重修政策，避免学生因心理压力过大而作弊，要求诚信考试	年级组长、辅导员	建议按照工作内容的说明开展
	进入毕业阶段的心理辅导	14~18周	1. 目的：提醒学生做好毕业选择，就升学、深造、就业做好心理准备、行为准备。 2. 根据考研、保研、出国、就业不同特点进行目标聚焦、心理压力疏导与行为促进	学院分管领导、生涯规划专家	根据学院安排，组织学生参加；一对一进行沟通、引导

续表

类别	工作名称	建议工作时间	参考工作内容	相关部门或人员	辅导员工作内容
职业生涯规划与就业指导	进行目标—行为分析	1～6 周	1. 目的：让学生确认或调整目标、引导相应的行为。 2. 有意识加强升学、深造的引导。 3. 结合学生各方面的表现对学生的行为进行督促与指导	辅导员	建议按照工作内容的说明开展
	开展学生的分类指导工作	1～18 周	1. 根据学生毕业去向进行分类指导工作。 2. 按照就业、保研、考研、出国等不同目标建立相应的学生工作群。 3. 针对不同目标学生进行有针对性的信息发布、指导工作以及敦促工作	辅导员	建议按照工作内容的说明开展
	开展考研动员工作	3～16 周	1. 目的：帮助拟定考研的学生坚定目标，促进考研复习行动。 2. 组织考研动员大会，帮助学生坚定目标、并进行考研形势分析、考研政策解析。 3. 动员学生参与学校或学院的考研相关的提升班	各学院相关学生团队、年级组长、专家、辅导员	根据学院的整体安排，组织学生参加，可以根据学生需求自行开展
	开展保研指导工作	14～15 周	1. 目的：帮助保研学生更好地实现目标。 2. 通过讲座、会议、一对一等方式引导学生合理定位目标院校选择，引导学生保送本校。 3. 通过讲座、一对一等方式进行保研简历与面试的辅导，并开展保研形势、夏令营材料、导师联系等工作的指导	各学院相关学生团队、分管领导、年级组长、专家、辅导员	根据学院的整体安排，组织学生参加，可以根据学生需求自行开展
	开展职业世界认知工作	6～16 周	1. 目的：帮助就业学生更好定位职业选择。 2. 组织学生参与学校或学校组织的企业开放日。 3. 组织学生参加学校或学院组织的企业 HR 或专家的行业讲解	招生就业处、各学院相关学生团队、企业、辅导员	根据学院的整体安排，组织学生参加，可以根据学生需求自行开展
	开展求职技能提升工作	6～16 周	1. 目的：帮助学生做好就业前的各种准备。 2. 通过讲座、一对一等方式进行心理调适、就业形势分析、简历、面试等的指导。 3. 通过模拟面试或模拟面试竞赛提升学生的面试技能	招生就业处、各学院相关学生团队、企业、辅导员	根据学院的整体安排，组织学生参加，可以根据学生需求自行开展
	引导学生参与企业实习	10 周至暑假	1. 目的：提升学生就业竞争力。 2. 鼓励学生参加企业实习。 3. 要求学生认真参与企业实习并完成实习替代工作。 4. 未能参与企业实习的学生做好学校计划内实习工作	学院教务员、系主任、教学副院长、辅导员	按照学校规定引导学生积极参与企业实习并为学生办理好相关手续

续表

类别	工作名称	建议工作时间	参考工作内容	相关部门或人员	辅导员工作内容
职业生涯规划与就业指导	开展毕业班动员大会	14～18 周	1. 目的：指导学生做好毕业前的心理准备和行为准备。 2. 开展全院或分专业的毕业前动员大会，对升学、深造、就业应该做的相应准备进行强调与指导	各学院相关学生团队、分管领导、年级组长、辅导员	根据学院的整体安排，组织学生参加；可以根据学生需求自行开展，可以进行一对一指导
	开展就业准备工作	15～20 周	1. 目的：为就业工作做好准备。 2. 做好面向企业的就业邀请函，积极邀请企业前来学校选聘学生。 3. 按照就业处要求做好大三学生就业信息校核工作	招生就业处、各学院相关学生团队、分管领导、年级组长、辅导员	根据学校、学院的整体安排，做好相应工作
	进行目标达成度的分析	暑假	1. 目的：指导学生学会自我总结与提升。 2. 可结合学生的学期总结进行。 3. 指导学生在《大学生生涯规划手册》里进行记录	辅导员	建议按照工作内容的说明开展
评奖评优	开展学校、学院其他奖助学金评选	4～7 周	1. 目的：给予学生奖助学金以鼓励和支持完成学业，表达学校、学院关爱。 2. 根据学校、学院通知参与该类奖助学金评选。 3. 根据条件进行候选人的推荐与材料申报。 4. 关注评选结果并及时通知学生	学院相关组织、领导、专业教师代表、年级组长、辅导员、学院评奖评优负责人	鼓励相关学生进行申请、审核相关材料、参与学院评审
	开展榜样示范与感恩教育	1～16 周	1. 以评奖评优为契机，宣传与示范，营造学生创先争优的积极向上精神。 2. 以评奖评优为契机，加强学生的感恩教育，引导学生感恩，用自己可行的方式表达。 3. 学校、学院组织相关的展示活动、感恩活动	辅导员、学院评奖评优负责人、各学院相关学生团队	指导学生参与学校、学院感恩教育活动
勤助贷	开展生源地助学贷款网上续贷申请	10～15 周	转发金融机构通知，提醒学生网上申请	辅导员、学院资助专项工作联系人、学生工作部（处）	提醒学生、掌握贷款学生情况
	开展“自强之星”评选	5～7 周	从家庭经济困难学生中推荐典型人物，通过典型人物鼓励家庭经济困难学生	辅导员、校团委、学生工作部（处）、承办学院	建议按照工作内容的说明开展

续表

类别	工作名称	建议工作时间	参考工作内容	相关部门或人员	辅导员工作内容
勤助贷	开展勤工助学招聘	3～4 周	1. 通知学生申请，特别是家庭经济困难学生。 2. 审核学生申请表，叮嘱申请学生兼顾勤工助学和学业学习。 3. 关心学生勤工助学工作情况。 4. 引导家庭经济困难学生结合专业能力和学生干部经历申请岗位	辅导员、学院资助专项工作联系人、用人单位负责老师	通知和关爱学生
安全教育与安稳处理	开展日常安全教育	1～17 周	1. 目的：通过班会、线上提示、安全教育承诺书等教育方式，提高学生校园安全意识，避免校园安全事件发生。 2. 加强宿舍、园区安全教育，禁止在宿舍存放或使用违章电器，定期走访宿舍了解安全情况。 3. 重点加强意识形态安全、人身安全、交通安全、财产安全、空中安全（禁飞无人机）、集体活动安全、实验室安全、网络安全等内容的教育。 4. 可以以班会、专业会、年级会方式或线上方式开展教育。 5. 根据学校要求，签订相应的安全承诺书并存档。 6. 不组织、不开展任何形式的集体外出旅游	辅导员	建议按照工作内容的说明开展
	开展重点支持学生安稳工作	1～20 周	1. 目的：更好地关注、关心需要重点支持的学生。 2. 根据学生情况，做好重点支持学生“一人一档”工作。 3. 做好关爱支持工作。 4. 做好档案记录与管理工作。 5. 根据严重性及时上报。 6. 动态更新	学院分管领导、学生工作部（处）、心理咨询与研究中心、相关学生辅导员	建议按照工作内容的说明开展
	开展地震、防灾演练	根据学校安排	1. 目的：提升学生应对地震、火灾等自然灾害的能力。 2. 按照学校要求，组织学生认真参与预防地震演练或预防火灾演练，提升学生防灾能力	学校安全办、学生工作部（处）、保卫处、辅导员	根据学校的整体安排，组织学生参加
	开展校外住宿安全工作	1～17 周	1. 目的：增强校外住宿学生安全意识。 2. 原则上，不允许校外住宿。 3. 因特殊情况，按照学校规定进行校外住宿手续办理，做好记录，了解学生校外住宿安全情况，并进行安全教育	学生工作部（处）、辅导员	建议按照工作内容的说明开展

续表

类别	工作名称	建议工作时间	参考工作内容	相关部门或人员	辅导员工作内容
安全教育与安稳处理	做好突发安稳事件处理工作	1~20周	1. 目的：形成安稳处理体系，保障突发安稳事件顺利解决。 2. 对于突发的安全问题按照学校学院要求进行第一时间、第一现场的原则进行妥善处置。 3. 及时向相关领导与部门汇报。 4. 及时做好上报和总结汇报工作	学生工作部（处）、保卫处、心理咨询与研究中心等部门、学院分管领导、辅导员	建议按照工作内容的说明开展
	暑期短学期实习安全教育	16~20周	1. 目的：提高学生的实习安全意识。 2. 对于突发的安全问题按照学校学院要求，遵循第一时间、第一现场的原则进行妥善处置。 3. 及时向相关领导与部门汇报。 4. 及时做好上报和总结汇报工作	学院教务、实习带队老师、辅导员	做好教育工作，若发生安稳问题协助带队老师处理
	做好暑假海外实践安全教育	16~20周	1. 目的：增强参与海外项目学生的安全意识。 2. 指导学生按照国际化项目要求办理安全手续。 3. 做好海外实践安全教育	国际处、教务处、学院国际化专项工作负责人、辅导员	根据学院的整体安排，协助做好教育工作
	做好假期安全教育	16~20周	1. 目的：增强学生假期安全意识。 2. 做好假期留校统计工作。 3. 做好学生的假期安全教育。 4. 如遇突发情况，要迅速掌握及时处理。 5. 加强寝室管理，假期要严格遵守宿舍管理规定。 6. 严格执行外出请销假制度。 7. 做好开学前因事因病未能按期返校学生的请假工作	辅导员	建议按照工作内容的说明开展

表 19.7　第七学期工作指南

类别	工作名称	建议工作时间	参考工作内容	相关部门或人员	辅导员工作内容
党建工作	制订政治理论学习计划	5 周	1. 根据学院党委工作安排，指导支部制订执行学期内政治理论学习计划。 2. 建议可以以多种形式开展	学院党建负责人、辅导员	指导所在党支部制订理论学习计划
	开展推优入党工作（推选发展对象）	9 周	1. 根据党员发展相关规定，对经过一年以上培养教育和考察、基本具备党员条件（已通过党课）的入党积极分子，在听取党小组、培养联系人、党员和群众意见的基础上，支部委员会讨论同意并报上级党委备案后，可列为发展对象。 2. 为发展对象确定入党介绍人。 3. 辅导员及时了解和掌握发展对象情况	党建负责人、院系团委、组织员、辅导员	指导所带党、团支部协同开展工作。
	开展发展对象课程培训	10～11 周	1. 根据党校工作安排，组织发展对象参加课程培训。 2. 辅导员及时了解和掌握学习情况	学院党委、学院党建负责人、组织员、辅导员	1. 了解、掌握所在支部和所带学生学习情况。 2. 协助党校开展工作
	开展发展对象实践培训	12～13 周	1. 根据党校工作安排，组织发展对象参加社会实践。 2. 辅导员及时了解和掌握培训情况	学院党委、学院党建负责人、组织员、辅导员	1. 了解、掌握所在支部和所带学生学习情况。 2. 协助党校开展工作
	指导党员材料撰写（含政审工作）	10～14 周	1. 对发展对象开展政审工作。 2. 指导发展对象撰写党员材料。 3. 对审查合格的发展对象报学院党委预审。 4. 指导申请转正的预备党员撰写相关材料	学院党委、学院党建负责人、辅导员	指导所在支部开展工作
	召开预备党员接收大会及预备党员转正大会	15 周	1. 党支部召开接收大会，接受发展对象为预备党员。 2. 党支部召开转正大会，同意预备期满的预备党员转正	学院党委、学院党建负责人、辅导员	指导所在支部开展工作
	发展对象谈话工作	16～17 周	1. 按照要求，指派学院党委委员（或党总支委员）、组织员同发展对象谈话。 2. 谈话人将谈话情况和自己对发展对象能否入党的意见，如实填写并向党委汇报	学院党委、学院党建负责人、辅导员	1. 了解、掌握所在支部和所带学生作为发展对象的情况。 2. 协助党委（党总支）开展工作

续表

类别	工作名称	建议工作时间	参考工作内容	相关部门或人员	辅导员工作内容
党建工作	党委审批预备党员及预备党员转正	18周及以后	1. 党委主要审议发展对象是否具备党员条件、入党手续是否完备。发展对象符合党员条件、入党手续完备的，批准其为预备党员。 2. 党委审批预备党员转正	学院党委、学院党建负责人	1. 了解、掌握所在支部和所带学生作为预备党员的情况。 2. 协助党委（党总支）开展工作
	开展主题教育活动（含“三会一课”等）	2~14周	1. 在实践中强化思想引领。 2. 根据具体的学习内容，开展主题教育实践 活动。 3. 活动形式灵活，方式多样。 4. 做好“三会一课”等	学院党委、学院党建负责人、辅导员	指导所在支部开展工作
	开展支部建设工作	1~16周	按照学院党委整体要求进行支部建设工作，包括组织生活会、理论学习、支部特色活动、党支部书记述职、收缴党费、党员信息年统等工作	学院党委、学院党建负责人、辅导员	指导所在支部开展相应工作
班团工作	召开团支部大会	3周、6~7周	第3周：传达、学习。审议上一届支部委员会工作报告；团支委换届选举；讨论建议主要班委候选人；开展学期民主生活会；研究决定是否同意班级推荐参评上一学年评奖、评优的个人；审议下一年支部工作计划。 第6~7周：传达、学习。推荐优秀团员作为入党积极分子；研究决定是否同意推荐优秀的入党积极分子作为预备党员的发展对象；清理团费收缴情况并上缴团费	辅导员	明确要求、规则，开展指导，督察工作进展情况
	召开班会	1~17周	第3周：听取审议各班委工作汇报；班委换届选举；讨论通过学年民主评议和班级学年鉴定意见；推荐参加校、院评奖、评优个人；审议下一年班级工作计划。 第15周：总结一学期工作；期末学风学业动员；寒假安全提醒。 结合各项教育工作和事务工作，合理统筹召开班会	辅导员	明确要求、规则，开展指导，督察工作进展情况
	召开班委会、团支委会	每月召开，团支部大会前、后召开	第1次：选举团支部书记、讨论团支委分工；讨论班委候选人；传达、学习，制订团支部年度工作计划。 第2次：传达、学习，团支委民主生活会；讨论推优入党工作；讨论主题团日活动开展。 第3次：传达、学习；讨论推优入党候选人建议人选；讨论主题团日活动开展。 第4次：传达、学习，学期工作总结和期末班会布置	辅导员	明确要求、规则，开展指导，听取班团干部工作汇报

续表

类别	工作名称	建议工作时间	参考工作内容	相关部门或人员	辅导员工作内容
班团工作	开展团课	1场	辅导员（或联系“青年讲师团”成员、党团干部等）每个学期讲1场（2学时），团员和入团积极分子全覆盖	院系团委、辅导员、青年讲师团	开展指导，讲团课，指导学生
班团工作	培养班团干部	3周	1. 优化团支部和班委设置，明确班委、团支委职能。 2. 组织召开团支部大会，主持团支部选举。 3. 明确团支委职责和班委职责。 4. 指导团支委做好班委选举。 5. 召开班团干部会议做好新一届班团干部培训	院系团委、辅导员	明确要求、规则，开展指导，督察工作进展情况
班团工作	开展学生个人和集体学年鉴定和荣誉评选	3周	组织班会：听取审议各班委工作汇报；所有学生依次总结上一学年思想、学习、工作、生活情况；依次讨论对每个学生的鉴定意见；结合学年坚定意见、根据评优条件和指标评选个人荣誉	院系评奖评优负责人、辅导员	明确要求、规则，开展指导，督察工作进展情况
班团工作	发展团员	成熟一个，发展一个，根据基层团组织工作进度开展	按照《发展团员工作细则》，指导非团员青年递交《入团申请书》，指导团支部考察、谈话入团积极分子，安排培养联系人，指导学生参加团课，指导团支部的新团员接收	校团委组织部、院系团委、辅导员	开展指导，讲团课，指导学生
班团工作	推优入党	5~7周	1. 推荐入党积极分子：根据递交入党申请书情况和组织安排递交入党申请书谈话后情况，上一年团员教育评议情况，召开支部大会讨论形成决议或不记名投票。 2. 推荐党员发展对象：召开支部大会，在满足党员发展要求的团员中推荐可发展的人选。 3. 推荐参加党校培训的入党积极分子：在入党积极分子中优中选优，通过支部大会或支部委员会推荐参加党校培训的入党积极分子	党建负责人、院系团委、辅导员	指导所带团支部开展工作
班团工作	开展主题团日	每月一次	主题自定，建议： 9月：经典阅读主题团日活动。 10月：庆国庆主题团日活动。 11月：学风建设主题团日活动。 12月：纪念“一二·九”运动主题团日活动	院系团委、辅导员	开展指导，听取班团干部工作汇报

续表

类别	工作名称	建议工作时间	参考工作内容	相关部门或人员	辅导员工作内容
班团工作	开展第二课堂	持续参加	1. 将有特色的主题团日活动按照第二部分第一章申报第二课堂系统。 2. 将团课开设为思想政治与道德素养类课程。 3. 鼓励学生参加校、院文体活动。 4. 重点提醒学生参加到专业相关的学术科技与创新创业类讲座、竞赛、活动。 5. 清理学生按照《西南交通大学“第二课堂成绩单”制度实施办法》所获学时，帮扶重点学生完成学时。 6. 指导所带学生的志愿服务支队持续开展已经申报的“交通·公益”志愿服务。 7. 鼓励学生申报“三下乡”寒假社会实践和招生宣传社会实践。 8. 受学生邀请担任“三下乡”社会实践指导老师：项目指导、安全事项、专项评优	校团委青年发展部、院系团委、各学院相关团队、社团、辅导员	教育和强调，指导学生参加，督促学时预警学生，帮扶未完成的学生完成学时
	完成“青年大学习”	每周一期	每周通过“天府新青年”或“交大有思”进入并完成青年大学习	校团委宣传部、院系团委、辅导员	开展指导，听取班团干部工作汇报
学业发展与指导	整理上学期成绩	假期至第3周	1. 目的：及时了解学生补考后的学习情况，及时与家长沟通，帮助学生调整学习情况。 2. 可以对补考后的学期成绩进行统计、整理、分析，整理学业问题名单	辅导员	建议按照工作内容的说明开展
	整理学业数据	1～3周	1. 目的：帮助辅导员清楚了解各班级、各专业、各年级学习情况。 2. 按照学院要求收集整理各班级计算机二级、英语四六级情况	辅导员	根据学院的整体安排，进行统计
	开展上学期学习总结	1～3周	1. 目的：帮助学生及时了解自己的学习情况，促使班级共同努力提升。 2. 可以以班级、专业、年级为单位开展，与班导师共同开展。 3. 可结合上学期学习情况总结	辅导员、班导师	建议按照工作内容的说明开展
	开展学业不适应学生集体自习	4～16周	1. 目的：帮助上学期有退学预警的学生及时调整自己，养成良好的自习习惯。 2. 可以以年级、学院为单位开展。 3. 可以邀请高年级学生或学生党员帮助学院不适应学生	辅导员、年级组长、高年级学生、学生党员	根据学院的整体安排，组织学生参加

续表

类别	工作名称	建议工作时间	参考工作内容	相关部门或人员	辅导员工作内容
学业发展与指导	了解日常学习情况	2～16 周	1. 目的：及时了解学生学习情况，及时与学生沟通。 2. 可以通过任课老师考勤、学习委员考勤、查课、与学生交流、与任课老师交流等方式了解学生学习情况	辅导员、班导师、任课教师、学习委员	建议按照工作内容的说明开展
	开展半期学习总结	11～12 周	1. 目的：帮助新生及时了解自己学习情况，调整学习方法。 2. 可以在半期考试后，以班级、专业为单位开展。 3. 总结半期学习情况和半期考试情况	辅导员、班导师	建议按照工作内容的说明开展
	选拔朋辈导师或小讲师	11～14 周	1. 目的：鼓励成绩优异的学生帮扶有学业困难的学生；鼓励成绩优异的学生自主设计微课堂，帮助有需要的学生，同时提高自己的学习能力。 2. 可以鼓励成绩优异的学生参加相关活动	各学院相关学生团队、辅导员	根据学院的整体安排，组织学生参加
	开展期末动员	15～16 周	1. 目的：提醒学生进入复习考试冲刺，帮助新生树立诚信考试观念，强调考场纪律。 2. 可以以班级、专业为单位开展。 3. 辅导员自行或者邀请班导师强调考场纪律。 4. 组织学生签订《诚信考试承诺书》	辅导员、班导师	建议按照工作内容的说明开展
	整理学期成绩	18～20 周	1. 目的：及时了解学生学习情况，及时与家长沟通，帮助学生调整学习状态。 2. 可以对学期成绩进行统计、整理、分析，整理学业问题名单。 3. 可以给家长邮寄成绩或联系，并请其做好假期督促复习工作	辅导员	建议按照工作内容的说明开展
	开展学业指导	1～20 周	1. 目的：及时了解学生学习情况，帮助学生明确学业目标，制订学业计划。 2. 可以与学业有困难或困惑的学生进行一对一交流，指导其明确学业目标，制订学业计划	辅导员、班导师	建议按照工作内容的说明开展
创新创业工作	第三次解读大学科创竞赛政策	1～2 周	1. 目的：本学期部分学生们面临保研，通过政策讲解，可以让学生们进一步明晰保研加分中的科创竞赛部分。 2. 要求：政策讲解清晰、准确。 3. 形式：结合学期班会进行，在讲解保研加分政策之外，对准备就业的学生，讲解如何在简历中体现好科创竞赛	学院教务老师、辅导员	在学期班会开展政策讲解工作

续表

类别	工作名称	建议工作时间	参考工作内容	相关部门或人员	辅导员工作内容
创新创业工作	统计学生参加科创活动（实验竞赛月、SRTP、个性化实验、重点实验室开放项目）情况	1～8周	1. 目的：掌握学生参加科创竞赛情况，发掘科创竞赛种子，发现科创竞赛欠佳学生鼓励其参与，为提升毕业竞争力做最后的准备。 2. 要求：数据准确，统计合理。 3. 方式：可以结合学年评奖评优工作和保研工作一并来做	学院教务老师、辅导员	在学年评奖评优工作和保研工作的基础上开展此项工作
	鼓励与引导竞赛成绩较好的学生参加科创沙龙为低年级学生分享经验	8～16周	1. 目的：让学生们学会感恩，把竞赛经验传递下去，也使学院创新创业工作形成良性循环的闭环。 2. 要求：鼓励到位，要求清晰。 3. 方式：对于掌握的科创竞赛成绩较好的学生进行单独沟通，对接学院科创中心，完成科创沙龙等活动	学院科创中心、辅导员	根据学院整体安排，协助邀请科创成果较好的学生
国际化引导与教育	进行出国深造指导工作	1～20周	1. 目的：提升名校录取率。 2. 留学申请技巧讲座，包括文书制作、个人简历、如何匹配专业与学校等。 3. 邀请具有校（院）合作关系的专业留学咨询（英语学习）机构专家以及具有留学经验的学生分享经验，并进行一对一咨询等。 4. 关注考研不理想的学生，及时转换学生和家长思路，提供相关政策咨询机会并跟反馈情况	具有校（院）合作关系的专业留学咨询（英语学习）机构、学院国际化专项工作负责人、辅导员	根据学院的整体安排，协助专项负责人开展工作，重点做好学生的思想工作和帮扶工作
	组织交流交换活动	10～16周	1. 目的：引导学生参与交流交换活动。 2. 根据学校和学院项目要求，积极宣传、组织、选拔学生参与交流、交换项目以及其他适合的国际组织任职项目。 3. 组织学生参与选拔、按照项目要求办理相关手续和项目备案并做好行前教育等事宜	国际处、教务处、学生工作部（处）、招生就业处、学院国际化专项工作负责人、辅导员	根据学院的整体安排，协助专项负责人开展工作，重点做好宣传、动员、引导工作
	引导学生参加语言考试	1～16周	1. 目的：更新语言考试成绩，达到申请要求。 2. 联合具有校（院）合作关系的专业留学咨询（英语学习）机构进行语言考试模拟考试和冲刺辅导，为出国留学做好必需的准备	具有校（院）合作关系的专业留学咨询（英语学习）机构、学院国际化专项工作负责人、辅导员	根据学院的整体安排，协助专项负责人开展工作，重点在组织学生参加
	普及与解读专项资助政策	根据学校各部门、各学院的通知	1. 目的：给予学生更多参与国际化项目的机会。 2. 根据学校学院、学院安排，鼓励并指导学生积极参与国际化资助项目，并指导符合条件学生申请资助	国际处、教务处、学生工作部（处）、学院国际化专项工作负责人、辅导员	根据学院的整体安排，协助专项负责人开展工作，重点做好政策解读与指导学生申请

续表

类别	工作名称	建议工作时间	参考工作内容	相关部门或人员	辅导员工作内容
国际化引导与教育	收集与宣传海外项目总结信息	寒假期间	1. 目的：进行总结、反馈、宣传，营造更好的国际化氛围。 2. 协助学校或学院收集寒期海外实践项目总结信息、协助完成学分替换等工作。 3. 协助在相关媒体上进行项目宣传报道，营造良好的国际化氛围，并更新国际化宣传素材	国际处、教务处、学院国际化专项工作负责人、辅导员	根据学院的整体安排，协助专项负责人开展工作
心理健康教育工作	进行心理委员调整与培训	1～4周	1. 目的：根据情况调整心理委员人选。 2. 组织心理委员参加学校、学院的心理委员培训	学院心理专项工作负责人、辅导员	建议按照工作内容的说明开展
	缓解考研学生心理压力	1～20周	1. 目的：做好考研学生的鼓励工作，鼓励学生坚持考研；做好考研学生的日常及考前心理关怀工作。 2. 考研结束后，指导学生整理心情，根据实际情况联系导师准备复试或者准备春招	学院分管领导、年级组长、辅导员	根据学院安排，组织学生参加
	开展就业心理关注工作	1～20周	1. 目的：做好毕业生就业心理指导工作，敦促、要求学生参加秋季校园招聘会。 2. 及时发现就业不积极学生、困难学生，进行情况了解，并进行相应的心理疏导和求职指导	学院分管领导、心理研究与咨询中心、招生就业处	根据学院安排，组织学生参加；一对一进行沟通、引导
	动态更新重点支持学生台账	1～20周	1. 目的：帮助辅导员更好地熟悉、关爱、支持每一位学生。 2. 建议关爱进入大学后心理适应不佳的学生群体，帮助学生融入大学生活，避免心理问题的产生。 3. 分类关爱重点支持学生群体，做到及时发现问题、解决问题。 4. 辅导员根据日常掌握的情况，分类别动态更新重点支持学生台账。 5. 根据学校、学院要求不定期更新台账。 6. 按照要求建立“一人一档”。 7. 深入关注关爱、注重方式方法、做好工作记录、问题严重及时汇报，请求专业支持	心理研究与咨询中心、学院分管领导、学院心理专项工作负责人、辅导员	建议按照工作内容的说明开展

续表

类别	工作名称	建议工作时间	参考工作内容	相关部门或人员	辅导员工作内容
心理健康教育工作	干预与处理日常及突发性学生心理危机事件	1~20周	1. 目的：提高心理危机干预工作的针对性和实效性，有效防范化解危机事件的发生。 2. 建议学习在大学生心理危机干预工作中需要运用的专业知识，提高大学生心理危机干预能力，能基本辨别心理正常与异常现象，提高面对日常心理问题和突发性心理危机事件的应变能力与解决能力。 3. 面对出现心理危机的学生采取迅速而有效的应对措施，给予支持与帮助。 4. 出现突发性心理危机事件立即请求心理专业老师的支持、家长支持、班导师与学院领导支持、得力骨干支持。 5. 面对突发性心理危机，在得到家长授权时，可以采取及时就医工作	心理研究与咨询中心、学校(院)分管领导、学院心理专项工作负责人、辅导员、班导师、家长、相关学生	建议按照工作内容的说明开展
	开展谈心谈话工作	1~20周	1. 目的：通过谈心谈话工作，全面了解、掌握学生状态。 2. 了解学生真实状态，开展各方面的引导、指导、督导工作。 3. 在谈话中及时发现、辨别是否存在心理问题，及时汇报并请求专业支持。 4. 根据情况，联系家长。 5. 做好工作记录	辅导员	建议按照工作内容的说明开展
	开展期末减压工作	14~16周	1. 目的：鼓励学生认真复习准备期末考试，减轻心理压力。 2. 重点关注在学业上有不适应学生，避免考试成为心理问题发生的诱因。 3. 讲解补考、重修政策，避免学生因心理压力过大而作弊，要求诚信考试	年级组长、辅导员	建议按照工作内容的说明开展
职业生涯规划与就业指导	进行目标-行为分析	1~6周	1. 目的：最后确认学生的目标，帮助学生分析围绕目标自身还存在的不足，敦促学生做好相应的准备工作。 2. 对学生进行相应的指导	辅导员	建议按照工作内容的说明开展

续表

类别	工作名称	建议工作时间	参考工作内容	相关部门或人员	辅导员工作内容
职业生涯规划与就业指导	开展秋招工作	1～18周	1. 目的：做好企业招聘协助工作，提升学生就业质量。 2. 熟悉、了解就业信息发布的渠道，如招生就业处网站与新媒体、学院网就业栏目与新传媒等，协助企业发布就业信息。 3. 协助企业预订招聘场地。 4. 通过各种方式邀请合作企业前往学校招聘。 5. 接待来访企业，做好企业信息留存工作。 6. 为企业推荐合适的学生。 7. 加强与企业的交流与合作	招生就业处、各学院相关学生团队、分管领导、年级组长、企业、辅导员	根据学院的整体安排，协助开展相关工作
	开展考研指导工作	1～15周	1. 目的：做好考研学生的支持与服务工作。 2. 根据需要敦促学生参加相应的考研冲刺班。 3. 鼓励学生坚持考研。 4. 考研结束后，指导学生开始联系导师、指导学生寒假准备复试	各学院相关学生团队、分管领导、年级组长、辅导员	根据学院的整体安排，组织学生参加；并开展一对一指导工作
	开展就业工作	1～18周	1. 目的：敦促学生落实就业去向。 2. 敦促、要求学生参加校园招聘会。 3. 及时进行就业信息反馈，掌握就业进度。 4. 及时发现与指导就业不积极和就业困难的学生。 5. 及时了解招生就业处的各项政策、信息，做好学生的就业服务工作。 6. 学期中、学期末进行学生的就业工作阶段性总结	辅导员	建议按照工作内容的说明开展
评奖评优	计算（综合）排名	1～2周	1. 辅导员依据学校、学院综奖评定办法认定、计算每位学生的（综合）平均分，将各年级各专业的综合平均分及排名以年级为单位在院网公示3个工作日。 2. 公示期满，需要删除院网上含有学生信息的附件以保护学生的个人信息。 3. 审核学生在评奖周期内是否有纪律处分以及是否满足评奖条件，并做好记录	辅导员、各学院相关学生团队	计算与公示综合平均分、进行资格审查

续表

类别	工作名称	建议工作时间	参考工作内容	相关部门或人员	辅导员工作内容
评奖评优	开展国家（励志）奖学金、感恩科学家奖的院内评选	3～5周	1. 依据学校、各学院评选办法选拔学院拟推荐人选，并在扬华系统上进行审批。 2. 依据通知仔细审核国奖、国励候选人的书面材料（审批表）。 3. 通知并指导申请感恩科学家奖学金的学生准备参加（学院）学校面试、感恩科学家申请论文撰写。 4. 作为评委参加学评审。 5. 等候学院相关专项负责人公示上报学校，学校评选、公示后确定最终获奖名单，关注评选结果并及时通知学生	学院相关学生团队、领导、专业教师代表、年级组长、辅导员、学院评奖评优负责人	指导、审核学生申请材料，参与学院评审
	开展专项奖助学金院内评选	5～10周	1. 鼓励学生积极参评各项奖助学金。 2. 根据各专项奖助学金管理办法，按照分配名额选拔、推荐最具综合实力的申请者，并在扬华系统进行审批。 3. 关注各类专项奖最终获奖名单并记录，原则上，学生各类专项奖学金不兼得。 4. 等候学院相关专项负责人公示上报学校，学校评选、公示后确定最终获奖名单，关注评选结果并及时通知学生	学院相关学生团队、领导、专业教师代表、年级组长、辅导员、学院评奖评优负责人	鼓励相关学生进行申请、审核相关材料、参与学院评审
	开展综合奖学金院内评选	11～13周	1. 按照专业综合排名和学生申请情况推荐至学院评审会，并在扬华系统上进行审批。 2. 原则上，综奖与其他专项奖学金不兼得。 3. 等候学院相关专项负责人公示上报学校，学校评选、公示后确定最终获奖名单，关注评选结果并及时通知学生	学院相关学生团队、领导、专业教师代表、年级组长、辅导员、学院评奖评优负责人	鼓励相关学生进行申请、审核相关材料、参与学院评审
	开展学年鉴定和个人荣誉院内评选	4～5周	1. 下发学年鉴定表，根据学院要求班级情况，参与各班的学年鉴定会和民主评议会，指导学生民主推选出个人荣誉获得者至学院评审会。 3. 作为评委参与学院组织的评审会。 4. 等候学院相关专项负责人公示上报学校，学校评选、公示后确定最终获奖名单，关注评选结果并及时通知学生	学院相关学生团队、领导、专业教师代表、年级组长、辅导员、学院评奖评优负责人	指导、参与各班的学年鉴定会和民主评议会，审核相关材料、参与学院评审

续表

类别	工作名称	建议工作时间	参考工作内容	相关部门或人员	辅导员工作内容
评奖评优	开展优秀毕业生院内评选	4～5 周	1. 依据相关办法推选候选人。 2. 辅导员严格审核候选人材料，特别注意：需要曾两次获得校级及以上级别荣誉称号，曾两次获得国家奖学金、国家励志奖学金、专项奖助学金或综合奖学金，省级优秀毕业生不能有挂科记录。 3. 作为评委参与学院组织的评审会。 4. 等候学院相关专项负责人公示上报学校，学校评选、公示后确定最终获奖名单，省级优秀毕业生需上报至四川省进行评审	学院相关学生团队、领导、专业教师代表、年级组长、辅导员、学院评奖评优负责人	指导、参与各班民主评议和人选推荐，审核相关材料、参与学院评审
	开展集体荣誉院内评选	4～6 周	1. 根据学校、学院评定办法计算各班集体基础数据。 2. 审核各班是否有违纪处分记录。 3. 鼓励各班申请集体荣誉，指导学生准备答辩并参与学院和学校的答辩评审。 4. 作为评委参与学院组织的评审会。 5. 等候学院相关专项负责人公示上报学校，学校评选、公示后确定最终获奖名单，关注评选结果并及时通知班级	学院相关学生团队、领导、专业教师代表、年级组长、辅导员、学院评奖评优负责人	计算各班集体基础数据、答辩指导、参与学院评审
	开展榜样示范与感恩教育	1～16 周	1. 以评奖评优为契机，宣传与示范，营造学生创先争优的积极向上精神。 2. 以评奖评优为契机，加强学生的感恩教育，引导学生感恩，用自己可行的方式表达。 3. 学校、学院组织相关的展示活动、感恩活动	辅导员、学院评奖评优负责人、各学院相关学生团队	指导学生参与学校、学院感恩教育活动
勤助贷	收取办理生源地助学贷款学生的回执	1～3 周	收取办理生源地助学贷款学生的回执	学生工作部（处）、学院资助工作联系人、辅导员	收集回执
	开展家庭经济困难学生集中认定	3～4 周	1. 通知学生认定开启，通过在线申请。 2. 组建班级认定小组。 3. 针对系统评级组织班级认定小组评议。 4. 及时提交评议结果。 5. 通知学生查看公示并接受意见反馈。 6. 提醒通过困难认定并非申请了助学金。 7. 随时掌握学生情况确保困难学生得到认定	学生工作部（处）、学院资助工作联系人、辅导员	建议按照工作内容的说明开展

续表

类别	工作名称	建议工作时间	参考工作内容	相关部门或人员	辅导员工作内容
勤助贷	开展国家助学贷款申请	2～4周	1. 通知家庭经济困难学生、办理了“绿色通道”但没有办理生源地国家助学贷款的学生自愿申请、及时办理。 2. 整理申请学生材料。 3. 提醒学生签订合同、领取借据。 4. 申请贷款学生诚信教育	学生工作部（处）、学院资助工作联系人、辅导员	通知和诚信教育
	开展国家助学金评定	6～8周	1. 通知家庭经济困难学生及时在线申请。 2. 对应家庭经济困难等级等额评定国家助学金并在班级公示。 3. 及时提交评定结果。 4. 通知学生查看学院公示并接受意见反馈。 5. 提醒获评学生发放查收事宜	学生工作部（处）、学院资助工作联系人、辅导员	建议按照工作内容的说明开展
	开展勤工助学招聘	3～4周	1. 通知学生申请，特别是家庭经济困难学生。 2. 审核学生申请表，叮嘱申请学生兼顾勤工助学和学业学习。 3. 关心学生勤工助学工作情况。 4. 引导家庭经济困难学生结合专业能力和学生干部经历申请岗位	学生工作部（处）、学院资助工作联系人、辅导员	通知和关爱学生
安全教育与安稳处理	开展日常安全教育	1～17周	1. 目的：通过班会、线上提示、安全教育承诺书等教育方式，提高学生校园安全意识，避免校园安全事件发生。 2. 加强宿舍、园区安全教育，禁止在宿舍存放或使用违章电器，定期走访宿舍了解安全情况。 3. 重点加强意识形态安全、人身安全、交通安全、财产安全、空中安全（禁飞无人机）、集体活动安全、实验室安全、网络安全等内容的教育。 4. 可以以班会、专业会、年级会方式或线上方式开展教育。 5. 根据学校要求，签订相应的安全承诺书并存档。 6. 不组织、不开展任何形式的集体外出旅游	辅导员	建议按照工作内容的说明开展

续表

类别	工作名称	建议工作时间	参考工作内容	相关部门或人员	辅导员工作内容
安全教育与安稳处理	做好集中购买城乡居民医疗保险的提醒工作	0～2周	1. 目的：保障学生基本医疗需求，保障学生享受国家医疗保障政策，保证学生及家人突发疾病时有国家政策兜底。 2. 报到时提醒学生并进行解释说明。 3. 及时转发校医院通知至未购买成功者。 4. 根据校医院名单提醒未购买学生。 5. 根据银行或校医院通知，提醒学生申请办理、领取并妥善保管社会保障卡	后勤与基建管理处（医幼及场馆中心）、辅导员	建议按照每年《成都市城乡居民医疗保险政策宣传资料》（大学生）和工作内容的说明展开
	开展重点支持学生安稳工作	1～20周	1. 目的：更好地关注、关心需要重点支持的学生。 2. 根据学生情况，做好重点支持学生"一人一档"工作。 3. 做好关爱支持工作。 4. 做好档案记录与管理工作。 5. 根据严重性及时上报。 6. 动态更新	学院分管领导、学生工作部（处）、心理咨询与研究中心、相关学生辅导员	建议按照工作内容的说明开展
	开展地震、防灾演练	根据学校安排	1. 目的：提升学生应对地震、火灾等自然灾害的能力。 2. 按照学校要求，组织学生认真参与预防地震演练或预防火灾演练，提升学生防灾能力	学校安全办、学生工作部（处）、保卫处、辅导员	根据学校的整体安排，组织学生参加
	开展校外住宿安全工作	1～17周	1. 目的：增强校外住宿学生安全意识。 2. 原则上，不允许校外住宿。 3. 因特殊情况，按照学校规定进行校外住宿手续办理，做好记录，了解学生校外住宿安全情况，并进行安全教育	学生工作部（处）、辅导员	建议按照工作内容的说明开展
	做好突发安稳事件处理工作	1～20周	1. 目的：形成安稳处理体系，保障突发安稳事件顺利解决。 2. 对于突发的安全问题按照学校学院要求，遵循第一时间、第一现场的原则进行妥善处置。 3. 及时向相关领导与部门汇报。 4. 及时做好上报和总结汇报工作	学生工作部（处）、保卫处、心理咨询与研究中心等部门、学院分管领导、辅导员	建议按照工作内容的说明开展
	做好寒假海外实践安全教育	16～20周	1. 目的：增强参与海外项目学生的安全意识。 2. 指导学生按照国际化项目要求办理安全手续。 3. 做好海外实践安全教育	国际处、教务处、学院国际化专项工作负责人、辅导员	根据学院的整体安排，协助做好教育工作

续表

类别	工作名称	建议工作时间	参考工作内容	相关部门或人员	辅导员工作内容
安全教育与安稳处理	做好假期安全教育	16～20 周	1. 目的：增强学生假期安全意识。 2. 做好假期留校统计工作。 3. 做好学生的假期安全教育。 4. 如遇突发情况，要迅速掌握及时处理。 5. 加强寝室管理：假期要严格遵守宿舍管理规定。 6. 严格执行外出请销假制度。 7. 做好开学前因事因病未能按期返校学生的请假工作	辅导员	建议按照工作内容的说明开展
毕业工作	就业——指导制作简历	暑期	1. 目的：为了督促学生学习简历制作技巧，准备好有竞争力简历，为求职做好充足准备，快速进入求职者角色。 2. 开学前收集，并根据制作情况进行指导完善	各学院相关学生团队、辅导员	建议按照工作内容的说明开展
	就业——打印就业推荐表	1 周	1. 目的：满足学生求职需求。 2. 按学校相关通知拟学院通知。 3. 组织学生进行生源信息校核并认真填写具有竞争力的就业推荐表。 4. 学院审核。 5. 学院统一打印并加盖学院公章与学院党委章。 6. 年级统一加盖招生就业处公章	招生就业处、辅导员	根据学校、学院的整体安排，完成相应任务
	就业——组建就业工作小组	暑期至第 1 周	1. 目的：协助辅导员、企业、学生做好就业工作。 2. 建议在各专业选聘工作负责、时间充裕的学生成立就业工作小组。 3. 明确工作职责与工作要求开展工作	辅导员	根据学校、学院的整体安排，完成相应任务
	就业——开展求职动员工作	1～3 周	1. 目的：做好学生的就业动员工作，端正学生就业态度、帮助学生了解就业流程与政策，促进就业行动。 2. 召开年级、专业就业动员大会、营造良好就业氛围。 3. 做好分类就业指导工作	招生就业处、各学院相关学生团队、领导、年级组长、辅导员	根据学校、学院的整体安排，组织学生参加；可以根据学生需求自行开展
	就业——开展校园招聘工作	暑期至第 18 周	1. 目的：加强校企联系，助推就业工作。 2. 介绍学院毕业生情况、邀请企业到校到院招聘。 3. 了解单位需求、推荐合适毕业生。 4. 发布相关信息。 5. 现场招聘组织工作。 6. 学生就业动员、指导、和敦促工作。 7. 就业协议管理与发放工作	招生就业处、各学院相关学生团队、领导、年级组长、企业、辅导员	根据学校、学院的整体安排，完成相应任务

续表

类别	工作名称	建议工作时间	参考工作内容	相关部门或人员	辅导员工作内容
毕业工作	就业——接待企业单位	1～18 周	1. 目的：助力学生有更多的企业进行求职。 2. 联系、接待用人单位，并对尚未就业的学生进行重点内推	招生就业处、各学院相关学生团队、领导、年级组长、企业、辅导员	根据学校、学院的整体安排，完成相应任务
	就业——开展指导与督导工作	暑期至第 18 周	1. 目的：协助学生合理定位、提升能力、落实就业。 2. 通过走访宿舍、谈心谈话、氛围营造等方式协助学生落实相对满意的就业去向。 3. 引导学生到国家需要的地区、行业就业，将个人人生梦想与国家需要相结合	招生就业处、各学院相关学生团队、领导、年级组长、企业、辅导员	根据学院的整体安排，组织学生参加；并开展一对一指导工作
	升学——开展保研加分工作	1～2 周	1. 目的：做好免试研究生加分工作，协助学生顺利保研。 2. 在教学负责领导和学工负责领导的领导下，按学校相关通知拟学院通知。 3. 通知和组织学生网上申请。 4. 审核学生加分材料原件核实真实性。 5. 加分预审核对工作。 6. 参加学院组织召开的学院加分审核会。 7. 加分审核会系主任、学院领导签字。 8. 网上加分审核通过。 9. 加分审核公示无异议后报送教务处	教学与学工主管领导、学院教务员、系主任、年级组长、辅导员	根据学校、学院的整体安排，完成相应任务
	升学——开展保研工作	3～5 周	1. 目的：引导指导学生做好保研工作。 2. 根据学校名额分配，配合教学负责人进行专业名额的合理划分。 3. 引导学生合理填报志愿，吸引学生保送本校。 4. 公平公正公开进行每一步的保研公示工作。 5. 注意事项：对于有资格保研的学生务必通知到位、解释到位、签字到位	教学与学工主管领导、学院教务员 、系主任、年级组长、辅导员	根据学校、学院的整体安排，完成相应任务
	升学——开展考研指导工作	3～12 周	1. 目的：协助学生参与考研正规辅导讲座等，助力学生考研复习。 2. 推荐学生参与学校数学考研中心的相关学习提升指导。 3. 引导学生评估自身实力合理进行考研志愿的填报与确认	研究生与学工主管领导、考研数学指导中心、年级组长、辅导员	根据学校、学院的整体安排，完成相应任务，重点开展考研学生的指导工作

续表

类别	工作名称	建议工作时间	参考工作内容	相关部门或人员	辅导员工作内容
毕业工作	升学——开展考研动员工作	1～16 周	1. 目的：助力学生做好考研冲刺工作。 2. 通过考研氛围营造、走访宿舍、一对一谈话鼓励学生坚持与投入考研复习。 3. 帮助学生评估当下学业与考研之间的矛盾与冲突合理进行时间管理	辅导员	根据学院的整体安排，组织学生参加；并开展一对一指导工作
	升学——开展考研后的指导工作	18～19 周	1. 目的：充分利用寒假，做好考研结束后的工作，助力考研。 2. 通过讲座或谈话，评估考研结果。 3. 根据评估结果，有针对性地进行进一步的复试准备或考试后不理想进行求职与出国的冲刺准备。 4. 协助学生了解调剂政策	研究生与学工主管领导、年级组长、辅导员	根据学院的整体安排，组织学生参加；并开展一对一指导工作
	开展出国深造指导工作	1～18 周	1. 目的：协助学生尽快落实出国深造学校。 2. 协同国际化负责老师进行出国深造的准备工作。 3. 敦促学生尽快完成语言考试、文书准备。 4. 敦促学生自行选择专业机构进行协助办理	专业机构、国际化工作负责人、辅导员	根据学院的整体安排，组织学生参加；并开展一对一指导工作
	开展毕业设计选题工作	13 ～15 周	1. 目的：督促学生顺利完成选题工作。 根据教务处当年教学安排，通知并组织在教务系统上进行毕业设计（论文）选题。 2. 学生在教务网上填写选题志愿，指导教师选择学生，学院教务员处理选题。 3. 如有未选到毕业设计题目的学生，及时与学院教务员老师联系，由学院统一进行指导教师和毕业设计题目分配	教务处、学院教务员、辅导员	根据学院的整体安排，通知学生完成选题
	开展毕业设计开题工作	17 ～20 周	1. 目的：督促学生顺利完成选题工作。 督促学生按照毕业设计指导教师要求，有序开展毕业设计工作。 2. 提醒学生不可在考试结束后提前离校，根据学院各系安排进行毕业设计开题答辩准备	系主任、指导老师、辅导员	根据学院的整体安排，通知学生完成开题

表 19.8　第八学期工作指南

类别	工作名称	建议工作时间	参考工作内容	相关部门或人员	辅导员工作内容
党建工作	制订政治理论学习计划	5 周	1. 根据学院党委工作安排，指导支部执行学期内政治理论学习计划。 2. 建议可以以多种形式开展	学院党建负责人、辅导员	指导所在党支部制订理论学习计划
	开展主题教育活动（含“三会一课”）	10～14 周	1. 在实践中强化思想引领。 2. 根据具体的学习内容，开展主题教育实践活动。 3. 活动形式灵活，方式多样	学院党委、学院党建负责人、辅导员	指导所在支部开展工作
	审查毕业生党员档案材料	12～14 周	根据组织要求，对毕业生党员档案进行集中审核	学院党委、学院党建负责人、辅导员	1. 指导所在支部开展相应工作。 2. 提醒所带学生党员完成
	召开预备党员转正大会	第 14 周	党支部召开转正大会，同意预备期满的预备党员转正	学院党委、学院党建负责人、辅导员	指导所在支部开展工作
	支部换届大会	15～16 周	按照支部换届相关规定，启动支部换届工作	学院党委、学院党建负责人、辅导员	指导所在支部开展工作
	组织关系转接工作	15～16 周	根据组织要求，开展组织关系转接工作布置	学院党委、学院党建负责人、辅导员	指导所在支部开展相应工作
	党委审批预备党员转正	17 周及以后	党委审批预备党员转正	学院党委、学院党建负责人	1. 了解、掌握所在支部和所带学生作为预备党员的情况。 2. 协助党委（党总支）开展工作
	开展党员档案装档工作	18～19 周	以支部为单位，进行党员档案封装	学院党委、学院党建负责人、辅导员	指导所在支部开展相应工作
	开展支部建设工作	1～16 周	按照学院党委整体要求进行支部建设工作，包括组织生活会、理论学习、支部特色活动、党支部书记述职、收缴党费、七一表彰、党员信息半年统计等工作	学院党委、学院党建负责人、辅导员	指导所在支部开展相应工作
班团工作	召开团支部大会	4 周、7～8 周	1. 传达、学习。 2. 召开团员年度民主生活会、年度教育评议，研究决定评议意见；研究决定对团员的奖励	辅导员	明确要求、规则，开展指导，督察工作进展情况

续表

类别	工作名称	建议工作时间	参考工作内容	相关部门或人员	辅导员工作内容
班团工作	召开班会	1~17周	第4周：听取审议各班委工作汇报；决定中期班委任免；讨论新学期工作计划；学期班风学风建设情况汇报和计划。 第15周：总结一学期工作和大学四年情况，毕业主题班会，布置毕业离校事务工作。 结合各项教育工作和事务工作，合理统筹召开班会	辅导员	明确要求、规则，开展指导，督察工作进展情况
	召开班委会、团支委会	每月召开，团支部大会前、后召开	第5次：传达、学习，听取前一学期工作汇报，讨论支委、班委分工变化，讨论班委工作情况，提出中期班委任免建议；讨论“交通·公益”志愿服务项目开展。 第6次：传达、学习，团支委民主生活会；讨论推优入党工作；讨论主题团日活动开展。 第7次：传达、学习，讨论推优入党候选人建议人选；讨论主题团日活动开展。 第8次：传达、学习，研究具体工作，毕业生工作布置	辅导员	明确要求、规则，开展指导，听取班团干部工作汇报
	开展团课	1场	毕业生相关主题团课	院系团委、辅导员、青年讲师团	开展指导，讲团课，指导学生
	落实团员教育评议制度	4周	通过团支部大会，团员依次开展批评和自我批评，通过评议表决和支委会讨论，决定评议结果（优秀、合格、基本合格、不合格）；结果录入“智慧团建”“团支部工作指导手册”	院系团委、辅导员	开展指导，听取班团干部工作汇报
	落实团员年度团籍注册制度	5周	根据团员教育评议结果，注册团籍，录入“智慧团建”和“团支部工作指导手册”、清理团费收缴情况	院系团委、辅导员	开展指导，听取班团干部工作汇报
	发展团员	成熟一个，发展一个，根据基层团组织工作进度开展	按照《发展团员工作细则》，指导非团员青年递交《入团申请书》，指导团支部考察、谈话入团积极分子，安排培养联系人，指导学生参加团课，指导团支部的新团员接收	校团委组织部、院系团委、辅导员	开展指导，听取班团干部工作汇报
	推优入党	5~7周	1. 推荐入党积极分子：根据递交入党申请书情况和组织安排递交入党申请书谈话后情况，上一年团员教育评议情况，召开支部大会讨论形成决议或不记名投票。 2. 推荐参加党校培训的入党积极分子：在入党积极分子中优中选优，通过支部大会或支部委员会推荐参加党校培训的入党积极分子。 3. 推荐党员发展对象：召开支部大会，在满足党员发展要求的团员中推荐可发展的人选	党建负责人、院系团委、辅导员	指导所带团支部开展工作

续表

类别	工作名称	建议工作时间	参考工作内容	相关部门或人员	辅导员工作内容
班团工作	开展主题团日	每月一次	主题自定，建议： 3 月：学习雷锋主题团日活动、经典阅读主题团日活动。 4 月：坚持体育锻炼相关主题团日活动。 5 月：纪念“五四运动”或庆祝劳动节主题团日活动。 6月：毕业季主题团日活动	院系团委、辅导员	开展活动指导
	完成“青年大学习”	每周一期	每周通过“天府新青年”或“交大有思”进入并完成青年大学习	校团委宣传部、院系团委、辅导员	开展指导，听取班团干部工作汇报
	开展第二课堂	持续参加	1. 将有特色的主题团日活动按照第二部分第一章申报第二课堂系统。 2. 将团课开设为思想政治与道德素养类课程。 3. 鼓励学生参加校、院毕业季文体活动，如毕业晚会、毕业歌咏会、毕业生留影、毕业生体育嘉年华、毕业篮球赛等。 4. 重点提醒学生参加专业相关的学术科技与创新创业类讲座、竞赛、活动，并取得成绩，获得较大收获。 5. 清理学生按照《西南交通大学“第二课堂成绩单”制度实施办法》所获学时，帮扶重点学生完成学时	校团委青年发展部、院系团委、各学院相关学生团队、辅导员	教育和强调，指导学生参加，督促学时预警学生
	转接团组织关系（学社衔接）	13 周至毕业后 8 月中旬	1. 了解毕业生毕业后的团组织关系接受组织，在智慧团建发起转出。 2. 指导支部管理员审批组织关系转接。 3. 及时了解组织关系转接进度，不能及时转接的要按照“学社衔接”要求处理	校团委组织部、院系团委、辅导员	通知学生按照要求办理并配合学院团委完成组织关系转接工作
学业发展与指导	整理上学期成绩	假期至第 3 周	1. 目的：及时了解学生补考后学习情况，及时与家长沟通，帮助学生调整学习情况。 2. 可以对补考后的学期成绩进行统计、整理、分析，整理学业问题名单	辅导员	建议按照工作内容的说明开展
	整理学业数据	1～3 周	1. 目的：帮助辅导员清楚了解各班级、各专业、各年级学习情况。 2. 按照学院要求收集整理各班级计算机二级、英语四六级情况	辅导员	根据学院的整体安排，进行统计

续表

类别	工作名称	建议工作时间	参考工作内容	相关部门或人员	辅导员工作内容
学业发展与指导	开展上学期学习总结	1~3周	1. 目的：帮助学生及时了解自己的学习情况，促使班级共同努力提升。 2. 可以以班级、专业、年级为单位开展，与班导师共同开展。 3. 可结合上学期学习情况总结	辅导员、班导师	建议按照工作内容的说明开展
	开展毕业困难学生指导工作	4~16周	1. 目的：帮助上学期有退学预警的学生及时调整自己，养成良好的自习习惯。 2. 可以以年级、学院为单位开展。 3. 可以邀请优秀学生或学生党员帮助学业不适应学生	辅导员、年级组长、高年级学生、学生党员	根据学院的整体安排，组织学生参加
	了解日常学习情况	2~16周	1. 目的：及时了解学生学习情况，及时与学生沟通。 2. 可以通过任课老师考勤、学习委员考勤、查课、与学生交流、与任课老师交流等方式了解学生学习情况	辅导员、班导师、任课教师、学习委员	建议按照工作内容的说明开展
	选拔学习榜样	11~14周	1. 目的：鼓励成绩优异的学生展示自己，提升自己的综合素质，营造良好的学习氛围。 2. 可以鼓励成绩优异的学生参加相关活动	各学院相关学生团队、辅导员	根据学院的整体安排，组织学生参加
	整理毕业情况	7~20周	1. 目的：及时了解学生毕业情况，及时与家长沟通，帮助毕业困难学生尽快毕业。 2. 从教务老师处了解不能按期毕业学生情况。 3. 按照教务手续办理“延长学年”“离校自修”相关手续，并通知到家长	辅导员、教务员	建议按照工作内容的说明开展
创新创业工作	示范与反哺——鼓励竞赛成绩较好的学生参加科创沙龙为低年级学生分享经验	6~12周	1. 目的：让学生们学会感恩，把竞赛经验传递下去，也使得学院创新创业工作形成良性循环的闭环。 2. 要求：鼓励到位，要求清晰。 3. 方式：对于掌握的科创竞赛成绩较好的学生进行单独沟通，对接学院科创中心，完成科创沙龙等活动	学院科创中心、辅导员	根据学院整体安排，协助邀请科创成果较好的学生
	示范反哺与提升——鼓励学生和低年级学生或者研究生组队一起参加学科竞赛	1~15周	1. 目的：老带新，带动低年级学生一起参与学科竞赛传递经验。与研究生一道参与竞赛提升自我。 2. 要求：鼓励到位，要求清晰。 3. 方式：一对一沟通，可以和学期班会一并来做	学院科创中心、辅导员	结合学期班会和与学生见面的机会开展此项工作

续表

类别	工作名称	建议工作时间	参考工作内容	相关部门或人员	辅导员工作内容
国际化引导与教育	开展出国深造指导	1～20周	1. 目的：完成留学深造准备工作。 2. 联合具有校（院）合作关系的专业留学咨询（英语学习）机构开展出国留学深造讲座，提供申请过程中的支持。 3. 针对考研不理想的学生，及时转换学生思路，做出国一对一咨询，并跟踪学生情况落实申请进度	具有校（院）合作关系的专业留学咨询（英语学习）机构、学院国际化专项工作负责人、辅导员	根据学院的整体安排，协助专项负责人开展工作，重点做好学生的思想工作和帮扶工作
	开展出国冲刺辅导	1～16周	1. 目的：为大四下学期决定留学的学生提供支持。 2. 联合具有校（院）合作关系的专业留学咨询（英语学习）机构为学生做好指导，如匹配国家、院校和专业等，提供最优质的个性化留学方案；同时辅助学生做好语言考试等准备工作，争取尽快达到理想学校的录取要求	具有校（院）合作关系的专业留学咨询（英语学习）机构、学院国际化专项工作负责人、辅导员	根据学院的整体安排，协助专项负责人开展工作
心理健康教育工作	开展毕业季心理指导	1～20周	1. 目的：做好毕业生毕业学期心理指导工作。 2. 及时发现就业不积极学生、就业困难学生，并进行相应的心理疏导和求职推荐和指导。 3. 及时关注因学业问题毕业困难的学生，帮助其树立积极的学生态度，缓解学生心理压力	心理研究与咨询中心、招生就业处、学院分管领导、教务员、班导师、辅导员	建议按照工作内容的说明开展
	开展3·25（善爱我）大学生校园文化心理节活动	3～12周	1. 目的：倡导大学生善待自我、关爱自我，怀着这份温暖、包容的情意欣赏和接纳全部的自己；以积极、豁达的心态体验我们生活中的每一次经历，快乐成长，健康成才；以发自内心的爱与和谐来善待和关爱他人及社会，共创美丽校园，建设美丽中国。 2. 组织学院学生参与3·25（善爱我）校园心理文化节开幕式。 3. 组织学院学生参与3·25（善爱我）校园心理文化节系列活动，协助进行学院整体关注心理健康氛围的营造。 4. 参与学院3·25（善爱我）校园心理文化节建设活动	心理研究与咨询中心、学院相关团学组织、学院心理专项工作负责人、辅导员	根据学校、学院整体安排，组织学生参与

续表

类别	工作名称	建议工作时间	参考工作内容	相关部门或人员	辅导员工作内容
心理健康教育工作	开展心理沙盘活动	4～16周	1. 目的：了解自我，增强了团队合作能力、提升心理工作能力。 2. 建议组织学生骨干或辅导员参与心理沙盘活动	心理研究与咨询中心、学院心理专项工作负责人、辅导员	根据学院安排，参与活动或组织学生参与活动
	动态更新重点支持学生台账	1～20周	1. 目的：帮助辅导员更好地熟悉、关爱、支持每一位学生。 2. 建议关爱进入大学心理适应不佳学生群体，帮助学生融入大学生活，避免心理问题的产生。 3. 分类关爱重点支持学生群体，做到及时发现问题、解决问题。 4. 辅导员根据日常掌握的情况，分类别动态更新重点支持学生台账。 5. 根据学校、学院要求不定期更新台账。 6. 按照要求建立“一人一档”。 7. 深入关注关爱、注重方式方法、做好工作记录、问题严重及时汇报，请求专业支持	心理研究与咨询中心、学院分管领导、学院心理专项工作负责人、辅导员	建议按照工作内容的说明开展
	干预与处理日常及突发性学生心理危机事件	1～20周	1. 目的：提高心理危机干预工作的针对性和实效性，有效防范化解危机事件的发生。 2. 建议学习在大学生心理危机干预工作中需要运用的专业知识，提高大学生心理危机干预能力，能基本辨别心理正常与异常现象，提高面对日常心理问题和突发性心理危机事件的应变能力与解决能力。 3. 面对出现心理危机的学生采取迅速而有效的应对措施，给予支持与帮助。 4. 出现突发性心理危机事件立即请求心理专业老师的支持、家长支持、班导师与学院领导支持、得力骨干支持。 5. 面对突发性心理危机，在得到家长授权下，可以采取及时就医工作	心理研究与咨询中心、学校(院)分管领导、学院心理专项工作负责人、辅导员、班导师、家长、相关学生	建议按照工作内容的说明开展

续表

类别	工作名称	建议工作时间	参考工作内容	相关部门或人员	辅导员工作内容
心理健康教育工作	开展谈心谈话工作	1～20周	1. 目的：通过谈心谈话工作，全面了解、掌握学生状态。 2. 了解学生真实状态，开展各方面的引导、指导、督导工作。 3. 在谈话中及时发现、辨别是否存在心理问题，及时汇报并请求专业支持。 4. 根据情况，联系家长。 5. 做好工作记录	辅导员	建议按照工作内容的说明开展
	开展期末、毕业季减压工作	16周	1. 目的：鼓励学生认真复习准备期末考试，减轻心理压力。 2. 重点关注在学业上有困难的学生，避免考试成为心理问题发生的诱因。 3. 可通过班会、年级会等方式讲解延长学年、离校自修等政策，避免学生因心理压力过大而作弊，要求诚信考试。 4. 缓解毕业设计困难学生心理压力	年级组长、辅导员、毕业设计指导老师	建议按照工作内容的说明开展
职业生涯规划与就业指导	开展春招工作	1～18周	1. 目的：做好企业春招招聘服务工作，提升学生就业质量。 2. 邀请企业到校进行春招。 3. 做好企业春招服务工作	招生就业处、各学院相关学生团队、分管领导、年级组长、辅导员	根据学校、学院的整体安排，做好相应工作
	开展就业指导工作	1～20周	1. 目的：敦促学生落实就业去向。 2. 敦促、要求学生参加校园招聘会。 3. 及时进行就业信息反馈，掌握就业进度。 4. 重点指导就业积极性欠佳学生、就业困难学生。 5. 做好考研失利学生的就业动员工作和指导工作。 6. 按照招生就业处政策开展就业补贴申请、就业总结等工作	招生就业处、各学院相关组织、分管领导、年级组长、辅导员	根据学院的整体安排，组织学生参加并开展一对一指导工作
	开展考研复试指导工作	1～6周	1. 目的：协助学生考研成功。 2. 通过讲座、一对一等方式指导学生正确评估自身的考试结果。 3. 指导学生进行复试准备工作。 4. 提醒、指导学生准备调剂工作	各学院相关学生团队、分管领导、年级组长、辅导员	根据学院的整体安排，组织学生参加并开展一对一指导工作

续表

类别	工作名称	建议工作时间	参考工作内容	相关部门或人员	辅导员工作内容
职业生涯规划与就业指导	开展大学四年总结工作	16 周	1. 目的：帮助学生进行四年回顾，展望未来，开启新篇章。 2. 以《大学生生涯规划手册》为蓝本，形成学生大学四年的生涯规划总结，成为学生大学的纪念也成为未来生涯发展的参考	辅导员	建议按照工作内容的说明开展
评奖评优	开展学校、学院其他奖助学金评选	4～7 周	1. 目的：给予学生奖助学金以鼓励和支持完成学业，表达学校、学院关爱。 2. 根据学校、学院通知参与该类奖助学金评选。 3. 根据条件进行候选人的推荐与材料申报。 4. 关注评选结果并及时通知学生	学院相关学生团队、领导、专业教师代表、年级组长、辅导员、学院评奖评优负责人	鼓励相关学生进行申请、审核相关材料、参与学院评审
	开展榜样示范与感恩教育	1～16 周	1. 以评奖评优为契机，宣传与示范，营造学生创先争优的积极向上精神。 2. 以评奖评优为契机，加强学生的感恩教育，引导学生感恩，用自己可行的方式表达。 3. 学校、学院组织相关的展示活动、感恩活动，可结合毕业季相关工作	辅导员、学院评奖评优负责人、各学院相关学生团队	指导学生参与学校、学院感恩教育活动
勤助贷	开展国家助学贷款、生源地助学贷款还款确认	6～10 周	1. 通知学生提交还款确认申请。 2. 组织学生参加还款确认培训暨征信教育课程。 3. 收集、审核学生还款确认资料，打印还款确认信息，组织涉及贷款的学生签订还款确认表，将还款确认表提交、装入学生档案	学生工作部（处）、学院资助工作联系人、辅导员	建议按照工作内容的说明开展
	开展“自强之星”评选	5～7 周	从家庭经济困难学生中推荐典型人物，通过典型人物鼓励家庭经济困难学生	辅导员、校团委、学生工作部（处）、承办学院	建议按照工作内容的说明开展
	开展勤工助学招聘	3～4 周	1. 通知学生申请，特别是家庭经济困难学生。 2. 审核学生申请表，叮嘱申请学生兼顾勤工助学和学业学习。 3. 关心学生勤工助学工作情况。 4. 引导有勤工助学岗位工作的学生毕业前做好工作交接	学生工作部（处）、学院资助工作联系人、辅导员	通知和关爱学生
	开展毕业生学费和国家助学贷款代偿第一批次申请	14 周	1. 通知基层就业和西部就业的学生申请，包括家庭经济不困难学生。 2. 提醒尚未安排具体工作岗位的学生可以于当年 11 月前申请	学生工作部（处）、学院资助工作联系人、辅导员	建议按照工作内容的说明开展

续表

类别	工作名称	建议工作时间	参考工作内容	相关部门或人员	辅导员工作内容
安全教育与安稳处理	开展日常安全教育	1～17 周	1. 目的：通过班会、线上提示、安全教育承诺书等教育方式，提高学生校园安全意识，避免校园安全事件发生。 2. 加强宿舍、园区安全教育，禁止在宿舍存放或使用违章电器，定期走访宿舍了解安全情况。 3. 重点加强意识形态安全、人身安全、交通安全、财产安全、空中安全（禁飞无人机）、集体活动安全、实验室安全、网络安全等内容的教育。 4. 可以以班会、专业会、年级会方式或线上方式开展教育。 5. 根据学校要求，签订相应的安全承诺书并存档。 6. 不组织、不开展任何形式的集体外出旅游	辅导员	建议按照工作内容的说明开展
	开展重点支持学生安稳工作	1～20 周	1. 目的：更好地关注、关心需要重点支持的学生。 2. 根据学生情况，做好重点支持学生"一人一档"工作。 3. 做好关爱支持工作。 4. 做好档案记录与管理工作。 5. 根据严重性及时上报。 6. 动态更新	学院分管领导、学生工作部（处）、心理咨询与研究中心、相关学生辅导员	建议按照工作内容的说明开展
	开展地震、防灾演练	根据学校安排	1. 目的：提升学生应对地震、火灾等自然灾害的能力。 2. 按照学校要求，组织学生认真参与预防地震演练或预防火灾演练，提升学生防灾能力	学校安全办、学生工作部（处）、保卫处、辅导员	根据学校的整体安排，组织学生参加
	开展校外住宿安全工作	1～17 周	1. 目的：增强校外住宿学生安全意识。 2. 原则上，不允许校外住宿。 3. 因特殊情况，按照学校规定进行校外住宿手续办理，做好记录，了解学生校外住宿安全情况，并进行安全教育	学生工作部（处）、辅导员	建议按照工作内容的说明开展
	做好突发安稳事件处理工作	1～20 周	1. 目的：形成安稳处理体系，保障突发安稳事件顺利解决。 2. 对于突发的安全问题按照学校学院要求，遵循第一时间、第一现场的原则进行妥善处置。 3. 及时向相关领导与部门汇报。 4. 及时做好上报和总结汇报工作	学生工作部（处）、保卫处、心理咨询与研究中心等部门、学院分管领导、辅导员	建议按照工作内容的说明开展

续表

类别	工作名称	建议工作时间	参考工作内容	相关部门或人员	辅导员工作内容
安全教育与安稳处理	毕业季安全教育	1～16周	1. 目的：保障毕业工作安全、顺利开展，营造毕业季良好氛围，引导学生安全、文明离校。 2. 做好学生毕业季心理疏导、情绪关注工作。 3. 做好毕业班学生安全教育工作，杜绝毕业季集体出游现象等。 4. 做好求职安全教育：增强对求职信息的辨别能力。 5. 做好毕业生文明离校、感恩教育工作	学生工作部（处）、保卫处、辅导员	建议按照工作内容的说明开展
毕业工作	开展学分清查工作	0～1周	1. 目的：督促学生进行学分清查，针对未修课程做好第三次选课。 2. 组织学生根据培养计划的要求，认真核对自己所修学分（转专业和重修学生涉及课程替代的认定，咨询教务老师）。 3. 对于未修过课程，及时在教务网系统中进行第三次选课。 4. 核查是否达到创新学分要求。 5. 提醒学生一定在教务网进行毕业设计和创新实践课程选课工作	学院教务员、辅导员	建议按照工作内容的说明开展
	就业——寒假准备工作	寒假	1. 目的：助力学生尽快落实就业去向。 2. 引导和要求学生充分利用寒假继续进行求职工作。 3. 指导和要求考研不理想学生开启求职工作	辅导员	根据学院的整体安排，组织学生参加，重点开展一对一指导工作
	就业——开展校园招聘工作	寒假至第18周	1. 目的：加强校企联系，助推就业工作。 2. 介绍学院毕业生情况、邀请企业到校到院招聘。 3. 了解单位需求、推荐合适毕业生。 4. 发布相关信息。 5. 现场招聘组织工作。 6. 学生就业动员、指导、和敦促工作。 7. 就业协议管理与发放工作	招生就业处、各学院相关学生团队、领导、年级组长、企业、辅导员	根据学校、学院的整体安排，完成相应任务

续表

类别	工作名称	建议工作时间	参考工作内容	相关部门或人员	辅导员工作内容
毕业工作	就业——接待企业单位	1～18周	1. 目的：助力学生有更多的企业进行求职。 2. 联系、接待用人单位，并对尚未就业的学生进行重点内推	招生就业处、各学院相关学生团队、领导、年级组长、企业、辅导员	根据学校、学院的整体安排，完成相应任务
	就业——推选闪亮人物	0～1周	1. 目的：为低年级学生求职就业进行示范作用。 2. 在毕业年级推选求职、创业等闪亮人物	招生与招生就业处、各学院相关学生团队、辅导员	建议按照工作内容的说明开展
	就业——召开毕业去向说明会	6周	1. 目的：督促学生尽快确定毕业去向。 2. 对于毕业去向尚未确定的学生，针对就业、出国、考研、公务员的分类分别召开会议，进行分类指导	辅导员	根据学院的整体安排，组织学生参加，重点开展一对一指导工作
	就业——开展就业困难学生指导工作	4～16周	1. 目的：帮助存在一定就业困难的学生顺利就业。 2. 分类指导。 3. 尊重个人隐私。 4. 分别对态度、能力、方法有问题的学生进行指导。 5. 可与家长进行沟通，协助学生顺利就业	就业指导专家、辅导员	根据学院的整体安排，组织学生参加，重点开展一对一指导工作
	就业——开展毕业去向督促工作	15～16周	1. 目的：尽量引导二战考研的学生先就业再兼顾二战考研。 2. 对于毕业去向尚未确定的学生一一单独沟通，督促尽快确定毕业去向	辅导员	根据学院的整体安排，组织学生参加，重点开展一对一指导工作
	升学——召开考研复试指导会	1～3周	1. 目的：助力学生进行考研复试冲刺，顺利通过复试。 2. 通过线上、线下方式，邀请专家或优秀学长进行复试指导	专家、优秀学长、辅导员	根据学院安排，建议按照工作内容的说明开展
	开展毕业设计答辩工作	13～15周	1. 目的：督促学生顺利完成毕业设计答辩工作。 2. 根据学校教务处发布的毕业设计答辩安排，通知并提醒学生做好毕业设计答辩工作。 3. 学校教务处公布校抽样答辩学生名单，根据学院教务老师提供的名单通知学生。 4. 学院各系进行学院毕业设计答辩安排，通知学生做好毕业设计答辩工作	教务处、学院教务员、系主任、指导老师、辅导员	根据学院的整体安排，通知学生完成毕业设计答辩

续表

类别	工作名称	建议工作时间	参考工作内容	相关部门或人员	辅导员工作内容
毕业工作	毕业手续——延长学年申请	7～20周	1. 目的：解读学校政策，提醒需要延长学年的学生办好相关手续。 2. 对于需要延长学年的学生进行督促学习，同时通知申请延长学年，解释清楚“延长学年”与“离校自修”的概念、学习方式、考试方式。 3. 与家长讲解延长学年的相关事宜，解释清楚“延长学年”与“离校自修”的概念、学习方式、考试方式。 4. 确定每一位学生的情况，提交学院和学校进行审批	教务处、学院教务员、辅导员	建议按照工作内容的说明开展
	毕业手续——就业信息校核	12周	目的：提醒、要求所有学生认真完成去向校核，错误的信息会影响档案派遣	招生就业处、辅导员	建议按照工作内容的说明开展
	毕业手续——户档留校申请	13周	1. 目的：解读学校政策，根据学校政策，为暂时需要户档留校的学生进行手续办理。 2. 建议学生无特殊困难，户档跟随本人一道迁移	招生就业处、辅导员	建议按照工作内容的说明开展
	毕业手续——提交就业材料	14周	1. 目的：及时完成就业材料提交，便于审核。 2. 将所有就业相关材料整理后返回给招生就业处。 3. 此节点为最后返回时间节点，建议在大四学年分批返回，不要都积攒到某一时刻点	招生就业处、辅导员	建议按照工作内容的说明开展
	毕业手续——院级离校手续	17周	1. 目的：办理离校手续，助力毕业生顺利离校。 2. 发放报到证。 3. 发放户口迁移证。 4. 发放火车票优惠证明。 5. 注销学生证	学校相关部门、辅导员	根据学院的整体安排，组织学生办理离校手续
	毕业手续——档案馆装档	17周	1. 目的：协助顺利完成毕业生装档工作。 2. 装档材料为：高等学校毕业生登记表、前三年学年鉴定表、学生成绩单、授予学士学位决定、学生体检表、就业通知书、党团及奖惩材料、奖学金、助学贷款申请表、学生体质健康登记卡	档案馆、辅导员	根据档案馆的整体安排，按要求完成装档工作

续表

类别	工作名称	建议工作时间	参考工作内容	相关部门或人员	辅导员工作内容
毕业工作	开展毕业留影活动	15～16周	1. 目的：协助学生完成毕业留影纪念。 2. 组织学生有序、精神饱满地参加学校的毕业留影活动。 3. 组织各班级参加学校的班级毕业留影活动。 4. 组织学生进行毕业季个性化班级合影等	学生工作部（处）、辅导员	根据学校学院的整体安排，组织学生参加
	开展毕业季系列活动	6～14周	1. 目的：协助学生度过有意义的最后的大学时光。 2. 协助策划、组织毕业季相关活动。 3. 积极引导和组织学生参与毕业季活动。 4. 重视文明离校引导与感恩教育	学生工作部（处）、各学院相关学生团队、辅导员	根据学校学院的整体安排，组织学生参加
	开展校、院毕业典礼相关工作	16周	1. 目的：增强毕业生对学校的认同感和荣誉感，加强感恩教育。 2. 组织学生有序参加学校和学院的毕业典礼。 3. 积极推荐优秀毕业生参与学校、学院毕业典礼相关环节。 4. 积极协助学院毕业典礼的筹备组织工作	学生工作部（处）、各学院相关学生团队、辅导员	根据学校学院的整体安排，组织学生参加并协助开展活动
	召开未按期毕业学生说明会	18周	1. 目的：说明毕业要求，督促未按期毕业学生尽快毕业。 2. 再次说明两证领取条件，引导学生认真学习，尽快达到毕业要求。 3. 强调住宿、交通安全。 4. 督促毕业去向不明的学生抓紧确定毕业去向	学院领导、班导师、辅导员	建议按照工作内容的说明开展

第二十章　硕士研究生三年工作事务参考

硕士研究生三年工作事务分 6 个学期进行介绍，具体如表 20.1 ~ 表 20.6 所示。

表 20.1　硕士研究生第一学期工作指南

类别	工作名称	建议工作时间	参考工作内容	相关部门或人员	辅导员工作内容
迎新工作	开展迎新准备工作	开学前	1. 新生名册准备、宿舍安排。 2. 迎新纸质、电子资料、学生一卡通、新生大礼包等物资准备。 3. 迎新工作人员的招聘及培训。 4. 迎新现场流程与人员安排。 5. 初步拟定新生入学教育安排，确定场地与主题	学生工作部（处）、学院相关学生团队、辅导员	1. 了解学校迎新统一安排，了解自身带班情况。 2. 根据学校、学院的整体安排，参与工作
	开展现场迎新工作	0 周	1. 现场迎接新生，完成新生报到、物资发放、信息校核等工作。 2. 指导、协助新生完成报到手续。 3. 迎新现场布置、迎新人员值班确定。 4. 确定入学教育安排	学生工作部（处）、学院相关学生团队、辅导员	根据学校、学院的整体安排，参与工作
	开展开学典礼	0 ~ 1 周	1. 组织新生参加校院两级开学典礼，增强新生对学校学院的了解与情感。 2. 协助学校、学院开学典礼的筹办	学生工作部（处）、学院相关学生团队、辅导员	根据学校、学院的整体安排，参与工作
	开展入学教育	1 ~ 8 周	1. 按照学校和学院的新生入学教育计划，开展新生入学教育，协助新生适应研究生生活。 2. 入学教育计划内容涵盖理想信念教育、爱国主义教育、学术道德与保密知识、校史校情、安全知识、心理健康教育、职业生涯规划、学生奖助、学生管理等	学院相关学生团队、专家、辅导员	1. 根据学校、学院的整体安排，组织学生参加、协助活动组织、邀请专家等。 2. 具备相应能力的辅导员可自行组织并开展教育
关于辅导员开展党建工作的整体说明： 1. 各学院设置学生党支部一般分为纵向或横向。 2. 辅导员按照党委组织部要求，本人组织关系转入某一学生党支部。 3. 辅导员既要完成所在支部的指导、建设工作，也要完成所带学生的各项党建工作的引领、指导、辅导工作。 4. 因此本部分党建工作涉及辅导员所带学生的党建工作也涉及辅导员所在支部的党建工作					
党建工作	接收新生党组织关系	1 ~ 2 周	对于新生预备党员进行组织关系转接	党委组织部、学院党委、学院党建负责人、辅导员	按照学院党委的整体安排，开展相应工作
	发展党员	1 ~ 15 周	1. 引导学生向党组织靠拢。 2. 指导学生撰写入党申请书。 3. 开展递交入党申请学生的谈话工作。 4. 推选积极分子上党课。 5. 推优入党	党委组织部、学院党委、学院党建负责人、辅导员	按照学院党委的整体安排，开展相应工作

续表

类别	工作名称	建议工作时间	参考工作内容	相关部门或人员	辅导员工作内容
党建工作	培养考察党员	3～17周	1. 考察入党积极分子、预备党员等。 2. 党员发展对象培训。 3. 召开支部大会讨论党员发展对象、预备党员转正等	党委组织部、学院党委、学院党建负责人、辅导员	按照学院党委的整体安排，开展相应工作
	开展主题教育实践活动	6～14周	1. 在实践中强化思想引领。 2. 根据具体的学习内容，在党建活动基地开展教育实践活动。 3. 建议根据具体的主题举行实践活动。 4. 形式灵活，方式多样	党委组织部、学院党委、学院党建负责人、辅导员	按照学院党委的整体安排，开展相应工作
	开展支部建设工作	1～16周	按照学院党委整体要求进行支部建设工作，包括组织生活会、党支部书记述职、收缴党费、党员信息年统等工作	党委组织部、学院党委、学院党建负责人、辅导员	按照学院党委的整体安排，开展相应工作
班团工作	组建团支部	1～2周	1. 统计新生团员情况。 2. 根据学院团委安排，成立新生团支部，组织、指导支部委员选举	校团委、学院团委、辅导员	建议按照工作内容的说明开展
	接入组织关系及智慧团建工作	3～4周	一、指导在籍团员办理相关事项： 1. 通知团员发起组织关系转入“四川省西南交通大学××学院团委20××级团总支××团支部”。 2. 指导团支书线上审批、核对团员名单和非团员青年名单。 3. 整理团员档案取出团员证。 4. 提交遗失补办团员证资料。 5. 加盖团员证组织关系转接用章和第一学年注册章。 二、超龄团员除外	校团委、学院团委、辅导员部	根据学院团委安排，指导团支部完成相关工作
	指导开展团支部工作	3～18周	1. 指导团支部每季度至少召开一次团支部大会。 2. 指导团支委合理设置支部大会议题。 3. 通过支部大会督促“三会两制一课”落实。 4. 团费收缴	学院团委、辅导员	建议按照工作内容的说明开展
	推优入党	5～7周	1. 通过民主推荐方式，选择优秀学生向党组织靠拢。 2. 按照学院党委、学院团委要求，团支部召开民主会议并开展推优	党建负责人、院系团委、辅导员	指导所带团支部开展工作
	开展主题团日活动	3～18周	1. 指导团支委学习当年度主题教育活动安排。 2. 指导团支部开展主题团日活动，丰富学生课余文化生活。 3. 做好活动记录，督促团支委做好支部记录和宣传工作	校团委、学院团委、辅导员	建议按照工作内容的说明开展
	完成“青年大学习”	每周一期	每周通过“天府新青年”或“交大有思”进入并完成青年大学习	校团委宣传部、院系团委、辅导员	开展指导和检查，听取班团干部工作汇报

续表

类别	工作名称	建议工作时间	参考工作内容	相关部门或人员	辅导员工作内容
班团工作	选举班委	1～2周	1. 指导新生班级开展班委选举工作。 2. 建议做好班委的指导工作，教任务、教方法，明确标准，不断增强班委工作责任感和工作能力	辅导员	建议按照工作内容的说明开展
	采集班级信息	2～3周	按照学校，做好研究生基本信息统计、采集、上报工作	学生工作部（处）、辅导员	建议按照工作内容的说明开展
	开展研究生学术素养提升计划——PADP项目	3～16周	根据学生工作部（处）的通知要求，组织所有新生班级进行班级PADP项目的申报、开展和结项	学生工作部（处）、辅导员、各班班委	建议按照工作内容的说明开展
	开展谈心谈话工作	1～20周	了解学生状态，做好日常谈心谈话工作	辅导员、研究生导师	1. 建议按照工作内容的说明开展。 2. 保持与导师的沟通反馈
学术科研相关工作	通知学生选课	1周	通知学生到网上选课	辅导员、研究生教务员	配合研究生教务员做好通知工作
	提醒学生提交培养计划	0～2周	新生报到后，要求学生按照研究生教务的通知要求，在导师的指导下制订培养计划。	辅导员、研究生教务员	做好通知、提醒工作
	协助开展学术活动	2～16周	1. 组织开展爱思实验室、眷诚大讲堂等活动。 2. 协助导师，鼓励学生积极参加国内外学术会议	辅导员、研究生教务员	根据学校、学院安排，组织学生参与，协助或组织相关活动
	协助国际学术交流工作	0～17周	1. 组织学生参加学校、学院组织召开的学术交流会或学术讲座。 2. 向学生介绍国家留学基金委的相关项目及学校国际合作项目	国际处、研究生院、辅导员	根据学校、学院工作安排，做好组织与咨询工作
评奖评优	开展示范引导工作	7～15周	1. 组织新生参加竢实扬华奖章答辩观摩。 2. 组织新生班委参加优秀班集体答辩观摩	辅导员	根据学校学院安排，组织学生参与
勤助贷	开展勤助贷工作	2～16周	1. 了解是否有家庭困难或遇到突发事件的学生，做好关注。 2. 根据学校通知要求，组织开展贫困认定工作。 3. 引导、指导学生参与"三助"工作	学生工作部（处）、辅导员、教务员、研究生导师	建议按照工作内容的说明开展
安全教育管理	开展日常安全教育	1～20周	1. 加强宿舍、实验室、个人各方面的安全教育。 2. 进行节假日的安全教育，强化安全意识	辅导员	建议按照工作内容的说明开展

续表

类别	工作名称	建议工作时间	参考工作内容	相关部门或人员	辅导员工作内容
安全教育管理	开展假期安全教育	1～20周	1. 各短假期安全教育及外出人员统计报送。 2. 做好寒暑假期间的安全教育及统计工作	辅导员	建议按照工作内容的说明开展
	走访宿舍	1～20周	不定期走访学生宿舍，进行安全、卫生检查，关心、关爱学生	辅导员	建议按照工作内容的说明开展
心理健康工作	组织新生心理测评	1～8周	1. 关注新生心理健康。 2. 根据心理研究与咨询中心的要求，组织测评，覆盖全体新生	心理研究与咨询中心、学院心理专项工作负责人、辅导员	1. 组织学生完成心理测评。 2. 协助学院做好宣传报道总结工作
	建立重点支持学生台账	1～20周	1. 建议关爱进入研究生阶段后心理适应不佳的学生群体。 2. 分类关爱重点支持学生群体，做到及时发现问题、解决问题。 3. 辅导员根据日常掌握的情况，分类别动态建立重点支持学生台账。 4. 根据学校、学院要求不定期更新台账。 5. 按照要求建立“一人一档”。 6. 深入关注关爱、注重方式方法、做好工作记录、问题严重及时汇报，请求专业支持	心理研究与咨询中心、学院分管领导、学院心理专项工作负责人、辅导员	建议按照工作内容的说明开展

表 20.2　硕士研究生第二学期工作指南

类别	工作名称	建议工作时间	参考工作内容	相关部门或人员	辅导员工作内容
党建工作	发展党员	1～15 周	1. 引导学生向党组织靠拢。 2. 指导学生撰写入党申请书。 3. 开展递交入党申请学生的谈话工作。 4. 推选积极分子上党课。 5. 推优入党	党委组织部、学院党委、学院党建负责人、辅导员	按照学院党委的整体安排，开展相应工作
	培养考察党员	3～17 周	1. 考察入党积极分子、预备党员等。 2. 党员发展对象培训。 3. 召开支部大会讨论党员发展对象、预备党员转正等	党委组织部、学院党委、学院党建负责人、辅导员	按照学院党委的整体安排，开展相应工作
	开展主题教育实践活动	6～14 周	1. 在实践中强化思想引领。 2. 根据具体的学习内容，在党建活动基地开展教育实践活动。 3. 建议根据具体的主题举行实践活动。 4. 形式灵活，方式多样	党委组织部、学院党委、学院党建负责人、辅导员	按照学院党委的整体安排，开展相应工作
	开展支部建设工作	1～16 周	按照学院党委整体要求进行支部建设工作，包括组织生活会、党支部书记述职、收缴党费、党员信息半年统等工作	党委组织部、学院党委、学院党建负责人、辅导员	按照学院党委的整体安排，开展相应工作
班团工作	指导开展团支部工作	3～18 周	1. 指导团支部每季度至少召开一次团支部大会。 2. 指导团支委合理设置支部大会议题。 3. 通过支部大会督促“三会两制一课”落实。 4. 团费收缴	学院团委、辅导员	建议按照工作内容的说明开展
	推荐优秀团员作为入党积极分子	7～8 周	1. 配合党组织做好宣讲，引导团员提交入党申请书。 2. 协助党组织安排递交入党申请书谈话。 3. 配合党组织做好入党积极分子推荐工作	学院团委、辅导员、各党支部	指导推优工作具体实施、督促、检查相关工作
	开展主题团日活动	3～18 周	1. 指导团支委学习当年度主题教育活动安排。 2. 指导团支部开展主题团日活动，丰富学生课余文化生活。 3. 做好活动记录，督促团支委做好支部记录和宣传工作	学院团委、辅导员	建议按照工作内容的说明开展
	完成“青年大学习”	每周一期	每周通过“天府新青年”或“交大有思”进入并完成青年大学习	校团委宣传部、院系团委、辅导员	开展指导和检查，听取班团干部工作汇报
	开展研究生学术素养提升计划——PADP 项目	3～16 周	根据学生工作部（处）的通知要求，组织所有新生班级进行班级 PADP 项目的申报、开展和结项	学生工作部（处）、辅导员	建议按照工作内容的说明开展

续表

类别	工作名称	建议工作时间	参考工作内容	相关部门或人员	辅导员工作内容
班团工作	开展谈心谈话工作	1～20周	了解学生状态，做好日常谈心谈话工作	辅导员、研究生导师	1. 建议按照工作内容的说明开展。 2. 保持与导师的沟通反馈
学术科研相关工作	协助开展学术活动	2～16周	1. 组织开展妙语茶香、承唐新才等活动。 2. 协助导师，鼓励学生积极参加国内外学术会议	辅导员、研究生教务员、导师	根据学校、学院安排，组织学生参与；协助或组织开展相关活动
	协助国际学术交流工作	0～17周	1. 组织学生参加学校、学院组织召开的学术交流会或学术讲座。 2. 向学生介绍国家留学基金委的相关项目及学校国际合作项目	国际处、研究生院、辅导员、导师	根据学校、学院工作安排，做好组织与咨询工作
开展学院内奖学金评选	根据各学院的情况，组织开展各学院相关专项奖学金的评选	1～15周	学生工作部（处）、学院分管领导、研究生教务员、教师代表、学生代表、辅导员	建议按照工作内容的说明开展	建议按照工作内容的说明开展
勤助贷	开展勤助贷工作	2～16周	1. 了解是否有家庭困难或遇到突发事件的学生，做好关注。 2. 引导、指导学生参与“三助”工作	学生工作部（处）、辅导员、教务员、研究生导师	建议按照工作内容的说明开展
安全教育管理	开展日常安全教育	1～20周	1. 加强宿舍、实验室、个人各方面的安全教育。 2. 进行节假日的安全教育，强化安全意识	辅导员	建议按照工作内容的说明开展
	开展假期安全教育	1～20周	1. 各短假期安全教育及外出人员统计报送。 2. 做好寒暑假期间的安全教育及统计工作	辅导员	建议按照工作内容的说明开展
	走访宿舍	1～20周	不定期走访学生宿舍，进行安全、卫生检查，关心、关爱学生	辅导员	建议按照工作内容的说明开展
心理健康工作	开展“3·25”心理健康月活动	3～8周	1. 提醒同学关注、参加学校心理健康月的系列活动。 2. 协助开展院级相关活动	心理研究与咨询中心、学院心理专项工作负责人、辅导员	建议按照工作内容的说明开展
	更新重点支持学生台账	1～20周	1. 建议关爱进入研究生阶段后心理适应不佳的学生群体。 2. 分类关爱重点支持学生群体，做到及时发现问题、解决问题。 3. 辅导员根据日常掌握的情况，分类别动态建立重点支持学生台账。 4. 根据学校、学院要求不定期更新台账。 5. 按照要求建立“一人一档”。 6. 深入关注关爱、注重方式方法、做好工作记录、问题严重及时汇报，请求专业支持	心理研究与咨询中心、学院分管领导、学院心理专项工作负责人、辅导员	建议按照工作内容的说明开展

表 20.3　硕士研究生第三学期工作指南

类别	工作名称	建议工作时间	参考工作内容	相关部门或人员	辅导员工作内容
党建工作	发展党员	1～15 周	1. 引导学生向党组织靠拢。 2. 指导学生撰写入党申请书。 3. 开展递交入党申请学生的谈话工作。 4. 推选积极分子上党课。 5. 推优入党	党委组织部、学院党委、学院党建负责人、辅导员	按照学院党委的整体安排，开展相应工作
	培养考察党员	3～17 周	1. 考察入党积极分子、预备党员等。 2. 党员发展对象培训。 3. 召开支部大会讨论党员发展对象、预备党员转正等	党委组织部、学院党委、学院党建负责人、辅导员	按照学院党委的整体安排，开展相应工作
	开展主题教育实践活动	6～14 周	1. 在实践中强化思想引领。 2. 根据具体的学习内容，在党建活动基地开展教育实践活动。 3. 建议根据具体的主题举行实践活动。 4. 形式灵活，方式多样	党委组织部、学院党委、学院党建负责人、辅导员	按照学院党委的整体安排，开展相应工作
	开展支部建设工作	1～16 周	按照学院党委整体要求进行支部建设工作，包括组织生活会、党支部书记述职、收缴党费、党员信息年统等工作	党委组织部、学院党委、学院党建负责人、辅导员	按照学院党委的整体安排，开展相应工作
班团工作	指导开展团支部工作	3～18 周	1. 指导团支部每季度至少召开一次团支部大会。 2. 指导团支委合理设置支部大会议题。 3. 通过支部大会督促“三会两制一课”落实。 4. 团费收缴	学院团委、辅导员、各团支部	建议按照工作内容的说明开展
	推荐优秀团员作为入党积极分子	7～8 周	1. 配合党组织做好宣讲，引导团员提交入党申请书。 2. 协助党组织安排递交入党申请书谈话。 3. 配合党组织做好入党积极分子推荐工作	学院团委、辅导员、各党支部、各团支部	指导推优工作具体实施、督促、检查相关工作
	开展主题团日活动	3～18 周	1. 指导团支委学习当年度主题教育活动安排。 2. 指导团支部开展主题团日活动，丰富学生课余文化生活。 3. 做好活动记录，督促团支委做好支部记录和宣传工作	学院团委、辅导员、各团支部	建议按照工作内容的说明开展
	完成“青年大学习”	每周一期	每周通过“天府新青年”或“交大有思”进入并完成青年大学习	校团委宣传部、院系团委、辅导员	开展指导和检查，听取班团干部工作汇报

续表

类别	工作名称	建议工作时间	参考工作内容	相关部门或人员	辅导员工作内容
班团工作	开展谈心谈话工作	1～20周	了解学生状态，做好日常谈心谈话工作	辅导员、研究生导师	1. 建议按照工作内容的说明开展。 2. 保持与导师的沟通反馈
学术科研相关工作	论文开题	9～20周	1. 沟通了解学生在论文开题方面的情况。 2. 特殊情况做好记录与沟通	研究生教务员、研究生导师、辅导员	建议按照工作内容的说明开展
	协助开展学术活动	2～16周	1. 组织开展妙语茶香、承唐新才等活动。 2. 协助导师，鼓励学生积极参加国内外学术会议	辅导员、研究生教务员	根据学校、学院安排，组织学生参与；协助或组织开展相关活动
	协助国际学术交流工作	0～17周	1. 组织学生参加学校、学院组织召开的学术交流会或学术讲座。 2. 向学生介绍国家留学基金委的相关项目及学校国际合作项目	国际处、研究生院、辅导员	根据学校、学院工作安排，做好组织与咨询工作
评奖评优	评审学业奖学金	2～6周	1. 学生申请加分，班级评议小组评议。 2. 导师签字审核。 3. 辅导员审核汇总统报	研究生教务员、辅导员	建议按照工作内容的说明开展
	评审国家奖学金	6～8周	1. 引导和指导学生申请。 2. 学院评审推荐。 3. 关注学院、学校评审结果	学院分管领导、研究生教务员、教师代表、学生代表、辅导员	建议按照工作内容的说明开展
	评审学院专项奖学金	5～9周	1. 引导和指导学生申请。 2. 学院评审推荐。 3. 关注学院评审结果	学生工作部（处）、学院分管领导、研究生教务员、教师代表、学生代表、辅导员	建议按照工作内容的说明开展
	评审学校专项奖学金	5～10周	1. 引导和指导学生申请。 2. 学院评审推荐。 3. 关注学院、学校评审结果	学生工作部（处）、学院分管领导、研究生教务员、教师代表、学生代表、辅导员	建议按照工作内容的说明开展
	评审个人、集体荣誉称号	4～7周	1. 分配名额。 2. 指导学生申请。 3. 组织班级评议推荐。 4. 学院评审。 5. 跟进关注评审结果	学生工作部（处）、学院分管领导、研究生教务员、教师代表、学生代表、辅导员	建议按照工作内容的说明开展
勤助贷	开展勤助贷工作	2～16周	1. 了解是否有家庭困难或遇到突发事件的学生，做好关注。 2. 根据学校通知要求，组织开展贫困认定工作。 3. 引导、指导学生参与“三助”工作	学生工作部（处）、辅导员、教务员、研究生导师	建议按照工作内容的说明开展

续表

类别	工作名称	建议工作时间	参考工作内容	相关部门或人员	辅导员工作内容
安全教育管理	开展日常安全教育	1～20周	1. 加强宿舍、实验室、个人各方面的安全教育。 2. 进行节假日的安全教育，强化安全意识	辅导员	建议按照工作内容的说明开展
	开展假期安全教育	1～20周	1. 各短假期安全教育及外出人员统计报送。 2. 做好寒暑假期间的安全教育及统计工作	辅导员	建议按照工作内容的说明开展
	走访宿舍	1～20周	不定期走访学生宿舍，进行安全、卫生检查，关心、关爱学生	辅导员	建议按照工作内容的说明开展
心理健康工作	更新重点支持学生台账	1～20周	1. 建议关爱进入研究生阶段后心理适应不佳的学生群体。 2. 分类关爱重点支持学生群体，做到及时发现问题、解决问题。 3. 辅导员根据日常掌握的情况，分类别动态建立重点支持学生台账。 4. 根据学校、学院要求不定期更新台账。 5. 按照要求建立“一人一档”。 6. 深入关注关爱、注重方式方法、做好工作记录、问题严重及时汇报，请求专业支持	心理研究与咨询中心、学院分管领导、学院心理专项工作负责人、辅导员	建议按照工作内容的说明开展

表 20.4 硕士研究生第四学期工作指南

类别	工作名称	建议工作时间	参考工作内容	相关部门或人员	辅导员工作内容
党建工作	发展党员	1～15 周	1. 引导学生向党组织靠拢。 2. 指导学生撰写入党申请书。 3. 开展递交入党申请学生的谈话工作。 4. 推选积极分子上党课。 5. 推优入党	党委组织部、学院党委、学院党建负责人、辅导员	按照学院党委的整体安排，开展相应工作
	培养考察党员	3～17 周	1. 考察入党积极分子、预备党员等。 2. 党员发展对象培训。 3. 召开支部大会讨论党员发展对象、预备党员转正等	党委组织部、学院党委、学院党建负责人、辅导员	按照学院党委的整体安排，开展相应工作
	开展主题教育实践活动	6～14 周	1. 在实践中强化思想引领。 2. 根据具体的学习内容，在党建活动基地开展教育实践活动。 3. 建议根据具体的主题举行实践活动。 4. 形式灵活，方式多样	党委组织部、学院党委、学院党建负责人、辅导员	按照学院党委的整体安排，开展相应工作。
	开展支部建设工作	1～16 周	按照学院党委整体要求进行支部建设工作，包括组织生活会、党支部书记述职、收缴党费、党员信息半年统等工作	党委组织部、学院党委、学院党建负责人、辅导员	按照学院党委的整体安排，开展相应工作
班团工作	指导开展团支部工作	3～18 周	1. 指导团支部每季度至少召开一次团支部大会。 2. 指导团支委合理设置支部大会议题。 3. 通过支部大会督促“三会两制一课”落实。 4. 团费收缴	学院团委、辅导员、各团支部	建议按照工作内容的说明开展
	推荐优秀团员作为入党积极分子	7～8 周	1. 配合党组织做好宣讲，引导团员提交入党申请书。 2. 协助党组织安排递交入党申请书谈话。 3. 配合党组织做好入党积极分子推荐工作	学院团委、辅导员、各党支部、各团支部	指导推优工作具体实施、督促、检查相关工作
	开展主题团日活动	3～18 周	1. 指导团支委学习当年度主题教育活动安排。 2. 指导团支部开展主题团日活动，丰富学生课余文化生活。 3. 做好活动记录，督促团支委做好支部记录和宣传工作	学院团委、辅导员、各团支部	建议按照工作内容的说明开展
	完成“青年大学习”	每周一期	每周通过“天府新青年”或“交大有思”进入并完成青年大学习	校团委宣传部、院系团委、辅导员	开展指导和检查，听取班团干部工作汇报
	开展谈心谈话工作	1～20 周	了解学生状态，做好日常谈心谈话工作	辅导员、研究生导师	1. 建议按照工作内容的说明开展。 2. 保持与导师的沟通反馈

续表

类别	工作名称	建议工作时间	参考工作内容	相关部门或人员	辅导员工作内容
学术科研相关工作	协助开展学术活动	2～16周	1. 组织开展妙语茶香、承唐新才等活动。 2. 协助导师，鼓励学生积极参加国内外学术会议	辅导员、研究生教务员	根据学校、学院安排，组织学生参与；协助或组织开展相关活动
	协助国际学术交流工作	0～17周	1. 组织学生参加学校、学院组织召开的学术交流会或学术讲座。 2. 向学生介绍国家留学基金委的相关项目及学校国际合作项目	国际处、研究生院、辅导员	根据学校、学院工作安排，做好组织与咨询工作
评奖	开展学院内奖学金评选	1～15周	根据各学院的情况，组织开展各学院相关专项奖学金的评选	学生工作部（处）、学院分管领导、研究生教务员、教师代表、学生代表、辅导员	建议按照工作内容的说明开展
勤助贷	开展勤助贷工作	2～16周	1. 了解是否有家庭困难或遇到突发事件的学生，做好关注。 2. 引导、指导学生参与“三助”工作	学生工作部（处）、辅导员、教务员、研究生导师	建议按照工作内容的说明开展
安全教育管理	开展日常安全教育	1～20周	1. 加强宿舍、实验室、个人各方面的安全教育。 2. 进行节假日的安全教育，强化安全意识	辅导员	建议按照工作内容的说明开展
	开展假期安全教育	1～20周	1. 各短假期安全教育及外出人员统计报送。 2. 做好寒暑假期间的安全教育及统计工作	辅导员	建议按照工作内容的说明开展
	走访宿舍	1～20周	不定期走访学生宿舍，进行安全、卫生检查，关心、关爱学生	辅导员	建议按照工作内容的说明开展
心理健康工作	开展“3·25”心理健康月活动	3～8周	1. 提醒同学关注、参加学校心理健康月的系列活动。 2. 协助开展院级相关活动	心理研究与咨询中心、学院心理专项工作负责人、辅导员	建议按照工作内容的说明开展
	更新重点支持学生台账	1～20周	1. 建议关爱进入研究生阶段后心理适应不佳的学生群体。 2. 分类关爱重点支持学生群体，做到及时发现问题、解决问题。 3. 辅导员根据日常掌握的情况，分类别动态建立重点支持学生台账。 4. 根据学校、学院要求不定期更新台账。 5. 按照要求建立“一人一档”。 6. 深入关注关爱、注重方式方法、做好工作记录、问题严重及时汇报，请求专业支持	心理研究与咨询中心、学院分管领导、学院心理专项工作负责人、辅导员	建议按照工作内容的说明开展

表 20.5　硕士研究生第五学期工作指南

类别	工作名称	建议工作时间	参考工作内容	相关部门或人员	辅导员工作内容
党建工作	发展党员	1～15 周	1. 引导学生向党组织靠拢。 2. 指导学生撰写入党申请书。 3. 开展递交入党申请学生的谈话工作。 4. 推选积极分子上党课。 5. 推优入党	党委组织部、学院党委、学院党建负责人、辅导员	按照学院党委的整体安排，开展相应工作
	培养考察党员	3～17 周	1. 考察入党积极分子、预备党员等。 2. 党员发展对象培训。 3. 召开支部大会讨论党员发展对象、预备党员转正等	党委组织部、学院党委、学院党建负责人、辅导员	按照学院党委的整体安排，开展相应工作
	开展主题教育实践活动	6～14 周	1. 在实践中强化思想引领。 2. 根据具体的学习内容，在党建活动基地开展教育实践活动。 3. 建议根据具体的主题举行实践活动。 4. 形式灵活，方式多样	党委组织部、学院党委、学院党建负责人、辅导员	按照学院党委的整体安排，开展相应工作
	开展支部建设工作	1～16 周	按照学院党委整体要求进行支部建设工作，包括组织生活会、党支部书记述职、收缴党费、党员信息年统等工作	党委组织部、学院党委、学院党建负责人、辅导员	按照学院党委的整体安排，开展相应工作
班团工作	指导开展团支部工作	3～18 周	1. 指导团支部每季度至少召开一次团支部大会。 2. 指导团支委合理设置支部大会议题。 3. 通过支部大会督促“三会两制一课”落实。 4. 团费收缴	学院团委、辅导员、各团支部	建议按照工作内容的说明开展
	推荐优秀团员作为入党积极分子	7～8 周	1. 配合党组织做好宣讲，引导团员提交入党申请书。 2. 协助党组织安排递交入党申请书谈话。 3. 配合党组织做好入党积极分子推荐工作	学院团委、辅导员、各党支部、各团支部	指导推优工作具体实施、督促、检查相关工作
	开展主题团日活动	3～18 周	1. 指导团支委学习当年度主题教育活动安排。 2. 指导团支部开展主题团日活动，丰富学生课余文化生活。 3. 做好活动记录，督促团支委做好支部记录和宣传工作	学院团委、辅导员、各团支部	建议按照工作内容的说明开展
	完成“青年大学习”	每周一期	每周通过“天府新青年”或“交大有思”进入并完成青年大学习	校团委宣传部、院系团委、辅导员	开展指导和检查，听取班团干部工作汇报

续表

类别	工作名称	建议工作时间	参考工作内容	相关部门或人员	辅导员工作内容
班团工作	开展谈心谈话工作	1~20周	了解学生状态，做好日常谈心谈话工作	辅导员、研究生导师	1. 建议按照工作内容的说明开展。 2. 保持与导师的沟通反馈
学术科研指导	了解、跟进论文中期考核	14~16周	1. 向教务老师了解论文中期考核情况。 2. 面向重点学生谈心谈话	研究生教务员、辅导员	1. 向教务老师了解论文中期考核情况。 2. 面向重点学生谈心谈话
	开展学术诚信教育	19周	面向全体应届毕业研究生，开展学术道德、学术诚信教育	学院分管领导、辅导员	协调活动时间等，组织全体学生参与
评奖评优	评审学业奖学金	2~6周	1. 学生申请加分，班级评议小组评议。 2. 导师签字审核。 3. 辅导员审核汇总统报	研究生教务员、辅导员	建议按照工作内容的说明开展
	评审国家奖学金	6~8周	1. 引导和指导学生申请。 2. 学院评审推荐。 3. 关注学院、学校评审结果	学院分管领导、研究生教务员、教师代表、学生代表、辅导员	建议按照工作内容的说明开展
	评审学院专项奖学金	5~9周	1. 引导和指导学生申请。 2. 学院评审推荐。 3. 关注学院评审结果	学生工作部（处）、学院分管领导、研究生教务员、教师代表、学生代表、辅导员	建议按照工作内容的说明开展
	评审学校专项奖学金	5~10周	1. 引导和指导学生申请。 2. 学院评审推荐。 3. 关注学院、学校评审结果	学生工作部（处）、学院分管领导、研究生教务员、教师代表、学生代表、辅导员	建议按照工作内容的说明开展
	评审个人、集体荣誉称号	4~7周	1. 分配名额。 2. 指导学生申请。 3. 组织班级评议推荐。 4. 学院评审。 5. 跟进关注评审结果	学生工作部（处）、学院分管领导、研究生教务员、教师代表、学生代表、辅导员	建议按照工作内容的说明开展
勤助贷	开展勤助贷工作	2~16周	1. 了解是否有家庭困难或遇到突发事件的学生，做好关注。 2. 引导、指导学生参与“三助”工作	学生工作部（处）、辅导员、教务员、研究生导师	建议按照工作内容的说明开展
安全教育管理	开展日常安全教育	1~20周	1. 加强宿舍、实验室、个人各方面的安全教育。 2. 进行节假日的安全教育，强化安全意识	辅导员	建议按照工作内容的说明开展
	开展假期安全教育	1~20周	1. 各短假期安全教育及外出人员统计报送。 2. 做好寒暑假期间的安全教育及统计工作	辅导员	建议按照工作内容的说明开展

续表

类别	工作名称	建议工作时间	参考工作内容	相关部门或人员	辅导员工作内容
安全教育管理	走访宿舍	1～20周	不定期走访学生宿舍，进行安全、卫生检查，关心、关爱学生	辅导员	建议按照工作内容的说明开展
心理健康工作	落实毕业减压工作	1～17周	针对毕业设计困难、就业困难学生进行特别关注与关爱及帮助工作	辅导员、研究生导师	建议按照工作内容的说明开展
	建立重点支持学生台账	1～20周	1. 建议关爱进入研究生阶段后心理适应不佳的学生群体。 2. 分类关爱重点支持学生群体，做到及时发现问题、解决问题。 3. 辅导员根据日常掌握的情况，分类别动态建立重点支持学生台账。 4. 根据学校、学院要求不定期更新台账。 5. 按照要求建立“一人一档”。 6. 深入关注关爱、注重方式方法、做好工作记录、问题严重及时汇报，请求专业支持	心理研究与咨询中心、学院分管领导、学院心理专项工作负责人、辅导员	建议按照工作内容的说明开展
就业指导与就业管理	打印就业推荐表	1～4周	1. 按学校相关通知拟学院通知。 2. 学生填写，辅导员填写学院审核。 3. 学院统一打印，盖学院公章、党委章。 4. 招生就业处审核盖章	招生就业处、学院分管领导、辅导员	建议按照工作内容的说明开展
	组建就业工作小组	1周	1. 组建学院就业工作学生团队。 2. 明确工作职责、工作要求	学院分管领导、辅导员	建议按照工作内容的说明开展
	统筹求职创业补贴	12～14周	1. 根据招生就业处通知发布信息。 2. 通知并指导学生申请。 3. 辅导员审核材料。 4. 汇总报学校审核	招生就业处、学院分管领导、辅导员	建议按照工作内容的说明开展
	对接企业	1～20周	1. 介绍学院毕业生情况。 2. 了解单位需求。 3. 发布相关信息。 4. 推荐有意向有能力的学生	学院分管领导、辅导员	建议按照工作内容的说明开展
	推进就业工作	1～20周	1. 向学生强调就业的黄金时间。 2. 敦促、要求学生参加校园招聘会。 3. 及时进行就业信息反馈，掌握就业进度。 4. 及时发现就业不积极学生、困难学生进行情况了解，并进行相应的指导。 5. 及时了解招生就业处的各项政策、信息，为学生提供服务。 6. 学期中、学期末进行学生的就业工作盘点	招生就业处、学院分管领导、辅导员	建议按照工作内容的说明开展

表 20.6　硕士研究生第六学期工作指南

类别	工作名称	建议工作时间	参考工作内容	相关部门或人员	辅导员工作内容
党建工作	培养考察党员	3～17 周	1. 考察入党积极分子、预备党员等。 2. 党员发展对象培训。 3. 召开支部大会讨论党员发展对象、预备党员转正等	党委组织部、学院党委、学院党建负责人、辅导员	按照学院党委的整体安排，开展相应工作
	开展主题教育实践活动	6～14 周	1. 在实践中强化思想引领。 2. 根据具体的学习内容，在党建活动基地开展教育实践活动。 3. 建议根据具体的主题举行实践活动。 4. 形式灵活，方式多样	党委组织部、学院党委、学院党建负责人、辅导员	按照学院党委的整体安排，开展相应工作
	开展支部建设工作	1～16 周	按照学院党委整体要求进行支部建设工作，包括组织生活会、党支部书记述职、收缴党费、党员信息半年统等工作	党委组织部、学院党委、学院党建负责人、辅导员	按照学院党委的整体安排，开展相应工作
	办理毕业生组织关系转出	15～17 周	对于毕业的学生组织关系转出信息进行统计，对党支部委员进行培训，按要求统计办理毕业生组织关系转出手续	党委组织部、学院党委、学院党建负责人、辅导员、各班党支部	建议按照工作内容的说明开展
班团工作	指导开展团支部工作	3～18 周	1. 指导团支部每季度至少召开一次团支部大会。 2. 指导团支委合理设置支部大会议题。 3. 通过支部大会督促“三会两制一课”落实。 4. 团费收缴	学院团委、辅导员、各团支部	建议按照工作内容的说明开展
	开展主题团日活动	3～18 周	1. 指导团支委学习当年度主题教育活动安排。 2. 指导团支部开展主题团日活动，丰富学生课余文化生活。 3. 做好活动记录，督促团支委做好支部记录和宣传工作	学院团委、辅导员、各团支部	建议按照工作内容的说明开展
	完成“青年大学习”	每周一期	每周通过“天府新青年”或“交大有思”进入并完成青年大学习	校团委宣传部、院系团委、辅导员	开展指导和检查，听取班团干部工作汇报。
	转出毕业生团组织关系	15～18 周	按照学院团委的安排，做好毕业生团员组织关系转出工作	学院团委、辅导员、各团支部	建议按照工作内容的说明开展
	开展谈心谈话工作	1～20 周	了解学生状态，做好日常谈心谈话工作	辅导员、研究生导师	1. 建议按照工作内容的说明开展。 2. 保持与导师的沟通反馈

续表

类别	工作名称	建议工作时间	参考工作内容	相关部门或人员	辅导员工作内容
评奖	开展学院内奖学金评选	1～15周	根据各学院的情况，组织开展各学院相关专项奖学金的评选	学生工作部（处）、学院分管领导、研究生教务员、教师代表、学生代表、辅导员	建议按照工作内容的说明开展
勤助贷	开展勤助贷工作	2～16周	1. 了解是否有家庭困难或遇到突发事件的学生，做好关注。 2. 开展毕业生还贷确认工作	学生工作部（处）、辅导员、教务员、研究生导师	建议按照工作内容的说明开展
安全教育管理	开展日常安全教育	1～20周	1. 加强宿舍、实验室、个人各方面的安全教育。 2. 进行节假日的安全教育，强化安全意识	辅导员	建议按照工作内容的说明开展
	开展假期安全教育	1～20周	1. 各短假期安全教育及外出人员统计报送。 2. 做好寒暑假期间的安全教育及统计工作	辅导员	建议按照工作内容的说明开展
	走访宿舍	1～20周	不定期走访学生宿舍，进行安全、卫生检查，关心、关爱学生	辅导员	建议按照工作内容的说明开展
心理健康工作	开展“3·25”心理健康月活动	3～8周	1. 提醒同学关注、参加学校心理健康月的系列活动。 2. 协助开展院级相关活动	心理研究与咨询中心、学院心理专项工作负责人、辅导员	建议按照工作内容的说明开展
	更新重点支持学生台账	1～20周	1. 建议关爱进入研究生阶段后心理适应不佳的学生群体。 2. 分类关爱重点支持学生群体，做到及时发现问题、解决问题。 3. 辅导员根据日常掌握的情况，分类别动态建立重点支持学生台账。 4. 根据学校、学院要求不定期更新台账。 5. 按照要求建立“一人一档”。 6. 深入关注关爱、注重方式方法、做好工作记录、问题严重及时汇报，请求专业支持	心理研究与咨询中心、学院分管领导、学院心理专项工作负责人、辅导员	建议按照工作内容的说明开展
就业指导与就业管理	推选闪亮人物	8～9周	推选求职、创业等闪亮人物	辅导员	1. 按照学校要求通知学生。 2. 推选求职、创业等闪亮人物

续表

类别	工作名称	建议工作时间	参考工作内容	相关部门或人员	辅导员工作内容
就业指导与就业管理	督促毕业去向	1～4周	1. 对于毕业去向尚未确定的同学，进行指导、督导工作。 2. 及时进行就业信息反馈、掌握就业进度。 3. 及时了解招生就业处的各项政策、信息，为学生进行服务	辅导员	1. 对于毕业去向尚未确定的同学，强调就业黄金时间为3—5月，督促、要求学生参加校园招聘会。 2. 及时进行就业信息反馈、掌握就业进度。 3. 及时了解招生就业处的各项政策、信息，为学生提供服务
	接待春招单位	1～10周	1. 做好企业春招招聘协助工作，提升学生就业质量。 2. 邀请企业到校进行春招。 3. 做好企业春招服务工作	学院分管领导、辅导员	1. 做好企业春招招聘协助工作，提升学生就业质量。 2. 邀请企业到校进行春招。 3. 做好企业春招服务工作
	指导就业困难学生	1～17周	分类做好就业困难学生指导	辅导员、研究生导师	分类做好就业困难学生指导
毕业工作	进行就业信息校核	9～12周	提醒所有学生完成去向校核	招生就业处、辅导员	建议按照工作内容的说明开展
	审核户档留校申请	14～16周	严格按照学校要求办理户档留校手续	招生就业处、辅导员	建议按照工作内容的说明开展
	提交就业材料	15～16周	1. 将就业相关材料返回招生就业处。 2. 此节点为最后返回时间节点，建议在研三学年分批返回	招生就业处、辅导员	建议按照工作内容的说明开展
	开展毕业安全教育	10～16周	学生从4月到7月陆续毕业办理离校手续，对学生进行安全教育	辅导员	建议按照工作内容的说明开展
	开展学院毕业季系列活动	16～18周	根据学院的工作安排，开展毕业季活动	辅导员、学院相关学生团队	按照学院统一安排，协助参与活动组织与学生组织
	组织毕业典礼	18周	组织学生参加学校的毕业典礼	辅导员、学院相关学生团队	建议按照工作内容的说明开展

续表

类别	工作名称	建议工作时间	参考工作内容	相关部门或人员	辅导员工作内容
毕业工作	开展毕业感恩教育	17 周	进行毕业生感恩教育，文明离校	辅导员、学院相关学生团队	建议按照工作内容的说明开展
	完成院级离校手续	18～19 周	1. 发放报到证。 2. 发放户口迁移证。 3. 发放火车票优惠证明。 4. 注销学生证	研究生院、学生工作部（处）、招生就业处、辅导员	建议按照工作内容的说明开展
	完成档案馆装档	18～19 周	研究生装档材料一般为：高等学校毕业生登记表、研究生成绩单、授予硕士或博士学位决定、学生体检表、就业通知书、党团及奖惩材料等	辅导员	建议按照工作内容的说明开展
	跟进未按期毕业硕士的后续管理	16 周	对未能毕业的硕士按照研究生教育管理规范进行管理：加强在线沟通、管理与服务工作	辅导员、导师	建议按照工作内容的说明开展

第二十一章 博士研究生四年工作事务参考

博士研究生四年工作事务分 8 个学期进行介绍，具体如表 21.1 ~ 表 21.8 所示。

表 21.1　第一学期工作指南

类别	工作名称	建议工作时间	参考工作内容	相关部门或人员	辅导员工作内容
迎新工作	开展迎新工作	开学前	1. 迎新纸质、电子资料、学生一卡通，新生大礼包礼物等准备。 2. 迎新工作人员如党员服务队的招聘及培训。 3. 迎新现场流程与人员安排、物料准备。 4. 新生名册准备。 5. 初步拟定新生入学教育安排，确定场地与师资	学生工作部（处）、辅导员、教务员、学院相关学生团队	按照学校、学院整体安排，做好筹备、布置、迎接相关工作
		迎新周	1. 迎新现场布置、迎新人员值班确定。 2. 做好新生入学手续的办理		
	开展开学典礼工作	0 ~ 1 周	一般分为全校开学典礼和学院开学典礼	学生工作部（处）、辅导员、学院相关学生团队	根据学校、学院的整体安排，组织学生参加，协助开展活动组织工作
	开展入学教育	2 ~ 4 周	1. 开展新生入学教育的系列活动，包括教育教学管理相关规定、学术诚信教育、班级建设经验交流、学习经验交流等方面。 2. 可邀请教师、高年级优秀博士进行指导、分享、交流	专家、辅导员、学院相关学生团队	按照学校、学院整体安排，组织学生参加；组织或协助组织相关教育活动
关于辅导员开展党建工作的整体说明： 1. 各学院设置的学生党支部一般分为纵向或横向。 2. 辅导员按照党委组织部要求，本人组织关系转入某一学生党支部。 3. 辅导员既要完成所在支部的指导、建设工作，也要完成所带学生的各项党建工作的引领、指导、辅导工作。 4. 因此本部分党建工作既涉及辅导员所带学生的党建工作也涉及辅导员所在支部的党建工作					
党建工作	接收新生党组织关系	1 ~ 2 周	对于新生预备党员进行组织关系转接	党委组织部、学院党委、学院党建负责人、辅导员	按照学院党委的整体安排，开展相应工作
	发展党员	1 ~ 15 周	1. 引导学生向党组织靠拢。 2. 指导学生撰写入党申请书。 3. 开展递交入党申请学生的谈话工作。 4. 推选积极分子上党课。 5. 推优入党	党委组织部、学院党委、学院党建负责人、辅导员	按照学院党委的整体安排，开展相应工作
	培养考察党员	3 ~ 17 周	1. 考察入党积极分子、预备党员等。 2. 党员发展对象培训。 3. 召开支部大会讨论党员发展对象、预备党员转正等	党委组织部、学院党委、学院党建负责人、辅导员	按照学院党委的整体安排，开展相应工作

续表

类别	工作名称	建议工作时间	参考工作内容	相关部门或人员	辅导员工作内容
党建工作	开展主题教育实践活动	6～14 周	1. 在实践中强化思想引领。 2. 根据具体的学习内容，在党建活动基地开展教育实践活动。 3. 建议根据具体的主题举行实践活动。 4. 形式灵活，方式多样	党委组织部、学院党委、学院党建负责人、辅导员	按照学院党委的整体安排，开展相应工作
	开展支部建设工作	1～16 周	按照学院党委整体要求进行支部建设工作，包括组织生活会、党支部书记述职、收缴党费、党员信息年统等工作	党委组织部、学院党委、学院党建负责人、辅导员	按照学院党委的整体安排，开展相应工作
班团工作	开展班级基础工作	1～2 周	1. 推选配备班干部。 2. 统计班级学生信息，做好信息采集、上报工作	学生工作部（处）、辅导员	建议按照工作内容的说明开展
	组建团支部	1～2 周	1. 统计本班团员信息，组建团支部。 2. 指导各团支部推选团支部委员，安排团支部工作	校团委、院系团委、辅导员	建议按照工作内容的说明开展
	接入团组织关系及开展智慧团建工作	3～4 周	1. 指导团支部按工作要求接入团组织关系。 2. 开展智慧团建工作平台维护更新工作，指导团支书线上审批、核对团员名单。 3. 整理团员档案，团员证注册。 4. 处理团组织关系转入过程中的相关事宜	校团委、院系团委、辅导员	按学院团委相关要求，指导团支部完成相关工作
	开展班级建设经验交流活动	3～4 周	1. 主要是围绕班风学风建设进行交流学习。 2. 可邀请上一年度获得忠忱班集体、优秀班集体的班干部进行分享交流，给新生班级建设进行指导	辅导员、学院相关学生团队	组织、指导
	指导班团建设	2～16 周	1. 建议以忠忱班集体为榜样，指导建设班团。 2. 可邀请上一年度获得忠忱班集体、优秀班集体、五·四红旗团支部进行指导	校团委、院系团委、辅导员	建议按照工作内容的说明开展
	开展学风专项建设（PADP）	2～16 周	按照学生工作部（处）通知的要求，组织所有的新生班级进行学风专项建设基金的申报、活动开展及考评总结	辅导员、学院相关学生团队	建议按照工作内容的说明开展
	指导团支部工作	1～17 周	1. 指导团支部召开团支部大会（一般为每季度至少一次）。 2. 指导并督促团支部“三会两制一课”制度的落实。 3. 团支部的学习、活动开展及团费收缴等工作	院系团委、辅导员、各班团支部	建议按照工作内容的说明开展

续表

类别	工作名称	建议工作时间	参考工作内容	相关部门或人员	辅导员工作内容
班团工作	完成“青年大学习”	每周一期	每周通过“天府新青年”或“交大有思”进入并完成青年大学习	校团委宣传部、院系团委、辅导员	开展指导和检查，听取班团干部工作汇报
	推优入党	6～7周	1. 通过民主推荐方式，选择优秀学生向党组织靠拢。 2. 按照学院党委、学院团委要求，团支部召开民主会议并开展推优	党建负责人、院系团委、辅导员	指导所带团支部开展工作
	开展主题团日活动	2～16周	1. 指导团支委学习当年度主题教育活动安排。 2. 指导团支部开展主题团日活动，丰富学生课余文化生活。 3. 做好活动记录，督促团支委做好支部记录和宣传工作	院系团委、辅导员	建议按照工作内容的说明开展
	开展团支部年终总结	15～17周	按学院团委要求，做好年终总结的各项工作	院系团委、辅导员	建议按照工作内容的说明开展
	开展文体活动	1～16周	1. 鼓励博士班积极参加学院组织的迎新系列活动，如篮球赛、足球赛等。 2. 鼓励并组织博士班参加学院迎新晚会等活动	辅导员、学院相关学生团队	建议按照工作内容的说明开展
	开展学风建设总结工作	15～16周	对一学期各班开展的学风建设情况进行总结、交流、点评	辅导员	建议按照工作内容的说明开展
	开展谈心谈话工作	0～17周	1. 了解班级学生基本情况，与学生进行谈心谈话。 2. 根据心理测评及反馈的名单进行谈心谈话。 3. 安排提交入党申请的学生进行谈话	辅导员、研究生导师	建议按照工作内容的说明开展；保持与导师的沟通反馈
	开展班集体建设示范引导工作	7～15周	1. 组织新生参加竢实扬华奖章答辩观摩。 2. 组织新生参加优秀班集体答辩观摩	辅导员	建议按照工作内容说明开展
	安排研究生图像采集工作	6～16周	按照研究生院的通知要求，做好图像信息采集，具体时间以当时通知为准	研究生院、学院研究生教务、辅导员	建议按照工作内容的说明开展
学术科研相关工作	通知学生选课	1～2周	通知研究生到网上选课	辅导员、研究生教务员	配合研究生教务员做好通知工作
	提醒学生提交培养计划	0～2周	新生报到后，要求学生按照研究生教务的通知要求，在导师的指导下制订培养计划	辅导员、研究生教务员	建议按照工作内容的说明开展

续表

类别	工作名称	建议工作时间	参考工作内容	相关部门或人员	辅导员工作内容
学术科研相关工作	协助开展学术活动	2～16周	1. 组织开展博士沙龙活动（爱思实验室）、眷诚大讲堂等活动。 2. 鼓励学生积极参加国内外学术会议	辅导员、研究生教务、学院相关学生团队	协助活动开展，组织、动员学生参加
	协助国际学术交流工作	0～17周	1. 组织学生参加学校、学院组织召开的学术交流会或学术讲座。 2. 向学生介绍国家留学基金委的相关项目及学校国际合作项目	国际处、研究生院、辅导员、	建议按照工作内容的说明开展
安全教育管理	开展日常安全教育工作	0～17周	1. 加强宿舍、实验室、个人各方面的安全教育。 2. 进行节假日的安全教育，强化安全意识	辅导员	建议按照工作内容的说明开展
	开展假期安全教育	0～17周	1. 各短假期安全教育及外出人员的统计报送。 2. 做好寒假期间的安全教育及统计工作	辅导员	建议按照工作内容的说明开展
	检查、走访宿舍	0～17周	不定期走访学生宿舍，进行安全、卫生检查、关心、关爱学生	辅导员	建议按照工作内容的说明开展
心理健康工作	进行新生心理测评	1～8周	1. 关注博士新生心理健康。 2. 根据心理研究与咨询中心的要求，组织测评，覆盖全体新生。 3. 接受心理咨询与研究中心的指导	心理研究与咨询中心、学院心理专项工作负责人、辅导员	建议按照工作内容说明开展
	建立重点支持学生台账	1～20周	1. 建议关爱进入博士阶段后心理适应不佳的学生群体。 2. 分类关爱重点支持学生群体，做到及时发现问题、解决问题。 3. 根据日常掌握的情况，按照“一人一档”要求，分类别动态建立重点支持学生台账。 4. 根据学校、学院要求不定期更新台账。 5. 深入关注关爱、注重方式方法、做好工作记录、问题严重及时汇报，请求专业支持	心理研究与咨询中心、学院分管领导、学院心理专项工作负责人、辅导员	建议按照工作内容的说明开展
评奖评优	开展评奖评优工作	4～10周	1. 扬华新秀奖的宣传与评选。 2. 评选学院内奖助奖学金	研究生院、学生工作部（处）、学院分管领导、研究生教务、学院评奖评优负责人、辅导员	按照学院统一安排，协助评审开展
勤助贷工作	协助“三助”工作	1～17周	“三助”申请汇总及统计上报、期末工作总结	研究生教务员、辅导员	协助学院开展工作
	关注家庭困难学生	1～18周	关注家庭困难学生，按照学校、学院政策，给予支持	辅导员、导师	配合导师开展工作

表 21.2　第二学期工作指南

类别	工作名称	建议工作时间	参考工作内容	相关部门或人员	辅导员工作内容
党建工作	发展党员	1～15 周	1. 引导学生向党组织靠拢。 2. 指导学生撰写入党申请书。 3. 开展递交入党申请学生的谈话工作。 4. 推选积极分子上党课。 5. 推优入党	党委组织部、学院党委、学院党建负责人、辅导员	按照学院党委的整体安排，开展相应工作
	培养考察党员	3～17 周	1. 考察入党积极分子、预备党员等。 2. 党员发展对象培训。 3. 召开支部大会讨论党员发展对象、预备党员转正等	党委组织部、学院党委、学院党建负责人、辅导员	按照学院党委的整体安排，开展相应工作
	开展主题教育实践活动	6～14 周	1. 在实践中强化思想引领。 2. 根据具体的学习内容，在党建活动基地开展教育实践活动。 3. 建议根据具体的主题举行实践活动。 4. 形式灵活，方式多样	党委组织部、学院党委、学院党建负责人、辅导员	按照学院党委的整体安排，开展相应工作
	开展支部建设工作	1～16 周	按照学院党委整体要求进行支部建设工作，包括组织生活会、党支部书记述职、收缴党费、党员信息半年统等工作	党委组织部、学院党委、学院党建负责人、辅导员	按照学院党委的整体安排，开展相应工作
班团工作	开展智慧团建工作	1～17 周	按校团委要求，团支部组织开展团的学习、实践等活动	院系团委、辅导员	组织各班团支部按要求开展工作
	推优入党	7～8 周	与党支部沟通情况，针对提交入党申请的团员，应召开团支部开民主会议，进行团员推优	院系团委、辅导员	建议按照工作内容的说明开展
	统计返校注册情况	0～1 周	统计博士班返校报到注册情况，掌握学生思想动态	辅导员、研究生教务员	与研究生教务员沟通并做好学生返校注册工作
	开展学风专项建设（PADP）	2～16 周	按照学生工作部（处）的通知要求，组织所有的新生班级进行学风专项建设基金的申报、活动开展及考评总结	辅导员、学院相关学生团队	建议按照工作内容的说明开展
	采集基本信息	2～3 周	对现有博士各班情况进行统计，按学生工作部（处）要求做好信息采集	辅导员	建议按照工作内容的说明开展
	指导班级建设	2～17 周	对博士班的班级建设、学风建设进行指导，对学风建设情况进行总结、点评	辅导员	建议按照工作内容的说明开展
	检查、走访宿舍	1～20 周	不定期走访学生宿舍，进行安全、卫生检查，关心、关爱学生	辅导员	建议按照工作内容的说明开展
	完成“青年大学习”	每周一期	每周通过“天府新青年”或“交大有思”进入并完成青年大学习	校团委宣传部、院系团委、辅导员	开展指导和检查，听取班团干部工作汇报
	开展谈心谈话工作	1～17 周	关注博士生的学习生活，有针对性地进行谈心谈话	研究生导师、辅导员	与重点学生进行谈心，及时与导师沟通情况

续表

类别	工作名称	建议工作时间	参考工作内容	相关部门或人员	辅导员工作内容
学术科研相关工作	通知学生选课	1～2 周	通知研究生到网上选课	研究生教务员、辅导员	配合研究生教务员做好通知工作
	宣传科研项目	1～17 周	提醒学生关注校内科研项目申报情况，做好前期准备	学院科研秘书、辅导员	与学院科研秘书沟通，做好宣传工作
	协助开展学术活动	2～16 周	1. 组织开展博士沙龙活动（爱思实验室）、眷诚大讲堂等活动。 2. 鼓励学生积极参加国内外学术会议	辅导员、研究生教务、学院相关学生团队	协助活动开展，组织、动员学生参加
	协助国际学术交流工作	3～15 周	提醒学生关注国家留学基金委交流项目以及学校的交流项目，提醒学生做好外语方面的准备	国际处、研究生院、辅导员	与国际处、研究生院沟通
安全教育管理	安排常规安全教育工作	1～20 周	1. 加强宿舍、实验室、个人各方面的安全教育。 2. 进行节假日的安全教育，强化安全意识	辅导员、学院相关学生团队	建议按照工作内容的说明开展
	安排假期安全教育	1～20 周	1. 各短假期安全教育及外出人员的统计报送。 2. 做好暑假期间的安全教育及统计工作	辅导员	建议按照工作内容的说明开展
	检查、走访宿舍	0～17 周	不定期走访学生宿舍，进行安全、卫生检查、关心、关爱学生	辅导员	建议按照工作内容的说明开展
心理健康工作	开展心理健康宣传教育	3～8 周	提醒学生关注、参加学校 325 心理健康月系列活动	心理咨询与研究中心、学院心理专项工作负责人、辅导员	组织学生参加心理健康教育相关活动
	关注重点支持学生	0～20 周	与各班心理健康委员保持联系，针对学生出现的问题及时关注，及时干预，及时与导师沟通	心理咨询与研究中心、分管领导、学院心理专项工作负责人、导师、辅导员	建议按照工作内容的说明开展
	建立重点支持学生台账	1～20 周	1. 深入了解学生，了解学生的特殊状况，分类关爱重点支持学生群体，做到及时发现问题、解决问题。 2. 根据日常掌握的情况，按照“一人一档”要求，分类别动态建立重点支持学生台账。 3. 根据学校、学院要求不定期更新台账。 4. 深入关注关爱、注重方式方法、做好工作记录、问题严重及时汇报，请求专业支持	心理研究与咨询中心、学院分管领导、学院心理专项工作负责人、辅导员	建议按照工作内容的说明开展

续表

类别	工作名称	建议工作时间	参考工作内容	相关部门或人员	辅导员工作内容
评奖评优	评奖	2～17 周	1. 学业奖学金的申请及评选。 2. 召开班干部会，布置学业奖学金的申请、评选相关工作	研究生院、学生工作部（处）、学院分管领导、研究生教务、辅导员、学院评奖评优负责人	协助学院开展评选工作
勤助贷工作	协助“三助”工作	1～17 周	“三助”申请汇总及统计上报、期末工作总结	研究生教务员、辅导员	协助学院开展工作
	关注家庭困难学生	1～18 周	关注家庭困难学生，按照学校、学院政策，给予支持	辅导员、导师	配合导师开展工作

表 21.3　第三学期工作指南

类别	工作名称	建议工作时间	参考工作内容	相关部门或人员	辅导员工作内容
党建工作	发展党员	1～15 周	1. 引导学生向党组织靠拢。 2. 指导学生撰写入党申请书。 3. 开展递交入党申请学生的谈话工作。 4. 推选积极分子上党课。 5. 推优入党	党委组织部、学院党委、学院党建负责人、辅导员	按照学院党委的整体安排，开展相应工作
	培养考察党员	3～17 周	1. 考察入党积极分子、预备党员等。 2. 党员发展对象培训。 3. 召开支部大会讨论党员发展对象、预备党员转正等	党委组织部、学院党委、学院党建负责人、辅导员	按照学院党委的整体安排，开展相应工作
	开展主题教育实践活动	6～14 周	1. 在实践中强化思想引领。 2. 根据具体的学习内容，在党建活动基地开展教育实践活动。 3. 建议根据具体的主题举行实践活动。 4. 形式灵活，方式多样	党委组织部、学院党委、学院党建负责人、辅导员	按照学院党委的整体安排，开展相应工作
	开展支部建设工作	1～16 周	按照学院党委整体要求进行支部建设工作，包括组织生活会、党支部书记述职、收缴党费、党员信息年统等工作	党委组织部、学院党委、学院党建负责人、辅导员	按照学院党委的整体安排，开展相应工作
班团工作	开展智慧团建工作	1～17 周	按研究生团总支要求，团支部组织开展团的学习、实践等活动	院系团委、辅导员	督导团支部开展团建工作
	开展推优入党工作	7～8 周	与党支部沟通情况，针对提交入党申请的团员，应召开团支部开民主会议，进行团员推优	院系团委、辅导员	建议按照工作内容的说明开展
	统计返校注册情况	0～1 周	统计博士班返校报到注册情况，掌握学生思想动态	辅导员、研究生教务员	组织好学生返校报到注册
	采集基本信息	2～3 周	对现有研究生各班情况进行统计，按学生工作部（处）要求做好信息采集	辅导员	建议按照工作内容的说明开展
	指导班级建设	2～17 周	对博士班的班级建设、学风建设进行指导，对学风建设情况进行总结、点评	辅导员	建议按照工作内容的说明开展
	完成“青年大学习”	每周一期	每周通过“天府新青年”或“交大有思”进入并完成青年大学习	校团委宣传部、院系团委、辅导员	开展指导和检查，听取班团干部工作汇报
	开展谈心谈话工作	1～17 周	关注博士生的学习生活，有针对性地进行谈心谈话	辅导员、研究生导师	与重点学生进行谈心，及时与导师沟通情况
学术科研相关工作	提醒科研项目申报	1～17 周	1. 学校、学院组织开展四川省苗子工程项目申报。 2. 提醒学生关注科研项目的申报情况，积极申报	学院科研相关负责人、辅导员	配合学院做好宣传、统计等工作
	协助开展学术活动	2～16 周	1. 组织开展博士沙龙活动（爱思实验室）、眷诚大讲堂等活动。 2. 鼓励学生积极参加国内外学术会议	辅导员、研究生教务、学院相关学生团队	协助活动开展，组织、动员学生参加
	协助国际学术交流工作	1～17 周	提醒学生关注国家留学基金委交流项目，并做好外语方面的准备	辅导员、国际处、研究生院	与国际处、研究生院沟通

续表

类别	工作名称	建议工作时间	参考工作内容	相关部门或人员	辅导员工作内容
安全教育管理	安排常规安全教育工作	1～20 周	1. 加强宿舍、实验室、个人各方面的安全教育。 2. 进行节假日的安全教育，强化安全意识	辅导员	建议按照工作内容的说明开展
	安排假期安全教育	1～20 周	1. 各短假期安全教育及外出人员的统计报送。 2. 做好寒假期间的安全教育及统计工作	辅导员	建议按照工作内容的说明开展
	检查、走访宿舍	0～17 周	不定期走访学生宿舍，进行安全、卫生检查、关心、关爱学生	辅导员	建议按照工作内容的说明开展
心理健康工作	关注重点支持学生	0～20 周	与各班心理健康委员保持联系，针对学生出现的问题及时关注，及时干预，及时与导师沟通	心理咨询与研究中心、分管领导、学院心理专项工作负责人、导师、辅导员	建议按照工作内容的说明开展
	更新重点支持学生台账	1～20 周	1. 深入了解学生，了解学生的特殊状况，分类关爱重点支持学生群体，做到及时发现问题、解决问题。 2. 根据日常掌握的情况，按照“一人一档”要求，分类别动态更新重点支持学生台账。 3. 根据学校、学院要求不定期更新台账。 4. 深入关注关爱、注重方式方法、做好工作记录、问题严重及时汇报，请求专业支持	心理研究与咨询中心、学院分管领导、学院心理专项工作负责人、辅导员	建议按照工作内容的说明开展
评奖评优	评奖	4～10 周	国家奖学金评选：做好通知、收取、整理、初核等工作，协助学院评审委员会评审	研究生院、学生工作部（处）、学院分管领导、研究生教务、学院评奖评优负责人、辅导员	按照学院统一安排，协助开展工作
		4～11 周	其他各类专项奖评选：做好通知、收取、整理、初核等工作，协助学院评审委员会评审	研究生院、学生工作部（处）、学院分管领导、研究生教务、学院评奖评优负责人、辅导员	按照学院统一安排，协助开展工作
	评优	4～12 周	1. 组织优秀个人和先进集体的评选：通知布置，收申请材料。 2. 指导个人和班集体的评选	学生工作部（处）、学院分管领导、研究生教务、学院评奖评优负责人、辅导员	建议按照工作内容的说明开展
勤助贷工作	协助“三助”工作	1～17 周	“三助”申请汇总及统计上报、期末工作总结	研究生教务员、辅导员	协助学院开展工作
	关注家庭困难学生	1～18 周	关注家庭困难学生，按照学校、学院政策，给予支持	辅导员、导师	配合导师开展工作

表 21.4　第四学期工作指南

类别	工作名称	建议工作时间	参考工作内容	相关部门或人员	辅导员工作内容
党建工作	发展党员	1～15 周	1. 引导学生向党组织靠拢。 2. 指导学生撰写入党申请书。 3. 开展递交入党申请学生的谈话工作。 4. 推选积极分子上党课。 5. 推优入党	党委组织部、学院党委、学院党建负责人、辅导员	按照学院党委的整体安排，开展相应工作
	培养考察党员	3～17 周	1. 考察入党积极分子、预备党员等。 2. 党员发展对象培训。 3. 召开支部大会讨论党员发展对象、预备党员转正等	党委组织部、学院党委、学院党建负责人、辅导员	按照学院党委的整体安排，开展相应工作
	开展主题教育实践活动	6～14 周	1. 在实践中强化思想引领。 2. 根据具体的学习内容，在党建活动基地开展教育实践活动。 3. 建议根据具体的主题举行实践活动。 4. 形式灵活，方式多样	党委组织部、学院党委、学院党建负责人、辅导员	按照学院党委的整体安排，开展相应工作
	开展支部建设工作	1～16 周	按照学院党委整体要求进行支部建设工作，包括组织生活会、党支部书记述职、收缴党费、党员信息半年统等工作	党委组织部、学院党委、学院党建负责人、辅导员	按照学院党委的整体安排，开展相应工作
班团工作	开展智慧团建工作	1～17 周	按研究生团总支要求，团支部组织开展团的学习、实践等活动	院系团委、辅导员	组织各班团支部按要求开展工作
	开展推优入党工作	7～8 周	与党支部沟通情况，针对提交入党申请的团员，应召开团支部开民主会议，进行团员推优	院系团委、辅导员	建议按照工作内容的说明开展
	统计返校注册情况	0～1 周	统计博士班返校报到注册情况，掌握学生思想动态	辅导员、研究生教务员	组织好学生返校报到注册
	采集基本信息	2～3 周	对现有研究生各班情况进行统计，按学生工作部（处）要求做好信息采集	辅导员	建议按照工作内容的说明开展
	指导班级建设	2～17 周	对博士班的班级建设、学风建设进行指导，对学风建设情况进行总结、点评	辅导员	建议按照工作内容的说明开展
	完成“青年大学习”	每周一期	每周通过“天府新青年”或“交大有思”进入并完成青年大学习	校团委宣传部、院系团委、辅导员	开展指导和检查，听取班团干部工作汇报
	开展谈心谈话工作	1～17 周	关注博士生的学习生活，有针对性地进行谈心谈话	辅导员、研究生导师	与重点学生进行谈心，及时与导师沟通情况
学术科研相关工作	宣传科研项目相关信息	1～17 周	关注校内科研项目申报情况，做好前期准备	学院科研秘书、辅导员	与学院科研秘书沟通，做好宣传工作
	协助开展学术活动	2～16 周	1. 组织开展博士沙龙活动（爱思实验室）、眷诚大讲堂等活动。 2. 鼓励学生积极参加国内外学术会议	辅导员、研究生教务、学院相关学生团队	协助活动开展，组织、动员学生参加
	协助国际学术交流工作	3～15 周	提醒学生积极申请国家留学基金委交流项目	辅导员、国际处、研究生院	与国际处、研究生院沟通

续表

类别	工作名称	建议工作时间	参考工作内容	相关部门或人员	辅导员工作内容
安全教育管理	安排常规安全教育工作	1～20周	1. 加强宿舍、实验室、个人各方面的安全教育。 2. 进行节假日的安全教育，强化安全意识	辅导员、学院相关学生团队	建议按照工作内容的说明开展
	安排假期安全教育	1～20周	1. 各短假期安全教育及外出人员的统计报送。 2. 做好暑假期间的安全教育及统计工作	辅导员、各班干部	建议按照工作内容的说明开展
	检查、走访宿舍	0～17周	不定期走访学生宿舍，进行安全、卫生检查，关心、关爱学生	辅导员	建议按照工作内容的说明开展
心理健康工作	心理健康宣传教育	3～8周	提醒学生关注、参加学校325心理健康月系列活动	辅导员、各班心理委员、校心理中心负责老师	组织学生参加心理健康教育相关活动
	关注重点支持学生	0～20周	与各班心理健康委员保持联系，针对学生出现的问题及时关注，及时干预，及时与导师沟通	心理咨询与研究中心、分管领导、学院心理专项工作负责人、导师、辅导员	建议按照工作内容的说明开展
	更新重点支持学生台账	1～20周	1. 深入了解学生，了解学生的特殊状况，分类关爱重点支持学生群体，做到及时发现问题、解决问题。 2. 根据日常掌握的情况，按照“一人一档”要求，分类别动态建立重点支持学生台账。 3. 根据学校、学院要求不定期更新台账。 4. 深入关注关爱、注重方式方法、做好工作记录、问题严重及时汇报，请求专业支持	心理研究与咨询中心、学院分管领导、学院心理专项工作负责人、辅导员	建议按照工作内容的说明开展
评奖评优	评奖	2～17周	学业奖学金的申请及评选。召开班干部会，布置学业奖学金的申请、评选相关工作	辅导员、研究生教务员	建议按照工作内容的说明开展
勤助贷工作	协助“三助”工作	1～17周	“三助”申请汇总及统计上报、期末工作总结	研究生教务员、辅导员	协助学院开展工作
	关注家庭困难学生	1～18周	关注家庭困难学生，按照学校、学院政策，给予支持	辅导员、导师	配合导师开展工作

表 21.5　第五学期工作指南

类别	工作名称	建议工作时间	参考工作内容	相关部门或人员	辅导员工作内容
党建工作	发展党员	1～15 周	1. 引导学生向党组织靠拢。 2. 指导学生撰写入党申请书。 3. 开展递交入党申请学生的谈话工作。 4. 推选积极分子上党课。 5. 推优入党	党委组织部、学院党委、学院党建负责人、辅导员	按照学院党委的整体安排，开展相应工作
	培养考察党员	3～17 周	1. 考察入党积极分子、预备党员等。 2. 党员发展对象培训。 3. 召开支部大会讨论党员发展对象、预备党员转正等	党委组织部、学院党委、学院党建负责人、辅导员	按照学院党委的整体安排，开展相应工作
	开展主题教育实践活动	6～14 周	1. 在实践中强化思想引领。 2. 根据具体的学习内容，在党建活动基地开展教育实践活动。 3. 建议根据具体的主题举行实践活动。 4. 形式灵活，方式多样	党委组织部、学院党委、学院党建负责人、辅导员	按照学院党委的整体安排，开展相应工作
	开展支部建设工作	1～16 周	按照学院党委整体要求进行支部建设工作，包括组织生活会、党支部书记述职、收缴党费、党员信息年统等工作	党委组织部、学院党委、学院党建负责人、辅导员	按照学院党委的整体安排，开展相应工作
班团工作	开展智慧团建工作	1～17 周	按研究生团总支要求，团支部组织开展团的学习、实践等活动	院系团委、辅导员	督导团支部开展团建工作
	开展推优入党工作	7～8 周	与党支部沟通情况，针对提交入党申请的团员，应召开团支部开民主会议，进行团员推优	院系团委、辅导员	建议按照工作内容的说明开展
	统计返校注册情况	0～1 周	统计博士班返校报到注册情况，掌握学生思想动态	辅导员、研究生教务员	组织好学生返校报到注册
	采集基本信息	2～3 周	对现有研究生各班情况进行统计，按学生工作部（处）要求做好信息采集	辅导员	建议按照工作内容的说明开展
	指导班级建设	2～17 周	对博士班的班级建设、学风建设进行指导，对学风建设情况进行总结、点评	辅导员	建议按照工作内容的说明开展
	完成“青年大学习”	每周一期	每周通过“天府新青年”或“交大有思”进入并完成青年大学习	校团委宣传部、院系团委、辅导员	开展指导和检查，听取班团干部工作汇报
	开展谈心谈话工作	1～17 周	关注博士生的学习生活，有针对性地进行谈心谈话	辅导员、研究生导师	与重点学生进行谈心，及时与导师沟通情况
学术科研相关工作	提醒科研项目申报	1～17 周	1. 学校、学院组织开展四川省苗子工程项目申报。 2. 提醒学生关注科研项目的申报情况，积极申报	学院科研相关负责人、辅导员	配合学院做好宣传、统计等工作
	协助开展学术活动	2～16 周	1. 组织开展博士沙龙活动（爱思实验室）、眷诚大讲堂等活动。 2. 鼓励学生积极参加国内外学术会议	辅导员、研究生教务、学院相关学生团队	协助活动开展，组织、动员学生参加

续表

类别	工作名称	建议工作时间	参考工作内容	相关部门或人员	辅导员工作内容
学术科研相关工作	协助国际学术交流工作	1～17周	统计国家留学基金委交流项目，为学生出具相关证明材料、办理相关手续等	辅导员、国际处、研究生院	与国际处、研究生院沟通
安全教育管理	安排常规安全教育工作	1～20周	1. 加强宿舍、实验室、个人各方面的安全教育。 2. 进行节假日的安全教育，强化安全意识	辅导员	建议按照工作内容的说明开展
	安排假期安全教育	1～20周	1. 各短假期安全教育及外出人员的统计报送。 2. 做好寒假期间的安全教育及统计工作	辅导员	建议按照工作内容的说明开展
	检查、走访宿舍	0～17周	不定期走访学生宿舍，进行安全、卫生检查，关心、关爱学生	辅导员	建议按照工作内容的说明开展
心理健康工作	关注重点支持学生	0～20周	与各班心理健康委员保持联系，针对学生出现的问题及时关注，及时干预，及时与导师沟通	心理咨询与研究中心、分管领导、学院心理专项工作负责人、导师、辅导员	建议按照工作内容的说明开展
	更新重点支持学生台账	1～20周	1. 深入了解学生，了解学生的特殊状况，分类关爱重点支持学生群体，做到及时发现问题、解决问题。 2. 根据日常掌握的情况，按照“一人一档”要求，分类别动态建立重点支持学生台账。 3. 根据学校、学院要求不定期更新台账。 4. 深入关注关爱、注重方式方法、做好工作记录、问题严重及时汇报，请求专业支持	心理研究与咨询中心、学院分管领导、学院心理专项工作负责人、辅导员	建议按照工作内容的说明开展
评奖评优	评奖	4～10周	国家奖学金评选：做好通知、收取、整理、初核等工作，协助学院评审委员会评审	研究生院、学生工作部（处）、学院分管领导、研究生教务、学院评奖评优负责人、辅导员	按照学院统一安排，协助开展工作
	评奖	4～11周	其他各类专项奖评选：做好通知、收取、整理、初核等工作，协助学院评审委员会评审	研究生院、学生工作部（处）、学院分管领导、研究生教务、学院评奖评优负责人、辅导员	按照学院统一安排，协助开展工作
	评优	4～12周	1. 组织优秀个人和先进集体的评选：通知布置，收申请材料。 2. 指导个人和班集体的评选	学生工作部（处）、学院分管领导、研究生教务、学院评奖评优负责人、辅导员	建议按照工作内容的说明开展
勤助贷工作	协助“三助”工作	1～17周	“三助”申请汇总及统计上报、期末工作总结	研究生教务员、辅导员	协助学院开展工作
	关注家庭困难学生	1～18周	关注家庭困难学生，按照学校、学院政策，给予支持	辅导员、导师	配合导师开展工作

表 21.6　第六学期工作指南

类别	工作名称	建议工作时间	参考工作内容	相关部门或人员	辅导员工作内容
党建工作	发展党员	1～15 周	1. 引导学生向党组织靠拢。 2. 指导学生撰写入党申请书。 3. 开展递交入党申请学生的谈话工作。 4. 推选积极分子上党课。 5. 推优入党	党委组织部、学院党委、学院党建负责人、辅导员	按照学院党委的整体安排，开展相应工作
	培养考察党员	3～17 周	1. 考察入党积极分子、预备党员等。 2. 党员发展对象培训。 3. 召开支部大会讨论党员发展对象、预备党员转正等	党委组织部、学院党委、学院党建负责人、辅导员	按照学院党委的整体安排，开展相应工作
	开展主题教育实践活动	6～14 周	1. 在实践中强化思想引领。 2. 根据具体的学习内容，在党建活动基地开展教育实践活动。 3. 建议根据具体的主题举行实践活动。 4. 形式灵活，方式多样	党委组织部、学院党委、学院党建负责人、辅导员	按照学院党委的整体安排，开展相应工作
	开展支部建设工作	1～16 周	按照学院党委整体要求进行支部建设工作，包括组织生活会、党支部书记述职、收缴党费、党员信息半年统等工作	党委组织部、学院党委、学院党建负责人、辅导员	按照学院党委的整体安排，开展相应工作
班团工作	开展智慧团建工作	1～17 周	按研究生团总支要求，团支部组织开展团的学习、实践等活动	院系团委、辅导员	组织各班团支部按要求开展工作
	开展推优入党工作	7～8 周	与党支部沟通情况，针对提交入党申请的团员，应召开团支部开民主会议，进行团员推优	院系团委、辅导员	建议按照工作内容的说明开展
	统计返校注册情况	0～1 周	统计博士班返校报到注册情况，掌握学生思想动态	辅导员、研究生教务员	组织好学生返校报到注册
	采集基本信息	2～3 周	对现有研究生各班情况进行统计，按学生工作部（处）要求做好信息采集	辅导员	建议按照工作内容的说明开展
	指导班级建设	2～17 周	对博士班的班级建设、学风建设进行指导，对学风建设情况进行总结、点评	辅导员	建议按照工作内容的说明开展
	完成“青年大学习”	每周一期	每周通过“天府新青年”或“交大有思”进入并完成青年大学习	校团委宣传部、院系团委、辅导员	开展指导和检查，听取班团干部工作汇报
	开展谈心谈话工作	1～17 周	关注博士生的学习生活，有针对性地进行谈心谈话	辅导员、研究生导师	与重点学生进行谈心，及时与导师沟通情况
学术科研相关工作	宣传科研项目相关信息	1～17 周	关注校内科研项目申报情况，做好前期准备	学院科研秘书、辅导员	与学院科研秘书沟通，做好宣传工作

续表

类别	工作名称	建议工作时间	参考工作内容	相关部门或人员	辅导员工作内容
学术科研相关工作	协助开展学术活动	2～16 周	1. 组织开展博士沙龙活动(爱思实验室)、眷诚大讲堂等活动。 2. 鼓励学生积极参加国内外学术会议	辅导员、研究生教务、学院相关学生团队	协助活动开展，组织、动员学生参加
	协助国际学术交流工作	3～15 周	提醒学生积极申请国家留学基金委交流项目	辅导员、国际处、研究生院	与国际处、研究生院沟通
安全教育管理	安排常规安全教育工作	1～20 周	1. 加强宿舍、实验室、个人各方面的安全教育。 2. 进行节假日的安全教育，强化安全意识。	辅导员、学院相关学生团队	建议按照工作内容的说明开展
	安排假期安全教育	1～20 周	1. 各短假期安全教育及外出人员的统计报送。 2. 做好暑假期间的安全教育及统计工作	辅导员、各班干部	建议按照工作内容的说明开展
	检查、走访宿舍	0～17 周	不定期走访学生宿舍，进行安全、卫生检查，关心、关爱学生	辅导员	建议按照工作内容的说明开展
心理健康工作	心理健康宣传教育	3～8 周	提醒学生关注、参加学校 325 心理健康月系列活动	辅导员、各班心理委员、校心理中心负责老师	组织学生参加心理健康教育相关活动
	关注重点支持学生	0～20 周	与各班心理健康委员保持联系，针对学生出现的问题及时关注，及时干预，及时与导师沟通	心理咨询与研究中心、分管领导、学院心理专项工作负责人、导师、辅导员	建议按照工作内容的说明开展
	更新重点支持学生台账	1～20 周	1. 深入了解学生，了解学生的特殊状况，分类关爱重点支持学生群体，做到及时发现问题、解决问题。 2. 根据日常掌握的情况，按照“一人一档”要求，分类别动态建立重点支持学生台账。 3. 根据学校、学院要求不定期更新台账。 4. 深入关注关爱、注重方式方法、做好工作记录、问题严重及时汇报，请求专业支持	心理研究与咨询中心、学院分管领导、学院心理专项工作负责人、辅导员	建议按照工作内容的说明开展
评奖评优	评奖	2～17 周	学业奖学金的申请及评选。召开班干部会，布置学业奖学金的申请、评选相关工作	辅导员、研究生教务员	建议按照工作内容的说明开展
勤助贷工作	协助“三助”工作	1～17 周	“三助”申请汇总及统计上报、期末工作总结	研究生教务员、辅导员	协助学院开展工作
	关注家庭困难学生	1～18 周	关注家庭困难学生，按照学校、学院政策，给予支持	辅导员、导师	配合导师开展工作

表 21.7　第七学期工作指南

<table>
<tr><th>类别</th><th>工作名称</th><th>建议工作时间</th><th>参考工作内容</th><th>相关部门或人员</th><th>辅导员工作内容</th></tr>
<tr><td rowspan="4">党建工作</td><td>发展党员</td><td>1～15 周</td><td>1. 引导学生向党组织靠拢。
2. 指导学生撰写入党申请书。
3. 开展递交入党申请学生的谈话工作。
4. 推选积极分子上党课。
5. 推优入党</td><td>党委组织部、学院党委、学院党建负责人、辅导员</td><td>按照学院党委的整体安排，开展相应工作</td></tr>
<tr><td>培养考察党员</td><td>3～17 周</td><td>1. 考察入党积极分子、预备党员等。
2. 党员发展对象培训。
3. 召开支部大会讨论党员发展对象、预备党员转正等</td><td>党委组织部、学院党委、学院党建负责人、辅导员</td><td>按照学院党委的整体安排，开展相应工作</td></tr>
<tr><td>开展主题教育实践活动</td><td>6～14 周</td><td>1. 在实践中强化思想引领。
2. 根据具体的学习内容，在党建活动基地开展教育实践活动。
3. 建议根据具体的主题举行实践活动。
4. 形式灵活，方式多样</td><td>党委组织部、学院党委、学院党建负责人、辅导员</td><td>按照学院党委的整体安排，开展相应工作</td></tr>
<tr><td>开展支部建设工作</td><td>1～16 周</td><td>按照学院党委整体要求进行支部建设工作，包括组织生活会、党支部书记述职、收缴党费、党员信息年统等工作</td><td>党委组织部、学院党委、学院党建负责人、辅导员</td><td>按照学院党委的整体安排，开展相应工作</td></tr>
<tr><td rowspan="7">班团工作</td><td>开展智慧团建工作</td><td>1～17 周</td><td>按研究生团总支要求，团支部组织开展团的学习、实践等活动</td><td>院系团委、辅导员</td><td>督导团支部开展团建工作</td></tr>
<tr><td>开展推优入党工作</td><td>7～8 周</td><td>与党支部沟通情况，针对提交入党申请的团员，应召开团支部民主会议，进行团员推优</td><td>院系团委、辅导员</td><td>建议按照工作内容的说明开展</td></tr>
<tr><td>统计返校注册情况</td><td>0～1 周</td><td>统计博士班返校报到注册情况，掌握学生思想动态</td><td>辅导员、研究生教务员</td><td>组织好学生返校报到注册</td></tr>
<tr><td>采集基本信息</td><td>2～3 周</td><td>对现有研究生各班情况进行统计，按学生工作部（处）要求做好信息采集</td><td>辅导员</td><td>建议按照工作内容的说明开展</td></tr>
<tr><td>指导班级建设</td><td>2～17 周</td><td>对博士班的班级建设、学风建设进行指导，对学风建设情况进行总结、点评</td><td>辅导员</td><td>建议按照工作内容的说明开展</td></tr>
<tr><td>完成“青年大学习”</td><td>每周一期</td><td>每周通过“天府新青年”或“交大有思”进入并完成青年大学习</td><td>校团委宣传部、院系团委、辅导员</td><td>开展指导和检查，听取班团干部工作汇报</td></tr>
<tr><td>开展谈心谈话工作</td><td>1～17 周</td><td>关注博士生的学习生活，有针对性地进行谈心谈话</td><td>辅导员、研究生导师</td><td>与重点学生进行谈心，及时与导师沟通情况</td></tr>
<tr><td>学术科研相关工作</td><td>提醒科研项目申报</td><td>1～17 周</td><td>1. 学校、学院组织开展四川省苗子工程项目申报。
2. 提醒学生关注科研项目的申报情况，积极申报</td><td>学院科研相关负责人、辅导员</td><td>配合学院做好宣传、统计等工作</td></tr>
</table>

续表

<table>
<tr><th>类别</th><th>工作名称</th><th>建议工作时间</th><th>参考工作内容</th><th>相关部门或人员</th><th>辅导员工作内容</th></tr>
<tr><td rowspan="2">学术科研相关工作</td><td>协助开展学术活动</td><td>2～16周</td><td>1. 组织开展博士沙龙活动（爱思实验室）、眷诚大讲堂等活动。
2. 鼓励学生积极参加国内外学术会议</td><td>辅导员、研究生教务、学院相关学生团队</td><td>协助活动开展，组织、动员学生参加</td></tr>
<tr><td>协助国际学术交流工作</td><td>1～17周</td><td>1. 注意保持与境外交流学生的沟通。
2. 统计境外返校学生，处理返校后相关事宜</td><td>国际处、研究生院、辅导员</td><td>建议按照工作内容的说明开展</td></tr>
<tr><td rowspan="3">就业工作</td><td>办理就业相关手续</td><td>1～4周</td><td>组织应届毕业生进行信息校核；审核就业单位及就业信息</td><td>就业处、学院分管领导、辅导员</td><td>建议按照工作内容的说明开展</td></tr>
<tr><td>推送招聘信息</td><td>2～20周</td><td>积极联系用人单位，向博士班推送就业信息，组织专场招聘会</td><td>就业处、学院分管领导、辅导员</td><td>建议按照工作内容的说明开展</td></tr>
<tr><td>进行就业指导</td><td>1～20周</td><td>针对学生毕业进度情况，对学生就业意向进行了解，有针对性地指导、推荐</td><td>就业处、学院分管领导、辅导员</td><td>建议按照工作内容的说明开展</td></tr>
<tr><td rowspan="3">安全教育管理</td><td>安排常规安全教育工作</td><td>1～20周</td><td>1. 加强宿舍、实验室、个人各方面的安全教育。
2. 进行节假日的安全教育，强化安全意识</td><td>辅导员</td><td>建议按照工作内容的说明开展</td></tr>
<tr><td>安排假期安全教育</td><td>1～20周</td><td>1. 各短假期安全教育及外出人员的统计报送。
2. 做好寒假期间的安全教育及统计工作</td><td>辅导员</td><td>建议按照工作内容的说明开展</td></tr>
<tr><td>检查、走访宿舍</td><td>0～17周</td><td>不定期走访学生宿舍，进行安全、卫生检查，关心、关爱学生</td><td>辅导员</td><td>建议按照工作内容的说明开展</td></tr>
<tr><td rowspan="2">心理健康工作</td><td>关注重点支持学生</td><td>0～20周</td><td>与各班心理健康委员保持联系，针对学生出现的问题及时关注，及时干预，及时与导师沟通</td><td>心理咨询与研究中心、分管领导、学院心理专项工作负责人、导师、辅导员</td><td>建议按照工作内容的说明开展</td></tr>
<tr><td>更新重点支持学生台账</td><td>1～20周</td><td>1. 深入了解学生，了解学生的特殊状况，分类关爱重点支持学生群体，做到及时发现问题、解决问题。
2. 根据日常掌握的情况，按照“一人一档”要求，分类别动态建立重点支持学生台账。
3. 根据学校、学院要求不定期更新台账。
4. 深入关注关爱、注重方式方法、做好工作记录、问题严重及时汇报，请求专业支持</td><td>心理研究与咨询中心、学院分管领导、学院心理专项工作负责人、辅导员</td><td>建议按照工作内容的说明开展</td></tr>
<tr><td>评奖评优</td><td>评奖</td><td>4～10周</td><td>国家奖学金评选：做好通知、收取、整理、初核等工作，协助学院评审委员会评审</td><td>研究生院、学生工作部（处）、学院分管领导、研究生教务、学院评奖评优负责人、辅导员</td><td>按照学院统一安排，协助开展工作</td></tr>
</table>

续表

类别	工作名称	建议工作时间	参考工作内容	相关部门或人员	辅导员工作内容
评奖评优	评奖	4～11 周	其他各类专项奖评选：做好通知、收取、整理、初核等工作，协助院评审委员会评审	研究生院、学生工作部（处）、学院分管领导、研究生教务、学院评奖评优负责人、辅导员	按照学院统一安排，协助开展工作
	评优	4～12 周	1. 组织优秀个人和先进集体的评选：通知布置，收申请材料。 2. 指导个人和班集体的评选	学生工作部（处）、学院分管领导、研究生教务、学院评奖评优负责人、辅导员	建议按照工作内容的说明开展
勤助贷工作	协助“三助”工作	1～17 周	“三助”申请汇总及统计上报、期末工作总结	研究生教务员、辅导员	协助学院开展工作
	关注家庭困难学生	1～18 周	关注家庭困难学生，按照学校、学院政策，给予支持	辅导员、导师	配合导师开展工作

表 21.8　第八学期工作指南

类别	工作名称	建议工作时间	参考工作内容	相关部门或人员	辅导员工作内容
党建工作	培养考察党员	3～17 周	1. 考察入党积极分子、预备党员等。 2. 党员发展对象培训。 3. 召开支部大会讨论党员发展对象、预备党员转正等	党委组织部、学院党委、学院党建负责人、辅导员	按照学院党委的整体安排，开展相应工作
	开展主题教育实践活动	6～14 周	1. 在实践中强化思想引领。 2. 根据具体的学习内容，在党建活动基地开展教育实践活动。 3. 建议根据具体的主题举行实践活动。 4. 形式灵活，方式多样	党委组织部、学院党委、学院党建负责人、辅导员	按照学院党委的整体安排，开展相应工作
	开展支部建设工作	1～16 周	按照学院党委整体要求进行支部建设工作，包括组织生活会、党支部书记述职、收缴党费、党员信息半年统等工作	党委组织部、学院党委、学院党建负责人、辅导员	按照学院党委的整体安排，开展相应工作
	办理毕业生组织关系转出	15～17 周	对于毕业的学生组织关系转出信息进行统计，对党支部委员进行培训，按要求统计办理毕业生组织关系转出手续	党委组织部、学院党委、学院党建负责人、辅导员、各班党支部	建议按照工作内容的说明开展
班团工作	开展智慧团建工作	1～17 周	按研究生团总支要求，团支部组织开展团的学习、实践等活动	院系团委、辅导员	督导团支部开展团建工作
	统计返校注册情况	0～1 周	统计博士班返校报到注册情况，掌握学生思想动态	辅导员、研究生教务员	与研究生教务员沟通并做好学生返校注册工作
	采集基本信息	2～3 周	对现有研究生各班情况进行统计，按学生工作部（处）要求做好信息采集	辅导员	建议按照工作内容的说明开展
	指导班级建设	2～17 周	对博士班的班级建设、学风建设进行指导，对学风建设情况进行总结、点评	辅导员	建议按照工作内容的说明开展
	组织开展毕业季系列活动	2～17 周	组织开展文明离校教育，组织各班学生积极参加毕业季系列活动	辅导员、各班干部	建议按照工作内容的说明开展
	完成“青年大学习”	每周一期	每周通过“天府新青年”或“交大有思”进入并完成青年大学习	校团委宣传部、院系团委、辅导员	开展指导和检查，听取班团干部工作汇报
	开展谈心谈话工作	1～17 周	关注博士生的学习生活，有针对性地进行谈心谈话	辅导员、研究生导师	与重点学生进行谈心，及时与导师沟通情况
	跟进未按期毕业博士的后续管理	16 周	对学制内未毕业的博士按照研究生教育管理规范进行管理	辅导员、导师	建议按照工作内容的说明开展

续表

类别	工作名称	建议工作时间	参考工作内容	相关部门或人员	辅导员工作内容
学术科研相关工作	协助开展学术活动	2~16周	1. 组织开展博士沙龙活动（爱思实验室）、眷诚大讲堂等活动。 2. 鼓励学生积极参加国内外学术会议	辅导员、研究生教务、学院相关学生团队	协助活动开展，组织、动员学生参加
	协助国际学术交流工作	1~17周	1. 注意保持与境外交流学生的沟通。 2. 统计、关心境外返校学生，处理返校后相关事宜	辅导员、国际处、研究生院	建议按照工作内容的说明开展
就业工作	办理就业相关手续	1~4周	组织应届毕业生进行信息校核；审核就业单位及就业信息	就业处、学院分管领导、辅导员	建议按照工作内容的说明开展
	推送招聘信息	2~20周	积极联系用人单位，向博士班推送就业信息，组织专场招聘会	就业处、学院分管领导、辅导员	建议按照工作内容的说明开展
	进行就业指导	1~20周	针对学生毕业进度情况，对学生就业意向进行了解，有针对性地指导	就业处、学院分管领导、辅导员	建议按照工作内容的说明开展
	办理毕业离校手续	4~17周	办理就业信息校核统计、派遣及档案材料的归档等工作	就业处、辅导员、研究生教务	建议按当年就业工作具体要求做好相关工作
安全教育管理	安排常规安全教育工作	1~20周	1. 加强宿舍、实验室、个人各方面的安全教育。 2. 进行节假日的安全教育，强化安全意识	辅导员	建议按照工作内容的说明开展
	安排假期安全教育	1~20周	各短假期安全教育及外出人员的统计报送，做好寒假期间的安全教育及统计工作	辅导员	建议按照工作内容的说明开展
	检查、走访宿舍	0~17周	不定期走访学生宿舍，进行安全、卫生检查，关心、关爱学生	辅导员	建议按照工作内容的说明开展
	开展离校前安全教育	2~17周	做好博士班毕业前安全离校教育	学院分管领导、辅导员、研究生教务、研究生导师	组织开展毕业生离校教育
心理健康工作	心理健康宣传教育	3~8周	提醒学生关注、参加学校325心理健康月系列活动	心理咨询与研究中心、学院心理专项工作负责人、辅导员	组织学生参加心理健康教育相关活动
	关注重点支持学生	0~20周	与各班心理健康委员保持联系，针对学生出现的问题及时关注，及时干预，及时与导师沟通	心理咨询与研究中心、分管领导、学院心理专项工作负责人、导师、辅导员	建议按照工作内容的说明开展

续表

类别	工作名称	建议工作时间	参考工作内容	相关部门或人员	辅导员工作内容
心理健康工作	更新重点支持学生台账	1～20周	1. 深入了解学生，了解学生的特殊状况，分类关爱重点支持学生群体，做到及时发现问题、解决问题。 2. 根据日常掌握的情况，按照“一人一档”要求，分类别动态建立重点支持学生台账。 3. 根据学校、学院要求不定期更新台账。 4. 深入关注关爱、注重方式方法、做好工作记录、问题严重及时汇报，请求专业支持	心理研究与咨询中心、学院分管领导、学院心理专项工作负责人、辅导员	建议按照工作内容的说明开展
勤助贷工作	协助“三助”工作	1～17周	“三助”申请汇总及统计上报、期末工作总结	研究生教务员、辅导员	协助学院开展工作
	关注家庭困难学生	1～18周	关注家庭困难学生，按照学校、学院政策，给予支持	辅导员、导师	配合导师开展工作

附　录

附录 1　辅导员工作相关文件

一、重要讲话及重要文件

1. 习近平在庆祝中华人民共和国成立 70 周年大会上的讲话（2019 年 10 月 1 日），http: //www.xinhuanet.com/politics/70zn/2019-10/01/c_1210298654.htm.

2. 习近平在“不忘初心、牢记使命”主题教育工作会议上的讲话（2019 年 5 月 31 日），http: //www.xinhuanet.com/politics/2019-06/30/c_1124690900.htm.

3. 习近平在纪念五四运动 100 周年大会上的讲话（2019 年 4 月 30 日），http: //www.xinhuanet.com/politics/2019-04/30/c_1124440193.htm.

4. 习近平在庆祝改革开放 40 周年大会上的讲话（2018 年 12 月 18 日），http: //www.xinhuanet.com/politics/leaders/2018-12/18/c_1123872025.htm.

5. 习近平在中国共产党第十九次全国代表大会上的报告(2017 年 10 月 18 日),http: //cpc.people.com.cn/n1/2017/1028/c64094-29613660.html.

6. 习近平在学校思想政治理论课教师座谈会上的讲话(2019 年 3 月 18 日), http: //politics.gmw.cn/2019-03/18/content_32653484.htm.

7. 习近平在全国教育大会上的讲话(2018 年 9 月 10 日), http: //edu.people.com.cn/n1/2018/0911/c1053-30286253.html.

8. 习近平在北京大学师生座谈会上的讲话（2018 年 5 月 2 日），http: //politics.people.com.cn/n1/2018/0503/c1024-29961468.html.

9. 习近平在中国政法大学考察时的讲话(2017 年 5 月 3 日), http: //www.xinhuanet.com//politics/2017-05/03/c_1120913310.htm.

10. 习近平在全国高校思想政治工作会议上的讲话（2016 年 12 月 8 日），http: //dangjian.people.com.cn/n1/2016/1209/c117092-28936962.html.

11. 陈宝生在全国高校辅导员优秀骨干培训班开班仪式上的讲话(2019 年 9 月 24 日), http: //www.moe.gov.cn/jyb_xwfb/gzdt_gzdt/moe_1485/201909/t20190924_400619.html.

12.《新时代爱国主义教育实施纲要》(2019 年 11 月 12 日), http: //www.xinhuanet.com/politics/2019-11/12/c_1125223796.htm.

13.《高校思想政治工作质量提升工程实施纲要》(2017 年 12 月 4 日), http: //www.moe.gov.cn/srcsite/A12/s7060/201712/t20171206_320698.html.

14.《关于加强和改进新形势下高校思想政治工作的意见》(2017 年 2 月 27 日), http: //www.xinhuanet.com//2017-02/27/c_1120538762.htm.

二、辅导员队伍建设与规划

1.《普通高等学校思想政治理论课教师队伍培养规划（2019—2023 年）》(2019 年 4 月 17 日),

http: //www.moe.gov.cn/srcsite/A13/moe_772/201904/t20190428_379873.html.

2.《新时代高校教师职业行为十项准则》(2018 年 11 月 8 日), http: //www.xinhuanet.com/politics/2018-11/16/c_1123722540.htm.

3.《普通高等学校辅导员队伍建设规定》(2017 年 10 月 1 日), http: //www.moe.gov.cn/srcsite/A02/s5911/moe_621/201709/t20170929_315781.html.

4.《高等学校辅导员职业能力标准(暂行)》(2014 年 3 月 25 日), http: //old.moe.gov.cn/publicfiles/business/htmlfiles/moe/s7060/201404/167113.html.

三、学生管理与党团建设

1.《高等学校勤工助学管理办法(2018 年修订)》(2018 年 8 月 20 日), http: //www.moe.gov.cn/srcsite/A05/s7505/201809/t20180903_347076.html.

2.《高等学校学生心理健康教育指导纲要》(2018 年 7 月 4 日), http: //www.moe.gov.cn/srcsite/A12/moe_1407/s3020/201807/t20180713_342992.html.

3.《普通高等学校学生管理规定》(2017 年 9 月 1 日), http: //www.moe.gov.cn/srcsite/A02/s5911/moe_621/201702/t20170216_296385.html.

4.《关于进一步引导和鼓励高校毕业生到基层工作的意见》(2017 年 1 月 24 日), http: //www.gov.cn/zhengce/2017-01/24/content_5163022.htm.

5.《国家学生资助政策体系简介(2016)》(2016 年 8 月 17 日), http: //www.gov.cn/xinwen/2016-08/17/content_5100122.htm.

6.《学生伤害事故处理办法》(2002 年 6 月 25 日), http: //www.gov.cn/gongbao/content/2003/content_62624.htm.

7.《普通高等学校学生党建工作标准》(2017 年 2 月 28 日), http: //www.moe.gov.cn/srcsite/A12/moe_1416/moe_1417/201703/t20170310_298978.html.

8.《高校共青团改革实施方案》(2016 年 11 月 14 日), http: //xxgqt.youth.cn/tzgg/201611/t20161122_8872166.htm.

四、西南交通大学辅导员队伍建设与规划相关的文件

1.《西南交通大学辅导员队伍建设规定(西交党〔2019〕47 号)》, http: //xg.swjtu.edu.cn/web/Home/Detail?LJw34Jmu=010c01_M3=1f51e3gf-4ige-e0fd-jb1d-be0fa13gj0ej.shtml.

2.《西南交通大学学院学生工作考核办法(西交校学生〔2019〕22 号)》, http: //xg.swjtu.edu.cn/web/Home/Detail?LJw34Jmu=010c01_M3=0gijf5dc-ief4-eeg2-baj0-i5225cjcc42h.shtml.

3.《西南交通大学辅导员考核工作实施办法(西交校学生〔2019〕12 号)》, http: //xg.swjtu.edu.cn/web/Home/Detail?LJw34Jmu=010c01_M3=jcdhgh0i-ce41-eg2g-aj5a-5hj01g22gadh.shtml.

4.《关于规范辅导员因公(私)离校、出国(境)审批管理的通知》, http: //xg.swjtu.edu.cn/web/Home/Detail?LJw34Jmu=010c01_M3=cijh42b3-aeg0-ejjf-bjbb-cfhe5dda23c3.shtml.

5.《西南交通大学思想政治工作和党务工作队伍专业技术职务评审管理办法(试行)(西交校人〔2017〕1 号)》, http: //xg.swjtu.edu.cn/web/Home/Detail?LJw34Jmu=010c01_M3=5g3e33db-1bhc-ei1j-a4jc-hhf3dh45412e.shtml.

6.《西南交通大学辅导员名师工作室建设管理办法(西交校学生〔2019〕20 号)》, http: //xg.swjtu.edu.cn/web/Home/Detail?LJw34Jmu=010c01_M3=b1j5520e-04fd-ea4j-aefh-hadcjafag4a2.shtml.

7.《西南交通大学新时代学生工作振兴行动计划(西交党〔2019〕9 号)》, http: //xg.swjtu.edu.cn/web/Home/Detail?LJw34Jmu=010c01_M3=hd4c4hi0-1324-egfh-jh3f-4hjhi4di404f.shtml.

8.《西南交通大学免研辅导员管理办法（西交校学生〔2018〕41 号）》，http: //xg.swjtu.edu.cn/web/Home/Detail?LJw34Jmu=010c01_M3=5h1ffcdh-b5j3-ejge-j3bh-ibf0f00gjabd.shtml.

9.《西南交通大学兼职辅导员管理办法（西交校学生〔2019〕21 号）》，http: //xg.swjtu.edu.cn/web/Home/Detail?LJw34Jmu=010c01_M3=e045jh31-33c5-ea2h-aij5-50fjjb0h513h.shtml.

10.《西南交通大学科学研究基金（学生工作专项）管理办法（西交校学生〔2018〕43 号）》，http: //xg.swjtu.edu.cn/web/Home/Detail?LJw34Jmu=010c01_M3=df432d0h-3430-effb-iadb-gg4ed3ii5ajb.shtml.

11.《西南交通大学专职辅导员队伍职员职级认定与晋升方案（西交校人〔2016〕155 号）》，http: //xg.swjtu.edu.cn/web/Home/Detail?LJw34Jmu=010c01_M3=d044eiie-gbai-e33d-jffa-iga1bg2adjg5.shtml.

12.《西南交通大学专业技术职务评审管理办法（修订）（西交校人〔2018〕45 号）》，http: //xg.swjtu.edu.cn/web/Home/Detail?LJw34Jmu=010c01_M3=aebhej3d-gje3-eb22-jicf-e54g5hh2422a.shtml.

13.《西南交通大学高教管理系列专业技术职务评审管理办法（试行）（西交校人〔2017〕2 号）》，http: //xg.swjtu.edu.cn/web/Home/Detail?LJw34Jmu=010c01_M3=eifeja1e-5a03-eeb2-i5g1-hcg014i2dejj.shtml.

14.《西南交通大学专家型专职辅导员“双肩挑”资格认定及薪酬管理办法（西交校学生〔2019〕4 号）》，http: //xg.swjtu.edu.cn/web/Home/Detail?LJw34Jmu=010c01_M3=4e2cceg5-bgeb-egbf-aecd-bhdbghcgaa34.shtml.

15.《学生工作部（处）关于进一步加强辅导员深入学生联系学生工作的通知》，http: //xg.swjtu.edu.cn/web/Home/Detail?LJw34Jmu=010c01_M3=232hcb5d-0ejd-eg4j-if3f-e4ai5h35ajc4.shtml.

16.《西南交通大学加强教师思想政治工作和师德师风建设实施细则（试行）（西交党〔2017〕27 号）》，http: //xg.swjtu.edu.cn/web/Home/Detail?LJw34Jmu=010c01_M3=ci5e40gf-hefg-ejd0-afd2-0g1e2a0g4dib.shtml.

17.《关于进一步加强辅导员工作交接的通知》，http: //xg.swjtu.edu.cn/web/Home/Detail?LJw34Jmu=010c01_M3=if5df4jd-1a3a-e32h-if55-hihj3gaeidbb.shtml.

五、学生管理及党团建设

（一）本科生管理

《西南交通大学本科生管理规章制度汇编》（2019 年 8 月），http: //jwc.swjtu.edu.cn/download/rule/20200107083549318.pdf.

（二）研究生管理

《学位与研究生教育工作手册》（2017 年 8 月版）.

（三）就业相关政策

1.《西南交通大学关于加强毕业生就业引导工作的实施意见（试行）》，http: //jiuye.swjtu.edu.cn/eweb/jygl/zpfw.so?modcode=jygl_jygldfzc&subsyscode=jygl&type=view&id=Cf1wSYgfuKpS3wWsMkfoM6.

2.《西南交通大学毕业生就业推荐表和协议书管理办法（修订）》http: //jiuye.swjtu.edu.cn/eweb/jygl/zpfw.so?modcode=jygl_jygldfzc&subsyscode=jygl&type=view&id=EL71dvui1gSpdsDaViTtsU.

3.《西南交通大学毕业生就业派遣及改派管理办法（修订）》http: //jiuye.swjtu.edu.cn/eweb/jygl/zpfw.so?modcode=jygl_jygldfzc&subsyscode=jygl&type=view&id=7M5sZUUct4LCjd7aBwiXs9.

4.《西南交通大学就业困难毕业生帮扶实施办法》，http: //jiuye.swjtu.edu.cn/eweb/jygl/zpfw.so?modcode=jygl_jygldfzc&subsyscode=jygl&type=view&id=8dhFSZ4inDSRGX29nrGR94.

5.《西南交通大学就业帮扶经费管理办法》，http: //jiuye.swjtu.edu.cn/eweb/jygl/zpfw.so?modcode=

jygl_jygldfzc&subsyscode=jygl&type=view&id=JQBitjzZJHE9u7m9nGF5y3.

6.《西南交通大学出国留学双学位项目毕业生就业管理办法》, http: //jiuye.swjtu.edu.cn/eweb/jygl/zpfw.so?modcode=jygl_jygldfzc&subsyscode=jygl&type=view&id=FZPYvnsYcQJK6dcdcwPygy.

7.《西南交通大学就业管理服务系统使用手册（学生）》, http: //jiuye.swjtu.edu.cn/eweb/jygl/zpfw.so?modcode=jygl_jygljylc&subsyscode=jygl&type=view&id=WA5TGxYuDHbzvP54Rz5f24.

8.《四川省大学生就业创业扶持政策清单—完整版》, http: //jiuye.swjtu.edu.cn/eweb/jygl/jygl.so?modcode=jygl_jyglgjzc&subsyscode=jygl&type=view&id=MskeqAx3MeWDUQa9MahgBT.

9.《四川省大学生就业创业扶持政策清单——学生版》http: //jiuye.swjtu.edu.cn/eweb/jygl/jygl.so?modcode=jygl_jyglgjzc&subsyscode=jygl&type=view&id=U8VBUyMRjhTMbKffo8U5RR.

10.《西南交通大学毕业生办理户口迁移须知》, https://bwc.swjtu.edu.cn/info/1019/1680.htm.

（四）党团建设

1.《中共西南交通大学委员会学生党支部工作条例（西交党〔2012〕7号）》, https://jzxy.swjtu.edu.cn/info/1081/4517.htm.

2.《西南交通大学共青团改革实施方案（西交党〔2017〕32号）》.

3.《共青团西南交通大学委员会关于加强新形势下团支部建设的实施意见（西交团〔2018〕20号）》, https://youth.swjtu.edu.cn/shownews-43512.shtml.

（五）创新创业

1.《西南交通大学大学生创新创业训练计划项目管理办法》, http: //jwc.swjtu.edu.cn/download/rule/20200107083549318.pdf.

2.《西南交通大学创新创业实践学分管理办法》, http: //jwc.swjtu.edu.cn/download/rule/20200107083549318.pdf.

3.《西南交通大学推荐优秀应届本科毕业生免试攻读硕士学位研究生工作细则》, http: //jwc.swjtu.edu.cn/download/rule/20200107083549318.pdf.

4.《四川省大学生就业创业扶持政策清单》, http: //jiuye.swjtu.edu.cn/eweb/jygl/jygl.so?modcode=jygl_jyglgjzc&subsyscode=jygl&type=view&id=MskeqAx3MeWDUQa9MahgBT.

5.《四川省人民政府关于全面推进大众创业、万众创新的意见》, http: //www.swjtusp.cn/show-31-25-1.html.

（六）评奖评优

1.《西南交通大学研究生荣誉称号评审管理办法（西交校学生〔2019〕19号）》http: //xg.swjtu.edu.cn/web/Home/Detail?LJw34Jmu=010c01_M3=g3bd41a5-g15d-e0d1-ii0f-b1b14ba5f331.shtml.

2.《西南交通人学本科生荣誉称号评审管理办法（西交校学生〔2019〕14号）》, http: //xg.swjtu.edu.cn/web/Home/Detail?LJw34Jmu=010c01_M3=gj03i4gi-ei0f-eh24-jdgj-5dj13cdfic3f.shtml.

3.《西南交通大学本科生国家奖助学金评审管理办法（西交校学生〔2020〕1号）》, http: //xg.swjtu.edu.cn/web/Home/Detail?LJw34Jmu=010c01_M3=ah1b2he2-g0c5-e24g-b022-iifchji1ec5g.shtml.

4.《西南交通大学研究生专项奖助学金评审管理办法（西交校学生〔2019〕18 号）》http: //xg.swjtu.edu.cn/web/Home/Detail?LJw34Jmu=010c01_M3=dc51e132-2e1d-e03h-iehh-ddg000ea44ga.shtml.

5.《西南交通大学本科生奖助学金评审管理办法（西交校学生〔2019〕9号）》, http: //xg.swjtu.edu.cn/web/Home/Detail?LJw34Jmu=010c01_M3=1i4c3faj-00hc-ef4c-a51j-bcb1fhafb2cd.shtml.

（七）宿舍建设与管理

1.《西南交通大学学生公寓管理办法（西交校学生〔2019〕17 号）》, http: //xg.swjtu.edu.cn/web/Home/Detail?LJw34Jmu=010c01_M3=3gige1fd-3a1f-ea1b-iadc-0ii3dhhdbcaf.shtml.

2.《西南交通大学学生服务消过管理规定（试行）（西交校学生〔2019〕3号）》，http: //xg.swjtu.edu.cn/web/Home/Detail?LJw34Jmu=010c01_M3=e5d425gj-eabf-eej3-i54f-5jb253ecb2ch.shtml.

3.《西南交通大学本科生文明宿舍评选管理办法（西交校学生〔2019〕16号）》，http: //xg.swjtu.edu.cn/web/Home/Detail?LJw34Jmu=010c01_M3=a51bdafd-echj-efa1-a402-4ifgi310ei03.shtml.

4.《西南交通大学学生纪律处分规定（西交校学生〔2019〕13 号）》，http: //xg.swjtu.edu.cn/web/Home/Detail?LJw34Jmu=010c01_M3=55jee1ii-i415-e43f-bee5-5gfac1545hec.shtml.

5.《西南交通大学学生申诉管理规定 （西交校学生〔2019〕15 号）》，http: //xg.swjtu.edu.cn/web/Home/Detail?LJw34Jmu=010c01_M3=bcjbh4ai-ie3i-e5bd-bbif-f5i0f1g4ejjf.shtml.

6.《西南交通大学本科生校外住宿管理办法（西交校学生〔2019〕11 号）》，http: //xg.swjtu.edu.cn/web/Home/Detail?LJw34Jmu=010c01_M3=c423a0fb-5b52-ee0f-bab1-25cah1egf23a.shtml.

7.《西南交通大学研究生校外住宿管理备案制度及相关表格》，http: //xg.swjtu.edu.cn/web/Home/Detail?LJw34Jmu=010c01_M3=0ejad3a0-h4jc-eec0-jj12-edgaej05d0cg.shtml.

8.《其他各类常用表格》，http: //xg.swjtu.edu.cn/web/File/DownloadList?LJw34Jmu=010c0c.shtml.

（八）网络新媒体宣传

1.《校园新媒体备案》，https：//xcb.swjtu.edu.cn/shownews-18478.shtml.

2.《新闻网信息发布流程》，https：//xcb.swjtu.edu.cn/shownews-18475.shtml.

（九）国际化交流

1.《关于学生出境交流项目提交总结、办理返校手续的说明》，http: //fad.swjtu.edu.cn//gjc_showNews.action?id=6D9B2D45803E0965.

2.《西南交通大学国家公派研究生项目申请材料说明》，http: //fad.swjtu.edu.cn//gjc_showNews.action?id=BCF5A83E58C20E32.

3.《本科生参加学校交流项目（双学位）须知》，http: //fad.swjtu.edu.cn//gjc_showNews.action?id=75FC43BC6A6ECDCE.

附录 2　辅导员在线实用小工具

一、腾讯文档

腾讯文档是一款可多人协作的在线文档，支持 Word、Excel 和 PPT 类型，打开网页就能进行查看和编辑，云端实时保存；可多人实时编辑文档，权限安全可控。（见图 1）

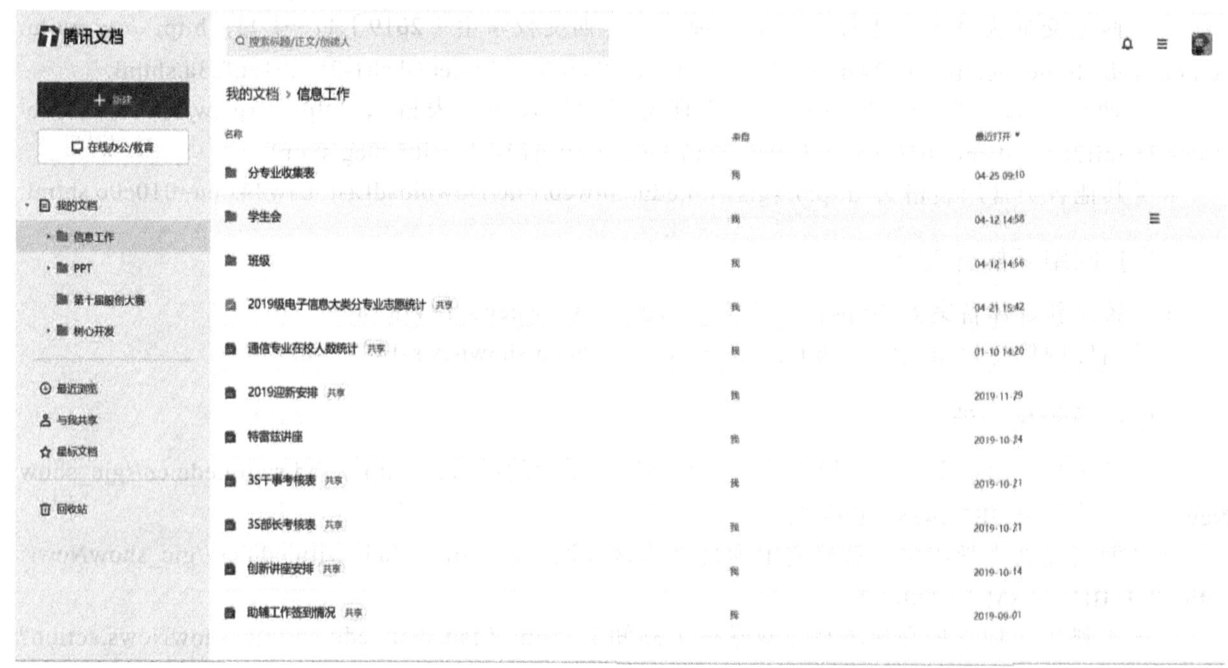

图 1　腾讯文档界面

辅导员张鹏飞使用心得：腾讯文档有两类功能，一类是云文档，包括（Word、PPT、Excel），主要与班委、所指导学生组织干部共享信息时使用，避免文件往复发送、合并，提高效率。另一类功能是收集功能，这个功能相比其他收集类软件（如麦克表单），需要权限管理和限制必须登录才可以提交，在收集一些重要信息的时候，可以保证是由学生本人填写。

二、坚果云

坚果云可以完成文件在不同设备之间的同步，如手机与电脑、不同的手机之间、不同的电脑之间。简单教程如图 2 所示。

辅导员张鹏飞使用心得：这款软件可以理解为网盘，但是比网盘更实用。例如，我和刘娟老师共同负责一个年级，本年级有文件需要汇总时，不需要通过 QQ 往复传送，直接放到坚果云里面就可以完成同步。同时，还可以在手机上安装坚果云 APP，在下班回到家中或者出差的时候，就可以直接访问工作中的文件。

三、麦克表单

辅导员周凯使用心得：麦克表单是在统计各类数据时经常使用的工具，其在线表单模块，提供 60 余种标准或自定义的表单组件，超过 500 个功能表单模板，用户可自定义设计在线表单，如活动报名、问卷调研、投票决选等，进行信息收集和数据管理。（见图 3）在收集表单反馈的过程中，所有与“人”有关的信息会自动转化为联系人数据。相关数据信息收集可以尝试用麦克表单，以提高效率。

图 2　坚果云界面

图 3　麦客表单界面

四、腾讯会议

辅导员温昕使用心得：腾讯会议作为在线开会、答辩的主要平台，其平台的便利性和会议效果给用户留下了非常深刻的印象。相对于 QQ 群的群视频，腾讯会议可以及时共享屏幕，上传文件，使会议质量和会议效果得到了大幅度提升。同时操作简单，相较于其他平台，可以随时随地利用 QQ、微信登录，减少了注册账号的麻烦；主持人和联席主持人可以做到一键静音，避免会议中间出现噪声或者与会人员忘记关闭麦克风造成会议质量下降。（见图 4）

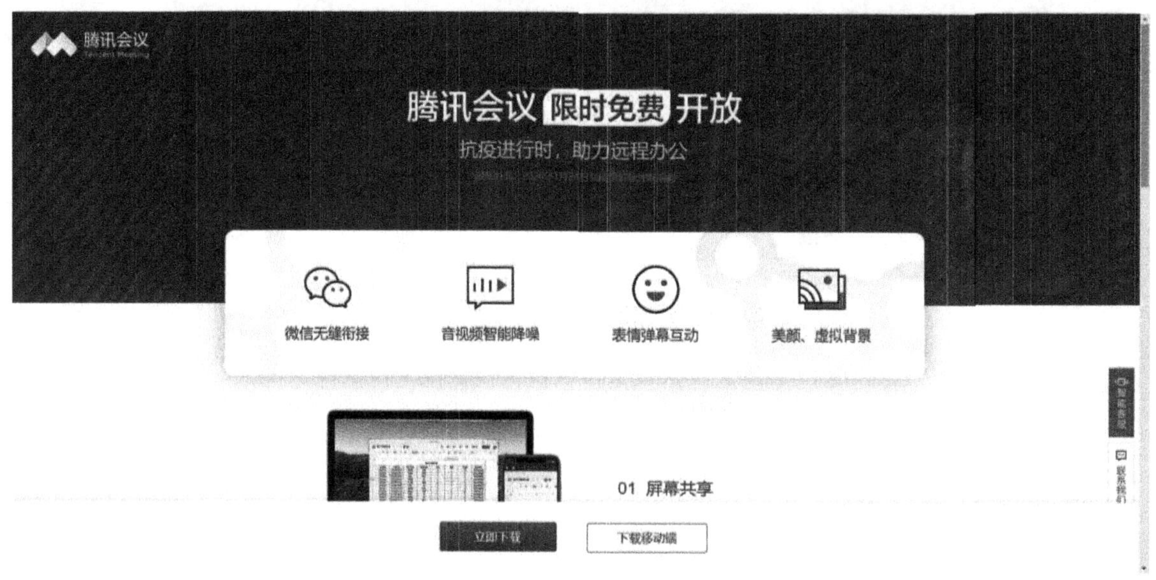

图 4　腾讯会议界面

五、交大云盘

“交大云盘”是学校信息化与网络管理处拥有版权的云存储平台，辅导员可以通过“交大云盘”存储文件、分享文件，也可通过使用“交大云盘”在不同工作场合处理同一个文档，通过不同客户端，可以实现随时随地通过移动设备调阅文件等。（见图 5）学校为全校师生每人提供 100G 的网络存储空间。

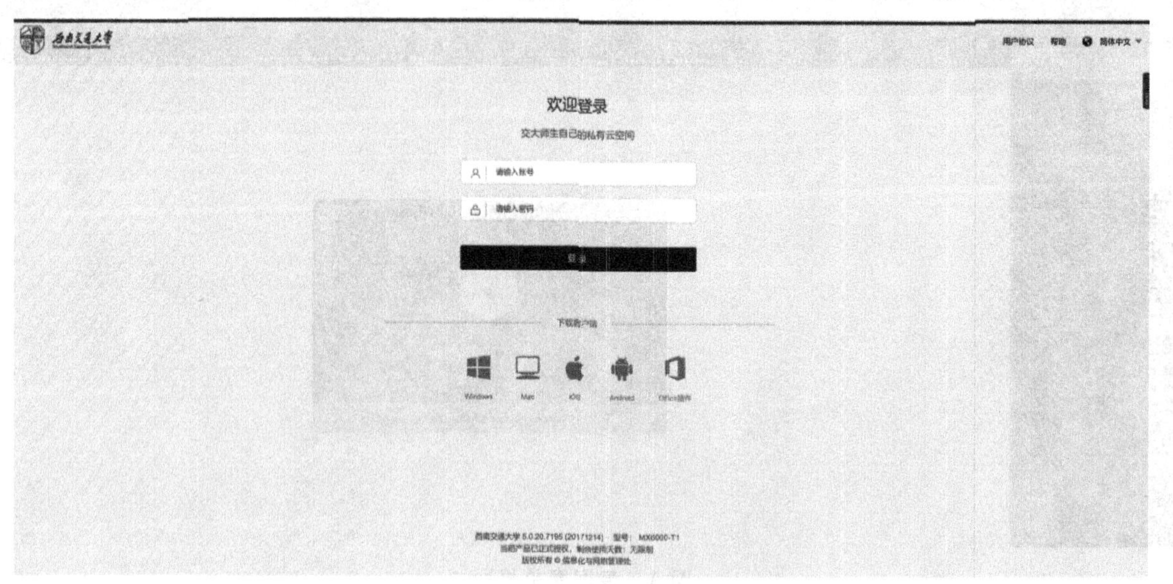

图 5　交大云盘界面

注册和使用：https://inc.swjtu.edu.cn/info/1011/1664.htm，

网址：http://yunpan.swjtu.edu.cn/。

辅导员廖凡使用心得：注册后登录使用西南交通大学统一身份认证账号登录，安装客户端后，将本地磁盘设置一定的云盘区域，开机设置云盘自动开机和登录后，凡是存储在云盘区域的文件，均可自动同步，更换工作场景（办公室、笔记本电脑、家中等），实现自动同步的文件可以随时打开。安装了移动客户端的老师，还可以实随时随地翻阅云盘中的文件。

六、石墨文档

石墨文档是一款支持云端实时协作的企业办公服务软件（功能类比于 Google Docs、Quip），可以实现多人同时在同一文档及表格上进行编辑和实时讨论，同步响应速度达到毫秒级。（见图 6）

电话记录（助理填写）								处理结果（信息员填写）								
序号	日期	助理	招聘单位	是否给邮箱发送信息	是否需要借用教室	借用教室备注	备注	信息员	QQ群陕网场华	是否收到邮件	是否回复邮件	是否有营业执照	教室确定时间	教室确定地点	备注
1	20190711	周凯	珍爱网	是	否		校园大使								
2	20190712	筹思源	杭州吉林科技	是	否		招实习生								
3	20190828	蔡单	政采云（本研））	是	是	10.17 18（70人左右）	校园大使	蔡单	是	是	是	是	10月17 18日 08：50~18：15	10月17日X9301 10月18日X9208	系统10月份才可以借
4	20190828	孙海鑫	华东科技	是	是	2019.9.18（100人左右）	招实习生								
5	20190828	蔡单	鼎桥通信（本研）	是	是			蔡单	是	是	是	是	9月25日	X9401（宣讲）9208招聘	
6	20190828	孙海鑫	CVTE视源股份	是	否		招实习生	孙海鑫	是	是	是	是			
7	20190829	周凯	华东勘测设计研究院数字公司	是	是	2019.09.19 晚上		周凯	是	是	是		9月19日	X9302	
8	20190829	周凯	武汉地铁（本研）	是	否	9.9-晚7点半，犀浦区四食堂三楼319教室		周凯	是	是	是		9.9-晚7点半	犀浦区四食堂三楼319教室	
9	20190829	周凯	众合科技	是	否			周凯	是	是	是				
10	20190830	蔡单	复旦微电子（本研）	是	否	9.3 早9点~12点，四食堂三楼317教室									
11	20190902	蔡单	派拉软件	是											
12	20190903	蔡单	光迅科技（本研）	是	是	9月18日下午14:00，60-100人的多媒体		蔡单	是	是	是	是	9月18日14：00~18：15	X9208	
13	20190903	蔡单	徐工重型（本研）	是	否	先网申投递简历，后面的宣讲会和面试，会以短信形式通知简历通过的同学									
14	20190903	蔡单	成都安舟	否	不确定			张天昱	是	是	是	是			
15	20190903	蔡单	宁德新能源	是	是	9月18日 18：00~20：00，80人左右		蔡单	是	是	是	是	9月18日 18：00~20：00	X9136	
16	20190903	周凯	润潮 科技	是	是	9月26日/9月27日 60~70人		张天昱	是	是	是	是	9月27日 18:30-20:30	X9202	
17	20190904	张天昱	杭州迪普科技股份有限公司	否	是	9月26日晚 60人左右 信息学院教室		张天昱					9月26日 第五讲	X9303	
18	20190904	孙海鑫	和利时	是	是	9月11号80人左右		孙海鑫	是	是	是	是	9月11号	X4155&X4158	
19	20190904	孙海鑫	北京慧清科技有限公司	是	否			孙海鑫	是						
20	20190904	孙海鑫	四川万普盛达人力资源有限公司	是	是	9月20号下午14：00-18：00 四食堂3楼318		孙海鑫	是	是	是	是	9月20号	犀浦区四食堂三楼318教室	

图 6　石墨文档界面

辅导员颜静使用心得：石墨文档可以实现文档/表格实时保存在云端，即写即存；并且可以实现多人多平台同时编辑在线文档和表格，无须通过反复发邮件或者传输文件沟通。石墨文档还可以自己控制文档/表格的权限，只读/可写/私信，或协作或私密。所有的编辑历史都将自动保存，随时追溯查看，还可一键还原到任一历史版本。

辅导员工作中会有很多涉及信息采集的场景，运用石墨文档可以实现数据的及时更新，也可以通过权限设置更好地维护信息的私密性。例如用于就业工作中，在与就业单位进行沟通对接后，可及时地记录、更新企业需求，更好地实现就业信息的采集与发布。

参考文献

[1] MARILYN ATKINSON, RAE CHOIS. 唤醒沉睡的天才[M]. 古典，王岑卉，译. 北京：科学技术文献出版社，2012.

[2] MARILYN ATKINS. 被赋能的高效对话：教练对话流程实操[M]. 杨兰，译. 北京：华夏出版社，2015.

[3] 车琨，浅谈大学新生入学教育中辅导员的角色定位[J]. 科教文汇（下旬刊），2015（3）.

[4] 陈德明，祁金利，大学生生涯规划与管理[M]. 北京：高等教育出版社，2008.

[5] 陈敏，蔡颖雯. 大学新生入学“引航”教育模式的构建[J]. 西部素质教育，2018（14）.

[6] 陈征微，李晓鹏，谭菲. 大学新生入学教育模式创新[J]. 高校辅导员，2017（3）.

[7] 邓颖，雷一帆，易艳. 大学新生入学教育问题及模式创新[J]. 国际公关，2019（9）.

[8] 房琳琳. 高校英语跨文化教学中的问题与对策[J]. 现代交际，2016（9）.

[9] 冯刚. 辅导员工作培训教程[M]. 北京：高等教育出版社，2013.

[10] 冯刚. 创新网络思想政治教育的几点思考[J]. 学校党建与思想教育，2014（3）.

[11] 冯刚. 互联网思维与思想政治教育创新发展[J]. 学校党建与思想教育，2018（2）.

[12] 冯刚. 新时代高校班集体的发展状况与构建方向[J]. 思政教育研究，2019（3）.

[13] 高校思想政治工作队伍培训研修中心（中南大学），湖南省高校思想政治工作队伍培训研修中心（中南大学），李景升. 辅导员学习笔记[M]. 长沙：中南大学出版社，2020.

[14] 顾敏. 教育的美好从入学仪式开始[J]. 科学咨询（教育科研），2018（12）.

[15] 侯玲玲，李晓莉，田佳妤. 对研究生日常教学管理工作的探讨[J]. 城市建设理论研究（电子版），2012（33）.

[16] 胡凯. 现代思想政治教育心理研究[M]. 长沙：湖南人民出版社，2009.

[17] 黄志海. 高校大学新生入学教育存在的问题及原因分析[J]. 大学教育，2015（4）.

[18] 贾新华. 当代大学生规则意识的缺失与培育[J]. 教育理论与实践，2010，30（9）.

[19] 教育部课题组. 深入学习习近平关于教育的重要论述[M]. 北京：人民出版社，2019.

[20] 金树人. 生涯咨询与辅导[M]. 北京：高等教育出版社，2007.

[21] 李磊，胡钧铭. 高校实验室在新生入学教育中的作用[J]. 实验科学与技术 2015 （6）.

[22] 梁传杰. 借鉴美国经验构建我国研究生教育质量保障体系[J]. 国内高等教育教学研究动态，2018 （21）.

[23] 林伯海. 当代西方社会思潮与青年教育[M]. 成都：西南交通大学出版社，2011.

[24] 刘珊. 普通高校本科生国际化素质培养的问题与对策研究[D]. 浙江：浙江师范大学，2011.

[25] 刘伟，李哲. 大学生规则意识的缺失及培育对策探析[J]. 当代教育理论与实践，2018，10（4）.

[26] 路畅. 高校辅导员在大学生养成教育中的作用[J]. 黑龙江科学，2018 （23）.

[27] 马艳妮. 跨文化交际中的中外学生融合机制研究——以山东大学为例 [D]. 山东：山东大学，2013.

[28] 茅佳. 高校班团一体化建设运行机制研究[J]. 课程教育与研究，2018（6）.

[29] 任少伟. 群团改革背景下高校“班团一体化”运行[J]. 当代青年研究，2019（3）.

[30] 申琦. 网络素养与网络隐私保护行为研究——以上海市大学生为研究对象[J]. 新闻大学，2014（5）.

[31] 盛佳伟. 新形势下高校班集体建设的思考[J]. 思想政治工作研究，2014（5）.

[32] 宋谷萍. 提升大学生规则意识的新思路[J]. 经济师，2016（9）.
[33] 宋一. 大学新生人学教育策略与实践[J]. 智库时代，2019（48）.
[34] 孙金香，高静，潘伟国. 改革攻坚背景下高校班团一体化运行机制研究[J]. 改革与开放，2018（7）.
[35] 孙正聿. 理想信念的理论支撑[M]. 长春：吉林人民出版社，2014.
[36] 谭书敏. 研究生学习生活特点与思想教育[J]. 煤炭高等教育，1992（3）.
[37] 王传中. 研究生思想政治教育理论与实践[M]. 武汉：武汉大学出版社，2011.
[38] 习近平. 在全国高校思想政治工作会议上的讲话[N]. 人民日报，2016-12-09.
[39] 习近平. 在全国宣传思想工作会议上的讲话[N]. 人民日报，2018-08-23.
[40] 徐瑞朝，陈向阳. 高校班团一体化运行机制研究[J]. 教育观察，2019（3）.
[41] 杨健. 我国大学入学教育体系的构建[J]. 大学教育，2017（7）.
[42] 杨俊峰，霍琨. 高校基层团支部面临的挑战及对策[J]. 实践探索，2011（6）.
[43] 杨晔. 论大学生规则意识教育[J]. 内江科技，2017，38（11）.
[44] 杨志群. 高校共青团在促进学风建设中的路径探讨[J]. 大学教育，2013（7）.
[45] 喻成杰. 当代大学生规则意识现状及培养策略探究[J]. 速读（中旬），2017（6）.
[46] 张富霞. 发挥研究生评奖评优激励效能的对策探讨[J]. 课程教育研究，2015（6）.
[47] 张京京. 探析高校辅导员在养成教育中的作用及加强养成教育的途径[J]. 教育界，2015（33）.
[48] 张秀明. 华侨华人与“一带一路”视野下的跨文化交流[J]. 西北工业大学学报（社会科学版），2019（2）.
[49] 郑永廷，胡树祥，骆郁廷. 思想政治教育方法论（修订版）[M]. 北京：高等教育出版社，2010.
[50] 朱平. 在班级治理与集体践行中培育大学生社会主义核心价值观[J]. 社会主义核心价值观研究，2019（4）.
[51] 左超. 高校研究生思想政治教育发展研究[D]. 上海：复旦大学，2016.

后 记

大学生是党和国家的未来，辅导员作为培养、管理、服务学生的中坚力量，承担着重要职责。辅导员职业是科学与艺术相结合的工作，需要辅导员具备坚定的理想信念、过硬的综合素质、饱满的育人热情。辅导员需要在实际工作中学习、累积、发展工作技能，提升工作境界，为党育人，为国育才。

组织编写本书是为了进一步深入贯彻落实习近平总书记在全国高校思想政治工作会议上的讲话精神，进一步深入贯彻落实中共中央、国务院《关于加强和改进新形势下高校思想政治工作的意见》，以科学、严谨的态度，充分发挥一线学生工作者的智慧与经验，以指导实际工作为导向，说明"辅导员是什么，辅导员干什么，辅导员如何干"，以期帮助新入职辅导员快速理解、掌握辅导员工作的全貌，为做好学生工作提前进行知识与技能的储备，更好地引领学生成长成才。

本书由西南交通大学学生工作部（处）组织编写，西南交通大学信息科学与技术学院学生工作组、西南交通大学"教练型辅导员"名师工作室共同完成，由高平平、宋刚、马琼进行统筹，具体任务分工如下：

第一部分辅导员岗位职责，第一章辅导员岗位概述：马琼；第二章思想理论教育与价值引领：袁毓璟、马琼，第三章党团和班级建设：廖凡、温昕；第四章学风建设：刘娟、张鹏飞、张宁、张可菁；第五章学生日常事务管理：马琼、周凯、王怡、董家希、王师晗、张幸、廖凡、李晓明、张可菁、林蔚；第六章心理健康教育与咨询工作：林蔚、李晓明；第七章网络思想政治教育：邓秀芸；第八章学生安全稳定与危机应对：马琼；第九章职业生涯规划与就业指导：彭黎明、马琼；第十章教学、理论和实践研究：马琼。

第二部分辅导员谈心谈话必备知识：欧阳彦琨、马琼、邓秀芸、彭黎明、郭立昌、侯倩。

第三部分优秀辅导员经验分享：刘萍、谢力、刘娟、任凯利、刘耀谦、余卉。

第四部分以学生成长为时间轴的辅导员日常管理工作事务表，本科生部分：温昕、廖凡、胡晓阳、张幸、李晓明、张可菁、张鹏飞、林蔚、刘娟、马琼、张宁；硕士研究生部分：颜静、王怡；博士研究生部分：白立群。

附录部分：蒋思源。其中，辅导员在线实用小工具：廖凡、张鹏飞、温昕、周凯、颜静。

全书文稿部分由蒋思源、张倩、杜雨宸、董家希进行整理。邢晓鹏、孙彦文为本书的编写做出了积极贡献。

由于时间仓促和撰写者水平有限，本书的编撰工作难免存在不足之处，敬请各位专家学者提出宝贵意见和建议。

本书编写组

2021 年 1 月